旧时艳阳 著

拿得起放不下的两晋史

上 西晋

北方文艺出版社

图书在版编目（CIP）数据

拿得起放不下的两晋史 / 旧时艳阳著．-- 哈尔滨：北方文艺出版社，2020.5

ISBN 978-7-5317-4689-8

Ⅰ．①拿… Ⅱ．①旧… Ⅲ．①中国历史－晋代－通俗读物 Ⅳ．①K237.09

中国版本图书馆 CIP 数据核字（2019）第 253021 号

拿得起放不下的两晋史

NADEQI FANGBUXIA DE LIANGJIN SHI

作 者 / 旧时艳阳

责任编辑 / 李正刚　赵　芳

封面设计 / 主语设计

出版发行 / 北方文艺出版社

邮 编 / 150008

发行电话 /（0451）85951921　85951915

经 销 / 新华书店

地　址 / 哈尔滨市南岗区宣庆小区1号楼

网 址 / www.bfwy.com

印 刷 / 嘉业印刷（天津）有限公司

开 本 / 710×1000　1/16

字 数 / 751 千

印 张 / 47

版 次 / 2020 年 5 月第 1 版

印 次 / 2020 年 5 月第 1 次印刷

书 号 / ISBN 978-7-5317-4689-8

定 价 / 128.00 元（上、下）

写在前面的话

“东汉末年分三国，烽火连天不休……”这是歌手林俊杰演唱的《曹操》里的歌词，00后的儿子前段时间特别喜欢听，我这个70后的老爸也跟着饱了耳福，这首歌很容易把我们的思绪拉到东汉末年那旌旗招展、战马嘶鸣的混战场景中去。对于这段历史，每个人都不陌生，因为《三国演义》已经家喻户晓，几乎每个人都能说出几段三国时期的历史故事，刘备、关羽、张飞、诸葛亮、曹操等人物形象更是深入人心。

公元220年，汉献帝刘协把皇位“禅让”给曹操的儿子曹丕，延续了四百余年的大汉王朝终结，魏国建立。公元221年，刘备建立蜀国;公元229年，孙权建立吴国，三国鼎立的局面正式形成。公元263年，司马昭派钟会、邓艾灭掉蜀国。公元265年，曹魏皇帝曹奂（曹璜）把皇位“禅让”给司马昭的儿子司马炎，晋国建立，都洛阳，史称西晋，司马炎为晋武帝。公元280年，晋武帝司马炎派出六路大军发起灭吴之战，竹林七贤之一的王戎也带了一路，但主力是从益州（州府成都）顺长江而下的王濬舰船部队。西晋统一了全国，结束了东汉末年以来的分裂局面，成为中国历史上九个大一统王朝之一（秦、西汉、东汉、西晋、隋、唐、元、明、清）。

但西晋王朝是短暂的，从公元265年建立到公元280年统一全国，再到公元316年灭国，建国时间仅五十一年，统一时间更是只有三十六年——这个数据，在九个大统一王朝里排名倒数第三位，排倒数第一位的秦朝十五年，倒数第二位的隋朝二十九年。对于持续时间较长的王朝的覆灭，我们已经见怪不怪，因为简单说来，用一句经典的话就可以概括："天下大势，合久必分，分久必合。"而短命王朝迅速灭亡的原因，就更值得我们去探究。

晋武帝司马炎在没有灭吴前勤于政事，注重节俭，但灭吴后不久就开始骄傲起来，耽于享乐。后宫美女达万人，他每天不知道到该宠幸谁好，竟突发奇想，决定凭羊车临幸，羊车停在哪里就在哪里过夜。上行下效，社会上奢靡之风日盛，司马炎不但不制止，还暗中支持舅舅王恺和石崇斗富。对于帝国的未来，司马炎选择了奇丑的贾南风作为自己智障儿子司马衷的太子妃，这是个重大失误。司马炎死后，贾后乱政，引起长达十六年的"八王之乱"，匈奴、鲜卑、羯、氐、羌等少数民族趁机大规模内迁，终于导致西晋灭亡。

西晋灭国，神州陆沉，衣冠南渡，东晋偏安江左。北方十六国（其实不止十六国，采用传统说法）征伐不断，东晋正朔的北伐和少数民族的南侵交织，构成了中国历史上最混乱的时期。公元420年，刘裕灭东晋建立刘宋；公元439年，北魏统一北方，历史进入南北朝时期。在南方，宋、齐、梁、陈轮替;北方的北魏则分裂为东魏、西魏，之后北齐取代东魏，北周取代西魏，两国对峙，北周攻灭北齐。公元581年，杨坚灭北周建立隋朝。八年后（公元589年），隋灭南陈，统一全国。

两晋南北朝加上之前的曹魏，教科书上统称为"魏晋南北朝"，这段历史在教科书上篇幅不多，存在感不强。但历史虽冷，人物却热——嵇康、阮籍、山涛、王戎、潘安、卫玠、王导、谢安……风流名士引后人向往。无数成语典故也源自这个时代，比如清谈误国、魏晋风度、洛阳纸贵，狗尾续貂、韩寿偷香、闻鸡起舞、一往情深、东山再起、流芳百世、遗臭万年、草木皆兵等等。诗词也不落其后："旧时王谢堂前燕"，"想当年，金戈铁马，气吞万里如虎"，"小怜玉体横陈夜，已报周师入晋阳"……

这是个奇特的时代，在这个时期，中国历史上第一次也是唯一一次，男性美全面压倒了女性美。男人们非常爱臭美，也就产生了诸多让人津津乐道的美男，中国四大美男之中，西晋占了两个（潘安、卫玠），加之南北朝北齐的兰陵王高长恭，中国古代四大美男中无可争议的前三位都已经出现了。

除了美男，这里还有史上生儿子最多的皇帝，有史上杀皇帝最多的牛人，有史上最疯狂的太监，有唐宋时期武庙中供奉的唯一一队祖孙档等等，这里不能一一罗列，太多的故事只能在书中一一呈现。

东汉末年以来，山河破碎，社会动荡，经学和名教衰颓，玄学兴起，汉文化、游牧文化、佛教和道教文化互相交汇，在冲突中走向融合，在融合中得到提升。这一时期是中国学术史上继先秦诸子和两汉经学之后的第三个高峰。

“明镜所以照形，古事所以知今”，本书将以历史人物、故事为主线，注重人文知识的讲解，为大家讲述故事性、知识性、可读性强的两晋南北朝史。

目 录

壹　西晋立国

贰　天下归晋

肆　八王之乱·祸起

伍　八王之乱·混战

陆　八王之乱·终局

柒　群雄并起

捌　西晋灭亡

玖　南北分治

拾　内乱

拾壹　权力让人疯狂·上

拾贰　权力让人疯狂·下

拾叁　一统北方

拾肆　前秦的覆灭

拾伍　慕容氏

拾陆　战神登场

拾柒　大帝刘裕

壹 西晋立国

第一节　西晋建国

西晋是由司马家族建立的，关于司马这一姓氏的来源，太史公司马迁在《史记·太史公自序》中讲：当颛顼（Zhuānxū，上古部落首领）统治天下时，任命南正（官名）重主管观测天文现象，北正（官名）黎主管地面人事。尧舜时期，又让重、黎的后代继续掌管这两项事务，一直到夏、商之时。周朝的程伯休甫是黎的后代，周宣王时，程伯休甫出任大司马（主管军事）一职，因平定徐方有功，被赐以官职为姓，因此他们一族后来就改姓"司马"了。

楚汉之际，司马卬（？—前 205）为赵国的将领，与诸侯军一同讨伐秦国，平定河内。公元前 206 年二月，司马卬被项羽立为殷王，建都朝歌（今河南鹤壁市淇县）。后来他又投降刘邦，都城随之迁往河内温县（今河南焦作市温县）。

司马卬的第八世孙名司马钧（？—115），司马钧生儿子司马量（生卒年不可考），司马量生儿子司马儁（jùn，113—197），司马儁生儿子司马防（149—219）。司马防做官做到尚书右丞，也就是尚书省的副秘书长，这个官可不算小了。

东汉熹平三年（174），当时二十六岁的司马防举荐了二十岁的曹操担任洛阳北部尉（分管辖区治安的官员）。东汉建安二十一年（216），曹操被封为魏王，他感念当年司马防的举荐之恩，专门大摆宴席宴请司马防。

席间酒至半酣，曹操笑着问司马防道："恩公看我现在还能当个尉官吗？"

司马防赶忙回答："当年我推荐您的时候，您是当尉官的合适人选，现在再做尉官，就大材小用了。"

说罢，两个人对视了一下，哈哈大笑。

司马防一共有八个儿子，大儿子叫司马朗（171—217），字伯达；二儿子叫司马懿（179—251），字仲达；三儿子叫司马孚（180—272），字叔达；四儿子叫司马馗（生卒年不详，下四人同），字季达；五儿子叫司马恂，字显达；六儿子叫司马进，字惠达；七儿子叫司马通，字雅达；八儿子叫司马敏，字幼达。因为他们的字里都有个“达”，所以号称“八达”。

司马懿在弟兄八人中才能是最突出的，年轻时候就有比较好的名声。但具体他做了什么事情，比如像曹植七岁作诗、王戎七岁识李、司马光七岁砸缸之类，让大家觉得他自小就是个人才，从史书里是找不到的。史书里的说法比较笼统，《晋书》里只是说他“少有奇节，聪明多大略，博学洽闻，伏膺儒教”。

司马懿的名声传到了曹操的大谋士荀彧那里。正是用人之际，荀彧就向曹操推荐了司马懿。曹操得知司马懿是司马防之子，为了向司马家报恩，也为了收揽人才，便派人前去司马家，征召司马懿。

司马懿一开始不愿去，装病骗过了来人。后来曹操下令说，若他再不出山做官，就把他关进监狱。关进监狱这事儿可不是闹着玩的，不得已，司马懿来到曹操麾下。

最初司马懿为什么要谢绝曹操的征召，原因众说纷纭。一个比较常见的说法是，司马懿尊奉儒教，而曹操的做法打破了儒教的规矩，正所谓“道不同不相为谋”。

曹操先后发出求才三令，明确说明，来投奔他的人即便有道德瑕疵（如“盗嫂受金”“不仁不孝”等）也没有关系，只要有才能，就可以得到官职，一时间曹操手下人才济济。纵观整个曹操时代，司马懿也只是寂寂无闻，但后来曹操把他放到曹丕那里做事，这为以后司马懿的崛起创造了机会。

建安二十五年（220）正月，曹操去世。当年的十月，他儿子曹丕篡汉称帝，建立了魏国，史称曹魏。曹操虽然不在了，但曹家掌权的大将军曹仁、曹休、曹真均健在，司马懿依旧只能靠边站。魏黄初四年（223），曹仁去世。黄初六年，司马懿被任命为抚军大将军。黄初七年，曹丕去世（年四十），其子曹叡继位，为魏明帝。

太和二年（228），曹休去世，三年后，曹氏的最后一根顶梁柱曹真也死了。明帝曹叡提拔司马懿接替曹真的位置，用以对抗蜀汉诸葛亮。这时候不得不让人感叹一件任谁也改变不了的事情，那就是命！司马懿真是命大，从曹操手下逃过一劫，又熬走了曹家的数个精英，想不成功都难。

其实司马懿也不是诸葛亮的对手，但他有别的克敌策略：打不过就不出去打，一个字——拖。蜀汉建兴十二年（234），诸葛亮含恨病逝在五丈原，年五十四岁。此时的司马懿已经五十六了，他又熬走了比他小两岁的“神人”诸葛亮。曹魏景初二年（238），司马懿率军讨伐反叛的辽东公孙渊，大胜，进一步立威朝野。景初三年正月，曹叡去世，只有三十六岁，他临终前把小皇帝曹芳托付给了司马懿和曹家的代表人物曹爽（曹真之子）。

一开始，曹爽也很尊重司马懿，把司马懿当作父辈看待，遇事会先向司马懿请教，征求他的意见，不敢擅自做主，两个人的合作还算愉快。可是，自打曹爽任用了当时的名士何晏、邓飏、李胜、丁谧、毕轨等人之后，情况就发生了变化。

曹叡在世时，厌恶何晏等人浮华不实的做派，坚持不录用他们，但曹爽和何晏他们关系很好，辅政后就立即擢升了他们的职务，把他们当作自己的心腹智囊。在何晏等人的谋划下，司马懿的权力被逐步架空。后来曹爽给了司马懿太傅的荣誉头衔，彻底剥夺了他的兵权。

面对曹爽集团咄咄逼人的架势，司马懿选择了忍耐，并且是一忍再忍。曹魏正始八年（247）五月，司马懿声称有病，离职休养，不再参与朝廷事务。不过这只是表面的假象，他和他的儿子司马师、司马昭正在暗地里积蓄力量，等待时机。

正始十年（249）正月里的一天，是先帝曹叡逝世十周年的纪念日，曹芳带领曹爽和包括曹爽几位兄弟在内的众多官员悉数出城，拜祭埋葬曹叡的高平陵。司马懿一看难得的机会来了，便利用司马师豢养的三千死士，迅速控制了京城，之后设计诛杀了优柔寡断的曹爽兄弟，又处死了何晏等人。

曹魏嘉平三年（251）八月，七十三岁的司马懿去世，皇帝曹芳任命司马懿的长子司马师接掌了兵权。嘉平六年（254）二月，司马师废掉曹芳，另立曹髦为帝。

正元二年（255）正月，司马师去世，他弟弟司马昭接掌了兵权。甘露五年（260）五月，在二十岁的年轻皇帝曹髦心中积压已久的怒火突然爆发。“挟天子以令天下”明明是他曹家祖辈擅长的事啊，如今他竟反遭司马氏所制，这让人怎么受得了！

曹髦说出了那句著名的“司马昭之心路人皆知”，召集了侍中王沈等几百号人，擂鼓呐喊着冲出宫门，准备去杀司马昭。王沈本要劝阻，但曹髦不听，王沈便偷偷溜走，去给司马昭报信，司马昭得信后做了充分的防备。曹髦率领人马一路往外闯，可还没有见到司马昭，就被司马昭派出的贾充命令手下成济杀害了。曹髦死后，司马昭迎立了曹奂（本名曹璜）为帝。

景元四年（263）八月，曹魏大将钟会、邓艾等灭了蜀国，这当然是司马昭的命令。当伐蜀之战捷报频传的时候，魏帝曹奂提拔了司马昭的职位，将他由大将军擢升为相国、晋公，加九锡。所谓“九锡”，就是九赐，一是赐车马，二是赐衣服，三是赐乐章，四是赐朱红色大门，五是赐斜坡台阶，六是赐虎贲百人，七是赐武器，八是赐大旗斧钺，九是赐祭祀用的酒。王莽是中国古代史上第一个得到九锡的大臣，后来他篡夺了汉室江山。“始作俑者，其无后乎。”王莽之后，每当有权臣要篡位时，总是以得到九锡为先决条件。

景元五年（264）三月，曹奂封司马昭为晋王，并将他的采邑增加到了二十个郡。下一步，由曹魏过渡到晋朝的“禅让”似乎就要瓜熟蒂落了。可就在这个关键时候，司马昭病了，而且一病不起。

曹魏咸熙二年（265）八月九日，司马昭去世，年五十五。三十岁的世子司马炎继承了父亲的王位，成为新的晋王，担任相国，把持朝政。

司马炎对帝位也一样垂涎三尺，但他不能硬抢，硬抢要在历史上留下恶名，是很丢份的。他需要“吹鼓手”为他造势，而此时朝堂上善于察言观色的官场老手也是不缺的，他们只缺一个由头。

同年（265）八月，襄武县很多人都说见到了巨人，身高三丈多。那时候的三丈大概相当于现在的两米二，和姚明的身高差不多。巨人脚印长三尺二寸，满头白发，戴黄巾，穿单衣，拄着拐杖高声呼喊：“今年就要太平了！”于是高官何曾、裴秀、王沈等抓住机会，联名上书，劝司马炎顺应世事，早登大位。

何曾是司马炎封国晋国的丞相，关于他的详细事迹，后面再讲。裴秀，我国古代著名的地图学家，可能有人会对这个名字很熟悉。他是河东闻喜（今山西闻喜县）人，闻喜裴氏是中国古代史上出一品官最多的家族，就算是“旧时王谢堂前燕”中提及的琅琊王家和陈郡谢家，也只能往后排。裴秀出生于曹魏黄初五年，也就是公元224年，他爷爷裴茂是东汉的尚书令，爸爸裴潜是曹魏的尚书令。裴秀八岁就能写文章，也是个神童级的人物，为官后屡次升迁，到这个时候已经晋封为侯。当年司马炎展示了自己的一袭拖地长发，征服了裴秀，裴秀遂成为司马炎的忠实粉丝，在司马炎被立为世子的过程中有过贡献。王沈，少年丧父，由叔叔王昶（chǎng）养大，王昶当年由司马懿推荐为官，后位列三公。王家和司马家一直关系甚密，王沈还曾经向司马昭告密，导致曹髦被杀。

此时的曹魏皇帝曹奂知道自己大势已去，与其被赶下来，不如体面下台，于是他命太保郑冲呈上了进策书，劝司马炎顺应天命，登上帝位，安定天下。司马炎假意推辞一番，何曾等人当然要坚持，司马炎也就顺势接纳了大家的意见。

曹魏咸熙二年（265）十二月十三日，曹魏帝曹奂把帝位禅让给了晋王司马炎，曹魏灭亡，晋朝建立，史称西晋。曹魏从公元220年建立，共有五任皇帝（即曹丕、曹叡、曹芳、曹髦、曹奂），立国四十五年。此时回首四十五年前，我们会发现晋代魏和魏代汉的情境是何等相似！就连东汉最后一任皇帝刘协和曹魏最后一任皇帝曹奂的结局都一样，他们都是自然死亡。

有感于这两段“禅让”历史，我写了小诗一首：

魏文晋武论短长，刘协境遇似曹璜。
禅让本是美誉事，始自王莽已走样。

宫殿有了新主人，原主人曹奂就要挪位了。十二月十五日，他暂时搬到了金墉城。这里是洛阳城西北角的一座离宫，为魏明帝曹叡所修建，后来成为关押犯错的、被罢黜的皇帝、皇后、宗室亲王、王后等的场所，以后我们还要多次提到这个地方。

曹奂出城时，已经八十五岁高龄的太傅司马孚为他送别。拉着曹奂的手，他老泪纵横，说："我到死的那一天，仍会是曹魏忠贞不贰的臣子。"

司马懿的三弟司马孚确实始终忠诚于曹魏。当年曹髦被杀的时候，慑于司马昭的淫威，无人敢去哀悼，但司马孚敢去，他不但去了，还趴到尸体上放声大哭。司马孚为人温和，敦厚正直，生活节俭，不仅在当时享有美誉，也是司马懿弟兄八个中后世评价最高的一个。他在九十三岁时去世，即便放在如今，也绝对算得上是个"寿仙"了。

第二节　武帝分封

曹魏咸熙二年（265）十二月十七日，三十岁的晋王司马炎正式登基为帝，大赦天下，改年号为泰始，本年便是泰始元年了。十二月十八日，司马炎封曹奂为陈留王，食邑一万户，王宫建在邺城（今河北临漳县），和曹魏所有的亲王聚在一处①。司马炎准许在邺城内继续奉行曹魏的历法，继续使用原有的礼仪和乐器，但曹魏的所有亲王都要降封为侯爵。

处理好前朝王室，就要分封自己家族了。司马炎追尊祖父司马懿为宣皇帝，伯父司马师为景皇帝，父亲司马昭为文皇帝，尊自己的母亲王元姬为皇太后，封晋王妃杨艳为皇后。另外封爷爷辈的司马孚为安平王，叔叔司马亮为扶风王，司马伷（zhòu）为东莞王，司马干为平原王，司马骏为汝阴王，司马肜（róng）为梁王，司马伦为琅琊王；封弟弟司马攸为齐王，司马鉴为乐安王，司马机为燕王；又封司马望等堂叔伯兄弟十七人为其他王。这次，司马炎一共封了二十七个王爷。

对于曹魏不给皇族实权，致使司马家轻易篡位成功，司马炎可谓印象深刻，所以他大封皇族，用于巩固国家权力。他把各位王爷所封的郡设为封国，有两万户人家的为大国，设立上、中、下三军，兵五千人，平原、汝南、琅琊、扶风、齐为大国；一万户人家为次国，设上、下二军，士兵三千人，梁、赵、乐安、燕、安平、义阳为次国；五千户人家的小国，只设一军，兵五百人，让他们拱卫皇权。各位王爷都可以在封国之内自己任命太守（内史）、县令及其他地方官员。对此，大部分人都很乐于

---

① 曹魏嘉平三年，也就是公元 251 年，曹芳让所有曹姓亲王都集中在邺城居住，断绝和外面的交往。

接受，只有小心谨慎的齐王司马攸不敢擅自任命，全部请求朝廷派遣。

需要交代一下的是，这次分封后，除了都督外地军事的王爷外，其余的王爷们并没有前往封国就任，而是留在了繁华的首府洛阳，遥控指挥封国内的大小事务。西晋对封国实行“三分食一”的制度，即封国内百姓缴纳的租调，三分之一归王爷留用，三分之二上交朝廷，充实国库。

分封了宗室王，还要任命各级官员。朝廷要维持运转，各级岗位就需要有明确的人员担任，其中最重要的莫过于以下几个：三师（或称为上三公），即太师、太傅、太保，因为要避讳司马师，所以晋朝改太师为太宰；三公，即太尉、司徒、司空；还有大司马和大将军。三师更多的是一种荣誉头衔，一般没有实际职务，由德行高、资格老、年龄大的重臣来担任，供皇帝平时咨询，如果没有合适的人选就空出来，宁缺毋滥。有时候这个岗位也用来把位高权重者“晾”起来，比如吕后时的王陵、曹爽时的司马懿。三公中的太尉主管国家军队，司徒主管包括干部任免在内的行政事务，司空是主管监察的，这样的设置也体现了权力制衡，能起到互相监督的作用。大司马、大将军位在三公之上，大司马一般不和太尉同时设置，大将军也不经常设置。大将军负责军队的调动、进攻等，战时和太尉同时存在也体现了一种制衡。

除此之外，骠骑将军、车骑将军等也是重要岗位。如果放在现在，骠骑将军和车骑将军大概相当于上将中的上将。

司马炎任命爷爷辈的安平王司马孚为太宰；郑冲为太傅，他是曹魏时期的太保，这次官职前进一位；王祥为太保，他是曹魏的太尉，也是让琅琊王家开始发达的人物，古代著名的道德楷模二十四孝子之一，曾经大冬天卧冰求鲤给后母吃，在当时有非常良好的声誉，这次官职同样前进一位；义阳王司马望为太尉，他之前是曹魏的骠骑将军；何曾为司徒，之前是曹魏的司徒，但前面没有位置可以晋升了，因此只能原地踏步；荀顗（yǐ）为司空，他是曹操麾下著名谋士荀彧的儿子，之前是曹魏的司空，也没有更好的位置了，就继续干下去吧；石苞为大司马，之前是曹魏的骠骑将军，他也是那个因为斗富而留名千古的石崇的爸爸；陈骞为大将军，之前是曹魏的镇南将军。三师、三公、大司马、大将军这八个职位统称为“八公”，但像司马炎时期这样同时并立的情况，是很罕见的，说明刚一开国，西晋的官僚机构就很臃肿。

又任命裴秀为尚书令；王沈为骠骑将军；贾充为车骑将军。裴秀、王沈、贾充都开府仪同三司，也就是享受和三公一样的待遇。其他封官、晋爵不再一一细表。

文臣武将普遍增加二等俸禄，皆大欢喜。品级第一的待遇是每天五斛粮食，比如各位文官公和武官公；品级第二的为每天四斛粮食，比如拜为特进的；品级第三的为每天三斛粮食，比如各位卿。一斛等于十斗，一斗等于十升，一斛就是一百升。斗是谷等粮食的计量单位，当时谷的出米率一般是五成，百升谷能得五十升小米。一升米现在重两斤半，按平均每斤小米四元的市场价格，一品官每天得的五斛谷（相当于两百五十升米）相当于现在的一千二百五十元，一个月就是三万七千五百元！

新皇登基，还要惠及治下百姓，以赢得民心，于是司马炎免除全国一年的租赋和关市税，并赏赐孤寡无劳动能力者每人五斛粮食。他还大赦天下，欠租者所欠租税都不再收取，丢官失爵的人也都恢复了官位，过去的种种不愉快全部消除。总之，天下一派喜气洋洋的欢乐气氛。

之后，晋武帝司马炎登坛祭祀天地，杀了黑色公牛作为祭品，向天下宣告，一个新政权已正式诞生。

第三节　姚馥拒任县令

晋武帝司马炎大封宗室和群臣，散朝后，他突然看见台阶下立了个人，那人在这样的大日子里打扮得邋里邋遢。司马炎仔细一看，笑了，原来是姚馥，一个专门负责给他养马的小官。

姚馥是羌族人，字世芬，早年就在司马炎府上养马，颇通阴阳之术。他嗜酒如命，常常感叹："黄河九条支流[①]的水加起来都不够用以浸酒曲；八个泽薮[②]的木材加起来也不够烧火用；七个沼泽的麋鹿加起来也不够我下酒！"每当喝高了的时候，他就喜欢谈论一些古时帝王将相的兴衰往事，平时也喜欢和别人开玩笑，时常妙语连珠。

他喜欢喝那种带酒糟的浑浊的酒，常说看到醇酒就口渴。大家看他这"没出息"的样子，就都取笑他，叫他"渴羌"。

当年司马炎还是抚军大将军，有一天他猛然发现台阶下长出了三株很奇怪的草，草茎是黄色的，叶子是绿色的，好像从黄金中生出了叶子一样。司马炎问了很多人，都不知道这三株草代表了哪种祥瑞。后来司马炎干脆用东西把这些草围了起来，还加了盖子，不让别人看见。机缘巧合，姚馥发现了这草，他告诉司马炎说："这些草应该是合了金德的祥瑞。"司马炎闻言大喜，赏给了姚馥几坛好酒。

---

① 九河，徒骇一，太史二，马颊三，覆釜四，胡苏五，简六，洁七，钩盘八，鬲津九。

② 八薮，谓鲁有大野，晋有大陆，秦有杨污，宋有孟诸，楚有云梦，吴越之间有具区，齐有海隅，郑有圃田。

做了皇帝后的司马炎心情很爽，现在他瞅见姚馥，就说："姚馥，你给朕养马这么多年了，没有功劳也有苦劳，朕现在就封你为朝歌县令。"

姚馥一听，赶紧推辞说："老奴今年已经九十多岁了，本来只是来自远方的异族人，能来到中原腹地已是万分荣幸，不敢有非分之想，请陛下收回成命吧。我想继续为陛下养马，只是恳请陛下经常赐我美酒，使我乐度余年，也就心满意足了。"

司马炎笑说："朝歌是殷纣王的故都，哪里会缺你喝的美酒，去了后你就不会再喊渴了。"

姚馥在台阶下大声回答道："养马的老羌，渐染皇化。普天之下都是您的子民，今天我如果要去享酒池之乐，岂不是成了殷纣王的子民了？"

司马炎一听，拍着玉几哈哈大笑，改任姚馥到酒泉任太守，因为酒泉地下有清泉，其味如酒。姚馥这次不再推辞，向司马炎叩头拜谢。

姚馥到任后，勤于政事，与民为善，广施仁政，老百姓为他立了生祠[①]颂扬他。

---

① 生祠，即为活着的人建立的祠庙，供百姓奉祀。

第四节　兴国举措

这时候西晋虽已建立，南方的孙吴却仍存在，司马炎要采取一系列富国强民的举措，壮大实力，待时机成熟，再一统天下，建立千秋伟业。

司马炎把尊崇儒学作为自己的立国之本。他下令营建辟雍[①]，置五经博士十九人，招太学生三千人；每年举行乡饮[②]、大射[③]等儒家活动，一年四季祭祀孔子。司马炎还身体力行，大兴孝道，为父亲司马昭整整服孝三年。在此之前，汉文帝刘恒曾经诏令全国，缩短守丧时间，用一天代替一个月。

接下来自然是经济建设。过去是农耕社会，还没有现在工业化的大小企业，农业问题自然是首要问题。司马炎和诸位王爷、公卿大夫亲自耕作一千亩农田，以示对农业的重视。当时豪强和富裕的商人囤积居奇，在歉收年哄抬物价，老百姓很是吃亏。于是司马炎命令建立常平仓，丰年买进粮食，歉收年就卖出，平抑市场，便利百姓。

司马炎还着重倡导节俭。在他登基后，有关部门曾请求重新建立七庙。所谓七庙，是四亲庙（祭祀高祖、曾祖、祖、父）、二祧庙（tiāo，祭祀功德特出的远祖）和始祖庙的总称。建设七庙需要耗费大量人力物力，司马炎认为此项建设徭役过重，没有批准。他命人就地取材，把曹魏家祭庙改为晋王朝的皇家祭庙，共设立七个祭

① 辟雍是国家设立的大学，作为尊儒学、行典礼的场所。

② 乡饮是古代一种庆祝丰收、尊老敬老的宴乐活动。

③ 大射指祭祀前为选择能参加祭祀的人而举行的仪式。

祀，有司马钧、司马量、司马隽、司马防、司马懿、司马师和司马昭。他又颁布诏令，在全国范围内大兴节俭之风。为做表率，他取出皇宫内收藏的珠玉玩物，按级别高低分别赐予各王公大臣；又禁止上演奢华的散乐杂技，或使用华丽的雕刻装饰、游猎器具。祭祀大典上用来御牛的青丝缰绳断了，因为青丝比较贵重，司马炎干脆就用麻绳代替，没有更换新的青丝缰绳。

司马炎设立了谏官，任命傅玄（217—278）等担任。傅玄为人正直，性格刚猛，不容忍他人的短处。他每次下午写完弹劾奏章后，就手捧奏章，衣帽整齐，一夜不睡，正襟危坐，等待天亮上朝。包括王侯将相在内，朝廷中没有人不害怕他的，于是可以说是被迫的，朝廷各部门的风气为之一新。同时司马炎也鼓励百官进言，还专门下诏："从今往后，即便是诏书上要求办理的事情，或是我批准办理的事情，只要实行起来会对社会造成不便，都不许隐瞒，要据实上报。"

司马炎注重打造温情社会，撤销了对山阳国（今河南焦作市）内留存的东汉刘姓皇族的监视，废除了对他们出行等方面的限制，同时还解除了曹魏时期对曹姓皇族的禁锢令，撤销了曹魏将领出征、驻防时要把家属留在洛阳作为人质的命令。为了净化社会风气，司马炎又禁止研究星气、谶纬等术，命人考察各地风俗，取消那些混乱的地方祭祀祠庙。

司马炎也注重制定法律。司马昭在其当政时期，就已经开始着手重新制定法律条文了，此时，司马炎继承父亲的主张，命贾充、羊祜、杜预等参考前朝，对本朝的法律进行修订完善。到泰始四年（268）正月的时候，这部法典终于修订完成，共六百二十条，后世称为《晋律》，张斐、杜预为《晋律》做的注解也一并颁布实施，注解和《晋律》具有同等法律效力。因这部法典颁布于泰始年间，所以也被称为《泰始律》。《晋律》在中国法律发展史上有着很重要的地位，深深影响了南北朝乃至隋唐法律的制定。

律法颁布后，司马炎召集文武百官，亲自讲解，又命张华把新法中有关死刑的条文抄写下来，在各地驿站和各级政府门前广泛张贴，使老百姓广为知晓，敬畏新法。这是后话。

第五节 智障太子

太子是国之根本，政权初步稳定之后，立谁做太子的问题就摆在了司马炎的面前。

古代立太子讲究立嫡立长，也就是立正妻生的年龄最大的儿子。司马炎的皇后叫杨艳，弘农（今河南灵宝市）华阴人。杨家在东汉时曾经出了四世三公，算得上是世家大族。不幸的是，杨艳很小的时候父母就去世了，好在她舅舅赵俊和舅母对她视如己出。舅母用自己的乳汁喂养她长大，把自己的孩子交给别人养。杨艳被立为皇后之后，感念舅舅舅母的恩德，给赵俊谋了高官，并将赵俊哥哥赵虞的女儿赵粲纳入宫中，做了司马炎的妃子。

杨艳天生丽质，身材修长，皮肤洁白，面容姣好，而且聪明贤惠，擅长书法，对刺绣、编织等女红非常娴熟。之前曾经有个相面师傅为她相面，认为她日后肯定会大富大贵。司马昭听说杨艳的名头后，就为当时是世子的司马炎迎娶了她。司马炎很是宠爱美艳贤惠的杨艳，夫妻之间相当恩爱。杨艳先后为司马炎生下了司马轨、司马衷、司马柬三个儿子，和平阳、新丰、阳平三位公主。

司马轨不幸夭折，司马衷就成了最年长的儿子，但他不是个智力正常的孩子，从小发育迟缓，智力水平、语言表达能力都比同龄孩子差许多。这让司马炎非常担忧，他把这种担忧告诉了杨艳。母以子贵，杨艳自然要袒护自己的儿子，她对司马炎说："立太子是以年龄论，而不以才能，怎么可以随意改换呢？"赵粲也不时地吹枕边风，替司马衷说话。在她们的劝说下，司马炎也渐渐开始觉得孩子还小，通过不间断的教育也许能迎头赶上，便打消了之前的念头。

泰始三年（267）正月，司马炎封本年九岁的司马衷为皇太子。司马炎下诏：“近世以来每当立太子的时候，就会大赦天下，而现在，天下很快就要太平（指灭吴就要完成），应该惩罚恶人，使坏人作恶时不再心存侥幸。这个时候对罪犯一味宽恕，我认为不合适。”于是便没有颁特赦令。

司马炎亲自为太子司马衷选择优秀的老师和随侍，任命李熹为太子太傅，征召蜀汉旧臣李密为太子洗马，加强对太子的教育和引导。太子洗马可不是给太子洗涮马匹的，这也是个官名，掌管的是图书和典籍，负责辅佐太子。

李熹，生卒年不详，上党（今山西长治市）人，年轻时因为品行端正、博闻强识，与当时的名人管宁（和华歆割席分坐的那位）一起被曹魏的朝廷征召，但两个人都没有去赴任。司马懿当政的时候又征召李熹，他以身体有病为由坚决推辞。郡县长官为了向上面交差，半强制地把他推上了车，但恰逢他母亲病重，于是他又偷偷翻城墙跑回家去了。

司马师当权时，征召李熹为他府上的参谋，李熹顺利到任。司马师问他：“过去征召你你不答应，为什么我征召你，你却答应了呢？”李熹回答道：“过去都是以礼待我，所以我能依照礼节决定进退，他们也不会把我怎么样。今天您用法来约束我，我怕坐牢，就过来了。”司马师被李熹的一番话给说乐了，觉得这个人果然很有才，之后也很器重他，不断提升他的官职。

顺便交代一下，李熹到太子宫任职以后，确实全心全力辅佐司马衷，但司马衷资质实在有限，他没能变得更聪明，也怪不着李熹。李熹为人正直，不畏权贵，做官以来乐善好施，虽然不是一尘不染，但家中也没有什么积蓄。去世以后，李熹被朝廷追赠为太保，谥号“成”。

李密（224—287），犍为郡武阳县（今四川彭山县）人，性格刚直，常常在大庭广众之中指责他人的过失，尽管言辞恳切，也往往让别人下不来台。他经常说：“我独来独往，除了影子外，没有同伴，然而我无忧无惧，因为我对人一片诚心。”司马炎征召他为太子做事时，李密四十四岁。因为祖母年龄太大，需要照顾，他无法赴任，便向朝廷呈递了史上著名的《陈情表》，大意如下：

臣李密上言：

臣自幼遭受噩运，出生六个月，父亲就长眠于地下了，到我四岁的时候，舅舅强迫母亲改嫁，只剩下我和奶奶相依为命。直到九岁的时候，我还不会走路，成年之后，没有叔叔伯伯和兄弟支撑，门庭衰微，福祚浅薄……祖母刘氏早早得了重病，需要常常躺在床上静养，不能起身。我侍奉汤药，从来没有离开过她身边。

……我是亡国俘虏，卑微低下，受到您的礼遇，怎么敢故意拖延显示自己的清高？只是因为祖母老人家已经像日落西山一样，奄奄一息，随时会有生命危险。她待我恩重如山，没有她的教导就没有我今日；祖母没有我的奉养，也没法安度晚年。我和祖母一直相依为命，如今我怎能就这样急急忙忙去做官，舍她而去？

……恳请陛下成全我的这个心愿，使祖母能够得养天年。我以后当为国不惜牺牲性命，死了也要结草衔环向陛下报恩。

司马炎看到奏章感叹道："都说读书人有名节，果不其然啊！"于是成全了李密的一片孝心，此后不再强迫他。

李密的祖母刘氏去世后，他就到洛阳做了太子洗马，一直做到汉中太守，后来因写诗表达对自己境遇的不满，被罢了官，最后在家中去世。

第六节 羊祜出镇襄阳

晋武帝司马炎建国以后，打出了一系列的施政“组合拳”，太子也定下了人选，国内形势一天天向好，何时解决东吴、统一全国，就成了首先要面对的问题。东吴凭借长江天险，让多少英雄豪杰饮恨江边，近世曹操赤壁之战的惨败也提醒着司马炎，伐吴之战不能操之过急，要先做准备工作，慢慢来。

泰始五年（269）二月，司马炎命当时任尚书左仆射的羊祜（hù）为都督荆州诸军事，也就是相当于荆州军区的司令长官，镇守军事重镇——襄阳（今湖北襄阳市）。

这里说的尚书左仆射，有必要简单介绍一下。

尚书台在汉朝时是内廷，控制在皇帝手中。汉献帝建安十三年（208）设置了丞相的职务，曹操任丞相，把属于内廷的尚书省正式迁移到外朝，直属于丞相，对丞相负责（实际自建安元年曹操为录尚书事起，他就已经把尚书台掌握在自己手里了）。尚书台主要管理国家社会事务，其组成一般有：录尚书事、尚书令、尚书左右仆射、各曹尚书、尚书左右丞、尚书郎、尚书都令史、令史、书令史、书吏干。录尚书事一般由朝中的重要人物兼任，统领尚书台。尚书令是尚书台的正职，左右仆射是尚书台的副职，各曹尚书是六个内设部门的领导，这几个官职放在一起，有“八座”之称。古代以左为尊，此时羊祜身居尚书左仆射的位置，已经算得上是位高权重了。

羊祜，字叔子，出生于曹魏黄初二年（221）。泰山羊家在当时是大族，世代都是拿两千石俸禄的官（相当于部长级），难得的是，他们代代清廉，在世人中享有美誉。羊家到羊祜的时候，已经是第九代了。他父亲叫羊衜（dào），曾任上党太守；母亲蔡贞姬，为东汉大儒蔡邕的女儿，蔡文姬的妹妹；他的姐姐叫羊徽瑜，是司马师的妻子。

羊祜十二岁时父亲就去世了，他服孝超过了规定的三年期，在以孝为先的年代，羊祜的这个行为深得乡邻好评。他曾经到汶水（今山东境内）游玩，遇到一个老汉对他说："你这孩子相貌不凡，不到六十岁，必会名闻天下，建立不世之功。"老汉说完后转身就走，没有人知道他从哪里来，又到何处去了。

羊祜长大以后，博学多识，写得一手好文章，身高七尺三寸（约合现在的一米七七），须眉俊目，能言善辩，口才极棒。郡中将领夏侯威认为羊祜以后定有作为，说服哥哥夏侯霸（曹魏大将夏侯渊次子）把女儿嫁给了羊祜。

州里先后四次征召羊祜担任从事、秀才、五府等职，他均不到任。当时担任野王（今河南沁阳市）县令的郭奕（以善于品评人物知名）久闻羊祜的大名，一直无缘得见。有一次他听说羊祜到了野王，赶紧派人把他留住，自己亲自去拜会。经过交谈后，郭奕叹道："羊祜不见得比我差！"后来他再次去拜会羊祜，说："羊祜远超一般人！"羊祜要离开了，郭奕亲自相送，两个人边行边谈，不觉日头偏西，一天过去了，送出去几百里。郭奕又啧啧赞叹道："羊祜就是当世的颜回啊！"

羊祜和王沈曾一起被曹爽征召，羊祜不愿去，但王沈劝他应召。羊祜预见到曹爽斗不过司马懿，最终会被司马懿干掉，就对王沈说："现在是非常时期，把自己的身家性命交给别人，为人家做事，到最后想要全身而退，谈何容易。"王沈没有听从羊祜的劝告，到曹爽府上报到去了。

曹爽被司马懿诛杀后，王沈因为叔叔王昶被司马懿赏识，得以豁免于难。他找到了羊祜，说："现在我经常会想起你过去说的话，真有先见之明！"羊祜倒是很谦虚："事情的发展也有些出乎我的意料，当时并没有预料到会这样。"

曹魏的最后一任皇帝曹奂即位后，封羊祜为关内侯，食邑一百户。因为曹奂年纪太小（年十四），羊祜不愿在朝中做侍臣，便改任为秘书监[①]。等到司马昭恢复了五等爵位（公、侯、伯、子、男），羊祜被封为钜平子，食邑六百户。当时钟会正受宠信，但羊祜并不买他的账，选择和钟会划清界限，因此等到钟会被杀后，他没有受波

① 秘书监，负责掌管国家图书与编校工作的官员。

及，反而被任命为司马昭府中的参谋，后任中领军，统领宫中宿卫，在宫中执勤，执掌禁军。

司马炎登基为帝后，羊祜因为辅佐之功，晋升为中军将军，统领宿卫七军，同时加散骑常侍①，改封郡公，食邑三千户。羊祜坚决推辞郡公爵位，司马炎改封其为侯。后来朝廷又任命羊祜为尚书左仆射、卫将军。

这次司马炎让羊祜为都督荆州诸军事，散骑常侍、卫将军的职位也仍然保留。羊祜到任后，选择攻心为上，在当地开设学校，安抚远近人民，很得民心。羊祜刚到任时，荆州军队中的存粮不够吃百天，过了几年，存粮就足可以供军队吃上十年了。

司马炎再封羊祜为车骑将军，开建府衙，衙内配备如同三公的下属机构。参军王濬，才能出众，很得羊祜的信任，在羊祜手下步步高升，直至益州（今川、渝、云、贵一带）刺史。益州处于长江上游，羊祜认为要攻打地处下游的东吴，需要利用长江的力量，军队顺流而下，才可能成功，于是他秘密上书司马炎，建议让王濬负责建造舰队。司马炎很快就同意了，同时加封王濬为龙骧将军②。

王濬（206—286）是西晋名将，字士治，弘农（今河南灵宝市）湖地人。他博学多闻，英俊潇洒，但不注重小节，也不去刻意博取名声，所以不为乡里称道。不过随着年纪渐长，他变得心胸豁达，开明有礼，抱负远大。

有次盖房的时候，他在大门前留了条几十步宽的路，邻里都好奇他为什么要留出这么大的地方，王濬回答说："只有这样的路，才容纳得下长戟幡旗。"西晋时期，能用得起这等仪仗的人，无不是达官显贵。众人以为王濬在痴人说梦，都取笑他，他自己却不以为然。

王濬被州郡征召为河东从事。当时的河东刺史徐邈有个女儿，有貌有才，只是因为太挑剔，一直没有找到人家。女儿的婚事问题，让徐邈伤透了脑筋。有一天，他突然想到了一个点子，他一面召集同僚开会，一面让妻子陪着女儿，隔着帘子偷偷观

---

① 散骑常侍为散骑省内官职，得出入宫禁，为皇帝身边的亲近侍从。散骑省一般和其他机构合署办公，属内廷，可直接向皇帝汇报工作。

②"龙骧将军"这个封号始于此，之后的前秦苻坚、后秦姚苌等都曾经被封龙骧将军。

瞧，挑选中意之人。他女儿被王濬的相貌和气质所吸引，一见钟情，她指指王濬，把心思偷偷地告诉了母亲。徐邈夫妇非常高兴，张罗着就把女儿嫁给了王濬。

后来，王濬又转任羊祜的参军。羊祜视他为知己，而羊祜的侄子羊暨却对他颇有微词："王濬为人志向太高，不容易满足，而且他生活奢侈，不懂节制，不能太过信任，对他应该有所提防，有所限制。"对于王濬的品性，羊祜有另一种看法，他对羊暨说："王濬不是常才，是大才，不能用看平常人的眼光看待他。他胸有大志，我要助他一臂之力，帮他实现梦想，放心吧，不会有什么问题的。"

第七节　西北变乱

时间来到了泰始六年（270）。在此之前，西晋已经平安度过了几年时日，然而这一年，西北再起战事，河西鲜卑秃发部的头领秃发树机能起兵反晋。

这里需要讲一下鲜卑，这个民族的历史可以往前追溯千年。商朝时期，在如今的我国河北省北部内蒙古东部地区，生活着一支少数民族，史称东胡。当时的东胡很强大，连彪悍的匈奴人都要每年给他们进贡。到战国时，东胡对中原地区的入侵令地处北部的燕国很是苦恼，燕国将领秦开卧底东胡，摸清了东胡的底细后潜回燕国，于公元前300年带兵攻打东胡，东胡被打了个措手不及，一直退到一千多里外的西辽河上游（今内蒙古通辽市一带）。之后，秦开又效法赵国，动员军民修建长城。这座燕国北长城西起造阳（今河北张家口市），东到襄平（今辽宁辽阳市），全长达两千多公里，有效阻挡了东胡的侵扰。

匈奴冒顿单于鸣镝弑父后自立为王，他的实力逐渐强大，也带兵攻击东胡，东胡被击垮，分裂成不同的部族，四下逃散。退居乌桓山（今大兴安岭南端）的一支称为乌桓，退居鲜卑山（具体位置不可考，大概在今大兴安岭北部）的为鲜卑，此外还有柔然、库莫奚、契丹、室韦、蒙古等。后来，随着历史的发展，鲜卑又分化出慕容、宇文、段部、拓跋、乞伏、秃发、吐谷浑各部。

秃发部的首领匹孤率领部落到了今甘肃省中西部及内蒙古西部一带，称之为河西鲜卑，以此表示自己驻扎在黄河以西。匹孤死了后，他儿子寿阗继承了他的位置，成了新首领。因为寿阗的母亲睡觉的时候把他生在了被子上，而鲜卑称被子为“秃发”，所以这个部落的人们开始用“秃发”作为姓氏。

秃发树机能（？—280）是寿阗的孙子，天生勇猛，且有谋略。这样的人物对西晋来讲注定是个威胁。

泰始四年至五年（268—269），河西、陇西地区遭逢大旱，当地民众缺衣少食，苦不堪言，朝廷怕出乱子，派遣在西部拥有威名的胡烈出任秦州（今甘肃东南部）刺史，用以镇服百姓。

胡烈是员猛将，虎父无犬子，胡烈的儿子胡渊也很能干。胡烈曾跟随钟会伐蜀，蜀国灭亡后，钟会有了自立的野心，扣押了胡烈和众多随行将领。当时年仅十九岁的胡渊听说，立刻带领士兵奋力攻杀，杀死了钟会和姜维，解救了众将，从此名声远播。

但他为将虽猛，却不是治民的好手。胡烈到任后采用高压手段，激起当地人民的强烈不满，一时间民怨沸腾。秃发树机能趁机起兵，把胡烈围困在万斛堆（今甘肃靖远县）。时任都督雍、凉二州诸军事的扶风王司马亮听闻消息，派将军刘旂（qí）率兵前去救援，可刘旂早被秃发树机能吓破了胆，畏缩观望，不敢前进。泰始六年六月初，胡烈兵败被杀。

胡烈被杀的消息震惊了中央朝廷，司马炎下诏，任命杜预为秦州刺史，贬司马亮为平西将军，刘旂以军法处斩。司马亮上书说是自己指挥不当，处置不力，请求赦免刘旂，于是司马炎免去司马亮的职务，留了刘旂一命。从这点上看，司马亮对部下还挺有人情味。

司马炎任命尚书石鉴（？—294）代理安西将军，同时都督陇右诸军事，率兵讨伐秃发树机能。

石鉴和秦州刺史杜预曾结过怨，这次出征，石鉴觉得报私仇的机会来了。他到任后，命令杜预迅速攻击叛军，然而当时杜预手下只有三百士兵、百匹战马，此时出击，无疑是以卵击石。

杜预知道这是石鉴的阴谋，自然不肯白白前去送死。他按兵不动，还上书给石鉴说，秃发鲜卑刚刚获得胜利，兵强马壮，声势很盛，而我方部队十分疲惫，军资又供应不足，应优先集中兵士运输粮秣，养精蓄锐，等到明年（271）春季再进军，这才是上策。

石鉴大怒，立即弹劾杜预延误军机，于是朝廷下令用囚车把杜预押赴京师，送廷尉审判。杜预的妻子是司马懿的第二个女儿高陆公主，在“八议”[①]的范围之内，杜预得以用他丰乐亭侯的爵位赎了一命。

如此内斗，想也知道石鉴讨伐秃发树机能之战不会取得胜利。这场战争持续了十年，其间几易将帅，深远地影响了西晋的政局。

---

①“八议”是中国古代的一种特权制度。当时律法规定，有八种人犯罪后，司法机关无权直接审判，而是要奏请皇帝，请皇帝裁决，一般情况下他们的罪责都会得到宽大处理。这八种人分别是：议亲，议故，议贤，议能，议功，议贵，议勤，议宾。

第八节 贾南风出嫁

晋泰始七年（271）正月，和秃发树机能打拉锯战的石鉴遭人举报，有人说他攻打东吴的时候虚报杀敌数目。究竟是谁举报的，这个不好说，可能是杜预，可能是同情杜预的人，也可能是石鉴的其他政敌。司马炎接到报告后非常恼怒，直接下诏免除了石鉴的官职，把他打发回老家，终身不再录用，但没有剥夺他的爵位和封地。不过，后来石鉴又被起用，这是后话。

西北的战事越闹越凶，羌人和氐人也加入了战局。他们和鲜卑人秃发树机能合兵一处，包围了凉州刺史牵弘，牵弘不敌阵亡。

西北的局势牵动着朝野上下的心，朝廷急需派一位大员去安定西北。经人推荐，贾充进入了司马炎的视野。

贾充（217—282），字公闾，平阳襄陵（今山西襄汾县东北）人，他父亲叫贾逵，是曹魏时候的豫州刺史，获封阳里亭侯。贾逵晚年才有了贾充，老来得子，对贾充十分宠爱。贾充十二岁的时候，父亲贾逵去世，他承袭了父亲的爵位。后来，他开始参与司马师的军中事务，跟随司马师讨伐毌丘俭、文钦。平定叛乱后，司马师眼部病痛发作，先回了许昌，留下贾充督军。贾充得此机会，封邑增加了三百五十户。

司马师死后，贾充到司马昭府中做事，跟随司马昭讨伐诸葛诞之乱。他献计攻破了诸葛诞的城池，立下功劳，得以晋爵为宣阳乡侯，增加封邑一千户。之后，贾充任廷尉（掌刑狱），他本就擅长法理，任上工作勤恳，有纠正、平反错案的名声。廷尉做了一段时间，又转任中护军（掌禁卫军，同时掌管武官选拔）这一重要职位。

甘露五年（260）五月，皇帝曹髦再也不能忍受作为摆设的尴尬境地，率皇家禁卫武士以及仆人等数百人去攻打司马昭。得知消息，贾充在南宫门拦下曹髦，双方混战在一处。曹髦拿剑劈砍着向前冲，因为他皇帝的身份，军士们都不敢阻拦冒犯，一时之间贾充部队竟呈溃败之势。

部将成济问："我们该怎么办？"

贾充厉声喝道："司马将军厚待你们，正是为了今天，还有什么可犹豫的！"

成济心一横，抽出长矛直扑曹髦，将曹髦当场刺死。

这场混乱平息了，但朝野上下对此议论纷纷，许多大臣要求诛杀贾充和成济，以慰先帝之灵。司马昭想要保下贾充，又要平息民怨，只能舍车保帅了，于是他下令屠杀成济全族。可笑的是，这时的成济还在家里等着加官晋爵呢！

事情过后，贾充被封为安阳乡侯，增加封邑一千两百户，统领城外诸军，加任散骑常侍，后又晋为临沂侯。

贾充不但文采好，而且善于揣测司马昭的心理，拍马屁拍得司马昭舒舒服服，因此很受宠信。当时贾充与裴秀、王沈、羊祜、荀勖（xù）都深得司马昭信任，是司马昭的心腹之臣。

司马攸是司马昭的二儿子，大儿子即是司马炎。当时，司马昭有意让已经过继给哥哥司马师的司马攸继承王位，准备立司马攸为世子，但贾充等都力挺司马炎，司马昭在他们的不断劝说下改变了心意。在立司马炎为世子这件事上，贾充等人可谓是立下了汗马功劳。司马炎继承王位后，拜贾充为自己的封国晋国的卫将军、仪同三司、给事中（供皇帝咨询的官员），封临颍侯。等到司马炎登基为帝后，又升贾充为车骑将军、散骑常侍、尚书仆射，并改封鲁郡公。

贾充有两任妻子，第一任妻子叫李婉，是曹魏皇帝曹芳的宠臣、名士李丰的女儿。李婉为贾充生下两个女儿，大女儿叫贾褒，是齐王司马攸的老婆，次女叫贾裕。李丰被司马师诛杀后，贾充和李婉离婚。

贾充的第二任妻子叫郭槐，她父亲郭配（名将郭淮弟弟）是位郡太守。郭槐生于曹魏青龙五年（237），比贾充小二十岁，也许正是因此，贾充对她相当宠爱，百般迁就纵容，这使得她在家里越来越任性和霸道，贾充也越来越怕她，有时候为了少见她，竟以加班为由，尽量少回家。郭槐为贾充生下了两个儿子两个女儿，但两个儿子先后因为同一个原因，在很小的时候就夭折了。

第一次，贾充下班回家看见乳母正在喂儿子吃奶，见孩子吃奶的模样很是可爱，就忍不住去摸孩子的脸。正在这时候，郭槐出现了，她认为贾充不是去摸小孩子的脸，而是去摸乳母的乳房。郭槐暴怒，过后就把乳母生生打死了。但她儿子认生，除了那个乳母谁也哄不了，不久就不幸夭折了。如果说这个儿子的死还算是个意外，但第二个儿子因为同样的原因死亡，就不能不让人觉得太匪夷所思了。

郭槐生的两个女儿，大的叫贾南风，生于曹魏甘露二年（257），小的叫贾午，生于曹魏甘露五年（260）。事实证明，这两个女儿，都是“极品”。

贾充担着“弑君”的恶名，本人的操守确实也不高，虽然有点小才华，但主要靠拍马屁取悦皇帝，因此得到朝中正直人士的鄙视和厌恶，比如侍中任恺和中书令[①]庾纯。

任恺（223—284），字元褒，安乐博昌（今山东博兴县）人，父亲是曹魏时期的太常（主管祭祀）。任恺年少时的器量和见识就相当不凡，后娶魏明帝曹叡的女儿为妻，晋朝建立的时候，被任命为侍中，封昌国县侯。他为人正直，鄙视贾充的为人，不想让贾充久在朝廷行走，总想挤走他。贾充也恨任恺，但苦于抓不到把柄，拿他没办法。庾纯（生卒年不详），字谋甫，颍川鄢陵（今河南鄢陵县）人，博学多识，堪称当时的儒学大师。他也非常厌恶贾充，明里暗里地和贾充作对。

既然有着同样的目标，任凯和庾纯就联合了起来，准备寻找机会，扳倒贾充。

此时，西北战事紧迫，朝廷急需派一位重量级的人物去西北，任恺和庾纯趁机联名向司马炎上奏说：“秃发树机能是一个心腹大患，我们屡战屡败，应该派一位德高望重、名气响亮而又谋略非凡的重臣前去镇抚，方为上策。”司马炎闻听有理，他自己也是这么想的，就问道：“依两位爱卿看，谁可以担任此要职？”任恺和庾纯顺势推荐了贾充。司马炎想了想，觉得他们推荐的人选很合适，于是在泰始七年（271）七月二十六日，派贾充出任都督秦、凉二州诸军事，且仍保留他侍中、车骑将军的职位，让他前去讨伐秃发树机能。

---

① 中书令和中书监同为中书省的最高领导，中书监的排位更靠前。

贾充拿到诏书后，顿时觉得脊背发凉，急得六神无主，因为他知道，自己这一去一定不会有好结果，说不定小命都得丢在大西北。但贾充也有同党，他的同党是荀勖（xù）和冯统（dǎn）。

荀勖（？—289），颍川颍阴（今河南许昌市）人，出身高门，学识广博，跟贾充一样善于溜须拍马。他还擅长音乐，曾经掌管宫廷乐事，负责调整音调、修正雅乐。但他的水平和竹林七贤之一的阮咸还有差距，他校正过的音律有一丝不谐韵，被阮咸挑出了毛病。荀勖开始不服气，直到得到了一把度量精准的古尺，校检了自己修正过的乐器后，才知道阮咸说的是对的，从此对阮咸服气不已。冯统（？—286），冀州安平（今河北冀州）人，博览群书，口才非常好。这两人和贾充沆瀣一气，结党营私，排斥异己，如今他们听说贾充要被派去西北，也很着急，因为他们的铁三角要是被拆分了就不稳定了，势力必定会被削弱。

不过奸臣的点子有时候就是比忠臣的多。荀勖对贾充说道："你位高权重，竟然被匹夫任恺摆弄成这样，真是丢脸。出征一事，陛下已经下了诏书，无论如何都推辞不得。但近来宫中传出消息，说太子要婚配了，这是你的机会，只要你能把女儿嫁给太子，到时候以筹备婚事为由，你就可以留下来，事情就会有转机。目前想来，也只有这一个办法了。"

贾充大喜："这个主意非常好，可以一试，但想成功，就要找个得力的人去办，选谁去好呢？"

荀勖自告奋勇："让我去试试。"

冯统表示同意，他们开始分头行动。

为了丈夫的前程和女儿的未来，贾充的妻子郭槐也上阵了。她拿出大批金银财宝贿赂皇后杨艳和杨艳的左右侍从，侍从也不断在杨艳面前说贾充的女儿如何贤惠，如何淑德。起初司马炎准备为儿子司马衷迎娶大臣卫瓘的女儿，因为他认为卫瓘家的基因良好。卫瓘的孙子卫玠可是以形貌昳丽著称于世的，是中国四大美男之一，这证明了司马炎的判断没错。

司马炎对杨艳说道："卫家有五个长处，贾家有五个短处：卫家贤良，男丁兴旺，且他家的人都容貌美丽，身材修长，皮肤雪白。贾家人嫉妒心强，无子，还外表丑陋，个子又低，皮肤又黑。”但杨艳却说：“贾家女儿贤良淑德，日后可以协助衷儿，外表是其次，齐王（司马攸）的妻子不就是贾家的闺女吗？他们夫妻就很恩爱。”

司马炎听后，开始动摇了。与此同时，荀勖和冯统也经常在司马炎耳边吹风：“贾充的女儿才能容貌都极为出众，如果能娶到东宫，必能很好地辅佐太子。”杨艳又找来荀顗劝司马炎立贾家闺女为太子妃，荀顗是太子太傅，太子三师之一，德高望重，说话很有分量。经这么多人相劝，司马炎终于决定迎娶贾家女儿为太子妃。

贾充和郭槐有两个女儿，大女儿贾南风本年（271）十五岁，二女儿贾午本年才十二岁。贾南风外表丑陋，贾午还漂亮些，贾充觉得让贾南风出嫁，有点对不起司马家，怎奈二女儿年龄太小，太子妃的衣服也撑不起来，最后只能让贾南风嫁给太子了。

适逢京城洛阳下大雪，平地里积雪达到两尺厚，将近现在的五十厘米，军队没法出发，而且不久太子就要结婚了，司马炎便不再让贾充去西北平叛了。

泰始八年（272）二月十七日，太子司马衷迎娶贾南风为太子妃。

第九节　名将战名将

我们简单追溯一下江南东吴的历史。

东吴黄龙元年（229）四月十三日，孙权正式登基称帝，史称吴大帝。九月，孙权把都城从武昌（今湖北鄂州市）迁到建业（今江苏南京市）。孙权注重发展生产，推行屯田，兴修水利，富国强兵，他任内曾经多次北伐进攻曹魏，但均没有达到目标。东吴赤乌四年（241），东吴太子孙登去世（年三十三），孙权封三儿子孙和为太子，封四儿子孙霸为鲁王。孙权很喜欢孙霸，让他在待遇上和孙和一样，这就引起了两个儿子之间的暗斗。孙权特别宠爱潘夫人，潘夫人为他生下了孙亮，这是孙权的第七个儿子。孙权的大女儿孙大虎早年间曾与太子孙和结怨，而她丈夫侄子的女儿嫁给了孙亮，因此她心向孙亮。她不断在爸爸孙权面前攻击孙和，美化孙亮，孙权也早就厌烦了孙和、孙霸之间的争斗，于是顺势把孙和贬为平民百姓，还赐死了孙霸。之后孙权封孙亮为太子，封潘夫人为皇后。

东吴神凤元年（252），孙权把孙亮托付给大将诸葛恪（诸葛瑾的儿子，诸葛亮的侄子）后病逝，年七十一岁。但诸葛恪好大喜功，刚愎自用，不懂得体恤下属，得不到属下的拥护。第二年十月，诸葛恪竟被将军孙骏袭杀在了皇宫，时年五十一岁。此后孙骏控制了东吴的朝廷，三年后孙骏去世，他的堂弟孙綝接替他继续把持朝政。

东吴永安元年（258），孙綝废掉孙亮，迎立孙权的第六个儿子孙休为帝。就在本年，孙休不甘心做傀儡，设计除掉了孙綝，并灭了他的三族。

东吴元兴元年（264），孙休去世（年三十一），临终把年幼的太子孙湾托付给大臣濮阳兴。但东吴高官们一致认为，曹魏刚刚灭了蜀国，接下来的矛头已经对准了东吴，此时的东吴面临大敌，应该有个年长的君主主持大局，于是濮阳兴等人在禀告朱太后以后，迎立了前太子孙和的儿子、当时名声不错的孙皓（年二十三）为帝。万万没想到，继位后的孙皓和之前判若两人，饮酒好色，残暴不仁。濮阳兴等人开始后悔当初的选择了，私底下也有了怨言。这些话传到孙皓的耳朵里，他找了个机会，把濮阳兴杀了，还灭了三族。从这之后，孙皓变得更加残暴，喜欢用烧红的锯子锯下人头、活剥面皮、挖眼珠等酷刑处决大臣，有时候甚至不分青红皂白就杀人，全国上下恐慌不已，百姓离心。

虽然东吴朝政混乱，但并没有太大的战事发生，反而是同一时间的北方先后经历了司马夺权、寿春战乱、灭蜀国、代魏建晋等事件，内耗不小。

转眼到了东吴凤凰元年，也就是晋朝泰始八年（272），这年八月，孙皓要召西陵（今湖北宜昌市）防卫督步阐回首都建业。步阐家从他老爹步骘（？—247，孙权执政时的重臣）时候起就开始经营西陵，在西陵树大根深。这次突然接到调令，步阐大为惊慌，认为是有人在孙皓那里进了谗言，导致孙皓想要铲除步家。况且孙皓喜怒无常，动不动就杀人，所以他觉得自己如果回京，不会有什么好下场，索性一不做二不休，直接归降了晋朝。晋的朝廷很大方，任命步阐为卫将军、开府仪同三司、宜都公，兼都督西陵诸军事。

驻扎在乐乡（今湖北江陵县西南）的东吴镇军大将军陆抗①接到步阐投敌的报告，立即命将军左奕、吾彦率兵讨伐。司马炎听说东吴派兵攻西陵，便命荆州刺史杨肇率军接应步阐，并派驻守在襄阳的车骑将军羊祜率兵攻打江陵（今湖北江陵县），巴东郡（今重庆奉节县）监军徐胤率水军攻击建平郡（今四川巫山县），以此援救步阐。

陆抗命令各路大军火速包围西陵，构筑作战工事，内围步阐，外御晋军。这道军令十分紧急，将士们日夜加班修筑工事，都疲惫不堪，不少将领向陆抗建议道："现在我军气势正盛，如果立即进攻，在晋军的援军还没有赶到的时候，我们就已经攻克西陵了，何必采用包围这种办法呢？耗时又耗力！"陆抗回答道："西陵地势复杂险

---

① 陆抗（226—274），东吴大将陆逊的次子，孙策的外孙，军事才能卓越，可以说是东吴最后的名将。

要，城墙又非常坚固，粮食也充足。城内的防御工事都是我之前构筑的，因此我深知不可能在短时间内攻克这里。这样拖延下去，晋的援军到来，我们却没有工事可以防御，到时候腹背受敌，如何得了！”

不久，羊祜率五万大军抵达江陵，而陆抗却放弃乐乡率军西上了。众将领又不解，问他为什么不在江陵设防，陆抗解释道：“江陵城池坚固，兵员充足，不必担心。即便江陵落入晋军手里，他们也守不住，我们的损失很小。但是晋军一旦夺取了西陵，长江南岸山区的蛮族一定会异动，那时就是后患无穷。”众将领一听，心服口服，跟随陆抗挥军直奔西陵。

江陵地势平坦，道路四通八达。此前为了阻拦晋军，陆抗曾命江陵督张咸修筑堤坝，阻截河水，把水灌入平地，截断通道。羊祜听闻消息，准备用这条水路运粮，但他欲擒故纵，扬言要毁坏堤坝。陆抗得到报告，明白了羊祜的意图，下令让张咸立即把水坝破坏掉。各位将领不理解，一再劝阻，陆抗一概不听。羊祜大军推进到当阳（今湖北当阳市）时，发现水坝毁坏，只得弃大船，换车辆运送粮草物资，此时道路已被水泡得泥泞不堪，车队行进十分艰难，大军的行程因此延误。

东吴凤凰元年十一月，晋军徐胤率水军到达建平，杨肇抵达西陵。陆抗命张咸继续坚守江陵，公安（今湖北公安县）督孙遵巡防长江南岸迎战羊祜，水军督留虑、镇西将军朱琬迎战徐胤，他自己则亲自率军进入营垒，迎战杨肇。就在这时候，东吴军的营都督俞赞却投降了杨肇，东吴军一时人心骚动。

陆抗对将领们说：“俞赞在军队中资历较深，非常清楚我军的兵力部署，掌握着我军的弱点。我们军中薄弱的环节是夷兵部队，他们平时训练不严，如果晋军来攻，一定会先找他们下手，我们需提前准备。”他连夜把夷兵调走，用精兵顶替他们的位置。

不出所料，第二天杨肇果然向夷兵营垒发起进攻。陆抗下令反击，滚木、礌石、利箭等如雨点般落下，杨肇部队死伤惨重。

十二月，杨肇无计可施，放弃阵地，连夜逃走。陆抗打算追击，但又担心步阐抓住机会突围而去，而自己的兵力无法同时兼顾，于是他下令让军士们齐擂战鼓，喊着震天的口号，做出要大举追击的姿态，杨肇部队如惊弓之鸟，丢盔弃甲，疯狂逃跑。

杨肇大败，士气受挫，仗是没法打下去了，羊祜只得率各军返回。没有了阻力，陆抗很快攻克西陵，诛杀步阐及其同谋数十人，全都屠灭三族；步阐部下的数万人，陆抗则出面请求孙皓赦免了他们的死罪。

晋军大败，司马炎追究责任，羊祜被贬为平南将军，杨肇被贬为平民。

回到襄阳后，羊祜进行了认真的反思，他知道陆抗是个不好对付的人，强攻难以奏效，于是他改变策略，决定攻心为上。此后，每次发动攻击时，他都提前通知东吴军，让他们早做准备；手下部队进入东吴边境收割稻谷做军粮时，都会送去等价的绸缎作为补偿；边境处的晋军每次出去狩猎，从不越境，捕获被东吴人打伤的猎物时，也都一一送还。这收买人心的招数还挺奏效，东吴边民开始打心眼里敬佩羊祜。

羊祜和陆抗都深知对方的厉害，知道一时半会谁也消灭不了谁，因此双方都决定以拖待变。他们经常互派使节。陆抗送给羊祜的美酒，羊祜会毫不怀疑，当即喝完。有次陆抗生病，羊祜送给他的药材，他也同样毫不怀疑地吃下。孙皓听说二人在边境你来我往的，竟然有种友好的态势，就派人前去质问。陆抗回答说："无论是一座城池，还是一个乡里，都要讲究信誉，何况是一个国家呢？我如果不这样做，是替他宣扬美德，我这样做，对我们东吴是有利的。"

羊祜和陆抗在边境的对抗，持续到泰始十年（274）。这年秋天，陆抗因病逝世。东吴失去这位名将，离灭亡也就不远了。

第十节 为邓艾昭雪

当年征西将军邓艾被冤杀，全国人民都心知肚明。晋朝建立后，虽然也有像段灼这类的人不断上书为邓艾平反，但司马炎一直没有批准。

在这里，我们简要回顾一下邓艾灭蜀并被冤杀的经过。

曹魏景元四年（263），当时掌握朝廷大权的司马昭命钟会率十万大军、邓艾和诸葛绪各率三万部队，共三路大军一起南下，发起灭蜀之战。

邓艾率精锐部队穿越荒无人烟、绵延七百里的阴平小道，凿山开路，遇水搭桥。这一路，邓艾曾用多层毛毯把自己包裹起来就着坡势翻滚而下，将士们也曾攀着树木沿悬崖绝壁成单行鱼贯前进，就这样历经千难万险，终于到达了江油（今四川平武县）。江油守将面对突然而至的魏军，瞬间崩溃，没有丝毫抵抗就开城投了降。之后，邓艾迅速逼近成都，一路上斩杀了诸葛亮的儿子诸葛瞻和孙子诸葛尚。见势头不对，蜀汉大臣谯周建议刘禅投降，文武百官也都同意谯周的建议，于是刘禅干脆地举了白旗，迎邓艾进城。

邓艾进入成都后，渐渐骄傲起来，竟欲私自分封刘禅等人。司马昭得知他的行径后，让监军卫瓘通知邓艾不要擅作主张，但邓艾不听。钟会嫉妒邓艾抢了头功，又利用他擅自分封的由头，联合卫瓘，向司马昭密告邓艾准备叛变。钟会还经常拦截邓艾的奏章，利用自己擅长书法的优势[①]，改动其中词句，让语气显得桀骜不驯，又改动

① 钟会擅书法可以说是家学渊源。他的父亲钟繇是汉末至曹魏时的书法大家，推动了楷书，尤其是小楷的发展，被后世尊为“楷书鼻祖”，与书圣王羲之并称“钟王”。

司马昭给邓艾的信，把其中的批评词句改得异常严厉。这种做法起了效果，司马昭更加疑心邓艾意图不轨，邓艾也愈加焦虑恐惧。

其实事实恰恰相反，萌生不臣之心的不是邓艾，而是钟会。景元五年（264）正月，司马昭命钟会逮捕邓艾父子。钟会知道邓艾手下的军士不好惹，欲借刀杀人，借机除掉碍事的监军卫瓘，就命卫瓘前去逮捕邓艾。卫瓘到了邓艾大营后，宣布皇上诏书，言说此次只逮捕邓艾父子，与其他人无关，胆敢反抗的，必要屠灭三族。卫瓘直入邓艾住所，这时候邓艾还没有起床，他率人直接把邓艾父子收押，装入了囚车。等看到自己的统帅被押出来，各将士义愤填膺，要杀死卫瓘劫囚车。卫瓘临危不乱，跟他们说自己知道邓艾是冤枉的，正在写奏章为邓艾申冤，请将领们相信不日将真相大白，邓艾将军会官复原职。听了这话，众将不再吵嚷，纷纷退去。

钟会命人押送邓艾父子回京，十多万曹魏军队的指挥权全部落到他手中。钟会感觉自己有造反的资本了，本来就不安分的心更加躁动，他接受了之前降魏的姜维的建议，把军中将领全部收监。姜维建议把这些人全部诛杀，以消除后患，但钟会犹豫不决，最终没有行动。被扣押的大将胡烈的儿子胡渊带兵攻打监所，救出了包括自己的父亲在内的诸多将领，两方合兵一处，共同反攻钟会，钟会和姜维不敌被杀。

混乱中，邓艾的部将前去追赶囚车。卫瓘担心邓艾获释后报复自己，于是派过去和邓艾有仇的田续等人前去追击，斩杀了已经获得自由之身的邓艾父子，邓艾留在洛阳的儿子也全部被杀死，邓艾的妻子和孙子则被流放到西城（今陕西安康市西北）。一代名将竟落得如此下场！

不知不觉，时间来到了泰始九年（273），时间一晃，十年就要过去了。这年夏季的某天，司马炎向给事中樊建询问诸葛亮治理蜀国的策略，樊建做了详细介绍。司马炎认真听完后，不由得叹息道：“我怎么得不到像诸葛亮这样的属下呢？”

樊建也为邓艾的遭遇鸣不平，他一看今天是个好机会，顿时叩头道：“陛下心里知道邓艾是被冤枉的，但是却不给他平反昭雪，您就算得到诸葛亮，恐怕也会像冯唐说的那样！”公元前 166 年，汉文帝刘恒曾叹息自己没有福分得到像廉颇、李牧一样的名将，大臣冯唐则说，当时军中的奖励轻，限制重，即使文帝得到了廉颇李牧，也不能用。

司马炎大笑道："你提醒得很对。"于是召回邓艾的孙儿邓郎，任命其为郎中（职位次于尚书、侍郎的高级官员）。

第十一节 武帝后宫

像任何一个有正常需求的帝王一样，晋武帝司马炎也非常喜欢美女，搜罗治下美女是他的重要生活内容之一。泰始九年（273）秋，司马炎颁布诏书，准备挑选公卿及公卿以下官员的女儿，充实后宫。把女儿送到皇宫，有些官员是不想的，因为后宫佳丽太多，有些美女终其一生也难以得到皇帝临幸，最后只能落得个孤苦凄凉的结局，于是这些官员就把自己的女儿藏了起来。司马炎也考虑到了这一点，于是他又下令，胆敢隐藏不参加遴选的，治不敬之罪，格杀勿论，而且挑选工作结束之前，全国禁止婚嫁。司马炎派宦官专门乘坐使者的车辆，快马加鞭到各州郡网罗美女，然后再集中送到京城，等候下一场挑选。

司马炎让皇后杨艳替自己去选人，杨艳出于女人的自保和嫉妒，只选了那些身材修长、皮肤雪白的美女入宫，长得好看的则全都淘汰——看来司马炎看美女第一眼是看脸的啊。

大臣卞藩的女儿长得很漂亮，司马炎看上了。他用扇子遮住脸，偷偷对杨艳说："听说卞藩的女儿很漂亮，你要把她留下来。"杨艳却回答说："卞家女儿三代都当的是皇后（曹操妻，曹髦妻、曹奂妻），不能委屈这个姑娘，让她当妃嫔。"司马炎一听就来气了，皇后你什么意思？干脆回宫歇着吧。他开始亲自上阵挑选，所有中他意的美女，都要用红色的丝绢在手臂上扎一个结，作为记号。

晋朝后宫除皇后外的级别是这样的："贵嫔"为一级，"夫人"为二级，"贵人"为三级，这三位统称"三夫人"，位比前朝的三公。"淑妃"为四级，"淑媛"为五级，"淑仪"为六级，"修华"为七级，"修容"为八级，"修仪"为九级，"婕妤

（yú）”为十级，“容华”为十一级，“充华”为十二级，以上统称“九嫔”，位比九卿。十三级“美人”、十四级“才人”、十五级“中才人”则位比千石官员。

三公、九卿级别官员的女儿，在“三夫人”和“九嫔”之间加封；将军、校级的女儿，只能在十五级“中才人”至十三级的“美人”之间加封。

泰始十年（274）夏季，司马炎又下诏书，征集低级官员和普通百姓的女儿共五千人到皇宫集合，要在她们中挑选宫女。当然，如果被皇帝看上，这些宫女也随时会有被临幸的可能。一入皇宫，归家无期，当时母女们难分难舍，在皇宫内抱头大哭，哭声传到皇宫之外，听到的人无不悲伤动容。

司马炎的后宫里也不全是美女，也有“丑女”。是不是司马炎挑选的时候突然眼花挑选错了？不是的，这位与众不同的女子是因为才华被司马炎选中的，她叫左芬，是写出《三都赋》造成“洛阳纸贵”的左思的妹妹。左芬自幼好学，善于写文章，名声仅次于哥哥左思，司马炎为了博取好名声，就把她纳入了后宫。泰始八年（272），左芬被封为修仪，这是后宫中的第九级，起点也不低了。司马炎很看重左芬的文采，每当有土产与稀世珍宝进贡的时候，一定会让她写文章称颂，左芬也每每能写出令司马炎满意的文章来。她因为容貌一般而得不到宠幸，但又因文才而受到礼遇，多次获得恩赐，后来还被擢升为贵嫔。左芬的诗、赋、信等流传下来的有几十篇，其中就有司马炎命她写的关于愁思的文章——《离思赋》。

司马炎的后宫还有个特别的美女，是个小辣椒，她叫胡芳，是镇军大将军胡奋（胡烈的哥哥）的女儿。泰始九年（273）司马炎大选后宫的时候，胡芳被选上，下殿后便号啕大哭，左右赶紧制止她：“陛下如果听到哭声可不好啊。”胡芳任性地说：“我死都不怕，还怕什么陛下！”因为年龄小又漂亮，此时已经三十七岁的司马炎自然不会跟她计较，反而很喜欢她的这种自然流露，便封她为贵嫔。司马炎每次有问题问胡芳的时候，她都不加掩饰，快人快语，率直回答，举动刚直大方，司马炎因此对她越发宠爱，给她的待遇仅次于皇后。胡芳和司马炎生育了武安公主。

第十二节　杨艳去世

杨艳是个美丽且聪明的女人。

泰始十年（274）的时候，杨艳生病了，且一病不起。就在她生病时，有侍女禀报，皇帝最近去胡贵嫔（胡芳）那里的次数渐多，这让杨艳开始担心万一自己有意外，司马炎会立胡芳为皇后，这样的话，自己儿子司马衷的太子地位可能会不稳。

杨艳的病势转重，司马炎前去探视，杨艳用尽了最后的气力，用头枕着司马炎的腿，流着泪说道："陛下要答应我最后一件事情。"

司马炎赶忙问："什么事情？别说一件，就是一百件我也答应。"

杨艳说道："我叔叔杨骏有个女儿叫杨芷，才貌出众，我走了之后，请您娶她为后。"并显出非常悲伤的神态，不停地抽泣。望着这个自己曾经深爱的女人，司马炎也很伤感，泪流满面，当场许诺会迎娶杨芷为后。

这年秋天，皇后杨艳病逝，年三十七岁。她被安葬在峻阳陵，这座陵墓位于洛阳城北，是司马炎为自己预留的墓地。

这个秋天还发生了另一件事，就是司马炎任命了太常山涛（竹林七贤之一）为吏部尚书。此后，山涛负责晋朝官员的选拔任免工作有十多年，每当一个官位出现空缺时，他就拟定几个人选呈递给司马炎，等到皇帝暗示打算任用某人时，他再公开提名某人。司马炎选择的并不一定是山涛递交名单上列出的第一人，有的人不了解此事运作的内幕，便认为是山涛做事过于随意，选人没有标准。他们向司马炎打小报告，想不到，越是指责山涛，司马炎就越信任山涛。

山涛推荐官员时，对每个人都有简短的介绍和评语，他会把这些都收藏起来保存好，当时的人称之为“山公启事”。因其才能出众，山涛在朝廷上还是很有声望的，年纪过了七十还在主持朝中官员的任免事宜，即使一些出身高门士族家庭的年轻人也对他推崇备至。

山涛还向司马炎推荐过嵇康的儿子嵇绍当秘书郎，司马炎屡次下诏征辟，但嵇绍对当年老爸被司马家下令杀死的事耿耿于怀，一直推辞不受。山涛对他说：“因为这件事，我已经为你考虑很久了。天地之间，一年四季尚有此消彼长的变化，何况人呢！”嵇绍这才接受诏命，前往洛阳。司马炎见到他后，觉得他英姿飒爽，一表人才，干脆任命他为秘书丞（掌管文籍）。

贰 天下归晋

第十三节 羊祜上书伐吴

晋咸宁二年（276）十月，司马炎恢复了平南将军羊祜以前的职权，任命他为征南将军，兼开府仪同三司，将军府就设在襄阳。

羊祜上书司马炎，请求伐吴："先帝（指司马昭）顺应天时，在西部铲平了巴蜀，南部和孙吴交好，我朝得以休养生息，百姓有了乐安之心。但东吴背信弃义（指公元266年孙皓和晋朝断交），使两国边境重燃战火……不灭掉东吴，人民就不会得安宁。当年平蜀时，天下人都认为应当一并灭了吴国，而灭蜀之战距今已经过去十三年了。

"历史的经验表明，凭自然险阻得到存活的国家，当它的实力与敌国相差不大时，尚且足以自保，一旦敌人力量高于它，即使有高士谋划，天险也会被攻克。蜀国的边境可谓一夫当关千人难进，称得上险恶了，然而当我军前进时，蜀国就好像连一道篱笆都没有。我军乘胜而入，如狂风席卷残云一般，直接抵达成都，汉中一带的蜀兵像鸟一样躲在巢里不敢出动。他们并非没有作战之心，而是力量无法与我军抗衡。目前，长江、淮河的险恶不会超过剑阁①，孙皓的暴虐却超过刘禅，东吴人民的苦痛也更甚蜀国，而我们军队现在兵强马壮，物资充足，不趁此机会平吴，却只固守边境，使士兵役夫日夜辛苦于徭役，不是长久之法。

"现在如果派梁州、益州的部队水陆并进顺长江而下，荆、楚之兵进逼江陵，平南将军胡奋、豫州刺史王戎直指夏口，徐州、扬州、青州、兖州的部队也同一时间共

---

① 剑阁，位于今四川剑阁县东北，大剑山、小剑山之间，地势险峻，守剑门天险。李白《蜀道难》中曾说："剑阁峥嵘而崔嵬，一夫当关，万夫莫开。"

击建业，以屈身在东南一角的吴国，想要抵挡从四面八方攻来的大军，必然会兵力分散，处处告急，国内人心惶惶。到时候只要有一处突破，必使吴国上下震动，纵然有奇才出现也不能拯救其灭亡之势。且孙皓凶残成性，朝中早就上下离心，一旦我军兵临城下，必然会有人响应，出城投降，不会拼死抵抗，这是可以预见的。”

因为羊祜是西晋名将，也是我国历史上一位著名的将领，之后司马炎的伐吴之战也基本是按照羊祜进献的策略进行的，所以此处多收录了一点他的意见。

司马炎收到羊祜的奏章后深表赞同，但是大多数政府官员正在担心与秃发树机能的西北战事，无心伐吴，在这样的氛围下，司马炎也变得犹豫不决。

羊祜再上书道：“东吴平定之后，西北秃发树机能等人慑于威势，只会投降。现在问题的关键在于需要迅速消灭东吴。”

很多大臣仍然不同意，权臣贾充、荀勖、冯统这个“铁三角”更是坚决反对。羊祜叹道：“天下不如意的事总是十有七八，天予不取，岂不遗恨后世！”

只有度支尚书（相当于如今的财政部部长）杜预和中书令张华坚定地支持羊祜的伐吴计划，而皇帝司马炎还是犹豫不定。

第十四节　杨芷封后

之前讲到，先皇后杨艳去世前请求司马炎娶自己的堂妹杨芷为皇后，司马炎含泪答应。皇帝一诺千金，承诺了就要兑现，转眼两年过去了，到了咸宁二年（276）十月二十一日这天，司马炎正式迎娶杨芷。

杨芷（259—292）是杨艳叔叔杨骏的女儿，本年十八岁，字季兰，容貌端庄秀丽，性格温和。杨芷的父亲杨骏是杨艳父亲杨炳的亲弟弟，他们是东汉太尉杨震的后人，杨骏一共弟兄四个，分别是杨炳、杨骏、杨珧（yáo）和杨济。

一家出了两个皇后，杨家整个大家族都陷入一片欢乐的海洋，但还是有人对此忧心忡忡，怎么也高兴不起来，他就是杨家的老三杨珧。当初司马炎下聘礼时，他上书说："从古至今，一个家族之中如果出了两位皇后，这个家族就没有能够得到保全的。请您把我的这份奏章放到皇家祭庙中吧，如果日后事情如我所料，请赦免我。"司马炎批准了他的请求。

应该说杨珧是有先见之明的，在他无力阻挡灾祸降临的情况下，他所求的唯有自保。但可惜的是，他这份奏章并没有让他避免被杀的命运，这留待以后说到八王之乱的时候再讲。

十二月，司马炎破格提拔镇军将军杨骏为车骑将军，封临晋侯。从镇军将军到车骑将军，杨骏一步跨过了几个台阶。西晋的将军职位由高到低排序如下：骠骑、车骑、卫将军、伏波、抚军、都护、镇军、中军、四征（东西南北）、四镇（东西南北）、龙骧、典军、上军、辅国等。杨骏等于直升五级，晋级速度堪比火箭。当然，之前作为皇后杨艳的亲叔叔，他的职位也不低，现在成了皇后的亲爹，地位就更加显赫了。

对于杨骏的火箭式上升，朝廷内议论纷纷，尚书郭奕上书说："杨骏这个人器量太小，不能够担当国家重任。"但对于这些意见，司马炎一概不听。杨骏自以为有了皇帝的默许，更加不知收敛，行事愈发高调，趾高气扬，不可一世。

平南将军胡奋（贵嫔胡芳的父亲）看不惯杨骏，告诫他道："自从你女儿当了皇后以后，你就变得高高在上，目中无人！总结前代历史，和皇族结亲的能善终的不多，看你现在的言行，你的灾祸很快就会来了！"

杨骏冷笑道："你女儿不也在宫中吗？"

胡奋道："我女儿只是你女儿的仆人罢了，不会给家人带来多大好处，也不会给家人带来多大坏处。"

杨骏听罢，顿时对胡奋怀恨在心，但苦于抓不到胡奋的把柄，奈何不了他。

第十五节 宗王出镇

咸宁三年（277）三月，从西北战场传来好消息，平虏护军文鸯（238—291）统帅的军队大破秃发树机能，鲜卑、羌、氐等有二十多万人归降，但秃发树机能之乱并没有就此被平定。

文鸯为曹魏大将文钦[①]之子，曾经跟随父亲起兵反叛司马师，在司马师军中单人杀了几个来回，后随父投奔东吴，支援寿春的诸葛诞之乱。但因为有矛盾，文钦被诸葛诞杀死，文鸯投降魏国，之后入职晋朝。

本年，卫将军杨珧等人向司马炎上书说："古代分封诸侯，目的在于拱卫中央。而今所有的王公都集中在京都办公，遥领封国事务，并不是分封的本意。而且异姓的将领在边疆驻防时，最好也要选派皇室成员前去，作为参谋。"

司马炎认为杨珧讲得很有道理，遂批准同意。他以封邑人口的多少，把封国分为三等，大国设三军，五千人；次国设二军，三千人；小国设一军，一千五百人。其中宗王兼任军职、任都督的，得把封国迁到军区总部附近地区。

可能有朋友要问了，泰始元年（265）不就在封国建立军队了，怎么又组建部队呢？其实泰始元年那次还只是个设想，因为分封的宗王都集中在首都洛阳或出镇某一地方，都没有住在封国，所以并未真正这么做，而这次是重申也是实行，要重新组建部队，建立健全机构。

---

① 文钦（？—258），字仲若，谯郡（今安徽亳州市）人，三国时期曹魏将领。正元二年（255），文钦与毋丘俭等在寿春起兵勤王，讨伐司马师，兵败后投奔吴国。

咸宁三年（277）八月二十一日，司马炎下诏，扶风王司马亮改封汝南王，加镇南大将军，都督豫州诸军事；琅琊王司马伦改封赵王，督邺城守军事；渤海王司马辅改封太原王，监并州诸军事；东莞王司马伷（zhòu）改封琅琊王，驻徐州；汝阴王司马骏改封扶风王，驻关中；太原王司马颙（yóng）改封河间王；汝南王司马柬改封汝南王。

我们可以看出，虽然有些宗王的封国是一个郡，但却领导着本州或几个州的兵力，比如司马亮都督豫州诸军事，而豫州当时有十个郡。这是司马炎综合古今等各方面条件，做出的一个奇特的制度安排。

凡不兼任朝廷官职的宗王，全部遣送回本人封国。各宗王公爵怀着对京师洛阳的繁华景象和大小艺伎的恋恋不舍，洒泪而别，各回封国去了。

借此机会，司马炎又封皇子司马玮为始平王、司马允为濮阳王、司马该为新都王、司马遐为清河王。此外又封了一些异姓的郡级公爵和郡级侯爵：封贾充为鲁郡公，追封王沈为博陵郡公。他也改封巨平侯羊祜为南城郡侯，但羊祜坚辞不接受。

第十六节　杜武库

咸宁四年（278）秋季，晋朝的司州（首府洛阳所在的州）、冀州、兖州、豫州、荆州、扬州等共六个州（近全国州郡的半数）大水泛滥，大量农田被淹没，房屋受损严重，无法在原居住地生活的老百姓流离失所，扶老携幼投亲靠友，场面十分凄凉。同时还有螟虫大量繁殖，啃食庄稼。面对如此严重的自然灾害，司马炎也坐卧不安。一天，他质问有关部门道："有什么办法可以帮助老百姓摆脱困境？"

这时候的度支尚书是杜预。以前提到过这个名字，为免忘记，现在还是简单介绍一下他的履历。杜预（222—285），字元凯，京兆杜陵（今陕西西安市东南）人，祖父杜畿，是曹魏的尚书仆射，父亲杜恕是幽州刺史。杜预博览群书，学识广博。钟会伐蜀时，他为镇西将军府的长史，等到钟会反叛，幕僚一并被杀，只有杜预凭借智慧幸免于难。卫瓘公报私仇，派田续击斩邓艾时，杜预掩饰不住悲愤之情，在大庭广众之下公开谴责卫瓘。后卫瓘前去拜会杜预，当面认错。泰始六年（270）因在讨伐秃发树机能的问题上和统率石鉴有矛盾，杜预不听号令被免职，但因他善于运筹谋划，不久后即被任命为度支尚书。

面对目前的国家面临的水灾困局，杜预上书道："本次的水灾，东南地区最为严重。请陛下下令让兖州、豫州等地整修加固汉朝时期遗留下来的河堤，使它们能够储水，然后疏通河道，把水引走，让受灾群众可以打捞螺蚌等水产，用以维持最基本的生活。这是目前救急的最好办法。等洪水退去后，那些被洪水毁坏过的农田，每亩应只象征性地收取一点赋税，这是明年的救灾办法。典牧有种牛四万五千多头，平时不从事农耕生产，有的到老了还没有穿鼻（牛比较犟，牛鼻神经敏感，穿鼻后拉着绳子它才听话），这时候应该把这些牛发给受灾群众用作农耕，等到田里的收成恢复了，再征收相应租税，这可以使他们数年受益。”

司马炎对杜预的建议很满意，当即批准实施。灾民靠着这些救济政策，得以维系生活。杜预共任度支尚书七年，改革的各类政务条令数不胜数，获得朝野上下的一致称赞。大家都称他为“杜武库”，形容他点子多，像一个武器库一样，层出不穷，应有尽有。

第十七节　测试太子

咸宁四年（278）十月，司马炎征召征北大将军卫瓘为尚书令。卫瓘（220—291），字伯玉，河东安邑（今山西夏县西北）人，曹魏尚书卫觊之子。卫瓘十岁的时候父亲就去世了，他承袭了父亲的爵位。长大后的卫瓘是一位玉树临风的大帅哥，二十岁的时候被任命为曹魏的尚书郎。他性情文静，以有见识著称，后被任命为廷尉卿（九卿之一）。钟会、邓艾伐蜀的时候，卫瓘以廷尉卿身份持节①监军（表面上代表皇帝行事，实际代表司马昭），身边配备一千名警卫士兵。卫瓘和钟会一起陷害邓艾，后又派田续诛杀邓艾父子，因此备受非议。卫瓘历任镇西将军、征东将军、征北将军，这次司马炎征召他为尚书令。

当时，大家都知道太子司马衷发育迟缓，头脑愚钝，等司马炎驾崩之后，他恐怕无法担当起帝王的重任。卫瓘也有这种担忧。

有一天司马炎在凌云台（洛阳城内标志性高层建筑）设宴，和高级官员聚会畅饮。卫瓘一看这是个进谏的好机会，就假装喝醉了，跪到司马炎的床前，压低声音说道："臣有本上奏。"

司马炎喝酒正喝到兴头上，听到卫瓘这么说，便顺势问道："爱卿有什么话要说？"

卫瓘吞吞吐吐，欲言又止，反复几次，终于还是把话给憋回去了。

司马炎一看，很不耐烦，说："爱卿你这是做什么？依你的酒量还没到说不出来

---

①"使持节"的权力限度最高，无论平时或战时，都可以诛杀太守以下官员。"持节"次之，平时不能诛杀官员，只可诛杀平民，战时可以诛杀太守以下官员。"假节"，只可在战时诛杀违法军法的人。

话的程度，你到底想说什么，快说！”

最后，卫瓘喝了口酒压压惊，壮着胆子用手抚摸着司马炎的御床，说：“这个座位可惜了！”

司马炎终于知道他要说什么了，立即打断他说：“爱卿真是喝大了啊。”卫瓘一看司马炎没有换太子的想法，从此也就不再提废掉太子的事情了。

自己的孩子自己心里最清楚，司马衷到底表现怎么样，司马炎是知道的，但为了堵住朝臣的口，他还是需要设计出一种方案。

某天，司马炎设下宴席，让在东宫任职的大小官员全体进宫欢宴，这也是为了支开众人，防止眼多嘴杂。然后他把尚书省呈送的若干难以决断的事情的请示文件密封起来，送给太子司马衷裁断，并留信使等待答复。

太子妃贾南风大为紧张，急忙请高人代为作答。这些答案全都引经据典，文采飞扬，给使张泓看过后对贾南风说：“太子没有读过那么多书，圣上是知道的，而这些答复却能援引古人那么多经典语句，圣上一定会追查代答题的人，这就加重了太子的罪过，咱们不如直来直去，平铺直叙。”

贾南风一听大喜，顿时舒展眉头，对张泓说：“就由你来代为答题吧，日后太子继位，富贵不会少了你的份儿。”

张泓素来有点小才，当即模仿着司马衷的口吻，拟好一份答案，让司马衷照抄一遍上交。

司马炎拿到答案后很满意。你卫瓘不是认为太子不行吗，看之后你还有什么话说！

他首先把这份答案拿给卫瓘看，卫瓘脸唰地就变了色。这时候周围的人也都明白是怎么回事了，一时间屋内一片“万岁、万岁、万万岁”的高呼声。太子的地位经过这一场测试，算是彻底稳固了。

贾充当时也在场，事后他秘密派人告诉女儿贾南风道：“卫瓘这个老东西，几乎要毁了你和太子！”从此贾南风对卫瓘恨之入骨，八王之乱中，她借机报复，卫氏被灭族。

第十八节　羊祜病逝

咸宁四年（278）冬季，羊祜生病了。这场病来得很凶，自己的身体自己最了解，羊祜预感自己时日无多，便亲自到洛阳觐见司马炎，陈述伐吴大计。到洛阳后，司马炎特批羊祜坐软轿到金銮大殿，还免去叩拜之礼，叫他直接落座。羊祜当面向司马炎报告进攻东吴的详细计划，司马炎表示完全赞同。

因为病重，羊祜行动不便，司马炎又派中书令张华到他府上请教伐吴的具体战略，羊祜道："孙皓的暴虐已经疯狂到了极点，只要我们大军压境，就能不战而屈人之兵。万一孙皓死去，吴国出现明君，全国上下人心一致，我们纵然有百万雄师，想要攻过长江也不太可能，这将是后患啊。"说罢，他又指了指张华，说："能帮我完成这个志愿的，就是你了！"

张华回去后向司马炎禀报，司马炎思来想去，还是打算让羊祜带病出征，哪怕是躺在车上指挥作战。羊祜道："讨伐东吴并不是非要我去不可，功名利禄对我来讲也已不重要。但平灭东吴之后，还请陛下多多费心思虑，希望您任命管理这块土地的官员时，要慎之又慎。"

咸宁四年（278）冬季，羊祜病逝，终年五十八岁，谥号"成"，一代名将就此谢幕。羊祜去世前，推荐杜预接任自己的职务，司马炎同意了。

羊祜为人清廉节俭，吃穿用度都很简单，得到的俸禄一部分资助了族人，一部分赏赐了军士，家中没有多余的财产。他女婿曾经劝他置办一些产业，以备告老还乡之用，羊祜却说，你们知其一不知其二，一旦有了私心就容易背叛公义，你们应该明白我的心意。羊祜一生深得司马昭、司马炎父子信任，先后担任多个重要领导职务，不过他不是个会自恃功劳的人。他提出的所有关于改革、谋略和用人方面的建议，草稿都会被拿去烧掉，当时的人们都不知道是他草拟出了这些内容;被他推荐后当官的人，也不知道究竟是谁推荐的自己。羊祜经常说:“朝廷发布了官员任命状，官员却到推荐他的人家门前去拜谢，以至于形成门第现象。我可不敢这么做。”

羊祜去世后，司马炎穿素服亲自前往吊唁，哭得十分伤心。这一天非常寒冷，司马炎的鼻涕眼泪都粘在了胡须上，结成了冰。荆州百姓听到羊祜去世的消息，男女老少都痛哭流涕，店面自动关门歇业为他哀悼。就连敌国吴国边境将士也都难过落泪了。羊祜留下遗嘱不许把南城郡侯的印信放入棺材随葬，对此司马炎特别下诏:“羊公几年来一直拒绝郡侯的封爵，志不可夺。但他虽身死而谦让尚存，这样的操行更能激励后人。现在恢复他县侯的爵位，以彰显他高尚的品德。”司马炎在靠近皇陵的地方选择了一块墓地埋葬羊祜。

羊祜喜欢游览岘（xiàn）山（今湖北襄阳市南），襄阳的百姓就在岘山上面建庙立碑纪念他。看到纪念碑的人都会忍不住滚下热泪，杜预便把石碑命名为“堕泪碑”。唐代大诗人孟浩然有诗道:“人事有代谢，往来成古今。江山留胜迹，我辈复登临。水落鱼梁浅，天寒梦泽深。羊公碑尚在，读罢泪沾襟。”

羊祜文笔很好，所写的文章及《老子传》都流传于世。

第十九节　奢华何曾

咸宁四年（278）十二月十三日，西晋的太宰朗陵公何曾逝世，年七十九岁。

何曾，字颖考，陈郡阳夏（今河南周口市太康县）人，父亲何夔（kuí），是曹魏的太仆，封阳武亭侯。何曾年少时就继承了父亲的爵位，跟其他优秀人物一样，他从小很爱学习，见识广博，在乡里有良好的名声。曹魏时期他出仕做官，多次获得升迁，嘉平（249—254，曹芳的第二个年号）年间任司隶校尉，负责治理洛阳。当时有个叫尹模的人因受宠而恣意妄为、巧取豪夺，非法获得巨额利益，但朝廷内外都惧怕他的威势，不敢向皇上直言。何曾不畏权势，上书弹劾他，因此获得一致好评。

何曾和司马家关系很好，当年司马懿宣称有病不再上朝，何曾也跟着称病引退，直到曹爽被诛才又出来做官。曹魏正元年间（254—256，曹髦的第一个年号），何曾被任命为镇北将军、都督河北诸军事。将要去赴任的时候，司马昭派司马炎和司马攸前去送行。他们兄弟和何曾一边走一边聊，不觉走出了几十里路，到了河北地界。何曾一看都到这么远了，便说要尽地主之谊，命人准备牛羊猪肉等丰盛的食物和美酒，尽情招待司马炎等人，大家都酒足饭饱，很尽兴。

何曾之前在司马昭面前积极谏言，要求立司马炎为世子，这些司马炎都看在眼里记在心头。等司马炎继承王位后，便任命何曾为自己封国晋国的丞相。后来曹魏的皇帝曹奂禅位，何曾与裴秀、王沈等人一起劝司马炎登皇帝位。司马炎登基后，封何曾为司徒，爵位晋升为公，食邑一千八百户，后又晋位为太傅、太宰，并且特批他朝会时可以佩剑穿鞋，乘车上殿，待遇和西汉时的萧何一样。

何曾非常孝顺，和王祥、荀顗并称为西晋“三大孝”。他行事严肃庄重，从小到大都不沉迷歌舞娱乐，也不养小老婆，与妻子相敬如宾。年老以后，与妻子相见时也仍然端正衣帽，自己面向南，妻子面向北，拜两拜再上酒，敬酒完毕后就出去了。何曾看不惯竹林七贤之一的阮籍在守丧期间饮酒吃肉，一度请求司马昭流放阮籍，但司马炎很欣赏阮籍的才华，把他保下来了。

就是这样一个不追求女色享受的人，但却沉溺于物质生活的奢侈无度。何曾在生活上豪华铺张，帷帐车服要尽可能的华丽，酒席饭食的用度甚至超过王室贵族。每逢朝廷宴会，他都不吃御膳房准备的食物，嫌弃不够好，皇帝司马炎也不恼，宽容地允许他取自家的食物来宴上。

司马炎在这方面对何曾这么宽容，大概是因为他的一个身份——美食家。何曾对美食确实是颇有研究，还著有《食蔬》一书，专门记载各种食谱。何曾食不厌精脍不厌细，连蒸饼都是不裂开十字的不吃——裂开口的蒸饼就相当于现在的开花馒头，是需要经过发酵后再蒸的，松软可口，易于消化。他一天饮食耗费一万钱，还说无处下筷子。

这里说的一万钱，指的是五铢钱。根据有关资料介绍，西晋的时候，一万钱的价值相当于一两黄金。如果按我写作这天一克黄金约二百八十元计算，一两黄金就是一万四。就算在今天，有谁一天吃喝消耗万元以上，也是非常奢侈的了。

司隶校尉刘毅数次弹劾何曾奢靡浪费，但司马炎认为何曾是国家元老，又对自己有恩，不予理会。都官从事（司隶校尉的助手）刘亨也曾经上奏说何曾过于奢华，用铜钩丝带（铜在当时比较值钱）做牛鼻绳、装饰牛的蹄角。后来何曾召刘亨做属官，有人劝刘亨不要去，刘亨坦荡，觉得这完全是公事，不应卷入私人恩怨，就去了。但就像别人担心的那样，何曾睚眦必报，常因为一些小事对刘亨施以杖罚。

何曾趋炎附势，当时贾充权势熏天，他就主动投靠，打压正直的庾纯等人，受到朝内正义之士的非议。

何曾去世后，在讨论该给他什么样的谥号时，博士秦秀说："何曾奢侈无度、铺张浪费，在朝野影响很不好。宰相大臣本是全国官员的榜样，如果在世的时候随心所欲，死了之后又没有贬抑，那各位王公大臣还怕什么？依照《谥法》的规定，名誉和实际不符的称为'缪'，肆意妄为的叫作'丑'，应该赐何曾为'丑缪公'。"

不过看在以往情分的面子上，司马炎不予采纳，下诏赐何曾谥号为“孝”。

由俭入奢易，由奢入俭难，何曾奢侈的作风传染给了儿子何劭，这一位青出于蓝而胜于蓝，日食以两万钱为限。

八王之乱中，何家被灭族，但何曾、何劭这种奢侈的生活方式没有消失，还很快被一个“花钱达人”超越了，这个人叫石崇。

第二十节　马隆西征

咸宁四年（278）正月，从西北战场传来了坏消息，凉州刺史杨欣大败，阵亡，成了第三个阵亡的凉州刺史（另两个是胡烈、牵弘）。咸宁五年（279）正月，又传来了秃发树机能攻陷凉州的消息，朝野震惊。

司马炎亲自主持金銮殿朝会，讨论西北战事。面对这场已经打了八年多的战争，司马炎叹息道："哪位将军能为我荡平这个逆贼呢？！"

站在阶下的朝臣面面相觑，不敢搭腔，殿内一片寂静。这时候，只听一个声音高喊："陛下就把秃发这帮贼寇交给我收拾吧！"大家循着声音一看，原来是司马督（六品军事官）马隆。

马隆（生卒年不详），字孝兴，兖州东平人，少年时就表现得有勇有谋。曹魏时，兖州刺史令狐愚[①]因罪被暴尸，没有人敢为他收葬，马隆自称是令狐愚的门客，出钱偷偷埋葬了他，并在墓地种植松柏，守丧整整三年，全州的人都把这件事作为美谈。西晋建立后，因为东吴未灭，司马炎号召在全境选拔猛士充实部队，兖州推荐了马隆。因在部队表现优异，马隆逐渐升迁至司马督。

这次司马炎要征召可以平定秃发树机能的勇将，马隆主动请缨。只听他接着说道："陛下如果能用微臣，微臣必不负所望，荡平贼寇！"

---

① 令狐愚（？—249），字公治，太原人。曹魏时期将领，曾与太尉王凌一起密谋废除曹芳，改立楚王曹彪为帝。还未动手，令狐愚就病逝了。后来消息泄露，王凌服毒自尽。司马懿下令把令狐愚和王凌开棺暴尸三日，并夷三族。

司马炎闻听大喜，但一看是马隆，职务不高，心里也犯嘀咕，便问："现在正是用人之际，只要能荡平反贼，我怎么会不任用你呢？只是不知道你有什么谋略，能这般有底气？说来听听。"

马隆知道皇帝不相信自己，便说："微臣请求陛下让我自主招募勇士三千人，不管他们的出身，不管他们家乡是哪里。经过训练后，我率领他们击鼓西进，凭借陛下的声威恩德，消灭贼寇指日可待。"

司马炎大喜过望，当即任命马隆为讨虏护军，兼武威郡太守。

大殿内很多官员都不同意，纷纷提出质疑："朝廷六军兵力已经够多，州郡的兵力也不少，动用他们即可，不宜再另行悬赏招募兵员，扰乱现有的正常军事制度。马隆也只是个低级军官，请陛下不要听他信口开河。"

司马炎不听，坚决任用了马隆。

于是马隆开始招兵。他订立了招募标准：双臂能拉开一百二十斤巨弓，用腰力能拉开一千零八十斤巨弩的，即可入军效命。应征者前来考试，从早晨到中午，选拔了三千五百人，马隆才说够了。

马隆带着这些新兵到武器库挑选武器，但他事先没给好处，看管武器库的武库令不让他们挑，只给他们一些旧武器。马隆气愤不过，和武库令发生了激烈争执。御史中丞听说后，上书弹劾马隆，但马隆反驳说："我们将要血染沙场，可是武库令却拿曹魏时期的已经生锈腐朽的旧武器给我们，这让我们怎么上战场杀敌？相信这绝不是陛下派我们出征的本意！"

司马炎听说后，命武库令打开仓库，让马隆他们随意挑选，并拨付给他们够用三年的军需物资，叫他们即刻动身出发。

马隆率领士兵一路向西挺进，顺势渡过了温水，秃发树机能率数万士兵予以阻截。鲜卑人熟悉地形，有时凭借天险拦在马隆一行人的前面，有时又设下埋伏截断马隆的后路，行踪飘忽不定。

但马隆他们一路克难攻坚，坚定前进。马隆根据八阵图制作扁厢车[①]，遇到土地宽阔时就扎下车的尖头，把车并列起来作为营垒，遇到道路狭窄时就建造坚固木屋加在车上，边作战边前进。这给他们带来了便利，弓箭所射到之处，敌人应声而倒。

马隆又运用奇谋，趁其不备，出奇制胜。他命人在路两边堆砌磁石，秃发树机能的士兵全身都穿戴铁盔铁甲，路过时便被吸住不能动弹，而晋军都披着犀牛皮做的盔甲，磁石不起作用，于是树机能的叛军被马隆军砍瓜切菜似的砍杀。叛军懵了，以为晋朝军是天神下凡，有神仙相助，军心开始动摇，战斗力锐减，马隆趁机率领军队转战千里，杀敌数以千计。

因为过去通信不发达，不像现在有卫星通信系统，消息传递速度很慢，所以马隆奔赴西部以来音讯皆无，朝廷很担心他，也很担心战事，慢慢地，竟有人说他已经死了。后来马隆的信使终于到达京师洛阳报信，当时是在半夜，司马炎马上召见，听到捷报后高兴得鼓掌大笑。

第二天一大早，司马炎召集群臣开会，训斥他们道："马隆以弱小部队，奋不顾身，英勇杀敌，取得了一连串的胜利。我如果当初听了你们的话，秦州、凉州早就没有了！"又下诏升马隆为宣威将军，假节（战时有权力斩杀犯军令的人）。

此时的马隆还拼杀在第一线。到了威武后，敌人的首领猝跋韩、且万能等率领一万多家来归降，马隆部队声威大震。

咸宁五年（279）十二月，马隆与秃发树机能进行决战，力斩其首级，凉州十年之乱终于完全平定。回朝后，马隆和将士们都得到了显赫的官爵。

后马隆被封为奉高县侯，加授东羌校尉，任职十多年，名扬西北，最终在任上去世。马隆的儿子马咸也是一员猛将，之后在八王之乱中还会提到他。

① 扁厢车，战车的一种，车身大幅度缩减，适合狭窄道路前行，是基于用战车阻击敌人骑兵的想法改进出来的。诸葛亮首先使用这一战术。

第二十一节　《竹书纪年》出土

咸宁五年（279）十月，在河内郡汲县（今河南卫辉市）发生了一件对中国历史有重要影响的事件——一个名叫不准的盗墓贼挖了魏襄王[①]的坟。

不准是当时著名的盗墓贼，据说当他进入魏襄王那漆黑一片的墓室后，不一会儿火把就燃尽了，他见墓道里有大量竹简，便捡起来点着了照明，借着这光，他搜寻到一些金银珠宝，然后就溜出来逃跑了。

几天后，有老百姓发现墓地被盗，报告给了官府，官府派人来到现场，发现了大量或整齐堆放或四下散落的竹简。官府的人从墓葬规格判断，觉得这不是一般的墓地，不敢擅自处理，便立即上报，后来这件事逐级上报至晋武帝司马炎的耳中。

司马炎接到报告后，也预感到这座墓葬的价值非同寻常，命人将竹简装车运到洛阳，足足装满了几十车。书简到了洛阳后，他立即组建了临时班子负责竹简的清理工作，由中书监荀勖、中书令和峤任组长，小组成员有束皙、卫恒等数位当时的学界泰斗，当然还有一些助手，负责整理、解读这些竹简。

因为小组的两位组长平时还承担着重要的政务工作，整理竹简的工作主要由束皙等人来做。束皙（261—300），字广微，阳平元城（今河北大名县）人。卫恒（？—291），字巨山，河东安邑（今山西夏县）人，卫瓘之子。竹简上的字都是蝌蚪体，难倒了很多学者，束皙等人只能一片一片地整理、除尘、修复、辨认、翻译。这是个复杂的工程，前后花费了十几年的时间，整理出的结果震惊了当时的史学界，束皙等人

① 魏襄王（？—前 296），战国时期魏国的第四任国君，公元前 318 年到公元前 296 年在位。

也因为整理有功而被升官，具体官职这里就不再一一细表。后人专门给这批出土的竹简起了名字，叫《竹书纪年》，又称《汲冢纪年》或《古文纪年》。

《竹书纪年》共十三篇，记述了八十九位帝王，共一千八百四十七年的历史。它叙述夏、商、西周和春秋、战国的历史，以君主纪年为纲目，按年编次，周平王东迁后用晋国的方式纪年，韩、赵、魏三家分晋后用魏国的方式纪年，至魏襄王二十年为止。秦始皇统一六国后，针对当时一些代表六国的分裂势力发布了焚书令，规定史官须将《秦记》以外的史书全部烧毁，亦即除博士官掌管收藏外，天下所有史书和诸子百家书籍一律要送到郡中烧毁。秦始皇焚书的后果是惨痛的，战国时期的各国史书，除秦国的以外均被毁坏，因此《竹书纪年》就成了中国古代唯一留存的未经秦火的编年通史。但它在宋时历经了佚散，之后又被重新搜集整理，这在一定程度上降低了其可信度和史料价值。

《竹书纪年》比司马迁著的《史记》还要早成书二百年。古本《竹书纪年》里说，商王朝自盘庚迁殷后，经过二百七十三年被周朝所灭，而《史记》记录为七百七十三年，两相对照，后者的记录整整多了五百年。古本《竹书纪年》与《史记》的这一段公案，因为甲骨文科学考古工作的推进而终得定论。经过考证，古本《竹书纪年》的说法是正确的。目前学界普遍认为，商王盘庚迁都直到商王朝覆灭，只经历了二百多年时光。由于盗墓者不准的闯入，揭开了这消失的五百年的历史谜案，纠正了《史记》中一个极为罕见的错误。

很多后人写书的时候都参考了《竹书纪年》，例如唐代著名史学家司马贞的《史记索隐》①、郦道元②的《水经注》、郭璞③的《山海经注》等。

---

① 司马贞《史记索隐》与南朝时期的宋国裴骃的《史记集解》、唐朝张守节的《史记正义》合称“史记三家注”。

② 郦道元，公元 466 年至公元 472 年间出生，公元 527 年去世，南北朝时期北魏著名地理学家。

③ 郭璞（276—324），两晋时期著名文学家、训诂学家、风水学者。

第二十二节　六路大军齐伐吴

时间进入咸宁五年（279）秋季，王濬、杜预接连上书，力主灭吴。

当他们的奏章送达时，司马炎正在跟张华下棋。张华推开棋盘，垂下双手，说道："陛下是圣君，现在我们国富民强，兵士战斗力旺盛，相反，东吴孙皓昏庸残暴，杀害贤良，已经众叛亲离。如果现在兴兵讨伐，可以轻松地平定东吴，活捉孙皓，请陛下不要再迟疑！"

这时候西北战场捷报频传，司马炎也认为是时候解决东吴的问题，一统天下了。咸宁五年（279）十一月，司马炎开始分兵派将，命镇军将军琅琊王司马伷出涂中（今安徽滁州市一带），安东将军王浑出江西（长江以西），时任豫州刺史、建威将军的竹林七贤之一王戎出武昌（今湖北鄂州市），平南将军胡奋出夏口（夏水注入长江处），镇南大将军杜预出江陵（今湖北江陵县），益州刺史王濬和巴东郡（今重庆奉节县东）监军唐彬则从巴蜀顺长江而下。六路大军，共二十万兵士，东西并进，同时开拔，誓要对东吴要发动灭国大战。同时，司马炎任命张华为度支尚书，负责调度、运送粮草等物资。

二十万大军出动，非同小可，司马炎还要选派一位资历老、自己信得过的元勋担任钦差大臣，节制各路兵马。他想到了贾充，但贾充推辞不干，因为他反对伐吴——他怕伐吴不成功自己亏掉老本。贾充推脱说自己年龄已经大了，脑子反应慢，这个重任实在担当不起。司马炎说："爱卿如果不去，我就御驾亲征。"贾充一看没办法，才不情愿地接受了。司马炎命贾充当钦差大臣、大都督，持节，假黄钺[①]，又命冠军将军杨济为副都督。他们率领中央禁卫军进驻襄阳（今湖北襄阳市），指挥调度各路兵马。

镇南大将军杜预进攻东吴江陵，安东将军王浑进攻东吴沿边城池和营寨，这两路势如破竹，攻无不克，一路前进。

咸宁六年（280）二月一日，王濬、唐彬率领舰队浩浩荡荡，顺长江而下。舰队大船长一百二十步（约一百三十二米），能载两千多人。大船周边以木栅为城，修城楼望台，有四道门出入，船上可以来往驰马，又在船头上画上鹢（yì）鸟（一种似鹭的水鸟）的头和各种怪兽，用来恫吓江神。这艘舰船规模之大，史无前例。

当年王濬在益州造大船，碎木顺长江而下，布满长江水面，建平郡（今重庆巫山县）太守吾彦发现后，认为晋朝有进攻东吴的计划，赶快向孙皓报告，但孙皓不以为然。

吾彦没有办法，只得自己做些防御准备。他用粗大的铁链横跨长江，固定在两岸，形成一道铁链防线，阻拦大船通过；又打铸了大铁锥，一丈多长（二十多米），沉到长江中，预备破坏舰船底部，使它沉没。

但王濬也掌握了吾彦的部署，他提前准备了方形大船，满载身披铠甲、手执利刃的稻草人，用以迷惑东吴士兵，然后命游泳技术精湛的士兵乘坐小船开路，铁锥撞到小船，附着在船底，就被小船带着顺流而下，沉没在下游河床深处了。王濬又提前造好了非常大的火炬，长十多丈，数十个人才能搂抱过来，其上浸满麻油，放在舰船前面，遇到横跨江面的大铁链时，就点燃火炬，一会儿工夫铁链熔化断开，航道顿时通畅。

二月三日，王濬攻克西陵，斩留宪等东吴大将；二月五日，攻克荆门、夷道（均在今湖北宜都市境内），斩陆晏（陆抗长子）等东吴大将。

杜预采用疑兵之计，派牙门官（即营门官）周旨率领八百名骑兵，趁夜色掩护渡过长江，袭击乐乡（今湖北江陵县西南）。周旨竖起许多面旗帜，又在巴山放起火

① 黄钺，以黄金为饰的长柄斧子，古代帝王权力的象征。假黄钺，即把黄钺借给大臣，有大臣代表皇帝亲征的意思。

来，远远望去，好像有千军万马袭来。吴都督孙歆见这阵势非常害怕，写信给江陵督伍延说："晋朝军队好像是长了翅膀飞过江的！"

周旨等人埋伏在乐乡城外，孙歆派兵出城迎战，结果大败而回。周旨又让伏兵尾随孙歆的军队进了城，孙歆没有觉察，晋兵一直杀到了孙歆的帐幕之下，活捉孙歆而回。

二月八日，王濬斩杀了吴水军都督陆景（陆抗次子）。二月十七日，杜预攻克了江陵，斩杀伍延。从沅江、湘江以南地区，到交州（今越南北部）、广州等州郡，全都闻风而降，杜预捧出皇帝符节予以安抚。至此，晋军总共俘获、杀死吴都督、监军十四人，牙门、太守等一百二十多人。胡奋也顺利攻下了江安。

二月十八日，司马炎下诏："王濬、唐彬已经平定了巴陵（今湖南岳阳市），要立即与胡奋、王戎一同攻击夏口、武昌，然后顺长江而下直指建业。杜预则应当安抚零陵（今湖南永州市）、桂阳（今湖南郴州市），并设法招降衡阳（今湖南湘潭市）守军。大军抵达后，荆州以南的地区发布文告即可招降平定，然后杜预等人各自分兵增援王濬、唐彬，太尉贾充转移到项县（今河南沈丘县）驻扎。"

王戎派遣参军罗尚、刘乔率军与王濬会师一起攻打武昌。吴江夏郡太守刘朗、督武昌诸军虞昺（bǐng）也识时务地投降了。

杜预主持召开军事碰头会，会上有将领说："东吴积蓄了近百年的实力，不可能瞬间就土崩瓦解。现在正是春季，冰雪融化，雨水渐多，河水即将泛滥，行军困难，最好等到冬季，再大举进攻。"

杜预说道："从前，乐毅济西一战而胜①，吞并强齐，就此立威。目前我军兵威已振，这就好比劈砍竹子，破开数节之后，剩下的就迎刃而解，不用再费多大力气了（这就是成语"势如破竹"的出处）。"

杜预面授诸将机宜，率军直指吴都建业。

东吴皇帝孙皓听说晋军南下，命令丞相张悌率丹阳郡太守沈莹、护军孙震、副军师诸葛靓（jìng）等率领部队三万人北上渡江迎战。

---

① 济西之战发生于公元前284年，燕国军队夺取齐国七十余城池，大获全胜。

走到牛渚（今安徽马鞍山市西南采石矶）时，沈莹说："晋在巴蜀训练水军已经很长时间了，而我们上游部队防守向来松懈，名将又相继去世了，现在只是些年轻人在担当重任，恐怕抵挡不住。晋的水军必然要来到牛渚，我们应当集中兵力，守株待兔，以逸待劳，在这里与他们决一死战。假如有幸能够取胜，那么江北地区自然就太平了。如果现在渡江与晋军交战，一旦战败，大势去矣。"

张悌不同意，他反驳道："我们东吴将要亡国，这是人人皆知的事实，不是今日才有的事。我担心巴蜀之兵兵临城下时，我军恐惧过度，会不战自溃。趁着现在渡江，尚且还能与晋决一死战，如果失败，不过就是为国捐躯，死而无憾；假如能够取胜，那么敌军奔逃，我军声势就将倍增，然后可以乘胜西上，在长江中游迎击敌人，那样就不愁不能破敌了。要是依你的计谋，恐怕兵士早都四散奔逃了！到时候坐等敌军到来，然后君臣一起投降，没有人为国殉难，这难道不是很耻辱的事情吗？！"

第二十三节　三国归晋

咸宁六年（280）三月，东吴丞相张悌等人渡过长江，包围了王浑的部将都尉张乔。当时张乔手下只有七千人，他关闭了营垒请求投降。诸葛靓想把他们都杀了，张悌劝阻道："强敌还在后面，不要做这种无谓的事情，再说杀降兵降将也不吉利。"诸葛靓道："这些人只是假装投降拖延时间罢了，此时不除掉定有后患。"张悌不听，仍旧接受了降书，并命张乔部队就地驻扎。

张悌大军继续前进，不久遭遇了晋朝的扬州刺史周浚率领的部队，两军列队对峙。东吴大将沈莹亲自领精锐敢死队员五千人，对晋军发动猛烈冲锋，一连三次，但晋军顽强地顶住了攻击，岿然不动。沈莹一看晋军防守有方，一时攻不下来，而此时东吴士兵已经士气低落，军容不整，无奈只得后退。晋将军薛胜、蒋班瞅准时机反攻过来，吴军抵挡不住，溃不成军，四散奔逃，无论沈莹怎么喝止都没有用。这时，假降的张乔又从背后杀过来，在板桥（今江苏南京市江宁区）大破吴军，斩首无数。

诸葛靓带了几百名亲兵逃走，走了一段没有看见张悌，便派人去接应。不想前去接应的人见到张悌后，张悌不肯走，诸葛靓又亲自去接他，张悌还是不走。诸葛靓着急道："存亡自有天数，非一人之力，为什么你非要求死呢？"张悌流泪说道："仲思（诸葛靓的字），今天是我为国殉难的日子。我还是一个小孩子的时候，就被你家丞相（指诸葛瑾）赏识提拔。我常常怕我死得没有意义，辜负了先贤的知遇之恩，现在我能以身报国，还有什么可遗憾的！"诸葛靓再三想拉他走，还是拉不动，只好流泪与他辞别。走出一百多步远，诸葛靓回过头再看张悌时，他已经被晋军乱刃杀死。这一仗，包括孙震、沈莹等将领在内的七千八百人全部被杀。

丞相被杀，东吴举国震动，一片哗然。

当初，司马炎下诏命王濬攻下建平郡时，要他接受杜预的节制调度，攻打建业时，则要他接受王浑的节制调度。王濬舰队挺进西陵，杜预写信对他说：“你已经摧毁了敌人的要塞，应立即直取建业，把吴人从水深火热之中解救出来，然后班师回京，这是旷世奇功。”王濬见信后非常高兴，把杜预的信派人呈送给司马炎。

扬州别驾（辅佐刺史的官）何恽对刺史周浚说：“张悌率领的东吴主力已经被歼灭，现在王濬也攻下了武昌，正乘胜前进，东吴败迹显露。我建议我们应当立即领兵渡江，直指建业，到时候就可以不战而胜，捉拿孙皓。”周浚赞赏何恽的计谋，让他去报告安东将军王浑。何恽说：“王浑不懂得把握战机，谨小慎微，所以他肯定不会听从我们的意见。”周浚坚持要向王浑禀告，王浑的回答果然不出意料：“我接到的皇帝命令，只是让我驻扎在长江以北，以便抗击吴军，并没有让我轻易进兵。而且陛下命令王濬接受我的调度，你们应该马上准备好船舰，等到王濬到来，再一起进发。”何恽说道：“王濬远征万里，屡破强敌，离建立奇功只差最后一步，却来受您的节制，这样的事情闻所未闻。况且您为上将，应该相机而动，不能事事都等着皇帝命令。现在渡江，完全有把握取胜，如果坐失战机，反而徒留遗憾。”王浑仍不肯接受建议。

王濬的舰队从武昌顺着长江直接向建业进逼，孙皓派遣游击将军张象率领舟师一万人抵抗，但张象已经被吓破了胆，看见王濬的旌旗后就投降了。这时候，江中布满了身披铠甲的王濬士兵，他们铠明甲亮，旌旗招展，声势威猛，东吴人民惊恐不已。

王濬等几路晋朝兵马都在向建业推进。孙皓一看大势已去，与其被屠杀灭族，不如主动投降，于是他采用光禄勋薛莹、中书令胡冲等人的计谋，分别派遣使者向王浑、王浚、司马伷奉上书信请求投降，印玺则送到琅琊王司马伷手里。

三月十五日，王濬的舰船抵达三山，王浑派信使邀请王濬过来议事，要求他暂停前进。王濬的舰船部队正乘风破浪直逼建业，他回复王浑说：“船正顺风而行，根本停不下来。”当天，王濬的八万精兵乘着相连百里的战船，伴随着震天响的擂鼓声、呐喊声进入了石头城（建业西北）。孙皓脱光上身，双手绑在背后，抬着棺材到王濬军营投降。王濬命人为孙皓松了绑，烧了棺材，请他进大营相见。

从公元 195 年孙策创立江东大业，到孙皓出降的这一年，孙家在江东的统治共延续了八十五年。王濬接收了吴的地图和户籍册，共计四州（交州、广州、扬州、荆州）四十三郡，五十二万三千户，男女老幼共二百三十万，士兵二十三万名。

对于这段历史，唐代诗人刘禹锡有诗云："王濬楼船下益州，金陵王气黯然收。千寻铁锁沉江底，一片降幡出石头。"

洛阳得到孙皓投降的消息后，万民沸腾，大家都涌上街头敲锣打鼓地庆祝，城内热闹非凡。文武百官穿戴整齐到金銮宝殿向晋武帝司马炎道贺，司马炎手拿酒杯，眼含热泪，感慨万千。这时候他首先想到的是羊祜，他对群臣说："这应该归功于羊祜啊！"

咸宁六年（280）四月二十八日，司马炎封孙皓为归命侯。四月二十九日，改年号为"太康"，这一年就是太康元年了。

古代皇帝有的喜欢改年号，让我们后人不胜其烦，比如刘禅改了四个年号，孙皓改了八个年号。历史上改年号最多的是唐朝的唐高宗李治，在位三十三年，改了十四次年号。而最让人省心的还是清朝的康熙，一个年号用了六十一年。

面对这样一件大喜事，司马炎特批全国人民不用劳动，大吃大喝欢庆五天。为什么是五天？大概和五行有关吧。他派使节到东吴旧地进行安抚，废除东吴时期苛政，一切精简行事。原东吴的刺史、太守以下官员，均可原职不动。

琅琊王司马伷派人"护送"孙皓和一班东吴皇族前往晋朝首府洛阳，于五月一日抵达。孙皓和前太子孙瑾把泥涂到头上，把双手绑在身后，来到东阳门。司马炎派谒者（负责皇家礼仪的官员）解开他们的绳索，赐给孙皓衣服、车辆以及农田三十顷（三千亩），许诺每年给他谷米五千斛、钱五十万、绢五百匹、丝绵五百斤；任命孙瑾为中郎，其他封亲王的皇子都为郎中；原将领和东吴名士都予以擢升；孙姓皇族和孙皓一同来到洛阳的，免除田赋捐税十年；江南人民免除田赋捐税二十年。

五月四日，晋武帝司马炎出席在金銮宝殿上举行的受降仪式，参加仪式的还有晋朝的文武百官、邻国使者和国子学学生等。

司马炎宣孙皓和随行的高级官员上殿。孙皓登上大殿，跪倒向司马炎叩头，司马炎对孙皓说道："朕设的这个座位已等待你很久了。"孙皓回答说："我在南方，也设了座位等待陛下。”司马炎让孙皓平身。

贾充问孙皓：“听说你在南方，喜欢挖人的眼珠，剥人的脸皮，这是哪一等级的刑罚？”孙皓回答：“为人臣子的杀了他的君王，或是邪恶不忠之徒，就应处以这种刑罚。”当年贾充命成济杀死魏帝曹髦，此时知道这是在讽刺他，非常羞愧，脸一红，瞬间沉默了，而孙皓面无愧色。

天下大势，合久必分，分久必合。从汉灵帝光和七年（184）黄巾大起义开始算起，到本年（280），时间已经过去近百年，中国重归统一，西晋也成为中国古代史上九个大一统的王朝之一。它的领土东到朝鲜中部，西到塔克拉玛干沙漠，南到越南中部，北到瀚海沙漠群。西晋统一全国时候的人口总数约是七百六十七万，而东汉桓帝永寿三年（157）的人口数是五千六百四十八万六千八百五十六，从数字上可以看到，自东汉末年国家战乱以来到西晋再次统一全国的近百年时间里，人口经历了巨大的衰减。

叁

危机潜藏

第二十四节 争功

王濬进入建业的第二天，王浑才渡过长江。因为王濬不听他的调度，不等他来就先接受了孙皓投降，王浑那叫一个羡慕嫉妒恨。他怒火中烧，向司马炎上奏历数王濬罪状。王濬的别驾何攀劝王濬把孙皓送到了王浑处，事情才有所缓解。

但没过多久，王浑又要上奏，请朝廷治王濬的罪，扬州刺史周浚劝他他不听，继续上书司马炎说王濬违反诏命，不服从命令，还捏造事实诬告王濬。

王浑和司马家关系特殊，他老爹王昶（chǎng）是由司马懿推荐到曹魏任职的，后来官居司空，王浑的儿子王济和司马炎的女儿常山公主又是夫妻，所以王浑家在朝廷树大根深。王濬在朝中却没有什么势力，没有人替他说话，于是有关部门就上奏皇帝，请求用囚车把王濬押解回京问罪。但司马炎心里跟明镜似的，知道王浑嫉妒王濬抢了头功，于是只是不痛不痒地责备了王濬，并没有治罪于他。

王濬也不会坐以待毙，他上书为自己申辩："我于三月十五日到达三山的时候，王浑的军队驻扎在长江北岸，王浑写信让我去他那里商议事情，没有提及我应当受他节制的意思。当时我的水军正顺风航行，没有办法调转船头。我在中午时到达建业，黄昏时分才接到受王浑节制的虎符，他命我于次日率部队回师去包围石头城，又命我立即递交巴蜀军队和镇南军队的名册。那时我认为孙皓已经投降，没有必要再去包围石头城，另外因为将士众多，全部登记造册也不是一时半会就能完成的，而且这也不是眼下最紧迫的事情。江北的部队不了解建业虚实，不及早渡江来捉拿孙皓，是他自己的失误造成的。我首先得到孙皓，没料到会遭到嫉妒与怨恨。臣愚鲁地认为：假如有利于国家，无论生死都要尽全力。如果顾虑别人的猜忌怀疑就逃避责任不做事，以此避免可能受到的处罚，是自私自保的，实在不是君主与国家之福。臣一片赤诚之心，望陛下明察！”

王浑又向司马炎递上周浚的书信，说：“王濬军队搜刮了吴国的不少奇珍异宝。”又指控道：“王濬的牙门将李高放火烧了孙皓的宫殿！”

王濬只能又上书申辩：“我身单势孤，与势力强大的豪门结下了仇怨。如果是冒犯了君王还可能挽回，但要是得罪了权贵，灾祸就难以预料了。据前吴国中郎将孔摅说，二月武昌失守的时候，孙皓巡视石头城回到建业，左右侍从都挥舞着刀大呼：‘正要为了陛下去决一死战！’孙皓非常高兴，就把他的金银财宝全都拿出来赐给了这些人。然而这些小人得了值钱的东西就飞快地溜走了，孙皓见状非常恐惧，这才准备投降请罪。然而孙皓派出的使者刚离开，他手下的人就开始抢夺财物，掠夺孙皓的妻妾，放火烧了宫殿，孙皓抱头鼠窜，唯恐逃之不及。我到那里时，才派参军把火扑灭。周浚第一个进入孙皓的宫殿，王浑又第一个登上扣押孙皓的船，我进去和我所见到的，全都在他们之后。我进去的时候，孙皓的宫里连个可以坐的席子都没有，假如真有遗留下来的珍贵之物，也是周浚与王浑先得到了。周浚等人说我聚集蜀人，不及时把孙皓送去，是想谋反。他们还挑拨吴人，说我要把他们都杀了，把他们的妻子儿女都抓走，希望吴人作乱，以发泄他们的私恨。像谋反这种大逆不道的罪名，他们尚且用来加到我的头上，其他的诽谤与诬陷就更不用提了。今年平定了吴国，是国家大喜的日子，但是对于我个人来说，却蒙受了不白之冤。”

王濬到了京师洛阳后，有关部门仍不肯放过他，说他违抗诏命，极不恭敬，请求把他交付廷尉依法治罪。司马炎不准。他们又上书，说王濬在赦免了吴人之后还放火烧了吴人一百三十五艘船，应立即下令把他交付廷尉调查。司马炎又下令，不准调查王濬。

王浑与王濬争功不已，司马炎便命令守廷尉刘颂来调查评定。刘颂评定王浑立了上功，王濬是中功。司马炎认为刘颂判定不合理，明显偏袒王浑，就把他降职为京兆（今陕西西安市）太守。

咸宁六年（280）五月，司马炎大封有功之臣：增加贾充封邑八千户；任命王濬为辅国大将军，封襄阳县侯；封杜预为当阳县侯；封王戎为安丰县侯；琅琊王司马伷的两个儿子被封为亭侯；京陵侯王浑晋升公爵；关内侯张华晋封为广武县侯；其余各位将领以及公卿大臣以下的官吏，受到的赏赐各不相同。司马炎还派人到羊祜庙里，向他的塑像宣读了平灭东吴的告书，又封羊祜的夫人夏侯氏为万岁乡君，食邑五千户。

王濬觉得自己立下头功，却遭到了王浑党羽的打击，因此极其郁闷，每次晋见司马炎的时候，都要陈述他战斗的辛苦以及自己被冤屈的情况，有时候忍不住悲愤之情，甚至会拂袖而去。司马炎脾气好，总是宽容他，原谅他。

益州护军范通对王濬说："你的功劳确实很大，但遗憾的是，你做的事并非尽善尽美。你胜利回京之后，应当脱下戎装，闭门谢客，嘴里不谈平吴之事。如果有人问到平吴的事情，你就要说：'这是陛下的圣明，是各位将帅共同努力的结果，我这个老头子又能有多大贡献？'蔺相如就是用这个办法把廉颇降住了，王浑听到后他能不惭愧吗？"

王濬说："我这样做也是有原因的！我吸取了邓艾事件的教训，总怕惹祸上身，所以要竭力争辩，但是我最终也不能放开这件事，还是我的心量不够大啊。"

博士秦秀等人一起上书，替王濬叫屈，认为对他的封赏不够。司马炎于是又授予王濬镇军大将军的官职，加任散骑常侍，兼后军将军。

王濬没有再和王浑发生什么冲突。他此后锦衣玉食，奢侈纵乐，注重安逸享受。他向朝廷推荐的人也多是巴蜀人，表示不遗忘故旧。后来王濬又转任抚军大将军、开府仪同三司，加授特进（上朝时候位置仅次三公）。

到太康六年（285）的时候，王濬去世，年八十岁，谥号"武"，葬于柏谷山。

第二十五节　居安思危

镇南大将军杜预因为平吴有功，被封为当阳（今湖北当阳市东北）县侯，封邑增加到九千六百户。杜预回到襄阳以后，认为虽然天下统一了、安定了，但是如果忘记了战事就必然会有危险，所以他仍然照常进行军事训练，命令各城池严加防卫。他还引水浇灌一万多顷农田，划分田界刻石碑作为记号，开凿与零陵郡、桂阳郡之间的水路，以便利水上运输，无论公家还是个人都从中受益。当地的百姓都很信任依赖他，尊称他为“杜父”。

杜预屡次陈述自己的家世官职，说武职不是他擅长的，请求离退，但司马炎不准许。

杜预不擅长骑马，射箭也穿不能透盔甲，但是他善于用兵，因此每逢大的战事，总会立身将帅之列。他与人结交恭敬有礼，别人问他事情，他都知无不言言无不尽。他还做事机敏，说话谨慎。在外镇守时，杜预多次向京城的权贵要人送礼，有人问他为什么要这样做，杜预回答说：“我是怕他们坏事，并不指望他们能给我什么好处。”

杜预看重身后名，常说：“高岸可以成为峡谷，深谷可以成为山陵。”他刻了两块石碑，上面记载着他的功绩，一块沉到万山之下，一块立在岘山之上。他说：“谁知道这里以后不会成为山陵深谷呢！”

杜预晚年沉溺于经书，作《春秋左氏经传集解》。太康五年（284）十二月，杜预去世，年六十四岁，司马炎追赠他为征南大将军、开府仪同三司，谥号“成”。杜预也是“诗圣”杜甫的先祖。

这里还需要提一下一个叫诸葛靓的人。诸葛靓，字仲思，琅琊阳都（今山东临沂市沂南县）人，是曹魏征东大将军诸葛诞（诸葛亮族人）之子。曹魏甘露二年（257），诸葛诞在寿春反抗当时掌握朝政大权的司马昭，并把儿子诸葛靓当作人质送到东吴请求救兵，后诸葛诞兵败被杀，诸葛靓就留在了东吴。

孙皓投降后，诸葛靓和孙皓一同到了洛阳，但之后诸葛靓就躲了起来，不让大家找到他。司马炎跟诸葛靓从小就是好朋友，诸葛靓的姐姐是琅琊王司马伷的王妃，司马炎知道他一定藏在姐姐家里，就亲自去找他。诸葛靓得知司马炎要来了，干脆跑到厕所躲起来。司马炎找了一圈儿，终于把诸葛靓堵在了厕所。司马炎对他说道："想不到到了今天才终于见上一面。"

诸葛靓流着泪说道："我做不到像豫让那样身上涂漆，像聂政那样自己剥下面皮，却再次看到圣上，实在又愧又恨！"司马昭下诏，要任命诸葛靓为侍中（皇帝的高级咨询官），但诸葛靓坚决拒绝了。他回到了故乡，终身不在朝向晋朝首府洛阳的方向落座。

第二十六节　户调式

东汉末年军阀混战，人口锐减，大量田地荒芜，造成军粮供应不足，建安元年（196），曹操采纳枣祗、韩浩的建议，在许都（今河南许昌市）附近进行屯田。屯田分民屯和军屯两种，其土地是无主和荒芜的土地。民屯每五十人为一屯，收成与国家分：使用官牛者，官六民四，使用私牛者，官民对分；军屯的主力是士兵，六十人为一营，一边戍守，一边屯田。屯田措施对安置流民、荒地开垦、解决粮荒、促进水利建设、恢复农业生产都起到了重要的作用，为曹操统一北方创造了物质条件。

屯田制始于西汉，在曹魏时获大规模推行，到魏末已遭到破坏，这是因为到了曹魏末年，这项制度对统治者来说已经无利可图。

晋朝建立后，曾先后两次下令废除屯田制，民屯逐渐消失。民屯制度废止以后，贵族、官僚纷纷抢占土地。针对当时土地兼并日趋严重的情况，司马炎发布了禁止占田、募客的诏令，对触犯诏令的予以惩处。咸宁三年（277）七月，中山王司马睦不顾法令，派人招募七百多户百姓，此事被检举揭发后，司马炎贬他为丹水县侯。

实行什么样的土地制度，事关民之根本。太康元年（280）晋灭掉东吴统一全国后，司马炎颁布了户调式[①]，共有三项内容：占田制、户调制、品官占田荫客制。

户调式规定，生男孩的人家每年应交纳绢三匹、绵三斤，生女孩或者生第二个男孩的需交纳半数，各边境的郡交三分之二，有些更偏远的交三分之一。夷人交纳賨（cóng）布，每户一匹，有些偏远的可交一丈（一匹等于十丈，约三十三米）。男女

① 户调式，一种按户征税的制度，起于东汉末年。“式”是一种法令的名称。

年满十六岁以上到六十岁为正丁，十五岁以下到十三岁、六十一岁以上到六十五岁为次丁，十二岁以下六十六岁以上为老小，不服役。一个男子可占田七十亩，女子占田三十亩。丁男按五十亩征收赋税，即共收租四斛、绢三匹、绵三斤，次丁男减半；丁女按二十亩征收，次丁女就不收赋税。远方夷人不按田交赋税的，应交纳义米，每户三斛；偏远的交五斗；极其远的交纳算钱，每人二十文。

官品从第一到第九，可分别根据贵贱占田：官品为第一品的占五十顷，第二品的四十五顷，第三品的四十顷，第四品的三十五顷，第五品的三十顷，第六品的二十五顷，第七品的二十顷，第八品的十五顷，第九品的十顷。除了自身可占田，又可各自根据品的高低荫庇他的亲属，多的到九族，少的到三世。宗室、国宾、先贤的后代以及士人子孙也按照这样试行。他们还可以荫庇衣食客和佃客。官品在第六品以上的可以有衣食客三人，第七、第八品的可有两人，第九品的以及举辇、迹禽、前驱、由基、强弩、司马、羽林郎、殿中冗从武贲、殿中武贲、持椎斧武骑武贲、持级冗从武贲、命中武贲武骑（以上为宿卫兵头领）都是一人。可以有佃客的，官品在第一或第二品的佃客不能超过五十户，第三品的十户，第四品的七户，第五品的五户，第六品的三户，第七品的二户，第八品和第九品的一户。佃客又称“佃户”，身份地位高于奴婢，奴婢经放免才得为客，而客身份地位又低于自耕农。国家所承认的佃客不能单独立户，只能附注在主人的户籍上。他们不属国家编户，“皆无课役”，不必向国家纳租服役，但终年为主人耕种田地，从事杂役，以至荷戈作战。按照法令规定，佃客所耕种土地上的收获物要和主人对半分，这个剥削量是相当重的。他们通常都是世代相袭，只有经过主人的遣散才能获得自由。晋按品级限制官员的佃客数，目的在于惩戒过度荫庇，减少佃客，保证国家税收。

户调式中充分肯定国家对土地的最高支配权，不管之前所占之田是从哪里得来的，按照法令精神，那都只是国家土地的一部分，应由国家分配给各级官僚和平民。没有土地的农民可以由国家分配给土地，但也得承担义务，交纳赋税。户调式也肯定了官僚阶层对土地的大量占有，一品可以占田五十顷，相当于五千亩，即使是九品的也能占田一千亩。法令也表明各级官僚基层有庇护其宗族、客的权利，可以免除他们的赋役。

户调式还特别提出："先贤之后及士人子孙亦如之。"士人[①]成为享有免除赋役的特权之族，这件事首次以政府法律的形式给固定下来了。士族这种经济上的特权，加之当时九品中正制的选官制度让他们享有的政治特权，都成为日后形成门阀政治的基础。

占田法令颁布以后，因为国家许诺要给予合法田地，一些过去没有登记上的"黑户"也开始纷纷向政府报到，申领土地，因此出现了人口的"激增"，到了太康三年（282），人口户数由太康元年（280）的二百四十五万户增加到三百七十七万户。国家统一，社会安定，耕者有其田，加之风调雨顺，太康初年经济迅速发展起来。

干宝[②]在《晋纪总论》中说："太康之中，天下书同文，车同轨。牛马被野，余粮栖亩，行旅草舍，外闾不闭。民相遇者如亲，其匮乏者，取资于道路。故于时有'天下无穷人'之谚。"后世称这段时间为"太康之治"。

---

① 士人指世代为官的名门望族中没有在朝中为官的。

② 干宝（283—351），东晋文学家、史学家，最著名的作品是志怪小说《搜神记》。

第二十七节　罢州郡兵

太康元年（280）冬季，晋武帝司马炎把全国划分为十九个州：

司隶校尉所管辖的京畿地区改成司州，州府为洛阳，司隶校尉为刘毅。

兖州，州府设在廪丘（今山东郓城县西北），刺史为郑烈。

豫州，州政府设在安城（今河南正阳县），后迁往陈县（今河南淮阳县），都督豫州诸军事为汝南王司马亮，刺史为王戎。

冀州，州府设在信都（今河北衡水市冀州区），都督冀州诸军事为赵王司马伦，刺史为王深。

并州，州府设在晋阳（今山西太原市），刺史为胡岐。

青州，州府设在临淄（今山东淄博市），都督青、徐二州诸军事为琅琊王司马伷，刺史为胡威。

徐州，州府设在彭城（今江苏徐州市），都督青、徐二州诸军事为琅琊王司马伷，刺史为嵇喜。

荆州，州府设在襄阳（今湖北襄阳市），后迁往江陵（今湖北江陵县），都督荆州诸军事为杜预，刺史为胡奋。

扬州，州府设在寿春（今安徽寿县），后迁建业（今江苏南京市），都督扬州诸军事为王浑，刺史为周浚。

雍州，州府设在长安（今陕西西安市），都督雍、凉二州诸军事为扶风王司马骏，刺史为郭奕。

凉州，州府设在姑藏（今甘肃武威市），都督雍、凉二州诸军事为扶风王司马骏，刺史待考。

秦州，州府设在冀县（今甘肃甘谷县），刺史为李秉。

益州，州府设在成都（今四川成都市），刺史为胡罴。

梁州，州府设在南郑（今陕西汉中市），刺史为杨攸。

宁州，州府设在滇池（今云南昆明市晋宁区），太康三年罢宁州。

交州，州府设在龙编（今越南河内市东），刺史为陶璜。

广州，州府设在番禺（今广东广州市番禺区），刺史为滕修。

幽州，州府设在涿县（今河北涿州市），都督幽州诸军事为严询，刺史为高光。

平州，州府设在襄平（今辽宁辽阳市），刺史为鲜于婴。

共计一百七十二个郡和封国（其中郡有一百四十二，封国为三十，亲王以郡为封国），二百四十五万九千八百四十户，一千六百一十六万三千八百六十三人。

司马炎下诏书说："汉末四海之内分崩离析，刺史既处理民事又统帅兵马。如今天下一统，应当收起兵器，各刺史的岗位职责应该按照汉朝兴盛时候的那样，只管督察州内政事，不管民事和军事。州府及郡府所统率的士兵要全部取消，大郡设置武官一百人，小郡设置五十人。"司马炎在世的时候，这一制度得以贯彻。

刺史、太守不再领兵，前者专心治吏，监察州中官员，三年一次入朝奏事；后者专心治民，发展民生。州中还保留有军队的，都是都督、将军统率的驻屯军，称为外军，直属朝廷。精锐力量是驻扎在京城内外的中军，西晋初年曾经有三十六军，大概有十几万人，蔚为壮观。以后我们经常要讲某要员是"都督中外诸军事"，意思是他既统领中军，又掌管外军，实际上就是"天下兵马大元帅"。

交州牧陶璜上书说："交州、广州东西宽几千里，有六万多户蛮夷时常蠢蠢欲动，服从朝廷的只有五千多家。两个州唇齿相依，只有靠相当数量的军队才能镇得住。另外，宁州境内各蛮夷都占据各河流的上游，水路和陆路都和交州相通，很容易袭扰交州。这些地方不应该裁减州兵，不然我们的力量就过于单薄了。"司马炎深以为然，特批在此三地保留军队。

仆射山涛上书说："不应该裁减掉州郡的军事力量和武器装备。"但这次司马炎没听。二十几年后，天下群寇并起，州郡没有足够的军事实力扑灭反贼，于是天下大乱——正如当年山涛预料的那样。

不过，我们也应该看到罢州郡兵积极的一面。这些多余出来的人可以投入农业生产，促进农业发展。

第二十八节　郭钦上书迁胡

自汉武帝特别是东汉以来，为了加强对少数民族的控制，巩固边防，开发边疆，朝廷允许甚至强迫匈奴、羌、鲜卑等少数民族中的一些人迁入内地，使其当兵、服役等。东汉末年以后，军阀混战，天下大乱，军阀们利用这些身强体壮、善于搏斗的胡人充实自己的队伍，为己打仗，所以更需要他们内迁，并企图使他们逐渐转化为州郡的编户，甚至沦为豪强的佃户和奴隶。但因为生活习俗不同、语言不通、贪官和豪强剥削等多种原因，这些胡人也经常群起反抗，杀害郡县的长官和汉人百姓，逐渐成为中原政权的隐患。

太康元年（280），侍御史（监察官）郭钦上书说："戎狄蛮横粗野，自古以来就是祸患。曹魏时期，汉人口数量少，西北各郡县居住的几乎全是戎人，甚至在京兆郡（今陕西西安市）、魏郡（今河北临漳县）、弘农郡（今河南灵宝市）等地，也都有戎人居住。现在他们虽然服从朝廷的领导，但如果百年之后朝廷有个风云变化，他们的骑兵从平阳郡（今山西临汾市）、上党郡（今山西黎城县）出发，不出三天就能到孟津（今河南孟津县），那么北地郡、西河郡、太原郡、冯翊郡、安定郡、上郡这些地区，将会全部成为他们的庭院了。臣以为现在应当趁着消灭东吴的威势，运用谋略逐渐把迁徙到内地各郡居住的胡人迁徙到边疆去，并加强四夷经常出入地区的防守力量，限制他们的出入，恢复从前的'荒服'制度①，这是利于千秋万世的长远

① 据《书经·禹贡》中的记载，除京畿外，把天下分为五服："邦内甸服，邦外侯服，侯卫宾服，夷蛮要服，戎狄荒服"。每"服"五百里，"荒服"最远。

计划！”

晋武帝司马炎没有采纳郭钦的意见。

我觉得司马炎这么做是有一定道理的，毕竟国家刚刚统一，需要内部和谐，如果强行把大量胡人迁往边疆，势必会引发新的大规模冲突，不利于刚刚完成统一、急需经济建设的西晋王朝。

不过，郭钦的这封奏折也确实预言了日后的乱局。后人有诗云：“谁疑忠谏郭钦言，不逐戎夷出塞垣。晋室既无明圣主，果为胡虏乱中原。”

第二十九节　羊车临幸

天下统一了，又解决了老百姓的土地问题，经济层面一片向好，老百姓安居乐业，平静的国内形势反而让司马炎感觉无聊了。这个时候有下人禀报，东吴原孙皓宫中有美女无数，司马炎一阵欣喜。以前他后宫的美女有五千，但绝大多数都来自北方，对于江南美女，司马炎早已垂涎，现在突然听到这样的好消息，他顿时感觉人生又有了新方向，生活了新奔头。

太康二年（281）三月，司马炎准备挑选原孙皓后宫美女五千人纳入自己宫中，这样一来，他后宫中的美女就可达到万人了。面对这个情况，司马炎也发了愁，因为她们个个千娇百艳，还都对皇帝望眼欲穿，该如何公平对待呢？司马炎突发奇想——干脆，看天意，不，看“羊意”。他乘坐由温顺的羊拉的车子在后宫转悠，羊车停在哪个美女门口，就在这个美女那里过夜。羊的体格小力气小，一只羊肯定是拉不动一个大男人的，那么羊车该是由几只羊拉？关于这个问题，我找了很多资料都没有查到答案，只是偶然在网上一张三只羊拉着车子的图片，所以我想，司马炎坐的羊车大概也是由三只羊来拉的吧。

该怎么做才能吸引那拉车的羊光临自己的门口？一个美女首先想到了窍门。山羊喜欢吃竹叶，她就把竹叶插到门旁，羊看到竹叶，就像老虎看到猎物一样兴奋，乖乖地停在门口大嚼起来，皇帝也自然在这里过夜了。不过这个方法很快就失效了，因为别的人发现了这个秘密，大家纷纷效仿，办法反而不灵了。另一个美女知道了羊喜欢吃咸的，就把盐水洒到地上，引诱羊上门，羊果然拉着司马炎到了。总之，美女们为了争夺皇帝这个后宫里唯一男人，真是各出奇招。

司马炎成天醉心在后宫的莺莺燕燕中，根本无心政事，皇后的父亲杨骏及杨骏的弟弟杨珧、杨济利用皇帝的懈怠，开始逐步掌握大权。他们内外勾结，拉帮结派，排斥异己，权倾朝野，被时人称为“三杨”。朝廷里的旧臣渐渐边缘化了，朝中风气也因此渐渐败坏，越走越歪。仆射山涛多次规劝司马炎要勤于政务，压制三杨，可司马炎嘴上答应着，最终也没有付诸实施。

第三十节 石崇王恺斗富

前面我们讲过何曾的奢侈生活，大家读来可能觉得惊异，但在当时，崇尚奢靡应该可以说是社会风气，用后来东晋名相王导的话说：“自魏氏以来，迄于太康之际，公卿世族，豪侈相高。政教陵迟，不遵法度。群公卿士，皆餍于安息。遂使奸人乘，有亏至道。”可见，这股奢侈之风自曹魏时期就已经开始了，特别是魏明帝曹叡，他奢淫无度，在位期间（226—239）大役民力，建筑了多处豪华宫殿。晋代魏以后，尽管晋武帝司马炎从自身做起，做了几件事，给国人以节俭的印象，但整个社会风气却是长时间形成的，一早一夕难以改变。就是司马炎自己，也不是真心想要推行节俭之风的，只是因为当时东吴还没有消灭，天下尚未统一，他还需要励精图治，勤俭治国。天下一统、人民安定后，他崇尚奢靡生活的本性就暴露了。

在这样的风气下，当时很多权贵竞相比富，尤以石崇、王恺为最，一千多年来，他们两人一直被认为是奢侈生活的典型，被后人唾弃。石崇（249—300），字季伦，是晋司徒石苞（？—273）的第六个儿子，少年时就聪明能干有勇有谋，二十几岁的时候成为修武县令，在任上干得还不错，留下了能臣的名声。因为他父亲是西晋的开国功臣，司马炎对石家也还有一些惦念，既然在地方干得不错，石崇就顺理成章入朝为散骑郎（皇帝身边侍从），后又升为城阳太守。他还参与了伐吴大战，因有功被封为安阳乡侯。石崇本人很有生意头脑，比如放高利贷之类的，因此积累了巨额财富。他房屋华丽，拥有多处田宅，给他管理田宅和水碓[①]的都有八百多人，妻妾数以百

① 水碓（duì），一种借水力舂米的工具。

计，府中都穿绫罗绸缎，吃山珍海味。

王恺（生卒年不详），字君夫，是大儒王肃（195—256）的第四个儿子，也是晋武帝司马炎的亲舅舅（王恺的姐姐王元姬是司马昭的夫人，生下司马炎），年少时无品行，但有才智，生活极其奢侈。

不知道从哪一天开始，石崇和王恺对上了，大概是为了争奢侈生活排行榜的第一名吧。王恺用麦芽糖刷锅，石崇就用蜡烛当柴烧；王恺用紫色的丝绸做屏障①，绵延四十里，石崇就用锦做屏幕，长五十里；石崇用花椒粉和泥涂墙②，王恺就用红色的风化石涂墙。

王恺常为三件事感到不服气：一是石崇为客人做豆粥，竟然很快就能做好；二是石崇在冬天也常常能得到韭菜等物做的调味品；三是石家的牛虽然看起来不如王家的牛壮，但是石崇坐牛车与王恺出游，即使很晚才出发，在争着进洛阳城时，石崇的牛跑得如同飞鸟，也能很快就超过王恺的车，王恺的牛极力奔跑也赶不上。王恺暗中买通石崇的管家和驾车的随从询问原因，管家说："豆子很难煮烂，应该预先煮，捣成沫，等客人来了，只需要煮白粥再把豆沫放进去就行了。冬天的韭菜是将韭菜根捣烂掺上麦苗。"驾车的人说："牛跑得慢，是由于驾驶员控制不当罢了，在紧急的时候任凭车子偏向一边，车子就跑得快了。"王恺完全照着做，争回了面子。石崇很纳闷，怎么突然间王恺就学会了这些技术？经过私下了解，他发现原来是自己手下人泄密，一怒之下把泄密的人都杀了。

虽然这次扳回了一局，但整体上王恺仍处于下风，这让他很不爽，有天见了外甥司马炎，就有些抱怨。司马炎一听哈哈一笑："舅舅不要气恼，最近宫中有人进贡了一株二尺（约六十六厘米）多高的珊瑚树，枝条繁茂，世上少有，你拿去和石崇比，他肯定就输了。"王恺喜出望外，兴冲冲地拿到石崇面前炫耀。石崇一看，一脸鄙视，顺手拿起玉如意就把这株珊瑚树敲碎了。王恺大怒，认为石崇是在嫉妒他的宝贝。石崇说："你不要动怒，我现在就还给你一株。"说罢命令仆从把家里所有的珊瑚

---

① 古时权贵出行，会夹道设布幕，用以遮挡风沙。

② 古时候花椒来自西域，价格昂贵，只有皇宫之中才用花椒泥涂墙，所以后宫中的宫殿也有称"椒房"。

树都拿出来，只见高达三四尺的就有六七株，个个光彩夺目，像王恺那样的就更多了。王恺顿时看傻了眼。

王恺斗富是斗输了，但他毕竟是皇亲国戚，石崇还是要巴结的。后来石崇去荆州做刺史，得到了一只鸩鸟，这种鸟生活在岭南地带，和毒蛇猛兽生活在一起，身上充满奇毒，用它的羽毛可以配制鸩酒，是阴谋者的必备“良药”，所以历代帝王都不准人把鸩鸟带到长江以北（之前主要政权都在长江之北），违命者会被判处死刑。石崇得到的是只小鸩鸟，算是个稀罕物，就送给了王恺。后来这事不知道怎么被当权皇后贾南风（当时的皇帝已经是晋惠帝司马衷）知道了，因为石崇是他们圈内的人，就没有深究，只是把鸩鸟抓到洛阳大街上焚烧了，这是后话。

当时参与斗富的还有王济、羊琇等人。王济（生卒年不详），字武子，是王浑（曾和王濬争功那位）的次子，娶了司马昭的闺女常山公主，也是皇亲国戚。他才华横溢，长得英姿飒爽，只是生活十分奢侈，挥金如土。当时洛阳人多地贵，王济在邙山（今河南洛阳市北）下买了土地，筑起围墙当跑马场，还把铜钱串起来环绕整个马场的矮墙，当时人称之为“金沟”。王恺家有一头牛名叫“八百里驳”，他特别喜欢，常把牛的蹄和角磨得晶莹光亮。王济对王恺说：“我射箭本领比不上你，今天用你的牛打赌，我用一千万钱来抵你的牛。”王恺自以为比王济箭法好，让王济先射，结果王济一箭将牛射死，并立即命人把牛心挖出，烤好后只尝了一小口便扬长而去了。又有一天，晋武帝司马炎驾临王济家，王济设宴款待，食物全部用珍贵的玻璃器皿来盛放，前来服侍的婢女有一百多人，她们的衣服全部用绫罗绸缎缝制。宴会上蒸熟的乳猪味道非常鲜美，很特别，连见多识广的司马炎都觉得惊讶，他问：“这是怎么做成的？”王济回答说：“是用人乳喂养并蒸出来的。”司马炎听后，觉得荒唐，很不高兴，中途就退席而去了。这种乳猪的制作方法连石崇和王恺都不知道。

羊琇（236—282），字稚舒，出身名门望族泰山羊氏，是太守羊耽的儿子，名将羊祜的堂弟。他生活奢华，连温酒的器具都要以珍贵的林木炭捣成碎屑制成兽形，令洛阳的豪贵争相仿效。冬天时，羊琇为了得到温暖的美酒，便命人抱瓮温酒，接连换人保持瓮中酒的温度，衍生出“抱瓮酿”一词。羊琇喜欢盛大的宴会，常常邀亲戚朋友共聚一堂，男女混坐，开怀畅饮，通宵达旦。当时的人对这种生活方式议论纷纷。

即使不斗富，当时很多人也选择随波逐流，比如王濬晚年生活也非常奢侈享受，杜预在荆州时会给朝中权贵送礼等。

面对这种奢靡风气，司马炎非但没有制止，还默许纵容。泰始（265—274）初年，益州监军位置空缺，朝廷议论应该任用杨宗还是唐彬。司马炎征求散骑常侍文立的意见，文立说："杨宗、唐彬都是难得的人才，臣实在难以取舍。不过唐彬贪财，杨宗贪酒，请陛下您裁定吧。"司马炎说："财欲可以满足，而贪杯的人难以改变。"于是任用了唐彬。可见，司马炎对贪财奢侈是见怪不怪了。

这让一些正直人士忧心忡忡。车骑司马傅咸（傅玄之子）就上书说："我私下认为，目前奢侈造成的浪费，比天灾还要严重。古时候人多地少，然而老百姓家都有积蓄，是因为他们节俭。现在地广人稀，但是老百姓却家家余粮不多，这是有人过分奢侈的缘故。要想在全社会提倡节俭，就应整治奢侈的社会风气，奢侈不被责罚，反而大家认为这是高尚的行为，那就没有尽头了！"

司马炎曾经问司隶校尉刘毅道："我可以和汉朝的哪一个帝王相比？"刘毅回答说："可与桓、灵二帝[①]相比。"司马炎又笑着问："怎么会糟糕到这个程度？"刘毅接着答："桓帝、灵帝卖官的钱都进了官府的仓库，现在卖官的钱都进了权臣贵戚的私人腰包，凭这一点来说，您恐怕还不如他们。"司马炎一听，也不计较，大笑道："桓帝、灵帝的时代可听不到这样坦诚的话，现在朕有像你这样的正直臣下，已经胜过桓帝、灵帝了！"

① 指东汉的汉桓帝、汉灵帝。汉桓帝名刘志，公元146年至167年在位；汉灵帝名刘宏，公元168年至189年在位。后世普遍认为，东汉末年的祸乱，起于桓、灵二帝。

第三十一节　张华难封

太康三年（282）正月，司马炎任命张华领护乌桓校尉、安北将军、都督幽州诸军事，持节。

张华（232—300），字茂先，范阳方城（今河北固安县）人，他父亲张平是曹魏时期渔阳郡（今北京密云区西南）的太守。张华年少时家庭遭遇变故，变得非常贫困，只能以放羊为生，但他没有放弃学习，坚持读书，同时加强自身修养，做事小心谨慎，遵从礼仪。同郡的名士卢钦发现了张华的才华，很器重他。长大后的张华学识深厚渊博，擅作诗赋，辞藻华丽，对星象占卜之类也颇为精通。同乡人刘放也很欣赏张华，不介意他家境贫寒，把女儿嫁给了他。

起初张华并不出名，便写了《鷦鹩赋》来寄托自己的志向。鷦鹩（jiāo liáo）是一种小型的鸟类，体长约十厘米，是一种善于鸣叫的鸣禽，性极活泼而又怯懦，很善于隐蔽。《庄子·逍遥游》中说："鷦鹩巢于深林，不过一枝；偃鼠饮河，不过满腹。"张华的这篇《鷦鹩赋》被当时的名士、竹林七贤之一阮籍看到，阮籍赞叹道："他有辅佐君王的才干！"被名士欣赏、赞扬，张华此后的名气逐渐响亮起来了。

张华被渔阳太守鲜于嗣推荐，任太常博士，这是个掌管礼法的官，官职不高。后来卢钦把他推荐给司马昭，转任河南尹丞，还未上任，又被授职佐著作郎[①]，不久又迁为长史，兼任中书郎。张华对于朝政所发表的意见以及所上的奏章，大多都被采用。司马炎称帝后，拜张华为黄门侍郎，他从此成为皇帝近臣。

---

① 著作郎，属于中书省，负责编修国史。佐著作郎，是著作郎的助手。

张华博闻强识，记忆力超强，对古今大事了如指掌。司马炎曾向张华询问汉朝宫室制度及建章宫[①]中千门万户的情况，张华不但对答如流，而且还能在地上画出图样，旁听者被他的讲解折服，司马炎也深感惊异。时人把张华比作是春秋时郑国的良相子产。

张华上知天文，下晓地理，总能解答一些别人不懂的事，编纂有中国第一部博物学著作《博物志》。洛阳有户人家有个铜盆，会自鸣，人们都以为是有妖作怪，张华看过后说道："这是因为洛阳宫殿内有一口钟，厚度和这个盆一样，宫中敲钟的时候，这铜盆也跟着响罢了，如果把这个铜盆挫得薄一些，就没事了。"主人照着做，果然铜盆不再响了，顿时张华被大家看作神人。其实我们现在知道，这是共振的道理，但在那时候张华就能判断准确，真是了不得。

泰始六年（270）的时候，张华被任命为中书令，后又加散骑常侍。当时吴国未灭，司马炎经常和羊祜讨论伐吴大计，朝中大多数人都不赞同，只有张华等极少数人赞同。等到要伐吴的时候，司马炎让张华兼任度支尚书，方便辎重粮草的调度运输。伐吴成功后，张华晋升为广武县侯，封邑增加一万户。

张华在当时名气很大，又有才干，大家都认为他应该担任三公级的高官，这引起了奸臣荀勖、冯紞的嫉妒，再加上之前张华和冯紞的弟弟冯恢也有过节，他们便要找机会给张华下绊子。碰巧有一天，司马炎问张华道："我百年之后，谁可以担当大任？"张华没能看出司马炎的心思，想一想脑筋有问题的太子司马衷，实话实说："可以托付给齐王司马攸。"张华的回答让司马炎很不高兴，心里有种隐隐的恼怒。荀勖他们知道了这个消息，就从这里入手挑拨离间，司马炎便对张华更不满起来。太康三年（282）正月，司马炎决定把张华逐出朝廷，于是命他出任都督幽州诸军事，到北部安抚胡人，就是我们在这节开头提到的事。

张华到任后安抚有方，外族的百姓都来投靠，就连马韩、新弥这样靠山临海，离幽州四千多里，历代从不曾归附的二十多个国家，都派遣使者朝拜进贡。这下张华的

① 建章宫，汉武帝刘彻于太初元年，也就是公元前104建造的宫苑，其遗址位于如今的陕西西安市未央区。

声望更高了，司马炎怀念起他的能力，打算把他召回朝廷任职。

有一天冯统和司马炎在一起闲聊，聊到了钟会，冯统借机说："钟会之所以谋反，太祖（司马昭）要负责任。"司马炎沉下脸来，训斥道："你怎么敢这么说！"冯统脱下官帽，扑通一下跪倒在地："臣罪该万死，但请允许我把话说完。汉高祖刘邦把几位异性王（韩王韩信、楚王信、梁王彭越、淮南王英布、燕王卢绾）屠杀殆尽，光武帝刘秀压制各位开国将领，因而这些将领能得享天年。正是因为皇帝对他们褒贬的不同，才使他们最后走上不同道路。钟会的才能、谋略都不算太出众，可是太祖对他还是不断地赞扬、提拔，把大军托付给他，使钟会自认为谋划周密，而他的功劳又大到难以赏赐（灭蜀），于是就叛逆了。假使太祖任用他的小才能，让他为国效力，又设法去控制他，叛逆的事情就不会发生了。"

司马炎听得连连点头。冯统看时机差不多了，又磕了一个头，说道："陛下既然同意了微臣的话，就应当想到冰冻三尺非一日之寒，不要让像钟会那样的人再导致覆灭的老路。"司马炎一听，感觉他话里有话，问："现在难道还有像钟会那样的人吗？"冯统请左右全部退下，然后说："陛下的谋臣之中，是有那么一位在天下有显著声望，据守一方，手握重兵的人，请陛下仔细思虑。"

冯统也讲究策略，没有点张华的名字，而是让司马炎自己猜。司马炎沉默不语，按照冯统的标准一一过滤，从此就不再提征召张华回京的事了。

第三十二节 韩寿偷香

太尉、鲁公贾充病了，病势沉重，晋武帝司马炎派太子，也就是贾充的女婿司马衷前去探视慰问。

病重的贾充对自己生前所为还是有清醒认识的，他很担心自己身后的谥号和史书对他的记载不会太好，并把这种担心说给他的堂侄子贾模听。贾模说："是与非日后一定会分辨清楚的，是掩盖不住的。"

贾充没有儿子（两个儿子都夭折了，以前讲过），就想日后把小女儿贾午的儿子韩谧（mì）过继到自己门下，作为孙子继承家业。贾午是贾充和妻子郭槐生的二闺女，也是他最小的女儿，她长大后不爱诸如刺绣、编织之类的女人的活儿，反而喜欢听男人议论国家大事。所以她经常躲在屏风后面听父亲贾充和手下议事。有一天，她突然发现父亲手下多了个玉树临风的大帅哥，正当怀春少女年纪的贾午感觉心跳顿时加速。她问左右的婢女是否认识此人，有个婢女说这个大帅哥叫韩寿，是她以前的主人，南阳堵阳人（今河南南阳市方城县），是曹魏时候的司徒韩暨的曾孙。

贾午自从见到韩寿后，就开始心神不宁，茶饭不思。这个婢女看出了贾午的心思，自告奋勇要去韩寿那里说合，贾午赏了她不少金银细软。婢女找到韩寿，因为之前就认识，她直接告诉了韩寿贾午的心思，并说贾午美丽过人，贤惠端庄，犹如西施、貂蝉再生。韩寿听后动心了，让她向贾午转达自己的爱慕之情。婢女把话传回后，贾午暗暗高兴，又给韩寿送了很丰厚的礼物，让韩寿晚上去她房间。

韩寿和贾午都觉得这天的白天很漫长，好不容易盼到夜幕降临，韩寿敏捷地翻墙进入贾午所住的院落。贾午早已等得心急，此时遇见，在月光下打量心上人，发现韩寿越发英俊挺拔。她已经顾不了太多，一头扑到了韩寿怀中……

贾午从此喜笑颜开，表现跟平时大不一样，但家人还蒙在鼓里。

有个西域的国家向司马炎进贡了一种味道非常奇特的香料，涂到身上，一个月内香味都消失不了，洗澡也洗不掉。司马炎把这种香料当作宝贝，只赐给了近臣贾充和大司马陈骞。贾充给了女儿贾午一些，韩寿和贾午幽会，自然也沾染了这种香味。一天，贾充召集手下议事，突然闻到韩寿身上有种奇异的香味——这不就是皇帝送给自己的香料的味道吗？自己也没有用，怎么会在议事厅出现呢？贾充立刻明白是女儿贾午干的事了，但门禁森严，韩寿是怎么进入后院的？

夜半时分，贾充突然命令对自家院落进行搜查。一位院仆发现在墙的东北角上有被翻过的痕迹，贾充拷问贾午的婢女，婢女经不住拷打，说出了实情。贾充很无奈，真是女大不中留啊！但家丑不便外扬，女儿也确实到了出嫁的年龄，于是贾充把她嫁给了韩寿。这就是典故“韩寿偷香”的由来。

韩寿和贾午生下了韩谧、韩慰祖两个儿子，还有一个女儿。以后的历史将证明，贾午不但对爱情的追求热烈大胆，还是个权力欲极强的女人，这使她走上了不归路。

太康三年（282）四月二十五日，贾充逝世，年六十六岁。郭槐要让韩谧过继到贾家作为孙子，但有人向她建议道：“这样做不合礼法，这是让贾公被后世取笑啊。”郭槐不听，说这是贾充生前的遗愿，并向司马炎上书请求批准。司马炎特批，并示意下不为例。从此，韩谧改名为贾谧。这是个需要记住的名字，以后还要讲到。

在讨论贾充谥号的时候，博士秦秀说：“贾充昏庸糊涂，违背伦理纲常，依照《谥法》应该称‘荒’，所以贾充应该称荒公。”司马炎不准，将谥号定为“武”。

第三十三节　针灸鼻祖皇甫谧

太康三年（282），针灸鼻祖皇甫谧去世，年六十八岁。

皇甫谧，东汉建安二十年（215）年出生，字士安，自号玄晏先生，是安定郡朝那（今宁夏灵台县）人。他是汉朝太尉皇甫嵩的曾孙，但皇甫家到皇甫谧的父祖一辈，家道已经中落，以务农为生。皇甫谧从小被过继给叔父，后跟随叔父迁居新安（今河南渑池县）。

皇甫谧小的时候并不刻苦，到了二十岁也还是不喜欢读书，整日无所事事，毫无节制地四处游荡玩耍，以至于有人认为他就是个白痴。

一次，他将得到的瓜果进献给叔母任氏，任氏说："《孝经》上说：'即使每天用牛羊猪来奉养父母，还是不孝。'你今年二十多了，眼中没有道德伦理，心中没有是非正恶，我怎么能得到安慰呢？"接着她又叹息，"当年孟母三次搬家终于成就了孟子，曾子烹杀了小猪来教儿子言而有信。莫非是我没有选择好的邻居，对你教育缺失？不然你何以愚钝至此！专心好学，勤于修身，受益最大的是你自己，对我又有多大益处呢！"说罢对着皇甫谧流泪不止。

皇甫谧很感激叔母对自己的教育，下决心要改掉游荡懒惰的恶习，开始向乡里的名人席坦学习。因为家中贫困，他一边劳动一边读书，日久天长，竟成了一个博学的人，还变得沉稳安静，具有了高尚的情操。一个人前后变化能有这么大吗？我认为完全有可能。应该说，一个人的潜质被挖掘前后的表现可能判若两人，不然也不会有"浪子回头金不换"这句话。

有人劝皇甫谧应该广泛交友来博取名声，为步入仕途做铺垫，但皇甫谧说："居于乡野之中可以乐有尧舜之道，何必非要交接世俗之徒，为官差纷扰烦忙。”他专心钻研典籍，达到了废寝忘食的地步，当时人称他为“书淫”。有人劝他不要过于刻苦，会损耗精神，他回答说：“早闻道夕死可矣，何况寿命长短是由老天爷决定的！”

皇甫谧自小体弱多病，四十岁左右的时候又得了中风症，经常卧病在床。当时流行吃五石散①，皇甫谧急病乱投医，以为五石散也能治疗中风，就开始吃起来了。可是这个药药性太燥烈，副作用很大，到后来，他在大冬天竟然也要光着身子吃冰块才能缓解，到了夏天又总是咳嗽哮喘，浑身无力，四肢酸痛，苦不堪言。有一天他实在受不了了，就要拿起刀子自杀，来个“长痛不如短痛”，这时候又是他叔母出面劝说，终于打消了他的念头。

因为他有了美名，想不做官都难。政府多次征召他为官，他都不赴任，爱才的晋武帝司马炎又多次下诏敦促，皇甫谧只得上书说自己疾病缠身，现在已经病重不堪，言辞非常恳切。司马炎一看实在不能强人所难，这才放过了他。皇家图书馆藏书丰富，皇甫谧又上书向司马炎借书看，司马炎很欣赏他好学的品质，送了他一车书。皇甫谧虽然疾病缠身，但仍然手不释卷。

咸宁（275—280）初年，司马炎又想任命皇甫谧为太子中庶子（太子侍从官），皇甫谧以疾病加重为由坚决谢绝。不久司马炎就又征召他为议郎（皇帝身边的顾问官），并召补为著作郎，司隶校尉刘毅请皇甫谧为功曹（掌管人事），皇甫谧都没有前往。

为了早日摆脱病痛的折磨，皇甫谧在找不到良医医治的情况下，开始自己刻苦钻研古代医学著作。他从《黄帝内经》等书中得到启发，对针灸学开展专攻，在自己身上做实验，有时候针扎得太疼，就咬住被子强忍，一遍一遍地反复试验，终于找到了缓解自己病痛的办法。他根据自己的经验，写成了《针灸甲乙经》，这也是我国第一部针灸学的专著，共十二卷，一百二十八篇。书中创立了一整套的针灸理论，因此皇甫谧被称为针灸鼻祖。

---

① 五石散，也叫寒食散，据说是东汉名医张仲景的发明，本来是用来治疗伤寒症的药品，但到了魏晋时期，很多上流社会的人把它当成一种强身健体的补品来吃，服散竟成为风靡一时的时尚。

皇甫谧著述颇丰。除了《针灸甲乙经》，他还编撰了《历代帝王世纪》《高士传》《逸士传》《列女传》《元晏先生集》等书，在医学史和文学史上都负有盛名。他的门人挚虞（金谷二十四友之一）、张轨（凉州刺史，前凉的奠基者）、牛综、席纯等也都是晋朝知名人士。

第三十四节　洛阳纸贵

太康三年（282）的一天，京师洛阳大小卖纸张的商店突然人头攒动，人们争相购买书写用纸，纸张供不应求，店主抬高纸价后依然有人抢购。一些不明白原因的人很好奇，有人告诉他们，是因为有一篇叫作《三都赋》的文章写得太美了，人们抢着买纸是要抄写下来留存以备慢慢欣赏。

《三都赋》包括《吴都赋》《魏都赋》和《蜀都赋》，作者是左思。

左思（约250—305），字太冲，是临淄（今山东淄博市）人，他的祖先是齐国的公族，当时有左、右公子之分，左思先祖这一支就用“左”为姓氏。左家世代研习儒学，他父亲左雍刚开始只是个小官，因为有才能被提拔为殿中侍御史（监察官）。左思年少时学习钟繇、胡昭的书法和鼓琴，但都没有学好就半途而废了。

左雍对朋友说：“左思的悟性不如同龄时的我。”左思听到后很受刺激，愈发刻苦读书。功夫不负有心人，此后他不但学有所成，而且还兼通阴阳五行之术。左思长相非常一般，甚至有些丑陋，且笨嘴笨舌，但与相貌恰恰相反，他的诗赋写得相当漂亮，辞藻华丽。他性情沉静，不喜欢出去交朋友，喜欢宅在家里。

后来他的妹妹左芬因为才华出众被司马炎选入宫中，于是全家跟着沾光，都迁到了京都洛阳。在此之前，左思已经用一年的时间撰写成了《齐都赋》，现在眼见洛阳繁华，他又突发灵感，想给魏都邺城、蜀都成都、吴都建业三都作赋。想法既成，他就到当时的文化名人著作郎张载[①]那里请教岷邛（qióng，古代泛指四川成都地区）

---

① 张载，西晋文学家，与其弟张协、张亢并称“三张”。曾作《叙行赋》，记述自己入蜀时的所见所闻，是现存最早描写入蜀经过的赋。

的事，并详细记录。

左思前后构思十年。他非常用功，甚至在门庭间、篱笆上、厕所里都备了笔和纸，以备灵感一现，可以随时记录。他认为自己的知识面还不够宽，请求去做秘书郎，这个职位可以使他接触到大量关于三地历史、地理、物产、风俗人情等方面的资料，司马炎欣然同意了。

他的《三都赋》写成以后，刚开始并不被人们重视，但左思认为他的这篇文章并不比汉赋大家班固、张衡①的逊色，只是因为自己没有名气，才不被重视。他担心人们因人废言，埋没了他的好文章，就去拜访当时名气比较大的皇甫谧。皇甫谧看过左思的《三都赋》后，很是赞叹感慨，连连夸赞他的文章写得好，欣然提笔为他的赋作了总序。

之后又有张载为其中的《魏都赋》作注释，学者刘逵为其中的《吴都赋》《蜀都赋》作注释，并为之作序说："纵观秦汉以来，作赋的人很多，司马相如的《子虚赋》名望很高，排名在前，班固的《两都赋》道理胜过文辞，张衡的《二京赋》文采高于立意。左思的《三都赋》和以上的比较，传辞会义，更加细密，不细读精研的人不能详知这篇赋中蕴含的旨意，不是博览群书的人不能通览文章的特别之处。世人都崇尚古代的作品，轻视当世之人的创作，不肯花心思了解作品实质，可左思的这些文章我觉得很了不起，我愿意花时间为他作注。"张华看到《三都赋》后，也赞叹道："左太冲是班固、张衡一流的人物。使读者读完后还感觉意犹未尽，时间长了更觉得回味悠长。"

从此以后，《三都赋》在文人雅士的圈子里流行起来，许多人写文章称赞《三都赋》，这样的文章太多，我就不一一列举了。

经过诸多名人的肯定后，人们开始重视左思的《三都赋》，豪门显贵竞相传抄，引起洛阳纸张涨价，成语"洛阳纸贵"出自此。

当初陆机②到了洛阳，想写个《三都赋》，听说左思也在写，就拍着手笑起来，

---

① 汉赋四大家，包括司马相如、扬雄、班固、张衡。

② 陆机（261—303），东吴名将陆逊的孙子，陆抗的儿子，西晋时的名士，以文采著称，与弟弟陆云并称"二陆"。他的故事我们之后详细讲。

给弟弟陆云写信说：“这里有一个匹夫，竟然要写《三都赋》，等他写成之后，我估计会用它来封盖酒瓮呢！”等到左思的《三都赋》写好流传开来，陆机看到后大为叹服，认为自己无法超过左思，于是就搁笔不写了。

除了赋，左思的诗也很有名气，尤以咏史题材最为著名。

第三十五节　外放司马攸

齐王司马攸一直是晋武帝司马炎的一个心病，当年他的这个弟弟受到老爸司马昭的厚爱，差点抢了世子的位置，幸得朝中大臣帮忙，司马炎才得以继承王位。司马昭和妻子王元姬很担心他们这对亲兄弟日后会反目。司马昭临死前（265），向司马炎讲述前朝兄弟相残的事，忍不住流下了眼泪，把他们兄弟的手拉到了一起，要他们搞好团结，并嘱托哥哥司马炎要照顾好弟弟。泰始四年（268），王元姬临终时，又流着泪嘱托已经做了皇帝的司马炎好好对待弟弟，不要做出让亲者痛仇者快的事情来。

太子司马衷比较愚钝，难堪大任，于是朝廷内外又把目光聚焦到了比司马炎小十二岁的齐王司马攸身上。

中书监荀勖、侍中冯统都喜欢阿谀奉承，削尖了脑袋钻营，这与司马攸的性格不对付，所以司马攸很讨厌他们。荀勖等人怕日后司马攸继位，会找他们麻烦，就千方百计造谣中伤司马攸。他们对司马炎说：“陛下百年之后，太子也许无法继位当上皇帝。”司马炎很惊讶，问：“为什么？”荀勖说道：“朝廷内外都心向齐王，齐王可以说是众望所归，太子还怎么可能继位呢？陛下试着下诏命齐王去自己的封国，满朝文武官员必定不同意，到时候您就知道我说的对不对了。”冯统也在旁边添油加醋，煽风点火。

司马炎听他们说得有道理，觉得是该解决一下这个棘手问题了，于是在太康三年（282）十二月下诏：“侍中、司空、齐王司马攸，为国鞠躬尽瘁，建立功勋，今任命他为大司马、都督青州诸军事，侍中的职位保留，假节。”司马攸接到诏书，知道这是司马炎不想让他待在京都，要排挤自己，心中老大不痛快。主簿丁颐等人想不出办法，只能从旁安慰。

尚书左仆射、散骑常侍王浑和司马攸平素关系不错，他上书说："司马攸是陛下的至亲，且又很有德行，可以与周公相比，应该让他留在朝中参与政事。目前太子太保的位置空缺，我认为应当留下司马攸来担任，让他与汝南王司马亮、卫将军杨珧一起处理朝政，三个人平起平坐，正好又能互相牵制、互相监督，我认为这样安排比较妥当。"

扶风王司马骏、光禄大夫李熹、中护军羊琇、侍中王济和甄德也都极力直言相谏，要求司马炎把司马攸留在洛阳。

司马炎一看这么多大臣替司马攸说话，正如冯紞他们所言啊，更加坚定了自己的想法。奸臣的坏点子虽多，但他们确实也能帮助皇帝处理一些棘手问题，这就难怪皇帝有时候会离不开他们了。

王济让他的妻子常山公主以及甄德的妻子长广公主一起去见晋武帝，她们跪下磕头，哭着请求司马炎留下司马攸。司马炎大发雷霆，对侍中王戎说："齐王司马攸是我的至亲兄弟，如今派齐王前往青州，自然是朕的家事，但是甄德、王济却接连打发老婆到我这里来哭死哭活的，成何体统！"一气之下，他把二人边缘化，派王济担任国子祭酒（主管国子监），甄德任大鸿胪（掌管少数民族事务的官员）。

博士庾旉（fū）等七人上书说："现在天下已经平定，四海一家，应当遵循古时候的做法，让齐王在朝中参与政事，现在反而派他出去，离开京师两千里之外，这样做不是违反了古制了吗？"庾旉是当朝大儒庾纯的儿子，递交这份奏折前，他已经拟好了草稿呈送给庾纯过目，庾纯没有制止他。

庾旉有事拜访太常郑默和博士祭酒（博士们的头儿）曹志时，说话间，曹志悲伤地叹道："如此贤能的人，如此亲近的关系，皇帝不但不用他建立基业、辅佐教化，反而放逐他远赴东海，哪里有这样的道理？晋朝的大好江山，也许要有变化吧！"转头郑默和曹志也上奏司马炎，请求他按博士们说的做。

司马炎看了这份奏折，怒不可遏："连曹志都不能明白我的心意，更何况天下人！"①

---

① 曹志是曹植的儿子，所以司马炎认为他该理解其中缘由。

他下令免去郑默的职务。这时尚书朱整站了出来，要求把曹志等人治罪，司马炎顺水推舟，免除了曹志的官职，让他以鄄城县公的待遇回家休养，其他的人则交付廷尉依法判罪。

庾纯到廷尉去自首，说："庾旉上书的草稿我看到了，但是我才识浅薄，没有阻止，而是听之任之，现在特来领罪。"司马炎下令赦免了庾纯。廷尉刘颂上奏，认为庾旉等人大不敬，应当处以死刑，陈尸街头示众。这时候，尚书夏侯骏挺身而出，他说："朝廷设立了八座官员（尚书令、仆射、六曹尚书），正是为了在这种非常时刻显示作用。"他独自上书，提出了不同的意见，不同意廷尉的判决。左仆射魏舒和右仆射、下邳王司马晃也同意夏侯骏的意见。大臣们的表奏在皇宫里搁置了七天，司马炎才下诏说："庾旉是提出异议的首要人物，按理应当处死，但是他的家人已经自首了，所以庾旉与其他七人一起都免去死罪，但要一律免职除名。"

为了安抚众朝臣，司马炎还是准备加大对司马攸的赏赐。太康四年（283）二月，司马炎下诏把济南郡并入到司马攸的封地齐国（今山东临淄市）。二月十九日，作为安慰，又立齐王司马攸的儿子长乐亭侯司马寔为北海王。之后又赏赐给司马攸"轩悬"乐器①、六佾（yì）舞②、黄钺，准许他在朝见时使用皇帝的备用法驾。

司马攸对于自己被外放感到又愤怒又怨恨，急火攻心，就生病了。他请求去洛阳郊外守母亲王元姬的陵墓，司马炎不答应，派了御医给他。各位御医知道如果真看出来齐王有病，可能有大麻烦，于是都说司马攸很健康，没有病。可司马攸是真的生了病，而且病情在不断加重，司马炎不顾这些，仍然不断催促他让他赶紧上路。司马攸勉强支撑病体去向司马炎辞行。他平日里一贯注重自己的容貌与仪表，这次虽然病得很厉害，还是强行振作，举止和往常一样，这反而使司马炎更加怀疑他是在装病。司马攸辞别京中众人上路，没几天就吐血而死，年仅三十六岁。

司马炎亲自去哀悼司马攸，哭得很伤心，冯紞在旁边拉了拉司马炎的衣角，说

---

① 天子用的乐器称"宫悬"，四面悬挂；亲王用的乐器称"轩悬"，三面悬挂，缺南面。

② 佾舞分六佾舞和八佾舞。八佾舞是天子专用之舞，舞者有八行八列，共六十四人；六佾舞有六行六列，共三十六人。

道："齐王的名声太盛，朝野倾心于他，如今他已死，是社稷的福气，陛下为什么要这么伤心！"于是司马炎止住了眼泪，命令司马攸的丧礼要按照安平王司马孚的规格去办。

司马攸的儿子司马冏控诉父亲的病是被御医们给耽误了，司马炎二话没说，立即下令处死了参与诊治的御医。唉，御医们终究还是难逃一死，伴君如伴虎啊。之后，司马炎命司马冏继承了齐王的位置，而司马冏在不久之后，作为八王之乱中的其中一王登上前台。

第三十六节　九品中正制

这节讲一下魏晋南北朝时期的选官制度。

政治路线确定以后能否贯彻实施下去，官员是决定因素。官员负责社会日常管理，其重要性不言而喻，而一个什么样的选官制度，就能选拔出什么样的官员，所以各个朝代都非常重视官员的选拔工作。

夏商周的时候，主要实行的是世袭制。秦朝主要按军功授爵位，且它存在的时间短，没有来得及探索别的选官制度。两汉的时候，出现了察举制和征辟制。所谓察举制，就是自下而上的推荐，乡举里选注重的是乡里对某人的评价，我们称这种评论为乡里清议；所谓征辟制，是皇帝、各级官府对品学兼优的人士直接选拔任用，是由上而下的选官制度。两汉的察举制和征辟制，对候选人员的德行要求比较高，这两种制度在最初确实给国家带来了一批人才，但随着时间推移，乡里清议逐渐被世家大族操控，成为他们垄断地方人才选举的工具。

东汉末年，曹操“挟天子以令诸侯”，控制了朝廷。曹操认为以往的选官方式只能选拔出四平八稳的常才，但难以选拔出适应当前时局的英才来，所以他发出了“求才三令”，不再片面关注道德水平，而是注重“唯才是举”，即使这个人“盗嫂受金”“不仁不孝”，只要是“高才异质”，只要“有治国用兵之术”，便起用他，让他去治理国家、带兵打仗，同时还明确宣布要“举无遗才”。这种措施对操纵清议的地方大族造成了沉重打击。

东汉延康元年（220）春季①，魏国②丞相陈群（？—237）为了克服两汉时人才

---

① 这年十月，汉献帝刘协退位，曹丕称帝，进入黄初元年。

② 这里指曹氏的封国，当时管辖着十个郡，首府在邺城。

选拔的弊端，创立了“九品中正制”。其实关于这种选官制度究竟该被称为“九品中正制”还是“九品官人法”，学术界还存在争议，我暂且采用被广泛认同的称呼——“九品中正制”。这种选官制度自创立之日起，贯穿了整个魏晋南北朝时期，直到隋唐时才被另外一种选官制度——科举制所取代，所以很值得我们深入了解一下。

东汉末年天下大乱，社会动荡，百姓携家带口躲避战祸，人口迁徙流动比较普遍，这使得传统的乡举里选难以进行。为了更方便地考察人才，也为了加强朝廷对人才选拔的控制权，需要一种新的选官制度来弥补这种缺憾。陈群适时提出了九品中正制，把人才按家世（即家庭出身和背景）、行状（即个人品行的现实表现）分出一到九级，然后按品级高低授予这个人相应的官职。需要说明的是，这里的品级不是一个人的官级。

司徒是全国人才品评的总负责人，司徒左长史是司徒品评人才的参谋助手，如果司徒位置空缺，则由他临时主持全国人才的品评工作。司徒会派自己信任的得力人员到各州郡考察、评定人才，这些人被称为“中正”。州里的中正是大中正，郡里的中正是小中正。中正对司徒负责。司徒也具有督察定品是否合法的职责，可以对不称职的中正进行撤换，并对自己任用的中正的失误负领导责任。担任中正职务，一般要具备三个条件：一是本州郡人并在郡中有一定声望，品行好，而且善于识别品鉴人才；二是现任官员；三是在中央任职。中正也有下属，称为“访问”，协助中正走访调查乡邑士人的道德品行和乡党的舆论，并在中正的授意下撰写和铨定乡邑士人的评语、品级。

中正在品评人才的过程中地位举足轻重，因为通行的做法，是要由中正依据一个人的德行、才华、家世综合品评，写出鉴定评价，给予其相应的品第。即便评语往往只有一两句，比如“德优能少”“天才英博，亮拔不群”“品为能清言明，理文义可观”等，但就是这一两句话，可能会决定一个人的一生。中正每月召集一次会议，对需上报的人才品级进行研究，然后用黄纸写好。上报后，这些文件会被司徒府收藏，作为用人时的参考。中正每三年对士人的品级重新评定一次，遇有升降的，还要及时通知司徒府改正黄纸。

某个人的品级跟授予的职务之间是有一定联系的，一般是有三到四个等级差，比如如果一个人的品级为二品，他被授予的官职至多是五品官，如果品级是三品，他的官职至多是六品官。总的来讲，对应关系如下所示：

起家官品（官职）：一、二、三、四、五、六、七、八、九。
中正九品（资品）：　　　　　　一、二、三、四、五、六、七、八、九。

曹魏创立的九品中正制在西晋得到进一步发展和完善，中正组织日臻完备，职权范围不断扩大，定品制度日趋严格，审核程序愈加周密，为朝廷选拔了大量德才兼备的人才。

一个新的制度出台以后，刚开始贯彻执行时总是好的，但时间长了就会慢慢走样，徇私舞弊的手段层出不穷，对士人品级的评定权力再一次掌握在世家大族手里，上品（三品以上为上品）基本被他们垄断，以至于左思在诗中发出感叹："上品无寒门，下品无势族。"这形成了门阀政治，到了东晋更是演变成为司马皇室和门阀士族共掌天下的局面。

太康五年（284），尚书左仆射刘毅上书指出中正制存在的种种弊端。他的论述很全面，很经典，句句点中要害，我们简要择录如下：

"中正制度的设立，对于国家政治的弊病有八点：品级的高下，随着当事人的兴衰评定，以至于上品无寒门，下品无势族，这是弊病之一。州大中正的人选，应该是大公无私的人，这样才能弥合分歧，可是目前对大中正的选定却过于轻率，使得朝野上下矛盾重重，这是弊病之二。设立九品，本就是要划分才能德行的优劣、人伦辈分的前后。现在有的中正却出于嫉妒和私心，让上品空缺，提拔一些品行低劣的人，损公肥私，这是弊病之三。中正责任重大，现在却没有设置对中正的奖惩办法，还禁止人们投诉，这就使中正更加肆意妄为，毫无忌惮，受冤屈的声音不能到达朝廷，这是弊病之四。评定品级的时候没有统一标准，对于相识的凭爱憎判断，对于陌生人凭关系品评，这是弊病之五。目前，有些在任上做出显著政绩的人却处于下品，在任上没有政绩的人却获得了上品，对官员政绩的考核名存实亡，这是弊病之六。要促进事业发展，就要做到人岗相适，但今天的中正在评判的时候，与他关系疏远的，就贬低人家的优点，与他亲近的，就掩饰缺点，这是弊病之七。现今奖惩不明，风气污浊，中正培植朋党，使得天下人专注人事忽视德行，这是弊病之八。”

太尉汝南王司马亮和司空卫瓘也联名上书建议废除九品中正制，实行土断[①]。始平王文学[②]李重上书说：“九品中正制如果要废除，应当允许人口自由流动，让他们自己选择处所，这样真正的土断之法就可以开始实行了。”

虽然晋武帝司马炎对这些建议很赞赏，但是朝中阻力很大，最终也没能实行任何改革。

刘毅退休以后，被司徒推举为青州的大中正，但这一任命在朝廷引起争议，因为他已经退休，有人认为他不应该再出任官职。经过一番讨论后，刘毅还是到青州上任了。他到任后唯才是举，弹劾官吏不分亲贵，很受世人拥戴。太康六年（285），刘毅去世，年七十岁。

---

① 土断，指推举人才，由乡里评定。

② 始平王是司马玮，指李重在司马玮手下做官；文学是官职，主管教育工作。

第三十七节 皇孙司马遹

太子司马衷迎娶贾南风为妻，可几年过去了，贾南风的肚子还是跟以前一样，没见鼓起来。传宗接代对太子来讲可是大事，司马炎暗自着急，怀疑这个脑子有些迟钝的儿子可能不懂得闺房之事，但这种事他又不好亲自上场帮忙，只能另找他人。司马炎发现才人谢玖非常漂亮，就派她去太子宫中教太子。谢玖自小家庭贫困，父亲以杀羊为生，但她天生丽质，贤惠正直之名远近皆知，也是因此才被司马炎选入后宫为才人的。

接到司马炎的命令后，谢玖到了东宫面见司马衷。夜幕降临，在谢玖的引导下，司马衷终于做了男人。尽管脑袋瓜子不太好使，但司马衷的生育能力正常，不久谢玖就怀孕了。太子妃贾南风很嫉妒她，每次见到她眼神都恶狠狠的，谢玖对自己的安全很担心，就向司马炎请求返回西宫，司马炎知道谢玖怀孕后很高兴，准许了她的请求。

谢玖在西宫生下了司马遹（yù），也就是司马炎的皇长孙。司马遹从小在西宫长大，到三四岁了，司马衷还不知情。好在司马炎很喜欢这个孙子，大约是隔辈亲，对他百般疼宠，不至于让他缺爱。

司马遹自小就表现出聪慧的资质，司马炎越加喜欢他，经常让他跟着自己玩。有一次司马衷入朝时；看见司马遹与其他皇子一起在殿上玩耍。司马衷要挨个拉各位皇子的手打招呼，临到司马遹了，司马炎说："这是你的儿子啊！"司马衷愣住了，呆呆地看着司马遹。

有一天皇宫突然失火，宫内乱作一团，司马炎也带着孙子司马遹上楼观察火情。

当时司马遹五岁，他拉着爷爷的衣襟，示意司马炎到暗处去。司马炎很奇怪，问他为什么这么做，司马遹说道："半夜时分突然发生火灾，情况不明，应该防备有意外的事情发生（指政变），不应该让火光照见皇帝。"司马炎一听大喜过望，觉得这个小孩真是不一般，日后必成大器。又有一次，司马遹和爷爷司马炎查看猪圈，他对司马炎说："猪很肥了，爷爷为什么不杀掉来犒劳文武大臣，却让它们在这里浪费粮食呢？"司马炎连连称是，让人杀掉这些肥猪赏赐群臣。司马炎顺手抚摸着司马遹的背，对廷尉傅祗说："这孩子将来一定能兴旺我司马家啊！"后来司马炎更是当着群臣的面称赞司马遹像晋宣帝（司马懿），于是司马遹的美名便流传开来。

司马炎知道儿子愚钝，但见孙子司马遹如此聪明，还是倍感欣慰，就把希望寄托在第三代身上，所以也就没有了改换太子司马衷的想法了。为了培养孙子，他选择了品格高尚，以清正廉洁著称的散骑常侍刘寔做司马遹的师傅。刘寔（shí，220—310），字子真，平原郡高唐县（今山东高唐县）人，是汉章帝刘炟第五子济北惠王刘寿的后人。他父亲叫刘广，曾任斥丘（今河北省邯郸市境内）县令。刘寔幼年时家道中落，少年贫困，靠卖牛衣[①]来养活自己，但是他非常好学，手里缠着牵牛的绳子，嘴里还在背诵诗书，终于学成满腹经纶。他修养极好，言行几乎让人挑不出来毛病，长大后以计吏（掌簿籍并负责上计的官员）的身份到了京都洛阳，因工作出色调任河南尹丞，迁任尚书郎、廷尉正，后任国子祭酒、散骑常侍。

太康十年（289），在众多美女中追求生理享受的司马炎终于病倒了，卧床不起。为了巩固太子司马衷的地位，也为了司马家的江山着想，十一月二十三日，他进行了一项重要的人事任命——任命他最信任的叔叔司马亮为侍中、大司马、大都督，假黄钺，兼都督豫州诸军事，大营设在许昌。同时，改封第三子南阳王司马柬（和司马衷同母）为秦王，都督关中诸军事；改封第六子始平王司马玮为楚王，都督荆州诸军事；第九子濮阳王司马允为淮南王，都督扬州诸军事。这几位皇子统统假节。又封第十二子司马乂（yì）为长沙王、第十四子司马颖为成都王、第十五子司马晏为吴王、第十七子司马炽为豫章王、第十八子司马演为代王。封皇孙司马遹为广陵王、司马玮

① 牛衣，即披在牛身上用于御寒的布衣。

的儿子为毗陵王、司马允的儿子为汉王；改封扶风王司马畅（司马炎叔叔司马骏的儿子）为顺阳王、司马畅的弟弟司马歆为新野公；又封司马澹（dàn）为东武公，司马繇为东安公（二人都是司马炎的叔叔司马伷的儿子）。

第三十八节　武帝驾崩

司马炎统一全国后，过了几年的太平日子。时间进入泰康八年（287），天象开始异常：当年正月初一出现日食，后洛阳皇家祭庙地基塌陷，政府征调了六万工匠，到了九月才修好。泰康九年（288）正月初一和六月初一也都出现了日食，三十三个郡和封国大旱。同年八月十四日出现了流星雨，并发生地震。大家都说这明显是上天的警示，预示着要有大事发生。

皇后杨芷的父亲杨骏对当朝司空兼侍中、尚书令卫瓘很是忌惮，觉得他是老资格，说话有分量，为人却很滑头，因此总想找机会排挤卫瓘。卫瓘有个儿子叫卫宣，娶了司马炎的女儿繁昌公主，可是这个卫宣经常酗酒，酒后无德，和别的女人乱来。杨骏一看机会来了，就向司马炎打小报告，添油加醋，把卫宣说得一无是处，建议司马炎勒令繁昌公主和卫宣离婚，司马炎一听大怒，立即同意。发生了这样的事情，作为父亲的卫瓘感觉到羞愧，联想起自己建议废了太子司马衷的事情，他深感恐惧，为了明哲保身，赶紧请求离职休养。司马炎批准，为了安慰这个自己曾经的支持者，还擢升卫瓘为太保、菑（zī）阳公，让他带着荣耀回家歇着去了。杨骏又顺利搞掉了一个政治对手。

之前，司马炎几乎把全部精力都投入到温柔乡里，身体已经被掏空了，这一年病倒后，病势更是逐渐转重，时而昏迷时而清醒。这时候开国元老们绝大多数都已经去世了，杨骏借着皇亲国戚的身份控制了朝政。他不让别的大臣靠近司马炎，自己亲自负责给司马炎喂汤喂药，更进一步安排亲信替换了皇帝身边的侍从。

司马炎清醒点儿的时候，看到身边的侍从都是些陌生面孔，立刻意识到了什么，他严肃地对杨骏说：“你怎么这么做！”这时汝南王司马亮还没有离开洛阳前往许昌大营出任都督豫州诸军事，司马炎赶紧命令中书省拟诏书，让司马亮与杨骏一同辅政。杨骏去中书省，要求看一下诏书，有关官员不敢驳他的面子，就拿给他看。谁知杨骏把诏书藏起来就迅速告辞，主管官员大惊失色，但慑于杨骏淫威不好硬抢，只好先报告给了中书监华廙（yì），华廙也吓得一头冷汗，亲自去找杨骏索要，但杨骏拒绝归还。正在这个时候，司马炎又神志不清了，杨芷皇后向他请求让杨骏独自辅政，司马炎头动了一下，也分不清是摇头还是点头，但杨芷认为这是点头。

太熙元年（290）四月十二日，杨芷召见中书监华廙和中书令何劭，传达皇帝司马炎“口谕”：任命杨骏为太尉、太子太傅、侍中、录尚书事、都督中外诸军事。这下杨骏可谓是集全国军政大权于一身了。杨芷命令华廙和何劭起草诏书，然后当着他们的面拿给司马炎看，司马炎表情痴呆，一句话都说不出来。新的诏书发布以后，杨骏立即催促司马亮动身前去许昌。这时候司马炎回光返照，突然又清醒了，问道：“汝南王来了没有？”左右侍从都是杨骏的人，说：“还没有！”司马炎又昏迷了过去，这一次他没能再清醒过来。

四月二十日，晋武帝司马炎在含章殿去世，享年五十五岁，后被安葬在峻阳陵（今河南偃师市南蔡庄北）。司马炎生前有过明确的薄葬遗令，严禁石兽、碑表等地面设施，因此葬礼、陵墓的规格按照他的要求，都不算豪华。

司马炎作为官N代，自小锦衣玉食，无忧无虑，但在曹魏正始十年（249），司马家也曾经历一次腥风血雨的政变，当时司马懿赌上了司马家全族的性命，孤注一掷诛杀了曹爽。幸亏这次行动成功了，否则司马家可能会被屠灭三族。当年十四岁的司马炎对那些血腥场景是刻骨铭心的，因此他一直都知道政治斗争的残酷。

司马炎以晋代魏时，东吴尚未平灭，为了积攒国力，他重视农耕，和诸位王爷公卿大夫亲自耕作一千亩农田以做表率，设立常平仓，打击囤积居奇，提倡节俭并身体力行。有关部门曾请求建立七庙，但他认为此事徭役过重，没有允许。祭祀大典用的御牛的青丝缰绳断了，因为青丝比较贵重，司马炎就用麻绳代替。他拒绝花费巨大人力物力到泰山封禅，在位二十五年，没有新修建豪华宫殿的记载。他注重建立温情社会，撤销了驻守在山阳国（今河南焦作市）看守原东汉刘姓皇族的部队，废除了对他们出行等方面的限制，同时解除了对曹魏皇族的禁锢令，撤销了曹魏将领出征、驻防时要把家属留在洛阳做人质的命令。他设立了谏官，任命了性格刚直的大臣傅玄等担任此职，纠察百官。他还命人制定了《晋律》，使全社会有法可依。

他任用羊祜、杜预、王濬等人的谋略，出兵伐吴，统一了全国，结束了东汉末年以来近百年的分裂局面，使西晋成为中国历史上九个大一统王朝[①]之一，功彪史册。

他性格敦厚，对人旷达宽容，敢于任命许奇、嵇绍在皇宫中为官[②]；灭吴后，王濬和他争辩的时候口不择言甚至一言不合就拂袖而去，他不予追究；刘毅说他是东汉桓帝、灵帝一样的昏君，他也是哈哈一笑就过去了；曹魏的曹芳、蜀汉的刘禅、东吴的孙皓都在他有生之年得以善终，曹奂是在司马炎去世两年后去世的，也是善终。纵观中国历史，一位帝王有这样的度量，是很了不起的。

灭吴后，司马炎制定了户调式，使耕者有其田，促进了国家经济的发展。正如干宝在《晋纪总论》中说："太康之中，天下书同文，车同轨。牛马被野，余粮栖亩，行旅草舍，外闾不闭。民相遇者如亲，其匮乏者，取资于道路。故于时有'天下无穷人'之谚。"

但天下平定后，他却怠于政事，沉溺于美女酒宴之中不可自拔，老臣被疏远，外戚得重用，好多政策形同虚设，买官卖官风行。他明知道太子司马衷难堪重任，但因为觉得皇孙司马遹聪明睿智，没有废掉太子，终留隐患。

由此看来，西晋的命运，成也司马炎，败也司马炎。

---

① 这九个王朝分别是：秦、西汉、东汉、西晋、隋、唐、元、明、清。

② 许奇的父亲许允被司马师流放，途中去世；嵇绍的父亲嵇康则是被司马昭下令杀死的。

肆

八王之乱·祸起

第三十九节　外戚专权

太熙元年（290）四月二十日，本年三十二岁的太子司马衷继位登基，史称晋惠帝，改年号为“太熙”，尊皇后杨芷为皇太后，封太子妃贾南风为皇后。司马衷下令，命司空石鉴和中护军张劭负责修建晋武帝墓园的工程。

皇太后杨芷的父亲杨骏明目张胆地搬到太极殿（皇宫中心正殿）居住。晋武帝的棺木要到太极殿停放，杨芷率六宫妃嫔与晋武帝的灵柩辞别，哭声震动皇宫内外，而这时候的杨骏却表现反常，他拒不下殿，周围有一百名亲兵护卫，寸步不离。汝南王司马亮性格懦弱，他害怕被杨骏暗算，不敢进宫向晋武帝灵柩辞别，在大门外哭祭后，径直率兵马撤离洛阳，在城外扎营，然后他上书晋惠帝司马衷，请求等晋武帝的灵柩埋葬后再动身前往许昌。

此时杨骏的奏章落到了司马亮的手上，恰好又有人污蔑司马亮要起兵除掉诸杨，这让杨骏非常害怕，他立即找到女儿杨芷，让她想办法。在杨家人的劝说下，晋惠帝亲自手写诏书给石鉴和张劭（shào），让他们二人率修建陵墓的士兵去攻击司马亮。张劭是杨骏的外甥，他接到命令立即率领部下前去围剿，并催促石鉴马上出发。但石鉴是朝廷老人了，他了解司马亮，认为司马亮不会发动政变，命令手下士兵不许妄动。

司马亮得到消息后向廷尉何勖征求意见，何勖说道：“现在朝野上下都痛恨杨骏，您现在为什么不起兵讨伐他，却害怕被他攻打？”司马亮胆小怕事，不敢发兵，连夜带部队飞快地奔赴许昌，才免去了一场兵乱。杨骏的弟弟杨济和做河南尹的外甥李斌都劝杨骏留下司马亮共同辅政，杨骏不听。杨济又让侍中石崇去劝杨骏，但杨骏依旧固执己见，为此还疏远了杨济。

杨骏心里很清楚自己的名声不好，于是想仿效魏明帝曹叡继位时的做法，给大臣普遍升官加爵，以期用这种手段收买人心，争取支持。太熙元年（290）五月十八日，司马衷下诏书：不论中央还是地方的官员，统统上调一级，参与晋武帝治丧的上调两级，两千石以上的官员一律免除一年的赋税。

司马衷再下诏书，任命太尉杨骏为太傅、大都督，假黄钺，总领朝政，还有任命文武百官的权力。傅咸对杨骏说："我认为先帝安葬以后，您就应当考虑让陛下（指惠帝司马衷）亲政。周公是圣人，他摄政尚且还免不了被人非议，何况当今圣上年富力强又不像周成王那样年幼呢[①]！"杨骏不听，傅咸又多次劝谏，杨骏逐渐不耐烦了，想把傅咸赶出中央，去地方上做郡守。杨骏的外甥李斌劝杨骏道："傅咸是朝中正义之士，这样做恐怕会使你的名誉受损。"杨骏这才作罢。

杨骏了解皇后贾南风阴险凶悍，又有一些政治手腕，所以对她有深深的忌惮。为防宫中生变，他任命自己的外甥段广为散骑常侍，掌管宫中机密事务，另一个外甥张劭为中护军，统领皇城的禁卫兵。

杨骏当政以来，大权独揽，刚愎自用，朝中大臣们都对他非常失望。弘训宫少府（主管皇宫后勤供应）蒯钦是杨骏姑姑的儿子，两人算是表兄弟，从小一直非常亲近。可自从杨骏掌权，蒯钦多次直言冒犯杨骏，别人都为他担惊受怕，蒯钦却道："杨骏虽然糊涂，但不会妄杀无罪之人，只是我说了这些话，他必定会疏远我。不过我被他疏远排斥反而是好事，不然的话，日后我就会和他一起被灭族了。"

杨骏征召匈奴东部[②]人王彰为司马，王彰避而不受。王彰的朋友张宣子责怪他，问他为什么这样做，王彰说："太傅杨骏亲近小人，疏远贤臣，用权任性，离败亡已经时日无多了。而且晋武帝不考虑国家的百年大计，继位的儿子不能挑起国家重担，接受遗诏辅佐的人（指杨骏）又不是适当的人选，离天下的动乱也已经不远了。"

---

① 周成王十二岁继位，而司马衷现年已经三十二岁了。

② 东汉末（216），曹操把降服的南匈奴分为东、西、南、北、中五部，分别散居于并西一带，每部置帅，由汉人监管，以此削弱匈奴的实力。

永熙元年（290）八月二十六日，惠帝立广陵王司马遹为皇太子。任命中书监何劭为太子太师，卫尉裴楷为太子少师，吏部尚书王戎为太子太傅，前太常张华为太子少傅，卫将军杨济为太子太保，尚书和峤为太子少保[①]。又拜太子的母亲谢玖为淑媛。贾南风常常把谢玖安排在别的宫中居住，不让她和太子相见，疏离他们母子之情。

当初，尚书和峤曾经对先帝司马炎说："皇太子恐怕处理不好陛下的家事。"等到太子司马衷真的登基做了皇帝，和峤跟随太子司马遹入朝，皇后贾南风让晋惠帝司马衷去问和峤："你以前说我办不了家事，今天还有何话说？"和峤说："我以前侍奉先帝时是曾经说过这话，我说的话没有得到应验，这是国家之福。"

① 太子三师三少，合称"东宫六傅"。

第四十节　杨骏被杀

皇后贾南风不但容貌丑陋，嫉妒心还特别强，又生性残忍。当她还是太子妃的时候，因为嫉妒，亲手杀死了几个人。她还用戟投掷怀有身孕的太子姬妾，用刀刃划破这些女子的肚皮，以此杀死未出生的胎儿。晋武帝得知后暴怒，下令整修金墉城，准备废掉太子妃贾南风后就把她关押在这里。荀勖、冯统、杨珧以及充华赵粲（皇后杨芷家的人，前文提过）都想办法挽救她，他们对司马炎说道："请陛下息怒，太子妃年轻，嫉妒是女人的本性，年长些自然就会变好了。"皇后杨芷也劝道："贾充对国家有大功，贾妃是他的亲生女儿，正处在嫉妒的年龄，她本性还是好的，怎么能因为这小小的一个短处，而忘记了她父亲的功劳和她的优点呢？"这么多人求情，贾南风终于没有被废。

杨芷多次批评教育贾南风，希望能让她收敛心性。但贾南风不知道杨芷在背后帮了她那么多，反而认为是杨芷在司马炎面前说她坏话，因此格外怨恨杨芷，随着时间推移，这种怨恨越来越深。看来对别人好也需要让别人知道啊，不然会闹误会，而有时候，这种误会是致命的。

贾南风权力欲望极强，总想干预政事，但却受到杨骏的压制，因此非常郁闷。殿中中郎（宫中的警卫官）孟观、李肇都有点小才华，也认为自己是个人物，但杨骏却不把他们当回事，对他们呼来唤去，态度十分傲慢，二人因此怀恨在心，投靠了杨骏的政治对手贾南风。他们告诉贾南风，说杨骏有不臣之心，图谋国家。宦官董猛过去在东宫做事，担任寺人监（宦官总管），是贾南风的亲信，贾南风便秘密指使他与孟观、李肇联络，谋划除掉杨骏，废黜皇太后杨芷。之后又派李肇前去通知汝南王司马亮（此时已驻扎在许昌），让他发兵讨伐杨骏，但司马亮不敢答应。

贾南风得知没有做通实力最强的司马亮的工作，不得不另外物色人选。她突然想到了楚王司马玮，觉得找他可行，于是又派李肇通知了任都督荆州诸军事的楚王司马玮，让他从襄阳发兵，讨伐杨骏。

司马玮，字彦度，泰始七年（271）出生，是司马炎的第五个儿子，晋惠帝司马衷的异母弟弟，母亲是审美人。司马玮是个猛人，年少时就喜欢打架斗狠，非常勇敢，喜欢出风头，锋芒毕露。他设计了各式各样的酷刑，朝廷官员都非常怵他。司马玮对驻守外地本来就不情愿，得到贾南风的通知后，非常高兴，立即就答应了，向朝廷请求回京。杨骏对拥兵驻扎外地的司马玮十分忌惮，一直有召他回京夺他兵权的想法，但一直不敢，怕激起司马玮的反抗，惹出祸端，这次得到司马玮主动要求回京的奏章后，他心中暗喜，立即批准。

元康元年（291）二月二十日，司马玮和担任都督扬州诸军事的淮南王司马允（晋武帝第十子）入洛阳觐见惠帝司马衷。贾南风看到时机成熟，于三月初八命孟观、李肇禀告司马衷，诬陷杨骏谋反，并深夜下达诏书，要求朝廷内外戒严。她派人向杨骏宣读诏书，免除他一切职务，只保留临晋侯的爵位，让他回家休养。之后又命令楚王司马玮驻守司马门，东安公司马繇（琅琊王司马伷第三子）率领殿中禁卫军四百人讨伐杨骏，同时任命淮南相（封国淮南国的太守）刘颂为三公尚书，率军保护金殿。杨骏的外甥、散骑常侍段广跪在地上对晋惠帝司马衷说杨骏不会谋反，但司马衷表情木愣愣的，一句话也不说。

当时杨骏住在曹爽以前的府邸，武器库的南边——看来曹爽被诛的例子还是没有警醒他。他听到皇宫内有异动，就召集各位官员商议。太傅主簿朱振劝杨骏道："现在应该烧了云龙门，用火势逼迫他们，要他们交出主谋，再打开万春门，带领太子宫中的卫兵和城外的部队保护着皇太子（司马遹）进宫捉拿贼人，这样宫中必定会把闹事者的人头送来。如若不然，我们难以幸免！"杨骏这个时候胆小起来，拿不定主意，下不了决心，最后他说道："云龙门是魏明帝所造，耗费了大量的人力物力，雄伟壮观，怎么能这样就把它烧了！"见状，侍中傅祗禀告杨骏，请求和尚书武茂进宫观察事态的发展，然后就拱手告别了，其他官员也明白过来，纷纷一哄而散。

皇太后杨芷担心父亲的安危，把写有“救太傅（杨骏）者重重有赏”字样的绢帛绑在箭上，命人射到宫外。贾南风一看抓住了杨芷的把柄，立即宣布：“皇太后谋反！”

很快，宫中士兵开始出击，放火焚烧杨骏的府邸，弓弩手在楼阁上对着杨骏的府邸乱箭齐发，杨骏的士兵们被箭雨覆盖，根本出不来。杨骏惊慌失措，慌不择路地逃到马房里躲藏起来，但很快就被发现了，士兵用戟把他戳死，一个朝廷大员竟然死得这么窝囊！

孟观等人逮捕了杨骏的弟弟杨珧、杨济，同时抓了杨氏同党张劭、李斌、段广、刘豫、武茂以及散骑常侍杨邈、中书令蒋俊、东夷校尉文鸯，这些人全都被判夷三族。因这件事被处死的有几千人。杨珧临刑前请求东安公司马繇道：“我以前给先帝上过奏章，说如果遇到这样的情况请陛下赦免我，当时陛下答应了！那奏章就收藏在皇家的石匣子里，你可以去问张华！”

众人认为应当按照钟毓的例子为杨珧申述[①]，但司马繇痛恨杨家，不答应，这时贾南风的同党又催促赶快行刑，杨珧终归是逃不过这一劫了。杨珧不停地挣扎哀号，刽子手毫不留情地用刀劈开了他的头，在场观刑的人无不感到悲惨。司马繇是诸葛诞的外孙，因为诸葛诞和文鸯在寿春结仇，一直就很忌恨文鸯，这次公报私仇，把文鸯也当作杨骏的党羽一起杀了。三月八日这一夜简直就是司马繇的一夜，要杀谁，要赏谁，都由他说了算，如此大的权柄，引得朝野震动。王戎对司马繇说：“这件大事处理好之后，你应当低调，远离权力中心。”可司马繇听不进去。

三月九日，司马衷大赦天下，改年号为“元康”，下诏派后军将军荀悝押送皇太后杨芷去永宁宫居住，还特别饶恕了杨芷的母亲，即高都君庞氏的性命，同意她去女儿那里共同居住。但贾南风对杨芷的怨恨已深，不久，她指使朝中官员上奏，说杨芷曾经飞箭传书，和杨骏一共谋反，但司马衷、张华和下邳王司马晃等人都主张饶恕杨芷，只把她贬为平民。阻力巨大，贾南风只能勉强同意，但她坚决要求杀死杨芷的母亲庞氏，想借此打击杨芷。临行刑的时候，杨芷抱住母亲庞氏号啕大哭，她割断头

① 当年钟会出征蜀国，他哥哥钟毓觉得此行之后他会谋反，就对司马昭说，如果日后钟会谋反，不要牵连到我，司马昭答应了。后来钟会果然谋反，司马昭依约没有追究钟家其他人。

发，跪下来以头叩地，上书给贾南风，自称“小妾”，希望能保全母亲性命，可贾南风是铁石心肠，不予理睬。最终贾南风也并没有放过婆婆杨芷。一年过去后，她中断了杨芷的食物供给，八天后，杨芷被饿死。贾南风恐怕杨芷的幽魂报复她，就把她面部朝下入棺，还准备了镇压鬼魂的药物、符咒等一同埋葬。杨芷是中国历史上唯一被饿死的皇后。

因为刚刚经历变乱，需要有经验的老臣来主持政府、稳定大局，元康元年（291）三月十九日，贾南风征召汝南王司马亮为太宰，让他跟太保卫瓘同为录尚书事，辅佐朝政。又任命秦王司马柬为大将军，东平王司马楙（mào）为抚军大将军，楚王司马玮为卫将军兼北军中候（禁军的头儿），下邳王司马晃为尚书令。晋升东安公司马繇为东安王，任尚书左仆射。宦官董猛在政变中立下大功，被封为武安侯，他的三个哥哥也被封为亭侯。

汝南王司马亮到朝廷掌握大权后，为了收买人心，裁夺诛杀杨骏一党的功劳时，竟将一千零八十一人都晋封为侯爵。他喜欢独断专行，御史中丞傅咸不断上书规劝他，可惜司马亮不听。

第四十一节　金谷二十四友

政变过后，贾家取代杨氏，成为朝中新贵。与楚王司马玮、东安王司马繇共同参与朝廷决策的，就有皇后贾南风的同族哥哥、车骑司马（车骑将军府的军政官）贾模，贾南风母亲郭槐的堂兄弟、右卫将军郭彰，以及贾南风妹妹贾午的儿子贾谧。

掌握大权后的贾南风行为愈加凶暴，跋扈乖戾，简直有点神经质。司马繇受不了，开始秘密谋划，想要废掉贾南风，但消息不慎走漏。

贾南风一党得到消息后很是恐惧，再加上司马繇的哥哥东武公司马澹素来与司马繇不和，多次在太宰司马亮面前诋毁司马繇，说他不请示不汇报，罚赏全部自己做主，明显是要独揽朝政，于是元康元年（291）三月二十七日，司马衷下诏免去司马繇的一切职务。这时候又有人报告，说他有悖逆的言论，司马繇就直接被流放到遥远的带方郡（今朝鲜半岛）了。

需要交代一句的是，晋惠帝司马衷只是个摆设，谁在朝廷掌握大权，下达的诏书就是谁的意思。

流放了司马繇，贾谧、郭彰的权势日益强盛起来，宾客盈门。贾谧是贾午和韩寿的儿子，开始姓韩，过继给贾充后，改姓了贾，现在算是贾家的后代，深得贾南风的宠爱。他为人高傲奢侈，家里房屋豪华高大，器物服饰珍贵华丽，歌女舞女都挑选当时最好的。但相比起其他作风豪奢的贵族，贾谧有个优点——喜欢读书。他有一定的才华，曾领秘书监之职，掌国史，确定晋朝历史“从泰始为新”，后为常侍，侍讲东宫。他喜欢结交士大夫，于是一些有想法的文人骚客都竭力攀附他。贾谧从这些人中挑选了二十四人，经常和他们在石崇洛阳郊外的豪华私人会所金谷园聚会，号称“金谷二十四友”。下面把这二十四人中的主要人物介绍一下：

潘安，也叫潘岳，中国史上四大美男的第一位，字安仁，荥阳中牟（今河南中牟县大潘庄）人，曹魏正始八年（247）出生。祖父潘瑾，担任过安平（今河北衡水市）太守；父亲潘芘（pí），曾任琅琊（今山东临沂市）内史。潘安不但貌美，还少年聪颖，颇有才华，乡里称他为神童，认为他是和西汉名士贾谊（前200—前168）一样的人才。潘安早年被举为秀才，泰始四年（268）正月的时候，晋武帝司马炎带领群臣亲自扶犁耕田，二十二岁的潘安作《藉田赋》赞美此事，这赋写得辞藻清艳华美，令人赞叹，从此潘安的名气更大了。但也因为这篇赋，他遭人嫉恨，仕途受阻，赋闲了十年。后任河阳（今河南洛阳市吉利区）县令，潘安认为这个岗位和自己的才华不符，始终心情郁郁。当时的尚书仆射山涛、领吏部王济、裴楷等受晋武帝的赏识，但潘安憎恶他们，就在尚书阁题写了一首歌谣：“尚书阁东头，有一头大牛。王济作鞅套在前，裴楷作鞧套在后，和峤劳碌不得休。”被发现后，又被调到离洛阳更远的怀县（今河南焦作市武陟县）做县令。虽然总是不得志，不过难能可贵的是，他在先后两个县令任上都勤政爱民，政绩显著。有了一定的政声，朝廷便调他为尚书度支郎，迁任廷尉平（也作廷尉评，是廷尉的属官），后来却因为公事被免职。不久被辅政的太傅杨骏引入门下做了太傅主簿，结果杨骏被杀后，他也受到牵连，好在有一个人救了他的命。当初潘安做河阳县令的时候，治下的公孙宏穷困潦倒，但善于弹琴，也很会写文章，潘安爱惜他的才能，经常资助他。到了杨骏被杀的时候，公孙宏正好担任楚王司马玮的长史，就在司马玮面前替潘安说情，他这才幸免一死。此事过了一段时间，潘安任著作郎，后转任散骑常侍，再升任给事黄门侍郎。

陆机，东吴永安四年（261）生，字士衡，吴郡吴县华亭（今上海松江区）人，祖父为东吴名将陆逊，父亲为东吴名将陆抗。他少年时便文采飞扬，远近闻名。二十岁的时候吴国灭亡，他回到故乡，闭门谢客，发奋读书，花去将近十年的时间。太康末年，陆机和弟弟陆云一起来到了晋的京都洛阳，拜访名士张华。张华也早听说过他们兄弟的名字，说道：“灭吴一战，最大的收获就是得到了你们这两位俊杰啊！”他们又去拜会侍中王济，王济指着羊奶酪对陆机问：“你们吴中拿什么和它相比？”陆机回答：“千里莼菜羹，未加盐豉时。”这个回答让时人称道。张华把陆机引荐给各位公卿，逐渐升为太子洗马、著作郎。当时的文坛把他和潘安并称为“潘江陆海”，意思是潘安的才华像江河一般滔滔不绝，陆机的才华像海一样浩渺广阔。

陆云，小哥哥陆机一岁，字士龙，六岁时就能写文章，秉性清正，有才干。少年时和兄长陆机一起出名，虽然文辞不如哥哥，但立论超过他，人们将这兄弟二人并称“二陆”。

刘琨，生于泰始七年（271），字越石，中山魏昌（今河北无极县）人，中山靖王刘胜的后裔，父亲刘蕃，位至光禄大夫。刘琨年轻时便才华出众，且勤奋努力，与范阳（今河北涿州市）人祖逖一起，留下了“闻鸡起舞”的励志成语。

刘舆，是刘琨的兄长，比刘琨大两岁，字庆孙，才能出众，有器量，与刘琨都是尚书郭奕的外甥，被征用为宰府尚书郎。

欧阳建，字坚石，石崇的外甥，文雅有才，辞藻华美。也是出身世家——欧阳家世代为冀州一带的豪门。

挚虞，皇甫谧的弟子，被时人称赞是“才学博通，著述不倦”。

牵秀，“博辩有文才，性豪爽，弱冠得美名”。

石崇、左思前文讲过，这里就不再细说了。

另外还有郭彰、杜斌、王粹、邹捷、崔基、刘瑰、周恢、陈眕、刘讷、缪徽、诸葛诠、和郁、刘猛、杜育等，不再一一介绍。

这二十四人都是当时出名的文化人，他们与贾谧交好的目的也很明确，绝大多数是要攀附权贵以求政治上的发达，大概只有左思是出于和贾谧共同的文史爱好才和他走到一起的，贾谧为秘书监的时候，还曾请左思讲《汉书》。这些人经常在有山有水、瓜果飘香、富丽堂皇的金谷园聚会，吟诗作赋，好不热闹，赋诗不成者罚酒三斗，后人遂用“金谷酒数”泛指酒宴上罚酒之数。为了讨贾谧的欢心，他们集体写文章称美贾谧有贾谊之才，这马屁拍得贾谧高兴万分。石崇、潘安尤其善于巴结贾谧，每次等到贾谧跟祖母郭槐外出时，就来到人家门前，跳下车子，避到道路一旁，望着贾谧车后卷起的尘土当街叩拜，由此还生出“望尘而拜”这一成语。

虽然这二十四人现在在这金谷园中集会，乐而忘忧，但日后也将走上各自不同的人生归途。

第四十二节 司马亮和司马玮被杀

楚王司马玮掌握了禁军兵权，但他脾气乖戾，动不动就杀人，太宰司马亮和太保卫瓘对他又恨又怕，就合计着想夺了他的兵权，让临海侯裴楷（裴秀堂弟）代替司马玮担任北军中候的职务。消息走漏，司马玮暴跳如雷，要找司马亮和卫瓘说事。迫于压力，最后他们也没敢下诏书。

一计不成，司马亮又和卫瓘商量，想让晋惠帝命司马玮等各位亲王回自己的封国，这样可以名正言顺地赶走司马玮等人，司马玮得到消息后恨得咬牙——司马亮和卫瓘的消息总能让司马玮很快知道，这是有内奸啊，看来司马玮也不纯粹是个没心眼儿的粗人。

长史公孙宏、舍人岐盛都是司马玮跟前的红人，他们建议为今之计，只有主动接近、投靠皇后贾南风，这样才能有回旋的余地，司马玮表示同意，让他们去张罗。贾南风突然间多了司马玮这样一个亲王级别的助手，非常高兴，直接让司马玮兼任太子少傅。这一次，司马亮和卫瓘的计谋又未得逞。

岐盛以前和杨骏要好，还曾经给杨骏出主意对付卫瓘，现在又来帮助司马玮，卫瓘对他恨之入骨，找了个理由就要逮捕他。岐盛很快就得到消息，和公孙宏密谋一通后，他们在积弩将军李肇的引荐下见到了贾南风，谎称是司马玮的意思，在贾南风面前诬陷司马亮和卫瓘正谋划废掉惠帝，另择明君。贾南风一直以来都痛恨卫瓘（卫瓘曾经建议司马炎废掉太子司马衷），再加上现在司马亮与卫瓘共同执掌朝政，他们都是老资格，在朝中很能说得上话，使自己备受压抑，因此贾南风也早想搬掉这两块绊脚石，现在有了大帮手司马玮，她决定动手。

元康元年（291）六月，贾南风手把手教丈夫司马衷撰写了一份给司马玮的诏书：“太宰、太保想仿效伊尹、霍光[①]，你应当宣布诏命，命令淮南王（司马允）、长沙王（司马乂）、成都王（司马颖）率兵驻守各宫门，以防不测。同时罢免司马亮和卫瓘的一切职务。”深夜，宦官黄门把诏书送到司马玮手上。

司马玮认为事关重大，打算面见惠帝证实一下，那黄门说道：“您要是进宫见陛下，恐怕事情就会泄露，就不是密诏的本意了。”思来想去，司马玮决定一不做二不休，利用这个机会报复司马亮和卫瓘。为防止意外，他又假传圣旨，召集京师城内城外的三十六军（大约有十万人），向他们宣读了诏书。然后，司马玮派遣公孙宏、李肇领兵包围了司马亮的王府，让清河王司马遐去逮捕卫瓘。

司马亮的帐下督（作战参谋）李龙禀告司马亮道：“外面发生了事变，请速派兵抵抗。”司马亮不相信，没有同意。过了一会儿，司马玮的士兵爬上墙头大声冲里面喊话，司马亮大惊道：“我没有二心，为何到了这等地步！如果有诏书，请让我一看。”公孙宏不加理睬，命士兵急攻。长史刘准对司马亮说：“这是一场阴谋。王府里能人勇士也不少，可以奋力一搏。”但司马亮认为这样就有造反的嫌疑，犹豫着不肯同意。转眼间，司马亮被李肇生擒了。当时天气酷热，士兵将司马亮放在车下，有人可怜他，还给他扇扇子，将要到中午了，也没有人敢动手杀他。

听闻这样的情况，司马玮着急了，下命令道：“能取下司马亮人头的，赏一千匹布！”重赏之下必有勇夫，于是司马亮被乱兵杀害，首级被扔到北门墙外。和他一起被处死的，还有他的长子司马矩。

司马玮敢对堂爷爷痛下杀手，其残暴程度可以想见，司马家的自相残杀，也由此开始。司马亮是八王之乱中的第一个王，从去年杨骏被杀后调入京城，到目前仅仅四个月。说是“八王”，实际参与的司马家大小王有几十个，《晋书》卷五十九把司马亮、司马玮、司马伦、司马冏、司马乂、司马颖、司马颙、司马越放在一起单独作传，是因为只有这八个人曾经掌握最大的权力，也是因为这样，后人才称这段历史为“八王之乱”。

---

① 伊尹曾废黜商王太甲，霍光曾废黜汉帝刘贺。

清河王司马遐的帐下督荣晦曾经在卫瓘府上做事，但他犯了严重错误，被卫瓘训斥一番赶走了，从此他怨恨在心。现在荣晦跟随司马遐来逮捕卫瓘，他公报私仇，自作主张，斩杀了卫瓘及其子孙共九人，司马遐拦都拦不住，卫瓘死时七十二岁。这一幕跟当初卫瓘为报私仇派人追杀邓艾何其相像！卫瓘的孙子卫璪（zǎo）、卫玠当时没有在家，得以幸免。

司马亮、卫瓘已死，岐盛劝司马玮道："今天应该趁势除掉贾谧、郭彰，还政王室。"一向勇猛的司马玮这时候却犯了犹豫，下不了决心。

面对如此乱局，内外军队躁动不安，朝廷也十分恐慌，束手无策。太子少傅张华派董猛对贾南风说："司马玮伪传诏书杀了司马亮和卫瓘，势头正盛，再这样下去恐怕朝廷不得安稳。现在应该派人拿驺虞幡①去让军队解散，然后指控他擅杀大臣，除掉他，以安定朝野。"

贾南风其实对司马玮也有深深的忌惮，认为趁机除掉他是好事，所以完全赞同张华的意见。她派遣殿中将军王宫拿着驺虞幡对众军士说："楚王假传皇帝圣旨，大家不要再受他的骗了，即行散开！"众人看到驺虞幡，这是最权威的命令，都放下兵器撒腿就跑，司马玮成了孤家寡人，站在那里不知所措。这时司马玮一个年仅十四岁的仆人驾着牛车拉上他要投奔秦王司马柬，但牛车被士兵拦住，司马玮被押到廷尉。六月三十日，司马玮被杀，年仅二十一岁，他身边的公孙宏和岐盛都被夷灭三族。

就这样，八王之乱中的第二王也完蛋了，同样仅当权四个月。八王之乱才刚开始，就有两个王一起出局了。

司马玮被杀后，卫瓘的女儿百般奔走，上书给朝廷要求为父亲平反，于是惠帝司马衷下诏，恢复了卫瓘的爵位，追封其兰陵郡公，谥号"文成"，同时诛灭了荣晦的全族。

政敌基本都肃清了，从此以后，贾南风独揽朝政，委任亲信担任政府要职，任命

① 驺虞（zōuyú）幡，绣着驺虞的旗子，用来化解和阻止战争。驺虞，一种传说中的神兽，长得像老虎，据说它生性仁慈，不吃活的动物。

堂兄贾模为散骑常侍兼侍中。贾南风和贾谧商议，觉得张华平民出身，没有威胁皇权的实力，而在朝野又有一定的威信，重用他只有好处，于是下诏任命张华为右光禄大夫、开府仪同三司、侍中、中书监。此后张华尽心辅佐皇室，勤勤恳恳，努力缝合裂痕，使朝臣团结一心。几年之内，晋朝政治安定，民间平稳和谐，张华居功至伟。

第四十三节　匈奴叛乱

太康四年（294）五月，匈奴部落酋长郝散发动叛乱，于谷远（今山西沁源县）起兵反晋，进攻上党郡（今山西黎城县），杀死了郡太守。

这里我们需要简单回顾一下匈奴的历史。匈奴是从哪里来的？据《史记·匈奴列传》记载，商汤灭夏（约前1600）后，把夏桀流放到南巢（今安徽巢湖市附近），夏桀死后，他儿子淳维带着父亲留下的妻妾和一些手下逃到了北方的草原，因此匈奴实为华夏民族的一支。但因为长期与中原内陆隔离，久而久之，匈奴形成了与中原民族不同的文化风俗。匈奴曾经令中原王朝很苦恼，西周周幽王为了博取冷美人褒姒一笑，听信部下谗言，在没有外敌入侵的情况下点燃烽火台，各诸侯国派兵来救，发现是一场闹剧，这就是著名的"烽火戏诸侯"。等到犬戎（古匈奴）来攻，烽火台上燃起的烽火早就失去了信用。犬戎攻破镐京，周幽王被杀（前771），之后周平王东迁洛阳，东周开始（前770）。

公元前214年，秦始皇派大将蒙恬率领大军大败匈奴，收回河套以南地区，设四十四个县，并增修了长城，全长达一万余里。后蒙恬大军渡过河套，占领阴山山脉，威震匈奴，使其十余年不敢犯边。公元前209年，冒顿单于杀父自立。他是一个有雄才大略的军事统帅，在他的带领下，匈奴从此走向强大，击败了东胡（居于今内蒙古东部、河北北部的少数民族），开始独霸草原。公元前200年，匈奴把刘邦围困在白登山（今山西大同市东），刘邦采用陈平之计，行贿冒顿单于的妻子才终于解围。到汉武帝刘彻时，倾全国之力，几次派大将卫青、霍去病前去攻打，终于大败匈奴，匈奴由盛转衰。

为了争夺权力，匈奴内部开始了残酷的政治斗争。东汉建武二十四年（48），匈奴南疆八大部落首领共同向东汉光武帝刘秀臣服，表示要永远做汉王朝的藩属，并帮助汉王朝抵挡来自北方的侵略。当时虽然有大臣反对，但刘秀表示同意，还派人帮助南匈奴在五原郡（今内蒙古包头市）西北八十里的地方建立王庭，南北匈奴正式分裂。南匈奴后移居云中郡（今内蒙古托克托县），再移居西河郡美稷县（今内蒙古准格尔旗），最终定居在距离洛阳（东汉都城）几百公里的平阳（今山西临汾市）。各位如果摊开地图看看这几处地方就会发现，南匈奴一直是在南迁，也就是往汉王朝的中心迁。

东汉永元三年（91），当时的全国最高统帅窦宪决心趁北匈奴势微，将其一举消灭，便派大军行至金微山（今阿尔泰山），出塞五千余里，大破北匈奴主力，斩杀包括各王在内的五千余人。窦宪命随行的才子班固写了一篇文章纪念这场胜利，刻在燕然山（今蒙古境内杭爱山）上，史称“燕然勒石”。2017 年，中蒙考古学家联合考古时找到了这块石碑。

北匈奴汗国中的一部分人开始向西漂泊，最后来到欧洲，他们在那里的活动影响了欧洲的历史进程。公元 92 年，北匈奴留下的当家人向汉王朝投降，自此，长久以来困扰着中原政权的一大威胁被解除。但事情没有想象中美好，新的威胁很快出现了——北匈奴留下的广大草原地区被鲜卑部落填补，鲜卑日益强大，留在草原上生活的大约十万名匈奴人为了生存，也渐渐自称鲜卑。

南匈奴在东汉末年也是没有消停，参与了中原各路诸侯的混战，并在南下时掳走了东汉大学者蔡邕之女蔡文姬[①]。曹操势力日益强大后，南匈奴首领归附曹操。之后，南匈奴汗国的百姓们长久居住在大汉的边塞之内，跟汉朝编入户籍的居民没什么两样，但不向汉朝政府缴纳田赋捐税。当时的一些人提出，任凭匈奴这样在境内生活却不加管理，一旦他们人口增加，恐怕不好控制，所以应早做预防。

---

① 蔡琰，字文姬，东汉时著名文学家，有《悲愤诗》二首和《胡笳十八拍》留存于世。一开始嫁给卫仲道，丈夫死后回蔡家居住。南匈奴入侵时，为匈奴左贤王所掳，生下两个儿子，后被曹操用金钱赎回，嫁给了董祀。

东汉建安二十一年（216）七月，南匈奴单于挛鞮（luān dī）呼厨泉到邺城晋见魏王曹操，曹操趁机把挛鞮呼厨泉强留在了邺城，命右贤王[①]监理南匈奴汗国。但曹操也没有亏待挛鞮呼厨泉，每年都送棉丝、绸缎、金钱、粮秣等，待遇等同侯爵，子孙仍保持单于封号。又将匈奴汗国分为五部，左部定居于兹氏（今山西汾阳市），右部定居于祁县（今山西祁县），南部定居于蒲子（今山西隰县），北部定居于九原（今山西忻州市），中部定居于大陵（今山西文水县），史称“五部匈奴”。每部遴选有声望能力的贵族担任统帅，另选汉人充当司马，监督当地军政，把匈奴分而治之。

话题回到郝散身上，他这次起兵叛乱也没能坚持多久，到本年（294）的八月就率领部下投降了。冯翊郡（今陕西大荔县）都尉为了绝后患，诛杀了郝散。

元康六年（296）夏季，郝散的弟弟郝度元要为兄长报仇，与冯翊郡、北地郡（今陕西铜川市）的马兰羌人[②]、卢水胡人[③]一起造反，杀了北地郡太守张损，打败了冯翊郡太守欧阳建。

此时晋朝的征西大将军为赵王司马伦。司马伦，出生年不详，字子彝，晋宣帝司马懿的第九个儿子，司马师、司马昭的异母弟弟。司马炎称帝后，被封为琅琊（今山东临沂市）王。他受到散骑常侍刘缉买通工匠盗窃御裘一案的影响，按理当治罪，但因为他是皇室至亲，被下诏赦免。后司马伦前往他的封国。咸宁三年（277）八月，司马伦改封赵王，任平北将军、督邺城守军事，后再升任安北将军，元康初年又改任征西将军、开府仪同三司，镇守关中。

司马伦宠信出身普通的琅琊人孙秀，孙秀狐假虎威，平时作威作福，与雍州刺史解系、冯翊太守欧阳建交恶。为了军事上的事情，他们互相向朝廷告状，欧阳建更上书皇帝，指控司马伦刑罚和赏赐不公。朝廷知道解系刚正不阿，认为司马伦在关中成事不足败事有余，调他回京师洛阳，任车骑将军，改派梁王司马肜接替司马伦为征西将军，都督雍、凉二州军事。关中地理位置重要，纵观整个西晋，镇守这里的都是司

---

① 右贤王，匈奴贵族封号，二十四长之一，身份只略低于左贤王。

② 马兰羌人，即居住于马兰山的羌人。

③ 卢水胡人兼具白种人和黄种人的特征，其祖先被认为源自商代的卢方。卢方有别于中原民族，史书中称他们为“卢戎”。

马家的人。

解系和弟弟、御史中丞解结上书请求杀孙秀以使贼人退兵，张华把这件事告诉了梁王司马肜，让司马肜诛杀孙秀，司马肜答应了。孙秀的朋友辛冉得到消息，向司马肜说情道："贼人自发起兵，跟孙秀关系不大，不应该怪罪到孙秀身上。"司马肜觉得有理，孙秀因此免去一死。

司马伦到了洛阳后，采用孙秀的计谋，尽力结交贾谧、郭彰，这二人到皇后贾南风那里为司马伦美言，于是贾皇后对司马伦很是欣赏，非常信任。司马伦趁机要求担任录尚书事的职务，但张华、裴頠（尚书左仆射）坚决不同意；司马伦又要求担任尚书令，张华、裴頠还是不同意。司马伦、孙秀从此就和张、裴二人结了仇。

第四十四节　悲壮周处

元康六年（296）八月，解系被郝度元打败了，秦州、雍州地区的氐人、羌人全都叛变，氐族部落酋长齐万年自立为皇帝，包围了泾阳（今甘肃平凉市西北）。

这里简要介绍一下氐族、羌族的历史。氐族历史悠久，源自西戎（古时华夏人对西方少数民族的称呼），或称为盘瓠（hù，神话人物）之后。他们散居于今天的甘肃陇南和天水、陕西西南部及四川松潘一代，分支众多，或因居住地得名，如巴氐、白马氐、武都氐等；或因服饰得名，如青氐、白氐等。氐人的迁移最早发生在西汉武帝时期。元鼎六年（前111），汉武帝为开拓西南边境，派遣中郎将郭昌等攻灭氐王，置武都郡（治所在今甘肃成县西），很多氐人被迫离开原居住地，向境外山谷间移动。元封三年（前108），氐人叛乱，汉武帝派兵征讨，把部分氐人迁移至酒泉郡（今甘肃酒泉市）。建安十六年（211），氐人曾经随马超攻打曹操，失败后，马超率氐人归附刘备。建安二十四年（219），曹操抵达汉中，认为武都太过偏远，于是迁氐族五万余部落出居扶风（今陕西扶风县）、天水（今甘肃天水市），以充实关中。魏黄初元年（220），武都氐王杨仆率众投靠，被迁于天水郡安置；青龙四年（236），武都氐王苻健率四百户投降魏国，被安置在内郡①；正始元年（240），魏国名将郭淮迁氐人三千多部落安置在关中。西晋时，氐人已经遍布西北各州郡，在关中和陇右②形成两个分布中心，关中的氐人主要分布在京兆（今陕西西安市）、扶风、始平（今陕西

① 内郡，指汉朝版图边缘诸郡以外的郡国，更靠近中央，与外郡相对。

② 陇右，指陕、甘界山陇山以西，黄河以东的地区。陇山又称六盘山。

兴平市东南）等郡，以扶风郡为最多；陇右氐人主要分布在天水、略阳（今陕西略阳县）等郡。

羌族也是中国一个古老的民族，古称西羌，同样分支繁多，早期主要居住于今天的青海东部及甘肃西南部地区，南达四川北部，西至新疆南境。西汉时，羌人叛乱，赵充国、冯奉世相继击败羌人，此后，汉羌之间相安无事达数十年。东汉时，大量羌人内迁至凉州、陇右一带，与汉人杂居。汉安帝永初、元初年间（107—120），东汉与羌人连续战斗十多年，后打败羌人。到东汉末年，马腾、马超和韩遂部下有很多羌族、氐族士兵，马腾的母亲就是羌人，他们利用羌人与曹操作战。后来蜀国、魏国都曾利用羌人、氐人的力量，互相抗衡，所以这一时期有更多羌、氐等少数民族内迁。

氐、羌的大量内迁，使关中地区百余万人口中，少数民族就占了一半。与汉魏时期一样，西晋的汉人官僚地主把氐、羌等少数民族作为重要的剥削对象，使他们沦为奴隶，随意赎买、凌辱甚至屠杀，这样的暴行不断激起他们的反抗。

前文所说的那位自立为皇的齐万年，是扶风郡的氐民，最初是氐人的部落酋帅，入晋之后成为编民。因他在底层具有一定威望，能代表一般氐民的利益，被公推为叛军领袖。一时间，西北战火熊熊。

朝廷开会讨论派哪一位将领前去讨伐齐万年，大家推举周处，都说周处是吴国名将的后代，忠诚刚烈且果敢坚毅，必能取胜。

周处，字子隐，生于东吴嘉禾五年（236），吴国义兴阳羡（今江苏宜兴市）人，鄱阳太守周鲂之子。周处幼年不幸，成了孤儿。他天生神力，喜欢骑马狩猎，常常在乡里纵情肆欲，当地人把他当作祸患。有一天，周处问父老乡亲们："现今社会安定，庄稼丰收，为何大家还是不高兴呢？"有的老人就叹息道："三个祸害未除，哪里高兴得起来？"周处问是哪三害，一个胆大的老者回答道："南山中有白额猛兽，长桥下有蛟龙，再加上你，就是三害了。"周处说道："如果只有这些祸患，我除掉他们没问题。"老者道："你如能除掉三害，是全郡的福气啊。"

周处便进入深山射死了猛兽，又跳到水中与蛟龙搏斗，蛟龙时沉时浮，游了几十里，而周处同它缠斗漂流，经过三天三夜才把蛟龙杀死。三天不见有人上岸，人们认为周处也死了，都互相庆贺。当周处回来，听说乡里以为他死了而在庆贺时，才知道人们已经厌恨他到了极点。他去寻访当时名气较大的陆机、陆云兄弟，请求点拨。恰巧陆机不在，周处见到了陆云。他把自己的情况告诉了陆云，道：“我想要修身学好，可已经错过最佳年龄，恐怕来不及了。”陆云说道：“古人贵在朝闻夕改，你前面的路还很长，应该担心的是不能立志，何必顾虑名声不彰呢？”周处大受鼓舞，从此砥砺心志，勤奋苦学，渐渐竟也为人称道起来，只一年的时间，州府交相征召。这是著名的“周处除三害”的故事。

周处出任吴东观左丞，在孙皓末年任无难督（吴国设有无难营，以无难督统率营兵）。东吴被晋朝攻灭后，王浑登上建邺宫设酒宴，酒至半酣，王浑对吴国的人说道：“各位都是亡国之人，难道不感到悲伤吗？”周处回答道：“汉朝末年分崩离析，魏蜀吴三国鼎立，魏国先灭亡，吴国后灭亡，亡国之痛，哪里只是我们这些人该感慨的呢？”一番话说得王浑面露惭愧之色（王浑曾任魏国官吏）。

周处入洛阳为官后，逐渐升至新平（今陕西彬县）太守，他注重安抚和团结戎狄，许多反叛的羌人前来归顺，在他的治下，雍地百姓安居乐业。后转任广汉（今四川广汉市北）太守，郡中有许多经年积压未决的案件，有的甚至拖了三十年，周处详细了解其中的是非曲直，很快就做出了公正的判决。不几年，他因为母亲年老需要奉养，就辞官回家了，却不想朝廷惦念他的能力，不久又任命他为楚内史，还没有到任，朝廷再次征召他为散骑常侍。周处道：“古人辞大官不辞小职。”于是先到楚地上任。该郡经过战乱之后，新老居民夹杂，大家风俗不同，摩擦不断，周处在当地督促推行仁义教化，平息民怨，又收殓安葬了那些野外没人认领的尸骸白骨，然后才应朝廷征召赴任散骑常侍。后升任御史中丞。作为监察官，他公正无私，所弹劾的人不分宠臣与贵戚。梁王司马彤曾经违法，周处据实弹劾，因此得罪了司马彤。

这次要推荐讨伐齐万年的人选，很多朝臣都推荐周处去，却不是因为佩服他的人品，而是因为憎恨他的刚正，想让他远离中央朝廷。太康六年（296）十月，朝廷下诏任命周处为建威将军，和振威将军卢播一起作为安西将军夏侯骏的下属，出兵讨伐齐万年。中书令陈准认为这一任命有问题，上书说：“夏侯骏和梁王都是皇亲国戚，一直以来养尊处优，不是当大元帅的料，而且他们往前不求名誉，往后也不害怕刑罚，恐怕出兵之后不能节制。周处是原东吴人，性格秉正刚烈，人单势孤，在朝中树敌过多，少有援手。我建议应当命积弩将军孟观（贾南风亲信）率领一万精兵担任周处的前锋，这样一定能够消灭贼人。否则，梁王就会让周处担任前锋，又不给他派后援力量，把他置于死地，到那时，失败就是必然的了。”可朝廷不听，还驳斥了他。

周处的一位朋友知道他去了必死，对他说道：“你有年迈的母亲需要奉养，可以以这个理由推辞不去。”周处道：“忠孝不能两全，今天就是我以死报效国家的时候。”于是他悲壮上路。

齐万年听说周处来讨伐他了，对属下说：“周处曾经担任新平太守，我了解他，是个能文能武的人才，如果他能全权指挥部队，我们肯定抵挡不住，不过如果他被别人所束缚，那他就要成为我们的俘虏了。”

元康七年（297）正月，齐万年率领七万人驻守梁山（今陕西乾县西北）。司马彤、夏侯骏派周处率领五千士兵前去攻打齐万年，周处道：“军队没有后援的话，必定失败，即使我战死了，那仍然是国家的羞耻。”司马彤、夏侯骏不听，强令他快速攻击。

正月四日，周处与振威将军卢播、雍州刺史解系进军到六陌。周处的将士们还没来得及吃饭，司马彤就催促他们马上进攻。敌我兵力相差悬殊，周处知道这次自己在劫难逃，特吟诗一首：“去去世事已，策马观西戎。藜藿甘梁黍，期之克令终。”吟罢立即率领将士杀入敌阵，从早到晚，斩敌首级数以万计，弓箭用尽了，弓弦折断了，仍不见卢播和解系前来救援。左右劝周处撤退，他按着剑柄大喊道：“今天就是我尽忠之日，有什么可后退的！”奋力血战而死，年六十二岁。

噩耗传到洛阳，朝廷追赠周处为平西将军，谥号为“孝”，赐他墓地一顷，赐给他家人钱百万，另许他家在京师洛阳五十亩的土地上建私宅。

对于司马彤，朝廷只是下诏责备了他，并没有给予什么实质性的处分。

第四十五节　名士清谈

元康七年（297）七月，朝廷任命王戎为司徒。王戎是竹林七贤之一，和当时的尚书令王衍（王戎的堂弟）、河南尹（相当于洛阳市市长）乐广一样，都是一时之名士。魏晋时期多得是这样的名士，他们都是清谈的行家里手。

既然讲到这里，就顺便讲一讲清谈。

清谈出自乡里清议，在东汉后期出现。汉朝选官实行察举制，很注重一个人在乡里的名声，因此当时士大夫阶层出现了品评人物的风潮，名士们对一个人的评价能影响他的仕途。比如南阳人许劭在汝南主持月旦评，每月对人物重新进行一次评价。这个人名气很大，连曹操都慕名而来，备了厚礼，请求他为自己评价一下。许劭刚开始不肯，后来被曹操胁迫，才说出了一句著名的评语："君治世之能臣，乱世之奸雄。"

他们也批评时政。汉桓帝和汉灵帝的时候，宦官当权，朝政黑暗，士大夫对宦官们提出了强烈的批评和质疑，这招来了宦官们的疯狂报复。桓帝延熹九年（166）和灵帝建宁二年（169）的两次党锢之祸，当时名士及他们的学生被逮捕杀害的有九百多人，他们的亲朋故旧纷纷到边塞避祸，有的住土穴，有的躲树洞，一时间腥风血雨。但事有例外，一个叫郭泰的大名士就被宦官放过了。

郭泰（128—169），字林宗，太原郡介休县（今山西介休市）人，相貌魁伟，博览群书，擅长演讲，一讲起来就口若悬河，滔滔不绝，因为这项技能名震洛阳。但他演讲时从不具体评议朝中人物，只是抽象地探讨人伦鉴识的理论，因而宦官找不到杀害他的借口。经受残酷打压后，郭泰的这种风格得到士人的追捧，他们不再评论时事政治，而是由政治方面转到人物方面，当然这些人物也不是当权派，而是古人或者乡里的人物。评古不论今，这样就可以自由发挥，不再怕受到打击陷害了。正是因此，史学大师陈寅恪认为，清谈之风始自郭泰。

天灾，战乱，政乱，世道不稳让当时的人们纷纷感叹世事无常、生命短暂，儒家的经学已经不能适应乱世的需要，衰落成了必然，崇尚“玄虚淡泊”“无为而治”的老庄思想复兴。到了魏明帝曹叡（公元226年至239年在位）的时候，这种新思潮已经势不可挡，以摧枯拉朽之势风靡整个京师。当时的名士何晏与夏侯玄、王弼等都精通《老子》《庄子》，他们大肆倡导玄学，还把玄学引入清谈，使清谈的内容渐渐演变成了谈玄。他们要用老庄思想调和儒教，把道家的思想灌入儒家的经学里去，于是何晏作《论语集解》，王弼作《论语释疑》，一时之见这类书籍纷纷涌现。在儒家的经典里，只有《周易》稍带一些神秘性，容易和《老子》《庄子》发生联系，于是这本书也便合了当时士人的口味，被奉为经典。

司马氏是尊奉儒教的，因此司马氏当权后，如何调和儒教和老庄的关系成了比较重要的问题。有一次，阮瞻去见司徒王戎，王戎问：“圣人贵名教，老庄明自然，其旨同异？”瞻曰：“将无同？”意思是“大概没什么不同”，二者差不多。王戎听了大喜，立即任命阮瞻为官。

玄学的发展也经历了几个阶段，从何晏、夏侯玄等的正始玄学，到竹林七贤的竹林玄学，及至目前讲到的在元康年间出现的元康玄学，前文提及的王戎、王衍、乐广就是这时清谈界的领袖。再往后发展，还有东晋玄学，那是后话。

王衍（256—311），字夷甫，琅琊郡临沂县（今山东临沂市北）人，二十四孝之一王祥的族孙，王戎的堂弟。他生来的外表俊美，喜好老庄，在谈论玄理时经常手持一把有白玉柄的尘尾，手和玉柄的颜色一样白皙，风姿绝然。姿态虽美，却有一点不足——凡是他觉得自己说的道理有什么不妥当的地方，会马上更改说法，世人称他是“口中雌黄”，成语“信口雌黄”也出自此。不过即便如此，记述魏晋名士风采的《世说新语》里还是有数十条提到了王衍。

王衍出身高门，自然衣食无忧，他耻于谈钱，嘴里从来不说钱这个字。他老婆郭氏不信邪，有一次想试试他，就让奴婢用钱绕床一圈，堵着他让他不能出来。王衍早晨起来看到钱后，就对奴婢说：“把这些东西（阿堵物）都拿走！”确实没有说钱。王戎感叹道："王衍的风度仪态高雅清澈，好像晶莹的玉树，自然是尘世之外的人物。"

王衍幼年时，曾去拜访竹林七贤的老大山涛，山涛见到他后，感叹了良久，王衍走后，他说道："谁家老太婆生下这么漂亮的儿子，然而误尽天下老百姓的，可能也是他。"山涛一语成谶，这事以后再讲。

乐广（？—304），字彦辅，南阳淯阳（今河南南阳市）人，《世说新语》里也有多条提到他。乐广每次谈玄都用最简练的词语，条理清晰，事理明确，使人信服；他性情谦和，批评别人时也一定会先称赞对方的优点，使对方缺点自然显现。

除了他们，当时的名士还有王澄、胡毋辅之、谢鲲（谢安的伯父）、王尼、毕卓等，当然大都是世家出身。

清谈不是胡侃，也有固定的几方面内容，比如清谈哲理，就是谈论《老子》《庄子》和《周易》中的哲学思想；比如品藻人物，就是对人物进行品评；此外，他们也对宇宙论的哲学展开了激烈而且长久的争论。清谈不仅需要充足的知识储备和活跃的思维，也是个体力活，因为清谈的时间不限，有时候甚至通宵达旦，这需要有个好身体做支撑。

魏晋名士们的不拘礼节，放浪形骸，酗酒服药是常事。他们飘逸放达，标新立异，言论玄妙，这构成了独特的名士风流，后世人想效仿而不得法，只能望其项背。

不过正是这种名士风流，一定程度上推动了西晋的灭国。名士们热衷于谈玄，认为谈论政务是俗事，谁要是谈论治国理政，会被大家耻笑。但这些人大都身居高位，崇尚虚无的后果就是朝中几乎没人关心国计民生，政务懈怠，国家被拖入了危险的局面，后终于招致五胡之祸，西晋灭亡，"清谈误国"一词也出自此（当然，西晋灭亡还另有深层次的原因）。

第四十六节　巴氏李特

当初，张鲁[①]称霸汉中郡（今陕西汉中市）时，賨（cóng）人[②]中的李姓部落从巴西郡（今四川阆中市）的宕渠县（今四川渠县三汇镇）前去投靠张鲁。东汉建安二十年（215）七月，曹操攻克了汉中，部落首领李武带领五百多家归降，曹操授予他将军之职，把这群人迁到略阳郡（今甘肃天水市）以北地区，北方一带的百姓都称他们为巴氏。

李武的儿子李慕曾经担任过东羌猎将，李慕的儿子李特、李庠、李流也都健壮威武，有谋略，善于骑马射箭，为人豪爽，仗义疏财，在乡里具有很高的威望，人们纷纷归附。特别是李特，他身高八尺（约一米九三），对事物有独特见解，为人很是沉稳。

等到元康六年（296）齐万年造反的时候，关中恰逢连年大荒，略阳郡、天水郡等六个郡的老百姓纷纷外出寻找粮食，逃荒到汉川（今陕西省南部）的就有数万家，李家兄弟也在其中。逃荒路上见到生病和穷苦的人，他们经常伸出援手，因此深得大家拥戴。这批人到了汉中郡，集体上书，请求朝廷允许他们前往巴蜀（今四川中东部和重庆大部）谋生，但朝廷没有批准，而是派侍御史李苾（bì）持节前去慰劳，并监视他们，不让他们进入剑阁（今四川剑阁县北剑门关）。

---

① 张鲁（？—216、245 或 259），字公祺，一作公旗，沛国丰县（今江苏丰县）人，东汉末年割据汉中一带的军阀。据传，张鲁是西汉留侯张良的十世孙，也是天师道教祖张陵的孙子。

② 賨人，秦汉时期四川、湖南等地的一个少数民族。

李苾为人贪财，见利忘义，流民了解他这个特点后，就凑钱贿赂他。李苾受贿后果然向朝廷上书说："流民有十多万人，不是汉中一个郡能够养活的。如果叫他们往东去荆州，路上水流湍急且危险，又没有船只可用。巴蜀地区有仓库储备，又是丰收之年，可以让流民去那里谋食。"朝廷批准了李苾的提议。

从此，流民散布于梁州（今四川东北部及陕西南部）、益州（今四川中南部及云南）各地，政府无力管理他们。李特到剑阁时，看到两旁断崖峭壁直入云霄，峰峦倚天似剑，绝崖断离，两壁相对而立，真是"一夫当关，万夫莫开"，不由得长叹道："刘禅拥有这样的地方，竟然投降了别人，还说不是庸才吗？！"能说出这话，可见其胸怀很不一般。他在日后也确实做出了大事。

元康七年（297），晋军派去讨伐齐万年的将领一个接一个的失败，周处也殉职了，司空张华和中书令陈准认为梁王司马肜镇守关中毫无建树，于是推荐孟观前去。

孟观，字叔时，渤海东光（今河北沧州市南）人，自幼好学，精通天象、历法，在贾南风除掉杨骏的过程中立下大功，升任为黄门侍郎，贾南风还特别给予他四十个亲信。后又升任积弩将军，封为上谷郡公。

孟观率兵讨伐齐万年，他沉着刚毅，文武双全，率领的宿卫兵也是个个身手矫健，勇猛异常。这些关中兵士冒着弓箭和垒石冲锋陷阵，与齐万年大战十几次，每次都完胜。

元康九年（299）正月，孟观在中亭（今陕西武功县西）大破氐族军队，活捉了齐万年，顿时氐羌畏服。之后，孟观转任东羌校尉，授右将军。

第四十七节　淫后贾南风

晋惠帝司马衷愚钝，不解风情，皇后贾南风在他面前也找不到做女人的感觉，加之司马亮和司马玮相继被杀，她现在大权独掌，无人约束，竟和太医令（管理御医的官）程据通奸。程据高大英俊，深得贾南风的喜欢，常以看病为名入宫和贾后私会。贾南风还让人在大街上搜罗英俊青年，将他们装入竹篓，运进皇宫，供其玩弄，事后又怕他们把此事泄露出去，于是杀人灭口。但有次贾南风实在喜欢一个英俊健壮的青年，没舍得杀他，终于使事情外露。

这个把贾南风迷倒的青年是洛阳南部盗尉部（管理社会治安的机构）的小办事员，一直是干低等的杂活，收入仅能糊口，不曾想在消失了十几天后，他再出现时竟穿起了华丽的服饰，出手也大方起来，别人都怀疑这些东西都是他偷来的。巧的是，此时贾南风的一个远房亲戚被贼人偷走了一些金银珠宝，向盗尉部报案，尉官怀疑是这个小吏所为，就命人逮捕了他进行询问。

小吏交代道："前些日子我在大街上散步，遇到了一个老妇人，说家中女儿生病，巫师说应该找一个城南的青年去镇服驱除妖邪，想临时麻烦我一下，到时候定有重谢。我一听是积善行德的事，还有好处，就答应了她，跟她上了一辆车子。车上她拉下帘子，为了避免法术失灵，还把我藏到一个竹篓里。走了大约十几里路，车子停下后，有人抬着我大概过了六七个门槛。等竹篓被打开，我睁眼一看，眼前全是亭台楼阁，富丽堂皇，我问这是什么地方，他们告诉我说这是在天上，然后立即让我用香汤洗澡，穿上华丽的衣服，大吃一顿山珍海味。吃饱喝足，又把我带到了一个卧室，进来一个年纪大约三十五六岁的妇人，身材矮小，皮肤黝黑，眉毛后面有一颗黑痣。我被留下来，和那妇人同吃同住。大概十几天后，他们把我送了回来，还送了我这些华丽的衣服和金银财宝。”

贾南风的远亲听到口供后，大吃一惊，知道这个妇人是贾南风，非常惭愧地讪笑而去，也不再追究财宝失窃的事，尉官也放了这个小吏。

裴頠（贾南风表兄）与贾模（贾南风堂兄）、张华在一起秘密商量废掉贾南风，改立谢淑妃为皇后。贾模和张华都担心道：“皇帝（司马衷）自己没有废黜皇后的想法，我们擅自行事，万一皇上不同意，那该如何？我们到时候就是死路一条！而且各位亲王力量强大，意见不一，一旦事情不成，不仅我们要大祸临头丢掉性命，还会危害国家。”

裴頠说道：“你们说得都对，关键是现在皇后及其心腹随心所欲，任性妄为，离变乱爆发已经不远，不废掉她，我们又能怎么办呢？”

张华道：“你二人都是皇后的亲戚，你们的意见或许能被采纳。你们应该不断向她陈述祸福，希望她不要太过分，那样天下才不至于出现祸乱，我们也能够过悠游的日子到死。”

裴頠不断劝说他姨母广城君郭槐，让她告诉贾南风要亲近厚待太子司马遹。贾模也经常尽力劝说贾南风，但贾南风不但不听，还觉得贾模是在诋毁自己。善于察言观色的小人趁机挑拨离间，贾南风对贾模日渐冷淡。贾模郁郁寡欢，不久便忧愤而死，被追赠为车骑将军、开府仪同三司，谥“成”。

第四十八节　孔方兄

晋惠帝司马衷智力发育低下，虽不是生活不能自理，但要叫他治国理政，确实是强人所难。

一次他在华林园听到青蛙的叫声，就问左右随从道："这些呱呱乱叫的东西，是为公事叫呢，还是为私事叫呢？"这个问题瞬间难倒了众人，三十秒后，一个机智的下人回答："在官家地里叫的为官家，在私人地里叫的为私人。"

当时天下发生灾害，老百姓颗粒无收，体质差的就饿死了，有大臣向惠帝汇报，惠帝说："没有粮食吃，他们为什么不喝肉粥呢？"

皇帝如此不堪，权力理所当然都掌握在大臣手里，一时政出多门，权势豪门结党营私，相互利用，相互请托，把官场弄得犹如生意场一样。皇后贾南风的亲戚贾谧、郭彰更是为所欲为，毫无顾忌，卖官鬻爵价目近乎公开，群臣敢怒不敢言。

南阳郡人（今河南南阳市）鲁褒①作了一篇《钱神论》来抨击时政，《钱神论》中说："钱的模样，内里的行状如大地一样是方形，外边的轮廓像天空一样为圆形②。人们喜欢它，亲近它，就像对待亲人一样，还给它取了个名字叫'孔方'。失去它就贫穷势弱，得到它就富贵显赫。

"它没有翅膀但是能够翱翔，没有脚却能健步如飞。它能够使威严的面孔眉开眼笑，能够使口风很严的人吐露真言。它没有德行却备受尊崇，没有权势却炙手可热，

① 鲁褒，生卒年不详，字元道，酷爱读书，为人朴实，生活朴素。

② 古时候人们普遍认为"天圆地方"。

它可以穿堂入室直达皇帝内廷，可以转危为安，也能起死复生，能够使尊贵的变得卑贱，置无罪的人于死地。

“所以官司没有钱就不能打赢，官场上没有钱就得不到提拔，冤仇没有钱就无法化解，美好的名声没有钱就不能传播。洛阳的权贵，对‘孔方兄’贪得无厌，毫无止境。谚语说‘钱没有耳朵，但可以使唤小鬼’，如今世人只知道看重钱啊。”

对时世不满的人都争相传诵鲁褒的《钱神论》。鲁褒终生不做官，后来更是隐居乡野，不曾现于人前了。

第四十九节　憋屈太子

晋惠帝司马衷愚憨，大权落在皇后贾南风一党手中，太子司马遹也时常被他们欺负。有点才气的贾谧在东宫为太子讲学，但他根本不把太子当回事，对太子态度非常傲慢，呼来喝去，像主人对待下人一样。司马遹的叔叔成都王司马颖发现后严厉斥责了贾谧，贾谧大怒，到他姨妈贾南风那里告状。贾南风护着外甥，竟贬司马颖为平北将军，叫他前去镇守邺城，把他排挤出了京师。

贾后又召梁王司马肜（此时在西北督军）回京任大将军、录尚书事，任命河间王司马颙（yóng）为镇西将军，镇守关中，接替司马肜的职位，但这一任命违背了晋武帝司马炎当初定下的制度。当年司马炎深刻认识到关中的重要性，规定除非是皇帝的至亲，否则不能镇守关中，并把这个规定制成密诏，藏于宗庙的石匣之中，让他之后的历代君王都要遵守。司马颙是司马懿三弟安平献王司马孚的孙儿，是司马衷的堂叔，和司马衷的关系相对比较远了，但他仗义疏财，喜欢结交士人，名声不错，朝廷认为他有才干，还是任命他担任了这一要职。

贾南风的母亲广城君郭槐到了晚年突然有了慈悲之心，因为女儿贾南风没有儿子，就经常劝导贾南风，让她好好对待太子司马遹，要像对待自己的亲生儿子一样。郭槐也严厉教导贾谧，让他对太子以礼相待。

司马遹毕竟是太子，如果日后继位，以贾家人现在的表现，势必会引来他对贾家的报复。为了化解这个矛盾，郭槐打算把韩寿和贾午的女儿，也就是贾谧的妹妹许配给司马遹做太子妃，而这也是司马遹所盼望的，他也希望能通过联姻巩固自己的地位。但是郭槐的这个想法却遭到了两个女儿的坚决反对，贾南风、贾午姐妹想出来个变通的方法，准备为太子迎娶尚书令王衍的女儿。司马遹听说后也很高兴，因为他之前就听说王衍的长女王景风非常漂亮，是个大美女。可是结果又令他失望了，王衍美艳的大女儿已经被贾谧抢先一步娶走了，贾南风姐妹为他迎娶的是不如姐姐漂亮的王衍的二女儿王惠风。这让司马遹心头恼火，十分憋屈，但也无可奈何，只能在暗地里发发牢骚。

老到的郭槐面对这种情况忧心如焚，临死前她握着大女儿贾南风的手，用尽最后的气力，断断续续地说道："赵粲[①]、贾午一定会坏你的事，以后务必要疏远她们，切记，切记！"

有句老话叫"三岁看小，七岁看老"，这句话在司马遹身上却没有得到很好的印证。司马遹年幼的时候很聪明，深得他爷爷晋武帝司马炎的喜欢，把他看作是司马家的未来之星，但年龄大些以后，他就表现得不那么上进了。他不喜欢学习，热衷于跟下人游乐，对他的师傅们也不够尊重。贾南风嫉妒司马遹已有的好名声，吩咐宦官们，要诱导太子玩乐，让他尽情地玩，越堕落越好。

宦官们对太子说："殿下正是尽情享乐的年龄，应该放开玩，年华易逝，为什么要委屈自己呢？"太子宠爱的蒋美人生下了一个男婴，宦官又说应该大大赏赐，多给皇孙造供玩具。司马遹对宦官们言听计从，于是更加纵情玩乐，挥金如土，有时候甚至不去出席朝会。他喜欢矮车小马，有时候会叫手下骑马驰骋，然后故意把勒马的皮带弄断，使骑马的人失去控制，跌倒在地，他却在一旁哈哈大笑。为了调剂宫中生活，他还公开在太子宫开办集市，命人买卖酒肉。兴致来了，这位太子不用斤秤，亲自上手掂量，立刻就知道斤两，分毫不差。

司马遹变得越来越任性，手下人稍有不如他意的便棍棒相加。太子宫每月的用度是五十万钱，但司马遹花销无度，往往超支一倍。他命人在太子宫的花园内种植农作物，养鸡养鸭，然后向民间出售，弥补亏空。他还喜欢算命卜卦、阴阳之术，平时忌讳比较多，比如不让修补房屋，哪怕是一个瓦片。

---

① 赵粲，晋武帝司马炎的妃子，杨艳的表妹，后投靠了贾南风。

太子洗马江统苦口婆心地劝，但司马遹拒不接受。中舍人杜锡（杜预的长子）担心太子之位不保，多次诚恳地劝谏太子要修身养性，砥砺品行，维护已有的好名声，司马遹不但不听，反而对杜锡心存怨恨。有次他在杜锡经常坐的毡子中放了针，直扎得没有防备的杜锡屁股流血。

第五十节　贾南风废太子

就是这样一位荒唐太子，贾家人也容不下。贾谧在贾南风那里搬弄是非，他说道："太子大量购买田产，用钱财收买一些来路不明的人，听说是用来对付您。他还在私下说：'皇后死后，我要把她当作鱼肉一样千刀万剐。'如果皇上驾崩，他登上皇位，依照杨骏家的例子，把我杀死，再把您囚禁在金墉城，都是易如反掌的事。我们不如提前下手，重新立一个听话的太子，这才是万全之策。"

贾南风认为贾谧说得很有道理，正合她的心意，于是开始肆意放大宣传司马遹的缺点，使远近皆知；又在肚子上绑上枕头，假装自己已经怀孕，并让宫人准备稻草等物供其"分娩"时使用，然后把自己妹妹贾午和韩寿的小儿子韩慰祖偷偷弄进宫来，准备立他为太子。

这时满朝文武都知道贾南风要谋害太子。中护军赵俊曾奏请司马遹先下手为强，逼迫惠帝司马衷废掉贾皇后，司马遹不听。如今贾南风开始了废太子的行动，东宫左卫率刘卞赶紧向张华禀告贾南风的阴谋，但张华装糊涂，说道："我压根不知道有这事。"刘卞道："我本来个小吏，受您的提拔才有今天。士为知己者死，我感激您的知遇之恩，所以才直言相告，难道您还怀疑我？"张华问："如果真如你所说，你打算怎么办？"刘卞接着说道："太子宫人才济济，四率[①]手握一万精兵。您身居高位，如果得到您的配合，太子便可以控制朝政，到时把贾皇后送到金墉城囚禁，只需两个小宦官就够了。"张华犹豫不决，他说道："如今我没有得到天子的命令，突然参与这

① 东宫有前、后、左、右四率，负责保护太子。

种大事，是冒天下之大不韪。何况权臣贵戚布满朝廷，我的权威不够，哪里有必成的把握？”当时，贾南风在宫内宫外广布耳目，刘卞见张华的事她也听到了风声，于是就将刘卞调任为雍州刺史。刘卞知道消息泄露，怕被贾南风等加害，就服毒自尽了。

元康九年（299）十二月，太子司马遹的大儿子司马虨（bīn）[1]生了重病，司马遹上书请求封大儿子一个王爵，但朝廷不准——这自然是贾南风的主意。司马虨病情不见好转，司马遹请巫师作法为儿子祈福。贾南风得到消息，认为时机已经成熟，就谎称惠帝司马衷身体不适，命太子司马遹进宫问安。

司马遹进宫后，贾南风不见他，叫他待在别的房间，派宫女陈舞假称惠帝的命令，赐给司马遹三升酒，要他全部喝光。司马遹推辞说喝不了三升，陈舞威胁道：“这是不孝呀！天子赐酒你却不喝，难道是怕酒中有毒吗？”司马遹迫不得已，勉强喝下，醉得一塌糊涂。

贾南风让黄门侍郎潘安拟就了一份草稿，又让宫女承福拿着草稿和笔墨纸砚，趁着司马遹呈醉态，谎称惠帝命他抄写一遍。潘安拟的草稿中写道：“陛下应当自己了断，否则我就亲自送他归西；皇后也应当自我了断，如不了断，我亲手处理。我与谢妃（司马遹母亲谢玖）约定日期，一起行动，不能犹豫不决招来后患。事成之后，立道文（司马虨小名）为王，立蒋俊（司马虨母亲）为皇后。如能遂愿，我将用三牲供奉北君，大赦天下。”司马遹迷迷糊糊，不能辨别内容，照抄了一遍，不过字体歪歪扭扭，大半都不能成形，贾南风命人修补后送交了司马衷。

元康九年（299）十二月三十日，晋惠帝司马衷驾临式乾殿，召集文武群臣，命黄门令董猛拿出太子写下的歪歪扭扭的稿纸和一道青纸紫泥制的诏书，诏书上说：“司马遹信件在此，铁证如山，此子大逆不道，现在赐死。”然后把司马遹的信给王公大臣们传阅，群臣都不敢作声。

关键时刻，还是张华首先发话，他说道：“这是国家最大的不幸！古往今来，常因为废黜太子导致国家动荡，而且我朝立国时间还不算长（三十四年），望陛下三思！”

---

[1] 司马遹一共有三个儿子，分别是司马虨、司马臧、司马尚。

裴頠认为当先调查传递这封信笺的人，再核对太子平时的笔迹，否则可能有假。贾南风命人拿出司马遹平时写的十几张启事，众人对照之下，没有人敢说信笺不是司马遹写的。

贾南风一党的董猛又把长广公主[①]抬出来了，假传她的话对司马衷及群臣说道：“事情应该迅速决断，如果谁不遵诏令，按军法处置。”贾南风还借司马遹请巫师的事，说他是为了诅咒惠帝早死。但兹事体大，大臣们议论纷纷，直到日头西沉，仍然没有结果。

贾南风看见张华等大臣态度坚决，恐怕时间久了事情生变，就让了一步，提出赦免太子死罪，只把他废黜为平民。张华等人一看，觉得这也许是最好的结果，也就同意了。于是尚书和郁持节，谢结为副使，和梁王司马肜、淮南王司马允、东武公司马澹、赵王司马伦、太保何劭等人一起来到了东宫。

司马遹得到消息后，穿上平民衣服，从崇贤门出来，两次跪拜接受诏书，然后走出承华门，登上了破旧的牛车。司马澹押送太子司马遹、太子妃王惠风及他的三个儿子到金墉城。尚书令王衍见风使舵，上书请求女儿王惠风和司马遹离婚，得到贾南风的批准。王惠风得知消息放声痛哭，但没有办法，只能拜别司马遹回到家中。不久，司马遹的母亲谢玖和司马彪的母亲蒋俊被拷打致死。

虽然朝中阻力很大，贾南风还是决心要对司马遹赶尽杀绝。永康元年（300）正月，经贾南风暗中安排，一个宦官投案自首，招认说自己之前跟太子一起预谋要杀害晋惠帝。惠帝（实际上是贾南风）在各位公卿大臣面前公布了宦官的招认书，然后命司马澹率一千士兵将司马遹押往许昌，由治书御史刘振持节看守，同时又下令说，太子出城押往许昌的当天，任何官员不能前去送别。

太子洗马江统、潘滔和太子舍人王敦、杜蕤（ruí）、鲁瑶等违令来到伊水（洛阳南部的一条河流）旁，同司马遹洒泪而别。司隶校尉满奋逮捕了这些胆敢前去送别的人，把他们押往河南狱和洛阳狱。押到河南狱的，河南尹乐广把他们全部释放；押到洛阳狱的，被当地长官继续关押。

---

① 初封京兆公主，后改封长广公主，她是晋武帝司马炎的姐姐，晋惠帝司马衷的姑妈。

都官从事（司隶校尉的高级幕僚）孙琰对贾谧说道：“太子宫的旧属前去送别，虽然违令，但也在情理之中。如今对他们严厉处罚，等事情传播开来，反而是宣扬了司马遹和部属之间感情深厚的美事，还不如释放了他们。”于是贾谧命洛阳县令曹摅释放了关押的众人，乐广也没有因擅自放人而受到追究。

司马遹到了许昌，写信给前太子妃王惠风，述说自己被冤枉的详细经过，希望王惠风把信转交给王衍，然后呈送晋惠帝。但王衍看到信后选择明哲保身，不予呈递。

伍 八王之乱·混战

第五十一节　司马伦除贾南风

永康元年（300）三月，尉氏（今河南尉氏县）降下红色的雨，南方的天空出现彗星，太白星出现在白天，中台的两颗星距离拉开。天空出现种种异象，注定这是不祥的一年。对天文学颇有研究的张华小儿子张韪劝张华辞官回家，避开纷争，以免惹祸上身，但张华不接受，他道："天道幽远，应修养德行去顺应，我们不如静待天命。"

司马遹的太子之位被废，朝臣议论纷纷，大多替他打抱不平，一时间群情激愤。右卫督司马雅、常从督（禁卫部队的头）许超都曾在太子东宫做事，得到太子的礼遇，他们与殿中中郎士猗等商量，想废黜皇后贾南风，让太子复位。他们知道张华、裴頠安于现状，肯定不会和他们一起冒险，所以决定另选他人合作。

司马雅等人认为右军将军赵王司马伦掌握兵权，生性贪婪鲁莽，可以利用。孙秀是司马伦身边的红人，常给他出谋划策，也可以说是他的主心骨，想要让司马伦参与计划，首先就得做通孙秀的工作。于是司马雅等人携带贵重礼物，前去游说孙秀："皇后诬陷太子，太子之位空缺，如果选错了人，江山社稷有倾覆的危险。大臣们将要举事，共同废黜皇后。赵王平常与皇后一派的人关系亲近，太子被废黜的事据说赵王事先也知情，一旦事变发生，赵王必将受到牵连，所以为什么不抢先下手，废黜皇后？"孙秀一听大喜——赵王发动政变成功的话，就会成为股肱之臣，他孙秀自然也会水涨船高。孙秀当即表示同意。

孙秀前去游说司马伦，司马伦对他言听计从，没有犹豫就通知了自己的嫡系通事令史（掌传递奏章等事）张林、省事张衡、殿中侍御史殷浑、右卫司马督路始等人，让他们作为内应，见机行事。原来，司马伦和孙秀这几年也没有闲着，他们在大内安插、网罗亲信，这时就派上了用场。

快要行动时，孙秀心生一毒计，他对司马伦说道："太子聪明而性情刚直，他一旦恢复太子之位，肯定不会受制于人。您一直是皇后的人，这个大家都知道，今天即使帮助太子复立，立下头功，太子也一定不会领情，日后您稍有差池，免不了会人头落地。我们不如暂缓行事，期间贾皇后一定会害死太子，到时候您再起兵废黜皇后，为太子报仇，这样不仅免除了后患，而且还能掌握更大的权力。"司马伦连连点头称是。

孙秀不会干坐着等，他要加速进程，于是散布消息说殿中有人打算废黜贾皇后，让太子复位。消息传到贾南风耳朵里，她多次派宫女到民间打探消息，得到核实后，十分恐惧。司马伦和孙秀又煽风点火，劝贾谧等人早日除掉太子，以绝后患。

三月二十二日，贾南风让自己的情人太医令程据配制毒药巴豆杏子丸，假称是惠帝的诏令，让黄门孙虑赶到许昌毒害太子。司马遹自从被迁到许昌后处处小心，因为担心食物里被下毒，天天自己煮饭吃。孙虑到了许昌后把来意告诉了看守太子的刘振，于是刘振强行把司马遹迁移到小宅院之中，中断了食物供应，希望饿死司马遹，但宫人同情太子，偷偷从墙上给他送食物。孙虑一看这样等下去不是办法，干脆亲自上阵，拿药丸逼司马遹吃。司马遹当然不肯吃，借口要去上厕所，不想刚转身，孙虑就从背后用药杵把他砸死了，年仅二十三岁。司马遹的哀叫声传到了墙外，特别凄惨，却无人敢去阻拦。

主管部门请示朝廷，是否要以平民的身份安葬司马遹，贾南风一看心腹大患已除，觉得以什么样的身份安葬都不重要，为了显示宽大，便奏请晋惠帝以司马遹之前被封的广陵王身份下葬。被晋武帝司马炎看重、被朝廷上下寄予莫大期望的皇孙司马遹，竟落得如此下场，实在让人唏嘘感叹。

太子遇害后，司马伦、孙秀看时机成熟，准备起兵废黜贾南风。孙秀又邀次飞督闾和参与，闾和答应了，定于永康元年（300）四月三日三更第一声鼓响的时候起兵，以鼓声为号。事发当天，孙秀还在争取张华的支持，他派司马雅告诉张华说：“赵王打算跟您一起共振朝纲，为天下除害。”但张华仍旧不答应。司马雅大怒：“刀将要架到脖子上了，你还这样！”说完扭头就走。

三更时分，司马伦假称接到惠帝诏令，对京师二卫（卫尉所辖的皇宫保卫部队和卫将军所辖的首都卫戍军）所属的三部司马（前驱、由基、强弩）说：“皇后贾南风与贾谧等人杀害朕的太子，现在派车骑将军进宫废黜皇后，你们都要服从命令。事情成功，赐你们关中侯的爵位；如不听从，诛杀三族。”贾氏一党早已不得人心，大家纷纷表示服从。

司马伦又假称奉惠帝诏令，骗开宫门，在道路南侧陈兵，派早就和他秘密结盟的翊军校尉齐王司马冏带领一百兵士推开小门闯进去。华林令骆休为内应，把司马衷迎到东堂，用假诏令宣贾谧到殿前，准备杀死他。贾谧发现事情不对，跑到西边钟下，大声呼救：“皇后救我！”但随即就被赶到的士兵手起刀落砍下了人头。

因为贾南风与司马冏的母亲有仇（司马冏的母亲贾褒是贾充与原配李婉之女），司马伦便派他前去宣布废黜贾南风的诏书。贾南风看到了司马冏，吃惊地问：“你干什么来了？”司马冏说道：“奉诏书来逮捕你。”贾南风说：“诏书应该从我手上发出，你哪来的诏书？”见事情无可转圜，她急忙跑到阁楼上头，远远地向惠帝呼喊：“陛下的皇后要让人废黜了，你自己也离被废不远了！”贾南风又问司马冏道：“带头起事的人是谁？”司马冏回答道：“梁王和赵王。”贾南风说：“拴狗本应该拴住脖子，我却拴在了尾巴上，怎么会不如此？”这真是螳螂捕蝉黄雀在后！

贾南风被押到大殿。进殿后看到贾谧的尸体，她放声痛哭，但哭了两下就突然停住了——大概像她这样心肠歹毒的女人是不会有多少眼泪的。贾南风被贬为平民，囚禁在建始殿，之后司马伦又逮捕了赵粲、贾午、韩寿、董猛、刘振、孙虑、程据等贾氏人马送到暴室，这些人最终被拷打而死。

贾氏一派被抓，司马伦连夜下达诏书，宣中书监、侍中、黄门侍郎、八座等立即进宫。起初，尚书郎师景怀疑诏书是假的，便奏请惠帝，要他下达亲笔诏书。司马伦不容异议，斩杀了这个不听话的师景，杀鸡骇猴，一时间群臣肃然。

四月九日，司马伦命人带着金屑酒去见贾南风，贾南风不肯喝，最后是扒开她的嘴巴强行灌进去的。痛苦地挣扎了不一会儿，这个八王之乱的始作俑者就在痛苦中死去了，年四十四岁。她控制西晋朝政整整十年。

第五十二节　张华遇害

见张华屡屡不听自己的话，司马伦怀恨在心，从此把张华视作眼中钉。他决定在一众大臣里，首先解决张华的问题。

这天，张华正在家里午休，突然梦见房屋崩塌，他猛然醒来，发现是个梦，但也惊出了一身冷汗。傍晚，有士兵过来不由分说把他押到了金殿，他到了后发现裴頠也在。张华对通事令史张林说道："你想谋害忠良吗？"张林拿出了诏书来质问张华道："你身为司空，重任在肩，太子被废黜时却不能挺身而出劝谏，以死殉节，这是为何？"张华回答道："式乾殿前的争论，我进谏的言论都保存着，我不是没有劝谏，你可以去查证。"张林又问："劝谏不被采纳，为什么不辞职明志？"张华无言以对，于是张华、裴頠都被杀害了。

司马伦和孙秀又找到和自己有仇的解系、解结，逮捕了他们。梁王司马肜前去说情解救，司马伦说："我在水中见到螃蟹尚且咬牙切齿，何况他们解氏兄弟还曾轻视我呢！如果这件事我都能容忍，还有什么事是不能容忍的？"司马伦命令杀死解氏兄弟及其妻子孩子，司马肜苦苦求情，但没有成功。解结的女儿跟裴家有婚约，原本在第二天就要结婚，裴家想认她做儿媳妇救她一命（古时候女人结婚后就算夫家的人了），但解结的女儿说："家里都成这样了，我一个人活着又有什么意思呢？"她拒绝了裴家的好意，也被杀死了。不久，晋朝修改法律，女子不再随父母一起被连坐。

包括司徒王戎在内的中央和地方上的很多官员，都因被认定是张华、裴頠一党而被免职。

此事过后，司马衷下达诏书，大赦天下，同时任命司马伦为使持节、都督中外诸军事、相国、侍中等，王爷头衔依旧保留，完全模仿当年司马懿、司马昭辅佐曹魏时的例子，又给他设置左右长史、司马、从事中郎四人，参军十人，掾属官佐二十人，配备兵士一万人。任命司马伦的世子散骑常侍司马荂（fū）兼任冗从仆射（侍卫主官）；二儿子司马馥为前将军，封济阳王；三儿子司马虔任黄门郎，封汝阴王；四儿子司马诩为散骑侍郎，封霸城侯。任命梁王司马肜为太宰，左光禄大夫何劭为司徒，右光禄大夫刘寔（shí）为司空。

为了得到拥护，司马伦给数千文武官员封侯，大家得了好处，顿时都听命于司马伦了。封官加爵这个手段真是屡试不爽啊。

司马伦资质平庸，这次政变成功全依赖孙秀出谋划策，因此他对孙秀更加言听计从，还任命孙秀担任中书令，孙秀顿时权势熏天，朝廷上下势利之徒都奔走孙秀之门，反而冷落了司马伦。

晋惠帝又下诏恢复已故太子司马遹的爵位封号，派尚书和郁率领东宫旧属到许昌迎接太子的遗体回京，并追封司马遹已病逝的大儿子司马虨为南阳王，二儿子司马臧为临淮王，三儿子司马尚为襄阳王。

有关部门奏报："尚书令王衍身为朝廷大臣，在太子被陷害时苟且偷生，没有大义，请从此拒绝征召他做官。"惠帝批准。

第五十三节 司马允的抗争

司马伦为了收买人心，注重选择有良好名声的士人充实朝廷。他任命前平阳郡（今山西临汾市）守李重、荥阳郡（今河南荥阳市）太守荀组（荀勖的儿子）担任左、右长史；任命王堪、刘谟担任左、右司马；尚书郎束皙曾参与整理古书《竹书纪年》，因此让他担任记室（记录官）之职;任命荀崧（荀彧的五世孙）、陆机担任参军。这些人中，李重知道司马伦有篡位野心，想称病不去就职，但司马伦不断威逼，催他上路，李重忧心忡忡，竟真的生病了。他拄着拐杖前去领命，但不久之后就病逝了。

当初贾南风废黜太子时，司马伦本来准备立惠帝司马衷的七弟淮南王司马允为皇太弟，作为帝位的继承人，但群臣意见不一，最终也没有落实。司马伦掌权后，任命司马允为骠骑将军、开府仪同三司兼中护军。

司马伦认为故太子司马遹的二儿子司马臧（年四岁）年龄小容易控制，于是在永康元年（300）五月九日，让惠帝下诏立临海王司马臧为皇太孙。又命司马遹的太子妃王惠风返回东宫，抚养司马臧。太子宫原有的臣僚全部转为太孙的官属，相国司马伦兼任太孙太傅。

淮南王司马允担任中护军一职，性格沉稳刚毅，皇宫禁卫官兵都很敬重他，从心底里听命于他。司马允知道司马伦和孙秀怀有异心，在被升官后，就开始称病不上朝，并暗中豢养死士，谋划除掉司马伦等人。司马伦、孙秀对司马允也比较忌惮，八月，借口擢升司马允为太尉，夺取了他的兵权。司马允继续称病不去接受任命，司马伦便派御史刘机逼迫司马允交出印鉴，还逮捕了司马允的手下，上书弹劾司马允违抗任职诏令。

司马允仔细检查了诏书，发现竟然是孙秀的笔迹，勃然大怒，马上扣押了刘机，要杀死他，但刘机不愧名字里有个“机”字，很机灵地逃脱了，司马允只杀死了刘机的两个随行令史。

司马允正颜厉色地对部下说道：“赵王司马伦想要谋朝篡位，毁掉我们的家国！”他率领封国部队和帐下士兵共七百人冲了出去，大声呼喊：“赵王司马伦谋反，我要讨伐他！有跟随我的袒露左臂一起杀过去！”许多人都前来追随。

将要进入皇宫时，尚书左丞王舆紧闭宫门，司马允的部队冲不进去，于是掉头去包围了司马伦的相府。司马允的部队平时训练有素，都是精兵强将，相国府的士兵屡战屡败，死了一千多人。太孙宫左率（左卫队长）陈徽带领士兵击鼓呐喊响应司马允。司马允在承华门摆开阵势，一时间万箭齐发，箭如雨下，纷纷射向司马伦所在位置。司马伦的部下都在大树后面躲避箭雨，院中每棵大树都中了几百箭。主书司马（文书官）眭（suī）秘用身体掩护着司马伦，背部中箭而死。

战斗从辰时（早上七点到九点）持续到未时（下午一点到三点）。中书令陈准是陈徽的哥哥，准备响应司马允，他对惠帝道：“现在应该派人持白虎幡前去解斗了①。”惠帝果然命司马督护（军事指挥官）伏胤带领四百骑兵持白虎幡出宫。

如果按着这样的形势顺利发展，司马允将取得胜利，但事情在这个时候出了意外。汝阴王司马虔（司马伦的儿子）在门下省任职，他知道消息后，秘密对伏胤说：“如果您这次帮助了赵王，我们将共享荣华富贵。”在利诱面前，伏胤缴械了。他怀揣空白诏令出宫，宣称晋惠帝有诏令给司马允。司马允丝毫没有察觉有诈，打开阵形让伏胤他们进来，还亲自走下指挥车叩拜接令。伏胤趁机拔出宝剑，手起刀落，砍掉了司马允的脑袋。司马允死时二十九岁，他的两个儿子——秦王司马郁和汉王司马迪也被杀死。除家人外，受他牵连而死的还有几千人。

当初司马伦的部队连连失利的时候，百姓奔走相告，说已经擒获司马伦了，后来忽又得知司马允被杀了，无不哀叹。

司马允死后，他这一方不久便顶不住了，司马伦重占上风。司马伦命人逮捕了司

① 白虎幡用于督战，此处本应该为驺虞幡，陈准故意说错，是想表示晋惠帝支持司马允。

马允的同母弟弟吴王司马晏，准备下狠手以绝后患，光禄大夫傅祗（zhī）在朝堂上义正词严地为司马晏争辩，群臣也同时劝谏，司马晏这才免于一死，只是被贬为宾徒县王。

后来司马伦被杀，惠帝下令厚葬司马允，并追赠他为司徒，这是后话。

第五十四节　绿珠殉情

潘安性情浮躁，追名逐利，他母亲多次劝他“应该知足，不能冒险行事”，但潘安听不进去。

当年，潘安的父亲潘芘任琅琊国（封国）内史（封国内的太守）的时候，作为潘家侍从的孙秀服侍潘安。孙秀喜欢耍小聪明，为人狡诈，但潘安也不是省油灯，多次对孙秀侮辱殴打，打倒在地还不够，还要踢上几脚才过瘾。

后来孙秀得到司马伦的欣赏，一路升官，最后成为中书令，辅佐朝政。官阶在孙秀之下的潘安时常想起当年的那些往事，内心很不安。有一天他忍不住问孙秀道：“孙令还记得以前我们相处的日子吗？”孙秀回答道：“刻骨铭心，未曾敢忘！”这下，潘安可就明白自己的下场会是怎样了。

与孙秀结下梁子的不只有潘安。石崇有个小妾，名叫梁绿珠，她天生丽质，国色天香，为绝世美女，是石崇当年出使交州的时候，在广西用三斛珍珠买回来的。绿珠不但美若天仙，而且跳舞、吹笛、写词、谱曲样样精通，还非常善解人意，深得石崇宠爱。当年“二十四友”每次在金谷园聚会，石崇都让绿珠出来跳舞斟酒，在座的都看得如痴如醉，失魂落魄。

绿珠的美艳名扬天下，孙秀当然也有听说，以前他只能在暗地里垂涎，现在跟着司马伦鸡犬升天，大权在握，他觉得自己有资本了，于是派人去向石崇索要绿珠。

石崇当时正在金谷园内游玩，他在美女环绕中登上凉台，看着对面河水潺潺流过，水流清澈见底，鱼儿在水中嬉戏，好不惬意。谁能想到，这会是他在这座豪华私人庄园度过的最后一天。

听说使者孙秀遣来要美女，石崇大方地把几十个婢妾都叫了出来，她们个个貌美若花，打扮得珠光宝气。石崇道："这些人你随便挑。"使者没有见过绿珠，就问道："不知道哪位是绿珠小姐？"石崇一听勃然大怒："绿珠是我的最爱，不会给你们的。"使者劝他道："您博古通今，应该知晓古今兴衰的道理，请三思。"石崇回答得很坚决："绝对不行，不要再说了！"

使者回禀孙秀，孙秀便到司马伦那里告状，说石崇曾经帮助司马允谋反，潘安、欧阳建（石崇的外甥，以前曾经弹劾司马伦）也暗中参与。司马伦听后果然大怒，决心要诛杀他们。

金谷园内，石崇正在楼上欢宴，突然看到一队甲士过来，知道是刚刚拒绝孙秀惹下的麻烦，便对旁边的绿珠叹道："我今天是因为你才获罪的啊！"绿珠哭着说："那我现在就死在大人面前，报答大人的知遇之恩！"说完，她纵身一跳，落地而亡，石崇阻拦不及，万分懊恼。

石崇被甲士收押，以为不过是要被流放到交州、广州这样的蛮荒之地罢了，没料到竟直接被投入到了死牢。石崇长叹道："那鼠辈看上了我的财产。"看守他军士听了，忍不住问："你既然知道钱财能招来祸患，为什么不早点散发了呢？"石崇无言以对。

石崇正在监牢，忽然看见一个熟悉的面孔也被押了进来，他大惊："安仁，你也到了这里啊！"潘安苦笑道："咱们俩足可谓'白首同所归'了。"这是潘安在金谷园写的《金谷诗》里的一句："投分寄石友，白首同所归。"没想到一语成谶。

石崇、潘安都被灭了三族，死时石崇五十二岁，潘安五十四岁。

第五十五节　羊献容封后

齐王司马冏因配合司马伦废掉贾南风而被擢升为游击将军，但对这一安排，司马冏并不满意。游击将军算什么啊，距离司马冏的期望落差太大了，他难以掩饰自己的愤懑，经常面露不虞，长吁短叹。孙秀善于察言观色，他认为让把司马冏继续留在京师会有隐患，就任命司马冏为平东将军，假节，前去镇守许昌。

孙秀一伙大权在握，又得寸进尺，在朝会的时候竟提议让惠帝赐给司马伦九锡。这件事除了吏部尚书刘颂外，文武百官没人敢正面提出反对意见。通事令史张林要把刘颂作为张华的同党杀掉，好在孙秀这时候头脑还比较清醒，他道："杀了张华、裴頠已经影响很不好了，刘颂不能再杀，不然我们该民心尽失了。"

但放着这么个人在朝堂之上也是碍眼，所以他们任命刘颂为光禄大夫，看似荣光，实际上是免去了他的实权。唯一的障碍去除了，惠帝果然下诏赐给司马伦九锡，增加食邑五万户。历史上被赐予九锡的人，基本上都要或假意或真心地推让几次，司马伦也不例外，当然，他的推拒是假意的。在朝堂上他推辞不受，退朝后，惠帝又命百官到他府上劝说，并派侍中前去直接宣读诏书，他这才"勉强"接受了。同时，惠帝还擢升司马伦的儿子司马华为抚军将军，司马虔为中军将军，司马诩为侍中；擢升孙秀为侍中、辅国将军，相国司马、右卫率等职仍由他兼任；其他心腹如张林等，也都被安排到重要位置。相府卫兵增加到两万人，与皇宫禁卫军的人数相等，再加上司马伦秘密豢养的部队，他手中掌握的兵卒总数要超过三万。

孙秀的儿子孙会身材矮小，相貌丑陋，司马伦为了笼络孙秀，竟让惠帝司马衷的女儿河东公主嫁给了孙会，此事跌破大家眼镜。

贾南风被废黜后，皇后之位一直空缺，孙秀几经考虑，提议立泰山大族羊玄之的女儿羊献容为皇后。这位姑娘容貌端庄美丽，身材骄人，不过她能被孙秀选中，更多是因她外祖父孙旂（qí）与孙秀是同族，而孙旂的几个儿子和孙秀又比较要好。

永康元年（300）十一月七日，晋惠帝司马衷将羊献容册立为后，大赦天下，擢升其父羊玄之为光禄大夫、特进（朝会时位置仅次于三公）、散骑常侍、兴晋侯。

羊献容一生颇具传奇，是中国历史上被废立次数最多的皇后，也是中国历史上唯一一个做过两个皇帝皇后的女人。

第五十六节　赵廞据蜀中

益州（州府在今四川成都市，统管八郡四十四县）地理位置险要，贾南风掌政时，她都会选择信任的人来管理此地，当时的益州刺史赵廞（xīn）就是贾南风的亲戚。贾南风被除掉后，益州刺史的职位也不能再让赵廞担任下去了，于是在永康元年（300）十一月，朝廷下诏任命赵廞为大长秋（皇后近侍官首领），提拔成都内史耿滕继任益州刺史之位。

赵廞接到任命状后十分恐惧。作为贾南风的亲戚，他觉得自己一旦入京必将性命不保，加上他本来就有野心，看到这几年时局每况愈下，中央争斗不断无暇顾及其他，自然而然就产生了割据蜀地的想法。他首先做的是收买人心。时逢灾年，赵廞打开官仓，拿出粮食赈济百姓，以此来博取名声。虽然此举是为沽名钓誉，但好歹利于百姓，因此也赢得了支持。

前文提到，巴氐的李特兄弟勇猛有才干，率流民迁到蜀中，恰巧他们祖籍与赵廞是一个郡的，因此赵廞特别重用他们，把他们视为自己的嫡系部队，李特等人也仗着赵廞的权势，常在蜀地聚众抢劫，惹得蜀人十分厌恶他们，耿滕之前就曾多次密报朝廷："流民强悍，而蜀人软弱，客人强主人弱，一定有祸乱发生，应该让流民回归本土。如果让他们继续留在蜀地，恐怕会有祸患发生。"可惜朝廷不予理会。赵廞得知耿滕背后告他的状，恨得咬牙切齿，一直伺机报复。

当时成都国（封国）政府设在成都西面的少城，益州的州政府设在成都东面的太城。赵廞得到朝廷任命耿滕为刺史的诏令后，派文武官员一千多人前去迎接耿滕，他自己仍留在太城，没有离开。

耿滕打算进驻太城，功曹（管人事的官）陈恂劝他：“现在州府与郡府的矛盾已经激化，你进城后很可能会发生不测之事，不如留在少城观察太城内的变化，让郡内各县组织百姓自保。西夷校尉陈总（西夷司令部设在汶山，位于今四川茂县）很快就要过来了，等他到了我们再做打算。”

耿滕不听。当天，他率众进入太城，不出陈恂所料，赵廞果然派兵前来拦截，双方混战，耿滕不敌被杀，手下四散奔逃，只有陈恂绑着双手去面见赵廞，请求把耿滕尸体带回去安葬。赵廞欣赏他的义气，便同意了。

赵廞又派兵攻击西夷校尉陈总。陈总走到半路接到了赵廞叛变的消息，他的主簿赵模说道：“州郡发生冲突，场面一定很难控制，应该火速进军，您赶到后代表朝廷讨伐叛逆，量谁也不敢乱动！”可陈总没有接受他的意见，反而磨磨蹭蹭，走走停停，等到了南安县（今四川乐山市）县北三十里的鱼涪津渡口，与赵廞的军队迎头相撞。

赵模又向陈总建议道：“应该把军中的财宝都分发给士兵，激发他们的斗志。咱们战胜了，就能夺回益州；战败了，就顺流而退。”陈总还是不同意，他有自己的一套理由：“赵廞恨的是耿滕，所以才杀他；可他与我远日无怨近日无仇，我们不需要这么小心谨慎。”赵模接着劝道：“现在益州兵变，一定会用您这位大员的头祭旗啊，就算您不主动进攻，赵廞也不会领情的！”赵模说着说着，声泪俱下，言辞恳切，但陈总就是不为所动。

现在两支部队一接触，赵廞部队首先发起攻击，陈总的部队不敌，瞬间溃败。陈总狼狈地躲到草丛中，赵模穿上陈总的衣服起身，假扮他去与赵兵搏斗，力竭被杀。赵兵扒拉着尸体一看，马上发现不是陈总，立即四下搜索，找到了躲在草丛里瑟瑟发抖的陈总，把他乱刀砍死了。

赵廞占据蜀中自立，宣布自己为大都督、大将军、益州牧，撤掉晋朝中央任命的官员，换上了自己的人马。李特的弟弟李庠带领妹夫李含和任回、上官晶、李攀、费他、符成、隗伯等人及手下的四千骑兵，前来投靠赵廞。赵廞大喜过望，因为有了氐人加入，他的军队更会如虎添翼。赵廞立即任命李庠为威寇将军，封阳泉亭侯，并命他招募六郡难民中的身强力壮者，顿时把队伍扩充到了一万多人，就此切断了北上的道路。

第五十七节　狗尾续貂

永康二年（301）正月，司马伦和孙秀加紧阴谋篡夺帝位。他们两个都迷信巫术，于是命牙门将[①]赵奉到处宣扬，称梦到了宣帝司马懿对他说司马伦应尽早入皇宫为帝；又说宣帝的神灵将在邙山帮助赵王，并在邙山又另立了一座宣帝庙。

散骑常侍义阳王司马威（司马懿弟弟司马孚的曾孙）一向巴结司马伦和孙秀，司马伦让他兼任侍中，掌管宣布诏书和下请上报的事务。这一次，司马伦命司马威夺取惠帝的玉玺，并伪造惠帝的禅让诏书。

司马伦又任命尚书令满奋（曹魏名将满宠的孙子）为使持节，仆射崔随为其副手，让他们代表惠帝司马衷，捧着玉玺印绶让位给司马伦。司马伦一开始又假意推辞，于是朝堂上再一次上演了宗室、大臣跪拜相劝的一幕，司马伦方才答应。左卫将军王舆和前军将军司马雅等率领甲士威风凛凛地进入宫殿，禁卫兵没有谁敢反抗。当天夜里，司马伦命张林等率兵把守各宫门，维持宫中平稳。

永康二年（301）正月九日，司马伦乘坐皇帝专用座驾进入金銮宝殿，正式即皇帝位，大赦天下，改年号为“建始”。晋惠帝司马衷被安排到金墉城软禁，由张衡带兵看守。

正月十日，司马伦尊司马衷为太上皇。这有点乱辈了，因为族谱中司马伦本属司马衷的爷爷辈，可现在司马衷反倒成了太上皇了，不过乱就乱吧，当皇帝心切的司马伦可顾不了这些。即位后，司马伦把金墉城改名为永昌宫，又废黜了皇太孙司马臧，

① 古时驻军，主帅或主将帐前树牙旗以为军门，称“牙门”，在牙门里领兵指挥的即为“牙门将”。

封其为濮阳王，擢升自己的儿子，原世子司马华为皇太子，封司马馥为京兆王，司马虔为广平王，司马诩为霸城王，这些儿子都兼任侍中，领兵。

司马伦任命哥哥梁王司马肜为宰衡（汉平帝曾经封王莽的官，位置高过太宰），何劭为太宰，孙秀为侍中、中书监、骠骑将军、开府仪同三司，义阳王司马威为中书令，张林为卫将军，其余党徒也都加官晋爵，甚至最低等的奴仆杂役也都有了官爵。每当朝会的时候，这些帽上绣着蝉形图案、侧旁挂着貂尾的高官就会坐满朝堂[①]。貂是比较珍贵的，宫中一时弄不来那么多貂尾以供使用，便用和貂尾差不多的狗尾巴顶替貂尾，由此还产生了一句谚语："貂不足，狗尾续。""狗尾续貂"这一成语就出自此。

为了进一步得到全国政府官员的支持，司马伦还让这一年全国各州郡所荐举的贤良、秀才、孝廉等全部免试，一律录用；各郡和封国在编没有职位的人员和太学生，年满十六岁的，全都封给官职;郡太守、县令全都封侯，郡属小官吏全都荐举为孝廉，县属小官吏全都荐举为廉吏。因为加官晋爵的人太多，府库里的储备不够用来封赐，金银不够用来铸造官印，所以出现了只有白版的授权而没有金银印信的侯。司马伦和孙秀希望用这种大面积封赏的办法取悦官员，得到他们的支持。

当初，平南将军孙旂（羊献容的外祖父）的儿子孙弼，还有他弟弟的儿子孙髦、孙辅、孙琰都对孙秀低眉顺眼、刻意攀附，甚至跟孙秀家合成了一族，不到一个月的时间就都升任到显要的位置，等到司马伦称帝后，这四人更是全部晋升为将军，封郡侯。在孙秀的建议下，司马伦又任命孙旂为车骑将军、开府仪同三司。孙旂觉得子侄们获得的封赏已超出了正常的范围，这样肯定会给家族带来灾祸，便派小儿子孙回去责备他们，让他们辞爵不受，可孙弼等人正在兴头上，哪里肯听，孙旂没有办法，只能暗自为未来担忧，却也无可奈何。

昏庸的司马伦登帝位前就对孙秀言听计从，此时靠着孙秀做了皇帝，对他更是格外依仗。孙秀完全掌控了朝政，司马伦所下的诏令有不合孙秀心意的，他就随意改动

---

① 古代皇帝特准进宫的亲信官员，会在官帽上绣一个蝉形图案，并在帽子侧部悬挂一条貂尾，侍中在左侧，散骑常侍在右侧。这样的人在司马伦时一共有九十七人。

增删，甚至自己亲笔书写诏书，政令有时候朝令夕改，官员也像走马灯似的换。卫将军张林和孙秀矛盾由来已久，对自己没有享受到“开府仪同三司”的待遇非常不满，认为是孙秀捣的鬼。他秘密给太子司马华写了一封信，信上说：“孙秀大权独揽，目无君主，架空圣上，应该把他和党羽们全部杀掉，以安朝廷。”

司马华把信交给了司马伦，司马伦最信任的还是孙秀，于是又把信交给孙秀看。孙秀气得火冒三丈，他恶狠狠地说：“张林挑拨离间，图谋不轨，应该除掉他以绝后患！”司马伦遂命人逮捕了张林，屠灭他三族。这就是和孙秀作对的下场，一时间百官镇骇。

孙秀认为齐王司马冏（都督豫州诸军事，镇守许昌）、成都王司马颖（都督冀州诸军事，镇守邺城）。河间王司马颙（都督雍凉州诸军事，镇守长安）都是封疆大吏，手握强兵，如果他们有异心的话，中央政府的局面就会相当危险，于是他把自己的亲信安插到三位亲王身边做参谋，为了防止亲王抵触，又加封司马冏为镇东大将军，司马颖为征北大将军、开府仪同三司，以示安抚。

第五十八节　李特立威

益州的局势在一天天恶化。

前来投奔的李庠有勇有谋，亲和力比较强，深得大家拥戴，但威信高了有时候也不是一件好事，他越来越受赵廞猜忌了。赵廞的长史杜淑和司马张粲看出了赵廞的心思，劝他道："将军起兵不久，各项工作都还没有走上正轨，这个时候您却派李庠在外掌握重兵。有句话叫'非我族类其心必异'，如果他有一天倒转枪头攻击我们，后果将不堪设想，应当找机会把他解决掉才是上策。"赵廞同意了。

机会很快就来了。李庠拍马屁，劝说赵廞进一步称帝，谁知道这一下拍到了马腿上。赵廞当即宣布："李庠大逆不道，论罪当诛！"不由分说便命人把李庠与他的儿子侄子等十来个人推出去斩首。当时李庠的哥哥李特、弟弟李流都带兵在城外驻扎，赵廞派人去安抚他们道："是李庠自己犯了死罪，跟你们兄弟无关。"之后继续让李特、李流做将军。李特和李流不是傻子，自然不相信赵廞所说，但他们寄人篱下，遇到这样的事也是敢怒不敢言，只得暗自咽下苦水，带兵回到了绵竹。

赵廞的牙门将许弇（yǎn）请求担任巴东（今重庆奉节县）监军，杜淑和张粲站出来反对，许弇再三请求，但他们态度坚决。许弇是个暴脾气，拔刀手刃了杜淑和张粲，杜、张的左右随从一拥而上，又杀死了许弇。一天时间内失去三位心腹的赵廞，从此走上了下坡路。

赵廞派新任的长史费远、蜀郡太守李苾、督护常俊率领一万士兵，驻扎在绵竹的石亭，防备李特兄弟北上。李特回到绵竹后，立誓要为弟弟报仇。他秘密聚集七千多兵士，趁夜色掩护，采用火攻之计袭击费远的军队，费远军队中被烧死的十有八九。

李特乘胜向成都挺近，费远等人一看大势已去，趁夜开城逃跑，赵廞手下的文武百官也如鸟兽散。赵廞和妻子儿女登船沿水路逃跑，半路就被手下杀死了。李特率兵进入成都，放纵士兵抢掠，后派使者去洛阳觐见，陈述赵廞的种种罪行，说明赵廞之死是罪有应得。

朝廷得到李特的报告后，奖赏消灭赵廞的有功之臣，任命李特为宣威将军，李流为奋武将军，都封为侯。朝廷还让当地官员列出同李特一起讨伐赵廞的六郡流民名单作为奖赏的依据，广汉太守辛冉搁置不报，这事被流民得知，惹起众怒。

朝廷任命梁州刺史罗尚为平西将军兼益州刺史，率领牙门将王敦（非王衍堂弟）、蜀郡太守徐俭、广汉太守辛冉等率七千余人进入了巴蜀。李特派弟弟李骧恭迎，并献上奇珍异宝，罗尚贪财，非常高兴，遂任用李骧为骑督。

建始元年（301）三月，罗尚率部队进入成都，汶山郡羌人造反，王敦前去征讨，兵败被杀。

当初，朝廷命秦州、雍州召回流入蜀地的难民，又派遣御史冯该、张昌监督执行。李特的哥哥李辅从略阳（今甘肃天水市）到达巴蜀，他听说中原正发生动乱，无力顾及其他，就建议弟弟先不用回去。李特觉得有道理，多次让人贿赂罗尚和冯该，请求延期到秋天再回，罗、冯答应了。

秋季很快就到了，罗尚派人去监督遣送流民，限令七月启程。当时流民在梁州、益州做低下的工作，加之雨水过多影响庄稼的收成，根本没有盘缠，听说要被遣返都不知所措，个个忧愁怨恨。李特又人拜访罗尚，请求把流民遣返的事推迟到冬天，没有被允许。不仅如此，生性贪婪的辛冉还游说罗尚，要他在各地设立关卡，搜刮返乡流民的财物。

李特多次出言请求长官留下流民，所以流民们对他非常感激，纷纷前去投靠，房子不够住，李特就在绵竹搭设帐篷来安置。李特又向辛冉请求延期，辛冉大怒，派人张贴告示，悬重赏捉拿李特兄弟。李特派人改动了告示中的内容，在流民中造成更大的恐慌，一时间归附李特的人越来越多，一月之内竟有两万余。建始元年（301）十月，李特把部下分成东、北两个大营，他自己在北营，他的弟弟李流在东营。他们赶制兵器，训练队伍，严阵以待。罗尚、辛冉命人带兵攻打李特，结果都大败而回。

流民推举李特为代理镇北大将军，李特干脆代表朝廷封官，封任弟弟李流为镇东大将军，号称东督护，又任命哥哥李辅为骠骑将军，另一个弟弟李骧为骁骑将军。李特派兵进军广汉攻打辛冉，辛冉出兵迎战，屡战屡败，最后败走德阳，李特遂占领广汉。之后，他任命李超为广汉太守；让自己的儿子李始、李荡、李雄，还有李含、李含的儿子李国和李离、任回、李攀等人担任将军；又命阎式、李远等人为参谋。李特在巴蜀约法三章，军纪严明，深得流民的拥护。

李特率兵攻打成都，罗尚又多次被打败，只好开始大规模构筑工事，沿着郫水安营扎寨，战线绵延七百里与李特对峙，并向梁州和南夷校尉写信，请求支援。

河间王司马颙派督护衙博率军支援罗尚，驻军到梓潼；朝廷又派张微担任广汉太守，驻扎德阳；罗尚派督护张龟驻防繁城。见此形势，李特决定分兵，派李荡迎击衙博，他自己则亲自带兵抵挡张龟。张龟很快被打败，李荡也击败了衙博的军队，并一路追击到葭萌（今四川广元市），衙博只身逃走，士兵全部投降。司马颙只好换许雄担任梁州刺史。

形势一片大好，李特遂自封为大将军、益州牧，并都督梁、益二州诸军事。永宁二年（302）八月，李特和李荡合兵一处，杀死了张微。

李特命蹇（jiǎn）硕驻守德阳，李骧驻军毗桥（今四川成都市南），李流驻军在成都城北。罗尚又派一万精兵进攻李骧，李骧与李流联合迎战，重创罗尚这支劲旅，罗尚军死亡十之八九。凉州太守许雄也多次派兵攻打李特，但屡战屡败，李特声威更为浩大。

这样的形势造成了一系列连锁反应：建宁郡（今云南曲靖市）的世家大族李睿、毛诜赶跑了建宁太守许俊；朱提郡（今云南昭通市）的世家大族李猛驱逐了朱提太守雍约——他们都是在响应李特，各自拥有部下数万人，只是他们的实力还是不如李特。朝廷派出南夷校尉李毅率兵讨伐，打败这两只叛军，杀死了毛诜。李猛上书投降，但字里行间不够恭敬，李毅假意接受投降，把他引诱过来后杀掉了。

永宁二年（302）十一月，朝廷重新设立了宁州（太康三年废，并入益州），任命李毅为宁州刺史。

第五十九节　三王起兵

齐王司马冏认为司马伦没有公正地对待自己，和部下和王盛、王处穆一起密谋，准备借着朝野上下对司马伦的不满，起兵推翻他。但消息走漏，司马伦知道后，派心腹张乌前去侦察，但张乌一无所获，回来对司马伦说："齐王对您死心塌地。"司马冏为了进一步取信于司马伦，舍车保帅，和军司管袭（孙秀派到司马冏身边的探子）一起杀死了自己的亲信王处穆，还把首级送给司马伦。司马伦这下确信司马冏没有反叛之心了。

建始元年（301）三月，计划成熟，司马冏立即斩杀管袭祭旗，和豫州刺史何勖、龙骧将军董艾一起起兵反抗司马伦。他派人向成都王司马颖、河间王司马颙、常山王司马乂以及新野公司马歆通报，并向全国四征、四镇各位将军[①]和所有的郡县、封国发出檄文，请求他们一起行动，共同起兵推翻司马伦，匡扶社稷。

司马冏派的一路使节赶到了邺城，成都王司马颖找来邺县县令卢志商量，卢志说道："赵王谋朝篡位，天怒人怨，殿下您应该挺身而出，召集天下群雄，匡扶正义。百姓一定会拥护您，事情一定会取得成功。"司马颖点头表示同意。他任命卢志为咨议参军（最高参谋官），仍兼任左长史，顿丘（今河南清丰县）太守郑琰为右长史，程牧为左司马，和演为右司马，又任命兖州刺史王彦、冀州刺史李毅，督护赵骧、石超等人为前锋，兵发洛阳。一路上人民纷纷前来投靠，到达朝歌（今河南鹤壁市淇县）时，部队已达二十多万人。常山王司马乂在他的封国常山国（今河北正定县）内

① 四征将军：征南、征北、征东、征西；四镇将军：镇南、镇北、镇东、镇西。

起兵，与太原国内史刘暾（tūn）各率人马南下，作为司马颖的后援。新野公司马歆接到司马冏的檄文后，经过一番犹豫，也起兵响应了。

使者到了河间王司马颙那里，但司马颙支持的是司马伦，他逮捕了使者，派人把使者押送到司马伦处，并采用长史李含的建议，派遣振武将军张方出兵消灭了准备响应司马冏的前安西参军夏侯奭（shì）。他又派张方领兵东下支援司马伦。张方率部队行进到华阴（今陕西华阴市）的时候，司马颙得到了司马冏和司马颖实力强大、兵精粮足的消息，这个墙头草的态度顿时来了个一百八十度的大转弯。他立刻召回张方，改为响应司马冏和司马颖，起兵讨伐司马伦。

司马冏的檄文到了扬州，扬州政府官员也都准备响应，只有刺史郗隆因为担心身在洛阳的儿子和侄子郗鉴（东晋名士）的安危而犹豫不决。参军王邃决心响应司马冏，心向司马冏的将士不断前去投靠，郗隆派人拦也拦不住。最后，王邃率领众人杀死了郗隆及其亲信，把郗隆的人头作为见面礼送给了司马冏。

司马伦正在温柔乡里逍遥自在，听说三亲王兴兵，大吃一惊。不能坐以待毙，他派上军将军孙辅、折冲将军李严带领七千兵马出延寿关（今河南巩义市南），征虏将军张泓、左军将军蔡璜、前军将军闾和带领九千兵马出堮（è）阪关（今河南登封市），镇军将军司马雅、扬威将军莫原带领八千兵马出成皋关（今河南荥阳市汜水镇），三路大军共同南下抵挡司马冏，又派孙秀的儿子孙会督率将军士猗、许超带领三万禁军北上抵挡司马颖。同时命东平王司马楙（mào，司马懿弟弟司马孚的孙子）为卫将军，都督各军，又派遣京兆王司马馥、广平王司马虔（二人均为司马伦的儿子）带领八千士兵作为后援。

司马伦和孙秀对战争前景一片茫然，他们信仰道教，开始使用各种符咒、法术日夜祈祷。为保胜利，司马伦命法师掐指计算出征吉日，还派人穿上飞禽羽毛制成的衣服，登上嵩山，声称得到了神仙姬乔[①]的信笺，上面说司马伦的帝位能够稳固，日久天长，想以此来稳定人心。

---

① 姬乔是周朝灵王的儿子，被一位有道之士接上嵩山，相传在三十年后的七月七日，姬乔乘坐白鹤在嵩山山顶出现。

第六十节　司马伦被杀

建始元年（301）四月，征虏将军张泓等人推进到阳翟（司马冏驻地，今河南禹州市），与司马冏的军队正面接触。张泓有勇有谋，多次击败司马冏军。司马冏出师不利，命令军队后撤到颍阴，张泓乘胜前进，步步紧逼。

除了这一支，司马伦派出的其他部队都按兵不动。上军将军孙辅、徐建所率军队突然出现了夜惊[①]，他们也没有弄清情况，以为是司马冏的军队杀过来了，狼狈地跑回洛阳向司马伦报告说："齐王实力强大，张泓等人已全军覆没了！"

司马伦大惊失色，严令孙辅等要保守秘密，然后急召司马虔和许超回来保卫京师。过了没多久，戏剧性的一幕出现了——张泓打败司马冏的捷报到了！司马伦"高兴"得差点没背过气去，他赶紧又命司马虔和许超返回原驻地。张泓率各路人马渡颍水（发源嵩山，汇入淮河）向司马冏的总部发起进攻，司马冏发现张泓部队中军虽然凶猛，但侧翼战斗力差些，于是命令精锐部队全力进攻侧翼的孙髦和司马谭等人的军队。所谓牵一发而动全身，孙髦、司马谭等人抵挡不住，张泓顿时全军败退。孙秀接到了战报，但为稳定朝廷，依旧声称已经全歼了司马冏军，活捉了司马冏，还率文武百官向司马伦道贺。

成都王司马颖的督护赵骧到达黄桥，被孙会、士猗、许超的军队击败，死伤一万多人，赵骧没有料到对方战斗力这么强，顿时都吓破了胆。见此情况，司马颖准备撤退到朝歌城内据城自卫，但咨议参军卢志、兖州刺史王彦劝他道："胜败乃兵家常事，

① 夜惊，指军队白天精神高度紧张，夜晚有个风吹草动，士兵们突然间就互相砍杀起来。

敌人刚刚获胜，防守一定松懈，不如挑选精兵，星夜兼程，攻其不备，出奇制胜。”司马颖同意了，让赵骧重整旗鼓，率领八万士兵与王彦一起出发。

司马伦奖赏黄桥之战的有功将士，认为士猗、许超、孙会都立下战功，应该平等对待，于是都“持节”。这样的结果是三位将军谁都不服谁，谁都不听谁，都代表皇帝行事，军令不一，同时他们又都轻视司马颖的部队，守备松懈，这就让人钻了大空子。赵骧等率部队来攻，孙会等人一触即溃，他们也顾不上召集部队了，疯狂南逃。司马颖率军队渡过黄河，长驱直入。

自从齐王司马冏等人起兵后，朝廷文武百官以及禁军将士也都躁动不已，想趁机诛杀司马伦和孙秀。孙秀看出情况不妙，非常害怕，不敢离开中书省半步，等到河北战败的消息传来，他更加惊恐不安，不知所措。孙会，许超、士猗等人逃回来后，与孙秀商议退路。他们有的主张聚集残兵，做最后一搏；有的主张焚毁宫殿，诛杀异己，挟持司马伦南下投奔孙旂、孟观；有的主张乘舰船遁入东海。朝堂上议论纷纷，没个定论。

建始元年（301）四月七日，左卫将军王舆和担任尚书的广陵公司马漼（司马懿儿子司马伷的第四子）决定逮捕司马伦等人，他们带领七百多士兵从南门进入皇宫，三部司马也纷纷响应。王舆亲自带兵攻打孙秀所在的中书省，孙秀急忙命令关闭南门，王舆派兵登上墙头焚烧屋顶，屋内顿时烟熏火燎，孙秀、许超、士猗等人受不了，逃出门来，被逮个正着。这些人全部被斩首示众，之后孙奇、孙弼、谢惔、骆休等人也被杀死。王舆到云龙门扎营，召集“八座”，逼司马伦下退位诏书，诏书上说：“我受孙秀等人蒙蔽，触怒了三位亲王。现在已经诛杀了孙秀，大家当迎接太上皇（司马衷）复位，我则会回到乡里终老。”诏书下达的同时，又传下驺虞幡命令各路兵马停止冲突。

黄门把司马伦从华林园东门赶了出去，把他和他儿子司马华一起送回府里，然后派几千卫队浩浩荡荡去金墉城迎接惠帝司马衷复位，队伍所经过之处，百姓都三呼万岁。惠帝重登金銮宝殿，大臣们都磕头请罪。惠帝下诏把司马伦、司马华等人押送金墉城关押。

建始元年（301）四月九日，惠帝宣布大赦天下，改年号为“永宁”，封襄阳王司马尚（前太子司马遹之子）为皇太孙。皇帝复位，普天同庆，特批人民大吃大喝五天。惠帝又派使者带最重的礼物去慰问立下大功的三位亲王（司马冏、司马颖、司马颙）。

梁王司马肜为了摆脱司马伦一党的嫌疑，上奏说："赵王司马伦父子忤逆，论罪当诛。"四月十三日，惠帝派尚书袁敞持节宣旨，赐司马伦自尽。司马伦被迫饮下金屑酒，这时的他相当羞愤，用毛巾盖住脸，连声道："孙秀误我！孙秀误我！"从去年四月司马伦诛杀贾南风当政到现在，过去了整一年，八王之乱中的第三王终结。

司马伦的儿子司马华、司马馥、司马虔、司马诩等都被廷尉严刑拷打致死，文武百官中凡是司马伦任命的全部免职，一时间台、省、府、卫各部门留任的官员寥寥可数。

成都王司马颖率军进入京师洛阳。四月十五日，河间王司马颙也到了。司马颖派赵骧、石超到阳翟去帮助齐王司马冏讨伐张泓等人，张泓等战败投降。从三王起兵到战事结束，一共六十多天，死亡近十万人。

五月，义阳王司马威也被诛杀了。他本来不在死刑之列，但神智混沌的惠帝对他的印象却太过清晰，指着司马威说道："是他跟我抢夺玉玺，把我的手都弄伤了（公元301年正月，司马伦命司马威抢夺玉玺）！"皇帝这样说，司马威就不得不死了。除此之外，襄阳太守宗岱又杀死了孙旂，永饶（今河南南阳市南）冶令（管冶铁的官）空桐机杀死了孟观等，这些司马伦的同党全部被灭三族。

第六十一节　司马冏当政

永宁元年（301）六月二日，齐王司马冏带领大队人马进入洛阳，他们军容整齐，铠甲明亮，旌旗招展，大概有几十万人，一时间京师震动。因为是司马冏首先起兵讨伐的司马伦，算是立下头功，六月二十一日，惠帝司马衷下诏任命齐王司马冏为大司马，加九锡，待遇和司马家的先祖辅佐曹魏皇帝的时候一样。

司马衷又任命成都王司马颖为大将军、都督中外诸军事、录尚书事，假黄钺，加九锡，上朝时可以穿鞋、携带佩剑，不用小跑上殿；河间王司马颙为侍中、太尉，加赐弓矢、钺、圭瓒（玉制酒器）三锡；梁王司马肜为太宰，兼司徒；常山王司马乂为抚军大将军，统领左军；广陵公司马漼为广陵王，兼任尚书、侍中；新野公司马歆为新野王、都督荆州诸军事，加授镇南大将军。

齐王、成都王、河间王的三个王府分别设置僚属四十多人，武官占绝大多数，文官只是配角。明眼人一看，就知道这是做好了打架准备啊，纷争还会继续上演的。

光禄大夫刘蕃的女儿是司马伦长子司马华的妻子，所以刘蕃和儿子散骑侍郎刘舆、冠军将军刘琨都被认为是司马伦一伙的。司马冏是个爱才之人，因为刘蕃父子有才能和声望，特别赦免了他们，并任命刘舆为中书郎，刘琨为尚书左丞。

之后司马冏又任命前司徒王戎任尚书令，刘暾为御史中丞，王衍为河南尹，并征召刘殷担任军咨祭酒，洛阳令曹攄任记室督，尚书郎江统、阳平（今河北大名县）太守荀晞任参军，张翰任东曹椽，孙惠为户曹掾，前廷尉正顾荣和王豹任主簿。

司马冏任用何勖为中领军，命董艾掌握枢密，并把有功将领官葛鱼、路秀、卫毅、刘真、韩泰都封为县公，作为自己的心腹与臂膀，号称“五公”。七月，又封常山王司马乂为长沙王、开府、骠骑将军。

司马冏的大哥东莱王司马蕤生性残忍，经常酗酒，以往曾多次羞辱司马冏。司马冏起兵的时候，司马蕤和北海王司马寔（司马冏的三哥）被司马伦收押，准备杀头，幸亏太子中庶子（太子侍从）祖纳（祖逖的哥哥）求情，才得以幸免。司马冏辅政后不计前嫌，任命司马蕤为散骑常侍，兼后军将军、侍中，特进，增加封邑到两万户，但司马蕤不满足，向司马冏要求“开府仪同三司”的待遇，司马冏说：“吴王司马宴、豫章王司马炽都还没有开府，你还是缓缓再说。”司马蕤对这样的回复不满意，他秘密向惠帝上书说司马冏擅权，再与左卫将军王舆密谋控制司马冏，不想事情败露。八月，朝廷下诏把司马蕤废黜为平民，发配到上庸郡（今湖北竹山县）。上庸内史陈钟按司马冏的意思把司马蕤秘密处死，同时诛杀王舆三族。

朝中势力再一次被重整。东武公司马澹因为不孝之罪被发配辽东，远离了中央。九月，司马冏征召司马繇，恢复其爵位（十年前司马繇因为擅杀，被贬带方郡），任命他为尚书左仆射。司马繇则举荐东平王司马楙为都督徐州诸军事，镇守下邳（今江苏睢宁县）。司马冏还封自己的大儿子司马超为淮南王，二儿子司马冰为安乐王，三儿子司马英为济阳王。

前些日子，被指派为都督荆州诸军事的新野王司马歆将要赴任襄阳，与司马冏同车去拜谒皇陵。他对司马冏说道：“司马颖是惠帝的弟弟，应当把他留下来和您一同辅政。如果您做不到，就应该夺去他的兵权。”

司马乂和司马颖也一起去拜谒皇陵，司马乂对司马颖说：“今日之天下，都是先帝（司马炎）创下的基业，你要守护好[①]。”卢志也对司马颖说道：“齐王司马冏的军队号称百万，但和张泓等作战时却久攻不下，还是您一路凯歌率先渡过黄河，立下了头功，可现在齐王却要同您一起辅佐朝政。一山难容二虎，您现在就应当趁太妃（指司马颖的母亲程才人）有小病，上书请求回封国（邺城）去侍奉太妃，把朝政都交给齐王处理，这样您就能韬光养晦，还能获得好的名声。这是上策。”司马颖同意了。

---

① 司马乂是晋武帝司马炎第十二子，司马颖是第十四子，因此才有这番话。

惠帝在东堂接见司马颖，亲自犒劳他，司马颖叩谢道："这是大司马司马冏的功劳，我没有做多少工作。"顺着话头又说起自己母亲有病，请求回归封地，随即告辞出宫，也不再回住地，拜谒过太庙，就直接赶往封地邺城了。司马颖派人前去同司马冏辞别，司马冏非常惊讶，骑快马出城去送司马颖，到洛阳城外的七里涧终于追上了他。司马颖停下车与他话别，泪眼婆娑，话语间只是忧虑太妃的病，不谈朝政。司马冏看他无心朝政，很满意，把心放肚子里了。

司马颖到达邺城后，朝廷派使者重申了以前的加封诏令，司马颖仅接受了大将军的头衔，推辞了九锡的待遇；相反，他上书请求朝廷加封勤王的功臣们，卢志、和演、董洪、王彦、赵骧都被封为公侯。司马颖采用卢志的计谋，上书称："我军曾与敌人在阳翟相持很久，百姓深受其害，请准许我运送黄河以北地区的存粮十五万斛，前去赈济灾民。"他又打造了八千多副棺木，用自己封国的俸禄缝制寿衣，装敛安葬了黄桥之战中死亡的兵士，并且优待他们的家属，把抚恤标准提高了两级，又命令温县地区掩埋了司马伦方阵亡将士一万四千多人。

不久朝廷又下诏让司马颖入朝辅政，并让他接受九锡，但司马颖的亲信孟玖不想回洛阳，程太妃也留恋邺都，所以司马颖仍旧没有接受诏令。

当初，司马冏怀疑中书郎陆机等人为司马伦撰写过惠帝禅让诏书，于是逮捕了陆机等九人准备处死，是司马颖和司马宴为陆机辩护，才让他免除死罪。之后司马颖又推荐陆机为平原国内史，陆机的弟弟陆云为清河国内史。陆机的朋友顾荣和戴渊看到司马皇室内斗不已，中原战乱频仍，劝陆机辞官不受，回原吴地避乱，但陆机感念司马颖知遇之恩，加之司马颖本人深受爱戴，让陆机觉得自己在司马颖手下可以建功立业，因此他还是愉快赴任了。

第六十二节　讨伐司马冏

大司马司马冏想长期独霸朝政，就需要排除障碍。虽然惠帝司马衷的子孙都死了，但司马衷的第十二个弟弟司马颖过去深受晋武帝司马炎的喜欢，民望也一向不错，是帝位的有力竞争者，而清河王司马覃是司马遐（司马衷的第九个弟弟）的儿子，刚满八岁，容易控制，于是司马冏上书请求册立司马覃为皇太子。

永宁二年（302）五月二十五日，惠帝下诏立司马覃为皇太子，并任命司马冏为太子太师，东海王司马越（司马懿四弟司马馗之孙，司马泰之长子）为司空兼中书监。

司马冏生活奢华堕落，沉湎歌舞酒色，他住在他父亲司马攸原来的王宫里，又不满足地大规模扩建了府邸，北边占到了粮市，南边拆毁数百间房屋，修整后的宫宇规模比肩皇宫。他经常不上朝见驾，坐在自己府内接见百官，随意发号施令，还搞小圈子，任用亲信，排斥异己。殿中御史桓豹越过司马冏直接向皇帝上奏，惹得司马冏大怒，竟把他杀死了。侍中嵇绍、户朝掾孙慧、记室督曹摅（shū）、南阳隐士郑方等写信苦苦规劝，但司马冏依然我行我素，孙慧因此愤而辞职。经过这一系列折腾，朝中众臣终于对司马冏大失所望。

东朝掾张翰、主簿顾荣都担心灾难即将来临。一天秋风吹起，张翰突然怀念起故乡的莼菜羹和鲈鱼脍，感叹道："人生在世就要随心所愿，不能勉强自己，富贵与否又有什么关系？"随即辞职归乡。顾荣则选择整天喝得酩酊大醉，不理事务，长史葛鱼把他不务正业的行径汇报给了司马冏，顾荣被贬为中书侍郎。颍川隐士庾衮也有着同样的隐忧，他听说司马冏行事跋扈，长期不上朝拜见惠帝，叹息道："晋室衰微了，祸乱即将发生！”之后带领妻儿逃到林虑山（今河南林州市）中避难。

主簿王豹给司马冏写信，建议他按照周朝时周公、召公分治的办法，让成都王司马颖为北州伯，驻守邺城，司马冏自己做南州伯，驻防宛城，两人以黄河为界，分权而治，各自统领一部分官员，共同辅佐皇帝。司马冏当时也表示赞许，但不久后长沙王司马乂看到了这封信，他对司马冏说：“这小子是在挑拨我们兄弟之间的感情，为什么不把他拖到铜驼下打死！”于是司马冏上奏惠帝司马衷，命人用皮鞭抽打王豹，王豹被打得皮开肉绽。临死前他挣扎着说：“我死后，把我的头悬挂在齐王府的门前，我要亲眼看到齐王府被攻陷！”

有时候，人闲了就容易无事生非。司马冏清闲下来的时候，就会想起过去的种种不愉快，比如河间王司马颙曾经依附司马伦，这让他心生怨恨。

司马颙的长史李含跟梁州刺史皇甫商一向不和，后李含被司马冏征召担任翊军校尉（杂号将军，大概是五品官），这时的皇甫商则在司马冏手下做参军事。此前，司马颙采用李含的建议，杀死了夏侯奭，而夏侯奭的哥哥也在司马冏府中任职，同时李含和司马冏的右司马赵骧也不和。李含内心很不安，怕被这些人报复，于是他单人独马逃回河间王司马颙府上，还编了一套说辞，骗司马颙说自己接受了惠帝的密诏，让司马颙起兵除掉司马冏。他又对司马颙说：“我们现在给长沙王司马乂发出讨伐檄文，让他先起兵讨伐齐王司马冏，但他实力没有齐王强，一定会被杀死，这样我们就有了出兵的口实，可以趁机兴兵。罢免齐王后，咱们再拥立成都王，这可是大功一件！”

李含是一肚子坏水，但你不得不承认，有时候这样的小人也能改变历史走向。司马颙对李含的建议深表赞同，他向惠帝上表陈述司马冏的种种罪行，并说：“我将带领十万精兵，同成都王司马颖、新野王司马歆、范阳王司马虓（xiāo，司马炎族弟，此时任都督豫州诸军事）在洛阳会师，到时候请长沙王司马乂逮捕司马冏，让成都王司马颖辅政。”司马颙调兵遣将，命李含任都督，率领振武将军张方等向洛阳疾驰，又派出使者邀请司马颖一同出兵。司马颖手下的咨议参军卢志劝他不要参合此事，但权力的诱惑在前，司马颖根本不听。

永宁二年（302）十二月二十二日，司马颙的奏章送达洛阳。司马冏看到后非常紧张，赶紧召集文武百官商议对策：“现在两位亲王听信谗言，兴兵发难，这当如何是好？”尚书令王戎建议道：“目前军中还有立功没有受赏的，所以人心浮动。两位亲王实力强大，如果您交出权力，辞官回家，大概可以保全性命。”从事中郎葛鱼声色俱厉地说道：“论功行赏迟缓的责任不在齐王，尚书台等也有推卸不掉的责任，怎么能凭一封奏书就让齐王下台！近世以来，王侯被迫回到自己宅第的，有几个能获得保全？谁再提出这个建议，就应该被处死！”百官被镇住了。王戎借口五石散药力发作去上厕所，此时他已经顾不上形象了，纵身跳到粪坑里，做出一副药物发作胡言乱语的样子，司马冏见状没有追究他，他方才保住了一条小命。

李含率兵行进到阴盘（今陕西西安市临潼区），张方率两万部队在新安（今河南渑池县）屯扎，他们给长沙王司马乂发檄文让他出兵逮捕司马冏。司马冏得到消息，决定派董艾先发制人，带兵袭击司马乂的车队。司马乂身高七尺五（大概一米八），臂力过人，他带领一百多人不断冲杀，砍断车前的帷幔减少风带来的阻力，乘着敞篷车向皇宫的方向一路疾驰，进入皇宫后他命人关闭宫门，与司马冏的部队展开对攻。

司马冏命黄门令王湖拿来驺虞幡，派人举着高声道：“长沙王假传圣旨！”司马乂一方则呼喊：“大司马谋反，帮助他的人诛灭五族！”当天夜里，洛阳城内喊杀声震天，箭矢如雨点般密集，整个城池火光冲天。司马衷上到东门，箭都落到他面前，差点射到他身上，群臣纷纷上去救，一个接着一个被箭射中倒下。大司马长史赵渊一看司马冏大势已去，于是反水，杀了中领军何勖，生擒了司马冏，向司马乂投降。

司马乂把司马冏押解到金銮殿上，惠帝司马衷可怜他，本想放他一条生路，但司马乂呵斥左右，叫他们赶快把司马冏拉出去斩首。至此，八王之乱中第四王的时代终结，司马冏当权一年零九个月。

司马冏的人头被展示六军，同党都被灭了三族，总共有超过两千人被杀。司马乂把司马冏的儿子司马超、司马冰、司马英囚禁在金墉城，还废掉了司马冏的弟弟北海王司马寔的王爵。惠帝大赦天下，改年号为“太安”。

李含等人听说司马冏已死，主要的作战对手没了，也就率兵掉头回去了。

长沙王司马乂有自知之明，对朝政不敢私自做主，事无巨细都要派人到邺城向实力、民望都更高的成都王司马颖请示，然后再发布。司马颖任命孙惠担任参军，陆云担任右司马。

第六十三节　李雄崭露头角

太安二年（303）正月的时候，在蜀地自立的李特率部队悄悄过江攻打益州刺史罗尚，罗尚水军不敌，四散奔逃。蜀郡太守徐俭献出少城投降，李特军队进城，除了征收必需的作战用马匹外，没有别的扰民举动。罗尚据守太城，看到李特实力强大，自己肯定不敌，干脆派使者来见李特，要求和解。

这个时代战乱频仍，巴蜀百姓纷纷修筑土堡结寨自保，后来他们归降了李特，而李特军中又缺粮，就把部队分散安置在各个堡寨里。弟弟李流对李特说："各堡寨新近才归附，还不可靠，应该把其中大户人家的子弟扣下作为人质，以防不测。"前将军李雄（李特第三子）和李流持相同观点，但李特不听，还发了脾气，他说："目前我们需要做的是安定人心，这样猜忌他们，反而是要逼反他们！"

朝廷派荆州刺史宗岱、建平郡太守孙阜带领三万水军前去支援罗尚。宗岱命孙阜为先锋，率军迫近德阳（今四川遂宁市），李特派出儿子李荡和蜀郡太守李璜、德阳太守任臧共同抵抗宗岱大军。宗岱、孙阜率领的是国家正规部队，军容整齐，盔甲明亮，士气高涨，各堡寨都被镇住了，顿时对李特这种流民部队丧失了信心。

益州兵曹从事任睿得到消息，对罗尚说："李特分散部队，这是天赐良机！我们应当派人与各堡寨秘密联络，约定时间，到时候同时发动，内外夹攻，一定能够取胜。"任睿是本地人，熟人较多，罗尚便命人在夜间把他送出城，到各堡寨传达消息，约定在二月十日共同攻击李特。任睿还假意投降了李特，李特问他城里的情况，任睿道："粮食所剩无几，马上用尽。"任睿请求出营看望家人，李特准许，于是他趁机溜掉了。

约定的二月十日到来，罗尚派兵攻打李特的大营，各堡寨群起响应，内外夹击之下，李特的流民军大败。罗尚杀死了李特、李辅和李远，把他们的首级送到洛阳报功。李特的弟弟李流、儿子李荡、李雄等人得以逃脱，他们收拾了残余部队，撤退到赤祖（今四川绵竹市东）。李流自称大将军、大都督、益州牧，守护东营；李荡和李雄守护北营。

三月，罗尚派督护何冲、常深向李流发起进攻，涪陵人药绅也组织力量攻击李流。李流与李骧抵御药绅，何冲趁机攻打北营，氐人符成、隗伯在北营里叛变响应何冲。情况相当危急，李荡的母亲罗氏亲自披挂上阵，冲入战场。隗伯刺伤了罗氏的一只眼睛，罗氏血流满面，但仍然豪气冲天，奋力拼杀。受她鼓舞，李荡部队士气高涨，喊杀声震天，这时李流等人打败了常深、药绅，回师支援李荡，何冲部队惨败。符成、隗伯带领残余部队投奔罗尚。李流等人乘胜追击到成都城城下，罗尚命关紧大门，固守不出。李荡在骑快马追杀逃兵时，冷不丁却被长矛刺中身亡。

蜀中战争久持不下，朝廷命侍中刘沈假节，统一指挥罗尚、许雄等人的军队征讨李流。刘沈名声好，是个难得的人才，他路过长安时，被河间王司马颙留下来做了自己的军师，席伟代替他领兵前往蜀地。私自换掉朝廷的钦差大臣，司马颙胆子可是够大。

因为李特、李荡相继死去，而荆州的宗岱、孙阜大军很快就会到来，李流非常焦急，手足无措，他妹夫李含建议他投降朝廷军队，李流同意了，但李骧和李雄不愿意，他们苦苦相劝，没有效果。太安二年（303）五月，李流派他儿子李世和李含的儿子李胡到孙阜的军中充当人质。李胡的哥哥李离在梓潼做太守，得到消息立刻骑快马过来制止，但没有赶上。

李离与李雄商量偷袭孙阜的军队，李雄说道："眼前只有这一条路可走，但李流、李含两位老人家不听，这怎么办？"李离斩钉截铁地说："那就用武力强迫他们听！"这正合李雄的心意，于是他游说流民道："我们一旦放下武器投降，就会任人宰割，现在别无他法，唯有齐心协力袭击孙阜大营，才能争取胜利，夺取富贵！"流民们纷纷响应。

李雄与李离率军偷袭孙阜大营，孙阜准备不足，大败。这时正逢宗岱去世，孙阜也不再固守，率队撤退。面对这样的局面，李流非常羞愧，通过这一仗，他认识到李雄具有雄才大略，有勇有谋，强过自己，便把军中事务全权委托他处理。

在李雄的带领下，流民军又杀死了汶山太守陈图，攻占了郫城（今四川成都市郫都区）。

第六十四节　张昌造反

时任都督荆州诸军事的新野王司马歆为政严厉苛刻，在他治下的少数民族渐渐对他心生不满，民怨越积越大。

义阳郡（今河南信阳市）的张昌组织了数千人，准备反叛。张昌是汉化的少数民族，年轻时做过县里的小吏，懂得一些政府运作的内幕，他武力过人，会算命，经常宣称自己命中有富贵，平时和伙伴们聊天时喜欢说些打仗方面的谋略攻防。当时荆州政府遵从壬午诏书（正月八日颁布的诏书），征召乡里勇士前往益州讨伐李流等人，号称“壬午兵”。前路遥远，生死未卜，这些壮丁都不想上路，但诏书上要求的时间急迫，惩罚措施相当严厉——壮丁不服从的要被杀头，他们如果在某个地方耽搁五天以上，当地太守要被免职，因此各地太守、县令亲自出马，督促他们尽快出发。

壬午兵一面走一面逃，逃走的人又不敢回家，就聚堆干起了强盗勾当。当时江夏（今湖北云梦县）庄稼大丰收，各地流民到此来求生的有数千人，张昌在此处招兵买马，流民和逃避兵役的人有许多都去投靠了他。张昌给自己改名叫李辰，在安陆县石岩山（今湖北安陆市）集结兵力，这里离江夏郡府只有八十里地，太守弓钦派兵讨伐，屡战屡败。司马歆派骑督靳满征讨张昌，结果靳满失利，张昌占领了江夏郡。

张昌开始编造谣言，叫人四处散播：“现在应该有圣人出现为百姓做主！”他把山都县（今湖北襄阳西北）一个小吏当作圣人，声势浩大地把他迎接过来，给他改名刘尼，假称是汉朝皇室后裔，拥立他为天子，张昌自封为相国，设置百官，伪造凤凰、玉玺等祥瑞，立年号为“神凤”，服装颜色、祭祀等全部跟汉朝的一样。

张昌任命弟弟张味为车骑将军，张放为广武将军。在他管辖之下的人不服从招募的，都要被灭族，百姓们不敢反抗。他又散布谣言："长江、淮河以南的地区都造反了，官军大批出动，要全部诛杀这些人！"谣言起了作用，一时间人心惶惶，很多人认为等死不如放手一搏，于是长江、沔水地区纷纷起兵响应，张昌一月之间就拉起了三万多人的队伍，他们都头戴红帽，把马尾巴毛粘到下巴上当假胡须。

朝廷又下诏派监军华宏讨伐张昌，结果出师不利，反叫张昌的声势更为浩大。

事态紧急，司马歆上书朝廷请求派兵支援。朝廷命屯骑校尉刘乔任豫州刺史、宁朔将军刘弘任荆州刺史，命河间王司马颙派雍州刺史刘沈带领一万州兵，加上安西将军府的五千人一起，从蓝田关出兵讨伐张昌。司马颙拒不服从调度，刘沈带兵走到蓝田时被司马颙逼停，交出了部队。好在其他几路听从了调遣，刘乔屯兵汝南，刘弘和前将军赵骧、平南将军羊伊屯兵宛地（今河南南阳市）。张昌派他的部将黄林率领两万人进攻豫州，被刘乔击退。

当初，司马歆与齐王司马冏关系比较好，司马冏被杀后，司马歆害怕受到牵连，便主动巴结实力强大的成都王司马颖。张昌叛乱，司马歆上书朝廷请求讨伐，但这时掌权的长沙王司马乂和司马颖的关系微妙，两人面和心不和。司马乂怀疑司马歆与司马颖有什么密谋会对自己不利，因此不准司马歆出兵，张昌这才趁机做大。

从事中郎孙洵对司马歆说："您是封疆大吏，将在外君命有所不受，出兵的事您可以自主决定。"司马歆决定要亲自率兵前往。亲信王绥劝他道："张昌等人不过一些宵小之辈，派部将去剿灭他就足够了，您何必要违抗诏命，还亲自上阵冒险？"但司马歆心意已决。

等到张昌进攻樊城，司马歆亲自带兵迎敌，不敌兵败，被张昌杀死——司马歆成了西晋第一个被流民杀死的亲王。

朝廷下令让宁朔将军刘弘接替司马歆为镇南将军、都督荆州诸军事。太安二年（303）六月，刘弘任命南蛮长史陶侃为大都护（大营总指挥），参军蒯恒为义军督护，牙门将皮初为都战帅，守卫襄阳。

张昌出动全部兵士包围宛城，打败赵骧的军队，杀死了羊伊。见此情况，刘弘暂时撤兵回到梁县。

第六十五节 道士范长生

太安二年（303）七月，李流迁到郫城驻扎。这时候百姓或四散奔逃，或结寨自保，城乡空空荡荡，李流的军队得不到粮食补充，出现了士兵挨饿的情况，为此，李流把目光投向距郫城不远的青城山，在那里，道士范长生传道收徒，管辖着一千多户人家，粮食充足，依靠山势险要据守。

这里需要对我国的本土教道教做一介绍。

说起道教，我们首先想到的是道家，然而道家和道教其实是不同的。道家是后人把老子、庄子等先贤的论述归纳为一体的一个学术流派，道教则是产生于东汉时期的一种宗教。

在东汉章帝刘炟（57—88）召集的白虎观会议[①]上，人们把儒学神学化，完成了神人合一的过程。班固整理的会议记录《白虎通德论》在解释“三纲六纪”[②]等儒家教义时，将谶纬神学与儒学经书置于同等的地位，并行引用。自此以后，中国社会一切以儒学为中心，一切又都用神学去解释，这为道教的产生提供了温床。

从东汉安帝刘祜时期（10—125）起，饥荒、瘟疫大肆流行，百姓饥苦不堪。宗教可以给人一种精神安慰，因此得到统治阶级和被统治阶级的欢迎，道教就这样在东汉顺帝时期（125—144）应运而生了。

① 白虎观会议，指公元 79 年 11 月，东汉章帝召集诸臣和诸儒生在白虎观召开的一次讨论儒家经典的学术会议。

② “三纲”即君为臣纲、父为子纲、夫为妻纲；“六纪”即诸父有善、诸舅有义、族人有序、昆弟有亲、师长有尊、朋友有旧。

道教早期的教义可以用两句话概况："上云羽化飞天，次称消灾灭祸。"也就是说，初级的可以祛除病痛，消去灾祸；高等的可以修炼成仙，跳出生死轮回。天师道（道教前身）的创始人为张陵（34—156），他自称"太清玄元""天师"。张陵是第一代天师，他在青城山收徒传教，信徒需要出米五斗交给道观，因此这个教派又被称为"五斗米道"。张陵曾"构二十四治馆"，其中"二十三所在蜀"，一所在咸阳，可见蜀郡是道教的大本营。前面所讲的巴氏李氏就信奉五斗米道。

汉灵帝刘宏时期（168—189），张角创立了太平道，其信徒遍布青、徐、幽、冀、兖、豫、荆、扬八个州，旁及并州和凉州，声势浩大，远非五斗米道所能比。黄巾起义中，太平道骨干被朝廷剿灭，太平道组织解体，剩余的信徒大都融入了五斗米道。

五斗米道的第二代天师为张衡（？—177，非发明地动仪的张衡）。张衡传其子张鲁，张鲁采用政教合一的治理模式，将教众划为由低至高的三级："鬼卒""祭酒""治头大祭酒"，他自己作为最高统治者"师君"掌管教内全部事宜。这一时期的五斗米道得到了真正的大发展。

建安二十年（215）十一月，雄踞汉中三十年的天师道教主张鲁归降曹操，随曹操东返，定居于邺城。张鲁和他的五个儿子都被曹操封侯，张鲁的女儿则嫁给了曹操的儿子曹宇。曹操没有禁止五斗米道，五斗米道从此开始在北方传播。虽然随着张鲁的归降，大量教民迁走，但巴蜀地区的五斗米道并没有因此绝迹，而是以不同方式得以传播。晋武帝时期，出现了陈瑞领导的天师道团。咸宁三年（277）春，陈瑞被益州刺史王濬杀死。

范长生就是五斗米道的信徒，他注重信义，博学多才，深得教徒的敬服，因此被拥为成都一带天师道的首领，在青城山传道。

平西参军徐舆向刺史罗尚请求担任汶山太守，并提议联络范长生共击李流等人，看罗尚不同意，徐舆一气之下，干脆投降了李流，李流任命他为安西将军。徐舆上青城山劝说范长生帮助李流，因为巴氏李氏也是五斗米道的信徒，范长生遂决定给李流资助粮食等物资，李流部队重新振作起来了。

李流病重，去世前他交代后事："李骧有爱心，有能力，虽然也可以建功立业，但李雄英雄盖世，这是上天赐给你们的好领导，我死后你们要服从他的命令。"

李流逝世后，李雄接任大都督、大将军、益州牧，在郫城建立了大营。

太安二年（303）十二月，李雄向困守成都的罗尚发起凌厉攻势，罗尚抵挡不住趁夜逃遁，李雄占领了成都。

第六十六节　陶侃破张昌

张昌部将石冰进攻扬州，击败扬州刺史陈徽，占领了城池，后又攻陷了江州；另一部将陈贞攻克了武陵、零陵、豫章、武昌、长沙等郡。张昌军节节胜利，一时气焰十分嚣张。临淮（今江苏盱眙县东北）人封云起兵响应石冰，攻打徐州。至此，荆州、江州、徐州、扬州、豫州等五个州的地盘，大多被张昌占领。张昌重新任命州郡官员，可他没有识人用人之能，任命的全是一些无能鼠辈，上任后只知道搜刮民脂民膏，老百姓怨声载道。

镇南将军、都督荆州诸军事刘弘派大都护陶侃攻打张昌所在地竟陵郡（今湖北钟祥市），陶侃屡战屡胜，前后斩杀几万人，张昌不敌逃窜，部众全部投降。太安三年（304），张昌和部分同党被抓获，全部被灭三族。

名将陶侃（259—334）是陶渊明的曾祖父，字士行，鄱阳（今江西鄱阳县北）人，他父亲陶丹是吴国扬武将军，吴国灭亡后，他家迁到了寻阳县（今湖北黄梅县西南）。陶侃早年丧父，他母亲湛氏当初嫁给陶丹为妾，生下了陶侃，丈夫死后生活困苦，湛氏靠织布纺纱养活儿子，让他结交一些比自己优秀的人。陶侃曾经担任县里的小吏，监管渔业。一次，他把一罐腌鱼送给母亲，不想湛氏把腌鱼封了起来，写了一封信和鱼一起送回，信中责骂陶侃道："你做官，把公家的东西送给我，不但不能使我高兴，反而更让我担忧！"

鄱阳孝廉范逵曾经拜访陶侃，但陶侃家非常穷，而且时间仓促，家里没有东西可以用来接待客人。湛氏对陶侃说："孩子别着急，你先和客人谈话，多谈会儿，留住客人，我去去就来"。

湛氏急中生智，剪断了头发做成两个假发卖给别人，换来钱买了酒菜。陶侃和客人推杯换盏，喝得相当尽兴，即便是范逵的仆从也喝得相当满意。喝高了，外面又下着大雪，范逵决定在陶侃家留宿。湛氏把自己睡觉用的新草垫子弄下来，铡碎了喂给范逵的马吃。

范逵离去时，陶侃送出去百十里路，范逵问道："你想到郡里任职吗？"陶侃回答："人自然要往高处走，可我想是想，却没有门路。"后来范逵亲自到庐江太守张夔那里替陶侃美言，张夔遂征召陶侃为庐江督邮，兼任枞阳县令。陶侃不负所望，办事得力，被提升为主簿。一次张夔妻子生病，行动不便，需要人到数百里外去请医生过来。当时天气非常寒冷，还下着鹅毛大雪，众人都有畏难情绪，陶侃自告奋勇，冒雪把医生接了过来，大家都佩服他的忠诚。长沙太守万嗣路过庐江见到陶侃，经过交谈后也非常欣赏他，还让自己的儿子和他结交。

张夔推举陶侃为孝廉，陶侃到了洛阳，几次去拜访朝中重臣张华。张华开始时对他很冷淡，但陶侃每次都神色如常，没有流露出丝毫不满。张华看他心挺诚，终于给了他个机会。两个人交谈过后，张华发现陶侃有才华有见识，更是对他刮目相看。

陶侃后来被任命为武冈县令，但因与太守吕岳有嫌隙而弃官回乡。他也做过郡里的小中正，恰逢刘弘任荆州刺史，他识得良才，起用陶侃为南蛮长史。

等到打败了张昌，刘弘对陶侃说："我过去担任羊公（羊祜）的参军，他说我日后一定能接任他做荆州刺史。我今天也要说一句，日后你一定也能坐上我今天的位置。"

公元 318 年，陶侃果然接任荆州刺史。

第六十七节　目标司马乂

当初司马颙认为司马乂实力较弱，肯定会被司马冏杀死，然后自己就有了起兵讨伐司马冏的借口，等杀掉司马冏，废黜了惠帝司马衷，拥戴司马颖继帝位，自己就能做丞相，控制朝政。算盘打得啪啪响，结果反而是司马乂把司马冏杀死了，司马颙计划泡了汤。

司马乂大小事务都请司马颖决断，自己不敢作主，司马颖在邺城遥控朝廷。但司马颖不久就自恃劳苦功高，骄傲奢侈起来。尽管司马乂大小事情都汇报，司马颖还是嫌他碍手碍脚是个麻烦，准备除掉他。

这时，原司马冏的参军皇甫商被司马乂任命为自己的参军，而皇甫商的哥哥皇甫重正担任秦州刺史。前文说过，李含曾和皇甫商结怨，现在李含抓住机会对司马颙说："皇甫商被司马乂引为心腹，皇甫重终究不会被我们所用，应该尽快除掉他，以绝后患。"不知道怎么的，消息走漏，皇甫重知道了李含的阴谋，他将此事禀告朝廷后，准备集结部队讨伐李含。但司马乂不想短时间内再起兵戈，就派使者命令皇甫重收兵，并把李含调到洛阳任河南尹。李含接受安排，但皇甫重不听。司马颙决心教训一下皇甫重，他派金城太守游楷、陇西太守韩稚等人率领共四个郡的军队联合进攻皇甫重，同时密令李含与侍中冯荪、中书令卞粹谋杀司马乂。不得不说，司马颙这一方的保密功夫做得实在差，消息再次让皇甫商得知，他把事情透露给司马乂，司马乂先下手为强杀掉了李含等人。前司徒长史牵秀（金谷二十四友之一）、骠骑从事诸葛玫逃出京城，前去投靠邺城的司马颖。

司马颙听说心腹李含等人被杀，当即起兵讨伐司马乂。司马颖想出兵帮助司马颙共同攻打司马乂，谋士卢志、邵续劝阻，司马颖不听。

太安二年（303）八月，司马颙和司马颖联名向朝廷上书：“司马乂与右仆射羊玄之、左将军皇甫商总揽朝政，赏罚不公，残害忠良。现请诛杀羊玄之、皇甫商，把司马乂送回封国（长沙国）。”惠帝司马衷下诏（当然是受司马乂控制）说：“司马颙竟敢冒犯京师，我将亲率六军诛灭他。特任命司马乂为太尉、都督中外诸军事，领兵御贼。”

没有余地了，那就打吧。司马颙任命张方为都督，率领七万精锐军队出函谷关向东直指洛阳。司马颖率领军队驻扎朝歌，让平原国（今山东平原县）内史陆机为前将军、前锋都督，统领中郎将王粹、冠军将军牵秀、中护军石超等人，率二十多万军队向洛阳进发。

陆机从一个流亡北方的原吴国人，突然跃居各将领之首，王粹等人心里当然愤愤不平。同乡孙惠跟陆机感情较好，他劝说陆机将都督的职位让给王粹，陆机没同意，直接率军出发，他道：“这样他们会说我临阵犹豫退缩，会加速灾祸来临。”司马颖的军队浩浩荡荡，战鼓雷鸣，数百里之内都能听到。

太安二年（303）八月二十四日，惠帝司马衷御驾亲征，来到洛阳城西的十三里桥，太尉司马乂派皇甫商带领一万多将士在宜阳（今河南宜阳县）阻击张方。九月一日，张方袭击皇甫商，获胜。九月二十日，司马衷移驾洛阳城东，司马颖率军抵达黄河南岸，在那里安营扎寨。九月二十二日，羊玄之在过度惊恐中去世。九月二十五日，司马衷率军攻打牵秀，牵秀撤退，司马衷获胜，宣布大赦，不料张方趁机突然攻入洛阳，大肆烧杀抢掠，死伤万人。

第六十八节　华亭鹤鸣不复闻

太安二年（303）十月八日，太尉司马乂陪同惠帝司马衷在建春门（洛阳东城门）迎战陆机，司马颖派将军马咸协助陆机。司马乂手下的司马王瑚派数千骑兵把戟系在马的两侧冲击马咸军队，马咸军队面对这种阵势慌了手脚，一时溃不成军，马咸被杀。兵败如山倒，陆机也阻止不了，军队大败，退到七里涧，尸首阻断了河流。王瑚杀死陆机手下大将贾崇等十六人，石超逃走。

当初，宦官孟玖受到司马颖的宠信，孟玖想让他父亲担任邯郸（今河北邯郸市）县令，左长史卢志等人都不敢反对，只有右司马陆云坚持不同意，他说道："这个县是个大县，历来都由重要人员担任县令，怎么能用一个宦官的父亲呢？"从此孟玖对陆云恨之入骨，还迁怒到陆云的哥哥陆机身上。孟玖的弟弟孟超手下有一万多士兵，他无视军纪，放纵士兵抢掠，陆机遂逮捕为首士卒。孟超得知后，带着全副武装的一百多骑兵冲到陆机的大营，抢走了犯人，还扬扬得意地在马上回头冲陆机挑衅道："蛮子，看你还能干几天！"陆机的司马孙拯劝说陆机把孟超逮捕杀掉，陆机不听。

建春门大战时，孟超不听陆机指挥调动，率军冒进，以致全军覆没，兵败身死。按说这是孟超自作孽不可活，跟陆机没有关系，但孟玖怀疑是陆机把孟超杀了，前仇旧恨算在一处，他这次要一起报！于是他对司马颖进谗言道："陆机勾结长沙王司马乂，怀有二心，这才使我军惨败！"牵秀对孟玖一直阿谀奉承，将军王阐、郝昌和帐下督公师藩等人又都是孟玖推荐上来的，他们勾结起来一起指证陆机，众口铄金，由不得司马颖不信了，他勃然大怒，派牵秀带兵逮捕陆机。参军事王彰劝阻道："这只不过的因为陆机来自吴地，殿下突然把他提升到高位，引起了北方将领的不满，继而产生怨恨罢了，您不用过于理会。”可司马颖正在气头上，哪里肯听。

当天晚上，陆机做了个梦，梦见黑色的布把车给缠住了，怎么都拉扯不开。他从梦中惊醒，出了一头冷汗。天刚亮，牵秀就带人来了，陆机知道自己要大难临头，脱下军服，戴着白色便帽来见牵秀。他对牵秀说：“自从吴国灭亡以后，我兄弟二人和宗族子弟来到中原，蒙受朝廷恩赐，入朝则在皇宫行走，出京则有兵马大权。成都王把重任授予我，我推辞不掉，难道这是命中注定的吗？”他又写信辞别司马颖，言辞十分悲切。陆机长叹一声道：“故乡华亭白鹤的叫声，我还能再听到吗？”不容他再讲，牵秀就将他杀死了，年四十三岁。牵秀和陆机同为金谷二十四友，曾一起在金谷园聚会游乐，可现在动起手来也一点不心软。

陆机善书法，其章草作品《平复帖》是中国古代存世最早的名人法书真迹，也是历史上第一件流传有序的法帖墨迹，有“法帖之祖”的美誉，被评为中国九大镇国之宝之一。陆机流传下来的诗共有一百零五首，赋二十七篇。

陆机死后，司马颖又命人逮捕了他的弟弟陆云、陆耽以及手下孙拯，把他们全部投入监牢。江统、蔡克、枣高等联名上书说：“陆机因为谋略不足才导致失利，杀了他也就行了，可要说他反叛，我们都不相信，等拿到陆机谋反的确实证据再杀陆云等人不晚。”江统等人不断恳求，司马颖犹豫不决，三天不予答复。

蔡克求见司马颖，叩头叩到流血，说道：“大家都知道孟玖怨恨陆机，现在如果陆云也被杀的话，我为您感到惋惜！”随蔡克进去的有几十人，都流泪苦苦请求，司马颖听后也很伤感，准备宽恕陆云。孟玖看苗头不对，赶忙搀扶司马颖进屋，然后迅速催促手下杀掉陆云、陆耽，并屠灭陆机三族。

狱卒拷打孙拯数百下，打得他皮开肉绽，甚至露出了脚踝骨，但孙拯坚持说陆机冤枉。狱卒对孙拯劝道：“两位陆先生冤枉，谁不知道！可您不珍惜自己的身体吗？”孙拯仰天长叹：“陆机兄弟是天下奇才，我承蒙他们的知遇之恩，却无力救他们，这已经让我无地自容，哪里还能再去诋毁他们！”

孟玖等人知道拷打不能使孙拯屈服，就命令狱卒伪造了孙拯的供词。司马颖杀了陆机后时常感到后悔，等看到这份的供词后又感觉杀对了，高兴起来，对孟玖等人说道：“如果不是你等忠诚，还查不清这罪恶的勾当。”

司马颖命令灭了孙拯三族，孙拯的学生费慈和宰意两个人到狱中为孙拯喊冤，孙拯让他们快走，说："我不能辜负二位陆先生，你们这又是为什么呢？"二人回答道："您既然不辜负二位陆先生，我们又怎么会辜负您呢？"他们坚持为孙拯申冤，孟玖又把他们也都杀了。

第六十九节　司马乂被烤

太尉司马乂带着惠帝打败了司马颖后，回军迎击攻入洛阳的张方，张方的士卒远远看到皇帝的御驾来了，慑于皇帝的龙威，全都畏缩不前，继而后撤，司马乂的军队趁机追杀，张方部队大败，被杀死五千多人。

张方军队撤退到洛阳西边的十三里桥驻扎，士兵们都惶恐如惊弓之鸟，想连夜逃走，张方不服输，给大家打气道："胜败是兵家常事，善用兵者会转败为胜，我们要出其不意，不退反进，构筑工事，这才妙计啊！"众将士一听有道理，就趁夜色掩护，悄悄逼近距洛阳城七里处，修筑了多层堡垒，抢夺外面仓库的粮食作为军粮。

再说司马乂。获胜后，他本认为张方已经不足为虑，现在突然接到了张方在城外构筑堡垒的消息，赶紧率领军队进攻，却没有攻克。朝廷大臣认为司马乂、司马颖是亲兄弟，打断骨头连着筋，他们的矛盾是可以调和的，就派能说会道的中书令王衍等人到司马颖那里劝说，说如果司马颖罢兵，可以把全国一分为二，他和司马乂各占一方，但司马颖不答应。司马乂又亲自给司马颖写信要求和解，司马颖回信说："如果你杀了皇甫商等人，我就率兵回邺城。"杀了皇甫商就是斩了自己的左膀右臂，这条件司马乂当然也不能接受。

谈不拢就继续打吧，司马颖亲自率兵进攻洛阳。另一方面，张方坏点子多，他命人把千金堨（古代水利工程）中的水放掉，使洛阳城内水井枯竭，舂米的水碓也因无水可用而停止工作，朝廷无奈，只能发布动员令，让王侯公爵家中的奴婢动手捣谷米以供应军粮。但城池被包围，城中粮食渐渐短缺，每石米的价格被抬升到一万钱；不仅粮食短缺，人员也一样，于是一品官员不在军营的，家中十三岁以上的男子全部充当后备役部队，又征调奴仆充实军队。总之，为了抵御来自司马颖和张方的攻击，洛阳全城动员。

司马乂府中主簿祖逖对司马乂说道:“雍州刺史刘沈忠义可嘉，善于用兵，他的兵力足以对付河间王司马颙，您应当命刘沈出兵，这样司马颙出于自保，必定会召张方回去救援，这是上策。”司马乂同意了。刘沈接到皇帝的命令后，命人骑快马向各郡传达，各郡纷纷响应。刘沈组织自己治下七个郡的一万多将士，向长安进发。

司马乂派皇甫商拿着惠帝司马衷的亲笔诏书秘密出发，去金城郡太守游楷等处让他们停止攻打皇甫重，并命令皇甫重出兵讨伐司马颙。皇甫商化妆成普通百姓，低调行路，走到了新平郡（今陕西彬县）。无巧不成书，他在这里遇到他的一个堂外甥，而这个堂外甥又一直非常憎恨皇甫商，就向司马颙告发了皇甫商的行踪。司马颙大喜，平时找都找不到的人，今天竟然得来全不费工夫，立即命人逮捕了皇甫商，将他斩首。

司马乂依仗洛阳城池坚固，多次击退司马颖的攻势，斩杀六七万人。即使是在战事最紧张的时候，司马乂对皇帝司马衷也非常尊重，礼节一如平常。城中粮食日渐匮乏，但将士们依然顽强抵抗。张方这边吃不消了，他认为洛阳攻陷不了，打算带部队回长安。但正在这个时候，洛阳城内突然发生变故。

殿中各将领和三部司马疲于奔命，起了异心。他们认为这样下去肯定不是张方的对手，不如干掉司马乂投降张方，于是左卫将军朱墨等人逼着东海王司马越牵头，于太安三年（304）正月二十五日突然冲入司马乂大营，逮捕了司马乂。

二十六日，司马越在禀告司马衷后，解除了司马乂所有官职，把他囚禁在金墉城，大赦天下，改年号为“永安”。但是等他们打开洛阳城门以后，才发现张方的军队已经疲惫不堪，军容不整，根本不是皇家军队的对手，一些将领们有些后悔，打算解救司马乂，集结队伍重新对抗张方。司马越害怕司马乂出狱后报复自己，决定杀了他，断绝大家反攻的想法。黄门侍郎潘滔派人将城内的事秘密通知了张方，对司马越说道:“王爷不用担心，自会有人替您除去隐患。”

太安三年（304）正月二十八日，张方部将郅辅率领三千大军到金墉城带走了司马乂。张方为人极为残忍，司马乂被带到大营后，张方命人点起大火，把司马乂架起来放到火上。司马乂被活活烤死了，死时年仅二十八岁，他的惨叫声传出去很远，就连张方的士兵听到后也无不落泪。八王之乱中第五王的统治终结了，当权一年又两个月。司马乂被埋葬到洛阳城东，他的旧属只有刘佑一人前去送葬。张方倒是觉得刘佑是个义士，没有追究。

大将军司马颖率军进入洛阳，大概出于安全考虑，很快就又返回了邺城，让朝中公卿大臣都到邺城向他请罪。司马衷下诏任命司马颖为丞相，司马越为守尚书令（即代尚书令）。司马颖派奋武将军石超率军五万把守洛阳的十二个城门，把朝中过去和自己有过节的人全部杀掉，宫廷禁卫军也全部换上了自己的嫡系部队。他上书奏请任命卢志为中书监，但仍让他留在邺城，处理丞相府的日常事务。

河间王司马颙本在郑县（今陕西华县）驻扎，声援张方部队，听说雍州刺史刘沈率军进攻长安，便派军迎战，结果大败，惊慌之下赶紧退守长安，并急召张方回军。张方命士兵在洛阳掳掠了官家私家的奴婢一万多人后匆忙西归，半路军中缺粮，就把人杀了混在牛马肉中充饥，场面惨不忍睹。

刘沈率军渡过渭水，所向披靡，司马颙屡战屡败。刘沈派安定太守衙博、功曹皇甫澹带五千精兵杀入长安城内，一直冲到司马颙军营前，他自己带兵作为后援，可是却因故未能按时到来。冯翊太守张辅发现衙博等人是孤军奋战，后继无援，大喜，带部队拦腰攻击，衙博和皇甫澹不敌被杀，剩下的残余士兵逃出长安。

张方派他的部将敦伟夜袭刘沈，刘沈不敌，被敦伟抓获，带到司马颙面前。刘沈对司马颙说："您对我有知遇之恩（司马颙曾经让刘沈做军师），但君臣之间的大义更重。我被您抓住，今天纵然被剁成肉酱，也无怨无悔。"司马颙听后暴跳如雷，命人对刘沈先施以鞭刑，而后腰斩。新平太守张光多次为刘沈出谋划策，司马颙质问他，张光说道："就是因为刘沈不采纳我的计策，大王才能有今天的胜利！"司马颙哈哈大笑，认为他是个人才，邀他一起喝酒作乐，还上书推荐张光为洛阳的右卫司马。

第七十节　嵇侍中血

太安三年（304）二月十七日，丞相司马颖上书请求废黜皇后羊献容（司马颖和羊献容的父亲有仇），惠帝哪里敢不答应，便把羊献容软禁在金墉城。这是羊献容第一次被罢黜，此后她数次沉浮，成了中国历史上被废立次数最多的皇后。司马颖又让惠帝废黜了皇太子司马覃，仍旧让他做清河王，为自己做皇位继承人扫平道路。

司马颖和司马颙表演起了双簧。司马颙表奏惠帝，请求立丞相司马颖为皇太弟，其实这就是走个程序，惠帝哪里能做得了主，于是三月十一日，惠帝下诏立司马颖为皇太弟，兼任都督中外诸军事，并保留丞相职务。这样一来，司马颖就成了皇帝位置的合法继承人，依照曹操辅佐汉朝皇帝时的旧例，皇帝御用的车轿、服装及用品等全都迁到邺城。惠帝又下诏命司马颙担任太宰、大都督、雍州牧。

司马颖把皇宫里的精锐弄到了丞相府，把皇宫的宿卫兵换成自己的嫡系。他不把惠帝放在眼里，越权的事越做越多，还重用人品很差的孟玖等人，朝中大臣深感失望。

司空东海王司马越与右卫将军陈眕（zhěn，金谷二十四友之一）以及司马乂过去的部将上官巳等谋划讨伐司马颖。太安三年（304）七月一日，陈眕率兵攻入云龙门，用皇帝诏书召集文武百官和禁卫军将士，下令讨伐司马颖。奋武将军石超逃回邺城向司马颖报信。

在司马越等人的主张下，七月三日，惠帝大赦天下，恢复皇后羊献容和皇太子司马覃的地位。七月四日，东海王司马越亲自担任大都督，侍奉惠帝北征司马颖，并征召前侍中嵇绍到惠帝身边服侍，官复原职（之前嵇绍被司马颖罢免了）。临行前，侍中秦准问嵇绍：“这次前去，安危难以预料，您备有好马吗？”他的意思是有了好马好逃跑。嵇绍严肃地答道：“圣上发正义之师亲征，司马颖等一定望风而逃。倘有意外，我还有气节在，我用不着好马！”

司马越发布檄文征召各地勤王之师，各地军队不断赶来，到安阳（今河南安阳市）地界时，部队已经达到十几万，声势浩大，邺城内慌乱不已。司马颖想逃跑，掾属步熊劝阻他，说自己会道术，可以撒豆成兵，司马越必败。司马颖心下稍安，又召集属下商讨计策。司马王混、参军崔旷主战，但东安王司马繇说道：“当今天子御驾亲征，我们最好放下武器，穿着丧服出城请罪。”司马颖再三权衡，还是决定迎战，派出石超率五万将士驻扎荡阴（今河南汤阴县）。

陈眕的两个弟弟陈匡、陈规身在邺城，他们决定弃暗投明，从邺城逃了出来。司马越问他们邺城内的情况，他们说邺城内现在分歧严重，已经人心离散。司马越一听司马颖不过如此，就放松了戒备。七月二十四日，石超的军队突然杀来，勤王大军措手不及，两军混战，王师大败，连惠帝的面颊都被冷箭射伤了，左右侍从都四散奔逃。

这时候嵇绍正好赶到，他整理了衣冠下马，登上皇帝御车，用身体护住惠帝。石超的士兵把嵇绍拉到车辕上准备杀害，惠帝大喊道：“这是忠臣，不要杀！”（这也证明惠帝也没有傻得一塌糊涂。）那士兵没有停手，只回答道：“我们奉皇太弟（司马颖）的命令，只放过陛下一人。”说罢没有犹豫就把嵇绍杀了，鲜血溅到了惠帝的衣服上。惠帝受到惊吓，从车上滚落到草丛中，携带的皇帝印信都丢失了，十分狼狈。

石超把惠帝迎到自己军营中，不敢怠慢。惠帝又饿又渴，石超送上水，还让下人送上了秋桃。下人要为惠帝洗衣服，惠帝说道：“上面有嵇侍中的血，不要洗了！”九百多年后，南宋文天祥的《正气歌》里有一句“为嵇侍中血”，说的就是这一事件。

嵇绍被杀的时候五十二岁，后来被追封为侯爵，赐一亩墓地。嵇绍是嵇康的儿子，跟他父亲一样也是有名的帅哥，成语“鹤立鸡群”就是指的他。

司马颖派卢志迎接惠帝。七月二十五日，惠帝进入邺城，司马颖代表皇帝宣布大赦，改年号为“建武”，转头就杀了曾劝他投降的东安王司马繇等人。司马越逃奔到下邳（今江苏古邳镇），徐州都督东平王司马楙拒绝接纳他，于是司马越逃回到了自己的封国东海国（今山东郯城县北）。

陈眕、上官巳等人尊奉司马覃，坚守洛阳。

司马颖认为司马越兄弟（司马越、司马腾、司马略、司马模）都是人才，在宗室中享有声望，下令招司马越前来，司马越不接受。前奋威将军孙惠给司马越写信劝他结交忠于皇室的藩王和军政大员，共同效忠皇室，司马越让孙惠担任记室参军（掌管起草军队文书）。

北军中候（宿卫兵头领）苟晞投奔征南将军范阳王司马虓，司马虓私自任命苟晞为代兖州刺史。

司马家的这些亲王个个心怀鬼胎，新一轮的争斗即将展开。

陆

八王之乱·终局

第七十一节　神助王浚

当年三位亲王（齐王司马冏、成都王司马颖、河间王司马颙）发兵讨伐赵王司马伦时，担任安北将军、都督幽州诸军事的王浚手里握着精兵，却坐山观虎斗，对时局冷眼旁观。

王浚，字彭祖，也算是西晋后期数得着的猛人了，有必要对他的身世做一介绍。他母亲姓赵，家境贫寒，所以经常到王沈（曹魏司空王昶的侄子，父母早亡，被叔叔王昶收养）家中做事。王沈名声很不好。曹魏甘露五年（260），当时的皇帝曹髦和包括王沈在内的几个人一起商量起兵讨伐司马昭的事，但王沈转身就告密给了司马昭，导致曹髦被司马昭的手下杀死，所以他遭到众人的唾弃。赵氏颇有几分姿色，经常出现在王沈面前，引起了王沈的注意。一个女人被主人看上，接下来的事情就顺理成章了。

曹魏嘉平四年（252），赵氏给王沈生下了私生子王浚，因为是私生子，王沈很看不上他。不过王浚也算命好，他十五岁那年王沈去世，因为没有嫡子，亲戚们张罗着让王浚继了嗣，成为驸马都尉①。之后他任东中郎将，镇守许昌，这时候废太子司马遹被关押在许昌，王浚按贾南风的吩咐，配合孙虑一起杀了司马遹。踏着废太子的血，他升任宁北将军、青州刺史，不久改任宁朔将军、都督幽州诸军事、持节。当时皇室内斗正酣，四周人心思变，盗贼蜂起，王浚感觉势单力薄，就把自己的一个女儿

---

①“驸”通“副”，皇帝出行坐主车，备用的就是副车，驸马都尉也就是驾驶副车的官员。

嫁给了辽西鲜卑段部头领段务勿尘，另一个女儿嫁给了乌桓人苏恕延。有了这两门亲戚撑腰，王浚顿时信心大增。

王浚当年不帮他们打司马伦，司马颖怒火中烧，他一直想去攻击王浚，但是抽不出来时间。掌握大权后，司马颖让亲信右司马和演任幽州刺史，打入王浚的内部，密令他找机会杀掉王浚。为了杀掉手握重兵的王浚，和演也颇费了点心思，他想到了借助外力，找到了乌桓单于审登谋划。建武元年（304）七月某天的上午，和演邀请王浚出游，因为同在一地共事，王浚当然也得给和演面子，他们一起到了蓟县（今天津蓟州区）南清泉河游玩，和演已事先命审登埋伏在了那里。也是王浚命不该绝，突然天降暴雨，弓箭等武器都被浇透，无法发动攻击，审登等不得不无功而返。

审登很迷信，认为王浚是天命中人，有老天在帮助他，就把和演的阴谋告诉了王浚，王浚大惊，对审登给予厚礼感谢，两个人结成了联盟。王浚又联系了并州刺史，也就是司马越的弟弟司马腾，三个人各带兵马包围了和演的部队，和演很识趣，选择了主动投降，但王浚没有给他留活路，砍了他的头，然后独占了幽州。

司马颖一看硬的不行，就想到了调虎离山之计。他传皇帝诏令召王浚回朝任职，王浚哪里肯吃这套，召集了自己的女婿段务勿尘、乌桓人羯朱以及东嬴公司马腾共同起兵讨伐司马颖，司马颖派北中郎将王斌及石超率军迎战。王浚、司马腾联军由汉人、鲜卑人、乌桓人组成，战斗力极强，把王斌打得大败。王浚又命主簿祁弘担任前锋，在平棘县（今河北赵县城南）打败了石超后，大军一路南下，直指邺城。

这时的邺城城内已经乱作一团，百官四散奔逃，将士军心离散。大智囊卢志劝司马颖侍奉惠帝赶紧返回洛阳，再做打算。当时还有一万五千士兵可以调遣，卢志连夜不停调动，准备撤退，可到了早晨要出发的时候，司马颖的亲娘程太妃有些恋家，磨磨唧唧不想离开，司马颖也开始犹豫不定了。大家一看这形势，等下去只有死路一条，顿时各自逃命去了。司马颖这时候也明白不能再犹豫，带领仅剩的几十个骑兵还有卢志，侍奉着惠帝登上牛车，奔向洛阳。

王浚等人进入邺城，军中的鲜卑人、乌桓人在城中大肆掠夺，烧杀奸淫无恶不作，邺城百姓伤亡惨重。王浚派羯朱追击司马颖，追到朝歌（今河南淇县）也没有发现司马颖等人的踪迹，就放弃返回了。王浚带大军回到蓟城，行进途中有下属汇报鲜卑人队伍里有被掠夺来的大量汉人妇女，于是王浚下令："胆敢有私藏妇女的，斩！"鲜卑人大为惊惧，纷纷把这些女人扔到易水（位于今河北西部的一条河流）里，约有八千人被淹死，场面相当凄惨。

第七十二节　李雄建成汉

益州牧李雄早有自立之心，他想到道士范长生是世外高人，在巴蜀拥有极高的人气和威望，就想迎立范长生为国君，自己做辅佐大臣。李雄把这个想法告诉范长生后，范长生对他建国的想法表示支持，但坚持不肯做国君，而是表示要拥立李雄。范长生以实际行动支持李雄，他穿上道袍，登上道场，向众人传达上天旨意，说李雄是天命所在，各位将领也一再请求李雄早登大位。

建武元年（304）十月，李雄即位为成都王，宣布境内大赦，弃晋朝建武年号，改年号为“建兴”，正式宣布独立，五胡十六国中的第一个国家就此建立。在公元306年的时候，他们称这个的国家为“成”，公元338年又改国号为“汉”，历史上则称之为“成汉”。为了避免表述不清，本书中把这个李雄建立的国家统一称为“成汉”。

李雄废除了晋朝的法律制度，重新订立法章。他任命叔叔李骧为太傅，兄长李始为太保，李离为太尉，李云为司徒，李璜为司空，李国为太宰，阎式为尚书令，杨褒为仆射；追尊曾祖父李武为巴郡桓公，祖父李慕为陇西襄王，父亲李特为成都景王，尊奉自己的英雄母亲罗氏为王太后。李雄非常看重李国、李离的智慧谋略，大小事务都要征求他们的意见后再施行，李国、李离因此对李雄也越发恭敬——这是个双赢的政治局面。

两年后，也就是公元306年三月的时候，道士范长生自青城山来到成都，李雄亲自到城门口迎接，以臣下迎接帝王的礼仪把范长生迎入大殿，任命范长生为丞相，尊称其为范贤。范长生劝李雄称帝，李雄同意了。六月，李雄正式登基为帝，改年号为“晏平”，是为成汉武帝，之后任命范长生为“四时八节天地太师”，封西山侯。

第七十三节　刘渊建汉赵

当年汉高祖刘邦为了和亲匈奴，把一位同宗的女儿册封为公主，将她嫁给冒顿单于，然后两族结为表面上的兄弟，冒顿单于的子孙都以刘氏为姓。

东汉建武二十四年（48），匈奴南疆八大部落首领共同推举日逐王栾提比当呼韩邪单于，向光武帝刘秀臣服。匈奴一族经过刘秀允许进入西河郡的美稷县（今内蒙古准格尔旗）定居，后来进一步南迁，把王廷迁移到左国城（今山西省吕梁市离石区）。东汉中平五年（188），第四十任单于栾提羌渠派其子于扶罗率兵援助东汉，讨伐自称安定王的张纯。于扶罗要回军的时候，得到了父亲羌渠单于在政变中被杀害的消息，于是就和他的部下留驻在内地，自称单于。于扶罗死后，其弟呼厨泉继位，任命于扶罗之子刘豹为左贤王。后来为了加强对匈奴的管理，曹操将呼厨泉强留邺城，把他的兵分为五部（五部匈奴事，见第四十三节“匈奴叛乱”），任命刘豹为左部帅，率左部定居于兹县（今山西汾阳市）。

刘豹的妻子怀孕十三个月，生下了儿子刘渊。这个孩子自小聪明，七岁时候母亲去世，他顿足捶胸，号啕大哭，异常悲痛，同族人都暗暗称赞他孝顺。刘渊自幼好学，拜崔游为师，博览群书，尤其喜欢《春秋左氏传》《孙武兵法》这两部。他曾经对人说：“我阅读书传，常常鄙视随何、陆贾没有武功，周勃、灌婴没有文采。随何、陆贾遇上汉高祖而不能够建立起封侯的功业，周勃、灌婴跟随汉文帝而不能兴办教育，真是可惜了！”吸取前人教训，刘渊立志要文武双全，于是开始学习武艺，后来竟也武艺精湛，少有人能比得上他。

历史上能做大事的人总要有点异常，刘渊也一样，他外貌异于常人：身材魁梧，身高八尺四寸（相当于今天的两米出头），头发三尺多长，胸口上有三根红色的毫毛，长三尺六寸。大概在曹魏景元五年（264），刘渊到洛阳做人质，安东将军、司马炎身边的红人王浑对他十分欣赏，待之以礼，诚心与刘渊结交，并让儿子王济拜见刘渊。王浑还多次把刘渊推荐给司马炎，司马炎召见刘渊面谈，只见刘渊博古通今，说得头头是道，也就对他刮目相看。王济进一步推荐道："刘渊能文能武，陛下如果把灭吴大事交给他，定能平定。"但杨珧、孔恂等坚决反对："非我族类，其心必异。刘渊虽然才干出众，但不能授予他兵权。"这个事情就在争议中被搁置了。

凉州秃发树机能叛乱的时候，司马炎向李熹咨询可以平叛的人选，李熹也推荐了刘渊，但孔恂坚持不同意，因为他觉得刘渊虽然可能真的能灭了树机能，但灭了树机能之后，他手握兵权，就会生出异心造反了，到时候灾难将更加深重。司马炎相信了孔恂的话。

刘渊和同在京都游历的东莱郡人王弥感情很好，他对王弥说道："王浑、李熹和我是老乡（都是并州人），非常看重我，但他们每一次向武帝推荐我，又使我更加被忌惮，反而给我带来了危险。"说话间掉下泪来。齐王司马攸听到消息后，对司马炎说道："陛下如果不除掉刘渊，恐怕日后并州的安稳得不到保障。"王浑当时也在旁边，他说道："王爷怎么能这样说呢？我们晋朝用信誉和胸怀感化蛮夷，怎么可以仅凭怀疑就杀掉人质呢？你心胸不能如此狭窄！"司马炎认为王浑说得有道理。

咸宁五年（279）刘豹去世，司马炎让刘渊回去接替匈奴左部帅的位置。

刘渊到任后大展身手，赏罚严明，济困救危，待人诚恳，匈奴五部不断有英杰前去投靠，远在千里外的幽州、冀州也不时有知名人士、寒门学子前来与刘渊结交。永熙元年（290）十月，当时辅政的杨骏任命刘渊为建威将军兼五部匈奴大都督。元康末年（291—300），因为有部下叛乱并出逃塞外，刘渊被免职。成都王司马颖镇守邺城的时候，又向皇帝请奏任命刘渊为冠军将军兼五部军事，命刘渊率军驻守在邺城。司马颖算盘打得好，他自觉有了刘渊的守卫，邺城将更加安全。

刘渊的堂祖父右贤王刘宣一直怀有二心，这时候已经天下大乱，他看到机会来了，对族人们说道："以前我们的祖先和汉结为兄弟，同甘苦共患难，但自从汉朝灭亡以来，我们匈奴单于就成了一个虚名，名下没有一寸土地，即使拥有王侯的爵位，也跟普通平民差不多。我们现在虽然弱小，但部族仍有两万多人，为什么我们要一直低头听命于人，被别人差使？我们忍辱受屈已经百年了，现在左贤王英明神武，老天如果不是为了我族复兴，绝不会让这种人物降生！司马氏骨肉相残，四海鼎沸，我们的时机已经成熟了！”他们经过秘密磋商，共同推举刘渊为大单于，刘宣派自己的亲信呼延攸前去邺城禀告刘渊。

刘渊见到呼延攸，心中大喜，因为他也在找机会脱身。他向司马颖请求回去参加一个族人的葬礼，但司马颖不批准，刘渊便让呼延攸转告刘宣，让他以支持司马颖的名义召集五部匈奴的壮士。待到王浚和司马腾起兵攻打司马颖的时候，刘渊趁机提出自己可以回去带领五部匈奴帮助司马颖。司马颖不无担忧地问：“五部匈奴士兵能不能召集起来？即便可以召集，鲜卑人、乌桓人也不好对付，我打算陪同惠帝回到洛阳，避一避他们的锋芒，然后号召天下勤王，您看怎么样？”刘渊说道：“殿下是武皇帝（司马炎）的儿子，拥有别人无可比拟的巨大声望，大家都愿意为您效命，所以我想，五部匈奴召集起来并不难。只是殿下一旦离开邺城，就是示弱于人，路上一旦遭人追击，根本无法到达洛阳，即便到了洛阳，大权也不会在您手上了。请令我回去带兵，我会用两部的兵马击败司马腾，用三部的兵马击败王浚，这两个贼人的头颅不日将悬挂在高杆上！”

司马颖大喜，封刘渊为“北单于”，批准他返回左国城。刘宣等尊奉刘渊为“大单于”，二十天之内召集了五万兵马。刘渊派刘宏率精兵五千前去跟司马颖的部将王粹会师，共同抵挡司马腾。但在刘宏还没有赶到的时候，王粹就已经被击败了，刘宏只好撤回去了。

后刘渊听说司马颖还是放弃了邺城奔赴洛阳，叹息道：“不听我的话坚守在邺城，反而自己溃散了，真是奴才！但我与他有约在先，不能见死不救。”他打算发兵攻打鲜卑、乌桓，刘宣等人劝阻道：“晋人待我们如奴隶一般，现在他们骨肉相残，是老天要抛弃他们让我们光复祖业。鲜卑、乌桓和我们的境遇相似，是可以争取过来的，为什么要攻打他们呢？”刘渊很受鼓舞，说道：“您说得对呀！大丈夫应当像汉高祖刘邦、魏武帝曹操那样建立功业！”刘宣等人忙叩头行礼。

建武元年（304）冬季，刘渊将都城从离石迁到左国城（今山西方山县峪口镇后南村）。刘渊对部下道："过去汉朝能维持那么久的时间，是因为朝廷对老百姓施以恩德。匈奴先祖和汉朝相约为兄弟，哥哥去世由弟弟继承王位，情理上也是可以的。"于是他定国号为"汉"[①]。刘宣等人请求刘渊当皇帝，刘渊道："现在天下没有平定，我还是效仿汉高祖，先称汉王吧。"

刘渊在南郊设立祭坛，登上王位，大赦，改年号为"元熙"。为了显示自己政权的正统性，他追尊安乐县公刘禅为孝怀皇帝，立汉高祖以下三祖五宗的神位来祭祀。之后，刘渊立他的妻子呼延氏为王后，任命右贤王刘宣为丞相，崔游为御史大夫（崔游谢绝不赴任），左於陆王刘宏为太尉，范隆担任大鸿胪，朱纪任太常，崔懿之、陈元达为黄门郎，同族侄子刘曜为建武将军。

---

① "五胡十六国"中的第二个国家建立，也是五胡十六国中第一个在中原建立的少数民族政权（成汉建立在西北）。后来汉国被刘曜改为"赵"，为了区别之后石勒建立的赵国（后赵），后人称刘渊建立的政权为"汉赵"或"前赵"，本书将它统一称为"汉赵"。

第七十四节　张方迁都

司马越和惠帝北征司马颖，上官巳（原长沙王司马乂的部下）留守洛阳，他为人残暴，用权任性，我行我素，引起了众臣的不满。守河南尹周馥（周浚堂弟）与司隶校尉满奋等人谋划除掉上官巳，但不幸消息走漏，上官巳先出手，满奋等人被杀，周馥侥幸得逃。

司马颙派张方率两万精锐部队去救援司马颖，中途听说朝廷军队已经失败，惠帝被“迎”入邺城，司马颙就命令张方先去占领洛阳。上官巳和张方展开厮杀，但不敌逃走，张方顺利进入洛阳城。

再说司马颖，他被王浚、司马腾的联军击败后，和卢志等裹挟惠帝坐上牛车仓皇出逃，连金银细软都来不及收拾。随行的一位中黄门在自己的被套中藏了三千钱，这是他辛苦积攒的，一路上视若珍宝，悉心守护，但眼看皇帝没有钱买吃的，这位中黄门动了恻隐之心，就把这些钱拿了出来。惠帝很感谢他，还专门下了借钱诏书，待以后归还。

用中黄门的这些钱，他们买了一些食物，惠帝这时候也顾不上形象了，端起瓦盆狼吞虎咽地吃了起来。因为要躲避眼线，他们夜里也不敢住旅店，只能和衣而眠，惠帝则盖着中黄门的被套睡觉。走到温县（今河南焦作市温县）的时候，因为司马家祖籍在这里，司马懿父亲以上的祖先也都埋葬在这里，惠帝一定要去祭拜祖坟。这时候惠帝的鞋子都跑丢了，他把侍中的鞋子穿上，来到祖坟前。看到这些坟茔，惠帝好像见到了亲人一样，想起自己目前的狼狈样子，他像个受了委屈的孩子一样扑倒在地痛哭流涕，众人也都跟着泪流不已。

他们继续南下，到邙山脚下的时候，张方率领一万多士兵亲自出城迎接，为惠帝举行了盛大的欢迎仪式。张方要下马叩拜，惠帝忙下车制止。回宫后，文武百官也陆续赶来报到。建武元年（304）八月十六日，经过波折回到洛阳的惠帝宣布大赦。

张方仗着兵强马壮控制了朝中大权，他拒绝司马颖参政。谁的兵马多谁说了算，就是司马颖也干瞪眼没办法。张方的属下在洛阳城烧杀抢掠，个个腰包鼓鼓，都急着想回家和家里人分享“成果”，吵吵闹闹地想要回乡，急躁不安。张方一看这样下去也不是办法，就打算把惠帝带到长安，在那里挟天子以令诸侯，但他又担心群臣不答应，便心生一计，准备在惠帝出城的时候挟制他一起出发，于是他奏请惠帝出城去祭拜皇家陵墓。有大臣觉察到了张方的阴谋，提醒惠帝，让他拒绝出城，这条计策因此没有奏效。

软的不行来硬的，建武元年（304）十一月初一，张方带兵闯进宫殿，准备让司马衷坐自己的车子出发。司马衷虽然有些愚钝，但也看出来了这是什么阵势，他快步跑到后花园竹林中躲藏起来，但还是被张方的士兵找到了，惠帝没有办法，只好含泪上了车。张方没有下马，匆匆行了一礼，辩解道：“现在盗贼横行，保护皇宫的力量不足，请陛下跟我到大帐去，我必将誓死保卫您的安全。”

惠帝被挟持到张方营寨。张方命手下将士驾车去皇宫装载后宫佳丽和宝物。士兵们趁机奸污宫女，瓜分财物，把稀奇的帘布和御帐等割下来做马鞍，自曹魏以来宫中积累的宝藏被抢劫一空。张方还准备火烧宫殿和司马家宗庙，中书监卢志劝他：“董卓无道，火烧洛阳，百十年来骂声不绝，您为什么要学他呢？”张方才终于停手。

三天后，张方挟持着司马衷、司马颖、司马炽（司马炎的第十七个儿子）等向长安行进。司徒王戎逃奔至郏县（今河南平顶山市郏县），隔年在郏县去世，年七十一岁。张方部队到达灞上（今陕西西安市东）的时候，司马颙率队声势浩大地过来迎接，进城后，司马颙把自己的征西将军府改作皇宫，让司马衷居住。自此，留在洛阳的尚书仆射荀藩（荀勖的儿子）、司隶校尉刘暾、河南尹周馥组成了留守朝廷，称“东台”，惠帝司马衷所在的长安政府被称为“西台”。

建武元年（304）十二月二十四日，惠帝下令废除司马颖皇太弟身份，改立豫章王司马炽。惠帝兄弟共二十五人，这时除了惠帝自己，在世的只剩下司马颖、司马炽和吴王司马晏了。司马晏资质平庸，但司马炽自幼好学，平时闭门谢客，专心研究典籍，有良好的名声，所以司马颙选他为帝位继承人。又下诏让司空司马越任太傅，与司马颙共同辅政；光禄大夫王衍任尚书左仆射；东中郎将司马模担任宁北将军、都督冀州诸军事，镇守邺城；太宰司马颙兼都督中外诸军事；张方担任中领军、录尚书事，兼任京兆太守。

惠帝改年号为“永兴”，大赦天下，命各州郡取消苛政，抚恤百姓，支持农业，准备待天下太平后就还都洛阳。司马颙希望通过这些诏令化解矛盾，平息各地百姓的愤怒和抵触情绪。

司马越认为任命他为太傅明显是司马颙的主意，因此拒绝接受太傅的职位。

第七十五节　羯人石勒

建武元年（304）的时候，一个牛人登场，他叫石勒。

石勒，最开始名勹（bāo）背，字世龙，晋泰始十年（274）出生，是上党郡武乡县（今山西武乡县）的羯族人。羯族人长的深目、高鼻、多须，是匈奴别部羌渠的后裔，因他们分散居于上党、武乡、羯室一带，所以被称为羯族。石勒的祖父耶奕于、父亲周曷朱（又名乞翼加）都担任过部落的小头目。

石勒十四岁时，跟随乡里人到都城洛阳贩卖货物，这是他第一次来这么大的城市。目睹了洛阳的繁华，再跟自己家乡一比较，他深感失落。要走出洛阳东门的时候，他靠着城墙大声长啸，这阵啸声被当时的尚书左仆射王衍听到，他循着啸声望去，见石勒相貌奇异，又听啸声中气很足，就回头对左右说道："刚才那个胡人小子，我从他的啸声里听到了不祥的音调，恐怕他日后会成为我朝的大患！"王衍派人马去逮捕石勒，但这时候石勒已经快速离开了。

石勒成年后体魄健壮，胆识过人，雄浑威武，精于骑马射箭。他父亲周曷朱脾气暴躁，为人凶狠，在部落里并不得人心。他经常让石勒替他管理一些事物，石勒处理得非常妥当，倒是慢慢得到了族人的拥护爱戴。石勒生活的武乡县北原山（太行山中部向西延伸的山脉）中有草木长成了骑兵的形状，他家庭院里种植的人参枝繁叶茂，长成了人形，当地很多人都说："石勒相貌奇异，志向远大，气度恢宏，他的未来不可限量。"

太原郡邬县（今山西介休市东北）郭敬、甯驱等人对这种说法深信不疑，开始资助石勒生活费，以图日后能沾个光。石勒非常感激，他自己有一把力气，就拼命地为他们耕种田地。劳动中他经常听到金戈铁马的声音，石勒感到很奇怪，就回家问母亲，母亲却不以为然，说他是劳作中出现了耳鸣，没有什么可大惊小怪的。

太安年间（302—303），并州发生饥荒，饥饿引发了动乱，石勒与族人在逃奔中失去了联系，他选择去投靠甯驱。官府听说后准备抓住石勒卖掉，是甯驱把他藏起来，这才躲过一劫。石勒一看，觉得躲在甯驱这里不是长久之计，又去投奔都尉李川。路上石勒饥饿难耐，就在这个时候，他碰巧遇到了恩人郭敬。石勒像迷途的孩子见到父母一样，哭着给郭敬叩头请安，向他诉说了这一路的种种艰辛。郭敬听着伤感地流下了眼泪，他不断安慰石勒，卖掉了自己带的值钱东西给石勒购买食物和衣服。

石勒饱餐一顿后，对郭敬说道："现在饥荒很严重，我们不能这样坐以待毙。诸族胡人饥荒更甚，不如引他们到有收成的冀州去谋生。您可以趁机把他们抓起来卖到那里去，这样两全其美（指胡人有饭吃，郭敬他们有钱赚）。"郭敬深表赞同。

可计划还没有实施，因为建威将军阎粹怂恿并州刺史东嬴公司马腾强行抓胡人卖掉以赚取军队用度，包括石勒在内的众多胡人就被司马腾派出的将军郭阳、张隆抓住了，每两人佩戴一副枷锁被押往冀州。途中，石勒经常遭到张隆的侮辱和殴打。事也凑巧，押送胡人的另一位将军郭阳是郭敬的族兄，郭敬拜托郭阳及侄子郭时多多关照石勒。有熟人好办事，有了郭阳、郭时的关照，石勒一路上的吃饭问题、小病小灾就都迎刃而解。

石勒被卖给茌（chí）平人师懽（huān）为奴隶。他在田地里劳动的时候，又听到了以前听到的那种战鼓声和号角声，他对伙伴们说："我小时候在家，就经常听到这种声音。"师懽听到这些话，再仔细打量石勒，感觉他非池中之物，就恢复了他的自由之身。

师懽家附近有个牧马场，石勒因为出色的相马本领得到牧马场首领汲桑的欣赏。汲桑是个勇士，二十几岁的时候力能扛鼎，擅长长啸。石勒和汲桑脾气相投、惺惺相惜，一来二去，两人成了好朋友。

一开始，石勒受雇为别人劳动，以此养活自己。一次，他不巧被小股的官兵发现，官兵正要逮捕他的时候，一群鹿从旁边窜了出来，他们也顾不上石勒了，争相去捕鹿，石勒得以逃脱。后来石勒召集了王阳、夔安、支雄、冀保、吴豫、刘膺、桃豹、逯明等八位骑士，干起了强盗勾当，郭敖、刘徽、刘宝、张噎僕、呼延莫、郭黑略、张越、孔豚、赵鹿、支屈六等人又来投靠，组成了“十八骑”，这也是石勒争霸天下的最初班底。他们到较远的大户庄园里强掠财物，然后把所得全部送给汲桑。

前文说到，建武元年（304）十二月，被张方挟持到长安的晋惠帝司马衷下诏撤销成都王司马颖的皇太弟封号，但因为司马颖素有盛名，河北（黄河以北）的很多人对他的遭遇深表同情。司马颖昔日的帐下督公师潘自称将军，在河北率众起兵，聚集了数万人的部队，声势浩大。像很多人一样，汲桑与石勒带领牧民还有数百马匹前去投靠公师潘。石勒正式开启了自己的军旅生涯，也是在这时，汲桑才给他取了个响亮的名字，姓“石”名“勒”。

公师潘任命石勒为前队督，让他随自己去攻打平昌公司马模所在的邺城。司马模听闻有兵来攻很紧张，向范阳王司马虓求助，司马虓派大将苟晞率队前去救援。苟晞和广平郡的丁绍联手击退了公师籓和石勒。这是石勒和苟晞两位猛人的第一次交手。

第七十六节　盟主司马越

张方劫持惠帝司马衷强行迁都长安，引得天下群情激愤。东海国中尉刘洽劝东海王司马越顺应民心起兵勤王，这也正合司马越心意，他立即同意。

永兴二年（305）七月，司马越召集将士起兵勤王，他向在崤山（位于今河南西部，洛阳与长安之间）以东的各征（指征东、征南、征西、征北四将军）、镇（指镇东、镇南、镇西、镇北四将军）、州、郡发布檄文，檄文上说："让我们同心协力，集结正义之师，奉迎天子返回洛阳！"

徐州都督东平王司马楙看到檄文后惶恐不安，长史王脩（xiū）劝他道："东海王在皇族中颇有声望，如今他起师勤王，您应该审时度势，把徐州让给他，这样既保全了自己，也收获了好名声。"司马楙权衡利弊，照办了。司马越遂兼任徐州都督，司马楙自称兖州刺史、车骑将军。

司马越为人谦和，年轻时就有美名，这时司马越的兄弟又都是一方大员，影响力很大，于是范阳王司马虓和王浚等人共同推举司马越作为勤王军的盟主。不断有官员前来投靠，司马越择优任用他们为各地刺史、太守。

司马越任命琅琊王司马睿为平东将军、都督徐州诸军事，在下邳驻防，司马睿请来琅琊王氏子弟王导担任司马，把军事事务全交给他处理。王导，字茂弘，是王祥弟弟王览的孙子。

司马越亲率三万精兵向长安进军，驻扎在萧县（今安徽萧县西北），司马虓则从许昌推进到荥阳（今河南荥阳市）驻扎。豫州刺史刘乔也起兵响应司马越，出于政治、军事上的考虑，司马越任命刘乔为冀州刺史，让司马虓接任豫州刺史。这下刘乔不干了，他认为这不是御诏，于是出兵抵制。当时司马虓任用刘琨为司马，司马越任用刘蕃为淮北护军、刘琨的哥哥刘舆为颍川（今河南禹州市）太守，刘乔便给朝廷上书，罗列了刘舆兄弟的种种恶行，随后率兵攻打许昌。他还派长子刘祐率军阻挡司马越大军，导致司马越前进不得。

东平王司马楙在兖州任上横征暴敛，各郡县都不堪重负。范阳王司马虓派苟晞回兖州任刺史，调司马楙为都督青州诸军事，司马楙不接受，背叛了联军，与刘乔联合到了一起。

第七十七节　刘弘调停

司马颙听说公师潘等起兵为司马颖打抱不平，怕公师潘的这把星星之火引发燎原之势，内心很是焦虑。为了安抚公师潘等河北人士，永兴二年（305）八月二十三日，司马颙奏请惠帝任命司马颖为镇东大将军、都督河北诸军事，配给一千士兵，又任卢志为魏郡太守，跟随司马颖镇守邺城，另派建武将军吕朗到洛阳驻守。

司马颙又请惠帝发布诏令，命东海王司马越等各位王爷回到自己的封国，司马越等人不予理睬。正在这时，豫州刺史刘乔那封关于抵抗司马越的奏章送到，司马颙感觉有了帮手，立即有了底气。十月十八日，惠帝下诏："刘舆逼迫范阳王司马虓犯上作乱。现命镇南大将军刘弘、平南将军彭城王司马释、征东大将军刘准各率部队，与刘乔并肩作战。命张方为大都督，率领十万精兵，与吕朗在许昌会师，消灭刘舆兄弟。"从这份诏书中可以看出，司马颙还是想争取司马虓的。十月十九日，司马颙命司马颖率楼褒等人、石超率王阐等人共同防守黄河大桥，作为刘乔的援军。为了激励刘乔，司马颙提拔他为镇东将军，假节。

镇南大将军刘弘同时写信给刘乔和司马越，希望他们能化干戈为玉帛，共同辅助皇室，但二人均不接受。刘弘又给惠帝上书说："近年来战乱频繁，亲王、大臣互相猜忌的事情不断上演，今天还是忠臣良将，明天就成了叛臣贼子。有史以来，骨肉相残之惨烈从未像今天这样，我感到非常难过！我建议陛下颁布诏书，从中调停，让司马越等人消除彼此间的猜忌，各安其位。从今以后，凡擅自动用兵马的，全国共讨之。"但掌实权的司马颙认为依靠刘乔的力量就可以消灭司马越，没有接受刘弘的建议。

刘乔乘虚而入，带兵袭击许昌（司马虓总部），将其一举攻克。司马刘琨带兵来救，但到时城池已经陷落，他只得和兄长刘舆以及范阳王司马虓一起逃往河北。但刘琨的父母被刘乔抓住了。刘弘知道司马颙主要的依靠是张方，张方天性残忍，不得人心，司马颙注定会失败，于是就派参军刘盘为都护，表示愿意接受司马越的调度。

这时天下大乱，兵戈四起，刘弘负责维护长江、汉水（长江最大的支流，流经今陕西、湖北两省）地区的秩序，影响力遍及南方。他和晋武帝司马炎同年出生，曾是武帝的心腹，也善于处理政事；如果谋划的事情成功了，他就说是某个具体办事人的功劳；如果失败了，就把责任揽到自己身上，因此深得人心。每当有政府调用民间人力物资，刘弘都亲自写信给郡太守，详细列出诸多细节问题，防止出现纰漏，大家在他手下做事都感到心情愉快，乐意为他效命，他们都说："能够得到刘公的一封亲笔信，胜过十个州里参谋官的督促。"虽受拥戴，但刘弘一心为晋，并无拥兵自重之意。前广汉太守辛冉不长眼，建议刘弘割据称霸，刘弘怒斩辛冉。

范阳王司马虓和刘琨等人逃往北方。刘琨游说冀州刺史温羡把职位让给司马虓，温羡是个聪明人，照做了。司马虓又派刘琨到幽州向王浚求援，王浚派精骑八百相助，袭击在黄河桥上防守的王阐，大获全胜，王阐被杀，司马虓和刘琨遂率众渡过黄河，在荥阳又杀死了石超等人。刘乔从考城（今河南兰考县兰考镇）率兵撤退。司马虓派刘琨和都护田徽攻打司马楙所在的廪丘（今山东郓城县），司马楙抵挡不住，逃回自己的封国。刘琨等继续率兵向东挺进，迎接东海王司马越，又在谯县（今安徽亳州市）攻打刘祐，刘祐兵败被杀。刘乔的部队四散奔逃，他本人逃到了平氏县（今河南桐柏县平氏镇）。

司马越率部队推进到阳武（今河南原阳县东南）驻扎，王浚派他的部将祁弘带领精锐的鲜卑、乌桓骑兵充当司马越的前锋，司马越军队声势更胜。

第七十八节　张方被诛

当初，皇太弟中庶子缪播受到司空司马越的宠信，但其堂弟右卫率缪胤是太宰司马颙已经去世的前妻的弟弟——有时候人际关系就是这么复杂。司马越起兵勤王的时候，派缪播、缪胤到长安做司马颙的工作，让他保护着惠帝东归洛阳，并约定会以陕地（今河南三门峡市）为界，和司马颙共治天下。司马颙一直以来对缪播兄弟都很信任，也看到司马越的队伍阵容强大，自己没有必胜把握，于是在仔细衡量下，就想听从劝告，划界而治。

但张方不干，他知道自己罪行深重，天下人不会饶过他。他对司马颙说道："如今我们占据险要地势，凭着咱们的实力，能够挟天子以令天下，怎么能拱手就让别人得势？"张方一直是司马颙的主心骨，听张方这么说，司马颙一时也没有了主意，只能暂时打消了平分天下的念头。等到刘乔兵败的消息传来，司马颙非常焦虑不安，罢兵与司马越和解的念头更坚定了一些，但又担心张方不同意，因此迟疑不决。张方知道是缪播兄弟在劝说司马颙和解，恨得咬牙切齿，盘算着想暗害他们。

张方初来长安的时候穷困潦倒，衣不蔽体，食不果腹，长安城里的大富翁郅辅是个善人，经常接济张方，张方打心底里很感激他，把他视作恩人。穷则思变，人想有变化的时候各种潜能就容易爆发。张方就是这样，他的才干和勇敢逐步得到司马颙的赏识和信任，渐渐成为司马颙的心腹。张方知恩图报，平步青云后特别推荐自己的恩人郅辅为帐下督。

司马颙的参军毕垣家里是河间（今河北沧州市）的豪门大户，曾经受到过张方的侮辱，自尊心遭到极大伤害，加之他本人心眼又小，对张方一直怀恨在心，时刻准备报复。这次他嗅到了机会，便对司马颙说："张方带兵在灞上驻扎挺长时间了，他这是听说山东的军队实力强大，犯怵了，所以才停滞不前。之前还有消息说他有投靠敌人的想法，您应该防患于未然！要想了解张方的计划，盘问一下他的亲信郅辅就知道了。"

缪播兄弟这时候也不失时机地劝司马颙道："司马越等人恨的是张方，您马上杀了张方向天下谢罪，司马越等自会退兵。"

于是永兴三年（306）正月，司马颙派人召见郅辅，想向他了解张方的具体打算。郅辅来到王府，正要去晋见司马颙，毕垣迎上前拦住他道："张方要谋反，大家都说你知道这事，王爷如果问你，你会怎么回答？"郅辅顿时大吃一惊，六神无主，造反这可是要灭九族的事情啊！他赶紧问："我确实不知道张方要谋反，这可怎么办？"毕垣一看把郅辅唬住了，故作关心地给他出主意："王爷问话的时候，你只回答'是，是……'就行了，否则的话，你全家性命不保！"郅辅点头答应。

郅辅进入府内，司马颙直接问他道："张方要谋反，你可知情？"郅辅慌忙回答道："是。"司马颙一听，张方这小子果然怀有二心，应该尽早除掉，然后他又问道："派你去除掉他，行吗？"郅辅又回答道："是。"司马颙于是派郅辅去给张方送信，要他借机杀掉张方。

郅辅平时与张方来往密切，关系很铁，因此当他带刀进张方府内的时候，守卫也没有多问。张方打开了司马颙给他的信，在灯下打开细看，郅辅瞅准机会，拔刀砍下了张方的头颅。张方恶贯满盈，这个死法也是便宜了他。得手之后，郅辅大摇大摆地出了张府去向司马颙禀告，司马颙悬着的心终于放下了——他还在后怕，如果郅辅不能得手，张方起兵造反，后果将不堪设想。司马颙奖励郅辅，任命他为安定太守。

司马颙把张方的人头送给司马越，司马越一看司马颙的臂膀已去，大喜，更是无所忌惮，直接就拒绝了司马颙和解的请求。司马颙没有达到目的，又损失了一员大将，但他拿司马越无可奈何，只好把气全撒到了郅辅的头上，命人把刚刚升了职的郅辅拉出去斩首。

第七十九节　“飞豹”王弥

永兴三年（306）三月，东莱国（今山东莱州市）惤（jiān）县县令刘柏根率领一万多人聚众造反，自称悦公。东莱人王弥带领家仆前来投靠，刘柏根任王弥为长史，任王弥的堂弟王桑为东中郎将。

王弥在日后也是个名声响亮的人，所以有必要交代一下他的家世。他是东莱人，出生年月不详，算是个官N代，家里世代都是太守级的官吏，他的祖父王欣在晋武帝时期曾经任汝南太守。王弥年轻时读过不少书籍，颇有才干，不过却有一颗不安分的骚动的心。少年时他曾经到京城游玩，被隐士董仲道见到，对他说：“君豺音豹目，喜欢乱世，如果日后天下发生骚乱，你就不甘心做士大夫了。”董先生的话现在得到了应验。

刘柏根带领部下进攻青州州政府所在的临淄（今山东淄博市），青州都督高密王司马略派部将刘暾带兵迎战，结果刘暾大败，逃往洛阳，司马略不得已撤退到聊城（今山东聊城市）。

朝廷派善战的幽州刺史王浚出兵剿灭刘伯根，刘伯根不敌，兵败被杀。王弥带领残兵败将逃进附近的长广山占山为王，做起了强盗。与别个不同，王弥是个有文化的强盗，他不蛮干，而是精于谋划，每次出去抢掠都会做周详的计划，有十足的把握了再出手，因此每次行动都十拿九稳。

王弥擅长骑马射箭，力气也大，加之行踪飘忽不定，神出鬼没，青州一带的人都称他为“飞豹”。他自称“征东大将军”，不断进攻郡县，杀死太守和县长，撬开官府库房，抢走武器和钱粮，一时名声大噪。

第八十节　惠帝还京

司马颖接受司马颙让他防守洛阳黄河大桥的命令，率军到达洛阳，命将军楼褒带兵防守大桥。司马模派将军宋胄进攻，楼褒不敌，向西撤退；又派前锋督护冯嵩和宋胄会合，进逼洛阳。司马颖看到勤王军势不可挡，十分恐惧，于是逃往关中，到达华阴（今陕西华阴市）后，有消息传来，说司马颙和司马越和解了，他顿时不敢继续前进。

建武将军吕朗在荥阳（今河南荥阳市）驻守，刘琨拿张方的人头展示给他看，吕朗顿时泄气，乖乖地出城投降了。司马越派祁弘、宋胄、司马纂带领鲜卑精骑西行迎接惠帝圣驾，命周馥在渑池（今河南渑池县）驻扎。永兴三年（306）四月十三日，司马越本人率大军到温县扎营。

司马颙派彭随、刁默率军在关东湖县（今河南灵宝市）构筑堡垒抵挡祁弘等人。不想他们战斗力很强，五月七日大败刁默，之后继续向西挺进关内，又在灞河打败司马颙的部将马瞻和郭伟。

此时的司马颙精锐尽失，已无力抵挡，只能单枪匹马逃入太白山（秦岭山脉最高峰，跨太白县、眉县、周至县三县）。祁弘等人率军进入长安城，纵容部属进城后大肆抢掠，野蛮地杀死了两万多人，大臣们四散奔逃，跑得快的逃到了秦岭群山中，没有吃的就捡拾柞树果子果腹。

五月十四日，祁弘等人伺候着晋惠帝司马衷登上牛车，公卿大臣步行，随皇帝东归洛阳，梁柳为镇西将军，留下镇守关中。六月一日，惠帝到了洛阳，他登上昔日宫殿，坐上宝座，觉得恍如隔世，不禁感伤落泪。之后他前往拜谒太庙，恢复了羊献容的皇后身份，大赦天下，改年号为“光熙”。

这边刚走，司马颙的部将马瞻等人又杀回了长安，杀死了留守将军梁柳，然后到山里找到司马颙，把他接回了长安。听说长安失守，安定太守贾疋（yǎ，曹操手下著名谋士贾诩的曾孙）等人起兵反攻，马瞻等人被杀。司马越派督护麋（mí）晃带兵支援，司马颙派牵秀迎战。

司马颙的长史杨腾一看主子大势已去，暗中投靠了司马越。他假传司马颙的命令让牵秀停止行动，然后找准机会把牵秀杀死了。至此，除了孤零零的长安城，关中其他地区全部归了司马越。

永兴三年（306）八月，晋惠帝任命东海王司马越为太傅、录尚书事；范阳王司马虓为司空，镇守邺城；平昌公司马模为镇东大将军，镇守许昌；王浚为骠骑大将军和都督东夷、河北诸军事，兼任幽州刺史。

司马越喜欢名士，一时间府中名士聚集：庾敳（ái，出身魏晋名门颍川庾氏）为军咨祭酒，胡毋辅之为从事中郎，郭象（玄学家）为主簿，阮修为行参军，谢鲲（谢安的伯父）为掾，另外还有名士潘滔、裴邈等人。这些人名号虽大，但都崇尚清谈，对社会管理事务漠不关心，个个嗜酒如命，行为怪诞。

第八十一节 惠帝驾崩

祁弘带领部队进入函谷关后，成都王司马颖看大势已去，仓皇逃奔到新野（今河南新野县）。司马越命令南中郎将刘陶前去捉拿司马颖，司马颖不敢停留，北渡黄河逃到朝歌（今河南淇县）。在这里，他召集了属下几百人，准备去投靠旧部公师藩。走到半路，他们一行被顿丘（今河南清丰县）太守冯嵩抓住，冯嵩不敢擅自处置，便把他们押送到邺城，交给了范阳王司马虓。司马虓不忍心杀害这个先帝最喜欢的儿子，只是把他暂时关押了起来。

公师藩准备自白马津（今河南浚县）南渡黄河，遭到兖州刺史苟晞的拦截，混战中被杀死。

永兴三年（306）十月，范阳王司马虓暴病而亡，年三十七岁，死因不得而知。因为过去司马颖在邺城拥有巨大声望，长史刘舆怕司马虓的死讯传开后会引起巨变，所以秘不发丧。为绝后患，他派人假冒钦差，赐死了司马颖和他的两个儿子，司马颖死时年二十八岁，“八王之乱”中第六个王的生命就此终结。司马颖被俘后，他的旧部一哄而散，各奔前程，只有卢志不离不弃，司马颖父子死后，还是卢志为他们父子收尸安葬。卢志的忠贞行为得到司马越的欣赏，征召他为军咨祭酒。

司马越本也打算任用刘舆，但有人对他说：“刘舆这个人人品不好，就像油污一样，谁接近他都会受到污染。”所以刘舆刚刚到来时，司马越有意疏远他。刘舆一看自己不受待见，就暗暗努力想要出头。他是个有心人，秘密查阅了全国军事和仓库、牛马、器械、地形地貌等资料，把这些一一默记在心。当时全国形势多变，司马越经常召集属下议事，众人常常对时局一筹莫展，想不出来好的办法，这时候刘舆就会站出来，按照之前对全国军事等的了解，分析得头头是道。司马越对他的好感更胜，变得越来越欣赏他，后来还任命他担任左长史这个重要职位，作为自己的参谋助手。

刘舆请求司马越让他弟弟刘琨镇守并州，以此加强北方的防务力量，于是司马越在请示惠帝后，任命刘琨为并州刺史。虽然刘舆的这一人事建议有私心，但从以后刘琨在后方坚持和匈奴战斗看，这一任命也是正确的。原并州刺史司马腾升任车骑将军，调任都督邺城诸军事，镇守邺城，填补司马虓去世后留下的空缺。

永兴三年（306）十一月十七日夜，惠帝司马衷在吃夜宵的时候吃了一个饼，出现了腹泻、呕吐的中毒症状，御医抢救无效，第二天在显阳殿驾崩，结束了自己四十八年的懵懂生活，后被葬于太阳陵。

是谁害死司马衷的？当时人们都怀疑是司马越，但这个问题一直没有确切答案，成了历史未解之谜。司马衷驾崩，按说该让皇太弟司马炽继位，但皇后羊献容想到自己是司马炽的嫂子，如果司马炽继位，自己就做不成皇太后了，于是打算拥立废太子清河王司马覃（司马衷的侄子，前皇太孙司马尚去世后曾被立为皇太子）。侍中华混把这十万火急的消息通知了太傅司马越，司马越立即宣召命皇太弟司马炽入宫。司马覃接到羊皇后的通知，人都已经赶到了尚书省，但突然发现气氛不对。他是个聪明人，知道保命要紧，就捂住肚子连连叫痛，称病回去了。

光熙元年（306）十一月二十一日，年方二十三岁的司马炽登基，大赦天下，是为晋怀帝。他尊奉皇后羊献容为惠皇后，让她居住在弘训宫；追封母亲王才人为皇太后；册立妃子梁氏为皇后。

太傅司马越控制了朝政，他环视天下，发现大对手司马颙还活在世上，就下诏任命河间王司马颙为司徒，命他即日回京任职。司马颙看到诏书很高兴，以为司马越不计前嫌要和自己携手共事，高高兴兴地和家眷启程赴任了，但当他们走到新安（今河南渑池县）的时候，司马越的弟弟南阳王司马模派部将梁臣在路上拦住车马，然后登上马车，把司马颙活活掐死了，同时被杀的还有司马颙的三个儿子。

八王之乱的第七个王就此丧命，大权掌握在了第八个王司马越的手中，这场司马诸王之间的纷争到这里也就结束了，持续了十六年之久。这是中国历史上最严重的皇室内乱之一，死亡人数动辄以万计，国内经济遭到严重破坏。变乱后期，朝廷已无力控制全国形势，造成大规模少数民族内迁，特别是成汉和汉赵这两个少数民族政权的建立，更是为西晋敲响了丧钟。

柒

群雄并起

第八十二节 乞活军

光熙元年（306）十二月，新上任的并州刺史刘琨从洛阳出发，前往并州州府晋阳（今山西太原市西南）。当时并州处于和匈奴争斗的最前沿，深受匈奴抢掠之苦，刘琨一路上饱尝艰辛，冒险前进，目睹了百姓流离四散的惨状：道路上扶老携幼出逃的百姓成群结队，连绵不绝，被杀死的、被饿死的塞满道路，白骨露于野，秃鹰在空中盘旋，发出阵阵刺耳的叫声，场景相当凄惨。

此前，东燕王司马腾要从并州出发去邺城镇守，从太行山中的井陉（太行八陉之第五陉）东下，并州将领田甄、田兰、任祉、祁济、李恽和薄盛等人以及其他官吏、百姓共计一万多人，都跟随司马腾到冀州讨饭吃，这部分人被称为“山西（太行山以西）乞活”，他们组成的军队被称为“乞活军”。值得注意的是，这支乞活队伍里有个叫冉瞻的年轻饥民，他就是冉魏政权的建立者冉闵的父亲。

组织乞活军有两个好处：一可以将流民收编，使这些人有所依靠，不再四处流散；二可以形成一支强有力的武装，便于更好地谋食。没有财产住所，只为活命乞食，这样的部队打起仗来无后顾之忧，十分勇敢强悍。后来，乞活军成为司马腾麾下一支重要的军事力量。但也是因为组织乞活军，人们大量外迁，再加上连年战乱造成大量死亡，并州人口骤减。

刘琨一路招兵买马，终于招募到一千多人，他带着这些人边战斗边前进，历尽艰辛，终于到达晋阳。这时候，整个并州剩下的人口也不足两万户，州府晋阳更是满目疮痍。官署已经被焚毁，尸首遍地，杂草丛生，没有耕牛，农具也寥寥无几，匈奴人盘踞四周，人们连做饭的柴火都很少能得到，少数留守官员也是面黄肌瘦，刘琨看得一阵心酸。他向朝廷写信，请求拨付五百万斛粮食、五百万匹绢、五百万斤绵以维持政府运转，同时赈济灾民，得到批准。又命人掩埋尸体，铲除杂草，修复官衙，安抚百姓，大力发展生产，慢慢聚集起了一些流民。

不到一年的时间，并州的社会状况大有改观。从这点看，刘琨还是比较擅长做民生工作的。

第八十三节 陈敏割据

有时候，一些人取得一点成绩就会沾沾自喜，目空一切，不知道自己是老几了，陈敏就是个例子。在太安三年（304）二月的时候，运粮官陈敏屡破叛军将领石冰，自认智谋武功天下第一，又逢惠帝被挟持到长安，天下到处冒狼烟，就有了割据江东的想法。他父亲知道后大怒道："让我们家族走向灭亡的一定是这个小子！"不久便因焦虑恐惧过世了，陈敏因此离职回家守孝。

司马越准备西征迎接惠帝，征聘陈敏为右将军、前锋都督，陈敏接受征召，结果被刘祐打败。

陈敏因中原大乱，请求东归征召士兵，司马越批准了。走到了历阳（今安徽和县），陈敏率军反叛。吴王司马晏的常侍甘卓（原孙吴大将甘宁的曾孙）从洛阳到了历阳，陈敏张罗着为自己的儿子陈景娶了甘卓的女儿，然后让甘卓假称接到皇太弟司马炽的命令，任命自己为扬州刺史。陈敏派弟弟陈恢以及将军钱端等人南下攻打江州，弟弟陈斌向东攻打其他各郡。朝廷任命的正牌扬州刺史刘机、丹阳太守王旷等慑于陈敏部队的强大威势，都弃城而逃了。

于是陈敏按自己的设想占据了江东地区，他让部下推举自己为都督江东诸军事、大司马、楚公，自封十郡，加九锡，然后任命顾荣、周玘等四十多人为将军或太守。陈敏上书朝廷，声称要从长江入黄河，前往迎接天子大驾。

太宰司马颙命张光率五千士兵讨伐陈敏，同时镇南大将军刘弘命江夏太守陶侃等人进驻夏口（今湖北武汉市）。陶侃与陈敏同是庐江郡人，又同年保举为官，因此有人怀疑他与陈敏交好，并对刘弘说："陶侃如果有二心，荆州的东大门就失去了！"

刘弘道："陶侃为人忠贞，很有才干，我观察他很长时间了，他没有问题。"陶侃听说后，为了让刘弘放心，派儿子陶洪和侄子陶臻到刘弘那里做人质。刘弘很信任陶侃，反而任用陶洪和陶臻为参军，发给钱物让他们回到了陶侃那里。

陈敏命陈恢攻打武昌，陶侃前去阻截。因为战舰不足，陶侃把一般的运输船改为战舰，很多人觉得不能这么做，但陶侃道："用官府的船来打官府的贼，有什么不可以？"他屡次击败陈恢，又和其他将领一起打败了钱端。

陈敏资质平庸，缺乏谋略，占据江东后在政治上毫无章法，放纵陈家子弟巧取豪夺，成了江东的祸患。顾荣、陈玘等对自己的前途命运深感担忧，正好接到晋朝庐江郡太守华谭的劝降信，便决心归降。他们做通了陈敏亲家甘卓的工作，决定一起反叛陈敏。

永嘉元年（307）二月，甘卓借口自己生病，把女儿接回家，然后破坏大桥，把战舰全部调回秦淮河（长江下游右岸支流）南岸，转头开始攻打陈敏部队。甘卓部队隔着秦淮河向陈敏的部下喊话："过去我们跟随陈敏，是因为有顾荣、周玘二位先生，现在这样的情形，你们还想做什么？"陈敏部队正在犹豫，顾荣挥动手中羽毛扇，陈敏部下见状吓得四散奔逃。陈敏和他的弟弟们全部被捕，最终被屠灭三族。

永嘉元年（307）三月，镇守寿春的周馥把陈敏等人的人头送到洛阳。朝廷大喜，下令征召顾荣为侍中、纪瞻为尚书郎，太傅司马越又任命周玘为参军、陆玩（陆机的堂弟）为掾。顾荣等人接到任命动身北上，走到徐州，听说北方比以前更乱，开始迟疑不前。司马越给徐州刺史裴盾去信说："如果顾荣等人左顾右盼，就强制他们过来！"顾荣等人听到这样的消息非常恐惧，干脆又逃回了南方。

第八十四节　苟晞破汲桑

公师藩被苟晞杀死后，他的部将汲桑逃回了以前的牧马场。汲桑是个猛将，有一定的号召力，不久又聚拢了一批人，自称“大将军”，宣称要为老主人成都王司马颖报仇。他以羯人石勒为先锋，攻打附近郡县，所向披靡。因功封石勒为代讨虏将军后，又命他率兵进攻邺城。当时邺城里的仓库已空空如也，但镇守邺城的司马腾个人生活奢侈无度，府中积累了巨额的财富。

司马腾对人刻薄，对下属寡恩，部下对他多有抱怨。等到汲桑大军到来，司马腾慌神了，为了鼓舞士气，他赐给将士每人几升米兼一丈左右的布帛，但为时已晚，这时候将士们已经对他离心，不愿意为他卖命了。

永嘉元年（307）五月，汲桑率兵重创魏郡太守冯嵩的部队，长驱直入，攻入邺城。司马腾也顾不上收拾金银财宝了，单人匹马一路狂逃，但仍被汲桑部将李丰追上杀死。

汲桑起出成都王司马颖的棺材，趴到棺材上放声痛哭，然后命人把棺木装到车上，做事前都要向司马颖棺材祷告后才去行事。有了这么忠诚的下属，司马颖也该含笑九泉了。

汲桑命人一把大火把邺城王宫烧毁，大火连续燃烧十天不灭。邺城王宫从袁绍时期开始经营，又经曹家精心建造，共历百余年，如今毁于一旦！烧了宫城还不够，汲桑又命令屠城，杀了一万多官员百姓，然后在城中大肆抢掠后才扬长而去。他命石勒为先锋，率部队攻打兖州。太傅司马越没想到汲桑的战斗力如此强大，内心十分焦虑，匆忙命兖州刺史苟晞和将军王赞剿灭汲桑。

苟晞也是晋朝数得着的一员猛将了，字道将，出生年份不详，河内郡山阳县（今河南修武县）人，年轻的时候曾经在司隶部做事，深受司隶校尉石鉴的器重。东海王司马越为侍中的时候，引荐他为通事令史（负责呈递、传达奏章），后又多次升官，官至阳平郡太守，主政一方。苟晞与齐王司马冏交好，在司马冏辅佐朝政期间曾经显赫一时，但司马冏被杀后，苟晞受到牵连被免官。长沙王司马乂为骠骑将军的时候，又启用了苟晞为从事中郎。后他随惠帝北征讨伐成都王司马颖，被任命为北军中侯。惠帝返回洛阳时，苟晞投奔了范阳王司马虓，被任用为兖州刺史。

这次石勒和苟晞遭遇，是针尖对麦芒，旗鼓相当，两人大大小小的战役打了不下三十次，互有胜负，难分伯仲。

永嘉元年（307）七月一日，太傅司马越亲自率兵驻屯官渡（今河南中牟县），支援苟晞。苟晞的队伍得到鼓励，更加奋勇，一鼓作气打败了石勒。汲桑见势不妙，率众撤退，苟晞乘胜追击，一连踏破汲桑八个营垒，杀死一万多人。汲桑与石勒等被逼得走投无路，准备去投奔汉赵（由匈奴人刘渊建立），中途又被冀州刺史丁绍截住，汲桑等如伤家之犬，毫无斗志，再败，汲桑和石勒也被打散。汲桑又逃回牧马场，石勒则逃向了乐平（今山西昔阳县），二人此生未能再相见。

司马越率得胜之师返回许昌，论功行赏，加封苟晞为抚军将军，都督青州、兖州诸军事；加封丁绍为宁北将军，监冀州诸军事。二人都被授予符节。

苟晞善于用兵，声名远播。他精力充沛，做事效率高，很多事到他手里都能化繁为简，但他为人严酷，执法严苛，在人们看来很不近人情。

他的姨妈曾来投靠他，苟晞十分小心尊重地伺候她。一日，姨妈向苟晞说情，想让自己的儿子在他手下做个将领，苟晞刚开始不同意，说道："我治军一视同仁，从不枉法，我是怕您日后后悔啊！"姨妈坚持，苟晞不得已让她儿子担任了指挥官。

可是他姨妈的这个孩子不争气，作奸犯科，触犯了军法，苟晞手捧符节把他杀死，姨母叩头求情都不为所动。之后苟晞换上素色服装前去吊唁，哭道："杀你的，是兖州刺史；来哭弟弟的，是你的表哥苟道将。"

第八十五节　琅琊王司马睿

永嘉元年（307）七月十一日，朝廷任命琅琊王司马睿为安东将军、都督扬州江南诸军事（州府设在建邺，即今江苏南京市），假节。

司马睿，字景文，咸宁二年（276）出生在晋的首府洛阳。他曾祖父为宣帝司马懿，祖父为琅琊武王司马伷，父亲为琅琊恭王司马觐，母亲为夏侯光姬。司马睿为人沉稳有气量，善于藏拙，平时不显山不露水，所以很多人对他了解不多，并不看好他，只有侍中嵇绍觉得他不是普通人物。嵇绍曾经对人说："琅琊王相貌不凡，恐怕他不是个做人臣的人。"元康二年（292），十七岁的司马睿被任命为员外散骑常侍，后逐渐升迁至左将军。当年惠帝亲征成都王司马颖，在荡阴吃了败仗，司马睿的叔叔东安王司马繇被杀，他怕受到牵连，便想要逃走。当天夜里月光皎洁，城中警卫森严，根本无法出城，正焦急间，只见乌云蔽日、雷雨交加，巡查部队也避雨去了，天助司马睿，他总算逃了出去。

司马睿和司马越府中的王导交好，当时朝廷内乱不止，王导劝司马睿回自己的封国琅琊（今山东临沂市），司马睿听取了他的建议。后司马睿聘请王导为自己府上的司马。

永嘉元年（307）九月一日，司马睿到达建邺。因为他之前名声并不大，江东的名士看不起他，很久都没人来拜访，王导对此感到忧虑。正赶上司马睿要出门，王导就给他出了个主意，让他登上高抬大轿，又安排了很壮观威严的仪仗队伍，王导和一众中原名士骑马在侧。纪瞻、顾荣等江南人士见了都感到惊异，一个跟着一个地在路边行拜礼。

司马睿又用王导之计，让江东大姓族人任要职：贺循为吴国（今江苏苏州市）内史、顾荣为军司、纪瞻为军咨祭酒、卞壸为从事中郎、周玘（周处之子）为仓曹属、张闿（张昭曾孙）为参军。他诚心对待江东士人，尊重当地风俗，江东人士也对司马睿敬佩起来，并渐渐由敬佩转为拥护。

司马睿确实有能干大事的性子。刚来江东时他常常因为贪杯误事，有一次王导劝他不要再如此，司马睿就命人把酒杯斟满，再接过来把酒泼掉，从此戒酒了。

第八十六节　屠夫

永嘉元年（307）十一月二十九日，朝廷任命名士王衍为司徒，这实际上是司马越的意思。但身居高位的王衍对政府事务漠不关心，反而是以清谈玄论为己任，不过他也会为王家谋划后路，他对司马越说：“目前天下大乱，要依靠地方大员来剿平叛乱，应该选择文武全才的人来做地方长官。”于是他推荐自己的弟弟王澄任荆州都督，堂弟王敦为青州刺史。王衍对他们两个说：“荆州有江汉的险固，青州有大海为屏障，你们两个在外，我在朝中，可以称为狡兔三窟了。”

太傅司马越与苟晞关系曾经很亲密，还结拜为异性兄弟，但司马越的司马潘滔对他说：“兖州地势险要，曹操当初就是从这里起家，建立了霸业。苟晞胸怀大志，不会久居人下，他如果长期经营兖州的话，日后定会成为心腹大患。如果您把他调任青州，施个调虎离山之计，同时加封他的官衔，苟晞一定说不出来什么，然后您就可以亲自统领兖州，这样才能防患于未然啊！”

司马越认为潘滔说得很有道理，于十二月二十七日自封为丞相、兖州牧，兼任都督兖、豫、司、冀、幽、并六州诸军事，同时任命苟晞为征东大将军、开府仪同三司、侍中、都督青州诸军事兼青州刺史，假节，封东平郡公。

没有永远的朋友，也没有永远的敌人，只有永远的利益。苟晞对这项安排十分不满，从此心中埋下了对司马越的仇恨种子。

苟晞到了青州，心情不痛快，执法更为严酷，每天都要杀人，青州人称他为“屠夫”。

第八十七节　张轨称霸凉州

永嘉二年（308）二月，五十四岁的凉州刺史张轨中风瘫痪，口齿不清。

张轨，字士彦，是汉代常山景王张耳第十七世孙。张家世代精通儒学，他父亲张温曾任太官令（掌管宫廷饮食供应）。张轨自小聪明好学，后逐渐升迁至散骑常侍、征西军司[①]。

因为中原八王之乱，时局动荡，张轨图谋占据河西（黄河以西）地区，在占卜以后得到上签，更加坚定了自立的决心。他请求前往凉州（州府设在姑藏，今甘肃武威市）镇守，于是在永宁初年被任命为护羌校尉、凉州刺史。这时候鲜卑反叛，攻城略地，势不可挡，张轨到任后，用宋配等作为自己的心腹智囊，率兵征讨，斩首万余，声震河西。

他在当地设置学校，招收学生，开始推行教化，后又挫败谋乱，俘虏十多万人，顿时威名大震，晋惠帝遂加升他为安西将军、安乐乡侯，食邑千户。张轨还大规模修建姑藏城。这座城本来是匈奴人修建的，具有一定规模，南北七里，东西三里，地势似龙形，所以又叫卧龙城。

现在张轨病倒，就让他儿子张茂代理主持州政府事务。陇西内史张越出身凉州的名门望族，想趁机赶走张轨。他与自己的哥哥酒泉太守张镇、西平太守曹祛等商量，想派人到长安向南阳王司马模禀告，说张轨因病致残，已经不能正常履职，请求让秦州刺史贾龛接替他的位置。贾龛将要答应，他哥哥责备他道："张轨是当世名士，威

① 军司，即军师，为避讳司马师而改。

震河西，你有什么资格取代他？”贾龛于是放弃。张镇等还不死心，上书要求另派他人，可朝廷指令还没有到，张镇等就迫不及待宣布罢免了张轨的职务，让军司杜耽代理州政，又让杜耽上书朝廷，请求任命张越为刺史。

张轨准备告老还乡，长史王融、参军孟畅用脚踩碎张镇的檄文，推门进来对张轨说道:“晋室多难，还要依靠您平定安抚河西，张镇兄弟胆大妄为，应该讨伐他们。”说完转身出去，下令戒严。正好张轨的大儿子张寔这时候从京城洛阳回来，于是就让张寔担任指挥官，带兵讨伐张镇等人。先礼后兵，张寔派张镇的外甥令狐亚去劝说张镇投降，陈明利害，张镇流着眼泪说:“我受人蒙蔽！”然后到张寔那里请罪。

这时候朝廷接到张镇等的奏章，认为张轨确实不具备履职的身体条件了，就任命侍中袁瑜为凉州刺史。得到线报后，凉州治中（掌管州中文书）杨澹骑上快马飞奔至长安，割掉自己一只耳朵放在盘中呈递，向时任都督雍、凉二州诸军事的南阳王司马模发誓张轨是受到诬陷。

于是司马模上书朝廷，要求暂停任命袁瑜，朝廷批准，并且下令诛杀曹祛等人。张轨命令张寔率领三万的步骑兵，抓住曹祛后斩首。张越等人逃到邺城，凉州平定，从此，凉州完全置于张轨家族的掌控之中。朝廷加封张轨为西平郡公，张轨推辞不接受。

第八十八节　北宫纯扬威

“飞豹”王弥神出鬼没，不断收拢散兵游勇，不久聚集了几万手下，加之他本人善于管理，一时间军威大振。他派遣将领攻打青州、徐州、兖州、豫州等地，这些地方多半的郡县被攻破，太守县令被杀害。之前兖州刺史苟晞多次与王弥交锋，均不能胜，阻挡不住王弥军队前进的步伐。

永嘉二年（308）四月十三日，王弥攻陷许昌。他命人打开官府库房，夺取了不少军用物资，之后继续进军，向洛阳挺进。这时候在鄄城驻扎的太傅司马越得到王弥进军洛阳消息，急忙派账下的司马王斌带领五千精锐部队进京守卫。凉州刺史张轨得到消息后，也派遣督护北宫纯带兵到洛阳协防。

五月，王弥部队进入轘（huán）辕关（今河南偃师市东南），在伊河北打败朝廷军队。强敌近在眼前，洛阳全城乱作一团，宫城甚至在白天也关闭了城门，怀帝司马炽命司徒王衍做指挥官，率领文武百官保卫宫城。

五月十九日，王弥军队抵达洛阳，在洛阳南城津阳门外安营扎寨。北宫纯建议趁敌人立脚未稳实施偷袭，王衍批准。于是他挑选了一百多勇士突袭王弥大营，王弥军队抵挡不住，大败。

五月二十二日，王弥命人放火焚烧城门后向东逃窜，王衍派左卫将军王秉乘胜追击，又大败王弥。王弥走投无路，问部下道：“朝廷部队实力还很强，我们现在没有地方可以容身。刘渊以前在洛阳做人质的时候我和他来往比较多，交情很好，如今他号称汉王，现在去投奔他，可以吗？”部下都表示赞同。

王弥狼狈不堪，逃过黄河后北上，与部将王桑汇合，从轵关（今河南省济源市西）到达平阳（今山西临汾市）。听说猛将王弥来投，刘渊非常高兴，派侍中、御史大夫等到郊外迎接。

刘渊还亲笔写信给王弥说："将军威名远震，我早就盼望你的到来，我将亲自到将军下榻的旅馆为你接风洗尘。"王弥见到刘渊后为表忠心，劝刘渊称帝，刘渊笑着说道："将军真是我的孔明啊，得到你我定会如虎添翼！"刘渊任命王弥为镇东大将军、司隶校尉，加授侍中，特进；另任命王桑为散骑侍郎。

北宫纯率军进攻河东郡（今山西夏县），又打败了汉赵的抚军将军刘聪，这也是北宫纯第一次和汉赵军队交锋。因为史书上没有对北宫纯做过交代，我们也无从知晓他的身世。

第八十九节　刘渊称帝

永嘉二年（308）九月，汉赵国汉王刘渊派镇东大将军王弥、辅汉将军石勒进攻晋朝重镇邺城。时任征北大将军的金谷二十四友之一和郁是邺城守将，他一听说两位猛将来攻，顿时吓得屁滚尿流，弃城而逃。

怀帝司马炽命令豫州刺史裴宪移师白马抵御王弥，车骑将军王堪移师东燕郡（今河南延津县）抵御石勒，平北将军曹武驻扎在大阳（今山西平陆县）以监视蒲子（今山西隰县，汉赵都城）的动静。

十月三日，刘渊正式称帝，宣布大赦，改年号为“永凤”，后世称刘渊为汉光文帝。他任命大将军刘和为大司马，封梁王；尚书令刘欢乐为大司徒，封陈留王；御史大夫呼延翼为大司空，封雁门郡公；宗室族人根据血缘远近，全都封为郡王、县王；其他异姓有突出贡献的，根据贡献大小也都封为郡县公侯。

十一月，刘渊命石勒、刘灵带兵三万人进攻魏郡、汲郡、顿丘等地，当地百姓们为了自保修建的坞堡有五十多个，这些人都慑于石勒等的威势投了降。石勒给坞堡的头领都授给将军、都尉的头衔，并从百姓中挑选了五万青壮年作为自己的兵士。他命令兵卒不得骚扰老弱病残者，社会秩序基本平稳。

十一月八日，石勒攻陷了邺城，生擒了逃到“三台”[①]的魏郡太守王粹，将其斩首示众。

太史令于脩之对刘渊说道：“陛下虽然承天命，龙飞凤翔，但晋室还没有消灭，

---

① 三台，指铜雀台、金雀台、冰井台，曹操于公元210年修建，位于今河北临漳县。

您的皇宫仍显简陋，不够宽敞。我夜观天象，不出三年，您一定会攻下洛阳。只是蒲子地势崎岖，不是长久居住之所。平阳有帝王之气，希望陛下能够迎合天象，迁都平阳。”

刘渊听从，在永嘉三年（309）正月初一，把汉赵的都城迁到了平阳。

第九十节　司马越铲除异己

怀帝司马炽比较有主心骨，登基不久就开始亲自处理政务，对朝廷上下的事情也格外留心。把持朝政的太傅东海王司马越对此极不高兴，坚决要求出镇地方，司马炽要留也留不住，只好批准。于是司马越离开了首都洛阳，坐镇许昌。

永嘉二年（308）二月十六日，司马越派人杀死了做过皇太弟、对自己有威胁的清河王司马覃。司马覃死时，年仅十四岁。三月，司马越从许昌搬到鄄城（今山东鄄城县）。八月初，鄄城城墙突然崩塌了几十丈，司马越请人占卜，得出的结果是鄄城气运不详，于是他把大营迁到濮阳，没多久又从濮阳迁到了荥阳。

永嘉三年（309）三月十八日，在外飘荡了两年的司马越突然从荥阳返回洛阳。中书监王敦对亲信说："太傅独霸朝纲，他任用官员时往往还上书皇帝，不过是走走过场罢了。但尚书仍然死扣规章制度，对他有诸多限制，太傅肯定很不高兴，他这次回京，一定会处理掉绊脚石。"

司马炽还是皇太弟的时候，与中庶子缪播就非常亲近，等继位后，更是任命缪播为中书监，任缪播的弟弟缪胤为太仆卿（主管出行的官），把他们兄弟当作自己的心腹。司马炽的舅舅散骑常侍王延、尚书何绥（开国重臣何曾的孙子）、太史令高堂冲等人也会一起参与朝廷的重大事务，被视为怀帝的班底。

司马越怀疑他们在暗中谋划对付自己，手下刘舆等也劝说他赶紧把缪播等人解决掉，以绝后患。于是司马越诬陷缪播等人意图不轨，图谋叛乱，在永嘉三年（309）三月二十六日这一天，派平东将军王秉率领三千士兵冲入皇宫。这时候缪播等人正在和司马炽议事，王秉不由分说，当着司马炽的面带走了王延、缪播等十余人，将他们交付廷尉象征性地审讯后，全部杀害了。

司马炽对亲信被杀一事无能为力，只有暗自流泪叹息。当年司马越为了除掉司马颙的得力助手张方，求助缪播兄弟得以成功，如今又杀了他们，让人不由慨叹权力斗争之无情。

铲除了异己，司马越任命王敦为扬州刺史，任命王敦的堂兄王衍为太尉，他自己则辞去兖州牧的职务，但仍然兼任司徒。司马越琢磨，近年来朝廷中的数次变故均是由宫中的禁卫军发起，所以把禁卫军换成自己的人才可靠。他通知司马炽后，免除了宫中所有有侯爵封号的官。当时几乎所有武官都封侯了，于是几乎全部被罢免回家。然后司马越让亲信何伦任右卫将军，王秉任左卫将军，带领几百名东海国的精锐士兵负责皇宫的警卫工作，进一步控制了朝廷。

第九十一节 刘聪攻洛阳

永嘉三年（309）春季，有人在汾水得到一块玉玺，上面写有“有新保之”四个字，有人识得，说这是王莽的玉玺，捡到的人于是又在上面加上了“泉海光”三个字，呈献给刘渊（字元海）。刘渊大喜，认为是自己的福兆，在境内大赦，改年号为“河瑞”。

晋左积弩将军朱诞得罪了权贵，前来投奔汉赵，他向刘渊游说，说洛阳城中混乱不堪，主弱臣强，太傅司马越不得人心，军民不服，应该抓住时机，一举攻下洛阳。刘渊一听大悦，决心进攻洛阳。他命朱诞任前锋都督，让灭晋大将军刘景任大都督，率兵首先进攻重镇黎阳（今河南浚县）。汉军顺利攻克黎阳，又在延津打败了晋朝的车骑将军王堪。刘景为人残忍，攻破城池后，他命令士兵把俘虏的晋朝三万多名平民百姓全部赶入黄河淹死。

有探报把胜利的消息告诉了刘渊，刘渊摸着大胡子哈哈大笑，但又听说刘景淹死三万名百姓，顿时大怒：“刘景还有什么脸面再回来见我！上天岂能容忍这种残酷的行为？我想要消灭的，只是司马氏一族罢了，平民百姓又有什么罪？我要得天下，怎么能失掉民心！”于是把刘景贬为平虏将军。

到了夏季，天下大旱，长江、汉水、黄河、洛水等河流全都枯竭，甚至到了步行就可以穿过的地步。这个情况的干旱是非常严重的，也是不可思议的，可谓是千年难遇。天灾之下，晋朝军民人心更为涣散。

八月，刘渊命楚王刘聪为主帅，带兵进攻晋朝都城洛阳。晋平北将军曹武率军阻截，被刘聪打败。刘聪遂长驱直入，直达宜阳——宜阳距离洛阳不足百里。

这时候刘聪志得意满，觉得晋朝实力不过如此，自己一路过来势如破竹，拿下洛阳也是指日可待，顿时放松了戒备。有天夜里探子来报，说晋朝的弘农太守垣延来降，刘聪大喜："识时务者为俊杰，快快迎接垣将军！"可垣延是诈降，他率领部队趁着夜色掩护，直入戒备松懈的刘聪大营，刘聪被打了个措手不及，只能狼狈逃窜，大败而回。

转眼到了十月，刘渊决心出动大军总攻洛阳。他命刘聪、王弥、刘曜、刘景率领五万精锐骑兵进犯洛阳，命呼延翼带领步兵作为后援。十月二十一日，刘聪等人率精骑到达宜阳。二十六日，刘聪进攻洛阳西城的西明门，凉州督护北宫纯率领一千多名敢死队队员趁夜出城袭击刘聪大营。北宫纯不愧为一员猛将，入敌营如入无人之境，力斩汉赵征虏将军呼延颢，刘聪部队再次溃败，撤退到洛水旁驻扎。

十一月一日，已经走到半路的汉赵后援呼延翼部队发生内乱，呼延翼被自己的部下杀死，部队群龙无首，逃回平阳。刘渊一看这仗也打不下去了，索性命令刘聪也撤回来。但刘聪不服输，上奏刘渊说："晋朝军队其实很弱，胜败兵家常事，不能因为呼延翼、呼延颢被杀就撤兵，我请求留下来再攻洛阳。"刘渊想了想，还是批准了。

洛阳城内，太傅司马越亲自登上城楼巡视，命令加固城楼，鼓励士兵坚守杀敌，一时间军心大振。十一月十四日，刘聪到洛阳城外的嵩山祈祷，命平晋将军安阳王刘厉、冠军将军呼延朗留守大营。刘聪到嵩山祈祷的消息传到洛阳城内，在太傅参军孙询的劝说下，司马越乘虚偷袭了刘聪大营，杀死了呼延朗等人，刘厉怕刘聪回来降罪，干脆跳进洛水自杀了事。

王弥对刘聪说道："现在我们军队受挫，洛阳城却仍坚固，我们的运粮车在中途又受到袭扰，粮食已经支持不了几天了。请您和刘曜将军先回京师筹措粮饷，我也回兖州、豫州地区待命，收集粮饷备用，不知您意下如何？"

刘聪之前是向刘渊请求坚决留下的，这次想回也没脸回，他向太史令宣于脩之求助，宣于脩之对刘渊说：“我观察天象，发现洛阳城上星光依然明亮，气势蒸腾，现在如果大军不撤回来，势必失败。”刘渊听他如此说，派黄门郎傅询召刘聪等人速速回撤。

永嘉三年（309）十一月二十日，刘聪、刘曜率败兵回到平阳。

第九十二节 君子营

石勒本身是个大老粗，不识字，但非常仰慕汉文化，经常请些有学问的人读书给他听，他一边听，还一边不时地发表见解。他非常看重有知识的人，把他们视为座上宾，以礼相待，这吸引了一些知识分子过来投靠，比如张宾。

张宾，字孟孙，出生年月不详，赵郡中丘（今河北邢台市南和县）人，他父亲张瑶曾经担任过中山（今河北定州市）太守。张宾自幼非常喜欢读书，读的内容十分宽泛，可以说是博览群书。他心胸豁达怀有大志，常对身边的兄弟们说："我自信我的谋略见识不比老本家张子房（张良）差，只是我还没有遇到像高祖（刘邦）那样的伯乐罢了。"他曾经任赵郡中丘县帐下都督，但在这个职位上干得很不爽，便称病辞职。虽然身在家中，但他一直在默默地关注着时局。等到石勒攻取山东（太行山以东）地区后，张宾对亲朋好友说："我纵观天下各位将军，没有人能比得上石勒这个胡人，他就是我要找的人，我要和他一起共图大业！"

张宾提着剑来到石勒军营前，大声呼叫，求见石勒。石勒最初见到他，并没有觉得张宾有超过常人之处，之后张宾多次贡献谋略均获得成功，石勒这才佩服他的才能，任命他为军功曹（大营中负责人事的官）。此后石勒每次行事之前，总是先征求张宾的意见。

永嘉三年（309），石勒攻取常山（今河北正定县）等郡后，部队超过了十万人，来投靠的士大夫也络绎不绝。石勒给他们建了一个豪华的招待所，取名"君子营"，张宾是营中最主要的智囊，刁膺也是其中的佼佼者。

永嘉三年（309）冬季，石勒进攻信都（今河北衡水市冀州区），杀死了冀州刺史王斌。晋廷命令车骑将军王堪、北中郎将裴宪从洛阳率军讨伐石勒，石勒焚烧军营，聚集军粮，回军抵抗。魏郡太守刘矩临阵变节，献出城池投靠了石勒。石勒率军抵达黎阳，裴宪慑于石勒的声威，不战而逃奔淮南，王堪退守仓垣（今河南陈留镇西）。

石勒取得一连串的胜利，刘渊大喜，任命石勒为镇东大将军，封汲郡公，持节。石勒坚决推辞了汲郡公的封号。

永嘉四年（310）初，石勒秘密渡过黄河，攻下白马（今河南滑县），残忍地坑杀了三千多人。这时候，王弥率领三万部卒前来与石勒会师，两方合兵一起攻打徐、豫、兖三个州。二月，石勒攻下鄄城，杀死了兖州刺史袁孚，不久又攻克仓垣，杀死晋朝的车骑将军王堪，然后北渡黄河，率军攻打冀州各郡县，九万多百姓投靠了石勒。

第九十三节　刘聪登基

人吃五谷杂粮，就没有不生病的。永嘉四年（310）七月九日，刘渊也生病了，还病得不轻。他自感时日无多，开始安排身后事。

七月十日，刘渊任命陈留王刘欢乐为太宰，长乐王刘洋为太傅，江都王刘延年为太保，楚王刘聪为大司马、大单于，以上顾命大臣全部为录尚书事，掌握政府实权，并在平阳西侧设置了“单于台”①。

刘渊又任命齐王刘裕为大司徒，鲁王刘隆为尚书令，北海王刘乂为抚军大将军兼司隶校尉，始安王刘曜为征讨大都督兼单于左辅，廷尉乔智明为冠军大将军兼单于右辅，光禄大夫刘殷为左仆射，王育为右仆射，任顗为吏部尚书，朱纪为中书监，护军马景兼左卫将军。永安王刘安国兼右卫将军，安昌王刘盛、安邑王刘钦、西阳王刘都兼任武卫将军，分别统领禁兵。以上这些汉赵的重要官员绝大多数都是刘氏皇族中人。

永嘉四年（310）七月十六日，刘渊召刘欢乐、刘洋等人进宫接受遗诏辅佐朝政。七月十八日，刘渊病逝，太子刘和继位。

新皇刘和是刘渊长子，出生年月不详，母亲是皇后呼延氏。刘和长得仪表堂堂，喜欢读书，但性格多疑，对下属刻薄寡恩。宗正呼延攸是刘和的舅舅，刘渊嫌他品德不好，在世的时候始终不肯给他升官；侍中刘乘，一直很厌恶楚王刘聪；卫尉西昌王刘锐，因没有受到刘渊临终托付倍感失落。这几个人结成小团伙，对刘和说：“先帝

---

① 当时，少数民族与汉族分治，单于台是专门用来管理少数民族百姓的机构。

没有细加思量，让齐王（刘裕）、鲁王（刘隆）、北海王（刘乂）在京城拥有强兵，楚王刘聪拥兵十万在郊外驻扎（单于台），陛下现在不过是替别人坐位子罢了。您最好早做决断。”

刘和深以为然。七月二十二日夜，他召见安昌王刘盛、安邑王刘钦，把要除掉齐、鲁、楚、北海四王的决定告诉他们。刘盛不肯配合，被杀了，刘钦看到这阵势很害怕，只得说道：“愿听从陛下差遣。”

永嘉四年（310）七月二十一日，刘和派几路兵马同时行动：刘锐率领人马攻打城外刘聪所在的单于台；呼延攸率领刘安国攻打刘裕所在的司徒府；刘乘率领刘钦攻打刘隆；尚书田密、武卫将军刘璇攻打刘乂。

田密、刘璇心向刘乂，见到刘乂后表示愿意归附，并劝刘乂去投靠兵力强大的刘聪，于是他们冲开城门，前往单于台。刘聪得到消息后下令全军戒备。

刘锐率部队到了单于台，看到刘聪的部队戒备森严，知道他已经有所准备，而自己与他相比兵力悬殊，便知趣地立即撤了回去，和呼延攸、刘乘合兵一处攻打刘隆、刘裕。这时候呼延攸、刘乘又怀疑部将刘安国、刘钦和自己不一心，杀死了他们。当天夜里，呼延攸等攻下司徒府，杀死刘裕，二十二日又杀死了刘隆。

永嘉四年（310）七月二十三日，刘聪率大军反攻平阳城，进展顺利。二十四日，刘聪进入光极殿，在西室抓住刘和，当即斩首。刘和仅仅在位七天。又逮捕了刘锐、呼延攸、刘承等人，砍下他们的人头，把尸体抛到大街上示众。

刘聪此时手握重兵，有绝对权威，文武大臣们叩请刘聪登基。按照惯例，刘聪推辞了一番，说自己毕竟是庶子（母亲是张夫人），而北海王刘乂是单皇后（刘渊第二任皇后，氐族首领单征的女儿）的儿子，所以应该让刘乂继位。

刘乂哪里敢答应，他与大臣们哭着请求刘聪继位，刘聪假意思考了很久才答应，说道：“北海王和群臣因为四海未定，天下祸乱还很多，看我年长几岁，托付我重任。这是国家大事，我怎么敢推辞！等到北海王刘乂长大后，我再把国家大业交还于他吧。”

于是刘聪继位为帝，大赦，改年号为“光兴”，尊奉单氏为皇太后，尊奉母亲张氏为帝太后；以刘乂为皇太弟，兼大单于、大司徒；立自己的妻子呼延氏为皇后，呼延氏是刘渊的第一任皇后呼延皇后的堂妹（以今天的道德标准看，呼延氏堂姐妹嫁给了刘氏父子，这有点乱了辈分）。之后封儿子刘粲为河内王，刘易为河间王，刘翼为彭城王，刘悝为高平王，同时任命刘粲为抚军大将军、都督中外诸军事。又任命石勒为并州刺史，封汲郡公。

永嘉四年（310）九月十一日，刘聪把父亲刘渊埋葬在永光陵（今山西临汾县洪洞县姚庄村东南），谥号为“光文”，庙号为“高祖”。

捌

西晋灭亡

第九十四节　刘聪再攻洛阳

当了皇帝的刘聪准备一雪一年前在洛阳打了败仗的耻辱，这次他要改变战略战术，先清除洛阳外围的晋朝部队，然后合围洛阳。

永嘉四年（310）十月，刘聪命抚军大将军刘粲、龙骧将军刘曜和征东将军王弥率领四万精兵进犯洛阳。这时候石勒也率领两万骑兵在大阳（今山西平陆县）与刘粲会合，他们在渑池（今河南洛宁县）打败晋朝的监军裴邈，大军长驱直入到达洛川，之后刘粲和石勒又分兵进攻洛阳。刘粲越过轘辕山，攻打梁国（今河南商丘市）、陈留郡、汝南郡（今河南息县）、颍川郡（今河南许昌市）等地，并大肆抢掠。石勒从成皋关（今河南荥阳市汜水镇）进兵，十月十三日在仓垣包围陈留太守王赞。王赞善于用兵，以逸待劳，击退了石勒，石勒撤退到文石津（今河南滑县西南，古黄河渡口）安营。

因四周遭到汉赵抢掠，接济困难，洛阳的粮食越来越少。事态紧急，晋怀帝司马炽派使者携令箭征召全国军队来支援京师。怀帝对使者说道："转达我的号令给各位征镇将军！他们马上发兵还能够救我们，迟了就来不及了！"然而竟然没有一个人赶过来救援。本来征南将军山简（山涛之子）派遣督护王万带兵来救，可是走到半路被乱民打败，不得不退了回去。荆州刺史王澄（王衍的弟弟）亲自带兵也要赶过来救援，半路听说山简的部队失败了，掂量掂量自己的实力，也退回去了。

自从杀了王延等人后，司马越就失去了人心，众人对他渐渐不满，再加上强敌在四周掳掠，京师饥荒严重，司马越的内心也愈发慌乱。他左思右想，心一横，穿上军装进宫拜见怀帝，要求出兵讨伐石勒等人。怀帝当然不能让他走，劝说道："现在胡人近在眼前，京城内人心动摇，朝廷社稷全仗太傅，如果您带兵出征，将使朝廷根基孤立！”但司马越态度坚决：“臣今天带兵讨伐贼人，势必要全歼他们，这样各州郡进贡的物资就可以畅通无阻地到达京师，可以重振国威。如果待在这里，等于坐以待毙。”怀帝知道再说什么也没有用了。

永嘉四年（310）十一月十五日，司马越命太尉王衍为军司，同时把朝野上下有名望的人士、战斗力强的将军和兵士全部搜罗过来，集结了四万人，离开都城洛阳往许昌进发。他留下了自己的王妃裴氏和世子司马毗，大概是在向朝廷表明自己并非逃亡，同时命嫡系龙骧将军李恽、右卫将军何伦守卫京城，监视朝廷一举一动，又命太傅府才子潘滔任河南尹，负责主持洛阳事务。

大军撤走，洛阳守卫力量薄弱，饥饿却在不断蔓延，宫殿中竟然都有人被饿死。城中盗贼横行，公然在大街抢劫，各官府无力维持秩序，只能动员官吏在周围挖壕沟建堡垒抵御盗贼。

司马越率大军行进到项县（今河南沈丘县）驻扎，任命冯嵩为左司马，他自己亲自兼任豫州牧。

第九十五节　王衍被俘

石勒准备把长江、汉水地区作为大本营加以经营，谋士张宾却认为他属下的士兵多是北方人，在南方会水土不服，加之在这里并没有根基，因此坚决反对。石勒听从张宾的建议，率军渡过汉水，进攻江夏郡（今湖北云梦县），于永嘉五年（311）正月十五日攻克。二月，进攻新蔡郡（今河南新蔡县），杀死新蔡王司马确，又攻克了许昌，杀死平东将军王康。

司马越留在洛阳的嫡系何伦等人无法无天，公然掠夺公卿大臣家的财产，甚至让公主陪睡。怀帝忍无可忍，秘密写信给和司马越有仇的青州刺史苟晞，让苟晞征讨司马越等人。苟晞有了底气，向天下人公布司马越的罪行，发布公告说："司马越目无朝廷，独断擅权，使天下大乱，今天我受命讨伐此贼，还政王室！"

然而苟晞和怀帝往来的书信早被司马越的奸细获得，于是司马越也公布了苟晞的罪行，发布讨伐檄文，两个昔日好友正式翻了脸。司马越命从事中郎杨瑁担任兖州刺史，让他联合徐州刺史裴盾共同讨伐苟晞，苟晞也派骑兵进入洛阳，要逮捕司马越的心腹河南尹潘滔。潘滔趁夜色掩护，逃出洛阳城。

内忧外患越积越深，司马越恐惧焦虑，一病不起，他预感到自己已时日无多，便把后事全部托付给了王衍。永嘉五年（311）三月十九日，司马越在项县撒手人寰，八王之乱的最后一个王生命终结，当权近五年。王衍对外封锁了司马越死亡的消息。

由于期间不断有民众加入，司马越从洛阳城出来的四万人马已经壮大到了十万，他一死，群龙无首，大家都推举大名士王衍为元帅，但王衍最擅长的是清谈，现在天下大乱，十万人的安危寄予他手，这副担子他不可敢接手，就让襄阳王司马范（司马玮之子）主持大局，但司马范也不干。没有人出来当首领，那就集体领导吧，于是王衍等高级官僚一商量，决定先把司马越灵柩送回他的封国东海国（今山东郯城县）。

世上没有不透风的墙，在洛阳的何伦、李恽等人听说司马越已经去世，赶紧带上裴妃以及世子司马毗从洛阳东门出城逃走。怀帝得到消息后，追贬司马越为县王，任命苟晞为大将军、大都督，兼都督青、徐、兖、豫、荆、扬六州诸军事。

石勒也得到了司马越去世的消息，立即率领轻骑兵加速追赶王衍等人。永嘉五年（311）四月，石勒的军队在苦县宁平城（今河南郸城县东北）追上了晋军。王衍派将军钱端迎战，被石勒打得大败，钱端战死。石勒率骑兵包围晋军，晋军顿时惊慌不已，自相践踏，惨叫连连。石勒又命令放箭，瞬间箭如雨下，晋军不是被杀就是被俘，无一人幸免。太尉王衍、吏部尚书刘望、廷尉诸葛铨、豫州刺史刘乔、太傅长史庾敳、襄阳王司马范、任城王司马济、武陵庄王司马澹、西河王司马喜、梁怀王司马禧、齐王司马超等高官和随行宗亲被生擒。

石勒把他们带到帐中，特别赐座，向他们询问晋朝内乱的原因。王衍是名士，自然口才特别棒，他从晋朝建国说起，滔滔不绝，抑扬顿挫，犹如说书人，把故事讲得引人入胜，石勒听得着迷了，不知不觉过去大半天。王衍最后说自己年轻时并不想当官，无心参与国事，后来阴差阳错才到了今天的位置。除了解脱自己，他还进一步向石勒献媚，劝石勒称帝，希望借此让石勒赦免自己。

石勒没有想到王衍这么没有节操，他大怒道："您可谓是天下闻名，少壮登朝，到了白头时候身居高位，担负重任，怎么还说自己没有当官的欲望呢？把天下搞乱的，不是你等又是谁呢？！"

石勒命人把王衍等架出去，大家都怕死，纷纷洗白自己，只有襄阳王司马范神色严肃，他大声喝道："面对今天的情形，你们为什么还要白费口舌？"

石勒问手下孔苌："我行走天下，到过多个地方，但从未见过这类名满天下的名士，是不是应该把他们留下来？"孔苌不同意，说道："他们都是晋朝的公卿大臣，深受晋室朝廷恩惠多年，必然不会为我们所用，留下来又有什么用呢？"石勒皱皱眉："即便是这样，也不能用刀杀了他们。"于是当天夜里，他派人把墙推倒压死了王衍、司马范等人。王衍临死时叹道："唉！我等虽然不如古人，但平时若不崇尚虚浮，同心协力，匡扶天下，怎么会到了今天这个地步！”王衍死时，年五十六岁。

石勒又命人劈开司马越的灵柩，把司马越的尸体抬出来用火焚烧，说道：“把天下搞得大乱的就是这个人，我今天要为天下人报仇！”

古代信息不发达，何伦等人逃到洧仓（Wěicāng，今河南许昌市鄢陵县），正好与石勒大军遭遇，战败。司马毗以及另外四十八个司马家的亲王又被石勒俘虏，何伦和李恽逃脱。裴妃被冲散，几年以后她渡过长江，逃往南方投靠司马睿。当初琅琊王司马睿能够镇守建邺就是裴妃的主意，所以司马睿对她非常关照，并把自己的儿子司马冲过继给裴妃，作为司马越的后代继承爵位。这是后话。

第九十六节　洛阳失陷

洛阳主要的军事力量被司马越带走又后被石勒全歼，洛阳仿佛成了一座空城。但朝政还得继续，怀帝司马炽任命傅祗（zhī）为司徒，荀藩为司空，王浚为大司马、侍中、大都督及都督幽、冀二州诸军事，司马模为太尉、大都督，凉州刺史张轨为车骑大将军，琅琊王司马睿为镇东大将军，兼都督扬、江、湘、交、广五州诸军事。

因为京师洛阳饥荒十分严重，又有强敌环视，大将军苟晞上书请求迁都到自己的根据地仓垣，并派从事中郎刘会率领几十艘舰船、五百名护卫、一千斛（一百升等于一斛）粮食去迎接怀帝。怀帝打算接受苟晞的建议，但公卿大臣意见不一。朝堂上闹哄哄的不能决定，宫中的人又贪恋过去搜刮的财产，也不愿意迁都，最后怀帝也没了主意。

机会永远不等人。不久后洛阳城中几乎断粮，街头出现了人吃人的现象，文武百官逃亡殆尽，怀帝终于下决心开始准备迁都，但发现竟然连侍卫都凑不齐。他着急得直搓手，不断叹息道："为什么连轿子都没有呢？"

怀帝派司徒傅祗出城到河阴（今河南孟津县）筹集出走时用的船只，然后由几十名官员开路，步行从西掖门走出皇宫，来到了昔日最繁华的铜驼街上，可是过去熙熙攘攘、人声鼎沸的场面已经不见，眼前是满目的荒凉和路边三三两两的尸体，秃鹫在高空盘旋，发出阵阵刺耳叫声。怀帝吸了一口冷气，继续前行，突然被一伙强盗拦住了去路。这伙人没有认出怀帝，只是看这帮人衣着华丽，非富即贵，觉得要发财了才出来抢劫。怀帝等人随身携带的物品被疯抢一空，衣服也被剥下，没办法，怀帝赶紧撤回了宫中。度支校尉魏浚忠于朝廷，率领数百家流民守卫在河阴的峡石，抢劫搜罗粮食呈献给怀帝。怀帝任用魏浚为扬威将军、平阳太守（此时平阳在汉赵手中）兼度支校尉。

汉赵皇帝刘聪派呼延晏、刘曜、王弥、石勒等分头行动，对洛阳发起最后冲击。刘曜的大军还没有到达，呼延晏已到洛阳城外，他命人把粮草辎重留在张方当年在洛阳西十三里桥建造的堡垒之中。

永嘉五年（311）五月二十七日，呼延晏到达洛阳城下。五月二十八日，呼延晏命令攻打平昌门。五月三十日，平昌门破。呼延晏命人放火烧了东阳门和有关府衙，抢了一些财物后就退出了洛阳，并命人把停泊在洛水的船只焚毁，切断怀帝水上的退路。

六月四日，司空荀藩和时任光禄大夫的弟弟荀组丢下怀帝，出逃到轘辕。六月五日，王弥率军到达宣阳门。六月六日，刘曜到达西明门。六月十一日，王弥和呼延晏攻入宣阳门，直入南宫，闯入太极殿的前殿，放纵士兵抢劫，把宫中的宝贝抢夺一空。怀帝司马炽狼狈出逃，出华林园门，准备投奔长安，但被汉赵士兵捉住后囚禁在端门。刘曜从西明门进城，在晋的武库扎营。六月十二日，刘曜杀死了晋朝太子司马诠、吴孝王司马晏（晋愍帝司马邺的父亲）、竟陵王司马楙、右仆射曹馥、尚书闾丘冲、河南尹刘默等人，这一次，洛阳的官员百姓死了三万多人。

刘曜又挖掘晋朝历代陵墓，焚烧祭庙，烧毁皇宫和官府。他在弘训宫发现了美艳的羊献容，立即惊为天人，将其纳为己有。刘曜命人把怀帝和皇帝的六方玉玺都送往平阳。司马炽到平阳后受尽刘聪的侮辱，在建兴元年（313）被刘聪毒杀，年三十岁。

洛阳的事让刘曜都干完了，石勒选择带兵出洛阳，过轘辕关，来到许昌驻扎，静观时局。晋光禄大夫刘蕃（并州刺史刘琨的父亲）、尚书卢志出逃，投奔并州而去。

刘曜因为王弥不等自己到达就抢先进入洛阳而对王弥心怀怨恨，后来王弥放纵士兵抢掠洛阳，刘曜制止不成，更添恼怒。刘曜杀死了王弥的牙门将王延，王弥大怒，立即派人攻打刘曜，双方发生火并，死伤一千多人。

王弥的长史张嵩劝他："您与始安王（刘曜）共同进攻洛阳，如今却互相攻击，还有什么脸面回去面对主公呢？攻陷洛阳的功劳确实属于您，然而刘曜是皇亲国戚，跟主公的关系更亲近一筹，您应该屈尊忍让。晋朝平灭东吴后，二王（指王濬和王浑）争功的前车之鉴，将军应该引以为戒。”王弥若有所悟，对张嵩说道：“你说得很对，如果不是你，我还不懂得自己犯了这种错误呢！”于是他向刘曜请罪，两个人的关系又和好如初。王弥和刘曜分别赏赐张嵩百斤黄金。

王弥对刘曜说道：“洛阳位居国家中心，四面有山河要塞作为天险，有现成的宫殿，应当禀告主公，让他把首都从平阳迁到洛阳。”刘曜以天下未定，洛阳四面受敌，势必不能长期坚守为理由，不同意王弥的建议，还纵火焚烧洛阳。王弥怒骂道：“这个屠各崽，不是个当帝王的料！”与刘曜间的怨恨又起。

王弥带兵向东到项关驻扎，已归降的晋司隶校尉刘暾对他说：“现在九州鼎沸，各路豪杰逐鹿中原，将军您为汉国建立了奇功，有功高盖主之嫌，现在又和始安王发生冲突，汉国已经没有您的容身之所了，不如往东走，据守您的老家青州，静观天下大势。待局势有变，上可以统一全国，下也不失为一方诸侯，这是上策。”王弥赞同。

第九十七节 多个临时朝廷

洛阳失陷，怀帝被俘，群龙无首。在阳城（今河南登封市）的司空荀藩，在成皋的河南尹华荟（曹魏重臣华歆的曾孙），联合汝阴太守李矩一起，共推举司徒傅祗为盟主，帮助他在河阴建立行台，为他供应粮食等物质。傅祗以司徒、持节、大都督的身份传檄四方，又派遣儿子傅宣带领公主和尚书令和郁奔赴各征镇征发义兵。

后来，荀藩与弟弟荀组、族侄荀崧、华恒（华荟弟弟）在密县（今河南新密市）也建立了一个行台，他们推举琅琊王司马睿为盟主，也向各地发布檄文。荀藩代行皇权，任命荀崧为襄城太守，李矩为荥阳太守，前冠军将军褚翜（shà）为梁国内史。

并州刺史刘琨也自行皇帝职权，任命驻扎在的石梁坞（位于洛水北）的扬威将军魏浚为河南尹。

豫章王司马端是太子司马诠的弟弟，他出逃后投奔仓垣，苟晞率领文武官员奉司马端为皇太子，组建行台。司马端行使皇权，任命苟晞为太子太傅、都督中外诸军事、录尚书事。苟晞把行台从仓垣迁到蒙城。

抚军将军秦王司马邺（年十二岁，司马晏的儿子）是荀藩的外甥，他向南投奔舅舅，荀藩改奉他为盟主，把行台向南迁到许昌。前豫州刺史阎鼎在密县聚集了几千西州流民，荀藩任命阎鼎为豫州刺史，又命周顗（晋安东将军周浚的长子）等人作为阎鼎的参谋助手。

永嘉五年（311）七月，幽州刺史王浚找到了司马家的一位宗亲，设置祭坛祭拜天地，立此人为皇太子，通告天下，代表皇帝任命官员。

几个行台并立，互不隶属，无法形成统一的对敌阵营，纷乱必将继续。

第九十八节 石勒杀苟晞、王弥

苟晞目前位极人臣，觉得人生得到极大满足，他的侍妾达到数十人，奴婢近千人，整天陶醉在温柔乡里，不分白天黑夜，纵情声色。苟晞为人一向残暴，前辽西太守阎亨因为多次规劝他，他一怒之下竟把阎亨杀死了。刑罚苛刻，加之瘟疫流行，饥荒蔓延，苟晞逐渐众叛亲离。石勒抓住机会派兵袭击蒙城，一举抓住了苟晞和豫章王司马端。石勒任命苟晞为左司马，但一个多月后，他图谋反叛，石勒又把他杀死了。

王弥和石勒互相忌惮，石勒认为王弥勇猛，处处堤防，两人貌合神离。王弥的参谋刘暾（tūn）劝说他先下手为强，除掉石勒，王弥同意，命刘暾携带手信，去邀请他的部将安东将军曹嶷（nì）共同对付石勒。但刘暾走到半路就被石勒派出巡视的骑兵抓获，石勒秘密杀掉了刘暾，王弥却浑然不知。

碰巧这时候王弥部将徐邈、高梁率部队叛离，另投他处，王弥实力顿时衰减不少。石勒擒获了苟晞，王弥听说后假惺惺地祝贺道："您能擒获苟晞，真是伟大！苟晞做您的左膀，我来做您的右臂，天下不愁平定不了。"

石勒对自己的高参张宾说道："王弥地位显赫，与我同殿称臣，但现在却言辞谦恭，他一定在打我的主意。"张宾回答："我觉得王弥有称霸青州的野心，他迟迟没有发兵，应该是忌惮你会尾随而至。他有除掉你的心思，只是没有机会罢了，我们要早做准备，等到曹嶷到来，想消灭他就很难了。不过现在虽然徐邈等人离开了他，他的实力依然很强，我们不要硬碰硬，可以设计引诱他过来再下手。"当时石勒正与乞活军的陈午在蓬关交战，王弥也正与刘瑞交兵，他派人向石勒请求支援，石勒没有答应。张宾对石勒说道："天赐良机，您为什么要丢掉？陈午这伙人成不了气候，威胁不到我们，王弥却是人中豪杰，应该找机会尽早除掉，以绝后患。”于是石勒率兵袭击刘瑞，把他杀死，替王弥解了围。王弥非常高兴，认为石勒相信了自己的好话，把自己当成了亲近的朋友，顿时对石勒消除了戒心。

永嘉五年（311）十月，石勒在己吾县（今河南宁陵县西南二十里）宴请王弥。王弥很高兴，打算前往，长史张嵩劝阻，王弥不听。到了石勒大营，宴会场面很盛大，舞女们的舞蹈让王弥如醉如痴，大家喝得东倒西歪，王弥也醉意蒙眬，手脚不听使唤，但石勒没醉，他是在假装。看火候到了，石勒拔出宝剑，手起刀落，亲手杀死了王弥。王弥被杀后，石勒兼并了他的部队。

石勒上书刘聪，称王弥叛变，自己替圣上除掉了他。刘聪勃然大怒——好一个石勒，谁给你的权力？竟然擅自杀死朕的大将！眼中还有没有我？但他转念又想，这时候石勒已经做大，自己已经控制不了，把石勒逼反了就又多一个强敌，于是只能象征性地责备了他一下，又捏着鼻子加封他为镇东大将军，都督并、幽二州诸军事，兼并州刺史，以此来拉拢他。

当年石勒作为奴隶被人卖掉的时候，和他母亲王氏断了联系。刘琨想笼络石勒，想方设法找到了他母亲，然后把王氏和石勒的侄子石虎送到石勒营帐，还附带一封信给石勒，信上说：“将军英明神武，天下无敌，纵然是古代名将，也不能和您相提并论。可是您目前却没有立足之地，飘忽不定，知道这是为什么吗？因为您没有遇到明主。以前赤眉、黄巾横扫天下，但失败也是朝夕之间，正是因为他们师出无名、聚众谋乱。希望将军吸取以往教训，幡然悔悟，改换门庭，则平定天下又有何难？现在我任命将军您为侍中、持节、车骑大将军，兼护匈奴中郎、襄城郡公，统管内外，希望将军能够接受！”

但石勒回信说：“道不同不相为谋。你应当尽忠自己的朝廷，我是外族人，难以为你效劳。”石勒回送刘琨名贵礼物、宝马良驹，辞谢使者后送他回去，此后与刘琨断绝交往。

第九十九节　司马邺登基

据守长安的南阳王司马模派牙门将赵染防守蒲坂（今山西永济市），赵染想做冯翊（今陕西大荔县）太守，但司马模没有同意。赵染也有个性，一怒之下干脆率领部下投降了汉赵。刘聪大喜，任命赵染为平西将军。

永嘉五年（311）八月，刘聪派熟悉长安情况的赵染与安西将军刘雅带领两万精骑进攻司马模，太子刘粲、始安王刘曜率领大队人马作为后援。

赵染攻克潼关后长驱直入，抵达长安城下，南阳王司马模派部将淳于定率军抵挡，但被赵染打败。正在这个关键时候，驻守凉州的晋朝猛将北宫纯突然投降了汉赵。对于这件事，史书上没有交代具体原因，但不论怎样，晋朝都失去了一员大将。

这时候函谷关以西地区的饥荒已经十分严重，尸横遍野，满目疮痍，老百姓携家带口投亲靠友而去，留下来的不到百分之二，长安城的仓库也已搬空，城中士卒四散逃亡。军咨祭酒韦辅对司马模说："现在敌我力量悬殊，事态紧急，早点投降也许可以保全性命。"司马模一看也没有别的办法，于是投降了自己曾经的部下赵染。赵染一看平日不可一世的司马模竟然也有今天，心中大感解恨，让司马模跪在地上，自己坐着捋起袖子数落他，把他狠狠地羞辱了一通，然后把司马模送到了汉赵河内王刘粲那里。九月，刘粲斩司马模，又把司马模的漂亮妃子刘氏送给胡人张本为妻。

司马模死后，他曾经任命的冯翊太守索綝（chēn）跟麴（qū）允、梁肃等人投奔了安定（今甘肃泾川县北）太守贾疋。他们几个人在一起谋划要夺取长安，复兴晋朝，于是共同推举贾疋为平西将军，让他率领五万大军进攻长安。

雍州刺史麴特、新平太守竺恢和扶风太守梁综听说贾疋起兵，一起率领十万军队与他会合。索綝等与汉赵大将刘雅打了大小百余战，终于击败刘雅。贾疋则与刘曜大战，刘曜身中流箭，带汉赵军队大败而逃，贾疋趁机杀死了汉赵的凉州刺史彭荡仲。麴特等人率军和刘粲交战，刘粲大败，逃回平阳。晋朝各路军队进展顺利，贾疋顿时声威大振，关西的汉人、氐人、羌人等纷纷前来投靠或发兵配合。

豫州刺史阎鼎有让秦王司马邺定都长安的想法，于是护送司马邺入关，贾疋派兵前去迎接保护。贾疋已经包围长安好几个月了，刘曜在他手上接连吃败仗，实在无法支撑下去，便强制带上男女老幼八万多人，往汉赵都城平阳逃去（后刘聪贬刘曜为龙骧大将军），秦王司马邺得以顺利从雍州进入长安。

永嘉六年（312）九月三日，贾疋等尊奉秦王司马邺为皇太子，在长安建立行台，祭拜昊天和五色帝，设立宗庙。司马邺任命任阎鼎为太子詹事，总领文武百官；贾疋为征西大将军、秦州刺史；梁综为京兆尹；司马模之子司马保为大司马，承袭父爵；光禄大夫荀组兼任司隶校尉、豫州刺史，和司空荀藩共同保卫开封。

被贾疋杀死的汉赵凉州刺史彭荡仲的儿子彭天护率领众多人马，进攻征西大将军贾疋。两军对垒，在夜色的掩护下，彭天护假装不敌，引诱贾疋追赶。彭天护提前在山中设下埋伏，贾疋追着追着就进了埋伏圈，坠入山涧，被彭天护的人马活捉后杀害。汉赵让彭天护接替父职，为凉州刺史。

贾疋死后，阎鼎总领朝政，引起了梁综的嫉妒，他私下里谋划要杀害阎鼎，自己专权，但消息走漏，阎鼎先下手为强杀死了梁综。冯翊太守梁纬和北地太守梁肃都是梁综的兄弟，又都与抚夷护军索綝是姻亲，他们联合了始平太守麴允一起，向司马邺上奏，说阎鼎擅杀大臣，目无君主，请求诛杀阎鼎以谢天下。但不等司马邺答复，他们已经向阎鼎发起了进攻，阎鼎不敌，逃奔向雍州，后被氐人杀死，首级被送到长安。

永嘉七年（313）正月一日，刘聪在光极殿大宴群臣，他命晋怀帝司马炽穿着平民服装给自己和众臣倒酒。看到昔日的皇帝竟然被如此侮辱，曾在晋朝为官的光禄大夫庾珉、王隽等人异常悲愤，痛哭流涕，刘聪顿时觉得大为扫兴。宴后，他命人告发庾珉等人和晋的并州刺史刘琨里应外合，图谋平阳。二月一日，刘聪杀死庾珉、王隽等原晋朝的大臣十多人，晋怀帝司马炽也同时遇害。

四月一日，晋怀帝被害的消息传到长安，司马邺举行了隆重的哀悼仪式，向全国发布讣告。四月二十七日，司马邺（年十四）在长安继位登基，改年号为“建兴”，史称晋愍帝。他任命卫将军梁芬为司徒；雍州刺史麴允为尚书左仆射、录尚书事；索綝为前将军、尚书右仆射、京兆尹，兼领吏部，加平东将军，进号征东将军。

这时的长安几乎成了一座空城，住户不满百家，城中杂草丛生，找遍全城竟然只找到了四辆牛车。文武百官没有正式官服，也没有官印，只好把官名刻在上朝用的手板上。

不久司马邺又任命索綝为卫将军，兼太尉，国家大事全权委托他处理。

第一百节 刘琨胡笳退敌

晋的并州刺史刘琨孤悬汉赵后方，缺兵少粮，处境艰难，但他仍然坚持战斗，不向汉赵屈服。不断有中原流亡人士辗转来投靠他，刘琨均予以抚慰，但他擅长语言安抚，却缺乏有效的留人手段，往往一天之内有数千人来投，但不久其中的很多人就又离开了。

当初，刘琨因深感势单力孤，派人带着金银珠宝等丰厚礼物，言辞谦恭地出使拓跋鲜卑。与拓跋鲜卑的首领拓跋猗卢结拜为异姓兄弟后，刘琨上奏朝廷，请求封拓跋猗卢为大单于，并把代郡（今河北蔚县）赐给他，封他为代公。这时候的代郡属于幽州，刘琨也没有和幽州刺史王浚商量，就擅自这样奏请朝廷，这让王浚很愤怒。王浚派兵阻拦拓跋猗卢，不让他进入代郡，但被打败。王浚被打得灰溜溜的，对刘琨更是怨恨。

拓跋猗卢觉得代郡距他的总部盛乐（今内蒙古和林格尔县）太远，要求朝廷改将陉岭（即今雁门山）以北封给自己。这是刘琨的地盘，但对此刘琨也无可奈何，毕竟实力在那里摆着。他把陉岭以北五个县的人迁到陉岭以南，把这五个县划给了拓跋猗卢，从此以后，拓跋鲜卑实力更为壮大。

面对国家危局，刘琨派儿子刘遵向代公拓跋猗卢请求发兵援助，然后又命高阳郡（今河北高阳县）太守刘希到幽州招募流民，一时间来投靠的有三万多人。对这件事，幽州刺史王浚气不打一处来，他心想：你刘琨要干什么？上次让拓跋鲜卑的人占领我的地盘，这次又到我地盘上来强夺人口，是可忍孰不可忍！刘琨依靠拓跋鲜卑，王浚则和慕容鲜卑交好，他依靠慕容鲜卑中最强悍的段部的帮助，力斩刘希，把之前刘希招募的三万人全部留了下来。都这个时候了，刘琨和王浚还在搞窝里斗！

刘琨豪气干云，向全国发布讨贼檄文，约定在永嘉六年（312）十月在汉赵首府平阳会师，一举消灭汉赵。

和当时的名士一样，刘琨的生活非常奢侈，他最喜欢的是音乐和美女。徐润精通音律，受到刘琨的厚爱，被任命为晋阳县长。徐润狐假虎威，仗势欺人，不断干预政事，护军令狐盛为人正直，多次劝说刘琨干脆杀了徐润，但刘琨不以为意。后来徐润得到消息，不断地诬陷令狐盛，刘琨终于被激怒，错杀忠臣。

刘琨的母亲郭氏对他说："你没有能力驾驭豪杰为你办事，只知道除掉胜过自己的人来求得自我安慰，你拿什么来获得成功呢？如果继续这样下去，不但你会遭受祸事，我也必定会有祸上身。"

令狐盛被杀，他儿子令狐泥一气之下投奔了汉赵，他告诉刘聪，晋阳并没有多少兵力把守，应该尽早发兵夺取。刘聪一听大喜，派遣大军进攻晋阳。刘琨一面派人修复城墙，加强防范，一面派人向拓跋鲜卑求救。几战下来，晋阳虽然得保，但刘琨也是损兵折将，拓跋铁骑又还没有来，远水难解近渴，城内力量已经不能承受匈奴的再次攻击了。

日头西沉，刘琨内心异常焦躁，他来回踱步，苦思冥想退敌之计。刘琨不愧为才子，他突然想到当年"四面楚歌"的故事，计上心头。

胡笳是种形制简单的乐器，匈奴人在牧马喂羊之际，喜欢演奏这种乐器解闷。汉末群雄争霸，南迁的匈奴趁火打劫，进入中原劫掠，还抢走了才女蔡文姬，强迫她嫁给了匈奴左贤王。蔡文姬在胡地生活了十二年，思念故乡却又无处倾诉，只好借助胡笳来表达自己的心情，因此创作出了《胡笳十八拍》。这曲子演奏起来如泣如诉，听后让人伤感叹息，肝肠寸断。美好的音乐能引起所有人的共鸣，匈奴人对《胡笳十八拍》同样也非常喜欢。

刘琨的音乐才华这次要派上用场，他借助夜色登上晋阳城楼的最高处。匈奴人从远处观望，只见晋阳城楼上，一个玉树临风的帅哥手持胡笳，吹奏出的曲子委婉凄凉。匈奴人刚开始只是感到好奇，听着听着渐渐被忧伤的情绪包围，如泣如诉的胡笳声唤起了他们对故乡的强烈思念，几曲下来，匈奴士兵们已经是泪流满面。悲伤的情绪不断蔓延，他们想起自己的父母、妻儿，一个士兵首先脱队，慢慢地，越来越多的士兵开始撤离，后来一发不可收拾，大多数兵士都掩面而去。将军一看，这仗没法打了，撤吧！匈奴人全部撤走，晋阳暂时得以保全。

刘琨“胡笳退匈奴”的故事一传十十传百，成为一时美谈。

晋愍帝司马邺继位后，任命并州刺史刘琨为大将军、都督并州诸军事，加散骑常侍。

第一百零一节　葛陂对

汉赵的镇东大将军石勒在葛陂（今河南驻马店市东和店镇）修建军事基地，种植庄稼，打造战船，准备过江进攻据守建邺的琅琊王司马睿。面对悍将石勒，司马睿很紧张，他让军队在对敌前哨寿春（今安徽寿县）集结，任命纪瞻为扬威将军，统领兵马，抵御石勒。

南方多雨，目前的这场雨淅淅沥沥下了三个月还没有停下来的迹象，石勒一筹莫展，因为他带来的将士多是北方人，对这样潮湿的气候水土不服，军中又发生瘟疫，加上饥饿，死伤已经过半。正在这时，石勒接到晋军将要进攻的消息，马上主持召开高级别官员参加的会议，要听取属下的意见。

右长史刁膺建议派使者送贵重礼物，向司马睿求和，然后请求司马睿允许他的部队去扫平河北，等到晋军退去，再从长计议。石勒听后勃然变色，发出一声怒吼——议和这种软弱的手段从来不是他的选择。中坚将军夔安请求石勒到地势高的地方躲避水灾，石勒说道："你胆子太小了！"孔苌、支雄等三十多个武将请求各带三百名士兵，乘船三十多艘，在夜里发动突袭，攻占城池。石勒听了大笑道："这才是勇将之计啊！"

石勒看自己的首席参谋张宾一言不发，主动问道："张先生有什么看法？"张宾回答："将军您攻陷洛阳，囚禁了晋帝司马炽，杀死不少王公大臣，还占有了王妃公主，即使拔下您的头发来细细数，也不及您的罪过多，现在怎么能向他们求和呢？去年（311）您杀了王弥后，就不应该到这个地方来。现在这里雨水连绵不绝，是在警示将军不应该再在这里停留了。邺城城池坚固，西临平阳，四周有山有水，都是自然屏障，我们应该向北占据那里，然后招贤纳士，讨伐异己，平定河北，到时候将军将是一人之下万人之上。司马睿派大军驻扎寿春，不过是要抵御您的攻击罢了，如果您要离去，他们也不敢追击。为了稳妥起见，我们可以先让辎重粮草向北移动，大军向寿春方向移动，辎重粮草走远后，大军再后撤，到那时哪里还用愁什么进退无路呢？”

这就是史上有名的“葛陂对”，为石勒以后建立后赵提供了理论上的支持，堪比刘备和诸葛亮的“隆中对”。

石勒一听大喜，激动地撸起袖子，摸着长须道：“张先生此计甚妙啊！”于是提拔张宾为右长史，号称“右侯”。

石勒在葛陂也遇到了他人生中一个非常重要的贵人——高僧佛图澄。佛教进入中国是一件大事情，关于这件事最早的记录要追溯到东汉汉明帝刘庄（刘秀第四子）时期。永平七年（64），刘庄梦见了一个金人在殿堂中飞行，他大惑不解，第二天上朝时向群臣发问，博士傅毅回答说那是佛，汉明帝大喜，派郎中蔡愔及秦景出使天竺（今印度），寻访佛缘。他们在天竺得到释迦牟尼立象以及佛经四十二章，连同高僧摄摩腾、竺法兰一道，用白马驮着经书返回当时的都城洛阳，后来在洛阳雍门西修建了白马寺，这是中国北方地区建造的第一座寺庙。

石勒遇到的这位得道高僧佛图澄是天竺人，本姓帛，于永嘉四年（310）从龟兹国（今新疆库车县一带）不远千里来到洛阳。他号称自己有百十来岁了，脸上沟沟壑壑，但双目炯炯有神，除了佛法，还精通方术。洛阳战乱时，他就潜藏在民间静观局势发展。

石勒在葛陂驻兵，杀了不少人，其中有多名僧人。佛图澄决定用佛法化解石勒的戾气，遂找机会投宿在石勒手下的大将军郭黑略家里。

郭黑略每次随石勒出战，均能预测出胜败，石勒大感惊奇，因为郭黑略不是个有出众谋略的人，细问之下，郭黑略说这都是佛图澄的预测，于是石勒召见佛图澄。佛图澄的见面礼是给石勒表演一个魔术。他取出随身携带的钵，盛满水，焚香祷告，口中念念有词，不一会儿钵中长出了青莲花，光彩夺目。石勒被震撼到了，从此将佛图澄视若上宾。

石勒率众到达邺城城下，准备攻城，这时镇守邺城的是刘琨的侄子，魏郡太守刘演。张宾认为邺城坚固，不容易攻取，不如选择邯郸和襄国（今河北邢台市）中的一个作为大本营，于是石勒转头率兵占领了襄国。张宾又说应该向在平阳的汉赵皇帝刘聪解释一下他们为什么占领此地，以求得支持，石勒依计向刘聪进行了禀报。刘聪此时也管束不了石勒了，只好顺势任命石勒为都督冀、幽、并、营四州诸军事，兼冀州牧，封上党公。

第一百零二节　长安保卫战

刘曜、赵染率军攻打晋雍州刺史麴允据守的白城，麴允连战连败。司马邺任命京兆尹索綝为征东大将军，率军援助麴允。

赵染一肚子坏水，他对刘曜说：“麴允率领大军在外，长安城中肯定空虚，我们可以趁机偷袭。”刘曜同意，命赵染率领五千精骑偷袭长安。

建兴元年（313）十一月九日，赵染率兵攻入长安外城。晋愍帝司马邺躲到射雁楼，赵染在城内放火，杀害、俘虏了一千多人。十一月二十日晨，赵染撤到逍遥园驻扎。十一月二十一日，晋将军麴鉴率领五千士兵援救长安。十一月二十二日，赵染退出长安城。麴鉴追击赵染，但与刘曜遭遇，麴鉴战败。

刘曜率军刚刚战胜麴鉴，整支部队都沉浸在胜利的喜悦中，防守松懈，麴允趁机率军袭击，刘曜军大败。麴允斩杀汉赵冠军将军乔智明，刘曜率军返回平阳。

刘曜、赵染等不甘心失败，于建兴二年（314）六月再次整装向长安进发，他们兵分两路：刘曜率军行进到渭汭（ruì，渭水入黄河处，约在今陕西潼关北）驻扎；赵染率军行进到新丰（今陕西西安市临潼区）驻扎。

晋太尉索綝前来阻截，对此赵染一脸不屑。长史鲁徽劝他：“晋军必将殊死一搏，不能够轻视他们。”赵染呵呵一笑，说道：“司马模那么强大，我打他都如同摧枯拉朽，索綝小子难道还想弄脏我的马蹄和兵刃吗？”第二天一早，赵染率领几百轻骑向索綝军队发起进攻，口中大喊道：“等我捉回索綝以后再吃早饭！”

索綝绝地反击，英勇杀敌，赵染等被击退。赵染不由得懊悔道：“我不听鲁徽的话才导致今天的失败，我有什么脸面再去见他！”于是命人杀掉鲁徽。鲁徽大骂：

“你自己愚笨，刚愎自用，现在又要杀害忠良，天地良心，你不得善终！”

此战过后，晋愍帝任命索綝为骠骑大将军、尚书左仆射、录尚书事。

刘曜和赵染会合，又与将军殷凯合兵一处，共同率领几万军队向长安进发。麴允率军在冯翊郡（今陕西大荔县）迎战，不敌撤退。但他没有放弃，再次集结部队，趁敌不备夜袭殷凯大营，斩杀殷凯。

损失一员大将，刘曜撤退，转头去攻打河内郡太守郭默所在的怀县（今河南武陟县大虹桥乡），把那里团团包围。怀县城中粮食吃尽，郭默把妻子送给刘曜当人质，请求刘曜卖给他粮食，可是等买完粮食，郭默继续命令关闭城门，坚守不出。刘曜气得发狂，把郭默的妻子扔进河里淹死，一个无辜的女人就这样成了战争的牺牲品。

刘曜继续攻城，郭默抵抗不住，要去投奔荥阳郡太守李矩，李矩派他的外甥郭诵率军去接郭默，可郭诵带兵不多，又慑于匈奴的威势，不敢前进。碰巧这时并州刺史刘琨派参军张肇带领五百多鲜卑骑兵援救长安，路过这里，李矩说服了张肇，让他去攻打汉赵军队。汉赵军队远远看见鲜卑铁骑，不战而逃，郭默顺利率众归了李矩。

之后，刘聪命刘曜率军在蒲坂（今山西永济市）驻扎。

建兴二年（314）秋，赵染率军进犯，被麴允军队乱箭射死。

建兴三年（315）六月，盗墓贼挖开了汉文帝刘恒、汉宣帝刘病己和刘恒母亲薄太后的墓，盗走很多金银财宝。司马邺得到报告，命人把其余值钱的东西打包带入皇宫。

建兴三年（315）十月，刘曜再次发动攻击，攻占了冯翊郡。

晋愍帝司马邺征调都督陕西诸军事、相国司马保援救京师长安，并不断催促他发兵。司马保命镇军将军胡崧（sōng）代前锋都督，等各路人马集结完毕，即行出发。

长安城内缺食少粮，上至文武百官下至黎民百姓全都饥饿异常，只有采摘野果野稻才能勉强填饱肚子；长安城外的形势越来越紧急，可据守各个城池的将领各自为政，不再听从朝廷号令，长安危在旦夕。麴允本打算把司马邺护送到司马保那里，索綝表示反对，他说道：“一旦司马保拥有了圣上，一定会挟天子以令诸侯，只顾着满足个人的权力欲望了！”麴允遂放弃了计划。

第一百零三节 西晋灭亡

大都督麴允心地宽厚，威严不够，做事也不果断，拉拢人的主要手段就是授予官职。新平太守竺恢、始平太守杨像、扶风太守竺爽、安定太守焦嵩，全都被授予“征”“镇”将军的名号，持节，加侍中、常侍;各寨堡的寨主堡主也都有将军的称号。但对于地位低下者，他的恩惠则远远不够，因此造成了上层骄横、下层离心的局面，晋军的战斗力更加不够看。

建兴四年（316）七月，刘曜率军包围晋北地郡太守麴昌，麴允率领三万兵马前去救援。刘曜命兵士绕着城墙纵火，浓烟滚滚，遮蔽天日，营造出一副战事正酣的样子，然后派奸细欺骗麴允说：“城池已经被刘曜攻陷，您现在赶过去也已经来不及了。”麴允的部队听到后十分惶恐，不敢向前，继而四散奔逃，刘曜趁机加大进攻力度，一举占领了北地郡。

刘曜继续前进，到达泾水（渭河的支流）以北地区，渭水以北的晋方各城池纷纷崩溃，建威将军鲁充、散骑常侍梁纬等人被俘。刘曜早就听说鲁充是一位才子，见面后特别赐给他酒道：“我得到了先生您，何愁不能平定天下！”但鲁充回答：“我身为晋朝的将军，国家蒙难不敢苟活。如果要我蒙受您的恩德，请立即赐我一死！”刘曜看他态度坚决，赞赏他“真乃义士”，成全了鲁充，让他自尽。

刘曜杀死了梁纬，但见梁纬的妻子辛氏非常漂亮，就准备纳她为妾。辛氏趴在地上大哭，后仰起头对刘曜说：“我听说男人为国捐躯，他的女人就不能再嫁。如今我的丈夫死了，我也不能独活。请您立即让我去死，到地下去侍奉我的公公婆婆！”然后继续痛哭不止。刘曜叹息道：“这是个贞洁烈女啊，随她的便吧。”辛氏也自杀身亡。

建兴四年（316年）八月，刘曜进逼长安，只有寥寥的几个属于晋朝的郡发兵来救，但都畏惧汉赵兵强马壮，只是远远观望，不敢上前。相国司马保派遣胡崧率领精锐部队救援长安，在长安城西攻打刘曜，刘曜第一战失利。这本是个好机会，但胡崧却打起小算盘，他怕再次击败刘曜后，朝廷的声威将重新振作，麴允、索綝的势力会更为强大，这样会对相国司马保不利，于是就率领部队屯驻在渭水北岸不再进发，随后又回师槐里（今陕西兴平市东南）。

刘曜琢磨过味儿来了，原来晋军各怀鬼胎，不是真想救援，于是他催促手下士兵一举攻克长安外城，将麴允、索綝逼到小城固守，彻底切断了长安城内外的联系。这时候长安城中缺粮的情况更加严重，一斗米的价格涨到了二两黄金，城内饿死过半，开始出现人吃人的事情。城中百姓纷纷逃亡，连士兵也开始偷偷逃跑，根本制止不住，只有凉州张氏派来的援兵一千人还在坚守。皇家的太仓里也只剩几十个酿酒用的酒曲饼，麴允把饼弄碎了做成粥给晋愍帝喝，但不久这些饼也吃完了。

建兴四年（316）十一月，愍帝司马邺流着泪对麴允说道："现今困苦到如此地步，又外无援兵，实在走投无路。和社稷共存亡本来是我的本分，然而想到城破后将士会受到酷刑对待，我就不忍心。我打算忍受奇耻大辱，开城投降，让将士、百姓免受荼毒。你马上写降书吧，我意已决。"然后他派侍中宗敞向刘曜递交降书。

十一月十一日，晋愍帝司马邺裸露上身，口衔玉璧，拉着棺材，乘坐羊车出长安城东门投降。晋朝的文武大臣放声痛哭，上前紧紧拉着司马邺的手，司马邺也悲痛万分。司马邺见到刘曜后，起身叩拜，刘曜把他搀扶起来，接受了玉璧，但命人烧了棺材，并派人侍奉着司马邺回宫。

后来，刘曜把司马邺等人送到了汉赵都城平阳。至此，建国五十一年的西晋正式终结。

九皋寒叟 著

拿得起放不下的大唐史

抢先试读本

北方文艺出版社

导 读

“沽酒长安陌，大唐三百年”，细数中华上下五千年文明，大唐盛世最为耳熟能详。

唐高祖李渊与隋王朝的家族恩怨，李渊的创业史，武则天的人生历程，马嵬坡的爱恨情仇。那些我们熟知的事件，细节是怎么样的？历史故事众说纷纭，哪一个版本才是真的？

《拿得起放不下的大唐史》，用 260 万字篇幅，详细讲述了 618–907 年间大唐王朝由盛至衰的三百年皇权血泪史。

本书语言幽默，观点独到，突破了就事论史、断章取义的历史割裂观，以历史时间为主脉络，用历史事件前后衔接，辅以丰富的历史细节描述、人物形象刻画，还原了精彩的隋唐风云。

新书正在紧锣密鼓的操作中，即将与爱读史的你见面！

在此，本书编辑特意从二百多万字中精选了两个小章节，让大家一睹为快！

试读一

生在“终点线”的唐高祖李渊：根正苗红的篡位者

家世好：“官十代”，身体里流着政权的血

关于唐高祖李渊的身世，我们先来看一下李家族谱。

父亲李昞：北周王朝的柱国大将军、唐国公，历任御史大夫、安州总管。

祖父李虎：西魏王朝的柱国大将军、唐国公。

曾祖李天锡：北魏王朝的幢主（禁卫军的小头领）。

高祖李熙：北魏王朝的金门镇将，长期镇守在武川。

天祖李重耳：北魏王朝的恒农太守、安南将军、豫州刺史。

烈主李歆：十六国时期，西凉政权的第二代君主。

太祖李暠：十六国时期，西凉政权创始人。

元祖李昶：李暠的父亲，十九岁就去世了，留下遗腹子李暠。

鼻祖李弇：十六国时期，前凉政权的武卫将军、安世亭侯。

虽说，族谱是记载着一个家族世代繁衍的血缘关系，一般都是自家人关起门来修编的，依据是什么，谁也无法证实。但李渊家的族谱，可信度还是很高的。

第一，李渊的身上有鲜卑人的血统。

李渊的母亲是独孤信的第四女，而独孤信是血统纯正的鲜卑族人，按照基因学的理论，李渊的身上至少有二分之一的鲜卑族血液，如果李渊的直系先祖有鲜卑的血统，哪怕是一丁半点儿，李渊的鲜卑血统也可以完全坐实。

第二，李渊的先祖活跃在关中和陇右一带，属于关陇军事贵族集团。

李渊的祖父李虎，柱国大将军，唐国公，西魏的权臣。

李渊的父亲李昞，柱国大将军，唐国公，北周的权臣。

许多开国皇帝都喜欢编排一些莫名其妙的段子，以此证明自己是上天的宠儿。比如，母亲怀自己的时候，梦见一条金黄色的飞龙盘旋在自家房梁之上，或者直接飞到母亲的怀里，又或者和蛇交配什么的。

总之，能当皇帝的人，基本上都是禽兽的孩子。

但李渊完全不需要，因为他本来就是超级贵族。

宇文泰执政的时候，李渊的爷爷李虎是柱国大将军、陇西郡公，堪称西魏最显赫的权贵之一，不幸的是，李虎在551年去世了。

宇文泰是个明白人，哥几个混得这么好，还不是因为大家齐心协力，不搞内部斗争，让敌人不敢浑水摸鱼？李虎同志，你死了不要紧，你还有好几个儿子呢，从此以后，你儿子就是我儿子，兄弟给你撑腰。

不得不说，有些人的命就是好，你无法反驳。

就拿李渊来说，老爸李昞是李虎的第三子，最多也就跟在大哥后面打打杂，照顾一下小弟弟，分果果的时候，肯定是最少的那种。可李家不一样啊，李虎的大儿子李延伯在北齐做官，肯定是回不来的，二儿子李真很早就因公殉职。

排来排去，三儿子李昞居然是陇西郡公的第一顺位继承人。

在宇文泰的安排下，李昞接过了陇西郡公的爵位，至于柱国大将军的头衔，宇文泰表示，你还小，和伯伯们坐在一起谈论国家大事，实在是有损大家的威严，暂时就不给了，等你长大了，叔叔再给你。

为了安抚李昞，宇文泰给他加封了骠骑大将军、开府仪同三司、侍中。

出生在这样的家族，实在是三生有幸啊。瞧瞧，随随便便一个晚辈安慰奖，就能让凡夫俗子们奋斗好几辈子。就这样，年仅15岁的李昞成了当时显赫一时的青年才俊。

接下来的几年，宇文家族发生内乱，高层势力重新洗牌。

李昞的政治思想逐渐成熟，阅历也丰富起来。

李昞混日子的时候，老爸李虎被追封为唐国公，还被评为北周的开国功臣、先进臣子。功臣的头衔自然和李昞无关，可唐国公的爵位则顺理成章地落到了他的头上。不仅如此，北周皇室看李昞已经老大不小了，因此把柱国大将军的官位还给了他。

一个是陇西郡公，一个是唐国公，地位不可同日而语。

就在李昞春风得意的时候，一个可爱的婴儿在长安城呱呱坠地。据说，李渊出生的时候，屋内并没有红光冲天，也没有龙蛇盘踞，一切都很正常。

出生背景很平凡，可还是在长安城引起了不小的轰动。

原因很简单，李渊的老爸是柱国大将军、唐国公，北周皇室忠诚的支持者，家族的祖祖代代都是革命烈士。不仅如此，李渊的外公是柱国大将军独孤信。

独孤信的大女儿嫁给了北周明帝宇文毓，虽然女婿的结局不太圆满，可独孤信毕竟是北周国戚。至于七女儿嘛，嫁给了杨坚，遗憾的是，杨坚的老爸杨忠还有两年才会嘎嘣，杨坚目前只能猥琐发育，和独孤氏过着如履薄冰的日子。

小渊啊，七姨妈和七姨夫暂时还帮不到你，江湖永存，以后再见吧。

这，就是李渊出生后可以享受的政治资源。

世人眼中所谓的金钥匙，只不过是小渊随手把玩的小玩具而已，真正厉害的，是关陇贵族集团，尤其是独孤氏一脉的人情关系网。

历史证明，起步越是顺利的人，人生越容易产生滚雪球的效应。

李渊的雪球，直接从老爸李昞的身上开始滚起。

娶得好：一箭“射出”时任皇帝的外甥女

572 年，李府传出一个噩耗：柱国大将军、唐国公李昞去世了。

消息一出，立马就成了长安城的头条新闻。

长安人都知道，李昞才 36 岁，正值青年有为的年纪，开挂的人生才刚刚起步，怎么就突然驾鹤了？实在是天妒英才！殊为可惜啊！

彼时的小渊，年仅七岁，还只是个不开窍的小孩子，人生所有的乐趣，还局限于蹲在地上搓泥巴，自然不懂这其中的奥妙。

李昞去世了，那李氏家族的荣耀该由谁来继承呢？

按照兄弟排行榜，李渊是家中的老四，可大哥李澄很早就去世，二哥和三哥都不是李昞的嫡子，小渊同学和老爸一样，成为唐国公的唯一继承人。

李渊凭空搞了个唐国公的爵位，应该高兴吗？

实在是高兴不起来，因为李渊失去的东西，远比得到的要多得多！

想想看，老爹李昞是个装备已经刷到满级的大怪兽，可去逝之后，装备掉了一地，李渊只捡了个通用的装备。至于柱国大将军，州郡总管之类的实职，他一个也没捞到。明眼人都知道，这亏大了。

不过，看问题不能太悲观，人生总是有机遇的。

就拿关陇集团来说，内部的晋升规则还是挺简单的。

第一种办法：靠军功说话。

第二种办法：靠熬资历，刷履历。

第三种办法：靠皇族的提拔。

（篇幅有限，此三种办法的详述，详见《拿得起放不下的大唐史》）

遗憾的是，小渊同学投胎比较好，可时运很不济，他属于老字辈提前“嘎嘣”，小字辈青黄不接，要军功没有，要资历没有，至于裙带关系嘛，貌似也没有特别拿得出手的。唯一值得期待的，就是七姨夫杨坚的崛起了。

七姨夫的血泪奋斗史，李渊亲眼所见，而且铭记在心。在后来的日子里，李渊善于隐忍的性格和杨坚一模一样。

不可否认，七姨夫杨坚，是李渊最好的人生导师。

就在七姨夫奋斗的时候，李渊也干了一件重要的事：结婚。

老婆是窦毅的女儿窦氏，也就是后来的李唐太穆皇后。

在北周朝廷，窦毅的本家赶不上李家和杨家，可他有一个做柱国大将军的叔叔窦炽，此人是宇文泰亲手提拔起来的战将，可以随时出入宇文家。更要命的是，窦炽活了 78 岁，堪称阅尽了南北朝的政治风波，朝堂的不倒翁，可想而知，窦炽在朝堂的势力有多大。

窦毅是窦炽为数不多的侄子之一，他的婚事，窦炽自然很上心。本着肥水不流外人田的政治操守，窦炽让他娶了宇文泰的第五女，襄阳公主。

此女是北周开国皇帝宇文觉、北周明帝宇文毓、北周武帝宇文邕的姐妹，可以在长安城横着走路的存在。

窦毅娶了皇室的公主，两人有了爱情得结晶：女儿窦氏。

窦氏刚出生的时候，就有一头乌黑的头发，眼睛像是进口的黑葡萄，一闪一闪的。只要是个人，看过窦氏之后都可以得出这样一个结论：此女，必定是一位倾国倾城的美女。

窦氏的舅舅，北周武帝宇文邕对她爱之入骨、百般宠爱，并将她养在深宫之中，打算悉心培养，然后给她找个好婆家。

几年过去了，窦氏出落成亭亭玉立的大美女，年方二八。

这种年纪，已经到了出阁的阶段，身为父亲，都希望看到女儿有个幸福的未来，窦毅也是如此。

夫妇二人合计了一下，得找个有前途的人。

在那个年代，有前途就代表出身好，有上进心，会打仗，会武功，尤其是出身和武功，几乎是青年才俊的标准配置，跻身上流社会的入场券。

既然如此，就先来个比武招亲吧。

有一天，窦毅请大师在画屏上画了一只孔雀（古时候西双版纳就有孔雀，中原王朝知道这个物种很正常），特地给画师交代了一下，身材比例什么的，可以不对称，但是眼睛必须得小点儿。

画完之后，窦府就传出消息了：窦大小姐要比武招亲，长安城的青年才俊们可以前来一试，只要你有本事，立马就可以把大小姐领回家。

北周皇族的侄女，还是个大美女，可想而知，上门求亲的有多少人。

一时间，长安城的公子哥们云集窦府。

来吧，公平竞争，一人两箭，射完立马出结果，绝无猫腻。

大家虽然是公子哥，却都出自名门将府，射箭是日常基本功，马步、拉弓、瞄准、放箭的姿势都很帅。可射来射去，居然没一个人可以射中孔雀的眼睛。

天色渐黑，眼看着这群公子哥都快把画屏射烂了，也没人能中招，窦毅也开始着急了。就在这时，门口来了个少年，长得风流倜傥，气度不凡。

窦毅认出来了，这小子就是唐国公，今年 19 岁，不管是出身还是长相，都符合窦毅的女婿条件，就看他有没有这个能耐，会不会射了。

来，给唐国公拿箭来！

李渊为何来窦府射箭？

（为何？篇幅有限，书里见！）

据史料记载，李渊轻装上阵，毫无压力，马步、拉弓、射箭，一气呵成，“嗖”的一声，箭头就插进了孔雀的眼睛。

“蒙中的吧”，嘲笑声不绝于耳。

李渊二话不说，拿起另外一支箭，直接干掉了第二只眼睛。

窦毅欣喜不已，就你了。

婚事办得非常顺利，吉时一到，窦氏就躺在了李渊的婚床上。

窦氏从小就生活在北周的皇宫，对政治耳濡目染，谈吐智慧和寻常女子完全不一样，在女子沦为男人生育工具的古代，绝对是一道亮丽的风景线。

更何况……

（抱歉，窦氏的好，此处写不下。《拿得起放不下的大唐史》补给你们。）

夫妇二人频繁耕耘，一共生下了李建成、李世民、李玄霸、李元吉四个儿子，还有个女儿平阳公主，从女人的角度来说，窦氏可以说是人生圆满。

窦氏和李渊可能都没有想到，当初窦府的两只弓箭，射出了一段旷世美恋，射出了两个帝王明君，也射出了一个锦绣的大唐江山。

人生中的奇遇，确实是难以言说。

试读二

为什么是“玄武门”之变，而不是“朱雀门”之变？

“玄武门”的天时地利人和

为什么是玄武门之变，而不是朱雀门之变，或者延喜门之变？

这是一个有趣的事儿。

唐朝的长安城包括宫城、皇城和外郭城。

外郭城是老百姓居住的地方，里面包括了住宅区、商业市场，外郭城几乎占据了整个长安城，规模非常大。皇城在长安城的北部，里面主要是中央政府的办公场所，还有皇家的太庙、社稷等祭祀建筑，老百姓轻易进不去。

宫城紧挨着皇城，在它的正北边，也就是长安城中轴线最北边的地方。说白了，宫城是皇室居住的地方，神圣不可侵犯。

宫城包括太极宫、东宫和掖庭宫。

东宫位于太极宫的正东边，李建成的居住地。掖庭宫位于太极宫的正西边，是宫女和有罪官员的家眷居住的地方，和玄武门事变没有太大的关系。

太极宫分为南北两个部分，南面是外朝，由皇帝上朝、举行宴会的宫殿和若干官署构成，北面则是内廷，是皇帝和后妃居住、休息的地方。

宫城一共有十个门，北边的依次是玄武门、安礼门。东边的是通训门，位于宫城东墙的最南边，通过通训门，太极宫可以和东宫直接连通。不过，考虑到太极宫有嫔妃居住，通训门一般不会打开，李建成想要去太极宫，得绕道而行。

那么，李渊当时在哪儿？

据史料记载，李渊正在泛舟游湖，从太极宫的格局来看，在西北角一共有 3 个小型的人工湖，如果所料不错，李渊当时应该在西北角欣赏内苑的美景。而距离李渊最近的城门，恰好是北边的玄武门。

可以肯定，李渊召见李建成兄弟的地点在太极宫的西北角，而他们想以最快的速度进入内廷，走北边的玄武门是最好的选择。历史已经在这里做出了决定：李世民要发动政变，只有玄武门这个选择。

秦王府又在哪里呢？

据史料记载，秦王府位于太极宫的西北方位，从秦王府到内廷，只需要穿过玄武门即可。也就是说，李世民几乎天天从玄武门经过，这样的地理位置，直接决定了秦王府集团在玄武门政变中占据了先机。

626 年 6 月 4 日，这是一个改变中国历史的日子。

三更时分，太极宫内还是一片寂静，无边的黑暗笼罩着这座权力之都，李世民、长孙无忌、尉迟敬德、房玄龄、杜如晦、宇文士及、高士廉、侯君集、程知节、秦叔宝、段志玄、屈突通、张士贵等人率领 80 多名精兵趁着夜色的掩护，赶到了玄武门。在玄武门禁卫军总管常何的接应下，李世民将亲信埋伏到玄武门内的临湖殿之中，刀出鞘，箭上弦，只待李建成和李元吉等人到来。

李建成、李元吉接到父皇的旨意，片刻不敢耽误，骑着马便向玄武门而来。不管怎么说，太极宫都是老爹的地盘，禁卫军首领又是李建成的亲信，让他们相信玄武门被秦王府的人控制，实在是有些强人所难。

兄弟俩来到玄武门之后，并没有立即下马，因为老爹授予他们特权，可以在太极宫内自由骑马。走进玄武门，逼近临湖殿的时候，李建成似乎察觉到有一丝的不对，平日里的禁卫军哪里去了？临湖殿的杀机为何会如此浓厚？

李建成转头对李元吉说道：“气氛有些不对，我看还是先回府吧（建成、元吉至临湖殿，觉变，即跋马东归宫府）！”

这里有四个细节挺有趣的：

细节一：李渊既然想和李世民、李建成等人说立储的大事儿，为什么不在太极宫的正殿，而是选择宫苑的人工湖附近？

细节二：临湖殿究竟在哪里？

细节三：李建成究竟在临湖殿看到了什么，以至于心生如此大的警惕性，不惜冒着放老爹鸽子的风险逃回东宫？

细节四：李建成和李元吉刚进玄武门，如果察觉到了问题，为什么不立即从玄武门逃走，反而是一路向东，准备从通训门进入东宫？

把这四个疑问解开，玄武门之变就可以真相大白。

先说说临湖殿吧。

根据目前掌握的历史资料，专家已经大致把太极宫复原图做了出来，比如李元吉居住的武德殿，以及太极殿、两仪殿等主要宫殿都有准确的位置，可临湖殿却没有详细的记载。不过可以肯定，临湖殿是在太极宫内，必须经过玄武门才可以到达，按照古代的惯例，既然取名为临湖殿，想必和人工湖靠的比较近。

也就是说，临湖殿已经很靠近李渊的实际位置。

再说说第三个细节。

李建成和李元吉到达临湖殿附近，结果发现了很奇怪的现象，于是立马调转马头，打算离开此地。根据后面的记载，就在此时，李世民现身了，兄弟几个没有任何寒暄，李元吉直接掏出随身携带的弓箭，向李世民射了几支。

如果说，李建成在战场上练就了非常敏锐的嗅觉，能够在临湖殿附近察觉到浓浓的杀机，也不是不可能。不过，李世民在玄武门附近也埋伏了兵马，凭李建成的嗅觉，为何没能及时察觉呢？更何况，就算察觉到了杀机，李元吉也不用张弓搭箭，直接干死二哥吧？李元吉的反应，很像是生命受到威胁的情况下进行的自保。换句话来说，他们可能是看到了比较明显的杀机。

事实就是，李世民在玄武门附近埋伏了兵马，在临湖殿附近也埋伏了兵马，不同的是，临湖殿附近可能已经发生过打斗！

对李世民来说，他是政变的发起方，谋杀李建成和李元吉是肯定的，关键时刻，控制李渊，甚至是干掉李渊未必不是他的首选。

想想看，当时的禁卫军还是李渊的亲信，凭李世民在朝野的威望，想要收买几个首领没问题，但是要掌控太极宫内的禁卫军，他还不够资格，也没办法做到不留任何痕迹。唯一的可能就是，李世民通过掌控玄武门的禁卫军，将秦王府的兵力送入太极宫，随后以迅雷之势控制了李渊身边的亲军，包括李渊本人。

如果不是这样，李世民最好的选择其实是在玄武门附近动手，这样离李渊更远，更不容易惊动老爹。而不是放李建成兄弟入宫，让他们走到离李渊很近的临湖殿。在这个位置，一旦发生兵变，李渊立马就可以看到，难道李世民要当着老爹的面干掉李建成和李元吉？这无论如何都是站不住脚的。

还有一条证据：临湖殿离人工湖已经很近，如果李建成察觉到危机，为何不去人工湖寻求老爹的庇护，而是朝着相反的方向逃跑呢？如果李渊有能力，或者李渊身边的亲军没有被控制，完全可以和李世民抗衡，只要惊动了其他城门的禁卫军，李世民政变的阴谋将会彻底暴露，他也将失去成功的可能。

如果所料不错，当李建成兄弟走到临湖殿附近的时候，要么发现临湖殿发生过打斗的痕迹，要么发现老爹已经被李世民控制，这才不想和李世民多说，拿起弓箭直接找李世民开干，这样的逻辑还是说得过去的。

真正的玄武门之变，过程可能是这样的：

当时，李建成和李元吉在临湖殿发现了异常，于是调转马头准备离开。就在此时，李世民现身了，他身上装备了铠甲，腰间还别着常用的宝弓，看到李建成离去，李世民非常着急，口中念念有词，似乎想表达什么。

李元吉见势不妙，立马掏出弓箭，一连向李世民射了三箭。

说起来，李元吉平日里的箭法也算是百发百中，可如今身处危机之中，又在择路而逃，战斗值已经大打折扣，因此三箭都没有射中。李元吉觉得自己的手气不太好，于是干脆收起了弓箭，专心逃跑。

李建成看李元吉箭箭落空，心中不免有些懊恼。就在此时，李世民也掏出了宝弓，打算干活了。李建成的直观感觉就是，李元吉射了老二，老二掏弓肯定是还以颜色，因此没有设防。

遗憾的是，在李世民的眼里，李元吉不过是个浑小子，还不值得他动手，他布了这么大的局，就是为了夺取皇位，而李建成才是他的真正猎物。

就在李建成逃跑之际，一支利箭破空而出，声音格外刺耳，几乎是在瞬间，李建成觉得身体变轻，轰然倒在了地上。这一箭，几乎积蓄了李世民身体的所有力量，又命中身体要害，李建成当场就位列仙班了。

李元吉看到大哥被杀，心中五味杂陈，李世民杀了李建成之后，已经放缓了追击的节奏，李元吉只要愿意，完全可以趁机逃跑。可是，他还是决定返回来查看李建成的伤势。或许，李元吉觉得大哥已死，自己就算逃到天涯海角，也逃脱不了被杀的命运，或许，李元吉就是为了兄弟情义而返回。

李元吉万万没有想到，一向逆来顺受的二哥竟然会如此残忍，面对亲兄弟，他的手段如此毒辣，行事如此果决！他哪里知道，这一箭是为了整个秦王府的生死存亡，为了至高无上的皇权。

在九五之尊的面前，任何亲情都是浮云。

李建成倒地之后，埋伏在临湖殿的尉迟敬德也拍马赶到，他的身后还有七十名最精锐的秦王府侍卫！这些人二话不说，直接掏出弓箭，对着李元吉就是一顿狂射，李元吉抵挡不住，顺势跌下马来。

可就在此时，李世民的坐骑受到惊吓，带着他狂奔到御花园的树林，而李世民又被林中的树枝挂住，从马上摔下，倒在了地上。可能是承受的力量过大，李世民摔得非常严重，以至于没能站起身来。

李元吉原本已经绝望，可看到此情此景，一股复仇的冲动涌上心头。李元吉强忍着伤痛，飞快地赶到李世民的身边，趁着他毫无还手之力，用弓弦勒住了李世民的脖子。李世民用力的抵抗，却始终无法挣脱，他明显感觉到自己的气息逐渐衰弱。李元吉只需要再坚持一会儿，就可以挫败秦王府的阴谋。

尉迟敬德看到老板的脸色铁青，心里万分焦急，纵马飞奔而来，只听他暴喝一声，李元吉不觉心中一惊，勒紧的弓弦居然松了一些。此时，李元吉有两个选择：用最后的时间弄死二哥，然后被尉迟敬德等人乱刀分尸，或者放李世民一条生路，自己夺路逃走，返回齐王府组织兵力，来个绝地大反击。

历史在这里，因为李元吉的抉择而改变。

危急时刻，李元吉并没有想着和大哥一起共赴九泉，他还是想求生。李元吉松开了要命的弓弦，直接向武德殿飞奔而去。李世民在李元吉的一念之间寻得了生机，瘫坐在地上，不停地咳嗽。

尉迟敬德看到李世民还能喘气，当即松了一口气。李元吉，差点害老子功亏一篑，如何能够饶了你！尉迟敬德犹如脱缰的疯狗一般，在后面疯狂追击李元吉。此时，李元吉也不知道究竟去哪儿，武德殿不过是住的地方而已，能组织起兵力？去太子宫？还是去找父皇？

回首望去，后面的追兵犹如潮水一般裹挟而来，秦王府的猛士们凶神恶煞，面带杀机，一副不死不休的模样。曾几何时，李元吉可以在太极宫发号施令，说白了，这里是老爹的地盘，也是李元吉的地盘，他永远也想不到，自己会在太极宫内被人追杀。此情此景，李元吉的内心完全是崩溃的。

就在此时，一支利箭破空而出。羽箭来自尉迟敬德的劲弩，几乎是蓄满了劲道，直取李元吉的后心。一击即中，李元吉顺势倒在了血泊之中。尉迟敬德策马赶来，看到李元吉中箭身亡，这才安下心来。

一个是大唐皇太子，一个是最受宠爱的齐王殿下，两位最尊贵的皇室成员，就这样惨死在政变之中。不过，这就是政治斗争的残酷，利刃只要出鞘，就必须嗜血而归。尉迟敬德非常淡定，他抽出钢刀，手起刀落，一股殷红的鲜血喷涌而出，李元吉被割了首级。

直到此时，玄武门之变正式落下帷幕。

很奇怪吧，太极宫内喊杀阵阵，数十人追杀李建成和李世民，渊哥竟然一点动静也没听到？要知道，远离玄武门的太子宫都已经收到了消息，李渊怎么可能收不到禁卫军将领的禀报？如果李世民只是瞒着李渊，埋伏了一支奇兵，如果李渊还有人身自由，还有太极宫的控制权，为什么没有调动禁卫军平叛，而是等着李世民来主宰他的命运，这也太匪夷所思了吧？

至于李建成和李元吉，他们就在离李渊不远的临湖殿，为何发现伏兵之后，没有在第一时间投奔老爹，而是舍近求远，一路向南边狂奔？难道，没有一兵一卒的武德殿可以给他们安全感？

真相可能就是，渊哥已经被李世民控制了，李建成和李元吉可能是看到了什么，所以才会选择向南逃跑。

据史料记载，玄武门之变惊动了旁边的太子府，李建成的部下、翊卫车骑将军冯立得知李建成身死，叹息道：“太子活着的时候，俺们蒙受他的恩惠，现在太子被杀，俺们能够逃避灾祸吗？”

冯立叫来了薛万彻、谢叔方等武将，商议之后，觉得还是不能把李建成和李元吉被杀的事情说出去。紧接着，他们召集了太子府的所有将士，声称玄武门出了大事，太子、齐王和秦王府的人干了起来，需要兄弟们的支援。

将士们听闻之后，如同打了鸡血一样，嗷嗷地奔向玄武门。此时，李世民已经掌控了大局，原本观望的禁卫军也是一边倒地支持李世民。

玄武门外，太子府和齐王府的两千多人马已经赶到，乌泱泱的一片，大家伙儿扬言要干掉李世民。此时，玄武门的守将是李世民的嫡系将领张公谨，他臂力惊人，看到冯立带人前来，立即将城门关上了。

玄武门是太极宫的北门，铜墙铁壁，守卫森严，就凭冯立的两千多人，想要攻破玄武门，可以说是痴心妄想。

有趣的是，禁卫军将领敬君弘产生了错觉，他认为李建成和李元吉已经挂掉，对付这些孤魂野鬼，犹如探囊取物，于是挺身而起，扬言要灭了冯立等人。敬君弘的真实想法应该是，李世民马上就要做皇帝了，好不容易逮着个机会，应该在老板面前好好表现一下，先捞个功劳，到时候再要点儿赏赐。

此时，李世民和尉迟敬德都不在玄武门，只有张公谨在这里镇守，面对打了鸡血的敬君弘，张公谨也很无奈，只能目送他开门出去交战。

同志们，可能影响历史走向的事情就这样发生了。

李世民等人还在临湖殿附近收拾烂摊子，敬君弘则带着数百名禁卫军冲了出去，和太子府的兵马混战在一起。没过多久，敬君弘、吕世衡便曝尸当场。由于城门洞开，秦王府的人只能和太子府的人短兵相接。

据史料记载，两军交战了很长时间，秦王府的后备力量还是没有赶到，薛万彻擂鼓呐喊，扬言准备进攻秦王府，将士们大为恐惧。就在此时，尉迟敬德提着李建成和李元吉的首级跑了出来，立马就震慑了所有的人。

太子府的人直接懵了，冯立不是说要来支援太子和齐王的吗，怎么老板都被杀了？这仗还有必要继续打下去吗？在尉迟敬德的威慑下，太子府和齐王府的联军顿时军心涣散，四散逃跑。

冯立自知无力回天，只能仰天长叹，涕泪横流地说道：“俺们做到这个地步，也算对得起太子的知遇之恩了！”

历史证明，凡人都是惜命的，赴汤蹈火，在所不辞是没问题的，可真要到了舍生取义，共赴黄泉，大家伙都得仔细考虑了。冯立说完了这番话之后，就和薛万彻等人逃入终南山中。至此，玄武门政变以李世民的胜利而告终。

从玄武门之变看李渊的功过是非

历史证明，玄武门之变就是秦王府一手策划的阴谋，既然是阴谋，李世民就必须要为自己找到合法的说辞，于是就有了接下来的故事。

李世民让尉迟敬德进宫担任李渊的警卫，尉迟敬德则身披铠甲，手拿长矛，径直来到了李渊的跟前，毫无人臣的礼仪。

李渊大为惊慌，问道：“今天作乱的人是谁？你来这里干吗？”

尉迟敬德:“太子和齐王起兵作乱，秦王已经镇压了他们，秦王担心惊动陛下，因此派臣前来护卫。”

李渊转头对裴寂等人说道:“各位臣僚，朕没想到今天会出这样的事情，事到如今，你们认为应该怎么办呢?”

裴寂沉默不语，因为他是李渊的嫡系，李建成的拥护者。

萧瑀和段叔达说道:“陛下，太子和齐王原本就没有参与反隋的谋议，也没有为平定天下立过功劳，他们嫉妒秦王功勋卓著，威望无比，这才策划了许多阴谋。如今，秦王已经诛杀了他们，如果陛下能够决定立秦王为太子，将国家政务交托给他，就不会再发生事端了。”

李渊:“好!这也是朕平素的心愿啊!”

隔着历史的长河，咱们都能感觉得到李渊的违心。如果他真有这样的心愿，为何不早点废掉李建成，也省得眼下被儿子挟持，威严扫地!如果他真有这样的心愿，至少还能多做几年皇帝，而不是在儿子的淫威下苟延残喘。

尉迟敬德是一介武夫，他只忠于秦王李世民，至于李渊的情绪，和他没有半毛钱的关系。看到朝臣态度一致，尉迟敬德开门见山地说道:“陛下，如今禁宫之内还有太子和齐王的旧部，而且太子宫和齐王府还有不少官员，希望陛下能够授予秦王所有军政大权，让他全权处理长安城的一切事务!”

李渊沉默。

尉迟敬德:“哦，对了，陛下还得下一道旨意，赦免所有参与到此次平叛中的秦王府将士，好让他们安心!”

李渊:“事到如今，也只能如此了……你去做吧!”

客观地说，李渊此时已经丧失了皇帝的威严，丧失了君主的权力，他内心很无奈，人生已经毫无选择的余地。作为父亲，李渊知道李世民的秉性，性格强势孤傲，行事杀伐果断，面对秦王府的任何请求，李渊只能全部答应。

事后，李世民以李渊的名义下诏，宣布李建成和李元吉是玄武门之变的罪魁祸首，是谋反逆天的叛臣贼子，给玄武门之变定下了政治基调。

626年6月7日，李渊再次下诏，封秦王李世民为皇太子，并约定军队和国家的各项事务，全部交付太子李世民处置决定，然后再报告给李渊即可。

李唐政权的交接，在一场无声无息地武力威慑下有条不紊地进行着。历史正在向前迈进，李渊已经成为过去式，取而代之的是一代雄主李世民。

有句话说得很好，历史都是由胜利者书写的，这种游戏规则不仅在改朝换代的时候盛行，在父子兄弟之间也是一样。在贞观朝，李渊几乎没有任何存在感，就连史书对他的记载也是少之又少。客观地说，这不能全怪史臣不写这段历史，说白了，李世民做了皇帝之后，和老爹之间的互动是少之又少啊。

李渊做了太上皇之后，一直居住在太极宫，李世民则在太子宫处理政务。李世民上台之后，开足马力打压武德旧臣，626 年，先是罢免了杨恭仁的宰相之职，后来又罢免了陈叔达、萧瑀的宰相之职。

至于裴寂，李世民从来没有给过他好脸色，李世民曾经当面指责，说裴寂才学平庸，如果不是太上皇对他的宠爱，绝对不能混到今天的位置，武德年间错误的政策很多，纲纪也非常紊乱，裴寂必须负起责任。李世民虽然是说裴寂，实际上是指桑骂槐，发泄对李渊的不满，这一点毋庸置疑。

629 年 4 月，李渊主动提议，说自己霸占着太极宫，总归不太合适，希望能够迁居到弘义宫，李世民欣然答应。说起来也挺有趣，当年，李渊为了打压李世民，连续两次将他从河北战场召回，期间特意修建了弘义宫，希望能安抚李世民受伤的心灵。可谁也没想到，弘义宫后来居然成了李渊自己的养老居所。

据史料记载，弘义宫地势低洼，夏季闷热潮湿，居住条件非常差。李世民每年都会安排自己到行宫避暑，可从来没有让李渊离开过弘义宫半步。想想看，一向以仁孝著称的李世民，宁愿承受后人的指责，也不愿在人前逢场作戏，干着讨好老爹的小把戏，这样的态度确实很值得玩味。

说白了，李世民也是个凡人，两府之争的时候，李渊无条件地支持李建成和李元吉，屡次打压和训诫李世民，可谓是毫无情面可言。李世民虽然有心胸，可是面对父亲的偏爱，他无法在短时间内放下心里的仇恨和芥蒂。

630 年，李世民擒获东突厥颉利可汗，邀请李渊参加献捷大典，父子之间这才开始有了互动。随后的几年，李世民每逢打了大胜仗，或者有外族使臣前来朝拜，都会邀请李渊出来坐坐，父子的关系开始有了好转。

634 年，李世民下诏，在太极宫的东北方向建造大明宫，打算作为老爹的避暑之地。遗憾的是，宫殿还没建成，李渊就位列仙班了。俗话说得好，子欲养而亲不待，这可能是李渊和李世民父子关系的最好诠释了吧。

客观地说，李渊是中国历史上比较出色，却又备受忽视的开国皇帝。

回顾他的一生，年轻的时候，活在七姨夫和小表弟的高压政策之下，仕途上毫无寸进，只能虚度光阴，空守度日。最悲剧的是，这十多年的时间，李渊竟然没敢娶妻生子，想来是何等苛刻的生活环境。

幸运的是，这样的环境恰好造就了李渊善于隐忍的性格。

担任太原留守期间，全国大乱，各地的枭雄们纷纷起义，有的人登基称帝，有的人扯旗称王，闹得不亦乐乎。再看看李渊，趁着帮朝廷剿匪的机会，大肆招兵买马，招募英雄豪杰，用正当的手段壮大自己的势力。不仅如此，李渊还派李建成提前收买了河东的地主阶层，为接下来的起义做好一切铺垫。

等到朝廷无力平叛的时候，李渊振臂一呼：占据长安，废黜隋炀帝，扶持代王杨侑登基。“忠臣”的形象一览无余，让任何人都挑不出毛病。

南下的路上，李渊一改隋末起义军的土匪流氓形象，下令对百姓秋毫无犯，又拿出了无数的空白官凭，以最低的成本拿下了河东。面对突厥人的咄咄相逼，李渊一方面用武力威慑，一方面用利益引导，对突厥人心思的把握，外交智慧的应用，堪称是外交史上教科书级的案例。

拿下长安之后，李渊并不着急进取关中，而是将目光锁定在西北的薛举、李杲，以及北边的刘武周等势力。这样的大局观，绝不是昏庸的皇帝能具备的，如果说李世民是所向无敌的战将，李渊就是运筹帷幄的战略指挥家。

遗憾的是，李渊的身上也有许多毛病，比如爱好女色、贪玩奢侈、践踏律法等等。当然，最大的问题就是没有处理好太子府和秦王府之间的利益斗争，李渊想要玩权力制衡的游戏，事实上，李渊玩得还算不错。然而，当李渊发现两府矛盾激化，两个儿子开始刀光剑影的时候，他彻底傻眼了。

想要解决太子府和秦王府的矛盾，只能让一方彻底消失。

问题是，李渊虽然是高高在上的皇帝，可也是一位仁慈的父亲，他无法做出人生中最残酷的抉择，所以只能选择坐视不理，任由事态的恶化。

说白了，所有的恶果，全由李渊一人来承担。

李渊有自己的不幸，因为他丢失了皇位和尊严。李渊也有自己的大幸，因为他练就了隐忍退让的大智慧，最终能够和李世民和平相处，得以善终。

事实上，李渊最大的幸运就是，李世民是一位出色的继承人，他继往开来，让大唐帝国在世界历史上辉煌无比，大放异彩。正是因为这一点，李渊才没有因在两府之争中的不作为而蒙受后人的指责。

历史已经远去，昔日的帝王已经化为一抔尘土，纷繁复杂的历史纠葛也都烟消云散，雁过无痕，留下的唯有古人的智慧，今人的感悟，仅此而已。

旧时艳阳 著

拿得起放不下的两晋史

下 东晋

北方文艺出版社

玖 南北分治

第一百零四节　衣冠南渡

中原陷入战乱以后，特别是洛阳被匈奴攻占以后，中原人民纷纷外出避难，方向主要有三个。一是向东北投奔鲜卑慕容廆（wěi），慕容廆当时效忠晋室，他选择地方安置流民，然后从中选拔有文化的作为自己的幕僚，此举对他建立前燕政权和开发东北地区起到了积极作用。另一个方向是投奔在西北凉州的张轨，张轨是汉人，自然会善待流民，还设了武兴郡来安置他们。逃往这两个方向的，以中下层人士为多，上层阶级的人很少。上层人士大都流亡到了南方，这也是中原人避难的第三个方向。

《晋书》记载："俄而洛京倾覆，中州仕女避乱江左者十六七。"《资治通鉴》记载："时海内大乱，独江东差安，中国（这里指中原）士民避乱者多南渡江。"颜之推在《观我生赋》的自注中说："中原冠带，随晋渡江者百家，故江东有百家谱。"这百十个世家大族带着他们的乡邻、宾客、部曲（仆人，也包括私家部队），一起来到江东，其中比较著名的有琅琊王氏、陈郡谢氏、陈郡袁氏、汝南周氏、谯郡桓氏、颍川荀氏、颍川庾氏、太原王氏、泰山羊氏、兰陵萧氏、高平郗氏、义兴周氏等。而据当代的史学家谭其骧先生统计，当时北方人民逃亡到南方去的总数有九十余万，约占当时北方总人口的八分之一强，也就是说，在当时的中国北方，每八个人中就有一个逃到了南边。这次人口大迁徙，就是史学家口中所谓的"第一次衣冠南渡"。

到了南方以后，这些人大多还是选择和原来的乡邻住在一起，抱团定居在某一个地方。为了安抚他们，后来成为晋元帝的司马睿允许他们用以前居住的郡县名来给新形成的聚居区命名，比如从原来琅琊郡过来的，就重新设立了琅琊郡，从陈郡过来的，就重新设置了陈郡。这些新建的郡县就是侨郡、侨县，不属于土地原属郡县政府管辖。据《宋书》记载，仅长江下游，也就是现在的江苏一带，就有三十三个侨郡和七十五个侨县。土断[①]前，侨民用白纸登记户籍（白籍），区别于原住民用黄纸登记的户籍（黄籍）。白籍与黄籍最大的不同是可以登记原籍贯。

这样的政策导致了一个问题的出现——在北方还有同样名字的郡县，一样的地名给后世的人们记史、讲史带来了难度。为了区分，我们只能将这些郡县区分出南北。

长江流域，虽然自春秋战国时期的楚国立国以来已经有了数百年的开发历史，但直到西晋末年，其生产力发展水平仍然是大大落后于黄河流域的。在晋室东渡的时候，长江流域仍然存在耕作技术比较原始、单位产量不高的情况。这次北方人口大量南移，给南方带来了先进的农业技术和农业生产工具，把南方此前没有开发的土地开垦了出来，耕牛也开始广泛推广，南方的经济得到极大发展。北方人口南移的集中地，除长江下游的扬州地区外，还有长江中上游的荆州地区，所以南方经济发展也以这两个地区最为显著。渐渐地，荆州、扬州成了南方经济的两个重心，有了“荆、扬二州户口半天下”的俗语。

来自北方的世家大族初来乍到，会尽可能去照顾南方土著大族的利益，以求得和谐共存。建康[②]、吴郡、义兴、吴兴等地开发得比较早，吴人势力比较强，他们在这些地方也有更多的经济利益，因此北来大族就去开发浙、闽地区，有意识地向东南方向发展，尽可能不在太湖流域求田问舍。他们纷纷流寓到浙东会稽一带，进而又发展到现在的温州、台州等地。林、黄、陈、郑、詹、丘、何、胡这八姓的北方大族到福建发展，当时有“衣冠南渡，八姓入闽”的说法。

这样，南、北两大地主集团从地域上划分开各自的经济势力范围，两者间的矛盾从而得到一定程度的缓和，达到了利益共存的最大化，东晋偏安江左的局面得以维持。

随着北人南渡，清谈之风也随之南移，大量善清谈的名流士人在南方涌现，后世称这些人为“江左名士”。

---

① 土断，是东晋和南朝时期为解决南迁百姓侨置问题而推行的整理户籍及调整地方行政区划的政策。主要是要划定州、郡、县领域，居民按实际居住地编定户籍，故称“土断”，“以土著为断”的意思。

② 为避讳晋愍帝司马邺，建邺改名为建康。

第一百零五节　击楫中流

洛阳、长安先后倾覆，不少仁人志士摩拳擦掌、厉兵秣马，发誓要荡平匈奴，收复中原，祖逖（tì）就是其中的一个。

祖逖，字士稚，范阳国[1]遒县（今河北涞水县）人，出生于晋泰始二年（266）。他家是当地的望族，连续N代都担任着能拿两千石俸禄的官职，这个待遇和郡太守是一样的，而他的父亲祖武就曾经担任上谷郡（今河北怀来县东南）太守。但祖逖命苦，年少时就失去了父母，家道中落，他们兄弟六人相互扶持着渐渐长大。祖逖自小性格豁达，不拘小节，这种性格的人往往不看重钱财，祖逖就是这样。他仗义疏财，虽然自己过得不富裕，但看谁家过不上来，他还是会拿出钱粮接济他们，因此不论是本族人还是众乡亲，对他都很尊重。

祖逖年少时不喜欢读书，到了十四五岁的时候仍不上进，这让他的兄弟们十分担忧，提起他都长吁短叹。谁料想，成年后的祖逖像打了鸡血似的，突然间就变得勤奋异常。他遍览群书，学识变得渊博起来。祖逖知道京都洛阳是文化人遍地的宝地，于是他往来于京城和家乡之间，交了不少朋友，和他交谈过的人都认为他有见识、有雅量，是个不可多得的人才。

祖逖侨居到阳平郡（属司州，辖七个县，今河北邯郸市大名县一带），太康十年（289），二十四岁的他被阳平太守征召为孝廉。孝廉是西汉时候设置的。汉朝以孝治天下，于是设了孝廉科，让各地推举孝顺的、品行好的人到朝廷任职。到了晋时，选

① 范阳国，司马懿四弟司马旭的三儿子，范阳王司马绥的封国，约在今保定以北，北京以南。

官制度主要是九品中正制，但举孝廉这种辅助的方式仍然在施行。当时十万人以上的郡，每年可以推举一人为孝廉，到朝廷后还要考试，主要考试内容为儒家经典，考试过关才可以被授予官职。竞争这么激烈，能被郡里推荐自然是很荣幸的，但祖逖没有应召。后来，祖逖出任司州主簿（负责文书的佐官），在这期间，他结识了同为主簿的刘琨。

祖逖年长刘琨五岁，两个人很投缘，几次接触后就成了知己好友，甚至好到同盖一床被子睡觉。有一天凌晨，祖逖听到外面鸡在打鸣，便踢醒了还在呼呼大睡的刘琨。刘琨揉揉眼，十分不解："哥，你这是干什么？天还早，再睡会吧。"祖逖答道："打鸣声可不是什么不好的声音！一天之计在于晨，我们应该现在努力，这样才能有作为。"刘琨一听有道理，也一骨碌爬了起来，跟着祖逖在晨风中练起剑来。这就后世"闻鸡起舞"这个成语的由来。祖逖、刘琨都胸怀大志，每每谈论到世事，两人就越谈越兴奋，越谈越愤慨，有时候谈得兴起，半夜就起床对坐。他们约定，如果日后天下大乱，豪杰并起，他们二人会再到中原聚首。

祖逖投到齐王司马冏大司马府的门下，司马冏被杀后，他又在长沙王司马乂的骠骑将军府担任祭酒，后升迁为太子中舍人、豫章王司马炽的从事中郎。之后他跟随晋惠帝司马衷征伐在邺城的成都王司马颖，但在荡阴大败，逃回洛阳。后范阳王司马虓、高密王司马略、平昌公司马模等人竞相聘请他到府上做事，但他都没有答应。东海王司马越请他做典兵参军、济阴太守，他也因为家中有丧事而没有赴任。

匈奴进攻洛阳，京城大乱，士人、百姓纷纷南渡，祖逖也率领族人几百户来到淮河以南避难。他把自己的马车让给老人和病人，自己步行跟随，又把药品、衣物、粮食等同族人共享。路途虽然艰险，祖逖却多有应变之策，多次化险为夷，族人干脆推举他为行主，让他主持祖氏的这次南下之旅。他们一行风餐露宿，终于到达了泗口（古泗水入淮河处），镇东将军琅琊王司马睿听说祖逖到了，随即任命他为徐州刺史，不久又让他担任军咨祭酒，让他居住在京口（今江苏镇江市）。

祖逖常怀忧国忧民之心，国家丧乱让他寝食难安，多次向琅琊王司马睿提出要北伐中原。他上书道："现在国家的灾难是宗王争权夺利造成的，皇室自相残杀，使戎狄乘虚而入，祸乱中原。现在中原人民身处水深火热之中，人人都有奋起一搏的斗志，王爷如果能够任命我为统领，北伐中原，则豪杰之士必顺风而起，即使意志消沉的人也会奋发有为，这样一来，过不了多久就可以一雪国耻！请王爷三思。”

这时候的司马睿在江东立足未稳，无力北伐，但祖逖的爱国之心也应该受到鼓励，于是他任命祖逖为奋威将军、豫州刺史，并拨给他一千人的口粮外加三千匹布，但士兵部卒和铠甲兵器祖逖要自行解决。祖逖得到这些物资赞助后，率领部属一百余户北渡长江，这些人都是强悍杰出的勇士。船行到江中心，祖逖神色严肃，用手大力拍打船桨，对江发誓道：“若我不能收复中原，有如此江！”（成语“击楫中流”出自此。）祖逖迎风挺立，言辞慷慨激昂，众人皆受到感染，纷纷表示为国捐躯在所不惜。

祖逖率队一路前行，到达淮阴（今江苏淮阴市东南）后驻扎。他命人搭起火炉，开始锻造兵器，同时继续招募勇士，共招到两千余人，然后继续向北挺进。

第一百零六节　司马睿建东晋

建兴四年（316）十二月，长安失守的消息传到江东，时任丞相的琅琊王司马睿十分悲痛，命人向各地发出讨贼檄文，约定日期，准备一起出兵收复失地。

司马睿身穿盔甲，披上战袍，亲自带兵到城外驻扎，摆出随时出发的阵仗。这时候，从水路运送军粮的队伍却迟迟未到，司马睿问："是谁负责运送军粮？"有人回答道："是督运史淳于伯。"司马睿大怒道："耽误军务，斩首示众！"

督运史淳于伯被押赴刑场，刽子手手起刀落，淳于伯人头落地。刽子手在柱子上擦刀，想擦掉上面的血迹，突然见鲜血顺着柱子往上"攀爬"，一直爬到两丈多的柱子顶端才流下来。这是反常现象，围观的人都觉得是因为淳于伯死得冤枉。

丞相司直刘隗（wěi）趁机向司马睿进言道："淳于伯虽然有罪，但罪不至死，从事中郎周莚（yán）把关不严，应该免他的职。"刘隗还想以此追究右将军王导的责任，王导是个聪明人，上书自求处分，请求司马睿把自己免职。他是司马睿的核心幕僚，司马睿自然不会追究他的责任，反而替他开脱道："刑罚运用不当是我一时糊涂造成的，跟各位无关。"于是统统没有追责。司马睿的这场北伐表演用淳于伯的头收了尾，之后也不再提北伐之事。

建兴五年（317）正月，汉赵军队进攻弘农郡，时任弘农太守的平东将军宋哲被吓破了胆，他丢下城池，前去投靠江东司马睿。二月二十八日，宋哲到达了建康。为了提高自己在司马睿面前的分量，他谎称自己此行是奉晋愍帝司马邺的诏书，让琅琊王司马睿总领国家朝政。宋哲给出的诏书里是这么说的："国家遭逢厄运，黄冈不振，朕以寡德继承大统，不能振兴国家，致使凶胡胆大包天，率领犬羊进逼京城。朕今天被困在势单力薄的城中，忧虑万端，唯恐国家崩溃只在旦夕之间。卿（指宋哲）把朕的旨意传达给丞相，让他统领国家，择机收复旧都，修复陵庙，报仇雪耻。”

司马睿听到诏书后流泪不止。宋哲在旁催促道：“请丞相速速接旨，不要辜负圣上所托。”司马睿含泪点头。

时间进入三月，司马睿换上素色衣服，搬离平时居住的房间，为故国的灭亡哀悼三天。此时西阳王司马羕（yàng，司马亮第三子）和一众官员向司马睿进言，劝他称帝，但司马睿不肯。司马羕等人再三请求，司马睿坚决不答应。他感慨不已，流着泪说道：“我不能为国家殉难死节，是个罪人啊！我本就只是个琅琊王，诸位不要逼我。”说罢，他吩咐仆人去收拾行囊，准备车马，一副要返回封国琅琊（今山东临沂市）的样子。司马羕一看司马睿心意已决，就退了一步，请司马睿依照魏、晋两朝的旧例，称晋王，司马睿终于答应了。

三月九日，琅琊王司马睿即晋王位，改年号为“建武”，宣布大赦，但杀死他祖父母、父母的刘聪和石勒等不在赦免之列。然后他在建康城设文武百官，并建宗庙用来祭祀祖先。以改年号为标志，东晋的朝廷正式建立。

有官员请求立太子，这时候司马睿的大儿子司马绍十九岁了，二儿子司马裒（póu）十八岁，他们的母亲同为荀宫人。按照立长的原则，应该立司马绍为太子，但司马睿更喜欢次子司马裒，想立他为太子。他征求右将军王导的意见，王导说应该立长，司马睿对王导言听计从，于是立司马绍为王太子。当然，司马睿也没有亏待二儿子司马裒，将他封为琅琊王，任都督青、徐、兖三州诸军事，镇守广陵。

之后，司马睿任命西阳王司马羕为太保，司马承为谯王。任命征南大将军王敦为大将军、江州牧；扬州刺史王导为骠骑将军、都督内外诸军事，领中书监和录尚书事；丞相左长史刁协为尚书左仆射，右长史周顗为吏部尚书，军咨祭酒贺循为中书令，右司马戴渊、王邃为尚书，司直刘隗为御史中丞。其他人也都有封赏。

王敦辞谢江州牧的职务，其堂弟王导以王敦都督江、扬、荆、湘、交、广六个州的军事事务，自己不适宜再担任都督中外诸军事为由，辞谢了这一职务，另外，贺循也因故辞谢中书令，司马睿一一答应。

东晋刚刚建立，百废待兴。农业是经济根本，于是司马睿下令鼓励、督促农业生产，并要求根据上交粮食的多少来考核郡太守级官员的政绩。军队也要自己种植粮食，但收成归自己所有，作为军粮。

第一百零七节　百炼钢与绕指柔

建兴四年（316）十一月的时候，汉赵骠骑大将军石勒率军进攻晋朝的乐平郡（今山西昔阳县），把太守韩据围困在城中，韩据向顶头上司并州刺史刘琨紧急求援。

不久前，拓跋鲜卑因为代王王位之争引发内乱，箕澹、卫雄等人率领辖下三万多户汉人和乌桓人，赶着十来万头牲口前来投靠刘琨，刘琨的实力因此迅速增强。现在接到韩据的求救信，刘琨就想利用这支精锐部队去斗一斗石勒。

箕澹和卫雄劝阻道："我们带来的这些人长期与中原隔绝，对您还不是很了解，对您的忠诚度还不高。我们现在不如坚壁清野，紧守关卡。假以时日，这支部队感受到您的恩德后，他们就会甘心受您驱使，为您效命，到时候必定可以一战而胜。"刘琨道："两位将军言之有理，可是目前韩据受困，危在旦夕，我们不能见死不救。"他还是决定出兵，开始调兵遣将，命箕澹率领两万步骑兵作为前锋，自己带兵作为后援部队，前去解救韩据。

探报报给石勒，说箕澹等率兵来攻，石勒就要派兵前去阻截，有谋士建言道："箕澹是员猛将，他率领的部队兵强马壮，士气正盛，我们最好避其锋芒，修筑工事，挫其锐气，这样一来，最后胜利的一定属于我们。"

石勒不以为然："箕澹军队数量虽然不少，但远道而来，人困马乏，何谈强悍？大敌当前，我们一旦撤退，敌人趁机追击，我们就只能自顾逃命了，还如何去修筑工事？这是自取灭亡之道！把这瞎出主意的人给我推出去斩了！"顿时，这位谋士人头落地。

石勒派心腹大将孔苌为前锋都督，严令三军："奋勇杀敌者，有赏；迟疑后退者，斩立决！”

石勒占据山上的有利地形设置伏兵，然后派出轻骑迎战，命令这支部队只许败不许胜。两军交战，石勒部队不敌溃败，箕澹哈哈大笑道：“石勒不过如此！”他让部队乘胜追击，很快就进入石勒的埋伏圈。石勒部队前后夹击，箕澹大败，仅有一千多骑兵逃出包围，石勒部队缴获铠甲、战马数以万计。韩据一看援军失败，也丧失了信心，弃城逃跑了。

刘琨的长史李弘看到石勒势不可挡，献出并州州城投降了石勒。经营了十余年的并州州城丢失，刘琨一下子陷入进退两难的境地，不知道下一步该怎么办好。正在这时，幽州刺史段匹磾（dī）派人来见刘琨，带来了一封信件。在信中，段匹磾热情邀请刘琨到幽州共事。正瞌睡呢来了一个枕头，刘琨很是高兴，欣然率队前往。

占领并州的石勒重新任命了太守、县令，然后把部分百姓强制带上路，班师返回自己的总部襄国（今河北邢台市）。他留下了孔苌继续追击，直追到代郡（今河北蔚县东北），杀死了箕澹。

十二月五日，刘琨率领部队到达幽州州府蓟县，段匹磾亲自出城迎接，对刘琨非常热情，问寒问暖。之后他们还结为姻亲，结拜为异性兄弟。刘琨和段匹磾两个人歃血为盟，对天发誓，要忠心辅佐晋室。

建兴五年（317）三月，长安陷落，晋愍帝司马邺被俘和司马睿即晋王位的消息传到刘琨和段匹磾这里。九日，刘琨向全国发布檄文表示对司马睿的支持，还派外甥左长史兼右司马温峤（温峤姨妈是刘琨的妻子）与段匹磾的左长史荣部一同到建康，向琅琊王司马睿呈上一百八十人联名的表奏，劝司马睿登基称帝。

之前，刘琨曾对温峤说：“当年班彪意识到刘氏还会复兴，马援知道光武帝刘秀值得辅佐。现今晋室虽然国运衰微，但天命并未改变，我欲在河朔（黄河以北）建功立业，让你到江南扬名，你愿意吗？”

温峤当时三十岁了，博览群书，仪表堂堂，能言善辩，也是一时之名士。他听到刘琨这么说，回答道：“我虽然没有管仲、张仪的才能，但您有桓公和文公的志向，您想要联合各方力量来匡定天下，我岂敢推辞！”

刘琨考虑得很周到，他要把温峤安排到司马睿那里做自己的眼线，替自己说话，同时也让他去化解敌对势力在司马睿那里说的对自己不利的言论。

建武元年（317）六月十五日，温峤等人到达建康，被引荐到晋王司马睿那里，司马睿看温峤一表人才，很是喜欢。温峤向司马睿陈述了刘琨的忠心，献上刘琨和段匹磾等一百八十人的联名上表，恳请司马睿登基。司马睿没有马上答应，但回信给刘琨和段匹磾，对他们的忠心表示肯定和鼓励，让他们团结一心，积蓄力量，等待时机，并要求他们有事要及时禀报。

对于有些人来说，朋友是用来出卖的。尽管刘琨和段匹磾“拜把子”的仪式搞得像模像样，但段匹磾对刘琨始终不放心。建武二年（318）六月，段匹磾找机会把刘琨杀害了，刘琨死时年四十八岁。

在被段匹磾关押的时候，刘琨知道自己必死无疑。他并不怕死，但对于自己的抱负无法施展，他感到深深的遗憾和无奈，他写了一首诗给自己的好友卢谌，诗中说：“何意百炼钢，化为绕指柔。”

第一百零八节　刘乂案

单太后是刘渊的第二任皇后，在刘渊去世时还很年轻，姿色美艳，好色的刘聪不顾人伦，竟和单太后突破了底线。宫内眼线众多，很快这件事情就传到了皇太弟刘乂那里。刘乂多次苦苦地劝自己的母亲单太后，单太后既羞愧又懊恼，不久就去世了。刘聪得知后，对刘乂的好感逐渐降低，但顾及着和单太后的感情，没有免去刘乂皇太弟的身份。

刘乂的存在对太子刘粲是个威胁，因为一旦刘聪归天，身为皇太弟的刘乂就可以名正言顺地继位。刘粲的母亲，刘聪的呼延皇后为儿子着想，同时也是为自己考虑，时常给刘聪吹枕边风。

“陛下，父死子继乃古之常理。您一辈子东征西讨，立下汗马功劳，您能够继承祖业，跟刘乂又有多大关系呢？现在刘乂虎视眈眈，您百年以后，恐怕刘粲他们兄弟就要被他斩尽杀绝了！”

刘聪其实对这个问题也有过思考，现在听呼延皇后这么一说，他越发担忧：“皇后说得对，容我慢慢想办法。”

呼延皇后道：“事久生变。太子兄弟逐渐长大成人，皇太弟看着心里一定蠢蠢不安，万一有小人从中挑拨，未必不会祸发今日啊！”

刘聪闻听大惊，暗下决心。

刘乂的舅舅单冲隐隐察觉到了朝中涌动的暗流，劝刘乂主动辞去皇太弟的位置避祸，刘乂不听。太傅崔玮和太保许遐都心向刘乂，他们对刘乂说：“陛下当年让您当皇太弟，不过是用来安定人心，做做样子，他的心思早已放在了太子刘粲那里。如今太子身兼相国之职，兼领文武百官，您日后不但不能继承帝位，恐怕连性命也会不保，既然这样，不如先发制人！我们手里有两万精兵，足够杀入皇宫，我们再做做工作，到时候宫中卫兵也会倒戈逢迎。王爷意下如何？”但刘乂性格懦弱，一听就连连摆手：“这可使不得！请勿再多言！”

事情本来就这么过去了，可是消息走漏，刘聪安插在刘乂身边的眼线荀裕把他们的谈话内容报告给了刘聪。刘聪大怒，立斩崔玮、许遐，并派部队把刘乂软禁在府中，不让他再上朝议事。

刘聪沉溺于酒色之中，国家大事基本都交给了刘粲处理。中护军靳准之前跟刘乂结怨，他劝太子刘粲道：“您现在是相国，又是太子，应该住在东宫，这样天下人就都知道您才是储君了。可现在是皇太弟刘乂住在东宫，如果日后他继位，恐怕就没有您的立足之地了。”

刘粲一直将刘乂视为心头的一根刺，现在听他们这么一说，一下子就动心了。

建武元年（317）四月，刘粲收买了刘乂的嫡系王平，让王平对刘乂说：“刚刚接到诏书，平阳将要有叛乱发生，要您速速准备。”刘乂一看说这话的是王平，也就相信了，于是命令府中官员内穿铠甲，外穿便服，以备事变发生。

刘粲让靳准向皇帝刘聪禀告道：“皇太弟要发动兵变，他的属下已经穿好铠甲了！”刘聪大惊，酒醒了一半，怎么会有这种事呢？！他火速命刘粲率军包围东宫。刘粲让靳准等逮捕了几个效忠于刘乂的氐族、羌族的首领（刘乂的母亲单太后是氐族部落酋长之女），对他们严刑拷打。刚开始酋长们实话实说，靳准命人用烧红的钳子把他们的眼珠给挖了出来，酋长们经受不住酷刑折磨，被迫承认刘乂谋反。

于是刘聪下令杀死东宫全体人员，坑杀了一万五千人，同时下诏废掉刘乂的皇太弟身份，降其为北部王。但刘乂的存在对刘粲始终是个威胁，刘粲干脆一不做二不休，不久就派人把刘乂刺杀了。

氐、羌十余万部落起兵反抗，刘聪让靳准带兵讨伐。靳准还是有一定军事才能的，一一予以平定。之后刘聪下诏，封刘粲为皇太子，兼相国、大单于。

第一百零九节　王与马共天下

晋愍帝司马邺出城投降后被匈奴人带到平阳，受尽凌辱。刘聪出去打猎时，让司马邺手持画戟担任先导人员；刘聪和群臣喝酒的时候，让司马邺斟酒、劝酒，刷洗酒杯；刘聪起身要去厕所的时候，让司马邺打着伞盖。太子刘粲一再劝说刘聪杀死司马邺，防止有人利用司马邺生事。建武元年（317）十二月二十日，晋愍帝司马邺在平阳遇害，年仅十八岁。

建武二年（318）三月七日，晋愍帝遇害的消息传到建康，晋王司马睿痛哭流涕，他穿上白色丧服，住到简陋的屋棚里，为愍帝哀悼。

三月十日，司马睿不再推辞，登基为帝，史称晋元帝。他穿上龙袍，端坐龙床，接受文武百官叩拜，一抬手，道："诸位爱卿平身。"然后看着中书监王导说："王爱卿请上来坐到朕身边来。"

王导一听，连连摆手："这可使不得！"

司马睿坚持，一而再再而三地请，甚至要起身来拉王导，吓得王导"扑通"一声跪倒，说道："如果太阳降格，和地上万物等同，人民还怎么仰头接受阳光的照耀？"司马睿看王导的态度十分恳切，终于不再坚持。

关于以王导、王敦为代表的琅琊王氏和司马睿的关系，之前略略讲过，但在这里还是有必要再做一个介绍。

王导，字茂弘，是西晋太保王祥异母弟王览的孙子，琅琊（今山东临沂市）人，从小就有度量和胆识，他和当时的琅琊王司马睿感情非常好，算得上是司马睿的知心朋友，经常替他出谋划策。王导看到中原大乱，就劝说司马睿从下邳转移到了建康，还劝说堂兄王敦与他一起辅助司马睿，并想办法说服了原东吴的世家大族，使他们共保琅琊王，这才使司马睿在江南开创了基业。从此司马睿和王导关系更为亲近，司马睿把王导看作自己的萧何。

王敦，字处仲，是王导的堂兄弟，年长王导十岁。王敦自小就有一双很特别的眼睛，被众人称奇，后来娶了晋武帝司马炎的女儿襄城公主为妻。石崇和王恺斗富时，王恺曾经举办宴会，邀请王导和王敦参加。会上一个舞女吹笛子的时候有点走调，王恺当即命人把她乱棍打死，满座皆惊，只有王敦神色如常。又一天，王恺[①]请客，依旧请王导和王敦参加。王恺让美女敬酒，如果哪个客人不喝，就把该美女杀死。王导平时不喝酒，但此时为了救人性命，还是勉强喝下了。可到王敦这里，他就是不喝，那敬酒的美女自然也就没命了。王导回家后长吁短叹，自言自语道："处仲（王敦）的心肠这么硬，又这么残忍，日后恐怕不会有好结果啊！"永嘉年间天下大乱，司马睿征召王敦为扬州刺史。王敦对军事很在行，不断立功，最后出任都督江、扬、荆、湘、交、广六州诸军事，掌控了东晋的兵权。

王导和王敦一文一武，在东晋朝廷上掌握着极大的话语权。王家和司马家这种特殊的关系，被当世人称为"王与马，共天下"。

三月二十四日，司马睿立长子司马绍为皇太子，又为太子迎娶了名士庾亮的妹妹——品貌兼备的庾文君。

---

① 也有说此事是石崇所为，本书依据《晋书》中的说法，按王恺所为记述。

第一百一十节　靳准乱赵

刘聪得知太保刘殷的女儿们非常漂亮，立即把刘殷的两个女儿同时纳入宫中；刘殷的四个孙女也美貌不凡，刘聪竟将这四个女孩也接入宫中。刘家的这六位美女，被时人称为“六刘”。刘聪又把靳准两个国色天香的女儿靳月光、靳月华纳入宫中，分别封为上皇后和右皇后；还把中常侍王深貌美的养女收入宫中，封为左皇后。尚书令王鉴等苦苦相劝：“陛下怎么能让阉人之女进入后宫呢？”刘聪不仅不听，竟然还把王鉴等人斩首。扫去障碍后，刘聪又把中常侍宣怀的养女迎入宫中，封为中皇后。包括这几位在内，刘聪前后封了八位皇后，因此他被称为中国历史上封皇后最多的皇帝。这么多皇后同时存在，少不了要争风吃醋，互相碾压，要在刘聪的后宫里存身，肯定是步步惊心啊。

由于过度沉湎女色，刘聪的身体很快就耗干了。建武二年（318）七月，刘聪患了重病，他预感时日无多，便任命大司马刘曜为丞相、石勒为大将军，让他们到首都平阳来辅佐朝政，但刘曜和石勒都再三推辞，没有来，于是他又改命刘曜为丞相兼雍州牧，石勒为大将军兼幽州牧、冀州牧。之后又任命上洛王刘景为太宰，济南王刘骥为大司马，昌国公刘顗为太师、朱纪为太傅、呼延晏为太保，让他们同领尚书事；任命范隆为守尚书令、仪同三司，靳准为大司空兼司隶校尉。按刘聪的意思，这七人将共同辅政，轮流批阅奏章。

建武二年（318）七月十九日，刘聪去世，年龄不详，谥“昭武”，庙号“烈宗”，葬在宣光陵（今山西临汾市）。

七月二十日，太子刘粲即位。刘粲像父亲刘聪一样荒淫无度，为父守丧期间，就和此时尚不满二十岁、花容月貌的皇太后靳月华睡到了一张床上。

靳准自命不凡，想取刘氏而代之，但在此之前，他首先要清除几颗绊脚石。他偷偷对刘粲说："听说几位王公大臣要废掉您，他们在密谋杀掉我和太保呼延宴，让大司马刘骥（刘粲的弟弟，刘聪第六子）登上帝位。陛下如果不趁早下手，恐怕祸乱就会在旦夕之间发生！"

刘粲一听，怀疑地问："有这回事？我才登基几天？你再详细调查一下再说。"

一计不行，靳准又生一计。他对皇太后靳月华和皇后靳氏说："现在公侯们想废掉皇上，拥戴济南王（刘骥）为帝。这样一来肯定要祸及我们家，我们恐怕要被斩尽杀绝！你们两个人要尽快告诉陛下这些人的阴谋。"

两位美女跑到刘粲面前哭诉。刘粲看她们哭得花容失色的可怜模样，心疼地道："美人不必担忧，我除掉他们就是。"于是刘聪下令把太宰上洛王刘景、大司马济南王刘骥、刘骥的弟弟车骑大将军吴王刘逞、太师昌国公刘顗和大司徒齐王刘劢一起处死。

太傅朱纪和守尚书令范隆跑得快，听到了消息，立马前去投奔驻守长安的刘曜。

刘粲任命靳准为大将军、录尚书事，叫他处理朝中大小事宜，自己则整天沉醉在酒色之中，不理朝政。靳准矫诏，命堂弟靳明为车骑将军，靳康为卫将军。至此，靳家控制了平阳的军队。

看到时机成熟，靳准亲自带兵冲入宫中，抓住刘粲，当众宣布他的数条罪名，砍了他的头。刘粲谥号为"隐"。

靳准下令，刘家人不分男女老幼，统统押赴东市斩首。那场面非常凄惨，用《晋书》里的一句话概括，就是"鬼大哭，声闻百里"。靳准又命人把刘渊、刘聪的陵墓挖开，砍下了刘聪的人头，然后焚烧了刘家宗庙。靳准这么做，一定是非常恨刘家，但这是为什么，历史没有交代，这是未解之谜。

靳准自封大将军、汉大王，开始行使皇帝权力，设置文武百官。靳准对胡嵩说道："从古至今没有胡人做皇帝的先例，所以现在我派你去把传国玉玺送还给晋。"对于这项特殊命令，胡嵩不敢接受，靳准一怒之下也把他杀掉了，然后又派人对晋司州刺史李矩说："我将率众把怀帝、愍帝的灵柩送回，请你代为转告你们君主。"李矩不敢耽误，命人快马加鞭去报告晋元帝司马睿，司马睿得知此事，派太常韩胤前去迎接。

第一百一十一节　刘曜称帝

身在长安的刘曜听到平阳城内变乱的消息，立即率领大军星夜兼程往回赶，准备诛杀靳准。石勒也得到了消息，命令张敬率领五千精骑做前锋，自己亲率五万精兵为后援，攻占襄陵（今山西临汾市东南）的平原地带。靳准也是位敢于硬碰硬的猛人，他听说石勒军队到了，立即派兵前去挑战，但石勒选择坚守不出，以此来挫伤靳准军队的锐气。

建武二年（318）十月，刘曜率领大军抵达赤壁（今山西河津市西北），正好遇上从平阳逃出来的太保呼延宴和太傅朱纪。他们二人向刘曜哭诉平阳城内的剧变，说城内的刘氏皇族已经被斩尽杀绝，劝刘曜登基为帝，延续汉赵江山。于是刘曜登基称帝，改年号为“光初”，史称襄宗。为了拉拢石勒，刘曜任命他为大司马、大将军，加九锡，封邑增加十个郡，封赵公。

两大强敌当前，猛人靳准也害怕了，甚至想到了投降，但他知道，如果自己投降了刘曜，必然会尸首不存。不过石勒已经割据一方，是刘曜的对头，投降石勒或许可以保住性命，于是靳准派侍中卜泰把皇帝专用的车轿、衣服送给石勒，请求归降，不想石勒转头就把卜泰送给了刘曜——他是想让刘曜明白，靳准畏惧的是他石勒而非你刘曜，想以此来挫伤刘曜的士气。

但刘曜也非等闲之辈，他要极力争取让靳准投降自己。他对卜泰说道：“先帝末年，纲纪大乱，小人干政，残害忠良。司空（靳准）热血衷肠，行使尹伊、霍光之权，拯救黎民百姓于水深火热之中，使我有机会登上帝位，可谓功高德厚。司空如果能够忠心于我，迎我入城，我将把朝政大事全权交给司空处理。请把我的意思转告司空及众位大臣。"

卜泰回到平阳城中，把刘曜的话原封不动说给了靳准听。但靳准在上次的大屠杀中杀死了刘曜的母亲和哥哥，对于归降后刘曜是不是真的能宽恕他还是心里犯嘀咕，因此迟疑不定。

靳准犹豫不决，但想活命的左车骑将军乔泰、右车骑将军王腾、卫将军靳康等人可是等不了了，他们联合起兵攻打靳准，靳准不敌被杀。他们又推举尚书令靳明为头领，派卜泰手捧六颗传国玉玺到刘曜处，向刘曜投降。

石勒得到消息，大怒。在这一回合，他是输给刘曜了，输得很彻底。石勒率军攻城，靳明据城坚守。

汉赵的魏郡太守、石勒的侄子石虎率军和石勒汇合，对平阳城发起声势浩大的攻击。石勒和石虎都是猛将，靳明不敌，赶紧派人向刘曜求救，刘曜派征北将军刘雅、镇北将军刘策率军前去接应。但石勒攻势凌厉，靳明等眼看城池已经守不住了，便带领一万五千多人出城去投靠刘曜。此前靳准担忧的事还是实现了——刘曜把投靠来的人中姓靳的，也不分男女老幼，统统砍了头，报了靳准杀死刘姓皇族的仇。之后，刘曜派刘雅进入平阳，把他母亲的遗骸迎回来下葬。

石勒率军进入平阳，下令把平阳皇宫付之一炬，又整修了刘渊和刘聪的墓地，把刘粲等一百多名皇族的尸体收殓安葬，安排士兵把守陵墓，然后班师返回襄国，顺便带走了城中的乐师和乐器、观测天象的浑仪等物。

平阳已经成了一片废墟，刘曜把首都由平阳迁到了长安。

在刘渊时期，这个国家名为"汉"，而刘曜曾经被封为中山王，中山是原赵国的土地，于是他改国号为"赵"，因此后世称匈奴刘氏建的这个国家为"汉赵"（为了区别石勒建立的后赵，又称这个国家为"前赵"）。此时的汉赵国土面积已经大大萎缩，仅辖关中、河南郡洛水以北、河东郡、弘农郡、上洛郡等地。

成为皇帝后，刘曜封王妃羊献容①为皇后，羊献容也因此成为中国历史上唯一一个做过两任皇帝皇后的女人；封刘熙为皇太子，刘袭为长乐王，刘阐为太原王，

---

① 羊献容，晋惠帝司马衷的第二任皇后，刘曜攻破长安后俘虏了她，娶她为妻。

这三个人都是羊献容和刘曜的儿子。刘曜的其他儿子也都得了王位，其他刘姓皇族都晋封为郡王。

刘曜问羊献容道：“我和司马家那小子（司马衷）比怎么样？”

羊献容在八王之乱中也历经了磨难，到此时已经锻炼成了一个手腕成熟的女人。听到刘曜这么问，她把头靠到了刘曜的怀里，娇嗔地道：“这怎么可以相提并论呢？陛下是开创基业的一代圣主，他是亡国的昏庸之人，连我们母女（羊献容和司马衷生了一个女儿）都保护不了。他贵为帝王，却让妻子在凡夫庶子的手中受辱，那时候妾身真是痛不欲生，根本没有想到还有今日！妾身娘家是泰山大族羊氏，也是出身高门，以前常常感叹世上男子都差不多，但遇到您以后，我才知道世上还是有真正的大丈夫的！”

刘曜非常喜欢读书，涉猎广泛，但对句读并不深入研究，只是囫囵地读。他能领兵打仗，又善于写文章，擅长草书、隶书，可以说是文武全才，所以才深深地吸引住了羊献容。如今他闻听羊献容的一席话，既兴奋又感动，把羊献容紧紧地搂在怀里，从此对她更加宠爱。

不久，氐族部落首领蒲洪前来归降，刘曜大喜，封蒲洪为率义侯。

第一百一十二节　石勒建后赵

石勒派左长史王脩向刘曜汇报平阳之战的情况，并献上俘虏。刘曜大为赞赏，命司徒郭汜等人持皇帝符节前往襄国，任命石勒为太宰、大将军，晋爵为赵王，再增加七个郡的采邑，石勒的采邑这下有二十个了；又赐予石勒皇家专用的车马，封他的夫人为王后，世子为王太子。这些待遇跟曹操辅佐汉朝时一样，可以说刘曜为了留住石勒，能给的都给了。使者王脩和副使者刘茂被任命为将军，封侯爵。

正在这个时候，意外发生了：王脩的跟班曹平乐羡慕京师的繁华，想留在朝廷任职，不想跟着王脩回襄国了，但这话他不能明说，得另找个理由。曹平乐这个人坏点子比较多，眉头一皱计上心来，他向刘曜上书说："大司马（石勒）派王脩及臣等来到长安，表面上是向您表示臣服，实际上却另有打算，他是想窥视长安的虚实，等我们回去以后，大军随后就会杀到。"

刘曜虽已登基，但他的军事实力不济，手下人才匮乏，本身就有些心虚，现在听曹平乐如此说，便对这番话深信不疑，加之他对石勒一直以来也不信任，加官封爵只是拉拢石勒的无奈之举，因此对石勒更加忌惮。他火速命人骑快马，把要去襄国宣布圣旨的郭汜给追了回来。刘曜怕王脩回去后如实报告长安城的情况，命人把王脩杀了，副使刘茂逃脱。

刘茂狼狈地逃回襄国，向石勒哭诉了王脩被杀的经过，石勒暴怒，追授王脩为太常，诛灭了曹平乐三族。曹平乐因为一己之私，竟让三族付出生命，人自私至此！

石勒对众人说道："我们弟兄伺候刘曜，已超出人臣应尽的本分，如果没有我们弟兄，他怎么能够称帝？现在他根基未稳，便想卸磨杀驴，竟然杀死进献忠诚之心的使者！帝王的兴起本来就没有固定的规律，赵王也好，赵帝也罢，我随便取，名号大小，他能管得了吗？！”众人纷纷称是。

石虎和张宾等百余人劝石勒称帝，石勒并不同意，因为之前他说的那番话只是气话，为此他还专门下令说：“从即日起，敢再提此事的，大刑伺候，绝不宽赦。”众人只能退而求其次，一致请求石勒依照三国时刘备在蜀地、曹操在邺城的例子，自称大将军、大单于，兼冀州牧、赵王。石勒面向西方推辞了五次，再面向南方推辞了四次，众人长跪不起，一再叩拜请求，石勒终于答应了。

太兴二年（319）十一月，石勒登基，改年号为“赵王元年”——此时石勒尚未称帝，只称赵王。为了区别于刘曜的汉赵（又称前赵），史称石勒建立的赵国为后赵，这也是继成汉、汉赵之后的五胡十六国之第三国。后赵领土范围包括二十四个郡，二十九万户人家。石勒下令赦免死刑以下的罪犯，治下百姓田租减半，还赐给孤寡老人每人三石粮食，并开始建造社稷宗庙，建设东西二宫。

石勒任命张宾为大执法，位居百官之首，任命石虎为单于元辅[①]、都督禁卫诸军事，其他官员也各有任命。又尊高僧佛图澄为国师，每逢军国大事都要向他请教。在佛图澄的影响下，后赵佛教徒激增，仅在佛图澄门下守业的追随者就有数百，前后门徒将近万人，这一时期佛教在北方得到广泛传播。

石勒严令治下少数民族不许欺负汉人士族，并以身作则，对汉人出身的首席智囊张宾尤其尊敬，每次在朝堂上都不直呼张宾的名字，而称呼张宾为“右侯”。张宾也尽心辅佐，对石勒是知无不言，言无不尽，兼之他为人谦虚，待人有礼，又胸襟开阔，为人公正，因此在后赵国内很受人们尊重。

石勒命张宾建立官员选拔制度，张宾模仿魏晋时期的九品中正制，把后赵官员的官衔也定为九品。之后，石勒又下令，让公卿和郡太守每年都要向朝廷推荐“秀才”“至孝”“廉清”“贤良”“直言”“武勇”各一人，以丰富国家的人才储备。

石勒不识字，但很有政治敏锐度，经常让人读《汉书》给他听。有次听到郦食其（刘邦的重要谋士）劝刘邦立六国贵族的后代为王，刘邦准备刻了印章授予他们时，

---

① 在匈奴的部族中，大单于之下有单于左右辅、单于元辅、左右贤王等，都具有很高的地位。

石勒吃惊地说道："这个办法不好，这样怎么可能能得到天下？"又听到后面张良进行劝阻，石勒叹道："幸亏有张良！"

石勒非常忌讳"胡"字，严禁在公文中和交谈中使用"胡"字。"胡"这个字是古代中原人对匈奴的称呼，后来又成了中原人对少数民族的统称。有的人喜欢这个字，还自称为"胡"，有的则不喜欢，石勒就是后一种。

黄瓜不是中原的产物，是汉朝张骞出使西域时带回来的，因此它最开始叫胡瓜。有一次石勒指着一盘胡瓜问樊坦："爱卿可知道这个东西叫什么名字？"樊坦是汉人，之前因为说了"胡"字得罪过石勒，但被石勒宽恕了，这次他知道石勒是在故意考他，便恭恭敬敬地回答道："紫案佳肴，银杯绿茶，金樽甘露，玉盘黄瓜。"

石勒听后很满意，哈哈大笑。从此以后，胡瓜就被称作黄瓜了，这个名字沿用至今。

第一百一十三节　鲜卑慕容廆

在上册的第七节中我们也讲过，商代的时候，在今天河北省北部、内蒙古东部地区，生活着一支被称为“东胡”的少数民族。当时东胡很强大，连匈奴人都要每年向他们进贡。

到了秦汉时期，匈奴冒顿单于自立，逐渐强大，他带兵攻击东胡，东胡被打得分裂成大大小小好些部族。退居鲜卑山（鲜卑山先不可考，大概在今大兴安岭北部）的一支被称为鲜卑，鲜卑又分化出慕容、宇文、段部、拓跋、乞伏、秃发、吐谷浑各部。

鲜卑部的莫护跋，在曹魏初年率领部落人民进入辽西生活。后莫护跋跟随司马懿讨伐反叛的公孙渊，立了功，被封为率义王，王庭设在了棘城（今辽宁锦州市义县西）。莫护跋发现古燕、代之地（今河北西北部和山西东北部）的人们大都喜欢戴一种叫步摇冠的帽子，很喜欢，于是就把头发盘起戴上了帽子，部落的人后来就用“步摇”称呼他。鲜卑发音和中原人不同，叫来叫去，“步摇”就叫成了“慕容”，“慕容”也成了他们的姓氏。关于这个姓氏，还有一种说法：他们仰慕天地二仪之德，承继日月星三光之容，所以就以“慕容”为姓氏。

莫护跋的儿子叫慕容木延，木延有子叫慕容涉归，因协助中原军队有战功，被授予鲜卑大单于的封号，他把部落迁移到辽东郡北（今辽宁辽阳市）。随着内迁，慕容鲜卑逐渐汉化。

慕容涉归有三个儿子，分别叫吐谷浑、慕容廆（wěi）和慕容运。

慕容廆出生于西晋泰始五年（269），生的身材魁伟，身高八尺（约一米九），相貌英俊，气度非凡。他年少时曾去拜访当时是安北将军的西晋名士张华，经过交谈后，张华对他称赞不已，还把自己的头巾赠送给慕容廆，两个人结成了好朋友。

慕容涉归去世后，因为长子吐谷浑[①]是庶出，慕容廆成了理所当然的继承人，但不久慕容廆的叔叔慕容耐篡位，准备斩草除根，除掉慕容廆，慕容廆机智地逃掉了。慕容耐不得人心，后来族人群起攻之，杀死了他，又把慕容廆接回来继位。

此时慕容廆心向晋室。洛阳、长安倾覆后，因为慕容廆虚心纳贤，中原的士族和平民百姓有不少扶老携幼前来投靠，为此他设置了专门的郡来安置他们。他任用贤才，汉人裴嶷、鲁昌、阳耽、逄羡、游邃、封抽、封弈、宋该、皇甫岌等都成为他手下核心的幕僚成员。东晋元帝司马睿继位后，封慕容廆为都督辽左诸军事、龙骧将军、大单于、昌黎公。

晋平州刺史崔毖（bì）自认是个人物，对于人们多去投靠慕容廆而不是自己很不服气。他联合了慕容段部、宇文部和高句丽国从三个方向向慕容廆发起攻击。

慕容廆的大儿子慕容翰是一员猛将，英勇善战，威名远播，他们父子一心，坚守棘城，以逸待劳，崔毖的联军无法攻破城池。时间一长，联军出现疲惫之态，慕容廆派慕容翰和另一个儿子慕容皝（huàng）主动出击，大败联军，还搜到了之前宇文部落捡到的三颗玉玺。崔毖携带家小仓皇逃往高句丽。

宋该建议慕容廆向晋廷报捷，并送上三颗玉玺。晋元帝司马睿接到消息和玉玺后大喜，赐给慕容廆丹书铁券，封他为都督幽、平二州及东夷诸军事，兼车骑将军、平州牧、辽东郡公、使持节，食邑一万户。

---

① 后来，没有继承大单于位置的吐谷浑在今青海省建立了吐谷浑国。

第一百一十四节 张茂建前凉

当初，凉州刺史张寔（shí）得知长安被匈奴刘曜攻破，晋愍帝司马邺被强制带走后，痛哭了三天。

当时在上圭的南阳王司马保也图谋称帝，张寔认为他没有司马睿的血缘正统①，没有拥护司马保，而是选择派牙门将蔡忠到建康劝进。路途遥遥，等蔡忠到了建康后，司马睿已经称帝了，并改年号为“太兴”。但张寔在凉州不用太兴年号，仍然用晋愍帝的年号“建兴”。

京兆郡（今陕西西安市西北）人刘弘会些旁门左道，居住在天梯山（今甘肃武威市城南）的第五山上。他在山洞中点灯，然后悬挂些镜子反光，弄得洞中大亮，不了解内情的老百姓以为他是神仙，纷纷膜拜，追随他的有一千多人，就连张寔的身边人也有不少是刘弘的弟子，帐下督阎涉、牙门将赵印和刘弘还是老乡，关系更是亲密。

刘弘野心还挺大，有一次他对阎涉和赵印说：“近日，我接到神灵指示，要我在凉州称王。”阎涉、赵印对此深信不疑，竟私下与张寔身边的十多人密谋杀害张寔，遵刘弘为主公。

张寔的弟弟张茂生性安静好学，不把功名利禄看得太重，南阳王司马保曾经两次征召他，他都没有赴任。这次张茂得到密报，知道了刘弘他们的阴谋，再也淡泊不起来了，立即请求张寔诛杀刘弘。张寔命令牙门将史初前去逮捕刘弘，不想史初他们刚走，阎涉等人就怀揣利刃走进客厅，张寔起身还击，不敌被杀。

---

① 司马保是司马懿弟弟司马旭的曾孙，而司马睿是司马懿的曾孙。

史初见到刘弘，割下他的舌头用囚车押送到姑臧，在街上车裂了他，并搜捕诛杀刘弘党羽数百人。

左司马阴元等人认为张寔的儿子张骏年龄小（年十四），难以支撑目前的局势，于是在太兴三年（320）六月，推举张茂为凉州刺史、西平公。张茂在境内赦免罪犯，任命张骏为抚军将军。不久，他又指定张骏为世子，把他当作自己的继承人。

这时候的凉州已经不再归属晋朝，是个独立王国了，后世以张茂上位为凉国建立的时间节点。为了区别之后的其他凉国，史称张茂建立的凉国为前凉。

第一百一十五节　祖逖伐后赵

前文说到祖逖率队北伐。进军到芦洲的时候，他派参军殷义前去接洽当地的坞堡[①]堡主张平、樊雅。

张平、樊雅之前已经向晋归降，但因为殷义高傲自大，看不起张平，受到羞辱的张平怒斩殷义，再次反叛。祖逖率军进攻张平，但一年多过去了，仍然攻不进去。硬的不行，就使用反间计，祖逖诱使张平的部将谢浮杀死了张平，谢浮投降。

解决了一个张平，但樊雅仍然坚守谯城（今安徽亳州市），祖逖无法攻克，向南中郎将王含求援。王含派参军桓宣说服樊雅出城投降，祖逖顺利进入了谯城。

听说祖逖占领了谯城，石勒坐不住了，派骠骑大将军石虎率军包围了谯城。王含又派桓宣带兵来援，和祖逖内外夹击，石虎不敌撤退。桓宣屡立战功，祖逖向司马睿上书推荐他做了谯国太守。

当初，蓬陂坞主陈川自封宁朔将军、陈留太守，祖逖进攻樊雅时，陈川派部将李头帮助祖逖。李头作战勇敢，立下了战功。樊雅的坐骑是匹宝马，李头很想得到这匹宝马，但又不敢明说，祖逖看出了他的心思，主动把宝马送给李头，之后李头常常对人感叹地说："能够遇到祖逖这样的领导，虽死何憾！"

可是说者无心，听者有意，陈川听到这话后大怒，以为李头要背叛自己，就派人杀死了李头。李头的亲信冯宠带领四百多人投靠了祖逖，陈川更为恼怒，但摄于祖逖的威名，不敢直接进攻，只好派手下前去骚扰，给祖逖添堵。他们在豫州进行抢劫，

① 坞堡，是以家族或村寨为单位构筑起的用来自卫的设施。

抢走了不少女人和车马，祖逖派兵截击，把陈川抢走的女人和车马救了回来，然后人全部遣返回家，车马归还原主。

陈川自知不是祖逖的对手，干脆投降了石勒。祖逖率军讨伐陈川，石勒命令石虎领兵五万前去救援。祖逖用奇计大败石虎，石虎留下桃豹镇守蓬关西城，带陈川等人退回了襄国。

桃豹是员猛将，他是石勒赖以起家的十八骑之一，是块难啃的骨头，祖逖命韩潜与他相对，镇守蓬关东城。蓬关城中的两军都不敢轻举妄动，相持了四十多天。在这期间，韩潜军队由东门出入，桃豹军队由南门出入，小心翼翼地互相避让，避免出现争端。

老这样对峙也不是办法，祖逖心生一计。他命人把泥土装入粮袋，让一千多名士兵护送着，送给韩潜的部队，然后派些老弱的士兵装扮成挑夫，挑上真正的米，故意显得体力不支落在后面，坐在树荫下休息。

桃豹这边粮食吃紧，一看抢粮的机会来了，马上派部队前去抢劫，“挑夫”扔下粮食就跑，饥饿的桃豹士兵终于饱餐了一顿。吃着吃着，桃豹觉得不对劲了：祖逖有这么多粮食吃，而我们却缺少吃的，这样下去，我们必败呀！他渐渐沮丧起来。

石勒这边筹集了不少粮食，派部将刘夜堂带队驱赶着一千头驮上粮食的驴，前去供应桃豹。祖逖得到消息，命韩潜和冯铁在汴水埋伏，瞅准时机，大败刘夜堂，抢走了粮食。桃豹知道粮食被抢走后彻底丧失信心，连夜逃到了东燕城（今河南延津县东北）。祖逖命韩潜进驻封丘（今河南封丘县），进一步逼迫桃豹，又命冯铁进驻蓬关，他自己则进驻雍丘（今河南杞县）。

祖逖不断派兵袭击后赵，后赵边关不断有将士投降祖逖，边境形式逐渐紧张起来。

晋留在中原的将领赵固、上官巳、李矩、郭默等这时候还在相互内斗，祖逖派人对他们说，现在是亡国灭种的关键时候了，我们应该同仇敌忾，收起成见，一致对外。各位将领一琢磨，觉得祖逖将军说得对，于是纷纷放弃恩怨，都甘愿受祖逖的指挥，祖逖顿时军力大增。

祖逖礼贤下士，即便是地位低微的，或是和他关系疏远的，他也能以礼相待。而且他虽生活节俭，但对部下却一点也不吝啬，每当部下有了一点功劳，不需过夜，他的奖赏就会送上。将士们诚心归附，军队更加势不可挡，黄河以南的土地很快就重回晋的怀抱。

太兴三年（320）七月，晋元帝司马睿加封祖逖为镇西将军。

黄河沿岸各个堡寨都是汉人，但他们都有人质在后赵，只能暗地里投降，祖逖也允许他们便宜行事，还时不时地派小股部队假装去攻击一下，来表明这些堡寨并未投降晋，以确保人质的安全。堡主们对祖逖感恩戴德，每当后赵有军事行动的时候，这些堡主都会派人提前秘密通知祖逖，也因为这个原因，祖逖部队屡屡获胜。

祖逖厉兵秣马，积蓄粮秣，为向河北进攻做充分的军事准备。

面对祖逖咄咄逼人的攻势，石勒十分担忧，不敢再向南进攻。为了争取祖逖，他命幽州府把祖逖祖上的坟墓修葺一新，并指派专人守护，还写信给祖逖，希望开通边关贸易。祖逖没有回信，但默许边关百姓自由贸易，祖逖从边关贸易得到的税收是田赋收入的十倍，经济实力更加壮大了。

石勒和祖逖很默契，石勒杀死了从祖逖方投降过来的人，祖逖也不收留从后赵叛逃过来的人。边境无战事，人民得到了充分休养生息的机会。

拾 内乱

第一百一十六节 王敦谋乱

太兴三年（320）十二月，晋大将军、江州牧王敦杀了不听话的武陵郡太守向硕。

前面我们说过，晋元帝司马睿是在王导、王敦的全力支持下才登上帝位的，因此司马睿非常倚重和信任王氏兄弟，甚至在当时出现了“王与马，共天下”的说法。

王敦负责军事，手握重兵，先后杀死了反叛的江州刺史华轶、交州刺史王机、猛将杜曾、流民头目杜弢（tāo）等人，可谓是劳苦功高，名震江左。但渐渐地，王敦骄傲起来，他自持有功，行事飞扬跋扈，甚至开始自行任命州郡官员。

司马睿对王敦既惧怕又厌恶，渐渐开始对王家有所疏远，把御史中丞刘隗（wěi）、尚书左仆射刁协引为心腹，以此抑制王家的势力。刘隗和刁协都是个性较强、容易冲动的人，他们不畏强权，对王家做大耿耿于怀，多次向元帝直言应削弱王家势力。

王导生性谨慎，能够隐忍，对于目前的处境他做到了泰然处之，但王敦忍受不了，和元帝司马睿之间的关系产生了裂痕。王敦每次喝酒以后，都要背诵曹操的诗：“老骥伏枥，志在千里。烈士暮年，壮心不已。”并拿如意敲打痰壶做节拍，壶边被敲得尽是缺口。

当年，王敦征聘沈充为参军，沈充又把老乡钱凤推荐给了王敦，王敦任命钱凤为铠曹参军。沈充和钱凤性格狡诈，善于察言观色，他们知道王敦有不臣之心，常常在暗地里帮王敦出谋划策，王敦对他们二人越来越信任。

王敦上书给司马睿，为被打压的王导鸣不平，言辞之间充满了不恭敬。王导收到奏章后赶紧退给了王敦，但王敦对王导的良苦用心置之不理，又派人把奏章送交朝廷。

司马睿召刘隗过来商议对策，刘隗建议应该派己方阵营的人到全国各地任职，削弱王家的势力。正巧这时湘州刺史的位置空缺，王敦上书请求让沈充去补缺。湘州战略地位重要，位处荆州、交州、广州三个州的交界处，是咽喉要地，如果被王敦的人控制了，朝廷会更加被动，于是司马睿没理会王敦，任命谯王司马承前往赴任。但为了给王敦等人一个交代，太兴三年（320）十二月，司马睿下诏说："自开创基业以来，方镇官员都是皇亲和贤达并用，所以我选择以谯王司马承为湘州刺史。"

太兴四年（321）七月十七日，司马睿任命自己信任的尚书仆射戴渊为征西将军、司州刺史，兼都督司、兖、并、雍、冀六州诸军事，镇守合肥（今安徽合肥市），同时任命刘隗为镇北将军、青州刺史，兼都督青、徐、幽、平四州诸军事，镇守淮阴（今江苏淮安市）。司马睿给这两个人的任务是讨伐胡人，实际上是让他们牵制王敦。

虽然刘隗出镇在外，但朝廷的机密要事、重要人事任免等等，司马睿都会秘密地同他商量，这自然逃不过王敦的耳目，王敦也因此越来越厌恶刘隗。王敦写信给刘隗说："圣上垂青足下，今胡人未灭，中原鼎沸，我愿意和足下等人齐心辅佐王室，一同平定海内。如果进展顺利，那么帝业必将兴隆；如果不顺利，则天下就永远没有希望了。"刘隗没有接他的话，只是在回信里淡淡地说："鱼相忘于江湖，人相忘于道术。我将竭尽全力，用忠贞报效朝廷，这是我的志向。"王敦看到回信，勃然大怒。

七月二十五日，司马睿任命骠骑将军王导为侍中、司空、录尚书事、领中书监，假节。这一下，王导的位置提高了，但被剥夺了兵权，实际上是被架空了。

豫州刺史祖逖历尽千辛万苦，好不容易收复了黄河以南的领土，却突然过来了一个掌管司、兖、并、雍、冀六州军事的戴渊成了自己的顶头上司，坐享其成，而且戴渊又是南方人，这让出身北方的祖逖非常郁闷。祖逖又听说王敦与刘隗、刁协之间结怨，感到内乱将要爆发，自己的北伐大业就要成为泡影了，于是更加忧心忡忡，急火攻心之下，他竟一病不起了。

太兴四年（321）九月，祖逖病逝于雍丘，时年五十六岁。整个豫州的百姓都像失去了自己的亲生父母一样难过，谯国、梁国都为祖逖建立祠堂。朝廷任命祖逖的弟弟祖约接任豫州刺史，掌管祖逖生前率领的部队。

王敦很忌惮祖逖，听说祖逖去世，他感觉朝廷再无人是他的对手，更加肆无忌惮了。

第一百一十七节　王敦兵变

永昌元年（322）正月十四日，王敦罗列刘隗的罪行，以“清君侧”的名义，在武昌发兵，沈充起兵响应。

司马睿得知王敦起兵，大怒，下诏说：“我当亲率六军，诛此逆贼！能杀死王敦的，我封他做五千户侯！”

王敦的哥哥、光禄勋王含偷偷乘坐小船前去投靠王敦。

湘州刺史、谯王司马承听说王敦起兵，立即发兵勤王。

王敦和司马承都在极力争取凉州刺史甘卓（东吴大将甘宁的曾孙）加入己方阵营。甘卓几经犹豫，和参谋班子经过多次激烈的讨论，终于决定起兵勤王，讨伐王敦。甘卓邀请广州刺史陶侃一起起兵，陶侃派参军高宝北上支援。

王敦派南蛮校尉魏乂和将军李恒率两万人攻打司马承所在的长沙，司马承率军顽强抵抗。

司马睿召戴渊、刘隗回援京师。刘隗回到建康的时候，文武百官在道路两旁迎接，他趾高气扬，仿佛只有他才能平灭王敦之乱，挽救晋室，挽救大家。司马睿把一切都看在眼里，但此时正是用人之际，便没说什么。

刘隗和刁协够狠，他们劝司马睿把留在京师建康的王氏家族斩尽杀绝。王氏家族面临生死关头，王导几乎一夜愁白了头，他把官服归还朝廷，带领王家子弟二十多人，每天早上都早早地到朝堂上请求皇帝治罪。

司马睿很早就结识了王导，也感念王导一直以来的忠诚，派人把官服还给王导，还特地召见了他。

王导跪拜谢罪道：“逆臣贼子，历朝历代都有，可我哪里会料到现在这样的人竟然出在了我的家族里！”司马睿把王导搀扶起来，拉着他的手，宽他的心道：“茂弘（王导的字），你是国家栋梁，不要再这么说了。”

永昌元年（322）三月，司马睿任命王导为前锋大都督，下诏说：“王导大义灭亲，现在把我做安东将军时的符节交给他。”又任命戴渊为骠骑将军，周顗为尚书左仆射，王邃为尚书右仆射。

司马睿在做最后的争取工作，他派自己的表弟，同时也是王敦堂弟的王廙（yì）前去做王敦的思想工作，但任王廙磨破了嘴皮，王敦都不为所动，甚至还扣留了王廙。王廙无奈之下也加入了王敦的队伍。

司马睿任命周札（周处之子）为右将军、都督石头城水陆军事，又任命甘卓为镇南大将军、侍中，兼都督荆、梁二州诸军事，陶侃兼江州刺史。之后让刘隗驻防金城，甘卓、陶侃前去抄王敦的后路，他自己也身披铠甲，亲自到建康城外检阅军队，鼓舞士气。

王敦率大队人马浩浩荡荡抵达石头城外，准备首先进攻自己痛恨的刘隗，他的部将杜弘建议道：“刘隗豢养了一批敢死队，不容易对付，不妨先攻石头城。周札对手下很刻薄，部下跟他离心离德，我们发动进攻后，他的部队必定一哄而散，周札一败，刘隗自会逃走。”

王敦同意了这个策略，任命杜弘为前锋，进攻石头城。正如杜弘所料，杜弘一进攻，周札的部下立即四散奔逃，周札也打开城门迎接杜弘入城，王敦毫不费事地占据了石头城。

司马睿命令王导、周顗、刁协、刘隗、戴渊等率兵全力进攻，务必收复石头城。王导和周顗等分三路出击，但刁协等人的军队都大败而归。太子司马绍得到兵败的消息，准备亲自带领部队与叛军决一死战。他坐上战车就要出发，太子中庶子温峤飞奔上前，拉住马缰绳，回过头对司马绍说：“殿下是皇位的继承人，怎么能逞一己之快，弃天下于不顾！”言毕，他抽出宝剑，斩断缰绳，司马绍这才作罢。

第一百一十八节 伯仁为我而死

王敦在重兵的簇拥下进入石头城，他不去拜见司马睿，却放纵士兵四处抢掠，把建康城弄得鸡飞狗跳。

司马睿脱下铠甲，换上龙袍，他扫视了一下四周，说道："想得到这个位置，何不早说！我自会回琅琊去，为什么要让百姓受苦？"他派使者对王敦说："公若不忘本朝，就此罢兵，则天下还可以平安。如若不然，朕将回到琅琊，为贤人让路。"

刁协和刘隗来面见司马睿。司马睿拉着他们的手，放声痛哭，让二人赶紧逃走。刁协流着泪说："我待在这里保护皇上，不敢有别的心思。"司马睿一摆手，催促他："事情紧急，现在还走得了，再迟恐怕就来不及了！"

司马睿给刁协、刘隗准备出行马匹和随员，让他们自寻生路。刁协年龄大了，受不了马上的颠簸，平日里也缺少对部下的恩惠，大家都不愿意和他一起走，走到江乘县（今江苏句容市北）的时候就被人杀死，首级送给了王敦，王敦允许刁家人为他收尸安葬。刘隗向北投奔了后赵，后官至太子太傅。

王敦势大，无奈，司马睿只好携百官到石头城拜见，迎接王敦。

永昌元年（322），司马睿大赦天下，任命王敦为丞相、都督中外诸军事、录尚书事、江州牧，封武昌郡公，食邑一万户。王敦假意推辞。

当年长安陷落，大家都劝司马睿即帝位，只有王敦图谋控制朝政，怕已经四十出头的司马睿难以听任摆布，想立个年幼的，但因为王导不同意，这才作罢。现在王敦攻入建康，见到王导，对他说道："当年你不听我的意见，现在差点使全族被灭。"

王敦刚起兵的时候，王导带领在建康的一众王家人到宫外请罪，尚书仆射周顗正巧路过要进宫去，王导冲他高喊道："伯仁（周顗的字），我全家百十口的性命，托付给你了！"周顗头也不回，径直入宫。见到元帝司马睿后，周顗倒是竭力向他申诉王导的忠心耿耿，劝司马睿放王导等人一马。周顗所说的和司马睿的想法一致，司马睿同意了。

周顗喜欢喝酒，几乎天天喝醉，有"三日仆射"之称。这一次，周顗又是喝高了才出宫来。王导等人还在宫门外等候，王导又喊周顗，周顗依旧不答话，还笑着对左右说："今年要杀掉诸位贼子，换来斗大的金印挂在后面。"回到家后，周顗却又给司马睿上书，替王导开脱。但王导对此并不知情，以为周顗不帮他说话，对周顗恨之入骨。

王敦入建康后，问王导说："周顗和戴渊名望较高，任命他们为三公级的官员应该没有什么问题吧？"王导不答话。

王敦又问："如果不任三公，应该让他们做尚书令还是仆射？"王导又不答话。

王敦再问："如果不这样任用，就只有杀了他们！"王导还是不答话。

永昌元年（322）三月二十三日，王敦派人逮捕了周顗和戴渊。周顗在被押赴刑场的途中经过太庙，大喊道："贼子王敦，倾覆社稷，枉杀忠臣，如果神灵有知，请速速诛之！"押送人员用大戟把周顗的嘴刺烂，鲜血直流到了脚上，但周顗面不改色，旁观者都为之动容，流下了眼泪。戴渊也被押到石头城南门外斩首。

司马睿派身为侍中的王敦堂弟王彬去犒劳王敦。王彬为人正直，又一向与周顗关系要好，便先去哀悼了周顗，然后才去见王敦。王敦见他表情哀伤，心中纳闷，就询问他，王彬回答道："我刚从周伯仁那里吊孝回来。"

王敦发怒道："周顗自己找死，你为什么要去吊孝？"

王彬回答："周伯仁是长者，也是您的亲友，虽然他在朝廷不算忠直敢言，但也没有结党营私，却在大赦之后被处以极刑，所以我感到悲伤。"

王彬越说越生气，竟数落起王敦来："兄长抗命犯上，杀害忠良，图谋不轨，祸及门户！"他慷慨激昂，声泪俱下。王敦听了暴跳如雷，严厉地呵斥道："你真是狂妄至极！以为我不敢杀你吗？！"

当时王导也在场，暗自替王彬担心，见王敦生气了，他赶紧劝王彬起身谢罪。王彬道:“自从有脚病以来，我见了皇上都不想下拜，现在没有什么可跪拜的？”

王敦威胁道:“脚痛和脖子痛，哪个更痛？”

王彬毫不畏惧，最后还是没有下跪，毕竟是亲族，王敦也没有杀他。

王导后来整理中书省的档案，见到了周顗替自己辩护的奏章，他颤抖着拿起奏章，眼淌热泪，悔道:“我不杀伯仁，伯仁却因我而死。幽冥之中，有负好友！”

唉，从这件事也能看出，对别人好要让别人知道，闹了误会可不得了。

第一百一十九节　司马绍登基

王敦建议朝廷任命西阳王司马羕为太宰——司马羕是八王之乱中司马亮的儿子，司马亮兵败后，因年幼被救走而幸免于难。之后又任命王导为尚书令，王廙为荆州刺史，还调换了不少朝廷官员和封疆大吏，把重要位置都换上与自己一党的人，被降职、免职和调动的官员数以百计。

王敦认为京师不是久留之地，大本营武昌（今湖北鄂州市）才是最安全的，所以打算回武昌去。王敦的长史谢鲲（名士谢安的伯父）劝他道："明公大义，保全了社稷，但您一直称病不去朝拜圣上，没有赢得民心。如果您去拜见圣上，君臣之间自然会消除嫌隙，天下人也就自然会顺服于您了。"

王敦反问谢鲲道："你能保证我上朝的时候不会发生什么意外吗？"

谢鲲回答："我近日上朝，见圣上旁边的位置空着，那是在等待着您啊，宫中也安静平和，必然不会有什么意外。您如果上朝，我来担任您的侍卫。"

王敦听了，勃然大怒，骂道："像你这样的人杀掉几百个，对政局又有什么损失！"意思是你说会做我的侍卫，可你死了不要紧，我的身份尊贵，你怎么能比？

王敦最终也没有入朝见驾，于永昌元年（322）四月率军队返回武昌。

之前王敦派南蛮校尉魏乂攻打湘州刺史谯王司马承，四月十日，魏乂生擒司马承。在把司马承押运到武昌的途中，王廙按照王敦指令杀死了他。空出来的湘州刺史的位置，司马睿本已下诏让广州刺史陶侃接任，但因为陶侃不属于王敦的嫡系人马，王敦要求皇帝撤回诏令，司马睿只好同意。

王敦对甘卓最开始答应和自己一起起兵，之后却按兵不发，甚至和自己作对的反复之举耿耿于怀，一直在寻找机会报复。甘卓的身边人劝甘卓要多多提防，但他没有听进去，让士兵卸甲从事农业生产。

襄阳太守周虑接到王敦密令，让他见机除掉甘卓，于是他谎称此时湖中有很多鱼，劝甘卓派身边的侍从们下湖捕鱼，甘卓中计，支开了身边人。五月二十三日，甘卓被周虑杀害在卧室中，首级被割下送给了王敦。之后王敦命从事中郎周抚督沔北地区军务，代替甘卓镇守沔中。

人一旦得志就容易忘形，王敦也是这样，此时他性格中的弱点显露无遗，变得越发贪婪、傲慢、残忍。各地向朝廷进贡的物品大都落入王敦的口袋，在朝中重要岗位上任职的大都是王敦的门生。王敦还任命哥哥王含为征东将军，兼都督扬州、江西诸军事，堂弟王舒为荆州牧，堂弟王彬为江州牧，堂弟王邃为徐州牧，他自己则亲自兼任都督宁州、益州诸军事。

王敦把沈充、钱凤引为嫡系，作为核心幕僚，诸葛瑶、邓岳、周抚、李恒、谢雍等也都是他的心腹。沈充等人仗势欺人，贪得无厌，大肆修建府邸，侵占他人田地住宅，挖掘古墓，公然在集市抢夺他人的财物，简直无恶不作，可王敦依旧信重他们，而王敦的堂弟，时任豫章太守的王棱多次劝阻王敦，言辞比较激烈，王敦一怒之下竟派人把他暗杀了，很有“顺我者昌，逆我者亡”的意味。

王敦把持朝政，并进一步揽权。他取消了司徒这一重要职位，把司徒的职权并入丞相府。王敦权柄越来越大，皇帝成了摆设，这让司马睿非常郁闷，急火攻心之下，竟一病不起。司马睿把司空王导叫到床前，命他辅佐太子。永昌元年（322）十一月初十，司马睿驾崩，年四十七岁，后被葬于建平陵（位于今江苏南京市）。

十一月十一日，年仅二十四岁的皇太子司马绍登基，大赦天下，尊奉生母荀氏为建安君，史称晋明帝。

司马睿一死，王敦更不把年轻的司马绍放在眼里，他野心膨胀，有了篡夺皇位的打算，暗示司马绍召自己入朝，司马绍不敢不照做，亲笔写下诏书征召他。太宁元年（323）四月，司马绍赐予王敦黄钺和班剑（这些是皇帝用的礼器），并允许他上朝时不报姓名，不必小跑，佩剑上殿（“赞拜不名、入朝不趋、剑履上殿”）。而王敦选择移驻姑孰（今安徽当涂县），屯兵于湖（今安徽省当涂县南），又给自己加上了扬州牧的官衔——这个官管辖的可是京师所在之地。

面对王敦篡位步伐的加快，与他同族的王彬苦苦相劝，王敦再次黑了脸，示意左右把王彬抓起来。王彬毫不畏惧，正气凛然地说："你之前杀害兄长（指王棱），现在又要杀害弟弟吗？！"王敦闻听，心底被触动了一下，终于还是停了手。

太宁元年（323）六月初六，晋明帝司马绍立太子妃庾文君为皇后，让皇后的兄长中领军庾亮任中书监。

庾家是颍川的大族。庾亮和庾文君的父亲叫庾琛，在永嘉初年为建威将军，南渡之后担任会稽太守，后被征召为丞相军咨祭酒，死在任上。庾文君美丽大方，仁慈善良。庾亮，字元规，是个帅哥，为人严肃庄重，注重礼节，口才特别棒，好老庄之学。讲到东晋后面的历史，还会再提到他。

第一百一二十节　壮士之歌

永昌元年（322）春季，汉赵皇帝刘曜亲自带兵攻打位于仇池山（今甘肃陇南市西和县南）的氐王杨难敌，杨难敌不是对手，投降汉赵。但这时候刘曜军中发生了瘟疫，刘曜自己也被传染到了，他感觉很不适，于是班师回朝。

自称秦州刺史的陈安请求拜见刘曜。陈安是员虎将，打仗的时候常常左手持七尺大刀，右手拿丈八蛇矛，一路砍杀下来，叫敌人心惊胆战，比张飞都猛！他原来是南阳王司马模的部下，司马模兵败被杀后，他投靠了司马模的儿子司马保，司马保给予了他很高的礼遇。后因司马保的手下将领张春嫉妒陈安，派刺客刺杀他，陈安受伤出走。晋愍帝投降后，司马保自称晋王，陈安也自称秦州（州府在上邽，今甘肃天水市）刺史。

陈安请求拜见刘曜，刘曜感染了瘟疫，身体有恙，因此推脱不见。陈安以为刘曜已经死了，派兵掠夺一番，撤回去了。刘曜病情加重，连马都不能骑，只好乘坐马车返回都城长安。

刘曜派部将呼延寔率军保护辎重，陈安又半路杀出，把呼延寔连同辎重全部捕获。陈安对呼延寔说："刘曜已经归天，你不如投降了我，我们共谋大事。"呼延寔呸了一声，大骂陈安道："你也不撒泡尿照照自己，我预感你的首级不久就会悬挂在闹市，何谈大事！快快一刀杀了我！"陈安大怒若狂，把呼延寔杀了，任命呼延寔的长史鲁凭当参军。

陈安派他的弟弟陈集率领三万骑兵追赶刘曜的部队，刘曜命卫将军呼延瑜带兵迎战，结果陈集不敌被杀。陈安撤回上邽，又派兵攻打汉赵的汧城（qiān，今陕西陇县南），攻克了这里，陇上的氐族、羌族纷纷来降。

陈安声势大震，拥有十多万人马，他自封大都督、大将军、凉王，兼雍、凉、秦、梁四州州牧，假黄钺，任命赵募为相国。

太宁元年（323）六月，陈安率兵包围了汉赵征西将军刘贡所在的南安郡（今甘肃陇西县渭水东岸），已经归降刘曜的匈奴休屠王石武率兵攻击陈安的大本营上邽，前后夹击之下，陈安部队遭受重创。陈安收拢残余骑兵八千人，逃到了陇城（今甘肃张家川回族自治县）。

太宁元年（323）七月，刘曜亲任主帅围攻陇城，另派遣部队围攻上邽，分散陈安兵力，陈安屡战屡败。汉赵右军将军刘幹攻克了平襄（今甘肃通渭县），陇上（今甘肃南部）各县也纷纷投降。陈安一看大势已去，留下将领杨伯支、姜冲儿守卫陇城，自己率领精锐骑兵浴血突出重围，逃向陕中。

刘曜派大将平先率队追击，陈安等人边战边退。对追得近的敌人，陈安左手挥动七尺大刀，右手舞动丈八蛇矛枪，威风凛凛，刀矛齐舞，削敌人脑袋如切瓜砍菜一般，一出手就能杀掉五六个人；对稍远一些的敌人，他命弓箭手左右开弓，射得敌人应声倒地。

平先也是员虎将，勇猛又不失灵活，身手敏捷，陈安和他是棋逢对手。经过三次激战，平先奋力夺下陈安的丈八蛇矛枪。这时候天色已晚，又下起了滂沱大雨，陈安和侍从步行躲藏于山中。平先派士兵四下里搜索，但没有搜到。

第二天，陈安派手下石容下山侦察，被守候在山下的汉赵辅威将军呼延青人捉住。呼延青人严刑拷打，想逼石容说出陈安的藏身之所，但石容真是条汉子，尽管被打得血肉模糊，也坚决不肯说。呼延青人大怒，杀死了石容。

不久雨水停了，天光放晴，呼延青人通过路边的蛛丝马迹，在山涧的转弯处发现了陈安，此时陈安已经筋疲力尽，毫无还手之力了，呼延青人命人立即杀了陈安。

陈安平时善待营中兄弟，和他们同甘共苦，荣辱与共。他被杀后，陇上人想念他，为他作了首《壮士之歌》，歌中唱道：

“陇上壮士有陈安，躯干虽小腹中宽，爱养将士同心肝。聂（niè）骢父马铁瑕鞍，七尺大刀奋如湍，丈八蛇矛左右盘，十荡十决无当前。战始三交失蛇矛，弃我聂骢窜严幽，为我外援而悬头。西流之水东流河，一去不还奈子何！”（蹑骢是传说中陈安的坐骑。）

刘曜也是爱才之人，听到《壮士之歌》后伤感地掉下了眼泪，命人传唱这首歌。

陈安死后，陇城内，杨伯支杀死姜冲儿，献城投降；上邽城宋亭杀死赵募，也献出城池投了降。

刘曜把秦州的豪门大姓杨氏、姜氏两千多户迁徙到长安，氐族、羌族也都送来人质表示顺服，刘曜任命赤亭（今甘肃陇县西）羌族酋长姚弋仲为平西将军，封平襄公。

请记住姚弋仲这个名字，他的儿子姚苌日后建立了后秦。

第一百二十一节　铲除王敦

会稽郡内史周札（周处之子）出身于江东本地大族，目前一家之中又有五个人封侯，家族势力强大，这让王敦颇为忌惮。太宁二年（324）正月，王敦诬陷周家与妖道李脱勾结，借机处死了周札全族。

王敦没有儿子，他哥哥王含把自己的二儿子王应过继给了他。王敦生病了，病情不断加重，他命养子王应为武卫将军，做自己的副手，任命王含为骠骑将军、开府仪同三司。

王敦的参谋班子也在谋划后路。钱凤问王敦道："万一您有个三长两短，应该会把后事托付给王应吧？"王敦答："王应太年轻，不能承担如此大任！我百年之后，你们放下武器，遣散部众，顺服朝廷，保全门户，这是上策；退回武昌，聚兵自守，定期向朝廷进贡，这是中策；趁现在我还有口气，全力进攻京城，把希望寄托在侥幸获胜上面，这是下策。"

虽然王敦这样说，但钱凤还是选择孤注一掷，想大干一场，他对手下人说道："主公所说的下策，其实就是上策！"于是与沈充谋议商定，等王敦一死便起兵反叛。

温峤在王敦府上做左司马，他苦心劝告王敦，但王敦不听，因此他想要找到脱身之计，禀报朝廷早做准备。之前温峤有意多接近王敦的红人钱凤，便称赞钱凤道："钱世仪（钱凤字世仪）满腹经纶。"温峤是名扬江左的名士，得到名士的夸赞，钱凤当然很高兴，对温峤也很友好，在王敦面前没少说温峤的好话。

此时恰好丹阳尹一职出现空缺，温峤想借此离开王敦，便对王敦说道："丹阳尹身负治理京畿之重任，应该选拔文武全才的人来担任，明公应当自己选拔适合人选，如果让朝廷派人，可能所用非人。”

王敦认为温峤说得很对，问他有没有合适的人选推荐，温峤回答道：“愚以为钱凤可用。”王敦一听，犹豫了一下，因为钱凤是他的心腹，王敦不舍得他离开自己。王敦征求钱凤的意见，钱凤则推荐温峤，王敦同意了，上表让温峤补丹阳尹之缺，朝廷自然也同意。温峤假意推脱一番，欣然接受了。

朝廷诏书下达，温峤就要向朝廷报到了，王敦设宴为他饯行。温峤担心钱凤发现自己的意图，因此敬酒的时候，他假装脚步踉跄地来到钱凤的面前，钱凤端起酒杯正要去喝的时候，温峤却装醉用手板把钱凤的头巾打掉，嘴里说道：“钱凤你是什么东西，我温峤敬酒你竟敢不喝！”钱凤丈二和尚摸不着头脑。王敦一看，赶紧上前劝解，把事情给压了下来。

温峤向王敦辞别，涕泪横流，装作不舍得离开的样子，如此再三作态，然后才上路。温峤刚上路，钱凤就琢磨过味儿来了，赶紧去见王敦，对王敦说：“温峤和朝廷交往甚密，又和庾亮交情比较深，他未必可信啊！”王敦闻听，呵呵一笑道：“太真（温峤的字）昨天喝醉了，和你产生了点小误会，你怎么能因此而说他的坏话呢。”王敦不听钱凤的话，钱凤无奈离开。

温峤到达建康后，把王敦准备谋逆的消息告诉了晋明帝司马绍，司马绍决心一窥王敦的虚实，亲自乔装打扮，到王敦位于于湖的大营溜达了一圈。

当时王敦正在睡觉，突然梦见有太阳环绕，大惊，猛地坐了起来，说道：“一定是那个黄胡子的鲜卑奴来了！”司马绍的母亲荀氏是燕代人，所以司马绍长得有点像胡人，一把黄胡须。

王敦赶紧派五个骑兵骑快马追赶，司马绍也骑骏马加紧跑路。他担心马粪的温度让追兵起疑，就用水把粪浇冷。见有一家客店，司马绍把手中的七宝鞭交给一位吃饭的老太太，对她说：“一会儿有骑兵过来，你把这个拿给他们看。”不一会儿他们果然追来，老妇人把七宝鞭给他们看，几个骑兵被这珠光宝气的宝贝迷了眼，在这里耽搁了不少时间，司马绍就用这个办法摆脱了追兵。

太宁二年（324）六月二十七日，司马绍开始进行军事部署，他任命司徒王导为大都督，兼领扬州刺史；命温峤为都督东安北部诸军事，和右将军卞敦同守石头城；

任应詹为护军将军、都督前锋及朱雀桥南诸军事，郗鉴为行卫将军、都督扈从御驾诸军事；又让庾亮领左卫将军职，让吏部尚书卞任行中军将军职。郗鉴请求征召临淮太守苏峻、兖州刺史刘遐共同讨伐王敦。苏峻和刘遐是流民帅，朝廷对他们不是很信任，很多人担心召他们前来会给朝廷增添麻烦，但眼看大敌当前，苏峻和刘遐又都是猛将，司马绍还是下诏征召他们两人及徐州刺史王邃、豫州刺史祖约、广陵太守陶瞻等入京师护卫。司马绍屯军于中堂之地。

司徒王导听说王敦重病不治，便带领王氏子弟为王敦发丧，大家见状以为王敦已经死了，顿时士气大振。司马绍命尚书传达诏书，罗列王敦罪行，向天下人公布。

王敦见到诏书，暴跳如雷，准备发兵建康。出兵前，他想占卜一卦，于是找来了当时著名的术士郭璞①。郭璞占卜后说道："事情不会成功。"王敦问郭璞："那你占卜一下我的寿仙几何？"郭璞回答道："明公如果起事，必祸不久。如果住到武昌，寿不可测。"王敦勃然大怒："你再占卜一下你的寿命几何？！"郭璞知道自己今天是活不了了，回答道："我寿尽今天中午。"王敦命人把郭璞推到南岗斩首，郭璞死时四十九岁。等到王敦被平灭后，朝廷追赠郭璞为弘农太守。

王敦决心已定，命钱凤、邓岳、周抚等率领士兵向京师进发，任命王含为全军主帅。太宁二年（324）七月一日，王含等率水陆五万大军抵达秦淮河南岸。温峤率晋军抵达北岸，他命人烧毁朱雀桥（秦淮河上的浮桥），让王含大军无法渡河。

司马绍本打算亲自带兵出击，但郗鉴认为敌人来势汹汹，锐不可当，应当避其锋芒，固守城池，时间一长，敌军内部会起变化，到时候再出兵不迟，司马绍同意了。

七月三日，司马绍重金招募死士，派鲜卑出身的将军段秀和中军司马曹浑等率领勇士千人渡秦淮河，出其不意进行攻击，大胜，杀死敌前锋将领何康，王含大军败退。

王敦听说王含战败，又惊又怒，准备亲自带兵前去，但是已经起不来身了，只能交代后事道："我死后，王应要立即登基，设立文武百官，然后再安排丧葬事。"说完

① 郭璞，字景纯，两晋时期著名文学家、训诂学家、风水学者，他注释的《尔雅》《山海经》《楚辞》等书，皆流传于世。

不久就病逝了，年五十九岁。

王应隐瞒了王敦死讯，用席子把尸体裹起来，涂上蜡，埋在议事厅中，然后和诸葛瑶等人日夜不停地喝酒纵乐。

沈充和钱凤率领一万多人的援军与王含合兵一处。

七月十七日，刘遐、苏峻等率领勤王精兵万人抵达建康，司马绍连夜犒劳他们。七月二十五日夜，沈充、钱凤渡过秦淮河，连连得手，攻至宣阳门，正在这时，刘遐、苏峻从侧面发动进攻，重创沈充、钱凤军队，淹死在河里的就有三千多人。刘遐后来又在青溪打败沈充。

七月二十六日，王含感觉大势已去，命人焚烧营帐，在夜色掩护下逃跑。七月二十七日，司马绍大赦天下，但王敦一党不在赦免之列。

王含携王应逃往荆州，荆州刺史王舒派军队前来迎接，船行到江心，军士把王含、王应父子捆绑起来，投入江中淹死了。

钱凤逃到阖庐州（江中一个岛屿），寻阳郡太守周光将他斩首，然后前往建康赎罪（之前他曾跟随王敦起事）。

沈充慌不择路，逃到了他的旧属吴儒家里，吴儒让他藏到墙的夹层里，关上门，然后他凶相毕露，笑嘻嘻地对沈充说："这下我可以拿到封邑三千户的侯爵了！"朝廷有令，杀死沈充的人可以得到这个爵位。沈充央求道："如果你放我出去，我必厚报。"吴儒不听，杀死沈充后，把首级送到建康，王敦党羽之乱自此全部平定。沈充的儿子沈劲得到同乡钱举的保护，幸存下来，后来他灭了吴儒全族。

司马绍命人挖出王敦的尸体，脱下官服，让他呈下跪请罪的姿势，然后一刀下去，把头颅砍下，和沈充的首级一同悬挂在朱雀桥上。

在郗鉴的劝说下，司马绍允许王家人替王敦收尸，对讨伐王敦之乱有功人员一一封赏，对王家的其他人员则不予追究。

第一百二十二节　两赵首战

汉赵和后赵相安无事地度过了几年，但平静只是相对的。太宁二年（324）春，后赵的司州刺史石生对汉赵河南郡太守尹平发起攻击，尹平不敌被杀，石生强行带走了五千多户人家返回驻地。

以此事件为标志，汉赵和后赵成了仇人，拉开了两个赵国之间战争的序幕，河东郡（今山西永济市西）和弘农郡一带为主战场，兵戈不断，老百姓流离失所。

北羌王盆句除归降汉赵，这又让后赵很不爽。后赵将军石佗率军对北羌王发动攻击，缴获三千多帐篷，牛、马、羊达一百多万头，大胜而回。

接连的失利让刘曜很恼火，他派中山王刘岳追赶石佗，还亲自带兵作为后援。刘岳与石佗在黄河岸边摆开阵势，刘岳叫阵，石佗出战。刘岳不愧为大将，几个回合过后，力斩石佗。后赵军一看主帅阵亡，撒腿就跑，刘岳军随后杀到，杀死后赵将士六千多人，满载而归。

后赵石生率兵屯扎洛阳，不断渡过黄河攻打晋的领土，晋司州刺史李矩、颍川郡太守郭默打不过，粮草也接济不上，派人向刘曜递交了投降书。

太宁三年（325）春季，刘曜派刘岳率领一万五千精兵赶赴孟津，派镇东将军呼延谟率兵出崤山，和李矩、郭默会师后，联合进攻石生。刘岳率军顺利攻克了孟津和石梁，斩杀、俘获后赵五千多人，大军继续挺进，把石生围困在了金墉城（今河南洛阳市西北）。

后赵中山公石虎率步兵、骑兵四万进入成皋关（今河南荥阳市汜水镇），与刘岳大军在洛阳城西遭遇。两强相争勇者胜，石虎奋勇当先，后赵军士气高昂，如猛虎下山一般，刘岳不敌，被流箭射中，退守石梁。

石虎命部队深挖沟壕，设置栅栏，把石梁团团围住，完全断绝了石梁和外面的联系。石梁城内开始缺粮，将士们饥饿难耐，实在没有吃的了，不得不杀掉战马充饥，战马一匹匹减少，突围的可能性也在不断降低。

石虎又腾出手来向呼延谟发起攻击，呼延谟不敌被杀。

刘曜得到报告后，亲自率领大军前来救援，石虎率三万精骑拦击。汉赵的前军将军刘黑攻击石虎的部将石聪，把石聪打得大败。

刘曜进军到金谷驻扎（这里有西晋时石崇修建的金谷园），一切还算平顺，但在夜里，刘曜大军突然发生了夜惊，将士们也都不清楚发生了什么事情，以为敌人攻过来了，四散奔逃。刘曜只能又退兵到渑池，但到了夜间，军中再次发生夜惊。刘曜认为这是不祥之兆，也顾不得被困城中的刘岳，班师回了长安。

太宁三年（325）六月，石虎攻陷了石梁，抓获刘岳及其手下将领八十多人，加上氐族、羌族士兵三千多人，全部押送到后赵都城襄国（今河北邢台市）。

石虎很残忍，他命令把汉赵剩余的九千多士兵全部活埋，然后立即北上攻击并州的王腾。当地守军坚持不住，城池被攻破，王腾本人被杀，石虎又命令活埋了俘虏来的七千多将士。

丢城失地、将士被杀的消息不断传来，刘曜十分悲痛，他穿上孝衣，在郊外哭祭了七天后才回到长安。刘曜觉得十分憋屈，这是他从军多年以来从没有遇到过的大败仗，他既恨又怒，染上了疾病。

颍川太守郭默被石聪打败，自己丢下妻儿，疯狂逃奔到建康。司州刺史李矩也准备投奔建康，但刚走到鲁阳就病逝了，他的长史崔宣率领士卒两千人投了后赵。

经过这轮大战，司州、豫州、徐州、兖州地区全部被后赵收入囊中，后赵与晋以淮河为界，南北对峙。

第一百二十三节　司马衍登基

晋明帝司马绍奖赏平定王敦叛乱的功臣，王导进位为太保，兼领司徒府，封始兴郡公，食邑三千户，赐绢九千匹，可以享受当年王敦的待遇——“剑履上殿，入朝不趋，赞拜不名”。这封赏太厚，王导坚辞不受。其他人，西阳王司马羕兼太尉，应詹为江州刺史，刘遐为徐州刺史，苏峻为历阳内史，庾亮为护军将军，温峤为前将军。

太宁三年（325）七月，司马绍任命尚书令郗鉴为车骑将军、兖州刺史，兼都督徐、兖、青三州诸军事，镇守广陵（今安徽淮安市）。八月，任命尚书左仆射荀松为光禄大夫、录尚书事，尚书邓攸为左仆射。

晋元帝司马睿当初为琅琊王时，他的王妃叫虞孟母，但虞王妃不幸于永嘉六年（312）早早去世，年三十五岁，没有留下子嗣。现右卫将军虞胤是虞孟母的弟弟，他跟任左卫将军的南顿王司马宗都深得明帝司马绍的信任，两人共同执掌禁军。虞胤和司马宗心怀叵测，暗地里招纳了许多勇士作为自己的心腹。

王导和庾亮对虞胤他们的所作所为非常担忧，经常向明帝司马绍坦率直言。但人和人的关系很微妙，当一个人对另一个人有好感的时候，他对这个人的缺点就会视而不见。司马绍认为是王导和庾亮在嫉妒他和虞胤、司马宗的关系亲近，根本没把王、庾二人的话当回事，反而对虞胤、司马宗更好了，甚至把宫门的钥匙都交给他们保管。

晋明帝司马绍今年才二十七岁，正是盛年，但他突然感觉身体不适，生病卧床了。有天夜里，庾亮因有表上奏，派人到司马宗那里要钥匙，司马宗非但不给，还训斥来人道：“这难道是你家门的钥匙吗？说要就要！”庾亮闻听大怒。

明帝司马绍病情加重，不想见人，大臣们谁也无法见到他。经过钥匙的事，庾亮开始怀疑这是司马宗、虞胤以及司马宗的哥哥司马羕在捣鬼，于是强行入宫，见到司马绍后痛哭流涕，说司马宗他们想要辅政，排斥朝中大臣。司马绍听了若有所思，沉默不语。庾亮进一步要求要罢免他们的官职，司马绍没有同意。

太宁三年（325）八月十九日，司马绍下发诏书："昔日周武王攻克殷商，封比干之墓；汉高祖巡视古赵国之地，录用乐毅的后代。追思先贤，是为了激励后人。吴国将相名贤之后，有恪守家训、忠孝仁义的，州郡中正要及时上报朝廷，不得有遗漏。"

司马绍又安排太宰司马羕、司徒王导、尚书令卞壸、车骑将军郗鉴、护军将军庾亮、领军将军陆晔、丹阳尹温峤共同辅佐太子，轮流领兵值班。同时授予卞壸右将军衔，任命庾亮为中书令、陆晔为录尚书事。司马绍给他们下诏书道："当年周公匡辅成王，霍光辅佐孝昭（刘弗陵），他们的忠义记载在典籍上，功冠两代，这难道不是忠臣应该弘扬的吗？各位公卿是当世之贤臣，接受了朕托付的重任，就应该团结一心，共同辅佐王室。诸方征镇、刺史负责守卫城池，受命于外，虽然与朝中公卿内外有别，但目标是一致的，譬如唇齿，互相依赖。你们应该勠力一心，符契相合，共同为朝廷效力。文武百官，应该勤于政事，听命于冢宰，保护幼小的皇帝，共度时艰。这样一来，则朕没于地下，也会无恨黄泉。"各位辅政大臣含泪接旨。

太宁三年（325）八月二十五日，晋明帝司马绍驾崩，终年二十七岁，庙号"肃祖"，葬于武平陵（今江苏南京市鸡笼山北）。晋明帝是一位有作为的皇帝，他机智敏捷，有勇有谋，遇事果断，以弱势斗败王敦，保住了司马家基业，但上天没有留给他更多施展抱负的时间，很可惜。

八月二十六日，年仅五岁的皇太子司马衍继位登基。司马衍，字世根，是明帝司马绍和皇后庾文君的长子。他登基后大赦天下，将文武官员的待遇普遍提高了两级，尊庾文君为皇太后。

司马衍实在太过年幼，大臣们奏请皇太后按照东汉时候的先例临朝听政，庾文君先后四次推让，最后才同意。

九月十一日，皇太后庾文君正式临朝。她任命司徒王导为录尚书事，和中书令庾亮、尚书令卞壸一起，共同辅佐朝政，但因为庾文君是庾亮的妹妹，朝政大事基本都由庾亮裁决。她又任命郗鉴为车骑大将军、陆晔为左光禄大夫，都兼开府仪同三司；任南顿王司马宗为骠骑将军，虞胤为大宗正（掌皇家事务）。

第一百二十四节　苏峻、祖约叛晋

王导这个人性格和善，心胸宽大，能原谅别人就原谅别人，能不处罚就不处罚，所以他执掌朝中大权的时候，得到大家的一致拥护。庾亮是太后的哥哥，王导虽与他同为辅政大臣，但也选择尽量避免和庾亮发生正面冲突，很多事情都迁就庾亮，这就造成了庾亮在朝中独大的局面。

庾亮我们之前也介绍过，是个不坏的人。庾亮有匹好马名叫的卢，这马跑起来速度非常快，名气很大，但世人都传，说的卢马妨主人，因为刘备的坐骑就是的卢马，后来给凤雏庞统骑，庞统就遇害了，所以名士殷浩就劝庾亮把的卢马卖了，庾亮说道："怎么能把自己的祸事转嫁给马呢？"最终也没有卖掉的卢。

庾亮人是不坏，但领导经验实在是不足。他为人严整，执法严格，也有些刚愎自用，因此得罪了不少人。

豫州刺史祖约自认为名气和资历都不比郗鉴、卞壶差，在王敦叛乱的时候，自己回来保卫京师，立下战功，目前又率领着在北部边境对抗后赵的主力部队，算得上是朝中很有分量的大臣了，但这样的自己却不在明帝托孤重臣之列，他非常郁闷，怀疑是庾亮删掉了自己的名字。

历阳内史苏峻在讨伐王敦之乱中也立下战功，声望渐长，拥有精兵万人，手下部队的武器装备也非常精良，是晋长江之北的主力部队。强兵在手，苏峻渐渐不安分起来，开始大量吸纳亡命之徒，意图不轨。

咸和元年（326）八月，晋廷任命丹阳尹温峤为都督江州诸军事、江州刺史，镇守武昌；任命尚书仆射王舒为会稽内史。同时下令整修石头城，作为因应手段。

庾亮厌恶司马宗、司马羕和虞胤等人，碰巧御史中丞钟雅弹劾司马宗谋反，于是他派右卫将军、从事中郎赵胤前去逮捕司马宗，司马宗率兵抵抗，被赵胤当场诛杀。庾亮把司马宗这一支改为“马”姓，又罢免了西阳王司马太宰的职务，降其为弋阳县王，同时降大宗正虞胤为桂阳太守。

司马宗和苏峻交好，司马宗死后，他的属下卞阐投奔苏峻，苏峻把他藏了起来。

十一月，后赵石聪进犯寿春，祖约几次上表请求援兵，庾亮不理。朝廷又讨论要修建河堤，淹没北部广大地区，以此阻止后赵军队。祖约正好处于被淹没区，他大怒道：“庾亮这是要弃我等于不顾啊！”

庾亮还想剥夺苏峻的兵权，要明升暗降，调他到中央任职，王导、卞壸、温峤等人都跟他说这不可行，势必会逼反苏峻，但庾亮听不进去。苏峻听说后，派人向庾亮说情，希望能继续留任现职，但庾亮不允许。

庾亮征召北中郎将郭默为后将军、屯骑校尉，又任命弟弟庾冰为吴国内史，以防备苏峻。准备好后，他下令征召苏峻回朝任大司农、散骑常侍、特进，苏峻拒绝。

形势一触即发，江州刺史温峤准备率众保卫京师，庾亮不同意，他写信给温峤道：“我对西陲的担忧（指陶侃，陶侃和庾亮不和）超过苏峻，你不要越过雷池。”①

苏峻知道祖约十分怨恨庾亮，于是约他一起起兵，祖约答应了。咸和二年（327）十一月，祖约派任沛内史的侄子祖涣和任淮南太守的女婿许柳带兵与苏峻会合。十二月一日，苏峻的部将韩晃、张健率军攻陷了姑孰（今安徽当涂县）。二日，彭城王司马雄、章武王司马休投奔苏峻。

十日，成帝授予庾亮符节，让他出任都督征讨诸军事，又任命前射声校尉刘超为左卫将军，侍中褚翜（shà）执掌征讨军事。庾亮命弟弟庾翼率领数百人守卫石头城。

宣城内史桓彝起兵勤王，于十二月二十一日抵达芜湖。韩晃打败了桓彝，桓彝退守广德。

咸和三年（328）正月，温峤率军抵达寻阳。

韩晃继续前进，开始攻击防守慈湖的左将军司马流。得到这个消息的时候，司马

① 这就是“不敢越雷池一步”这句俗语的出处。古雷池，在今天的安徽省望江县雷池乡境内。

流正准备吃烤肉，他吓得呆在那里，双手发抖，试了几下，肉都送不到嘴巴里，结果司马流兵败被杀。

二月一日，苏峻带领祖涣、许柳等两万将士抵达覆舟山（位于江苏南京市玄武区），和卞壶率领的郭默、赵胤等交战，卞壶军大败，阵亡一千人以上。

二月七日，苏峻进攻建康城东南的青溪栅，卞壶不敌被杀，他的两个儿子卞眕和卞盱也力战而死。丹阳尹羊曼、黄门侍郎周导、庐江太守陶瞻也在这一战中先后战死。

庾亮准备在宣阳门构筑工事，但人心已散，兵士们竞相逃走，庾亮兄弟几人一看大事不好，也顾不上其他人，都逃向了寻阳。

苏峻进入皇宫，放纵士兵在宫内抢掠，宫女都被他们抢走了。士兵们又强制平时养尊处优惯了的朝廷官员挑着担子上蒋山（即钟山，位于今江苏南京市东北），不听命令的就要被鞭打。又让很多男女脱光衣服，赤裸以对，他们都去抢破席乱草遮蔽下体，找不到的就用土遮掩，城中哭声震天。

二月八日，苏峻代表成帝下诏，大赦天下，只不赦庾亮兄弟。王导因为名望太高，官职不变。祖约任侍中、太尉、尚书令，苏峻自任骠骑将军、录尚书事，许柳任丹阳尹，马雄任左卫将军，祖涣任骁骑将军。弋阳王司马羕拍苏峻马屁，被恢复为西阳王、太宰、录尚书事。

苏峻派兵进攻吴国内史庾冰，庾冰战败，投奔会稽。苏峻命侍中蔡谟接任吴国内史。

皇太后庾文君对时局感到万分焦虑，急火攻心，一病不起，去世时年仅三十二岁。

第一百二十五节　盟主陶侃

庾亮抵达寻阳（今江西九江市西）后声称接到庾太后命令，任命温峤为骠骑将军、开府仪同三司，郗鉴为司空。温峤对庾亮有点小崇拜，这个时候不但不背弃他，还分出一部分士兵给庾亮。

面对当前的形势，温峤认为没有陶侃的帮助，就不可能战胜苏峻。在他的建议下，庾亮同意推举征西大将军、荆州刺史陶侃为盟主，联兵讨伐苏峻。陶侃对自己没有被列为托孤大臣的事情耿耿于怀，对庾亮很有成见，起初不答应，后来庾亮专门写信向陶侃道歉，加之陶侃也怕苏峻得势后自己没有立足之地，终于还是答应了。他穿上铠甲，登上战船，星夜兼程而来。

咸和三年（328）五月，陶侃率领大队人马到达寻阳，庾亮又当面向陶侃道了歉，陶侃摒弃前嫌，跟庾亮和好如初。陶侃作为盟主，率领六万将士浩浩荡荡出发，旌旗延绵七百多里。

苏峻听说陶侃等人发兵来征讨，赶紧从姑苏回兵石头城，并把司马衍等人强行带到石头城。

陶侃上表推荐王舒监浙东军事，虞潭监浙西军事，郗鉴都督扬州八郡军事，并命令王舒、虞潭服从郗鉴的调度。郗鉴率将士渡江南下，与陶侃等在茄子浦会合。雍州刺史魏该也率兵来助。五月二十九日，勤王军向石头城进发。

宣城（今安徽宣城市）内史桓彝抗击苏峻，苏峻派韩晃进攻宣城，桓彝不敌被杀，年五十三岁。之所以要多讲这一句，是因为桓彝是桓温的父亲。

陶侃率领的西路勤王大军到达石头城，但出师不利，屡战屡败。东路勤王部队由王舒、虞潭率领，同样屡战屡败。在这紧要关头，雍州刺史魏该又去世了，让勤王军原本就不乐观的形势雪上加霜。

祖约手下将领私自勾结后赵，后赵命汲郡太守石聪率军渡过淮河，进攻寿春。七月，寿春陷落，祖约弃城逃往历阳，石聪掳掠了寿春两万多户人家后返回。

祖约的失败，让苏峻部队的军心开始动摇，但即便这样，陶侃这边的进攻也还是无法取得进展，双方处于拉锯状态。久攻不下，勤王军内部也出现了怯敌的情况。

温峤军队缺粮，向陶侃借粮，这时陶侃已有了回军的想法，因为再这样下去，盟军有瓦解的趋势。这时候，庐江郡太守毛宝自告奋勇，他对陶侃说道："请您给我派些部队，我去攻击叛贼的粮库，如果我失败了，您再走也不迟。"陶侃应允。

毛宝率军奋力攻击，烧毁了苏峻在句容、湖孰的粮食储备，陶侃一看胜利有望，决定留下。

敌将领韩晃、张键等猛攻大业大营，营中断水，将士们把粪便绞出水来解渴，顽强坚守。陶侃准备发兵救援大业，长史殷羡道："我们的士兵大都是水兵，不擅长陆战，到时候如果不能取胜，军心就会瓦解了。不如我们猛攻石头城，这样大业的包围自然就会解除。"

九月二十五日，陶侃亲率水军向石头城发起猛攻。庾亮、温峤、赵胤等率领一万步兵从白石垒南下，但赵胤军队被苏峻派出的苏硕（苏峻之子）和部将匡孝率军袭击，大败。

苏峻正在犒劳将士，已经有几分醉意，他远远地看到赵胤军狼狈逃窜，大笑道："匡孝能破敌，难道我还不如他吗！"他借着酒劲，只带了数个骑兵就发动攻击，但根本无法冲入阵营。苏峻准备返回，正在这时，他的坐骑突然被绊倒，说时迟那时快，陶侃的部将彭世、李千抓住时机投出手中长矛，长矛疾如流星，苏峻应声倒地，众将士一哄而上，把苏峻剁成肉酱，众将士还不解恨，又把苏峻的尸体焚烧成灰。三军将士得知敌首被诛，兴奋地高呼万岁。

苏峻的司马任让等人推举苏峻的弟弟苏逸为头领，关闭城门顽抗。韩晃听说苏峻已死，也不再围攻大业，撤回石头城。赵胤进攻历阳，祖约不敌，连夜率领亲兵数百人投奔后赵而去。

咸和四年（329）二月十三日，盟军进攻石头城，韩晃等弃城逃跑。此战，温峤带兵斩杀苏硕，之后勤王部队又生擒苏逸，将其斩首示众。曹据怀抱年幼的晋成帝司马衍投奔温峤。劫后余生，一众文武官员都跪倒在地痛哭流涕，请皇帝治他们护驾不力之罪。朝廷赦免了他们，只有投靠了苏峻的西阳王司马羕和他的两个儿子、一个孙子，以及彭城王司马雄被诛杀。

司徒王导进入石头城，命人寻找他之前慌忙出走时没有来得及带上的符节，陶侃调侃他道："苏武的符节可不是这样拿的！"王导面露惭愧之色。

勤王军乘胜追击，把韩晃等全部杀死，苏峻、祖约之乱被全部平定。

三月十日，朝廷论功行赏，封陶侃为侍中、太尉、长沙郡公，兼都督荆、雍、梁、交、广、宁六州诸军事；郗鉴为侍中、司空、南昌县公；温峤为骠骑将军、开府仪同三司，加授散骑常侍、始安郡公。其他有功之人也各有赏赐。

陶侃返回荆州刺史总部江陵，后来他觉得江陵位置偏僻，把总部迁到了巴陵（今湖南岳阳市）。温峤也回到了江州刺史府所在地武昌。

庾亮见到成帝时，把头磕到地面，磕得噔噔作响，请求成帝降罪。但庾亮毕竟是成帝司马衍的亲舅舅，打断骨头连着筋，司马衍原谅了他，还任命他为都督豫州、扬州、江西、宣城诸军事，兼任豫州刺史，领宣城内史职，镇守芜湖。

第一百二十六节　两赵决战

南方的晋在内乱，北方的两赵间也在发生激烈的争斗。

咸和三年（328）秋季，后赵石勒派中山公石虎率领四万大军从轵关（zhǐ，今河南济源市西北）挺进，攻击汉赵的河东郡，有五十多个县先后响应，石虎不断挺进，进攻重镇蒲阪（今山西永济市）。

蒲阪是长安的门户，这里要是丢失的话长安必会不保。刘曜急忙调兵遣将，命河间王刘述率氐族、羌族士兵驻扎秦州，防备前凉张骏等偷袭长安，他自己则亲自率领能调动的所有精锐水陆部队，声势浩大地从潼关渡过黄河，救援蒲阪。

一物降一物，得知刘曜亲率部队来战，一向天不怕地不怕的石虎也害怕了，不战而退。刘曜率军追击。

咸和三年（328）八月，汉赵军在高侯（今山西闻喜县北）追上后赵军，两赵军队展开激烈厮杀，后赵军不敌，石虎的养子石瞻[①]被杀，年二十九岁。后赵军损失惨重，士兵尸体连着尸体排起来长达二百多里，被汉赵军队缴获的武器等军用物资数以亿计。石虎率领残兵败将狼狈地逃往朝歌（今河南淇县），这是他出道以来打得最大的败仗。

刘曜率大军从大阳渡过黄河南下，包围了洛阳，后赵的荥阳太守尹矩、野王太守张进等见状都归降了他。

汉赵节节胜利，咄咄逼人，后赵举国震惊。

---

① 石瞻本姓冉，叫冉良，被石虎收养后改姓石。他是日后建立了冉魏政权的冉闵的父亲。

十一月，石勒准备亲自率兵去解洛阳之围，大臣程遐等都认为刘曜士气正盛，锐不可当，竭力劝阻石勒，石勒也拿不定主意了，前去求教高僧佛图澄。佛图澄对石勒来说是神一般的存在，他对这个大和尚相当信服。佛图澄告诉石勒："佛塔的铃音告诉我，你此去定能活捉刘曜。"石勒大喜。

石勒命石虎把守石门要塞，命石堪、石聪和豫州刺史桃豹率兵到荥阳会师，他自己则亲自率领水陆大军四万人，从大堨（è）渡过黄河，兵锋直指洛阳。大堨，是位于今天的河南省卫辉市的一个古黄河渡口，石勒到来之前，这里寒风凛冽，大冰块顺流而下，场面惊险；石勒到来时，这里却变得微风轻和，冰块融化，石勒大军得以顺利渡过黄河，谁想就在渡河后，上游又漂来了大量冰块。石勒认为这是神灵相助，于是把这个渡口改名为灵昌津。

石勒对随行的大臣徐光说道："刘曜大军如果把守成皋关，这是上策；如果在洛水阻截，这是中策；如果坐守洛阳，等于束手就擒。"

十二月一日，后赵各路兵马在成皋会合，经过清点，共有步兵六万人、骑兵两万七千人。石勒看到成皋关没有汉赵士兵把守，激动地用手指指天，又点了点自己的额头，说道："这是天意啊！"他命令士兵卷起铠甲，用木头把战马的嘴给填上，防止发出声响，偷偷穿过巩县和訾城之间的隐蔽小道，向洛阳进发。

刘曜不体恤士兵，几乎天天和近臣喝酒赌博，对前来劝谏的，不但听不进去，还动不动就报之以斩首。直到听说石虎据守石门，石勒渡过黄河后，他才紧张起来，开始增加荥阳的守卫力量，并关闭了黄马关（位于成皋关的西边）。

刘曜在洛水巡逻的士兵抓获了后赵羯族士兵，刘曜亲自审问道："大胡（指石勒）本人来了吗？有多少部队？"

羯兵回答说："大王亲自来了，军队数不胜数，势不可挡。"

刘曜瞬间变了脸色，他命令解除己方军队对洛阳的包围，沿洛水布阵。刘曜军有将士十几万人，排开阵势，南北有十多里长。

石勒远远地观察到刘曜军队的变化，大喜，对左右说道："你们现在就可以祝贺我了！"他率领步兵、骑兵四万人进入洛阳城。

咸和三年（328）十二月五日，大决战开始。

石虎率领三万步兵从洛阳城北向西攻击刘曜中军，石堪、石聪等率领八千精骑兵从洛阳城西向北攻击刘曜的前锋。只见石勒身穿铠甲，身披战袍，威风凛凛，从阊阖门杀出，配合夹击刘曜军队。大战在洛阳西阳门外激烈开打，一时间战鼓雷鸣，战马嘶鸣，喊杀声震天，尘土蔽日。

刘曜自少年时代起就喜欢喝酒，如果哪天没有喝酒，这一天就不算过完，年纪大了后变得更加嗜酒如命，喝了这么多年都有点酒精中毒了。这次迎战石勒前，他又畅饮数斗，然后才命人去牵来自己的坐骑大红马，可是这匹良马这次却低头俯首，怎么都拉不起来。刘曜个子比较高，这匹大红马也是为他量身定“找”的，大红马不起来，他不得不改骑不合适的小马。要出发的时候，他又饮酒一斗多。

刘曜到达西阳门，指挥军队向平坦处转移，石堪看到了破绽，全力猛攻，刘曜军队大败。刘曜喝得迷迷瞪瞪，此时也跟着大部队向后撤退，可是他胯下的这匹小马大概是第一次驮这么重的人，有点不习惯，在一个石筑的水渠里失足跌倒，把刘曜摔到了冰面上。这下摔得真重，刘曜受伤十多处，甚至有三处内伤，他动弹不得，被石堪活捉。

汉赵军顿时溃散，后赵军一路追杀，斩首五万多。石勒传令下去：“我想捉拿的只有刘曜一人，现已抓到手了，让将士们停止追杀，放他们一条生路吧。”

刘曜被五花大绑着去见石勒。两位老友谁都没有想到，再次重逢竟是如此场景。

刘曜问石勒道：“石王，还记得当年的重门之盟①吗？”

石勒沉默不语。时间一晃过去十八年了，早已物是人非，他让徐光告诉刘曜：“今天的结局是天意使然，还有什么可说的呢！”

十二月十一日，石勒班师回朝，命征东将军石邃押送刘曜。刘曜乘坐马车，还有御医同行。二十五日，一行人抵达襄国。石勒把刘曜安排在永丰小城，赐给他美女数名，同时严加看守。

石勒命刘曜给在长安的皇太子刘熙写信，令他献城池归降。刘曜写下诏令给刘熙：“你要匡扶国家，不要因为我改变主意。”石勒见到信后非常生气，不久就下令把

---

① 公元310年七月，刘曜和石勒在重门，也就是今天的河南省辉县市西北盟誓。

刘曜杀死了，刘曜死时年龄不详。

刘熙听说父皇刘曜被擒，吓得六神无主，和弟弟南阳王刘胤商议后决定放弃长安，率文武百官逃往秦州的上邽。关中无主，顿时大乱，石勒派石生占领了长安。

咸和四年（329）八月，回过味儿来的刘胤率领数万人攻打长安，石虎率领两万精骑前来救援。九月，石虎在义渠（今甘肃庆阳市）大败刘胤，刘胤逃回上邽。石虎乘胜大开杀戒，汉赵士兵尸体绵延一千多里。之后石虎趁势攻陷上邽，生擒刘熙、刘胤及汉赵的王公大臣三千多人，将他们全部杀死了。

至此，立国仅二十六年的汉赵正式宣告终结。汉赵共有五位国君，分别是刘渊、刘和、刘聪、刘粲和刘曜。

秦陇全部平定，氐王蒲洪、羌族首领姚弋仲都归降了石虎。石虎上表推荐蒲洪任监六夷军事，姚弋仲任六夷左都，又把氐族和羌族的十五万户百姓迁到司州和冀州。

第一百二十七节　鹿死谁手

后赵吞并了汉赵，成了中原霸主。

咸和五年（330）二月，石虎率领群臣集体上奏，认为大功已经告成，石勒应该登基称帝，石虎还献上了帝王的印玺绶带。石勒一开始并不不同意，这样几次三番，才终于答应了。当然这都是程式化的东西，必须得有这么一个辞让的过程。此后，石勒自称“赵天王”，行皇帝事。

石勒立妻子刘氏为王后，世子石弘为太子。任命儿子石宏为秦王、骠骑大将军、都督中外诸军事、大单于、持节；任命另一个儿子石恢为辅国将军、南阳王；任命侄子石虎为太尉、守尚书令、中山王，石虎的儿子石斌为太原王，石邃为冀州刺史、齐王；任命郭敖为尚书左仆射，程遐为尚书右仆射兼吏部尚书，徐光为中书令。其他封赏不再一一细表，总之这次论功行赏，石勒共封郡公二十一人、侯二十四人、县公二十六人、县侯二十二人。

绝大多数受封官员都喜气洋洋，下朝后急匆匆地回家报喜，但有一个人却怒气冲冲，这个人就是石虎。

石虎认为自己南征北战，为石勒立下汗马功劳，大单于的封号一定是属于自己的——大单于在匈奴部落里地位尊贵，掌握有军事实权。但出乎石虎的意料，石勒把大单于的封号给了他儿子石宏。

石虎是个狠角色，也有个暴脾气，他越想越窝火，难以抑制心中的怒火，对儿子石邃说道：“主公定都襄国以来，我对他言听计从，俯首帖耳，指哪打哪，用血肉之躯抵抗飞箭和垒石。二十多年来，我南擒刘岳，北逐索头，东平齐鲁，西定秦雍，讨伐平定了十三个州。成就赵之大业者是我，大单于的封号应该给我！但现在主公却把它授予了黄毛小儿石宏，每当想到这个事，为父就寝食难安。等主公驾崩之后，我不会再给他留后！”

尚书右仆射程遐和安西将军姚弋仲都劝石勒杀了祖约，以示惩罚不忠，于是石勒下令逮捕了祖约，将他和族人一百多人全部杀死，祖约的妻妾和儿女则被分赐给诸胡人。

当年，祖逖有个羯族仆人名叫王安，祖逖对他非常好，曾对他说：“石勒和你同族，你应当投靠他去建功立业。”之后给了他丰厚的盘缠，让他去投奔石勒。王安不负祖逖所望，屡立战功，升到左卫将军。这次石勒命令把祖约的族人全部杀死，王安慨然叹息道：“我怎么能让祖逖先生绝后呢！”

祖逖有个妾生下了个儿子名叫祖道重，本年十岁，王安买通关系，偷偷把他带出来藏了起来。因为僧人在后赵地位尊崇，王安就让祖道重穿上僧袍，到佛寺出家做和尚，以避人耳目。后来后赵灭亡，祖道重才又回到了南方。

咸和五年（330）九月，石勒即帝位，大赦天下。

丁零部落酋长翟斌来朝见石勒，石勒封他为句町王。丁零人是匈奴的一个分支，世代居住在今天的西伯利亚贝加尔湖湖畔。公元91年北匈奴瓦解，丁零人西迁至康居王国（今中亚锡尔河流域），后丁零翟氏内迁。翟氏日后还要掀起风浪，并在中原建立了自己的国家，这是后话。

石勒举行盛大的宴会，宴请高句丽和鲜卑宇文部落的使者以及文武大臣。酒至半酣，石勒回想起这大半辈子打拼的经历，感慨万千，问身边的徐光道：“朕可以和古代开创基业的哪一类帝王相提并论？”徐光感觉到这是一个拍马屁的绝佳时机，立马回答道：“陛下神武，韬略胜过汉高祖（刘邦），才气胜过魏武帝（曹操）。三王[①]以来，没有人能和陛下相提并论，您也就仅仅比轩辕黄帝逊色一丁点！”

石勒听后，捻着胡须，哈哈大笑道：“人不能没有自知之明，你的话太夸张了。朕如果遇到汉高祖，倒是可以和韩信、彭越争个长短，但应当向他称臣。不过如果

① 三王，指夏、商、周三代之君，大禹、商汤王、周武王及周文王的合称。

遇上的是光武帝（刘秀），我们就会在中原驰骋争锋，鹿死谁手尚不可知。大丈夫行事，应当光明磊落，如同日月，但不管怎么样都不能像曹操和司马懿父子那样，欺凌他人的孤儿寡妇，以遮人耳目的手段取得天下。我的实力应该在二刘（刘邦、刘秀）之间，怎么能和轩辕相比呢！”

群臣一听都心服口服，顿时都叩拜在地，山呼万岁。

石勒虽然不识字，却喜欢儒家的经典，也重视教育。他命人在全国设立太学，让明经善书的官吏做文学掾，选了部下子弟三百人接受教育。又命各郡国设立学官，每郡都置博士、祭酒二人，学生一百五十人，经三次考试后才可毕业入仕。

石勒下诏书说："今大乱之后，律令繁多，应该采集律令的主要条目加以施行。"他命令法曹令史贯志制定了《辛亥制度》作为后汉的律令，全文共五千多字，施行了十多年。

石勒还注重治下人口发展，缓和民族矛盾。据《晋书》记载，当时后赵治下的黎阳（今河南浚县）人陈武的妻子生下了三男一女，陈武携妻带子到襄国禀告此事，石勒认为这是天地和谐的吉兆，赐给陈武家乳母一名、谷一百石、杂色丝织品四十匹。

第一百二十八节 石虎夺权

后赵太子石弘喜文不喜武，这让石勒很担心，他忧心忡忡地对徐光说："大雅（石弘的字）喜欢安静，特别不像将门子弟。"徐光回答道："汉高祖以马上取天下，汉文帝以清静无为守成。"这让石勒大感安慰。

程遐和徐光跟石虎不是一路人，因为石虎在军队中有巨大的影响力，他们担心石勒百年之后，无人能压制得住石虎，加之石虎嚣张跋扈的性格，他们认为石虎一定会篡权，这样也会危及他们自身的安危，于是他们竭力劝石勒除掉石虎，以绝后患。但石勒说道："现在吴（指东晋）、蜀（指成汉）未灭，怎么能够擅杀大将？恐怕这样会被后世耻笑。"

其实石勒早年曾想除掉石虎，就是当年刘琨把石勒失散在并州的母亲王氏和侄子石虎送回来的时候，那时石虎十七岁，但石勒发现他心狠手辣，手段非常残忍。石虎喜欢用弹弓射人，数次射中军士，在军中被视为毒患。石勒想杀死石虎，他把这个想法告诉了自己的母亲王氏，王氏十分疼爱石虎，不同意，她说道："那些拉车拉得快的牛在还是牛犊子的时候，总是会把车挣破的，你应该稍微忍让一些。"在王氏的劝说下，石虎也渐渐克制了自己。石虎身长七尺五寸，善于骑马射箭，勇冠三军，将士们渐渐对他既敬且惧起来。石虎屡立战功，现在已经成为石勒手下的大将，石勒还要利用石虎帮助他夺取天下，自然不会杀他。

但石勒也开始着意培养太子石弘处理问题的能力了，他命石弘处理尚书省的奏章，让中常侍严震也同时参与，只有军事行动和判决死刑这样的大事才需要上报，让石勒钦定。这样一来，严震成了朝中炙手可热的人物，中山王石虎被进一步冷落，这让石虎愈加恼怒。

咸和八年（333）夏季，石勒病重，石虎开始实施夺权阴谋，矫诏让镇守邺城的秦王石宏返回襄国。石勒病情稍微转轻，用力睁开眼睛，突然看见石宏站在面前，吃了一惊："我让你镇守军事要地，正是为了今天，你回来做什么？你是主动来的，还是有人叫你回来的？如果是有人叫你回来，应该把那个人赐死！"

石虎就站在旁边，紧张得腿都抽筋了，他结巴着说："秦王因为思念您，所以回来探视一下，马上就让他回去。"说是这么说，实际上他仍然留着石宏不让他回去。

过了几天，石勒又问起石宏，石虎说："已经走到半路了。"

广阿（今河北隆尧县东）地区发生蝗灾，石虎密令做冀州刺史的儿子石邃带领三千精骑赶去，以消灭害虫的名义留在那里，保持警戒。

咸和八年（333）七月，石勒病情加重，他自知这次难过鬼门关，发布遗命说："大雅（石弘）和诸位兄弟要相互扶持，司马氏就是你们的前车之鉴。中山王应当三思周公、霍光之事，不要给后世留下话柄。"七月二十一日，石勒逝世，年六十岁，共在位十五年。

石勒刚一死，石虎就凶相毕露。他下令立即逮捕右光禄大夫程遐、中书令徐光，交付廷尉处置，后将他们两人杀死了。又征召儿子石邃，叫他带兵进宫"保护"皇帝，但这一行动与其说是保卫，不如说是看守。

石弘是个文弱书生，面对如此情况，感到十分恐惧，他主动提出要把帝位让给石虎。石虎并不接受，他说："君主去世，太子即位，这是常理，我怎么敢乱来。"石弘流着眼泪再三辞让，石虎发火了，说："你如果不能担当大任，到时候天下人自有公论，你不用这么做！"石弘无奈，被逼继位，大赦天下。

八月，石弘任命石虎为丞相、魏王、大单于，加九锡，让他总领朝政，并把魏郡等十三个郡划为石虎的封国。石虎把石勒时期占据重要位置的官员调到闲职上，又把自己的亲信幕僚安置到重要岗位上，进一步掌控朝局。

石虎把原太子宫改名为崇训宫，皇太后刘氏（石勒的妻子）及眷属全部安置在这里，之后又挑选漂亮的宫女和华丽的车马、宝物等，送入自己的丞相府。

皇太后刘氏对彭城王石堪（石勒的养子）说："先帝刚刚驾崩，丞相便如此对待我们，身死国灭近在眼前，你准备怎么办？”

石堪答：“军权已经不属于我们，我准备出走兖州，推南阳王石恢为盟主，称奉皇太后之命，起兵讨伐逆贼。”

刘太后果断地说：“尽快行动！”

九月，石堪乔装易容，率轻骑兵袭击兖州，不能攻克，向南逃奔至谯城。石虎派兵抓获石堪，送回襄国后，用火刑将其残忍杀害，之后又把南阳王石恢召回襄国，刘太后也被处死。

十月，镇守关中的石生和镇守洛阳的石朗都起兵讨伐石虎。石虎让儿子石邃留守京中，自己带领七万部队进攻石朗。城破后，石朗被抓获，石虎命人将他砍掉手脚后斩首。

随后石虎向长安进军，让儿子梁王石挺为前锋大都督。但进攻长安之战并不顺利，石挺失败被杀，最终是石虎买通了城内鲜卑将士，里应外合，这才打败石生，攻入长安。石生逃往大山，被部下杀死。

石虎命将军麻秋讨伐氐族部落首领蒲洪，蒲洪率两万户投降，石虎任命他为冠军将军。蒲洪到达长安后，劝说石虎迁关中的豪强和氐、羌等部落充实京师，石虎同意，迁徙秦州、雍州的士族及氐族、羌族十多万户到襄国。石虎任命蒲洪为龙骧将军、流民都督，驻扎在枋头（fāng，今河南浚县南），之后又任命羌族首领姚弋仲为奋武将军、西羌大都督，让他率领自己的部队驻扎于清河的滠头（shè，今河北枣强县东北）。

石虎大胜返回襄国，石弘给他建了一套魏国政府班子，模式同曹操当年的一样。

被废掉不如主动让贤，石弘手捧玉玺来到魏王府，要把帝位禅让给石虎。石虎依旧不接受，他还是说：“天下自有公论，你不需要这样做！”面对石虎的这种态度，石弘更加害怕，他眼里含着热泪回宫，对自己的亲生母亲太后程氏说：“先帝不会再有遗业了！”

尚书上书说：“请魏王依照尧舜的禅让例子，行禅让事。”石虎轻蔑地说：“石弘昏庸无能，行为不端，应该把他废掉，还禅让什么！”

十一月，石虎派郭殷率军直接入宫，把石弘废掉，贬其为海阳王。对于这一天，石弘已经有了充分的心理准备，他对大臣说："我不堪大任，愧对天下，天命已去，没有什么好说的！"说罢抬脚上车，神色安详。

群臣劝石虎继位，石虎说："我听闻道合乾坤者称皇，德协人神者称帝，皇帝之号我不敢当，可以暂且称我作摄政赵天王。"石虎把石弘和太后程氏、秦王石宏、南阳王石恢软禁在崇训宫，不久又将他们全部杀害了。

石虎任命夔安为侍中、太尉、守尚书令，郭殷为司空，韩晞为尚书左仆射，王波为中书令。夔安是石勒起家班底"十八骑"之一，在长期的军事斗争中，和石虎结下了深厚的友谊，为石虎所用。其他文武百官，也各有封赏。

第一百二十九节 陶侃去世

晋太尉长沙公陶侃天资聪明，脑子转得非常快，对人谦恭有礼，喜爱人才。他恪尽职守，勤勉工作，虽然日理万机，但事无遗漏，对于来往信件从不找属下代笔，都是亲笔回复。

陶侃常说："大禹是圣人，尚且还珍惜每寸光阴，我们作为凡人更应该珍惜时间，不能放纵玩乐，沉湎于酒色之中。活着的时候对社会没有益处，死后没有美名能流芳百世，这是自甘堕落！"

幕僚中有喝酒误事或者赌博的，陶侃就命人把酒器、赌博工具收缴过来，统统丢进长江，如果是武将，还要被鞭打。他说："赌博，是牧猪小奴的游戏罢了。《老子》《庄子》浮华，不合乎先王礼法，行不通。正人君子应该衣冠整洁，举止庄重，哪有披头散发、蓬头垢面又自称通达呢！"

每次遇到赠送礼物给他的人，陶侃一定要问清物品的来历，如果是来人亲手劳动得来的，即使物品价值再小，他也会非常高兴，必用高于原物价值数倍的物品回赠。如果送来的是不义之财，他会严厉批评，将礼物原封不动地退回去。

有一天，陶侃到乡野间踏青，看见有个随行的仆人手拿一把还没有成熟的稻子，就问道："你拿这个做什么？"仆人回答道："在道旁看到，顺手取过来的。"陶侃一听大怒，说道："你不劳动，却糟蹋农民的稻子！"他命令把仆人抓起来鞭打了一顿。

造船的时候，陶侃把木屑和竹头这些外人看来没用的边角料都收集保存起来，众人都不明白他的用意。等到元旦朝会的时候，天气转晴，积雪开始融化，庭前湿滑，陶侃就把木屑撒在上面，这样人们进出就方便多了。等到后来，桓温攻打成汉的时候，陶侃还用保存的竹头作为船钉修船。

陶侃把一百块砖每天早上搬到屋外，晚上又搬到屋内，仆人很奇怪，问他为什么这么做，他说道：“我有志北伐，如果日子过得太过安逸舒服，到时候恐怕会不堪大用。”

晚年的陶侃虽然从不干预朝中事务，但也深感高处不胜寒，他多次要求退职回他的长沙封国去，但均不被批准。

咸和九年（334）六月，陶侃病重，再次上表要求离职休养。他派左长史殷羡，把朝廷赐给他的符节、军旗、车盖、曲柄伞、侍中貂蝉、太尉印，以及荆、江、雍、梁、交、广、益、宁八州刺史印等统统归还朝廷。军资、器具、牛马、舟船都登记造册，封存在仓库里，钥匙他亲自保管。后事陶侃则托付给了右司马王愆（qiān）期，授予他督护之职，让他统领文武官员。

六月十二日，陶侃被抬上车，到码头登船。十三日，船行驶到樊溪（今湖北鄂州市西）的时候，陶侃病逝，年七十六岁。

陶侃戎马生涯共有四十一年，立下赫赫功劳。得知陶侃去世，成帝司马衍下诏赐予他谥号“桓”，用太牢（猪牛羊各一只）祭祀。后来直到唐朝、宋朝，武庙里均会供奉陶侃的牌位。

不过人无完人，陶侃的个人生活还是很奢侈的。他有媵妾数十名，家仆一千多，家里的奇珍异宝比天府还多。陶侃一共有十七个儿子，其中一个叫陶茂，陶茂的孙子叫陶渊明，是世人皆知的东晋诗人，田园诗派的创始人。

拾壹 权力让人疯狂·上

第一百三十节　慕容皝继位

当初，晋元帝司马睿任命在棘城（今辽宁义县）的鲜卑首领慕容廆为都督幽州、平州、东夷诸军事，兼车骑将军、平州牧，封辽东公，单于称号依旧保留。元帝派遣谒者授予印绶，允许他可以以皇帝的名义设置机构、发号施令。慕容廆任命裴嶷、游邃为长史，裴开为司马，韩寿为别驾，阳耽为军咨祭酒，崔焘为主簿。

慕容廆立第三子慕容皝为世子。慕容皝，字元真，出生于晋元康六年（297），他母亲为慕容廆的正妻。慕容皝眉骨圆起，门牙宽阔整齐，身材魁梧，身高七尺八寸（约一米八），有帝王之相。他喜欢经学，对天文颇有研究。

咸和七年（332）五月六日，慕容廆逝世，年六十五岁，在位四十九年。六月，世子慕容皝继承平州刺史的职务，接掌了父亲的权力，同时派长史王济前去建康报丧。

新近继位，首先要立好规矩，于是慕容皝在执行各项规章制度的时候都比较严格，对违反禁令的行为予以严惩，这让很多官员感到很不适应。主簿皇甫真不断提醒慕容皝要宽严相济，但慕容皝拒绝接受这件建议。

慕容皝的庶兄慕容翰英勇善战，亲弟弟慕容仁和慕容昭当年都深受父亲慕容廆的宠爱，慕容皝相当嫉恨他们三人。如今慕容皝继位，慕容翰叹息着说："承蒙上天垂青，让我立下战功。如今我不能坐以待毙！"于是他带上儿子投奔了鲜卑段部，得到酋长段辽的善待。

慕容仁镇守平郭（今辽宁盖州市），他来棘城奔丧时对慕容昭说："我们过去依仗父亲的骄纵，对慕容皝多有不敬，如今他继位，不会放过我们的！"慕容昭说："哥哥回去后尽快发兵来攻城，我给你做内应！大丈夫立身行事，不成功无非一死，不能学慕容翰那样。”慕容仁拍掌道：“好！”十月，回到平郭的慕容仁发兵棘城。

但慕容仁和慕容昭的阴谋败露了，有人把这件事密报给了慕容皝。慕容皝刚开始不相信，派使者去向慕容仁求证，慕容仁害怕了，杀死使者后回军平郭。慕容皝这下相信是真的了，大怒，命慕容昭自尽。

慕容皝任命高诩为广武将军，率领精兵五千讨伐慕容仁。高诩和慕容仁在汶城开战，高诩不敌，大败。

段辽趁火打劫，派他的兄弟段兰和慕容翰一起进攻柳城（今辽宁凌源）。柳城都尉石琮和城主慕舆泥团结一心，坚守城池，段兰无法攻破城池，选择退兵。段辽大怒，对段兰等人严厉责骂，命他们再去攻城，如果无法攻克就提头来见。

段兰命将士修整了十多天，又增添了部队人数，然后发起猛烈攻击。他命战士们穿上两层铠甲，手拿盾牌，高架云梯，从四面八方潮水般地疯狂向柳城冲去，不分昼夜。石琮和慕舆泥也不甘示弱，他们防守得更为严密，滚木雷石齐下，段兰军队伤亡一千多人，依然不能拿下城池。

慕容皝派弟弟慕容汗和司马封奕等率军援救柳城。出发前，慕容皝叮嘱慕容汗道：“敌兵士气正盛，不要和他们立即接触。”慕容家多骁勇善战之士，慕容汗同样也是员猛将，可惜他一身胆气，头脑却不灵光，一上阵就忘记了慕容皝的嘱托，也不听封弈相劝，率领一千多名骑兵直扑柳城。慕容汗和段兰在牛尾谷（今辽宁朝阳市北）相遇，慕容汗大败，部队死亡过半。

段兰要乘胜追击。慕容翰虽然身在段部，但心里仍向着自己的国家，他担心自己的国家被灭，便劝段兰道：“我们挫败的只是敌方偏部，主力尚未被灭。慕容皝诡计多端，我们孤军深入，一旦失败，就无法回去面对主公！”段兰看透了他的心思，哈哈一笑道：“敌军被擒已成定局，你只是担心我会趁机消灭你的国家罢了！”慕容翰故作生气道：“故国的存亡和我没有半点关系！我这样做，只是珍惜你的功名罢了。”说罢便下令让自己的部队准备折返。少了慕容翰，仗就没法打了，段兰也不得不返回。

面对不利战局，慕容皝决定亲征。司马高诩说道：“自慕容仁反叛以来，渤海已经连续三年结冰。慕容仁专心防备陆上进攻，我们可以从结冰的海面上过去，来个突袭。”慕容皝听了连连点头，但众位大臣纷纷表示冰面上行军太过危险，力劝从陆地上进军，一时间议事厅里议论纷纷。

慕容皝一看这样闹哄哄地吵下去也没有个结果，大声说道：“我意已决，胆敢再有劝阻的，杀无赦！”群臣立即噤声。

咸康二年（336）正月十九日，慕容皝和担任军事将军的弟弟慕容评率军从昌黎郡（今辽宁义县）东下，冒着刺骨寒风，在结冰的河面上行军三百多里，到达历林口后登陆，丢掉辎重，轻装前进，兵锋直指平郭。

慕容皝军距城七里的时候，慕容仁才得到报告，出动全部部队仓促应战。这时候，慕容仁之前俘虏的慕容军（慕容皝的异母弟弟）临阵出逃，投向慕容皝军，慕容仁部队的军心顿时动摇，战斗力锐减。慕容皝抓住机会，命令部队全力冲击，慕容仁大败，被生擒。

慕容皝命慕容仁自我了断，其他的人，除了个别慕容仁的亲信被诛杀外，一律不予追究，这一举措稳定了人心。

第一百三十一节　石虎杀子

石虎夺权后，为了锻炼被封为太子的儿子石邃，命石邃开始独立处理政事、批阅奏章，当然重要的活动或者人事任免，还需石虎亲自参加或者报知石虎定夺，比如祭祀宗庙、任命刺史郡长、军事行动、判决死刑等。

石虎经营邺城多年，邺城让他更有安全感，于是他决定迁都邺城。他让众大臣讨论，尚书建议由太常祭告祖庙，石虎说道："古来遇到重大事情，必要祭告祖庙，但不分割社稷。尚书可以仔细研究一下再告诉我。"大臣们于是请求派太尉祭告社稷，石虎同意了。

咸康元年（335）九月，石虎把后赵都城由襄国迁至邺城。进入邺城的宫殿后，恰逢天降雨水，石虎大喜，觉得这是个吉兆，命令赦免死刑以下的罪犯。

跟石勒一样，石虎对高僧佛图澄也非常迷信，他即位后对佛图澄非常敬重，专门下诏，让佛图澄穿绫罗锦缎的衣服，乘坐饰有浮雕和彩绘的车子。每当朝会的时候，太子石邃和三公级的高官要搀扶着佛图澄上殿，主管官员会大声喊："大和尚到！"殿中包括石虎在内的所有人要起身迎接。石虎命司空李农每天早上和晚上都要上门问候佛图澄，太子石邃和各位公卿每五天去拜见一次。佛图澄再后赵国中的地位，可以说是一人之下万人之上。

中原地区长时间处于战火烽烟的状态之中，人们朝不保夕，尤其是下层劳动人民，特别追求渴望来世的幸福，佛学恰恰迎合了这种心理，加之受佛图澄地位超然的影响，后赵国内民众争相信仰佛教，信众争着捐钱建造寺庙，不少人到寺庙削发为僧，佛图澄的门徒渐渐发展到近万人，建立的佛寺达八百九十三所。

佛教在后赵地位特殊，和尚不用缴纳赋税和服徭役，一部分人为了躲避赋税和徭役，就选择到寺院剃头，还有一些人动起了歪脑筋，这就出现了“假和尚”。这个问题引起了石虎的注意，他专门询问众臣：“佛是皇室和公卿们供奉的神灵，平民百姓有没有资格信佛？”

著作郎王度等人回答道：“佛是外国的神灵，中国（指中原）的天子和各族人民不应该信奉。佛教自汉时传入，当时的朝廷也只允许西域人在城市中建立庙宇祭拜，不允许汉人出家为僧，到了曹魏一朝也同样如此。现今您应该禁止公卿以下的人前往寺庙祭拜，凡国人削发为僧的，统统纠正过来。”

石虎不同意这个说法，他说：“朕出生在边远荒僻之地，如今做了华夏各族的主人。至于祭祀的问题，不应强求一致，应该遵从各民族的习俗，国内百姓，不分民族，愿意信奉佛教的就信奉，朝廷不加干涉。”

石虎大搞建设，他命令在旧都襄国建造太武殿，在新都邺城建东、西二宫。咸康二年（336）十二月，全部工程完工。太武殿台基高二丈八尺，长六十五步，宽七十五步，全都用珍稀的大理石垒砌。为了应对突发事件发生，又挖掘了地下室，可以容纳五百禁卫兵藏身。大殿用瓦全部是彩瓦，用金子做椽头，用白银包裹柱子，用珍珠串成帘幕，真是巧夺天工，极尽奢华。石虎睡觉用的是白玉床，挂着流苏帐，又打造了金莲花作为帐顶。他又命令在主殿显阳殿后面建造了九座宫殿，挑选一万多美女住在里面，这些美女头戴珠玉，身穿绸缎，打扮得花枝招展等帝王临幸。石虎命人教她们骑马射箭、学占卜术，又设置了女太史，让她们学习各种女工活和劳动技能。石虎还别出心裁，组建了一千人的女子仪仗队，队员们都头戴紫巾，下穿锦缎，腰系丝绦，脚蹬五彩皮靴，手拿羽扇，吹奏军乐，英姿飒爽。

石虎命牙门张弥把洛阳的巨钟、九龙、翁仲（铜人）、铜骆驼、飞廉（上古十大魔神之一，是风神）打包运到邺城。这些铜像，都是当年魏明帝曹叡命人从长安运到洛阳，或是在洛阳直接锻造的。张弥让人制作了几个四轮大车，车轮上缠上丝网，类似于现在下雪天汽车车轮上缠绕的防滑链，起到防滑和减震的作用，车轮过处，车辙宽四尺，深二尺。在通过黄河的时候，其中一口巨钟突然滑落到了河里，张弥花重金招募三百名潜水高手潜入河底，用竹质绳索把巨钟罩住，另一头拴到一百头牛身上，一声吆喝，百头牛同时用劲往前拉，才把巨钟拉到岸上。张弥又命人建造了可以载重万斛（大约二十七万斤）的大船，把这些铜像运送过河。总之，历尽千辛万苦，这些东西终于被运到了邺城。

左校令成公段是个能工巧匠，他制造了一个两层大盘，又把这个双层大盘固定在一个高杆上面，高十多丈，大盘上层放置一个巨型蜡烛点燃，下盘站立几十名武士。石虎看到后，连连称妙。

咸康三年（337）正月，太保夔安率领文武共五百多位官员，向石虎劝进，让他由摄政天王改称皇帝，没想到在礼节性的推让过程中发生了意外——殿外双层轮盘上层的蜡油突然倾泻而下，流到了下层，当时就烫死了二十多人。石虎大怒，腰斩了成公段。这是不祥之兆，石虎决定仪式延后。

二月二十五日，石虎改称大赵天王，立王后郑樱桃为天王皇后，立太子石邃为天王皇太子。郑樱桃是舞女出身，十分美艳，当时被石虎纳为小妾。石虎的前两任妻子，将军郭荣的妹妹郭氏和清河大族崔氏之女崔氏，都是因为郑樱桃进谗言而被石虎杀死的，郑樱桃在除掉这两位大家出身的女人后顺利上位。石邃是郑樱桃的长子，他骁勇善战，很得石虎喜欢，但也遗传了石虎的残忍基因。他喜欢让美女梳妆打扮一番，然后砍下首级，洗干净放到盘子里，让客人观赏，然后又把尸体煮熟了吃掉，可以说是暴殄天物，变态至极！

石虎沉溺于酒色之中，喜怒无常。有时候石邃有事向他禀报，他会不耐烦地说："此等小事，有什么好报的！"但有时候石邃不禀报，他又非常不满，斥责石邃道："你为什么不禀报？"然后便是对石邃一顿鞭打。这样的事情每个月都要发生几次。这时候石邃的弟弟石宣、石韬又都受到石虎的宠爱，几件事情叠加起来，让石邃非常郁闷，继而对父亲石虎怀恨在心。

一次，石邃对中庶子李颜等人说："圣心难测，我想学冒顿（公元前201年，冒顿杀父夺位），你们肯跟我一起干吗？"李颜等人一听，吓得扑通跪倒在地，热汗直淌，不敢搭话。

咸康三年（337）七月，石邃装病，不再上朝。他秘密集结五百多人到李颜家喝酒，酒劲冲头，他对李颜等人说道："我要到冀州杀死河间公石宣，胆敢不从的，斩首！”结果众人被石邃挟持着没走几里，就跑得没剩下几个了，李颜跪下劝阻，昏昏欲睡的石邃只好折返。

这事儿传到了郑樱桃的耳朵里，她大吃一惊，派宦官责问石邃，石邃竟然杀死了宦官。

神僧佛图澄曾经对石虎说："陛下不宜经常去东宫。"这次石邃假生病，石虎不知真相，准备前去探望，但他突然想到佛图澄此前的话，就打消了这个念头。只是他仍然不相信石邃会有害他的想法，他瞪大眼睛，自言自语道："我是天下之主，怎么连父子之间都互相不信任了呢？"于是他让他非常信任的女尚书前去探视石邃。石邃叫女尚书近前谈话，突然间拔出宝剑，杀死了她。

这还得了，石虎顿时暴怒，命人抓了李颜等人严刑拷打。李颜经不住酷刑，一五一十地把事情都交代了。石虎下令，把李颜等三十多人统统处死，又把石邃软禁在东宫。但毕竟是亲父子，没过多久，石虎就赦免了石邃。

石虎在太武殿东堂召见石邃，石邃大摇大摆进殿，只是象征性地向石虎行了个礼。两人对谈，石邃对自己的罪行只字不提，没说一会就扭头走了。

石虎派人追上石邃，告诉他说："太子应该前去拜见皇后，怎么说走就走！"石邃听了也只停顿了一下，然后头也不回，快步出宫。

石虎暴跳如雷，再也无法容忍，下诏把石邃贬为平民。当天夜里，石虎命人杀死包括石邃和他的妻子张氏在内的二十六人，挖了一个坑把他们埋了。石虎又把教子无方的皇后郑樱桃废为东海太妃，立次子石宣为天王皇太子，封石宣的母亲杜昭仪为天王皇后。

第一百三十二节　慕容皝建前燕

段氏部落对慕容皝来说是个巨大的威胁，咸康三年（337）三月，慕容皝命人在段部乙连城（今辽宁喀喇沁左翼蒙古族自治县）东部修建了一座新城，让折冲将军兰勃驻守，这样一来可以加强防御，二来可以对段部产生威胁。

这招果然产生了效果，为了加强乙连城的粮食储备，四月，段辽命令数千辆车组成车队，向乙连城运送粮食。兰勃抓住时机，主动出击，全部予以截获。

九月，镇军左长史封奕等人认为慕容皝目前的职位（辽东公、镇军大将军）和他承担的责任不相符，劝慕容皝顺应时事，称燕王。慕容皝同意了，并开始设置各种政府机构，任命封奕为国相，韩寿为司马，杜群任纳言令（即尚书令）。

十月十四日，慕容皝正式称燕王，下诏大赦，追尊父亲武宣公慕容廆为武宣王，封自己的妻子段氏为王后，立世子慕容儁（jùn）为王太子。从此刻开始，五胡十六国中的另一个国家燕国出现，为了区别以后成立的各个燕国，史称慕容皝建立的国家为“前燕”。

段辽四面树敌，还多次派兵袭扰后赵的边境地区。慕容皝心生一计，他要借助外力，清除强敌。慕容皝派扬烈将军宋回向后赵称臣，请求石虎出兵讨伐段辽，慕容皝许诺他将举全国之力，和后赵并肩作战。为了表示诚意，他还把自己的弟弟、宁远将军慕容汗送到邺城做人质。石虎大喜，认为开疆拓土的机会又来了，盛情款待了宋回，回赠了丰厚的礼品，还把慕容汗又送了回去。石虎和慕容皝秘密约定，准备明年发兵。

咸康四年（338）正月，慕容皝派都尉赵槃（pán）出使后赵，商定讨伐段辽的具体日期。

石虎招募勇士三万多人，将他们全部任命为龙腾中郎。段辽得到消息不甘示弱，派堂弟段屈云主动进攻后赵的幽州，幽州刺史李孟不敌，撤至易京（今河北雄县）。石虎任命桃豹为横海将军，王华为渡辽将军，让他们率领十万水军由漂渝津（今天津市东）发兵；又任命支雄为龙骧大将军，姚弋仲为冠军将军，率领步骑兵部队共七万人为前锋，讨伐段辽。

三月，赵槃回到棘城，慕容皝当即率军进攻令支北部。段辽准备派军截击，慕容翰劝他道："如今强大的赵军正从南方向我们杀过来，我们应当集中兵力迎敌。慕容皝这次亲自挂帅前来，士卒精锐，万一我们战败了，拿什么来抵御赵军呢？"

段兰一听大怒，说道："我上次就被你误导，才有了今日之祸，你不要再多说了！"说完，他率领人马前去迎战。慕容皝以逸待劳，设下埋伏，就等着段兰入瓮，段兰没有识破，进入埋伏圈。慕容皝一声令下，燕军如猛虎下山一般，个个奋勇争先，段兰军大败，被杀死数千人，段兰狼狈逃命，慕容皝抢到五千多帐篷和数万头牲口，满载而归。

支雄是石勒当年起家时依靠的十八骑之一，勇冠三军，他率军顺利攻下蓟县，渔阳、上谷和代郡太守望风而降。这一次，支雄一连夺取四十多座城池。北平相阳裕率领治下百姓数千家退入燕山，构筑防御工事自保。后赵军准备攻击，石虎说道："阳裕是个有文化的人，他不投降只不过是显示名节罢了，不会成什么气候的。"

后赵军继续前进，到达北平郡首府徐无（今河北遵化市东）。段辽这时候已经成惊弓之鸟，不敢出城应战。他来到慕容翰身边，握着慕容翰的手臂说道："我不听你所言，才到了今天这个地步，是命该如此，可是也让你没有了安身立命之所，实在叫我羞愧不已。"

段辽带领妻子、宗族和治下豪强一千多家，舍弃令支，逃往密云山中。慕容翰也带领家眷、部属北去投奔宇文部落。

段辽刚走，他的左右长史刘群（刘琨之子）、卢谌、崔悦等人就封存仓库，向石虎投了降。石虎派将军郭太、麻秋率领两万轻骑兵追赶段辽，进入密云山后，捉住了段辽的母亲和妻子，杀死三千多人。段辽只身逃往山势险要的地方，派儿子段乞特真向石虎献上名马和降表，石虎接纳了。

石虎率军进入令支，论功行赏。他把段部的两万多户百姓强制迁徙安置到司州、雍州、兖州、豫州地区，其中那些有才能和德行的人，石虎也予以提拔使用。

阳裕走出燕山向石虎投降，石虎任命他为北平太守。

慕容翰到了宇文部落后，受到酋长宇文逸豆归的猜忌，慕容翰不得不装疯卖傻，才能求得平安。慕容皝知道慕容翰当初出走并不是真心情愿，而是因为误会所致，得知他在宇文部落的遭遇后，便派人秘密接回了他，摒弃前嫌，对他优待有加。

第一百三十三节　李寿夺权

成汉国是氐族李雄建立的，是五胡十六国中的第一个建立国家。成汉在李雄的领导下，虽然不时和晋等发生冲突，但国内大局平稳。不知不觉，时间过去了近三十年。

咸和八年（333）正月，成汉大将军李寿攻克了晋的朱提郡（今云南昭通市），朱提太守董炳出城投降。摄于李寿的威势，建宁郡太守霍彪也献城投降，顿时，李寿声名大振。

李寿，字武考，是李雄叔叔李骧的儿子，李雄的堂弟。他自小聪明好学，豁达有雅量，注重容貌举止。李雄很看重他，认为他能担当重任，任命他为前将军、督巴西将军，后又升他为征东将军。十九岁的时候，他聘请了隐士谯秀（劝刘禅投降的谯周的孙子）为宾客，每日听谯秀教诲，逐渐在巴西有了威名。李骧死后，李雄升任李寿为大将军、大都督、侍中，封扶风公，后又因为攻打晋宁州有功，封李寿为建宁王。

咸和九年（334）六月，能征善战、性情宽厚的成汉帝李雄病倒了，他头上生疮，身上的旧伤也重新发作，伤口溃烂流脓，恶臭连连，除了皇太子李班，其他人都远远地躲着。李班是李雄哥哥李荡的儿子，字世文，喜欢学习，行为端正。当时李氏子弟生活奢靡无度，但李班却保持节俭的习惯，因此深得李雄的喜爱。每当朝廷有大事的时候，李雄常常让他参与，后来甚至将李班立为太子。现在李雄生病，李班昼夜在李雄身边伺候，甚至亲口为他吸脓。

咸和九年（334）六月二十五日，李雄去世，年六十一岁。太子李班继位，任命建宁王李寿为录尚书事，把朝廷大事委托给他、司徒何点和尚书王瑰处理，自己专心服丧。父亲把皇位给了外人，李雄的大儿子车骑将军李越和他弟弟安东将军李期十分不忿，密谋作乱。十月，李越趁李班夜间守灵的机会，把他杀死了，同时被杀死的还有李班的哥哥领军将军李都。李越假称接到皇太后任氏的诏令，公布了李班的罪行，废黜了他的皇位。

李期由皇太后任氏所生，也颇有才华，加上李越的推让，于是皇太后命李期继位。李期继位后，任命李越为相国、大将军，封建宁王；任命大将军李寿为大都督，改封汉王，两个人都兼任录尚书事。李期又任命哥哥李霸为中领军、镇南大将军，弟弟李保任镇西大将军、汶山太守，立妻子阎氏为皇后。

李班的弟弟李玝（wǔ）投奔东晋，东晋廷任命他为巴郡太守。

登上大位的李期开始骄傲起来，他疏远旧臣，重用尚书令景骞、尚书姚华、田褒、中常侍许涪等人，朝政大事往往由这几个人决断。朝廷纲常混乱，成汉也走上了下坡路。

李霸和李保在家暴毙，敢干这个事情的除了皇帝没有第二个人，大臣们恐惧不安，国内人心思变。

李寿德高望重，皇帝李期、建宁王李越、尚书令景骞等人都忌惮他。李寿对此深感焦虑，主动要求前去涪城（今四川绵阳市）镇守，之后每到朝见的日子，他就说边疆军情紧急，需要加强防务，不能上朝觐见。巴西隐士龚壮多谋善断，李寿派人去聘请他。龚壮的父亲和叔叔被李特所杀，他一直想寻找时机报仇，于是劝说李寿道："王爷如果能舍小节从大业，就能化危为安，甚至可以开国拓土，稳做一方诸侯，名声盖过齐桓公、晋文公，传至百代。"李寿听懂了，龚壮的意思是要他舍弃成汉，向东晋称臣。他想来想去觉得有道理，就开始和长史罗恒、解思明等人日夜谋划进攻成汉的京师成都。

李期也听到了些风声，不断派人到涪城观察李寿的动静。为了剪除李寿的左膀右臂，他还命人毒死了李寿的养弟，安北将军李攸。

咸康四年（338）四月，李寿决定发兵成都。为了师出有名，他假称接到妹夫任调的信，信上说李期将要派军攻打涪城，李寿的属下信以为真，于是李寿率领步兵和骑兵共一万多人由涪城出发，攻击成都。为了激励士卒，李寿宣布攻下成都后，将把城内的财物奖励给各位将士。李寿任命李奕为先锋。

李寿的世子李势这时候正担任翊军校尉，兵临城下，他直接打开了城门，李寿部队顺利进入成都。他派兵把守各个宫门，又命人逮捕了李越、景骞、田褒、姚华、许涪等人，将他们全部处死，然后兑现诺言，放纵将士在城内大肆抢劫，成都城内过了数日才重新安定下来。李寿假称奉皇太后任氏的诏令，废黜李期为邛都县公，把他软禁起来。

罗恒、李奕、解思明等人劝李寿自立为镇西将军、益州牧、成都王，然后向晋室称臣，把李期送到建康，而任调和司马蔡兴、侍中李艳等人则劝他称帝自立。李寿举棋不定，请来巫师占卜，巫师说："您可以当几年天子。"

听了这话，任调兴奋地道："能当一天皇帝就非常满足了，何况是几年呢！"解思明却说："几年天子，怎么比得上百世诸侯？"

李寿想了一下，说："朝闻道，夕死可矣！任调的话才是上策！"

于是李寿即帝位，颁布大赦，追尊父亲李骧为献皇帝，母亲昝（zǎn）氏为皇太后，立妃子阎氏为皇后，立世子李势为皇太子。任命董皎为相国，罗恒为尚书令，解思明为广汉太守，任调为镇北将军、梁州刺史，李奕为西夷校尉，侄子李权为宁州刺史。朝中公卿大臣、刺史太守等重要官员都由李寿的亲信担任。

被软禁中的李期连连叹息："我过去是天子，现在却是一个小小的县公，活着又有什么意思！"咸康四年（338）五月，李期自尽，年二十五岁。

第一百三十四节　后赵攻前燕

石虎对慕容皝不等他会师，却趁机抢夺段部的财产、掳掠当地人口的事感到非常生气，准备攻打慕容皝。高僧佛图澄劝他，他不听。太史令赵揽又劝他说星象对前燕有利，不宜进攻，石虎大怒，命人鞭打赵揽数下。

后赵的军队有数十万人，前燕国内气氛十分紧张，慕容皝问燕国内史高诩道："我们该如何应对？"高诩回答道："我们坚守城池，敌军久攻不下，到时候自然就撤走了。"

咸康四年（338）五月九日，后赵军队逼近棘城（今辽宁义县西北），前燕右司马李洪的弟弟李普认为棘城必定守不住，劝李洪赶紧逃走。李洪说道："天道幽远难测，我们身负重责，切不可摇摆不定，到时候悔之晚矣！"但李普坚持要求李洪离开，李洪生气地说："如果你认为自己正确，就去做。但我深受慕容氏的大恩，会一直在这里，舍生取义！"李洪和李普洒泪分别。李普出城投降了后赵，随后赵军南下，后死于乱军之中，而李洪则以自己的忠诚闻名后世。

感到害怕的不只是李普，慕容皝远远望见后赵军气势汹汹地杀过来，也感到非常恐惧，准备弃城北逃。军中将领慕舆根劝他道："只要死死地守住城池，我们的气势就会增强，敌人气势就会减弱，到时候再伺机出城攻击。如果我们守不住城池，再逃也不迟。"

慕容皝暂时放弃了逃跑的想法，但脸上却难掩恐惧，玄菟（今辽宁沈阳市东）太守刘佩说道："现在大敌当前，国家安危全系大王一人身上，您应该勉励士兵奋勇杀敌，不能显示出不安。请您让我出兵迎击，以展示我军的决心！"慕容皝同意了，刘佩带领几百名敢死骑兵出城攻击后赵，杀死数名后赵士兵后撤回城内，前燕军顿时士气大振。

慕容皝又征求封弈的意见，封奕回答道："石虎的残暴已经到了人神共愤的地步，现在他倾全国之兵远道而来，只要我们坚守城池，他们久攻不下，日子一长，内部必定会出现问题，那时我们就有机可乘。目前我们所要做的，就是死守。"

后赵军从四面八方如蚂蚁般密密麻麻地涌来，架起长梯攻城。前燕军滚木雷石齐下，顽强地坚守了十几天，慕舆根在城楼上督战，后赵军攻不上来。

五月十三日，后赵军的粮食开始供应不上，石虎命令退兵。这时候，慕容皝的第四子慕容恪主动请命，率两千精骑追击后赵军，后赵军没想到前燕敢出来追击，也没有做什么防备，于是大败，被斩首三万多人。后赵各军都狼狈逃窜，丢盔弃甲，唯独石闵（即日后建立冉魏政权的冉闵）率领的一支军队完好无缺。

这是东晋十六国时期"第一名将"慕容恪的第一次登场。慕容恪，字玄恭，是慕容皝第四子，母亲为高氏，出生于大兴四年（321）。因为高氏并不得宠，所以刚开始慕容皝对这个儿子并没太在意。慕容恪长到十五六岁时，身高已经达到八尺七寸，而且相貌英俊，为人厚道大度，性格刚毅。每次和慕容皝在一起交谈时，他总是谈及治国安邦之道，而且说得头头是道，慕容皝这才对他刮目相看，让他带兵打仗，给了他施展身手的舞台。

这次后赵和前燕之战，也是另一位战神石闵第一次登上历史舞台的时刻，他的事迹我们以后再讲。

此战后，慕容皝派兵讨伐之前背叛自己投降后赵的郡县，将它们一一收复，杀了不少人。

石虎遭遇了生平最大的败绩，他感到羞耻，谋图报复。他命渡辽将军曹伏率青州兵进驻一座海岛，运送粮食三百万斛供给他们；又派人用三百艘船送了三十万斛粮食到高句丽，让典农中郎将王典率领一万多人沿海开垦田地，并在青州建造战船一千艘，准备日后进攻前燕时用。

咸康四年（338）十二月，逃到密云山的段辽派使者向后赵投降，但他很快后悔了，又派使者到前燕，说自己要归降。

石虎接到段辽的投降信后，派征东将军麻秋率领三万士兵前去迎接，他对麻秋下命令道：“受降和临阵迎敌一样，不能大意！”他命段辽的旧部，左丞相阳裕担任麻秋的司马。

慕容皝接到投降信很重视，亲自率军前去迎接。段辽和慕容皝秘密商议准备袭击后赵军。慕容皝派慕容恪率七千精兵埋伏在密云山，在三藏口大败麻秋，杀死约两万人。麻秋的战马也丢了，徒步钻入山中险要之处才得以幸免，阳裕则被生擒。

后赵将军鲜于亮也丢掉了战马，只能徒步登山，但山峰陡峭，无法前进，他一看走不了了，干脆坐了下来等待前燕军到来。不一会儿，前燕士兵把他包围住，呵斥他起身，鲜于亮说道：“要杀就杀，不杀放我走，不要说那么多废话！”鲜于亮仪表堂堂，身形魁梧，说话中气十足，看起来像个大人物，前燕兵不敢擅杀，把这事报告给了慕容皝。慕容皝派人送去了一匹马，把鲜于亮接来。经过一番交谈，慕容皝觉得鲜于亮是个人物，十分高兴，任命他为左常侍，并把前平州刺史崔毖的女儿嫁给了他。

慕容皝尽收段辽部众，待段辽如上宾，又任命被俘虏的阳裕为郎中令。

石虎得到麻秋战败的消息，暴怒，免除了麻秋的官职，剥夺了他的爵位。

不久，段辽又预谋背叛慕容皝，但消息泄露，慕容皝杀死了段辽及其同党几十人，为了缓和同后赵的关系，他把段辽首级送给了石虎。

第一百三十五节　三驾马车

咸康四年（338）五月十六日，晋廷任命司徒王导为太傅、都督中外诸军事，任命郗鉴为太尉，任命庾亮为司空。六月，又任命王导为丞相，把司徒府并入丞相府。

王导、郗鉴、庾亮都位居三公，各管一个重要部门，互相监督，互相制衡。

当时成帝司马衍年幼，北有强敌，世事艰难，王导总揽全局，对一些细枝末节并不过分关心，再加上他对人比较宽厚，他任用的将领赵胤、贾宁等人便利用他的这个性格特点，对既定的法令条规时有违背。赵胤和贾宁都是王家的故交，这时候的王家经历了王敦之乱，实力已经大大衰减，王导需要得到他们的大力支持，因而对他们的一些作为只能视而不见，大臣们对这种状况深感忧虑。

庾亮作为成帝司马衍的舅舅，想起兵罢黜王导，他写信征求郗鉴的意见，信中说："主上从八九岁直到成人，入则在宫人之手，出则唯武官小人，读书无从接受读音和断句，询问时没有遇到君子。现在君主已经长大成人（司马衍本年十八岁），本应该把权力交还给他，但王导不叩拜归政，仍然居于师傅之尊。长大成人的君主，正受到既为师又为臣的人的控制！他对上无所顾忌，对下无所忌惮，认为多豢养无赖就足以维持天下。公（指郗鉴）与在下同受先帝厚爱，蒙受托付之重，正应该在此时效力！大奸不除，我们有何面目见先帝于地下！"

郗鉴接到信后没有同意。当年陶侃也准备罢黜王导，征求郗鉴的意见，郗鉴没有同意，陶侃也就没有实施。郗鉴的意见这么重要吗？是的。郗鉴当时掌握着京口（今江苏镇江市）的部队，这支队伍能征善战，是晋朝的主力部队之一。京口兵以北来的流民为主，这些流民能从战火纷飞的北方逃到南方，自然经历了千辛万苦，是有一定的实战经验的，镇守京口的郗鉴把他们组织起来，进行了严格的训练，使他们成为一支纪律严明、能打硬仗的正规部队。因为京口在建康东北，又被称为北府，之后谢玄以京口兵为班底，组建了历史上赫赫有名的“北府兵”，这是后话。

郗鉴和王导还有另外一层关系——他们是亲家，郗鉴的女儿郗璿（xuán）嫁给了王导的侄子王羲之。当年郗鉴要在王家子弟中选择一个才俊做女婿，王导让他随便选，于是郗鉴派人去考察。王家的适龄子弟听说后，个个精心打扮一番，精神抖擞地准备见客。郗鉴派的人到了东厢房后，在衣着光鲜的人群中看到一个年轻人，他漫不经心地露着肚子在躺椅上看书。这人回去后把考察的情况报告给郗鉴，郗鉴决定招那个躺着看书的年轻人为婿，这个人就是王羲之，这个故事还给后人留下了“东床快婿”这个成语。王羲之和郗璿后来共生育了七子一女，其中一个是王献之。

郗鉴这次不同意罢免王导，最主要的原因是虽然王导晚年昏聩，但他毕竟忠于司马氏，而几经战乱的东晋王朝已不能再陷入刀兵之中。郗鉴在王导和庾亮中间起到了润滑剂的作用。

南蛮校尉陶称（陶侃之子）是庾亮的属下，之前受过庾亮的责罚，怀恨在心，他把庾亮的阴谋告诉了王导，王导回信给陶称：“我和元规（庾亮的字）休戚与共，这些闲言碎语应该止于智者。即便真的发生了你所说的事，我不过就是辞职回家，没有什么好怕的！庾公是皇上的舅舅，你应该好好侍奉他。”庾亮得知此事后，命人杀死了告密的陶称。

此时庾亮虽然驻扎于武昌，但手握强兵，遥控朝廷，又因为他是皇帝的亲舅舅，地位特殊，奔走其门的人络绎不绝，王导对此愤愤不平。每当遇到西风吹起时（武昌在建康之西），王导便用扇子遮挡面目，说道：“庾亮的尘土把人都玷污了！”

石勒死后，庾亮上书准备北伐，王导想不正面得罪庾亮，表示了同意，但郗鉴认为朝廷物资准备不足，不能大规模兴兵，太常蔡谟也认为石虎的实力非常强大，晋军没有胜算。朝中大臣大多支持郗鉴和蔡谟的意见，于是成帝下令不准庾亮北伐。

咸康五年（339）七月十八日，王导去世，年六十四岁。成帝在朝堂为王导举哀三天，赐谥号“文献”，为他举行了隆重的葬礼。王导有六个儿子——王悦、王恬、王洽、王协、王劭、王荟。

王导去世后，成帝征召舅舅庾亮担任丞相、扬州刺史、录尚书事，庾亮推辞不受。七月十九日，成帝下诏任命何充为护军将军，任命庾亮的弟弟庾冰为中书监、扬州刺史、录尚书事。庾冰到任后兢兢业业，对人彬彬有礼，着力提拔一些有能力但官位不高的人，因此获得了广泛的称赞，大家都认为他是位贤相。

咸康五年（339）八月，郗鉴去世，年七十一岁，谥号“文成”。郗鉴有二子一女，郗愔、郗昙、郗璿。郗鉴去世前，他向成帝推荐由口碑较好的蔡谟接替自己，成帝批准。郗鉴去世后，成帝即任命蔡谟为征北将军、徐州刺史，兼都督徐州、兖州、青州诸军事，假节。

咸康六年（340）元月一日，庾亮也去世了，年五十二岁，谥号“文康”。庾亮有三个儿子，分别是庾彬、庾羲、庾龢（hé）。

几个月的时间，晋连失三大支柱，全国陷入悲痛之中。

第一百三十六节　代国建立

当年，冒顿单于击败东胡，东胡分裂，其中的一支退到大鲜卑山，被称为拓跋鲜卑。关于“拓跋”这个姓氏的来源，有两种说法，一是拓跋族自己的说法，拓跋族认为自己是黄帝的后代，黄帝以土德王，而在拓跋族的语言中，“土”为“托”，“首领”叫作“跋”，所以他们把“托跋”作为姓氏，后来称“拓跋”；二是史学家的说法，有史学家认为“鲜卑父匈奴母”的后裔称为“拓跋”。1980 年，考古学家在今大兴安岭北段、内蒙古呼伦贝尔市鄂伦春自治旗阿里河镇发现了嘎仙洞，里面的刻石祝文与史书记载一致，证实了大鲜卑山的存在。

后来，拓跋鲜卑南迁至今河套平原及大青山（属阴山山脉）一带，拓跋首领拓跋力微又率部族迁徙到盛乐（今内蒙古和林格尔县）。曹魏景元二年（261），拓跋力微把儿子拓跋沙漠汗送到中原做人质。拓跋沙漠汗身高八尺，英俊魁梧，相貌不凡，他在洛阳广交朋友，这让西晋幽州刺史卫瓘大为忌惮，他贿赂拓跋部落酋长，让他们除掉沙漠汗。晋咸宁二年（277），部落酋长联手把沙漠汗杀害了，拓跋力微因此黯然神伤，一病不起，于当年逝世，年一百零四岁，在位五十八年。若干年后，道武帝拓跋珪建立魏国，尊奉拓跋力微为始祖。

拓跋力微去世，他的儿子拓跋悉鹿继位，在位九年后去世。拓跋悉鹿的弟弟拓跋绰继位，在位七年后去世。之后继位的是拓跋沙漠汗的小儿子拓跋弗，在位仅一年就去世了，然后是拓跋力微的儿子拓跋禄官继位。这时匈奴刘渊建立了汉赵（汉国），并州刺史司马腾请求拓跋部一同出兵攻打刘渊，刘渊大败。

拓跋禄官在位十三年后去世，拓跋沙漠汗的另一个儿子拓跋猗卢继位。拓跋猗卢有勇有谋，统一了拓跋三部，后来和晋幽州刺史刘琨合兵大败匈奴刘氏，被晋封为代公，后又被封为代王，“代”这个政权正式建立。公元316年，代王拓跋猗卢被儿子拓跋六修杀死，此事引发部落内部动乱，部族分裂，拓跋氏逐渐衰落。

之后拓跋弗的儿子拓跋郁律继位。晋大兴四年（321）拓跋郁律被害，拓跋沙漠汗的孙子拓跋贺傉（nù）继位，于晋太宁三年（325）去世，在位五年。同年，拓跋贺傉的弟弟拓跋纥（hé）那继位。

咸和二年（327），当时的后赵中山公石虎攻击代王拓跋纥那，拓跋纥那大败，把首府迁到了大宁。咸和三年（328），代国发生内乱，贺兰部落及各位酋长共同拥立原代王拓跋郁律的儿子拓跋翳（yì）槐为代王，拓跋纥那逃往宇文部落。拓跋翳槐迁首府至盛乐（今内蒙古和林格尔县），派弟弟拓跋什翼犍出使后赵为人质，请求同后赵和解。

咸康四年（338）十月，拓跋翳槐病重，下令立拓跋什翼犍为代王。但酋长梁盖等人认为拓跋什翼犍在遥远的后赵做人质，后赵不一定会允许他回来，即便允许，恐怕拓跋什翼犍还没有来到，就已经发生动乱了，因此计划另立新君。按年龄，这时候继位的该是拓跋翳槐的二弟拓跋屈了，但拓跋屈为人阴险狡诈，拓跋翳槐的三弟拓跋孤则很忠厚，显然，拥立后者上台会给酋长们更多安全感，于是他们一起杀死了拓跋屈，立拓跋孤为王。

这时候事情又起变化了，仁厚的拓跋孤坚决不同意做代王，他自己跑到邺城，向后赵表示愿意留下来作为人质，请求让拓跋什翼犍回去。他的举动感动了石虎，石虎让他和拓跋什翼犍一同回国。

咸康四年（338）十一月，拓跋什翼犍在繁畤（shì，今山西浑源县西南四十里）即代王位，改元“建国”，他把国土分了一半给拓跋孤。

拓跋什翼犍智勇双全，深得民心，继位后便开始按照以往中原政权的构架在国内设置文武百官。他任命燕凤为长史，许谦为郎中令。同时也命人着手制定叛逆、杀人、奸淫、偷盗等方面的法律法规。这些法律法规简单明了，便于记忆，便于操作，国内法制建设走上正轨。他还命人在盛乐旧城南八里修筑新的盛乐城。

代国日益强大，一时间，周边各国纷纷归附，拓跋什翼犍的部众达到数十万人。

代国人把来投靠的其他少数民族统称为“乌桓人”，拓跋什翼犍把这些“乌桓人”分为两部，各部设立一个总监作为领导——他的弟弟拓跋孤为北部总监，儿子拓跋寔（shí）为南部总监。

国内稳定，拓跋什翼犍又派使者携带贵重礼物，向燕国（前燕）求婚，燕王慕容皝把妹妹许配给了他。

第一百三十七节　司马岳登基

江州是居荆州、扬州之间的军事要冲，地理位置非常重要，于是成为王家和庾家激烈争夺的地方。之前庾亮占据着江州，庾亮去世后，王导的侄子王允之出任江州刺史，这让时任豫州刺史的庾亮的弟弟庾怿很不爽。

咸康八年（342）正月，庾怿派人给王允之送了一壶美酒佳酿，王允之疑心有诈，就倒给了狗喝，狗喝了后当即躺在地上痛苦打滚，不一会儿就没了气息。王允之既惊又怒，立即将此事秘密奏报成帝司马衍，司马衍叹息道："当年大舅已经大乱天下，难道小舅又要再乱一次吗？"这话传到庾怿耳朵里，他惊恐不安，一个月后饮下毒酒自尽，年五十岁。

五月，二十二岁的司马衍感觉身体不适，卧床修养。中书监庾冰对外甥司马衍的病情非常挂心，因为司马衍的两个儿子司马丕和司马奕，一个才两岁，另一个仅一岁，都在襁褓中。庾冰担心一旦司马衍去世，他的儿子继位，朝中形势就可能起变化，因为自己跟司马衍的血亲关系相对疏远一些，到时候就会有新的势力崛起，对庾家不利。他极力游说司马衍，说国家面临强敌，需要年纪大的皇帝来继承王位、主持大局，这样才能应付时局，言外之意就是让司马衍把皇位传给弟弟司马岳。司马衍听了感觉庾冰说得有道理，于是立下遗诏，说在百年之后，让位居司徒的琅琊王司马岳继承帝位。司马岳，字世同，本年二十一岁，是司马衍的亲弟弟，其母为庾文君，他也算是庾冰的亲外甥。

中书令何充以直言著称，他建言道："君王的位置由父亲传给儿子，这是古往今来的制度，一旦改变了，很少能不出现祸乱，就因为这样，周武王姬发才不把帝位传给弟弟周公（姬旦）。如果琅琊王登基，皇上的亲生儿子该怎么办？”庾冰听后，不以为然。

六月五日，司马衍病势沉重，他下诏把儿子司马奕过继给琅琊哀王司马安国。七日，司马衍召见武陵王司马晞、会稽王司马昱、中书监庾冰、中书令何充和尚书令诸葛恢，让他们接受遗诏，共同辅佐新帝。

咸康八年（342）六月八日，在母亲和舅舅控制下度过了一生的成帝司马衍在西堂驾崩，年二十二岁，后葬于兴平陵（今江苏江宁县鸡笼山）。

六月九日，司马岳登基为帝，史称晋康帝。为防止意外发生，康帝下诏，在外驻守的将军、刺史、太守不得擅离值守。新帝继位，应该改年号，大家让庾冰确立年号，庾冰刚开始说了一个，有人说之前用过，再说一个，又在前朝用过。最后庾冰绞尽脑汁，想出了一个年号为“建元”，这次终于确定下来了。

散朝之后，有人对庾冰说：“明公作年号，难道没听说谶纬之言吗？谶语说：‘建元之末丘山崩。’丘山，组合起来不就是岳字吗？”

庾冰一听，大吃一惊，呆在原地良久，不知所措。但事已至此，他长叹道：“如果真有吉凶，岂是更改年号能够挽救的。”

六月十四日，司马岳封先帝的儿子司马丕为琅琊王，司马奕为东海王。

七月一日，晋康帝司马岳在金銮宝殿召见群臣，他微笑着对庾冰和何充说：“我能够继承皇位，都是两位爱卿的功劳。”何充回道：“陛下龙腾天际，都是庾冰的功劳。如果先帝当年听取了我的建议，就看不到目前的太平盛世了。”司马岳面露愧色。

为了避开庾冰等庾家的当权派，何充要求出任外地。七月四日，司马岳任命何充为骠骑将军、都督徐州及扬州晋陵郡诸军事、徐州刺史，出镇京口。

司马岳立褚蒜子为皇后。褚蒜子是河南阳翟（今河南禹州市）人，她父亲褚裒（póu）是当时的名士，她母亲名叫谢真石，是陈郡人士，名士谢鲲（谢安的伯父）之女。褚蒜子不但貌美，而且非常聪明，有肚量和见识，司马岳还是琅琊王的时候，就娶她做了王妃。褚蒜子也是我国历史上的一位传奇女性，她后来身为太后，三度临朝听政，执政时间长达四十年。

第一百三十八节　石虎征兵

后赵天王石虎是个建设狂人，他命人在邺城建造了四十多座高台，又修复了洛阳、长安城中已经残破的宫殿，这几项工程堪称浩大，役使的工匠、劳力超过四十万人。

在搞建设的同时，石虎环视四周，发现南边有晋，北边有燕，西边有凉，这让他很不爽。他决心要扫平天下，于是下令命洛州、豫州、徐州、兖州四个州准备伐晋的军需物资；并州、朔州、秦州、雍州四个州准备伐凉的军需物资；青州、冀州、幽州三个州准备伐燕所需的军需物资。

石虎又下令，在全国实行“三五兵役制”，就是说家里有三个壮丁的，要有两个人入伍，家里有五个壮丁的，要有三个人入伍。这样庞大规模的军队需要大量的武器铠甲和强大的后勤保障，于是专门打造武器铠甲的工匠就有五十多万人，担任船夫的有十七万人。王侯、刺史、太守乃至县令，各级官员趁机贪赃枉法，七成的家庭受到侵害，人民苦不堪言，怨声载道。

石虎喜欢打猎，往往大早起就出发，打到日头西坠才回宫，毫无节制。他又时常微服出行，亲自视察建筑工地。侍中韦謏（xiǎo）上书说：“白龙鱼服（白龙化为鱼在渊中游），被渔夫豫且（春秋时宋国的渔人）所伤；海若潜游，遭葛坡之难。望陛下以天下为己任，不要轻易在刀斧之间行走！您一旦遭遇不测，就是有龙虎般的勇猛也会无暇施展，堪比军师的计谋也来不及布置。古代圣明的君王营建宫室，都不占用农忙时节，但现今却在农忙的日子里大兴土木，在收获的季节征发徭役，老百姓民怨沸腾，这不是明君应该做的。”

石虎看到韦谀的奏章，认为说得很有道理，赏赐给韦谀谷物与布帛若干，但他把韦谀的劝告当耳旁风，一点都没有听进去，依然我行我素。

秦公石韬很讨石虎的喜欢，石虎任命他为太尉，让他和太子石宣轮换着批阅奏章，可以直接决定赏罚，不用向石虎禀报。司徒申钟感觉这样不妥，劝石虎道："赏赐和刑罚是君王应该掌握的权力，不能轻易交给别人。太子的职责最主要是侍奉父母，不应该参与朝政。原来的太子石邃因为参政最终覆灭，这样的前车之鉴就近在眼前！而且由两个人分掌朝政，他们各自为政，容易发生祸患。陛下本来是爱他们，但方式不当的话，就是害了他们。"石虎不以为然。

弟弟石韬的存在，让太子石宣感觉地位受到了威胁，每天都如芒在背。右仆射张离兼任五兵尚书，负责管理军队，他向石宣献媚，说道："现在诸位公侯拥有的下属、士兵人数超过了界限，应该逐步裁撤，以加强储君的威势。"石宣大喜，他让张离上奏章："秦公（石韬）、燕公（石斌）、义阳公（石鉴）、乐平公（石苞）各自设置官吏一百九十七人，配备士兵二百人。自此以下，原有的卫士保留三分之一，剩余的约五万人，全部配给东宫。"

石宣此举自然引起诸公的不满，他们对石宣怨气渐生。

太子詹事孙珍患上了眼病，向侍中崔约求药方，崔约一向看不惯孙珍，便戏弄他道："往你眼睛里撒泡尿进去，自然就好了。"孙珍很奇怪，问："眼睛里怎么能撒尿呢？"崔约哈哈大笑道："你眼窝深陷，撒尿正好。"孙珍一听，知道这是在挖苦自己，便怀恨在心，把这件事报告给了主子石宣。巧的是，石宣在兄弟几个中眼窝最深，他听到孙珍的报告后，认为崔约是在讽刺他，顿时暴跳如雷，当即命人逮捕崔约父子，当场处死。

咸康八年（342）冬季，青州上奏说："济南郡平陵县城北边的老虎石雕，一夜之间竟然被移到了城东南，沿途有一千多只狼和狐狸的爪印，都踏出了一条小路来。"

石虎看到奏章，哈哈大笑道："石雕老虎，就是本天王啊！石老虎从西北移到了江南，表示老天要让我荡平江南。传我命令，各州军队明年全部集结，我将亲自统率六军，完成天命！"群臣纷纷道贺，一百零七人呈上了《皇德颂》。石虎又下诏："被征调的壮丁每五人出车一辆、牛二头、米十五斛、绢十匹，备不齐的，斩首示众！"

连年征战，老百姓困苦不已，想集齐这些物品真的很难，为了免于被屠杀，有些人甚至卖掉子女来准备官服所需，但即使是这样，仍然有备不齐的，这样的人等不到官员上门来要，就上吊自杀了事了。

第一百三十九节　桓温登场

晋安西将军、荆州刺史庾翼（*庾亮的弟弟，康帝司马岳的舅舅*）年轻的时候就怀有抱负，一心想建功立业。干事业需要人手，庾翼一直在着力网罗志同道合之人。

当时长沙郡太守殷羡的儿子殷浩熟读老庄、善于清谈，名气非常大，隐居在墓园里达十年之久，多次拒绝政府的征召。曾经有人问殷浩道："我在将要去上任为官的时候梦到棺材，将要发财的时候梦到粪土，这是为什么？"殷浩回答道："官位本就散发着恶臭，所以要做官的时候梦见尸体；钱财本是粪土，所以要发财的时候会梦见污秽。"殷浩解释得很经典，在当时被奉为至理名言，这句话传下来，就变成了"视金钱如粪土"。

当时有个说法："深源不起，当如苍生何！""深源"是殷浩的字，这话的意思就是说，殷浩不出来做官，天下黎民百姓该怎么办呢？殷浩名气之大，可见一斑。庾翼虽然觉得殷浩是徒具虚名，但鉴于他的名气，还是专门邀请他出任司马，但殷浩一如既往拒绝出来做官。

不过这没有给庾翼造成多大打击，因为让庾翼真正看重的是当时和殷浩齐名的琅琊郡太守桓温。桓温是原宣城太守桓彝的儿子，我们之前讲过，苏峻之乱的时候，桓彝起兵勤王，被苏峻的部将韩晃杀死。

桓温，字元子，出生于永嘉六年（312）。他还未满周岁的时候，名士温峤来桓家做客，见到还被人抱在怀中的小桓温，大为惊奇地说："这小孩有奇骨，让他哭几声我听听。"桓彝就捏了孩子的屁股蛋一把，小桓温哇哇大哭起来。温峤听后，称赞道："他长大后定会是个人物！"能得到名士夸赞，桓彝自然高兴，他说道："谢温公赏识小儿，我儿就取名叫桓温吧。”温峤开玩笑道：“果真如此，日后恐怕要让我改姓了。”

咸和三年（328）六月，泾县县令江播投敌，导致桓彝被杀，桓温悲痛欲绝，哭到眼睛布满血丝。他把利刃放到枕头底下，发誓要让敌人血债血偿，成语“枕戈泣血”就出自此。

三年后，江播去世，江播的儿子江彪兄弟三人生怕桓温过来闹事，在灵堂内放置兵器准备自卫。桓温乔装打扮，怀揣利刃，手拿烧纸，装扮成吊丧的客人，顺利进入灵堂，就在灵堂之内杀死了江彪兄弟，报了父仇。人们都对桓温的孝心和胆识交口称赞。

此时的桓温已经长得高大魁梧、气度不凡了。他和名士刘惔关系很好，刘惔就评价他道：“桓温眉毛像紫色多棱角的石头，鬓毛如倒插的浓密刺猬毛。有这样的长相，他肯定会是个和孙仲谋、司马宣王一样的英雄人物！”

庾家很看重桓温，把南康长公主司马兴男（明帝司马绍和庾文君的长女）下嫁给他为妻。桓温初任驸马都尉，继承了父亲的爵位，任琅琊太守。

庾翼比桓温年长八岁，两个人惺惺相惜，同有济世救民之志，很谈得来。庾翼曾向成帝司马衍推举桓温道：“桓温年少时就谋略不凡，希望陛下不要像对待普通人那样对待他，也不要像寻常的皇室女婿那样养着他，应该对他委以重任，让他匡扶社稷。”

庾翼有大志，打算攻取后赵和成汉，收复失地。他派使者到前燕慕容皝和前凉张骏那里，商定联合出兵的日期。但晋廷内部对此议论纷纷，大多数人都认为朝廷没有这个实力，不赞成出兵，只有庾冰、桓温和谯王司马无忌赞同出兵。

建元元年（343）七月，后赵汝南太守戴开率领数千人投降庾翼。乱世中，这种南投北降的事例很多，我们不去深究原因。

七月八日，康帝司马岳下诏要收复中原。庾翼打算此次要出动全部兵马，他让桓温的同族、平北将军桓宣出任都督司、雍、梁及荆州四郡诸军事兼梁州刺史，进军丹水（今河南淅川县西南），同时任命桓温为前锋督，假节，率兵进入临淮郡（今江苏盱眙县东北）。

庾翼想把大营从武昌北移至襄阳，上表奏请，朝廷下诏不准。庾翼不管那些，违抗诏令径直北进，到达夏口（今湖北武汉市）后，又上表请求移镇襄阳。当时庾翼手握四万重兵，朝廷不得不同意，司马岳只好任命庾翼为督征讨诸军事，允许他把大营设在襄阳。

之前，车骑将军、扬州刺史庾冰数次向朝廷提出想到地方任职。八月二日，趁着这次北伐，司马岳下诏任命庾冰为都督荆、江、宁、益、梁、交、广七州及豫州四郡诸军事，兼江州刺史，假节，镇守武昌，作为庾翼的后援。

司马岳又任命桓温为都督青、徐、兖三州诸军事兼徐州刺史，征调徐州刺史何充任扬州刺史、录尚书事，辅佐朝政，征调江州刺史褚裒任卫将军，兼中书令。

晋室朝廷又一次进行人事大洗牌，庾家再次把江州拿到了手中。

第一百四十节　慕容皝灭宇文部

石虎先被慕容皝欺骗，后被打得损兵折将，这是他生平未遇之耻辱，因此一直咽不下这口气，时刻准备着报仇。他四处征兵，让这些人到首府邺城集合，连同邺城的中央军，足足凑足了五十万人的军队。又命准备战船一万艘，自黄河入渤海走海运，运送粮食一千一百万斛到乐安城（今河北乐亭县）作为战备储蓄。马匹同样是重要的战备物资，石虎下令，凡拒绝按要求上交马匹的老百姓要被腰斩，于是家家户户不敢隐藏，全部上交，就这样共收集了四万多匹马。之后，他举行了声势浩大的阅兵仪式，做好了攻击前燕的一切准备。

慕容皝也不甘示弱，出奇兵偷袭幽州，沿途攻城拔寨，颇多斩获。后赵幽州刺史石光吓得闭城不出，任凭慕容皝掠夺三万多户人口后撤回。石虎大怒，把石光召回邺城。

咸康八年（342）十月，慕容皝把都城从棘城（今辽宁义县）迁到龙城（今辽宁朝阳市）。建威将军慕容翰建议攻打距离较近的高句丽[①]，解除前燕的心腹大患，慕容皝同意了。十一月，慕容皝亲统四万大军，任命慕容翰、慕容霸[②]为先锋，向高句丽发起攻击。左常侍鲜于亮奋勇当先，率军攻击高句丽大军，连挑对方几员大将，高句丽军心大乱，溃散奔逃，国王高钊单枪匹马逃走，他的母亲和王后被擒。慕容皝

① 高句丽，古族名、古国名。相传公元前37年夫馀人朱蒙于其地建高句丽国。6世纪后渐衰，668年为新罗和唐联军所灭，旋并入新罗。

② 慕容霸，即后来的慕容垂。

率军进入高句丽首府丸都（今吉林集安市），挖出高钊父亲高乙弗利的尸体，装入棺材，将其连同五万人口以及宝库里的珍宝一起运回国。临走前，慕容皝又一把大火烧毁了宫殿，摧毁了丸都。来年，高钊奉上大量财物，才把父亲的尸体赎回。

建元二年（344）正月，石虎在太武殿大宴群臣，文武百官推杯换盏，你敬我让，场面很是热闹。这时突然飞来近百只白色大雁停在跑马场上，石虎感觉有点扫兴，命令把大雁全部射死。御林军的神箭手万箭齐发，大雁一看势头不对，飞身逃走，箭全部落空。太史令赵揽小声地对石虎说道："白雁栖于宫廷，是不吉之兆，不适宜发兵。"石虎点头赞同。但当时从各地赶来邺城准备讨伐前燕的已经有一百多万士兵，这么多人聚集在一起，吃喝拉撒都是问题，石虎只好命令他们哪来的回哪去，各回各家，等候命令。

近处的高句丽被打垮了，强敌石虎又不来了，慕容皝很高兴，他把解决死敌宇文部落酋长宇文逸豆归（南北朝枭雄宇文泰的先祖）的问题提上了日程。慕容皝和左司马高翊商议，高翊也建议趁机进攻宇文部落，他说道："宇文氏很强盛，如果现在不出兵征服，日后定成祸患。"

建元二年（344）春，慕容皝亲自担任统帅，慕容翰为前锋，慕容儁、慕容恪、慕容霸及慕舆根分率军队同时开拔，向宇文部落发起声势空前的攻击。

宇文逸豆归也没闲着，他之前为了交好石虎，派人把投靠来的段辽的弟弟段兰装入囚车，送了过去，同时奉上脚程好的骏马一万匹。此次听说慕容皝派军来攻，他派南罗城主涉夜干率精兵出城迎敌。

慕容皝得到消息，火速派人告诫慕容翰道："涉夜干乃名将，勇冠三军，你应当避其锐气，不可硬碰硬。"

慕容翰一听这话就有点不舒服，心想，涉夜干是勇将，可我慕容翰的大名又有谁人不知呢？于是他对来人说："宇文逸豆归把精锐之师全数交给涉夜干，涉夜干骁勇善战，是宇文部全部的希望，如果我打赢了他，宇文逸豆归就会不战而逃了！对于涉夜干，我也是有所了解的，我认为他只是徒有虚名，并不难对付，我们不应当避让，避让只会挫伤我军士气。"

慕容翰命人擂起战鼓，他催动战马，冲入涉夜干阵营。涉夜干一看，慕容翰这小子也真是不怕死，便也拍马来战，两个人打得难解难分。正在这时，慕容霸率领援军赶到，从侧面发起冲击，宇文军阵脚大乱，涉夜干也无心恋战，一个不注意，被慕容霸斩于马下。

宇文军看到主帅被杀，立即溃散奔逃，前燕军乘胜追击，直到踏平宇文逸豆归的老巢。宇文逸豆归向北拼命逃跑，最后死于大漠之中，宇文部落从此成了历史。

慕容皝大获全胜，收获的牲口、财物不计其数，开辟国土一千多里。他把五千多帐篷迁徙到昌黎郡，把南罗城改名为威德城，交给弟弟慕容彪镇守，然后班师回国。

不幸的是，在这场战争中，高翊身中流箭而亡，慕容皝痛失一位重要的参谋。

得到前燕攻打宇文部的消息，石虎派右将军白胜、并州刺史王霸从甘松出发救援，但大军到达时，宇文逸豆归已经败逃，后赵军进攻威德城，无法取胜，只好退走。

慕容翰在战斗中也被流箭击中，卧床静养了一段时间才渐渐能下床走路。为了活动筋骨，他在院落中试着骑马，但偏偏有人在这时向慕容皝密报说，慕容翰在家里练习骑马是意图不轨。慕容皝一向忌惮慕容翰的勇猛，这次终于找到了机会，于是下令让慕容翰自我了断。

慕容翰接到诏令，长叹道："我当年负罪出走，已经罪不容诛。只是逆胡占据神州，中原未平，我没有完成心愿，于心不甘。命该如此，我又能奈何！"说罢，他仰头服毒自尽。

第一百四十一节　司马聃登基

晋征西将军庾翼命梁州刺史桓宣进攻后赵防守丹水的李罴（pí），桓宣攻不下来，反被李罴打得大败。庾翼大怒，贬桓宣为建威将军，命他前去守卫岘山。桓宣羞愧难当，急火攻心，一病不起，于建元二年（344）八月七日病逝。庾翼任命长子庾方之为义城郡太守，接手桓宣的部队，又任命司马应诞为襄阳郡太守、参军司马勋为梁州刺史，驻防西城。

中书令褚裒是皇后褚蒜子的父亲，为了避嫌，他坚决不肯出任录尚书事一职。八月十四日，晋康帝司马岳任命他为左将军，兼都督兖州、徐州之琅琊诸军事、兖州刺史，驻防金城。

正值壮年的康帝司马岳突然生病了，而且病情一天比一天沉重，没有减轻的迹象。朝廷商议帝位由谁继承的问题，因为司马岳和皇后褚蒜子的儿子司马聃本年才两岁，所以庾冰、庾翼兄弟建议立本年已经二十五岁的元帝司马睿幼子、会稽王司马昱为继承人，但何充是父死子继制度的坚决捍卫者，他建议立皇子司马聃。司马岳同意何充的意见，九月二十四日，下诏封皇子司马聃为皇太子。庾氏兄弟的算盘落空，他们对何充恨之入骨。

建元二年（344）九月二十六日，司马岳在式乾殿去世，年二十三岁，被葬于崇平陵。关于司马岳的死因，正史没有交代，我们也不做臆测。司马岳书法水平较高，他的代表作品《陆女帖》被收录进宋代的《淳化阁帖》。

九月二十七日，中书监何充奉遗诏立司马聃为帝，是为晋穆帝。司马聃本年才两岁，是在皇太后褚蒜子的怀抱中登基的。此后的日子里，褚蒜子命人在太极殿悬挂白纱帷帐，开始垂帘听政。褚蒜子是位具有传奇色彩的女人，她一生经历过六任皇帝，三次临朝听政，这是后话。

褚蒜子下诏令任命何充为录尚书事，何充领命，但要求辞去中书监的职务，得到批准。何充建议由褚蒜子的父亲褚裒参与朝中事务，于是朝廷下诏，任命褚裒为侍中、卫将军、录尚书事。褚裒是个明白人，他怕受到朝中大臣的猜忌，因此请求继续在地方任职，态度坚决。朝廷再次下诏，任命褚裒为都督徐、兖、青三州及扬州二郡诸军事，卫将军，兼徐州、兖州二州刺史，驻防京口。

褚家以孝闻名，褚蒜子坚持父女见面的时候以女儿的礼节拜见褚裒，这引起一些人的非议。尚书上奏说："褚裒在朝廷上见皇太后，应该行臣子的礼节，跪拜太后。不过私下的时候，皇太后可以行女儿礼仪。"这是个折中的办法，褚蒜子同意了。

十一月九日，江州刺史庾冰因病去世，年四十九岁。庾冰生活节俭，死后家无妾侍婢女，也没有多少家业。为了填补空缺，朝廷命谢尚（谢鲲之子）为江州刺史，但庾翼强力抵制，他让儿子庾方之留守襄阳，自己带兵返回夏口，朝廷无奈，只好任命庾翼为督江州诸军事。

永和元年（345），朝廷任命二十七岁的会稽王司马昱为抚军大将军、录尚书六条事。司马昱自小聪慧，深得父亲司马睿的喜欢，长大后，他性情淡泊，善于清谈，和当时的玄学家刘惔、王濛及韩伯关系要好，经常和他们谈天论地。升任大将军后，他聘请郗鉴的孙子郗超为抚军掾，谢安的弟弟谢万为从事中郎。

庾翼的身体也出现了问题，他的背长了个毒疮，经过治疗不见好转，病情日渐恶化，他感觉自己时日无多，向朝廷推荐自己的儿子庾爰之任荆州刺史，朱焘为南蛮校尉。永和元年（345）七月三日，庾翼病逝，年四十一岁。庾翼期望建立功名大业，有志于收复中原，可惜英年早逝。他也擅长书法，他的《故吏帖》同样被收录进《淳化阁帖》。

对于庾翼去世前推荐儿子庾爰之任荆州刺史一职，大臣们认为庾家久掌西部，在当地颇有民望，应该批准，但何充不同意，他说道："荆州是国家的西方门户，人口有一百多万，北接强胡，西接劲蜀，地势险要，周旋万里，这样的地方，有贤达镇守则中原可定，所托非人则社稷堪忧。当年的东吴名将陆抗曾说'西部存则吴存，西部亡则吴亡'，现在我们怎么能让一个白面少年担当此任？我认为桓温有文韬武略，是最适合的人选。"

有大臣说："庾家在荆州势力庞大，庾爰之不肯把位置让给桓温怎么办？如果到时候双方发动武装冲突，那会是国家的灾难！"

何充呵呵一笑，说道："诸位不必担心，桓温可以克制庾爰之。"

褚蒜子认为何充的话很有道理，于是下诏，任命徐州刺史桓温为安西将军，都督荆、司、雍、益、梁、宁诸军事，兼南蛮校尉、荆州刺史、持节。果然，庾爰之很识时务，他不敢抗命，乖乖地把位置让给了桓温。朝廷又任命刘监沔中诸军事，兼义成郡太守，接替庾方之，同时把庾方之、庾爰之都迁到了豫章郡（今江西南昌市）。

可以说，是庾冰、庾翼的先后去世，导致了庾家在朝廷上势力渐渐凋零。

第一百四十二节 桓温灭成汉

权力能改变一个人，甚至把人变得面目全非，这句话在成汉皇帝李寿的身上得到了很好的体现。当他还是王爷的时候，为人虚心，礼贤下士，每当读书读到贤臣良将的故事的时候，都会反复诵读，而且他生活节俭，身上没有流行于士族间的奢靡风气。但做了皇帝后，李寿一下子变得奢侈嗜杀起来，首先就迫不及待地杀死了对他有威胁的李雄的所有儿子。李寿深深羡慕邺城的繁华和石虎宫殿的富丽堂皇，认为是石虎的铁腕政策带来了这些，于是学着石虎，命令住在首府成都附近郡县且家里有三个男人的人家，统统迁入成都，以此充实京中人口，同时征调大量民夫修建宫殿，制造奢侈用品。对于犯错的下属，李寿会下令立即处死，左仆射蔡兴、右仆射李嶷都因为直言被杀。在这样的高压之下，成汉国内人心思变，国家开始走下坡路了。

建兴元年（343）八月，李寿去世，年四十四岁，太子李势继位。李势，字子仁，是李寿的长子，身高七尺九寸（约一米九），腰粗十四围（约四米，应该有夸张的成分在）。

永和二年（346）冬，成汉太保李奕造反，叛军达数万人。李奕向成都发起进攻，在战斗中他一个人去冲击城门，结果被城头的卫士射死。主帅一死，叛军立时瓦解。

不怎么费力就消灭了叛军的李势变得自满起来，生活日益奢靡荒淫。他一头扎进美女堆里，不理朝政，很少会见官员，哪怕来求见的是三公级别的大臣，只重用身边的几个马屁精。就在他荒废朝政的时候，躲在深山里的獠族大批大批地走出山林，他们搭起的帐篷有十余万之多。獠人骚扰百姓，成汉境内混乱不堪。

安西将军、荆州刺史桓温看到成汉国内混乱，准备讨伐成汉。当时很多人都认为成汉国经过几世经营，在蜀地根基深厚，而且地势险要，易守难攻，讨伐不会成功，但桓温不这么想。他向朝廷上表，还没有等到朝廷批复，就迫不及待开始点兵派将。

永和二年（346）十一月十一日，桓温将留守事务委托给安西长史范汪，命袁乔率领两千人为前锋，自己亲率益州刺史周抚、南郡太守谯王司马无忌带兵前去讨伐成汉。

朝廷都为桓温担忧，只有刘惔认为桓温能胜，他说："通过看桓温赌博就知道，没有把握的事，他不会去做。"

桓温逆长江而上，率军进入三峡。他抬头望见两岸的悬崖绝壁，再低头俯视，只见江水波涛汹涌疾流而过，一下子想到西汉时的王阳宁选择在家伺候父母，也不愿意冒险进蜀，而王尊则甘愿冒险进蜀为国尽忠，不由感叹道："既然做了忠臣，就不能做孝子了，这也是没有办法的事啊！"正在这时，有属下过来禀报，说军中有人捉到一只小猿猴，小猿猴的妈妈沿着江岸跟着船队一路哀号。母猿追着船队跑了一百多里，最后竟然寻机跳到了甲板上，不想它刚跳到甲板上就死了，那个抓了小猿猴人把母猿猴的肚子剖开，发现肠子都一寸寸地断裂了。桓温一听军中竟然有如此残忍之人，勃然大怒，立即下令免去那人职务。

经过这个小插曲，船队继续前行。永和三年（347）二月，桓温率军抵达青衣（今四川乐山市）。

李势得到消息后，进行了全国总动员，他派任右卫将军的叔叔李福、任镇南将军的堂兄李权和前将军昝坚等人率领部队，从山阳赶赴合水（今属四川乐山市）。将领们建议在岷江南设置伏兵，让桓温自投罗网，昝坚不听，执意率军从青衣江向犍为郡进发，和桓温走岔了道。

三月，桓温率军抵达彭模（今四川眉山市彭山区南）。桓温留下参军孙盛、周楚带领一些老弱的士兵保护辎重，自己则率轻装部队，只携带三天粮食，直奔成都。

李福率军攻打彭模，被孙胜等打败。桓温进军途中遭遇李权，立即下令攻击，晋军如猛虎下山一般冲向成汉军，三战三胜，李权败回成都。

昝坚到了犍为以后才知道自己和桓温走岔了道，赶紧掉头，但等他追上桓温时，桓温已经在距离成都十里的地方严阵以待了，昝坚军被吓得不战自溃。慑于桓温军的强大攻势，镇军将军李位都投降了桓温。

李势调动成都的全部部队，在成都南的笮桥迎击桓温。面对国家的生死存亡，成汉军也发起狠来，桓温军渐渐不敌，参军龚护战死，流箭几乎都要射到桓温的战马，桓温看情势不好，下令鸣金收兵。

就在这个时候，意外出现了。惊慌的传令官听错了命令，竟擂起了战鼓。战鼓声就是命令，晋军像打了一针鸡血一样又打起了精神，和成汉军展开厮杀。袁乔身先士卒，拔出宝剑，冲入敌军，和敌人展开肉搏战。打仗就像拔河一样，你再多坚持一丁点，对方就坚持不住了。成汉军终于撑不住了，全军溃败。

桓温率军抵达成都，命令放火焚烧各个城门。李势趁夜出东门逃跑，狂奔九十里逃到了晋寿（今四川广元市西南），昝坚等人劝说李势投降，李势一看已无路可走，大哭一番，派散骑常侍王幼向桓温递交了降书。他把自己捆绑起来，用车拉着棺材，来到了桓温大营，桓温见状赶忙上前，亲自为他松绑，烧了棺材，把李势和成汉的其他宗室十几人护送到了建康。李势被封为归义侯。到了升平五年（361），李势在建康去世，年纪不祥。

成汉从公元 304 年建国，到本年（347）灭亡，共立国四十四年，历经五位君王，分别是李雄（李特之子）、李班（李雄侄子）、李期（李雄之子）、李寿（李特侄子）和李势（李寿之子）。成汉是五胡十六国中第二个灭亡的国家，第一个是汉赵。

桓温在成都逗留了三十天，然后班师回朝。朝廷晋升桓温为征西大将军、开府，封其为临贺郡公。

这次平定成汉，桓温还有一个意外收获，就是李势的妹妹李美女（名字不详）。李美女国色天香，桓温见到她后惊为天人，但桓温的老婆南康公主性格泼辣，嫉妒成性，于是桓温就瞒着她，把李美女安排在书斋后面居住，金屋藏娇。但南康公主司马兴男终究还是知道了，她得到消息后大怒，领着数十个携带刀具的奴婢，要去找李美女麻烦。

到了李美女的房间，李美女正在梳头，只见她一头黑发拖地，皮肤洁白如玉，神态从容。李美女不慌不忙地把头发慢慢盘起来，对司马兴男等人说："我本是亡国之人，无心至此，今天如果被杀，正合我意。"言辞很是凄凉。

司马兴男看呆了，她把刀子扔掉，上前抱住李美女，说道："我见汝亦怜，何况老奴！"从此，司马兴男对李美女很好，两个人和睦相处。桓温既得江山，又得美人，一时风光无限。

第一百四十三节　谢艾破后赵

我们再来回溯一下前凉史。

汉赵刘曜派兵攻打前凉张茂，张茂不敌，被迫称臣。张茂去世后，张骏继王位。张骏自小就长得卓尔不凡，十岁就能写出漂亮的文章。张氏是汉人，心向晋室，晋元帝逝世两年后，消息终于传到张骏这里，他为此痛哭三天，以示哀悼。

张骏不甘于向刘曜称臣，起兵反抗，但终因实力不济再次屈服。后赵消灭了汉赵，张骏趁乱收复了河南土地，把国土向东延伸到了狄道（今甘肃临洮县），然后设立五屯，每屯设一个护军以防备后赵。后赵仿照汉赵的做法，派鸿胪孟毅前来给张骏封官，张骏拒绝，并扣留了孟毅。

张骏勤于政务，处事公道，得到朝野上下的一致拥护，在他的领导下，前凉人民的生活逐渐富裕起来，军队也训练有素，兵强马壮。张骏派将军杨宣发兵西域，攻打龟兹（今新疆车库县）、鄯善（今新疆若羌县）等国。西域各国战败，纷纷到前凉都城姑臧（今甘肃武威市）进贡，送来包括汗血宝马、野牛、孔雀、大象、火浣布在内的各种奇珍异宝两百多种。

张骏在姑臧城南边修建了五座宫殿，大殿居中，名叫谦光殿，用五色彩绘，用金玉装饰，殿内布置奇珍异宝，极其奢华。大殿东面是阳青殿，供春季居住；南面的叫朱阳赤殿，夏季居住；西面的叫政刑白殿，秋季居住；北面的叫玄武黑殿，冬季居住。

永和元年（345）冬季，张骏把全国划分为三个州：凉州、河州和沙州。凉州由武威郡等十一个郡组成，州府设在姑臧，世子张重华（张茂次子）任刺史；河州由晋兴郡（今甘肃临夏市）等八个郡组成，宁戎校尉张瓘任刺史；沙州由敦煌郡等三个郡以及三个军屯组成，西胡校尉杨宣任刺史。

永和二年（346）五月二十三日，张骏去世，年四十岁，本年二十岁的世子张重华继位。

张骏去世，让石虎觉得有机可乘，他派将军王擢攻打前凉五军屯之一的武街，抓获了护军曹权、胡宣，把当地七千多户百姓强制迁到雍州。又派凉州刺史麻秋、将军孙伏都攻打前凉的金城郡，金城太守张冲不敌，出城投降。

张重华发出动员令，把全国部队聚集起来，交给征南将军裴恒统率，命他抵抗后赵大军，但裴恒只是在广武设营固守，不敢出兵与后赵军交战。

凉州司马张耽向张重华进言道："国家存亡看军队，军队胜败看将领。现今推荐军事首领，都是论资历、讲门户，可当年韩信、吕蒙等人都不是按这些条件被任用的！圣明君王用人，要打破常规，只要是有才能的人，就应该予以重用。现在强敌压境，人心惶恐，主簿谢艾文武双全，富有谋略，可以命他做主帅，抵抗后赵。"张重华听了连连点头。他召见谢艾，问他有什么作战计划，谢艾说道："请您拨给我七千兵马，我定不负主上所托，此去必能破敌！"张重华大喜，立即任命谢艾为中坚将军，配给他步兵、骑兵共五千人，命他去攻打麻秋。

谢艾兵出振武，夜晚听到有两只枭鸟在大营鸣叫，谢艾对将士们说道："枭，邀也，玩六博得枭者胜。如今枭鸟到大营鸣叫，是克敌制胜的征兆。"在他的率领下，前凉大破后赵军队，斩首五千多人。张重华封谢艾为福禄伯，但谢艾被朝中权贵联手诋毁，被外放到酒泉任太守。

永和三年（347）夏，石虎命中书监石宁为征西将军，率两万大军增援麻秋。张重华重新起用谢艾为使持节、军师将军，率三万步骑兵临河排兵布阵，迎战后赵军。

谢艾坐在轻便的马车上，头戴白色的普通小帽，擂鼓巡视。麻秋张眼望去，气就不打一处来，大怒道："谢艾不过一介白面书生，临到阵前竟然如此打扮，分明是轻视我！"麻秋命令手下精锐黑槊龙骧军三千人疾驰进击。

看到敌人来势汹汹，谢艾身边的人大为恐惧，劝他赶紧骑马离开，谢艾不听，反而走下车，坐到胡床（小凳子）上，挥动手中羽毛扇，指挥着士兵们布起阵来。黑槊龙骧军看到谢艾如此淡定，以为有伏兵，赶忙勒住战马不敢前进。前凉将军张瑁走小路绕到后赵军后方发起攻击，后赵军被前后夹击，阵脚顿乱，麻秋下令撤退。谢艾率军追击，杀死后赵将士一万三千多人。麻秋抛下部队，策马狂奔，逃出生天。

永和三年（347）五月，麻秋和石宁会师，共十二万人，驻扎河南。

张重华准备御驾亲征，谢艾坚决劝阻，于是张重华任命谢艾为使持节、都督征讨诸军事、行卫将军，又任命索遐为军正将军，率军两万，共同抵御后赵。

石虎是横下了一条心，打定主意要灭亡前凉，他又派出征西将军孙伏都、将军刘浑率军两万与麻秋会合，大军渡过黄河，屯扎长最（今甘肃永登县）。

谢艾命人在军前竖立大旗，进行誓师动员，这时候突然刮起西北风，旌旗向东南方飘摆，索遐说道："这是风神的号令，旌旗指向敌人，这是老天相助！"果不其然，后赵将军王擢与谢艾的前锋部队遭遇，双方交战，王擢兵败，逃回河南。

八月三日，谢艾下令向麻秋军发起总攻，这时后赵军已经被前凉军的气势压倒，人心动摇，无心恋战。后赵军大败，麻秋带领残兵败将逃回金城郡。

石虎得到战报，长叹一声："当年我率一支军队就平定了九州，如今以九州之力却被困枹罕，真是'彼有人焉，未可图也'！"

谢艾又出兵讨伐反叛的酋长斯骨真等，全都顺利平定，名声顿时响彻西北。

拾贰 权力让人疯狂·下

第一百四十四节　石虎再杀子

派军进攻前凉受挫，之前进攻前燕也遇兵败，晋朝又有江河天险护卫，一时难以逾越，石虎认为，目前他能做的，就是最大限度地享乐。

此时的后赵拥有西晋十九个州中的十个，即幽、并、司、冀、豫、兖、青、徐、幽、秦，版图不可谓不大。石虎在治下大肆收敛，加上外国进贡的奇珍异宝，金银财宝、绫罗绸缎堆满了仓库，但他仍然不满足，竟组建了专门的盗墓队伍，专挖前朝历代帝王将相的陵墓，只为盗取墓中的财宝。邯郸城西石子岗有赵鞅（战国七雄之一赵国的奠基人）墓，石虎的盗墓队前去挖掘。他们顺着土层往下，挖到了一丈多深的炭，又挖到八块一尺厚的木板，再往下是异常冰冷的泉水，盗墓队伍做了一部绞车，用牛皮囊吸水往外运，一个多月过去了泉水还没有吸干，挖掘工作无法继续，这才作罢。

和尚吴进对石虎说道："胡人命运将走向衰败，晋将要复兴，应该让晋人服苦役，压制他们的生气。"石虎同意了，他让尚书张群征发邺城附近各郡的男女十六万人，车十万辆，命他们往邺城运土，在邺城城北修筑华林苑和长长的围墙，占地方圆数十里。

太史令赵揽、申钟、石璞等人上奏，说如今天文混乱，预示不详，百姓生活困苦，易生变乱，应该停止大规模的建设活动，休养生息。石虎不仅不听，还大怒道："华林苑和围墙要是早上修好，我就是晚上死了，也没什么可遗憾的了！"他催促张群加快进度，让人们晚上点着蜡烛继续施工，就这样修起了三观、四门。有三座门与漳水相通，当时天降暴雨，又累又饿的劳工死去了数万。

永和三年（347）九月，石虎命太子石宣向山川祈福。石宣乘坐大车，用羽葆华盖，扛天子旌旗，率十六军十八万人，浩浩荡荡从西金明门出发。石虎从陵霄观眺望石宣的队伍，捻须笑道："我们父子有如此威势，除非天崩地陷，还有什么可愁的呢？我只管抱子弄孙享乐就是了。"

石宣喜欢打猎，每到一个地方，就让人围起方圆一百里的狩猎场，然后逐渐缩小包围圈。等到黄昏时分，猎物都到了圈子正中间，他就命随行的文武官员单腿蹲下围住猎场，防止猎物逃跑，然后命人点起火把，把周围照得亮如白昼。石宣命令一百多精骑兵在圈中追逐射杀野兽，他自己则左拥右抱着美人坐在辇车上欣赏，直到野兽全部被杀，才会尽兴而回。一旦有野兽跑出包围圈，防护这个地方的官员就要受到惩罚，有爵位的，就没收他的马匹，让他步行一天；没爵位的，则会被重打一百皮鞭。这支庞大的队伍经过司州、兖州、豫州的十五个郡，当地仓库的物资被挥霍一空。

石虎命儿子石韬也外出向山川祈福，顺便打猎。石韬跨越了并州、秦州、雍州，同样是三个州。石宣对弟弟石韬和自己的待遇相仿很是不满，恰好他手下有个得宠的宦官赵生因受到石韬排挤而暗生怨恨，劝他除掉石韬以绝后患，石宣暗下决心。

石虎对儿子石韬更偏爱一些，曾经想立他为太子，但是最终还是立了年长的石宣。有一次，石宣违背石虎的意思做事，石虎大怒，不自主地说道："真后悔当初没有立石韬为太子！"石宣听到这句话，更坚定了要除掉石韬的想法；而石韬听到这句话，则越发骄傲起来，不把哥哥石宣放在眼里。

石韬在他的太尉府建造大殿，将其命名为宣光殿，房梁长达九丈。石宣得到消息大怒，认为这是对他名字的冒犯。他亲自到了太尉府，杀掉工匠，命人毁掉大梁。石韬也不甘示弱，把新换的大梁加到十丈。

石宣听说后怒不可遏，他对心腹亲信杨杯、牟成、赵生说道："石韬这厮狂妄到如此地步！如果你们把他杀了，我即位后，就把石韬的封邑分给你们。石韬一死，主上一定亲临吊丧，我们见机行事，到时候大事可成。"在高官厚禄面前，几个人都动心了，纷纷摩拳擦掌，表示要大干一场。

永和四年（348）八月，石韬和部下在邺城东城的东明观举行夜宴，酒至半酣，他收起笑容，神色严肃地叹息道："人安危无常，分别容易，见面很难。大家今天要开怀畅饮，一醉方休。”说着说着竟然落下了眼泪，左右纷纷唏嘘感叹。

当晚，石韬等人留宿佛精舍。石宣派杨杯、牟皮、牟成、赵生等人架梯而入，残忍杀死了酒醉后熟睡的石韬，他们证实石韬已死后，抛下凶器就跑。

第二天早上，石宣向石虎禀报了石韬被刺杀的消息，石虎痛失爱子，悲愤交加，当时就哭晕了过去。苏醒过来后，他准备去事发地点，司空李农劝阻道：“凶手应该还未走远，仍在京师，陛下不能轻易出宫。”石虎作罢，命加强守卫力量。

石宣由一千多人陪同前去哀悼石韬，到了后只是呵呵地干号两声。他以查看伤口为由，命人掀开了石韬尸体上的布，发现确系石韬本人后，大笑而去。为了掩人耳目，他逮捕了大将军记室参军郑清、尹武等人，准备嫁祸给他们。

石虎开始怀疑是石宣策划了这次刺杀行动，把他召入宫中扣留起来。这时候有个叫史科的人报告说，石韬死的那一夜，他正好住在杨杯家，听到了他们的阴谋，后来翻墙溜了出来。石虎派人前去捉拿，杨杯、牟成等侥幸得逃，只有赵生被抓获。经过严刑拷打，赵生把事件经过全部交代了。

石虎得报后更加悲痛，也更加愤怒，他把石宣囚禁在席库，用铁环穿透他的下巴锁了起来，命他舔舐杀害石韬凶器上的血迹。石宣哀号不止，声音震动宫殿。

高僧佛图澄对石虎说：“石宣、石韬都是陛下之子，事情已无可挽回，您为何要加重祸事呢？陛下如果收起怒气宽恕石宣，福气可以延长；如果非要杀他，石宣会化作彗星横扫邺宫。”但这时候的石虎已经被悲痛冲昏了头脑，谁的话也听不进去了。他上次就杀了儿子石邃，这次也不在乎多杀个石宣了。

石虎命人在邺城城北堆起柴火，柴火上竖起木桩，顶端安置辘轳，穿上绳子，在木桩上斜靠长梯，把石宣押到梯子下面。他命石韬的亲信宦官郝稚、刘霸拽掉石宣的头发，再把他的舌头拔掉，然后拖着他登上了长梯。郝稚用绳索穿过石宣的下巴，绞着辘轳把他挂了起来。刘霸用刀砍断石宣的手脚，挖出他的眼珠，划开肚子，肠子流出，就跟石韬肚子被剖开的死法一样。然后他们点起柴火，浓烟直冲云霄，石宣死无全尸。

石虎率昭仪以下的后宫数千美女登上铜雀台观刑，美女们看到石宣的惨状，被吓得纷纷侧目掩面。

大火熄灭以后，石虎又命人把灰烬撒到各个城门口，任人践踏。石虎对这个儿子已经恨之入骨，只杀他一个还不解气，又下令杀死石宣的妻儿共九人。石宣的小儿子此时才几岁，石虎平时非常喜欢他。那孩子见有人来拖他，抱着石虎放声大哭，石虎不忍，准备赦免他，但大臣担心这个小孩长大后报复他们，不同意，过来抢夺。孩子拉着石虎的衣带不松手，大哭大叫，把衣带都拉断了，但还是抗不过大人，终于还是被抢去杀死了。

石虎把石宣的母亲杜氏贬为庶人，又杀掉了太子宫四率长以下的将军三百人，处决宦官五十人，将他们全部车裂，尸体丢到了漳水中。太子宫被改做养猪养牛的地方，一万多隶属东宫的高力军士兵全部被贬去守卫凉州。

本年石虎已经五十四岁了，经过这么一顿折腾，神经受到极大刺激，很快就病倒了。

第一百四十五节　高力军造反

石宣被杀，太子之位又空缺出来，石虎和群臣商议太子人选，太尉张举说道："燕公石斌和彭城公石遵文武兼备，都是合适的人选。"石虎表示赞同："你的看法和我不谋而合。"

戎昭将军张豺是个汉人，趁着天下大乱起兵，后来被石勒打败，于是就投降了石勒，加入了成汉的队伍。攻破上邽的时候，张豺俘虏了刘曜十二岁的幼女安定公主，为了讨好石虎，他把安定公主送进了宫。石虎看到美貌的安定公主，非常喜欢，封她做昭仪，对她宠爱有加。安定公主刘氏为石虎生下了儿子石世，后来石世被封为齐公。如果这次石世能被封为太子，肯定对自己有利，于是张豺劝石虎道："陛下前两次立的太子，他们的娘亲都出身低贱（戏子），所以才导致祸乱不断，这次应该选择娘亲出身高贵的人来做太子。"石虎一听，若有所悟，他打断张豺道："你不用再多说了，我知道该立谁为太子了。"

过了一段时间，石虎召集大臣到东堂议事。石虎说道："我要用三斛纯灰清洗我肠内的污秽（灰有杀菌的效果）！我生出来的凶恶逆子，二十出头就等不及要杀我继位，今年石世才十岁，等到他二十岁的时候，我已经老了，所以我才选他！"群臣听后，不敢再有异议。

石虎和张举、李农商议后决定，为了使程序正当，要先让公卿联名上书，请求立石世为太子，然后石虎再批准。

永和四年（348）冬季，石虎立石世为太子，同时任命太常條攸为太子太傅，光禄勋杜嘏（gǔ）为太子少傅。石虎对他们说："我把太子托付给二位了，麻烦你们把他教育好，不要像他的哥哥们那样，你们应该明白我的心意。”

就在本年（348），高僧佛图澄去世。

永和五年（349）春季，已经五十五岁的石虎身体每况愈下，他预感自己时日无多，也想要过一过皇帝瘾，于是天王石虎正式称帝，下令大赦，但高力军不在赦免范围。皇子们原封公爵的，统统晋升为王爵。

被贬到凉州戍边的原东宫一万多名高力军，这时候已经走到雍城（今陕西凤翔县），听到石虎的大赦令，他们大喜，以为很快就能回家和亲人团聚了，但接着往下听，他们的心顿时变得冰凉冰凉的，因为大赦范围不包括他们。高力军士兵们聚在一起议论纷纷，继而变得群情激奋。

当时，石虎下令让雍州刺史张茂遣送高力军西行，但张茂却乘机把高力军的马匹全部没收，让士兵们推着载着粮食的小车缓慢前行。高力军本来都是能征善战的勇士，他们的愤怒终于到达了极点。高力督梁犊是高力军的头领，大家纷纷找他商议对策，梁犊提议起兵杀回家去，高力军的众位勇士全部举双手赞同。

于是梁犊自称是晋朝的征东大将军（高力军基本都是羯人，不知道为什么称晋征东大将军），率领高力军攻下了下辩（今甘肃成县）。他们捉住了张茂，逼他做大都督、大司马，又怕他跑了，干脆用车拉着他前行。

后赵的安西将军刘宁率军攻打高力军，但被高力军打得大败而回。高力军训练有素，个个力大无比，精于骑马射箭，能够以一当十。他们没有铠甲，没有武器，就就地取材，把老百姓的大斧装在一丈多长的木棍上作为兵器，打仗时舞得呼呼生风，砍脑袋如砍瓜削菜一般。

梁犊率高力军一路攻城克县，杀死郡守县令，迅速东进，一路上不断有新兵加入，等到达长安的时候，已经聚集起了十万之众。

驻守长安的乐平王石苞尽发精锐之兵阻截梁犊，两军刚一交战，石苞军就迅速溃败，四散奔逃。梁犊率兵出潼关，向洛阳进发。

石虎任命司空李农为大都督，行大将军事，率领张贺度、张良、石闵等将领和十万步骑兵，出兵讨伐高力军。他们和高力军在新安遭遇，李农军大败。两军又在洛阳大战，李农军又败，不得已退到成皋。高力军连战连胜，士气更加高涨，梁犊率军继续前进，攻打荥阳、陈留等郡。

石虎十分震惊，他调动精锐兵马，任命燕王石斌为大都督、都督中外诸军事，率领冠军大将军羌人首领姚弋仲、车骑将军氐人首领蒲洪等前去讨伐高力军，加上之前的李农、石闵等人，可以说石虎把能动用的猛将都用上了。

姚弋仲接到命令，率领精锐的八千羌兵从滠头（今河北枣强县东北）抵达邺城。他要求拜见石虎，当时石虎身体很不好，没有见他，但为了安慰姚弋仲，石虎派人把他带到领军省，送上自己吃的御膳。姚弋仲见状很生气，表示自己来不是为了吃御膳："召我来是为了击贼，难道是为了吃饭吗？我不知道主上是死是活，如果能见上一面，虽死无憾！"

石虎知道拗不过姚弋仲，强撑病体接见了他。姚弋仲数落石虎道："你儿子死了，很难过吧，竟然还害病了。你从小不给儿子选择好老师，长大后他们才会干出大逆不道之事。既然是叛逆，杀了也就杀了，这么烦恼做什么？你已经病了好长时间了，太子年幼，如果你不能康复，天下必然大乱，这才是你最应该担心的，而不是那帮乌合之众！梁犊等人困顿潦倒，思念家乡，聚在一起做强盗，所到之处都被他们掠夺一空，看我老羌把他们一举消灭！"姚弋仲性格耿直、脾气急躁是出了名的，他对人不论贵贱统统都直呼为"你"，所以石虎也不怪他不知礼。

石虎任命姚弋仲为使持节、侍中、征西大将军，又赏赐给他一副铠甲和一匹骏马。姚弋仲说道："你看我老羌能破贼不能！"说完，他披上盔甲，跨上战马，打马扬鞭，奔战场而去。

姚弋仲和石斌、蒲洪、石闵等人会师，对高力军发起攻击。面对数员猛将和精锐军队的攻击，高力军不敌大败，姚弋仲力斩梁犊后班师回京。后高力军的残余部队也被全部消灭。

石虎大喜，下诏特许姚弋仲可剑履上殿、入朝不趋，并封他为西平郡公。蒲洪被任命为车骑大将军、开府仪同三司、雍州刺史，兼都督雍州、秦州诸军事，封略阳郡公。

第一百四十六节　石遵登基

永和五年（349）四月九日，石虎的病情不断加重，他开始安排后事：任命彭城王石遵为大将军，镇守关西；任命燕王石斌为丞相、录尚书事；任命张豺为镇卫大将军、领军将军、吏部尚书。石虎命他们接受遗诏，在自己死后辅佐新皇。

石虎让石斌辅佐朝政，这让刘皇后如鲠在喉，因为当年正是因为她出的计谋，年长的石斌才没被立为太子，刘皇后怕他对自己的儿子石世不利，于是和张豺密谋想要除掉石斌。当时石斌驻守在襄国（今河北邢台市），刘皇后派使者对石斌说："陛下病情已经好转，王爷可以暂时不用到京师探望。"石斌听了很高兴，不用去京城，他就可以干自己喜欢的事了，于是他尽情地纵酒、打猎。

石斌此举正中刘皇后之计，刘皇后和张豺假传石虎诏令，称石斌无忠孝之心，在父亲生病期间娱乐活动无度，将他就地免职，还派张豺的弟弟张雄率五百龙腾卫士把他软禁起来。

永和五年（349）四月十九日，石遵从幽州来到京师邺城探视父亲的病情。刘皇后不让他见石虎，又假传诏令，给石遵调配了三万禁军，让他立即动身，到关西任职。石遵叩拜接旨，痛哭流涕而去。

石虎的病情稍有好转，清醒过来，他问左右道："石遵到了没有？"左右说："来了，又走了。"石虎说："真可惜没有见到他！"这时候有忠于石斌的龙腾卫士近两百人向石虎提出让石斌回朝统率天下兵马，石虎传令让石斌入朝，但很快他又昏迷过去，命令也无人去执行。刘皇后和张豺感觉石斌的存在是个巨大的威胁，于是假传圣旨，让张雄杀死了石斌。

四月二十二日，刘皇后再假传石虎诏令，任命张豺为太保、都督中外诸军事、录尚书事，又为其增加卫士一百、马匹一百。

永和五年（349）四月二十三日，石虎去世，年五十五岁，十一岁的太子石世随即登基，尊刘皇后为皇太后。因新皇年纪尚小，刘太后临朝听政。为了安抚宗亲，在张豺的建议下，刘皇太任命彭城王石遵、义阳王石鉴为左右丞相。

司空李农忠心于石虎，与张豺关系紧张，张豺找太尉张举商量，想要杀害李农，但张举和李农私下关系要好，他派人秘密告诉李农赶快逃命，于是李农率领一百多个亲信骑兵逃离邺城，之后聚拢了并州的乞活军数万家退守上白（今河北威县南）。刘皇太后命张举率禁军包围了上白。张豺提议任命张离为镇军大将军、监中外诸军事、司隶校尉，作为自己的帮手，刘皇太后批准了。

这时候邺城内开始出现动乱迹象，盗贼蜂起，到处抢掠财物。

彭城王石遵西行赴任，走到河内郡（今河南沁阳市）的时候，得到了父亲石虎去世的消息。而正在这个时候，消灭高力军后回师的姚弋仲、蒲洪、刘宁以及征虏将军石闵、武卫将军王鸾等人和石遵在河内郡的李城不期而遇。

姚弋仲他们都认为石世年纪太小，难堪大任，于是一致劝石遵道："王爷年长，而且贤明能干，先帝本属意殿下为太子，但年迈犯了糊涂，才被张豺等人迷惑。如今奸臣当道，上白之围僵持不下，京师守卫空虚，如果殿下以清除张豺的名义兴兵讨伐，京城内的将士必会倒戈，大开城门迎接殿下！"

石遵一听，感觉他们说得有道理，自己一下子得到这么多猛将的支持，哪有不成功的道理？于是他也顾不上悲伤了，立即下令起草讨伐檄文，然后率军回师邺城。洛州刺史刘国率领部属前来汇合。

当石遵的檄文传到邺城后，张豺吓得面无人色，急令包围上白的禁卫军回援京师。

五月十一日，石遵率众抵达荡阴（今河南汤阴县），邺城已经近在眼前，这时候石遵的队伍规模已经达到了九万人。石遵命猛将石闵打前锋，他用手拍了拍石闵的肩膀，说道："好好干，事成之后封你为太子。"（石遵没有儿子。）石闵激动地回答道："我必肝脑涂地，不负王爷！"

得知石遵前来，邺城内的羯族老兵议论纷纷道："彭城王前来奔丧，我们应该把他迎接进城，不能再给张豺卖命了！”他们纷纷跳墙而出，张豺挥刀砍倒几个，但也制止不住。

张离一看张豺大势已去，便率领龙腾卫士两千人打开了城门，迎接石遵。

这时候的刘太后紧张得浑身发抖，她六神无主，急召张豺进宫商议对策。刘太后表情哀伤，流着泪说道：“先帝尸骨未寒，祸乱却接二连三！新帝年幼，哀家只能依靠将军您了，将军可有什么良策吗？如果给石遵高官厚禄，能平息这场动乱吗？”张豺紧张的程度不亚于刘太后，他也没有什么好的主意，只能不住点头：“是……是……”于是朝廷下诏令，任命石遵为丞相、大司马、大都督、都督中外诸军事、录尚书事，加黄钺、九锡，并给他增加十个郡的封邑。可以说，除了皇位，能给的权力都给石遵了。

五月十四日，石遵率众抵达安阳亭，张豺出城迎接，石遵当即逮捕了他。

五月十五日，石遵身穿铠甲，脚蹬战靴，手拿兵器，耀武扬威地从凤阳门进入邺城。他登上太武前殿，然后顿足捶胸，号啕大哭，哭祭父亲石虎，后退至东厢房。他命人把张豺绑到平乐市场斩首示众，屠灭三族。

刘太后根据石遵的命令，下诏说：“当年太子石世年幼，所以立了他做太子，这是先帝私情所致。皇家基业责任重大，石世承担不起，现让石遵继承帝业。”

石遵假意再三推辞，群臣再三进谏。这表演进行完之后，石遵在太武殿正式继位，大赦死刑以下囚犯，并下令即刻解除对上白的包围。

石遵封石世为谯王，食邑一万户，石世共在位三十三天；废黜刘皇太后为太妃。过了不久，石遵命人把他们母子全部杀死了。

李农从上白回邺城请罪，石遵让他官复原职。石遵尊奉母亲郑樱桃为皇太后，立王妃张氏为皇后。他忘了之前对石闵的承诺，立了石斌的儿子石衍为皇太子。石遵又任命兄长义阳王石鉴为侍中、太傅，沛王石冲为太保，乐平王石苞为大司马，汝阴王石琨为大将军。武兴公石闵被任命为都督中外诸军事、辅国大将军。

五月十九日，天气出现异常，邺城狂风大作，不少大树被连根拔起，天空中雷电交加，不一会儿竟降下冰雹。太武殿、晖华殿起火，波及许多建筑，大火燃烧一个多月才被扑灭。

沛王石冲当时在蓟城镇守，他对亲信属下说道："石世是先帝所立，石遵擅自把他废掉并杀害，罪无可恕！现在去让全军整装待发，我要出兵讨贼！"

石冲留下宁北将军沭坚防守幽州，亲自率领五万将士南下，同时把讨伐檄文传发古燕赵之地，各地纷纷响应，等石冲抵达常山郡（今河北正定县）时，部众已达十几万人。

这时候石遵的大赦令传来，石冲动摇了，说道："石世、石遵都是我的弟弟，死者已经无法复生，活着的不应该再自相残杀，我准备回军。"石冲的部将陈暹极力反对："石遵弑君夺位，罪行深重！您可以暂且北返，我仍将继续南下，等我攻下京师，擒获石遵，再恭迎您的大驾。"石冲听了这番话，受到鼓舞，继续率军前行。

石遵派石闵和李农率领精兵十万去抵抗石冲。双方军队在平棘（今河北赵县）遭遇，石冲军队不敌，大败。石冲逃到元氏县（今河北元氏县）被擒，石遵命他自杀，并活埋了石冲的将士三万多人。

石闵向石遵进言道："蒲洪是豪杰类人物，先帝命他镇守关中，但我恐怕他到了关中后，秦州、雍州之地就不再属于陛下了。如今陛下登基，应该撤回原来的任命。"石遵认同石闵的说法，免去蒲洪都督雍、秦二州诸军事之职，其他的官职不变。蒲洪正准备率队西去，得到诏令后十分愤怒，立即率军回到枋头（今河南浚县），派使者前去接洽晋廷，准备向晋投降。

第一百四十七节　杀胡令

做了皇帝后的石遵，忘记了当初在李城起兵时对石闵的承诺。实事求是地说，石遵当初说事成后让石闵做太子，很可能也只是玩笑话，因为石闵虽然姓石，但他并不是正统的羯族石家血统，而是汉人的后代。

石闵的父亲叫冉良，是魏郡内黄（今河南省内黄县）人，冉家的祖先在汉时曾任黎阳（今河南省浚县）骑都督，之后，冉家世代都是牙门将。西晋八王之乱，民不聊生，冉良加入了陈午领导的乞活军。在一次和石勒的战斗中，陈午大败，但冉良表现得很勇敢，他力大枪沉，连连砍杀石勒数位士卒。当时冉良才十二岁，石勒很喜欢他，抓获冉良后便让自己的侄子石虎收养了他，并给他改名为石瞻。石瞻屡立战功，被任命为左积射将军、西华侯。后来，石瞻跟随石虎去攻打汉赵刘曜，兵败，石瞻被杀。

虎父无犬子，石闵也是天生神力，从小就表现得很勇敢，对事物具有较强的判断力，石虎像养亲孙子一样抚养他。成年后，石闵长得身高八尺，虎背熊腰，力能扛鼎，勇冠三军，历任北中郎将、游击将军等职。在和前燕的昌黎之战中，石虎大败，只有石闵率领的一支队伍完好无缺，顺利退军，此后石闵的名字渐渐响亮起来，不久前他又率军和诸位将军配合，一举消灭了高力军，立下战功，声名更为显赫。

现在石遵忘了对石闵说过的话，封石衍为太子，但石闵没有忘，并对石遵的言而无信怀恨在心，他的内心开始发生变化——既然石遵不给我，我就要用武力夺过来！

石闵开始着意拉拢金殿卫士，想要建立效忠自己的队伍。他向朝廷建议将金殿卫士们提拔为殿中员外将军，封关外侯，并赐给他们宫女做妻子。但建议名单递上去之后，石遵不予批准，他还对每个人的优缺点进行了点评。这样一来，这些卫士开始恨上了石遵，反而对石闵心存感激。

中书令孟准、左卫将军王鸾都劝石遵剥夺石闵的兵权，并处决石闵，石遵起了杀机。

永和五年（349）十一月，石遵召石鉴、石苞、石琨、石昭等人入宫，一起面见皇太后郑樱桃，研判当前形势。石遵说道："石闵不臣之心已经显现，我建议处决他，请大家发表意见。"

石鉴首先发言，他说道："我同意陛下的意见，应该处决石闵。"皇太后郑樱桃表示反对，她说："从李城回京师一路艰难，如果没有棘奴（石闵的小名），怎么会有我等的今天？即使他有点骄傲和放纵，也不能说杀就杀吧！"皇太后都这么说了，大家也就不再坚持杀石闵，会议无果而终。

散会后，令谁也没有想到的是，石鉴竟派宦官杨环骑快马把会议内容告知了石闵。这是为什么？他们两人是什么关系？这些问题我们不得而知，不过可以想见，在皇位的诱惑下，有希望上位的人都会心怀鬼胎，暗地里搞些小动作。

石闵得到杨环的通报后暴跳如雷——因为有了老子，才有了今天石遵的皇位，现在他们却想卸磨杀驴？老子不干了！石闵立即带人控制了司空李农和右卫将军王基，逼他们站队。

造反的主意已定，石闵立即派将军苏亥、周成率兵三千杀入皇宫。当时石遵正和一群美女在金雀台玩弹棋，面对突然出现的士兵，美女们吓得四散奔逃，石遵故作镇静，他问周成："谋反者是谁？"

周成回答道："义阳王石鉴当立。"

石遵呵呵冷笑几声，说道："我都到了这种地步，你们立石鉴，又能维持多久呢！"

周成等不容石遵再说，把他带到琨华殿后杀死，石遵在位一百八十三天。周成等人又杀死了皇太后郑樱桃、张皇后、太子石衍及孟准、王鸾，石鉴随即继位。石鉴任命石闵为大将军、录尚书事，封武德王；任命李农为大司马，和石闵并任录尚书事；任命郎闿（kǎi）为司空，秦州刺史刘群为尚书左仆射，侍中卢谌为中书监。

石鉴不甘心被石闵控制，派乐平王石苞、中书令李松、殿中将军张才连夜带兵前去击杀住在琨华殿的石闵和李农。石闵等也早有防备，两支队伍展开厮杀，战斗异常惨烈，宫中众人受到惊扰，已经乱作一团，宫人四处躲避。石苞等一直无法攻进琨华殿，石鉴一看不能取胜，为了不让石闵知道这次刺杀是自己所为，他选择杀人灭口，派人杀死了石苞、李松、张才等人。

新兴王石祗是石遵的弟弟，这时候在襄国镇守，他联合姚弋仲、蒲洪等人传檄四方，号召起兵诛杀专权的石闵和李农。石闵、李农任命汝阴王石琨为大都督，和太尉张举及侍中呼延盛等率领七万人马，分兵讨伐石祗等人。

中领军石成、侍中石启、前河东太守石晖密谋诛杀石闵、李农，消息走漏，他们全部被杀死。

龙骧将军孙伏都、刘铢等率领羯族武士三千人埋伏在宫中，想借机杀掉石闵和李农。这时石鉴正在铜雀台上，孙伏都想挟持石鉴，命令拆除阁台，石鉴望见，询问原因，孙伏都说："李农等人谋反，已经攻到东掖门，我要带兵抵抗，特来禀告陛下。"石鉴大喜道："卿是功臣，好好为朝廷效力。我在台上看着，若赢，必有厚报！"孙伏都、刘铢进攻石闵、李农，但无法攻克，于是撤到凤阳门（邺城南面西门）驻扎。

石闵、李农率领数千士兵摧毁金明门（邺城西门），直入皇宫。石鉴害怕被杀，命人开门，接见了石闵和李农。石鉴对他们说："孙伏都等人谋反，你们速速前去讨伐。"

得了命令，石闵、李农率兵名正言顺地杀死了孙伏等人，从凤阳门到琨华殿，可谓是尸横遍野、血流成河。石闵下令道："内外六夷敢称兵仗者斩之！"意思就是胆敢拿起武器的，一律斩首！士兵们或攻破城门外逃，或直接跳墙而出，出逃者不计其数。

石闵派尚书王简、少府王郁把石鉴软禁在御龙观，看守极其严密，连吃喝都是用绳子吊到上去。

石闵下令道："从今开始，凡与我同心者可以留下，不同心者可以自由选择。"他命人打开城门，方圆百里之内的汉族人纷纷进城，而匈奴人、羯人等则选择离开，城门口水泄不通。

石闵这时候明白了，胡人终究不能为己所用，这时候他已经杀红了眼，又发布了一条命令："斩一胡首送至凤阳门者，文官进位三等，武职悉拜牙门。"

这道命令一出，一天之中，被斩首的胡人多达数万。石闵亲自上阵，率领汉人诛杀胡人，不论贵贱、男女、老幼，统统杀掉。现场一片混乱，有的汉人因为鼻子长得高一点，胡须生得多一点，也被杀死了。胡人被杀掉的有二十多万，尸体堆积到城外，任凭野狗豺狼吞食。

对于后赵境内其他地方的胡人，石闵也用书信告知汉人将帅，要他们当场诛杀。

第一百四十八节　冉闵称帝

永和六年（350）正月，大将军石闵在邺城已拥有了众多的汉人支持者，他想自立为帝。他从下属那里得到的谶文中有一句“继赵李”，认为这是天意，也就是说，在赵、李二姓做过皇帝之后，他才能称帝。于是石闵更改了后赵的国号，把“赵”改为“卫”，他自己也由“石”姓改为“李”姓，名李闵，大赦天下。

原后赵的很多高官一看势头不妙，纷纷出逃。太宰赵庶、太尉张举、中军将军张春、光禄大夫石岳、抚军将军石宁、武卫将军张季，连同公侯、卿、校、龙腾卫士等一万多人，全都投奔了襄国。汝阴王石琨逃出后屯据冀州，抚军将军张沈屯据滏口，卫军将军张贺度屯据石渎，建义将军段勤屯据黎阳，宁南将军杨群屯据桑壁，镇南将军刘国屯据阳城，段龛屯据陈留，姚弋仲屯据滠头，蒲洪屯据枋头，各领兵数万，拒绝接受李闵号令，并随时准备进攻邺城，诛杀李闵。

将军麻秋倒是准备接受李闵的号令，但在前往邺城的途中被蒲洪的儿子蒲雄拦截住了。蒲洪认为麻秋是个人才，任命他为军师将军。

石琨和张举等组成七万人的联军攻打邺城。城内有人建议列大队在城外迎敌，李闵不许，他认为这是展示自己勇猛、树立自己威信的好机会，于是率领一千人的精锐骑兵在城北列阵。

李闵威风凛凛，身穿锃亮的铠甲，手持双刃矛，催动坐骑直冲石琨阵营，所到之处敌人立即崩溃。李闵军奋勇斩杀三千多人，石琨一看这仗没法打了，赶紧率队狼狈而逃。

卧榻之侧岂容他人酣睡，张贺度所在的石渎据李闵只有几十里远，是他的心腹大患，加上张贺度本人也是员猛将，李闵不敢轻敌，和李农率精骑三万攻打石滗。

李闵、李农带兵出城，城内空虚，石鉴便派宦官秘密给张沈等送信，让他们趁机夺取邺城。但石鉴想得太简单了，这时候的宦官早已全部投向了李闵。宦官把石鉴的信件快马送给了李闵，李闵、李农立刻回军，到邺城后杀了石鉴，并把石氏全族不分老幼全部杀死，其中包括石虎的二十八个孙子。石鉴在位一百零三天。

姚弋仲率军讨伐李闵，在混桥（邺城东北）扎营。

司徒申钟、司空郎闿等四十八人联名向李闵呈上皇帝尊号，建议李闵称帝。李闵不肯，执意要把皇帝位置让给李农，李农自然不肯接受，他对李闵说："您如果不接受，我就自刎当场！"

李闵对他们说道："我们都是晋的臣子，现今晋室尚存，我想我们应该以刺史、郡长和公侯的名义，迎接晋天子还都洛阳。"尚书胡睦善于察言观色，道："陛下上应天意，下顺民心，应立即登基称帝。晋室衰微，远避江南，如何能够领导天下英雄一统中原呢？"这话正中李闵下怀，他不再推辞："胡尚书言之有理，可谓'识时务，知天命'。"

于是李闵恢复冉姓，名冉闵，登基为帝，改国号为"魏"，大赦天下。他尊母亲王氏为皇太后，立妻子董氏为皇后，立长子冉智为皇太子，封儿子冉胤、冉明、冉裕为王。史称冉闵建立的魏国为"冉魏"，这个政权立国时间较短，因此不在五胡十六国之列。

冉闵任命李农为太宰、太尉、录尚书事，封齐王，李农的儿子们全部被封为县公。但李农的存在对他而言始终是个巨大的威胁，于是他突然发难，杀死了李农和他的三个儿子，尚书令王谟、侍中王衍、中常侍严震、赵升等也同时被杀。

冉闵派使者持节，到张沈、蒲洪、姚弋仲等人驻地颁布大赦令，他们都拒绝接旨。

胡人势力强大，对邺城呈包围之势，冉闵感到势单力孤，便派使者过江向晋朝报告："逆胡乱中原，如今已被诛杀。如果您想出兵和我共同讨伐余孽，可以派遣部队北上。"晋室朝廷没有回应。

姚弋仲和蒲洪都准备夺取关中，他们都把对方视作劲敌。姚弋仲派大儿子姚襄率领五万精兵前去进攻蒲洪，但被打得大败，损失了三万多兵马。蒲洪于是自称大都督、大将军、大单于、三秦王。因为谶纬书上有“草付应王”的字句，所以蒲洪把自己的姓氏改为“苻”，从今以后就叫苻洪。

麻秋准备把苻洪的兵马据为己有。一天，他大摆宴席，提前席上的酒杯中放置毒药，宴请苻洪等人，苻洪等人上当，饮下毒酒，回到家后才毒发。苻洪感觉自己闯不过这道鬼门关了，就对世子苻健说道：“我之所以未入关，是认为中原指日可定。今天我被竖子所害，中原不是你们兄弟能够平定的。关中地势险要，我死后你们要立即西进。”说罢就去世了，年六十六岁。苻健立即杀了麻秋为父报仇。

石鉴被杀，新兴王石祗（*石虎第十子*）在襄国即皇帝位，改年号为“永宁”，匈奴、鲜卑、羯、氐、羌、巴蛮等族纷纷响应。他任命汝阴王石琨为相国；又任命姚弋仲为右丞相，封亲赵王；姚弋仲的儿子姚襄为骠骑将军、豫州刺史，封新昌公；苻健为都督河南诸军事、镇南大将军、开府仪同三司、兖州牧，封略阳郡公。

第一百四十九节 苻健建前秦

苻健，字建业，出生于建武元年（317），是苻洪的第三个儿子。当初他母亲姜氏怀他的时候，梦见了大罴（熊的一种），苻健长大后，也果然如母亲梦中一样身强体壮。他骑马射箭样样精通，还乐善好施，善于逢迎，因此深得石虎父子的喜欢。当年，石虎外表对苻洪信任，但实际上内心对他十分忌惮，背地里害死了苻洪的大儿子和二儿子，但没有谋害苻健。

为了免受两面夹攻，苻健去掉了“三秦王”的称号，改用晋之前任命给他的职务自称，并派他的叔叔苻安去建康报丧，请晋朝重新下达任命旨意。

这时候占据长安的是杜洪，他本是后赵车骑将军王朗的司马，王朗离开的时候留下他镇守。苻健没有忘记父亲的遗嘱，他有意西进，夺取长安，但又怕杜洪知道，于是就命人在枋头大修殿堂，督促手下播种麦子，做出要久留此地的样子。

待准备就绪之后，苻健自称晋朝的征西大将军、都督关中诸军事、雍州刺史，率领本部人马向西挺进。他命鱼遵为前锋，逢山开路遇水搭桥，在盟津（今河南孟津东北）架起浮桥渡过了黄河。

苻健决定兵分两路夺取关中。他派弟弟辅国将军苻雄率领五千士兵入潼关（今陕西潼关县北）西上，派侄子杨武将军苻菁率领七千士兵从轵关（今河南济源市西北）西上。要分别的时候，苻健拉着苻菁的手说道：“若不能成功，你死河北，我死河南，我们九泉之下再见！”两个人洒泪而别。

过河之后，苻健命手下士兵烧毁浮桥，然后率领大部队随苻雄西上。杜洪得到消息，任命张琚的弟弟张先为征虏将军，率一万三千兵马在潼关北迎击苻健。两军交战，张先军不敌，大败而回。

苻健虽然取胜了，但为了麻痹杜洪，还是给杜洪修书一封，附送名马和珍宝，请求杜洪允许他进入长安，称自己到时候会奉杜洪为帝。杜洪看到书信，轻蔑地一笑："礼物贵重，说话悦耳，这是在麻痹我，我岂能上当！"他召集全部军队抵抗苻健。杜洪的弟弟杜郁劝他迎苻健入城，杜洪不听，杜郁便率领自己的部队投降了苻健。

苻健一计不成，随即命令进军，到赤水驻扎。他派苻雄夺取渭河以北城池，并抓获了张先。

苻菁这一路也进展顺利，所到之处敌人望风而降，三秦地区的郡县全部投降。

这时候，氐族酋长毛受、羌族酋长白犊都拥有数万部众，他们杀死了杜洪派来的官员，投降了苻健，并把自己的儿子送过去作为人质。

苻健率众抵达长安城下，杜洪的人马已经无心再战，纷纷出逃，杜洪无奈，弃城逃到了司竹（今陕西周至县司竹园）。

永和六年（350）十月，苻健进入长安。他是打着晋的旗号收复关中的，这时关中百姓人心思晋，给予了大力的支持，因此他才能进军如此顺利。也是因为这样，苻健进城后便派参军杜山伯到建康报捷，并送上了战俘和战利品，与桓温建立了良好关系。

秦州、雍州的夷人和汉人纷纷归附苻健，只有后赵的凉州刺史石宁占据上邽（今甘肃天水市），不肯归降。十二月，苻雄率兵攻破上邽，杀死了石宁。

左长史贾玄硕等人请求苻健，要他依据当年刘备称汉中王的例子，上表晋廷，让晋任命他为都督关中诸军事、大将军、大单于、秦王，苻健大怒："我官位的轻重，你们哪能知道？"过了没多久，苻健让右长史梁安暗示贾玄硕等人向他奉上皇帝尊号，贾玄硕这时候才明白，之前苻健发怒，是因为自己等人建议的官职太小了，他连呼："糊涂，糊涂！"于是贾玄硕等人联名上书，要求苻健称帝。苻健再三推辞，贾玄硕等再三请求，最终他"不得已"就同意了。

永和七年（351）正月二十日，三十五岁的苻健登基，自称天王、大单于，定国号为"秦"，宣布大赦。他立妻子强氏为天王后，长子苻苌为太子，封儿子苻靓为平原公，苻生为淮南公，苻觌（dí）为长乐公，苻方为高阳公，苻硕为北平公，苻腾为淮阳公，苻柳为晋公，苻桐为汝南公，苻为魏公，苻武为燕公，苻幼为赵公。

至此，五胡十六国之一的“秦”正式建国，为了区别其他秦国，后世称苻健建立的“秦”为“前秦”。

苻健任命弟弟苻雄为都督中外诸军事、丞相，兼车骑大将军、雍州牧，封东海公；任命侄子苻菁为卫大将军，封平昌公，负责保卫皇宫和太子宫；又任命雷弱儿为太尉，毛贵为司空，姜伯周（苻健的舅舅）为尚书令，梁楞为左仆射，王堕为右仆射，鱼遵为太子太师，强平（强王后的弟弟）为太傅，段纯为太保，吕婆楼（氐族酋长）为散骑常侍。

苻健对中书令贾玄硕最开始没有给自己奉上尊号耿耿于怀，越想越生气，于是派人指认他和敌人勾结，借机把贾玄硕和他的几个儿子全部杀掉，才解了心头之恨。

第一百五十节　冉闵灭后赵

石祗派汝阴王石琨率领十万大军攻打冉魏，永和六年（350）六月，石琨的兵团到达邯郸，冉闵派卫将军王泰迎战，石琨大败，被斩杀一万多人。

八月，张贺度、段勤、刘国、靳豚等与石琨会师，然后与冉闵大战于苍亭（今山东阳谷县），联军大败，被杀死两万八千人，将军靳豚也在乱军中被杀。冉闵大军共三十多万，大军出动时，铠甲耀眼，战鼓震天，旌旗招展绵延一百多里，威势甚至超过了当年的石虎。

冉闵命人携带厚礼前去征召晋的名士辛谧为太常。辛谧没有接受，并向冉闵写了封信，信中说："物极必反。如今陛下战果累累，事业达到了顶点，应该顺势回归晋室，赢得美名。"然后他就绝食而死了。

十一月，冉闵决定亲自率领十万大军攻打盘踞在襄国的石祗。他任命他的二儿子太原王冉胤为大单于、骠骑大将军，把投降过来的一千多匈奴士兵拨付给他。"单于"是北方游牧民族首领的称号，冉闵为什么要封冉胤为大单于呢？可能他已经感觉到，胡人只靠杀是杀不完了，所以想让冉胤用这个封号去统领六夷。

光禄大夫韦謏劝冉闵道："匈奴、羯族都是我们的死敌，他们投降只是为了活命，时机一到就会倒戈，到时我们悔之晚矣！请陛下杀掉投降的胡人，丢掉单于的封号！"韦謏说话的时候比较激动，言辞激烈，冉闵一听，你这不是跟我唱反调吗？于是命人杀死了韦謏及其子孙。

冉闵率军围攻襄国，石祗派兵死守，两军的攻防战进行得十分惨烈。冉魏士兵架云梯攻城，他们士气高昂，一拨倒下去，另一拨马上又冲上来，喊杀声震天。尽管襄国城池坚固，但经过冉魏连续攻打一百多天，后赵军也渐渐抵挡不住了，他们的士兵伤亡难以数计，滚木雷石马上要用尽，粮食也出现了短缺。

城破在即，石祗内心十分恐惧，他主动去掉皇帝的尊号，改称赵王，派太尉张举到前燕那里去请救兵，并向前燕许诺，解围后将送去传国玉玺，然后又派中军将军张春向羌帅姚弋仲求援。张举、张春两人在精兵的护卫下杀出一条血路，疾驰而去。

姚弋仲见到张春后，对儿子姚襄说道："冉闵忘恩负义，屠杀石氏满门，石虎厚待于我，我应该给他报仇。但我已经七十一了，身体又有病，不能亲自挂帅出征了，你的才能胜冉闵十倍，这次如果不把他的首级取来，就不要回来见我！"他拨付给姚襄两万八千名精锐骑兵，驰援后赵。姚弋仲也替石祗向前燕请援，前燕派御难将军悦绾统领三万兵马与姚襄会师。

冉闵听说前燕要来救援后赵，就派大司马从事中郎常炜前去游说，前燕把常炜囚禁在龙城。

永和七年（351）三月，姚襄、石琨加上悦绾的兵马总计约十几万人，一起前往襄国救援。姚襄、石琨先抵达，冉闵派车骑将军胡睦在长芦水（漳水支流，流经今河北新河县南）阻击姚襄，派将军孙威在黄丘（今河北辛集市东南）阻击石琨，但这二人都大败而回，士兵也伤亡殆尽。

冉闵大怒，准备亲征，卫将军王泰劝阻，他认为这样会使己方腹背受敌，但道士法饶却支持冉闵的决定，他说道："我夜观天象，太白星进入昴星座，表示这是诛杀胡王的绝好时机，一定不能错过！"冉闵受到鼓舞，坚定了自己的想法。他挽起袖子，杀气腾腾地厉声说道："我意已决，出兵！谁再敢再说'不'字，定斩不赦！"说罢率兵迎战，与姚襄、石琨厮杀在一处。

这时悦绾也率军赶到。在离战场还有几里地的时候，他让一些骑兵在马尾巴上系上树枝，让马四面奔跑，卷起的尘土遮天蔽日。冉魏军从远处一看，不知道对方来了多少援军，心里顿生恐惧，士气大减。姚襄、石琨、悦绾三面夹击，石祗又从背后杀来，冉魏军抵挡不住，损兵折将，伤亡惨重。冉闵狼狈不堪，和十多个骑兵逃往邺城。

姚襄得胜，率军回到滠头，但姚弋仲对他没能捉住冉闵很是生气，怒打他一百军棍。

这时候冉魏的大后方邺城出现了巨变。投降来的匈奴小头领栗特康等人趁城内空虚发动兵变，杀死了车骑将军胡睦、尚书令徐机、司空石璞、中书监卢谌等冉魏重臣，然后展开大屠杀，邺城内十多万人被杀。栗特康挟持大单于冉胤及左仆射刘琦投奔襄国，石祗下令立即处死了他们。

城内局势十分混乱，冉闵身边卫兵的数量也有限，他只能悄悄潜回邺城。这时候邺城已经乱成一锅粥，大家纷纷在传冉闵已经战死，射声校尉张艾请冉闵出面安定人心，冉闵同意，于是人心稍稍安定。冉闵对进谗言的法饶恨之入骨，车裂了他们父子；他后悔不听韦谀之言，追封韦谀为大司徒。

趁着邺城混乱，石祗派将军刘显率军七万前来攻城，在距离邺城二三十里的明光宫扎营。冉闵终于知道了什么是害怕，急招王泰前来商量对策，但王泰是个拗脾气，对冉闵当初听法饶而不听自己话的事耿耿于怀，以伤重为由拒不前来。冉闵知道王泰心里有气，主动来到王泰家，向他询问对策，王泰仍然拒绝回答。冉闵动怒了，他愤然回宫，对周围的人说道："巴蛮奴才（指王泰）！难道没有你，我就不能活命吗？等我先消灭群胡，再来取你性命！"

冉闵抖擞精神，率兵出城应战。冉闵不愧是冉闵，他一出战就重创刘显军，刘显大败而逃，冉闵率军一路追杀到阳平郡（今河北馆陶县），杀死敌军三万多人。刘显对冉闵的战斗力感到恐惧，秘密派人向冉闵请求归降，怕冉闵不相信自己，他还保证回去后会杀掉石祗以示自己的忠心。冉闵接受了，回军邺城。回去后，冉闵下令杀死王泰，并夷其三族。

刘显没有食言。回到襄国后，他杀死了石祗及乐安王石炳、太宰赵庶等十几个人，把他们的首级送到了邺城。至此，五胡十六国的后赵灭亡。后赵共立国三十三年，历经七位君王：石勒、石弘（石勒之子）、石虎（石勒侄子）、石世、石遵、石鉴、石祗。

冉闵命人在大街上烧毁石祗的首级，然后任命刘显为上大将军、大单于、冀州牧。

但冉闵、刘显两人间的"友谊"没有持续很久。永和七年（351）七月，刘显反叛，进攻邺城，被打退；后又进攻常山郡，冉闵亲率八千骑兵前去救援，刘显的将军王宁献出枣强县投降。刘显逃到襄国，他手下的大将曹伏驹打开城门迎接冉闵进城，冉闵进城后杀死了包括刘显在内的一百多人，把襄国的宫殿付之一炬，把老百姓迁到邺城。

汝阴王石琨带着妻妾子女前往建康，准备投降晋，这可真是“天堂有路你不走，地狱无门自来投”，晋廷扣下石琨，命人把他押赴街市问斩。至此，石家的人全部被杀。

第一百五十一节　冉闵败廉台

燕王慕容皝喜爱文学，他设立学校，在校的贵族学生达一千多人。他还亲自授课，亲自考核，对成绩优异的学生予以提拔。在民族问题上，慕容皝也很开放。他虽是鲜卑人，但没有压制汉人，反而是善待他们，还专门设立郡县安置前来投靠的汉人，并把其中有名望的收为幕僚。永和四年（348），慕容皝一病不起，于九月去世，年五十二岁，在位十五年。他死后，世子慕容儁继位。

慕容儁为慕容皝的次子，字宣英，出生于大兴二年（319）。当年他爷爷慕容廆看到刚出生的慕容儁后，大喜，对人说道："我孙儿骨相不凡，我家将要兴旺了！"慕容儁长大成人后，生得高大魁梧，身高八尺二寸。他博览群书，富有文韬武略，被任命为安北将军、东夷校尉、左贤王，封燕王世子，假节。

但慕容儁对一个人非常嫉恨和忌惮，这个人就是他的三弟慕容霸。慕容霸这个霸气的名字是父亲慕容皝给起的，因为他力大威猛，又心有韬略。慕容皝很喜欢这个儿子，还一度要立他为世子，但文武百官纷纷反对，说应该立长，慕容皝这才作罢，但日后对慕容霸的赏赐、待遇等都超过了世子慕容儁。

慕容皝去世后，慕容儁继承王位。碰巧，有一次慕容霸要驯服一匹烈马，不小心从马背上摔了下来，摔断了门牙，慕容儁得到消息哈哈大笑，想着终于有机会报复一下慕容霸了，就下令让慕容霸把名字改为慕容觖（即"缺"）。但后来他发现谶书上说"觖"是个吉祥的字，于是又让这个弟弟把名字改为慕容垂。慕容儁任命慕容垂为侍中，总领留台事务，镇守龙城。慕容垂到任后深得民心，慕容儁的嫉妒心又冒上来了，把慕容垂召回首府蓟城。

后赵内乱，时任平狄将军的慕容垂上书要求出兵讨伐，慕容儁觉得父亲去世才几个月，不宜动刀兵，因此不同意。慕容垂是个急脾气，他亲自到龙城，当面游说慕容儁。两个人经过一番辩论，慕容儁仍然下不了决心，只好征求大臣们的意见。

五材将军封奕、从事中郎黄泓、折冲将军慕舆根都表示赞同，慕容儁终于下定决心，兵发中原。慕容儁任命弟弟慕容恪为辅国将军，叔叔慕容评为辅弼将军，左长史阳骛为辅义将军，这三个人称为“三辅”，又任命慕容垂为前锋都督、建锋将军。之后他挑选精兵二十多万集中待命，加强训练，伺机出动；又派使者到凉州，邀请前凉一起出兵。

永和六年（350）二月，慕容儁命慕容垂率军出徒河（今辽宁锦州市），慕舆根出居庸关（今北京昌平区境内），他自己则率军走中路出卢龙塞（今河北唐山市喜峰口），三路并进，出兵伐后赵。慕容恪、鲜于亮为前锋，慕舆泥开凿山路。世子慕容晔留守龙城，大司农刘斌和典书令皇甫真共同辅佐。

三月五日，慕容儁和慕容垂会师，共同进攻蓟城，生擒守将，后将其斩首。慕容儁把首府从龙城迁到了蓟城。

前燕军队势如破竹，幽州各郡县纷纷投降。这时候，冉闵已在邺城称帝。

九月，慕容儁进入冀州领地，夺取了章武郡、河间郡。这时候他们遇到一个奇人，此人名叫贾坚，武艺高强，曾担任后赵的殿中督，冉闵掌控邺城后，他回到渤海郡的家中，后被慕容评生擒。慕容儁和慕容恪都爱惜他是一位人才，任命他为乐陵郡太守。

这期间还有段小插曲。慕容恪听说贾坚射箭百发百中，百步穿杨，就命人牵了头牛拴到一百步之外，让贾坚射。这时候贾坚已经六十岁了，但依旧眼不花手不抖。他拉开满弓，连发两箭，一箭从牛背上拂过，一箭从牛腹部掠过，只见牛毛落地，不见牛受伤，而且上下两道箭痕都一模一样，众人拍手称奇。

慕容儁命慕容恪、慕容评夺取了冉魏的中山郡、常山郡、赵郡和辽西郡，冉魏上党郡太守乌桓部落酋长库傉官伟也开城投降了前燕。

永和八年（352）四月五日，慕容恪对冉魏发动大规模袭击。冉闵准备亲自带兵迎敌，大将军董闰、车骑将军张温都劝他：“鲜卑人现在气势正盛，敌众我寡，我们应该避其锋芒，待他们懈怠的时候再反击，这样比较有胜算。”冉闵闻听大怒道：“我是要平定幽州，诛杀慕容儁的！现在不过是慕容恪前来，我们就缩头藏尾，岂不被人笑话！”

两军在魏昌县（今河北无极县东北）的廉台村遭遇。冉闵率军大战慕容恪军，冉闵一马当先，所向披靡，十战十胜，慕容恪大败。冉闵看到狼狈逃窜的前燕军，哈哈大笑：“慕容恪徒有虚名，不过如此！”

冉闵的厉害前燕军这次是见识到了，他们对冉闵的战斗力充满恐惧。在恐惧的影响下，前燕竟遭遇十连败，这也是慕容恪生平未遇的惨败。他见军心不稳，就去巡视军营，给将士们打气鼓劲。他说道：“冉闵有勇无谋，只是逞匹夫之勇，想当年楚霸王力能举鼎，还不是兵败垓下？冉闵军虽然勇猛善战，但已经疲惫不堪，难以持久，加之冉闵认为我军不是他的对手，必然轻敌，会全力冲击我们的中军，这正是我们的机会，我们现在应该严阵以待。”

冉魏军多数是步兵，而前燕军多数是骑兵，冉闵认为在平原交战不利于己方，于是命令军队向附近树林集结。

慕容恪一看着急了，他的参军高开献计道：“将军应该火速派兵前去阻截，然后佯装败走，引诱他们到平坦地带。”慕容恪一听有道理，便派骑兵前去袭扰，冉闵果然中计，被引诱到平地。

慕容恪把部队分成三路，下令道：“冉闵生性鲁莽，他知道自己兵力较少，一定会孤注一掷，冲击我们的中军，我们就在中军设重兵等待着他。开战以后，你们从两翼发起攻击，到时候定能擒获冉闵。”

慕容恪挑选五千名弓箭好手，用铁链把他们的马拴在一起，给马匹也披上了一层铠甲，只露出四只蹄子，然后列成方阵，放在队伍的最前面。这大概就是所谓的“连环马”。

冉闵骑的宝马名叫朱龙，日行千里，夜行八百，只见他左手持两刃大铁矛，右手执钩戟，双手挥舞，催动朱龙，如天神下凡一般冲入前燕军阵，接连斩杀三百多名鲜卑士兵。他远远地望见了慕容恪的元帅军旗，知道那就是中军所在，于是右手一挥双刃矛，率兵风驰电掣般猛冲过去，这正中慕容恪之计。

慕容恪指挥连环战马迎战冉闵，冉闵的攻势被挡下了。骑马的优势在于高度的机动灵活，慕容恪结起连环马，就是为了限制敌方的灵活性，增加己方防御功能，使中军不至于很快被冲垮。

就在冉闵苦苦冲击慕容恪中军的时候，慕容恪埋伏在两翼的骑兵杀出，把冉闵军团团围住。好汉难敌四手，在前燕军的优势兵力面前，冉闵军渐渐不敌。身边的将士一个接着一个倒下，冉闵只能选择突围。他大喊一声“撤”，便调转马头往回杀。冉闵不愧是冉闵，只见他左突右杀，把铁桶般的包围圈撕开了一个口子，打马往东而去。跑了大概有二十多里，朱龙马体力不支，突然倒地，口吐白沫而亡，冉闵被摔翻在地，铁矛和铁戟也脱手而出。前燕军看见，大喜，把冉闵包围后生擒。慕容恪命人把冉闵等人押送到蓟城，自己在中山郡镇守。

永和八年（352）四月二十日，冉闵被押送到蓟城，慕容儁命人把冉闵带到他的面前。他上下打量了一下传说中的冉闵，然后说道：“你本是个奴仆，才能低劣，为何敢称天子？”冉闵双手被绑，成了阶下囚，但气势不减，他朗声回答道：“天下大乱，尔等夷狄，人面兽心，尚且称帝。我乃中土英雄，为什么不能称帝？！”

慕容儁大怒，命人重打冉闵三百皮鞭，冉闵忍痛一声不吭。打完后，慕容儁把冉闵送到了龙城。

平狄将军慕容垂率军抵达绎幕，原后赵将军段勤和他的弟弟段思聪献出城池投降。

四月二十五日，慕容儁派慕容评和中尉侯龛率精骑一万攻击邺城，慕容儁也亲自抵达邺城外。冉魏大将军蒋干和太子冉智据城抗敌，但城外的冉魏军纷纷投降前燕，遏制不住。

邺城被围，城中粮食严重短缺，人们饿急了眼，在大街上自相残杀，谁获胜了，输的一方就成了谁的腹中之食。后宫中，后赵时期从各地遴选来的美女，竟被饿急了的士兵烹食殆尽。

这样下去不是办法，蒋干派侍中缪嵩、詹事刘猗向驻守寿春的晋安西将军谢尚递交降书顺表，请求援军。

五月二日，慕容儁派慕容军、慕舆根和皇甫真等人率领两万部队协助慕容评攻打邺城。

五月三日，慕容儁命人在龙城遏陉山杀死了冉闵。这时候恰逢天旱，山周围七里的草全部枯萎，蝗虫四起，农作物被毁，一连几个月都不下雨。古人迷信，慕容儁见此情况心神不安，认为是冉闵的鬼魂在作怪，于是派人到山上祭祀冉闵，追封他为“武悼天王”①。

八月十三日，冉魏的长水校尉马愿等人打开邺城，投降了前燕。蒋干和都护戴施不愿降燕，从城墙上放下绳子爬了下去，逃奔到仓垣。

慕容评把冉魏的董皇后、太子冉智、太尉申钟、司空条攸以及御用车辆、衣服、珍宝等，统统送到了蓟城。冉魏尚书令王简、左仆射张乾、右仆射郎萧自杀。

为了显示自己的正统，慕容儁谎称董皇后呈献了传国印玺，封董皇后为奉玺君，封冉智为海宾侯，任命申钟为大将军右长史。之后，他命自己的心腹辅弼将军慕容评镇守邺城。

至此，冉魏国灭亡。这个政权只存在了三年，共有一位君主，就是冉闵。

永和八年（352）十一月十三日，慕容儁正式称帝。他任命封奕为太尉，阳骛为尚书令，皇甫真为尚书左仆射，张悕为尚书右仆射。

---

① 据《晋书》中记载，慕容儁追封冉闵为“武悼天王”，据《资治通鉴》则为“悼武天王”。

第一百五十二节　殷浩北伐

偏安江左的东晋仁人志士，无不以北伐收复中原失地为己任，现在北方大乱，他们纷纷摩拳擦掌，准备大展身手。

褚裒以皇太后褚蒜子父亲的身份占得先机，被任命为征讨大都督，出师北伐，结果被打得大败。褚裒急火攻心，一病不起，不久就去世了，年四十七岁。

桓温向朝廷上书，要求北伐。这时候的桓温因为灭了成汉，在朝野上下有了巨大的声望，他所统领的八个州甚至可以不向朝廷缴纳赋税，全部由他自己支配。朝廷对桓温十分忌惮，还重用他的对头殷浩来压制他，因此桓温多次上书要求北伐，朝廷均不允许。

永和七年（351）十二月，桓温忍无可忍，向朝廷上书后，不待批准便率领四五万大军顺长江而下，驻扎武昌。朝廷对他的举动感到非常震惊，抚军司马高崧代抚军大将军司马昱向桓温修书一封，陈明利害关系，让桓温主动退兵。桓温和司马昱关系一向不错，他见信后权衡一番，向朝廷上书致歉，然后带兵回了大本营江陵。

殷浩也上书请求北伐，朝廷批准，任命他为中军将军兼都督扬、豫、徐、兖、青五州诸军事，假节，领兵北伐。殷浩以淮南太守陈逵、兖州刺史蔡裔为先锋，以安西将军谢尚、北中郎将荀羡为督统，屯扎寿春。蔡裔是员猛将，有次有两个小偷进入他的卧室，他拍床大喊一声，两个做贼心虚的小偷竟被吓得肝胆俱裂，当场死亡。这样的人本是最好的助力，不幸的是，蔡裔还没有施展身手，便病逝于军中了。

谢尚对新近归降的豫州牧张遇颐指气使，张遇怒不可遏，又反了。他派上官恩占领洛阳，新归降的将军乐弘在仓垣攻打晋督护戴施。殷浩大军受到阻截，无法前进。

这时候，冉闵被前燕所俘，邺城被前燕围困，冉魏大将军蒋干命侍中缪嵩、太子詹事刘猗带上降书，表示要投降东晋，请求安西将军谢尚发兵救援。之前，谢尚命督护戴施驻守枋头，他将缪嵩和刘猗扣留，要求冉魏送出传国玉玺方肯派兵救援。原来，西晋被汉赵灭亡后，传国玉玺也落入汉赵手中，直至被冉魏夺取。刘猗让缪嵩返回邺城报告蒋干。

蒋干接到缪嵩的报告后迟疑不决，他担心玉玺一旦送走，救兵又不来，将是赔了夫人又折兵。戴施等不了回话，决定冒险行动，于是他精挑细选了一百多名精锐士兵，以协助防守的名义进入了邺城，他对蒋干说："将军把玉玺交给我，我派人把消息报告给朝廷，朝廷就会相信将军的诚意，自然会派大军过来救援。"蒋干相信了，把传国玉玺交给戴施，戴施秘密命何融把传国玉玺送到了枋头。

当年，后赵被冉闵灭亡，长安又被苻键占领，羌帅姚弋仲无处可去，于是归降了晋朝。晋廷对他很重视，任命他为六夷大都督、都督江北诸军事、车骑大将军、开府仪同三司、大单于、使持节，封高陵郡公；任命他的儿子姚襄为平北将军、都督并州诸军事、并州州长、持节，封平乡县公。

永和八年（352）三月，姚弋仲病重，他对他的四十二个儿子说："我死了后，你们要尽快回归晋朝，坚守臣子的气节，不要做出不义之事。"不久后，姚弋仲去世，年七十三岁。姚襄等人秘不发丧，率领手下六万户人家南下。姚襄一行路遇前秦军，大败，失去了三万多户，然后他继续南下，到达荥阳后才给父亲姚弋仲正式发丧。姚襄终于回到晋的怀抱，他送五弟到晋朝做人质，司马聃下诏命他驻扎谯城。

姚襄身高八尺五寸，垂臂过膝，学识广博，口才又好，谢尚和他一见如故。此时，姚襄正和谢尚进攻前秦豫州牧张遇所在的许昌城。苻健派东海王苻雄和平昌王苻菁率领两万大军前去支援，两军相遇，晋军不敌，被杀死一万五千多人，姚襄保护着谢尚杀出一条血路，逃回了淮南郡。正巧蒋干送来传国玉玺的消息传来，谢尚便把善后事宜交给了姚襄，自己护送玉玺回建康去了。建康城内，司马聃见到传国玉玺，和文武百官一起痛哭流涕，哭毕，文武百官向司马聃表示祝贺。

殷浩得到谢尚和姚襄兵败的消息，率军退回了寿春。

当初殷浩北伐的时候，中军将军王羲之（王导侄子，写出《兰亭集序》的书圣）

就写信劝他不要去，殷浩不听，结果无功而返。但他没有吸取教训，很快又开始谋划下一次北伐。王羲之再次写信苦劝，殷浩依旧不听。王羲之又给会稽王司马昱去信劝说，司马昱同样也不听。

永和八年（352）九月，殷浩进驻泗口，派河南太守戴施占据石门（今河南荥阳市北），荥阳太守刘遁攻占仓垣。殷浩以军费开支太大，需要压缩开支为由，关闭了太学，把在太学学习的学生纷纷送回家。

留守淮南郡的姚襄沿淮河两岸开垦田地种植农作物，并毫不松懈地训练将士，把郡内治理得一派欣欣向荣。殷浩嫉妒姚襄的名声和能力，认为他现在虽然归降了晋，但终究会是晋的大敌，于是就买通姚襄的弟弟们，两次派刺客刺杀姚襄。但刺客见到姚襄后，被姚襄的举动感化，把事情都告诉了他。姚襄不计前嫌，没有惩处这些杀手。

殷浩命魏憬率五千多人袭击姚襄，但魏憬不敌，反被姚襄所杀，部队也被吞并。殷浩越发嫉恨姚襄，派龙骧将军刘启守卫谯郡，把姚襄调到梁国，向朝廷上表，请求任命姚襄为梁国内史。

姚襄想缓和矛盾，派参军权翼去殷浩那里说和。殷浩对权翼说："姚襄放纵小人抢夺我的马匹，他这样做对吗？"权翼幽默地回答："姚平北夺取您的马匹是想用来自卫啊。"殷浩呵呵一笑，道："哪里能到这种地步呢！"

当初，殷浩派人收买前秦大臣梁安、雷弱儿，让他们去刺杀苻健，许诺事成后会把关右交给他们领导。雷弱儿表面应承，却将计就计，请求殷浩派兵前来接应。

永和九年（353）十月，殷浩率领七万将士从寿春出兵，借此机会，殷浩命姚襄为前锋，要他立即率军北上，但姚襄却命令部队在夜间假装逃亡，秘密埋伏起来，等待殷浩部队入瓮。殷浩听说姚襄部队逃散，急忙率军追赶，行到山桑，恰好进入了姚襄的埋伏圈。姚襄一声令下，对殷浩军队发动伏击，殷浩军大败，被杀死、俘虏一万多人，军械也被缴获无数。殷浩逃回谯城，派部将刘启、王彬之反击，但二人全部战死。

姚襄渡过淮河，进驻盱眙（xūyí，今江苏盱眙县），这时候他的部队已经达到七万人。姚襄派人到建康控告殷浩，同时表达自己私自动兵的歉意。此时的姚襄已经是尾大不掉，晋室朝廷对他无可奈何，但又要牵制他，便下诏任命和姚襄关系不错的谢尚为都督江西、淮南诸军事，兼豫州刺史，镇守历阳。

殷浩北伐接连失利，桓温抓住机会向朝廷上书攻讦："殷浩承担北伐重任，但他无雪耻之志，只会借机培养亲信，妄生战乱，使贼寇得以残喘，于是奸逆四起，华夏鼎沸，百姓遭殃。他还派刺客行刺姚襄，造成姚襄的恐慌，结果自己被打得丢盔弃甲。殷浩所作所为已经神怒人怨，应该被朝廷抛弃！"

朝廷不得已，把殷浩贬为庶人，流放到东阳郡的信安县（今浙江衢州市）。面对如此境遇，殷浩对在朝廷中有很大分量的司马昱颇有怨言，他说："我帮他登上了百尺高楼，他却把我这个梯子拿掉了！"

殷浩年轻时和桓温齐名，两个人一直暗自较劲。有一次桓温问殷浩："您和我比怎么样？"殷浩回答道："我和您往来已久，我宁肯做我自己！"但桓温得意地对旁人说："我小时候和殷浩一起骑竹马玩，我丢弃了的竹马，他总是拿回家，所以他应当在我之下。"

殷浩被废黜以后，经常吟诵曹颜远的一句"富贵他人合，贫贱亲戚离"感叹世态炎凉，也常常用手在空中写"咄咄怪事"四个字来表达心中的愤懑。他在东阳郡闭门谢客，大量阅读佛经。虽然在战场上总是失败，殷浩在佛理方面倒是很有悟性，对佛经都能有自己独到的理解，只有带有数字的术语理解不了，但向一僧人求教，僧人讲解后，他也立刻就明白了。

后来桓温准备向朝廷推荐殷浩做尚书令，写信征求殷浩的意见，殷浩激动异常，赶紧写回信。但他怕写的内容有不合适的地方惹桓温不高兴，一直修修改改，把信封打开再合上，再打开，再合上，反复数十次，以至于最后出了差错，竟然给桓温寄去了个空信封。

桓温收到回信本是满心欢喜，但打开信封一看竟然空的，感觉受到了耍弄，勃然大怒，从此断绝了起用殷浩的想法。

永和十二年（356），殷浩死于流放之地，年五十四岁。

第一百五十三节　桓温伐前秦（第一次北伐）

桓温向朝廷告状，顺利排挤了殷浩，朝中大权尽归他手。这时候前燕已经消灭冉魏，夺取了中原，气势正盛，桓温认为应该避开前燕，于是决定首先北伐前秦，朝廷批准。

永和十年（354）二月十一日，征西大将军桓温统率四万兵马浩浩荡荡从江陵出发。水军经襄阳，穿均口，抵达南乡；步兵从淅川直奔武关。

桓温派兵攻打上洛，活捉了前秦荆州刺史郭敬，后又攻破青泥。同时命凉州刺史司马勋从子午谷出兵北上伐秦，司马勋攻取了前秦西部的土地。前凉也前来支援晋，派秦州刺史王擢攻打陈仓。

苻健早知桓温威名，听说桓温来攻，迅速准备防御。他首先命人收割了地里的麦子，坚壁清野，然后派太子苻苌、丞相苻雄、淮南王苻生、平昌王苻菁、北平王苻硕等率领五万大军在峣关集合，可以说精锐尽出，去抵挡桓温大军。

四月二十日，桓温的主力部队到达蓝田，与前秦军展开厮杀。苻生力大无穷，单枪匹马冲入桓温军队，杀进杀出十几次。桓温部将应诞、刘泓尽被杀死，晋军损兵折将，损失惨重。但晋军不甘示弱，将士们奋勇拼杀，桓温也亲自带兵冲杀，前秦军终于不敌，被打得大败。

打仗亲兄弟，上阵父子兵。桓温取得胜利，他的弟弟桓冲在白鹿原也击败了前秦猛将苻雄。随后，桓温转战前进，于四月二十五日抵达灞上。

太子苻苌退守城南，苻健则和六千老弱残兵守卫长安小城。苻健把城内仅有的三万精锐兵士全数派出，交给大司马雷弱儿率领，让他与苻苌等合兵一处，共同抵抗晋军。

关中郡县迫于桓温威势，纷纷来降。桓温让他们不要慌张，说自己只是讨伐逆贼，和老百姓无关，让他们安心生产。老百姓们有的带酒，有的拿肉，纷纷出来迎接、慰劳桓温军队，有些老年人很久没有看到晋朝的军队了，他们老泪纵横，叹道："想不到我们有生之年还能再见到王师！"桓温看到这场面也很激动，不断向大家施礼道谢。

有一天，桓温正在大帐中对着地图研究进军方略，下人来报，说有人求见，桓温也是爱才之人，便命让那人进来。没一会儿有人进来，只见他身穿褐色服装，身材魁梧，相貌英俊，面对手握重兵的桓温也气定神闲，只是估计很久没有洗澡了，一身的馊味。来人自我介绍说，他叫王猛。

这是中国历史上一个响当当的人物。王猛，字景略，是北海郡人，住在魏郡，从小家庭贫苦，以卖簸箕为生。有一次他到洛阳卖簸箕，有个人说要以高价买他的簸箕，但身上没有带钱，让王猛跟他去家里取。听说有好价钱，王猛自然跟着他走了。两人走着走着就到了深山之中，只见迎面一个胡须皆白的老者盘坐在一张小床上，旁边站了十几个人。有一个人向老者引见王猛，不想老者抬手说道："王公不必多礼！"然后用十倍于原价的价格买下了簸箕，还派人送王猛下山。王猛出山后，回头一看，才发现原来这里是嵩山！

王猛胸怀大志，熟读兵书战策。他隐居于华山等待时机，这次听说桓温入关，觉得机会来了，便出山前来见他。

王猛见到桓温后，旁若无人，侃侃而谈，纵论天下时事，一边说，一边不时伸手捉住身上的虱子掐死。

桓温听他一席话，又见他的举动，觉得他是个奇才，于是问他道："我奉天子之命，统率十万精兵，仗义讨逆，为百姓铲除残贼，但三秦的豪杰为什么不来归附呢？"

王猛抖抖衣袖，呵呵一笑，道："明公不远数千里深入敌境，长安近在咫尺却不渡灞水，百姓不了解您的真正意图，所以豪杰之士不来。"

此话正说中桓温的心思，他听了沉默不语，半晌后缓缓说道："江东没人能和你相比！"于是暂时任王猛为军谋祭酒。

桓温与苻雄等在白鹿原交战，这次晋军失利，死亡一万多人。又逢军粮接济不上，于是在六月一日，桓温开始撤退，并强制关中三千多户人家随行。

桓温任命王猛为高官督护，想让他和自己一起回江东。王猛拿不定主意，回山去请教老师，老师对他说道："你和桓温不能并存，在此地自可富贵，何必远行！"于是王猛留了下来，桓温也尊重他的选择，没有强行带他走。

苻苌率军尾随桓温，不时前来袭扰。桓温军士气低落，屡战屡败，等到抵达潼关的时候，已经又损失了将近万人。

但和桓温打这一仗，也让前秦损失惨重。永和十年（354）六月二十日，苻雄受伤去世，苻健为此哭得吐血，说道："这是老天不让我平定四海吗？为何这么快把元才（苻雄的字）夺走？"他追封苻雄为魏王，给他举行了高规格的葬礼。苻雄的次子苻坚继承了爵位。

不久，前秦太子苻苌也被流箭射中，久治不愈，最终于本年十月去世。

第一百五十四节　苻生登基

永和十一年（355）二月，前秦境内蝗虫四起，从华泽到陇山，各种草木都被啃得光秃秃的，牛马互相啃食对方身上的毛解饥，猛兽窜出山林吞食路人，百姓们都躲在家里，轻易不敢出门。

淮南王苻生在和晋军的战斗中立下赫赫战功，在朝野立威。苻生是苻健的第三个儿子，从小就表现得像个小无赖，流里流气，喜欢打架斗狠，他的祖父苻洪很不喜欢他。苻生小时候伤了一只眼睛，苻洪和他开玩笑，问旁边的仆人道："我听说瞎子哭的时候，只有一只眼睛流泪，是这样吗？"（拿孙子的缺陷开玩笑，这本身也不对。）

苻生一听，知道这话明显是在嘲笑自己，立即变得很愤怒，抽出配刀就往自己身上砍。伤口流出了鲜血，苻生冲苻洪道："这是我的另一只眼睛在流泪。"

苻生的反应出乎苻洪的意料，他大吃一惊，捡起一支鞭子往苻生身上抽去，苻生疼得大叫："我忍受得了刀枪，却忍受不住鞭打！"

苻洪说道："如果你不改你的臭毛病，我就让你和奴隶为伍。"

苻生仍然不甘示弱，他回答道："那样我就可以做石勒了！"（石勒曾经为奴隶，后称帝，建立后赵。）

苻洪对苻健说："苻生这孩子天性残暴，应该早日除掉他，不然他日后必祸害我们家族。"苻健听了父亲的话，准备杀死苻生，苻健的弟弟苻雄出面阻止，他说道："长生（苻生的字）现在还小，长大后自会改正，至于如此吗？"苻健本来也只是做做样子，他怎么肯轻易杀死自己的亲生儿子呢？听苻雄这么说，便顺势作罢，不再提此事。

苻生成人后长得体格健壮，力举千钧，威武勇敢，徒手能击毙猛兽，在近身搏斗、骑马射箭等项目上均冠绝前秦。

太子苻苌死后，立新太子的问题摆在了苻健的面前。强王后想立晋王苻柳，但苻健以前看到过的谶文中有“三羊五眼”这句话，正常的三只羊应该六只眼，苻生正好少一只眼，苻健认为这是天意，加之苻生立下战功，于是就立苻生为太子，然后任命司空平昌王苻菁为太尉，尚书令王堕为司空，司隶校尉梁楞为尚书令。

永和十一年（355）六月初六，苻健卧病在床，几天起不来身。六月初十，苻菁以为苻健已经死了，带兵攻入太子的东宫，想杀死苻生自立为帝，可是他东找西找也没有找到苻生，原来苻生正在西宫服侍老爹，苻菁于是离开东宫，率兵攻打东掖门。

苻健得知苻菁叛乱，强撑病体登上端门，列兵以待。苻菁的手下看见城楼上皇帝苻健还好好的，顿时惊慌失措，扔下武器就跑，苻菁成了个光杆司令，被生擒。苻健列举他的罪状后把他杀死，其余人等不予追究。

六月十二日，苻健任命大司马武都王苻安为都督中外诸军事。六月十四日，苻健自感时日无多，命人把太师鱼遵、丞相雷弱儿、太傅毛贵、司空王堕、尚书令梁楞、左仆射梁安、右仆射段纯、吏部尚书辛牢等八个人招来，命他们接受遗诏，辅佐朝政。

苻健用仅剩的一口气嘱咐太子苻生说：“六夷酋长和其他朝中大臣，有胆敢不服从你命令的，你可以逐渐铲除。”

六月十五日，苻健去世，年三十九岁。六月十六日，苻生即皇帝位，大赦，改年号为“寿光”。

群臣上奏说：“不等下一个年度就更改年号，不符合古礼的规定。”苻生暴怒，命令追查主谋，查到了右仆射段纯身上，虽然段纯是八个顾命大臣之一，但苻生也毫不客气，立刻斩了他。

苻生尊母亲强氏为皇太后，立梁氏为皇后（梁氏为左仆射梁安的女儿）；封卫大将军苻黄眉为广平王，前将军苻飞为新兴王，苻生对他们二人一直都比较欣赏。之后苻生征召大司马武都王苻安兼任太尉；晋王苻柳为征东大将军、并州牧，镇守蒲阪；魏王苻廋（sōu）为镇东大将军、豫州牧，镇守陕城；吕婆楼为侍中、左大将军。然后又任命善于溜须拍马的赵韶为右仆射，填补段纯留下的空缺，任命太子舍人赵诲为中护军、著作郎董荣为尚书——赵韶、赵诲、董荣三人都是苻生的心腹亲信。

中书监胡文、中书令王鱼对苻生进言道："近来天象异常，不出三年必定国有大丧，还会有大臣被杀死，请陛下修德以避之！"苻生闻听后沉思了一下，说："皇后和朕共治天下，足以堵塞大丧之变；太傅毛贵、车骑将军梁楞、左仆射梁安接受遗诏辅政，可谓大臣。"九月，苻生以莫须有的罪名杀死了皇后梁氏以及毛贵、梁楞、梁安。毛贵是梁皇后的舅舅。

四个月内，八个辅政大臣就被杀掉四个，但这只是开始，苻生在残暴之路上将越走越远。

第一百五十五节　桓温伐姚襄（第二次北伐）

征西大将军桓温率领北伐大军回到襄阳，司马聃派侍中、黄门代表他本人到桓温军中慰问。

桓温北伐前秦时，遇到了一个手非常巧的老妇人，他把她带回府上做女工活。桓温问她的来历，这个妇人说，她过去是刘琨府上的女佣人。老妇人说着说着就抹起眼泪来了，桓温问她原因，她回答道："看见您，就仿佛看到了刘司空大人（即刘琨），想到刘司空被胡人杀死，我就非常伤心。"桓温一听，暗自高兴，因为刘琨是个大名士，又是美男子，和他相像是件脸上有光的事。桓温不自觉地用手整理了一下衣冠，问她道："你说说具体哪里像？"老妇人说道："面相很像，只是你不够富态；眼睛很像，不过你的稍小了点；胡须很像，只是你的红了点；身形很像，只是你个子稍矮了点；声音很像，只是你阳刚之气少了点。"桓温一听，心里老大不高兴，但又不便发火，只是拂袖而去。他回到家里，脱衣服躺在床上蒙头大睡，一连几天都心情不好。

适逢桓温的母亲孔老夫人去世，根据礼仪，他上书请求解职还乡，为母亲守灵，但现在正是用人之际，朝廷自然不准。为表安抚，朝廷赠孔老夫人临贺太夫人印绶，赐予谥号"敬"，又派侍中代表皇帝前去吊祭，把老夫人风风光光下葬。

前面说到，姚襄打败了殷浩率领的朝廷军队，经过解释，虽然晋廷原谅了他，但姚襄知道这个仇晋是一定要报的，于是他没有犹豫就投降了前燕，还顺势攻下了晋的许昌。

姚襄这么折腾，新仇旧恨加在一起，晋不能不管了。永和十二年（356）三月，晋廷下诏，任命桓温为征讨大都督，兼督司、冀二州诸军事，出师讨伐驻扎在许昌的姚襄。姚襄这时候正派兵攻打洛阳——洛阳守将为晋叛将周成——但打了一个多月也没有攻下来。

桓温接到北伐的命令大喜，立即整顿军队准备出发。他派督护高武驻守鲁阳，派辅国将军戴施在黄河岸边驻扎，自己亲率大军出江陵。

永和十二年（356）七月，桓温率众渡过淮河，进入泗水。他很激动，和众位将士登上楼船，眺望老祖宗的生活之地，感慨万千，说道："使中原沦落于胡人之手，历史悠久的百年城池成为废墟，王夷甫（即王衍）等人难逃罪责啊！"

这时候，他身边的记室袁宏不长眼，说道："国运兴衰自有定数，岂是哪个人或者哪批人的过错。"桓温一听很不高兴，立马就变了脸色，严厉地说："三国时，刘景升（即刘表）有一头重达千斤的大牛，吃的草料是普通牛的十倍，但在拉东西走远路的时候还不如一头瘦弱的母牛。曹操夺取荆州后把它杀了犒劳将士，大家都拍手称快。"桓温是在把袁宏比作老牛，这使他身边的人大感吃惊，袁宏也吓得脸色大变。

桓温命袁宏写《北征赋》。桓温想，你袁宏如果写得不好，我就治你的罪！不过袁宏出身于陈郡阳夏大姓家族，受过教育，颇有才华，他当即洋洋洒洒，中间不停顿，不大工夫就写成了《北征赋》。周围的人看了这篇文章都啧啧称赞，桓温看过后也称赞不已，他道："当世的人们不得不以这篇赋来推崇袁宏了。"袁宏也算是将功抵过，长出了一口气。

部队继续前行，八月六日，桓温大军抵达伊水，就地扎营。

姚襄得知桓温前来，撤除了对洛阳的包围，转过头来抵抗桓温。他把精锐部队隐藏在伊水北岸的树林里，然后派使者去见桓温，送上了他的亲笔信。信中说："承蒙您亲率王师前来，如今我要动身到关中去，请您命令三军稍稍后撤，我当拜俯在路边，表示感谢。"

桓温啪的一声把信往桌上一拍，喝道："我来收复中原，祭拜皇陵，不关你的事！你想来见我就亲自来，离得这么近，何须派使者过来！"

姚襄在伊水北岸固守，等待桓温。桓温命令部队排开阵势，向姚襄发起攻击。桓温身披铠甲亲自上阵，率领弟弟桓冲等人奋力杀敌，姚襄军大败，数千人被杀。姚襄率领数千骑兵逃往邙山，之后又越过邙山一路向西，桓温派兵追击，没有追上。

有个叫杨亮的弘农郡人脱离了姚襄的队伍，来投降桓温，桓温向他打听姚襄为人，杨亮说道：“姚襄气度不凡，是孙策一类的人物，但在雄健威武方面胜过孙策。”

慑于桓温的威势，占据洛阳的周成率众出城投降，桓温把部队屯扎在城内原皇宫太极殿前，不久又移驻到金墉城。金墉城在西晋的八王之乱时期比较热闹，臭名昭著的丑皇后贾南风就被毒死在这里。

桓温挨个拜谒司马家皇陵，对被损坏的陵墓进行了修复，墓前树木被毁的也重新进行了栽培，又安排了专人打扫、看守陵墓，由朝廷给他们发工资。

安排停当以后，桓温上表朝廷，推荐镇西将军谢尚为都督司州诸军事，镇守洛阳。因为谢尚来到洛阳还需要一段时间，桓温留下颍川太守毛穆之、督护陈午、河南太守戴施，另外拨给他们两千兵力，让他们守卫洛阳，保护皇家陵墓。桓温把当地三千多户百姓强制迁徙到长江、汉水之间，然后押着反复无常的降将周成班师回朝。

晋穆帝司马聃下诏，派兼任司空的散骑常侍车灌等人持节，前往洛阳，整修司马懿、司马师、司马昭、司马炎和司马衷的陵墓，他自己则和群臣身穿孝衣，在建康的大殿里遥望洛阳，痛悼三天。

第一百五十六节　慕容恪战段龛

当初，慕容皝邀请后赵石虎出兵灭了段部鲜卑的头领段辽，段辽后被慕容皝杀死，段辽的弟弟段兰投靠了宇文部落。

宇文部落正和前燕剑拔弩张，为了讨好后赵获得支援，便把段兰送给了后赵，并献上良马一万匹。但石虎没有杀段兰，反而让他率领旧属五千人，返回段氏部落的大本营令支（今河北迁安市）。后段兰在令支去世，他的儿子段龛接管了部众。时逢后赵大乱，段龛率领部落内迁，占领了广固（今山东青州市），自称齐王。

段龛占领了广固，这对前燕来讲是个巨大的威胁。永和十一年（355）十一月，慕容儁任命太原王慕容恪为大都督、抚军将军，司空阳骛为副都督，出兵讨伐段龛。

段龛本人英勇善战，他的部队又士气正盛，这让慕容儁感到忧虑，他对慕容恪说道："如果段龛不过河和我军决战，而是在河边防守，你就不要冒险过河，暂时放弃攻打段龛，做适当调整，撤军去攻打野王的吕护，然后回来。"

慕容恪派出轻骑兵在黄河西岸列阵，摆出建造舟船渡河的样子，观测段龛的动向。

段龛的弟弟段罴有勇有谋，他向段龛建议道："慕容恪善于用兵，加之敌兵众多，如果听凭他们过河，兵临城下，到时候就是我们想投降，恐怕他们也不会允许。请大王固守城池，我愿率一支劲旅，御敌于河岸边。如果取胜，大王可率军追击，让敌军全军覆没；如果战败，大王再出城投降，仍不失为千户侯。"可惜段龛不听。段罴也比较固执，再三请求，段龛恼羞成怒，竟然把段罴斩首了。

慕容恪看段龛没有在黄河岸边布阵阻截，大喜，率军迅速渡过黄河，一路急行军，在距离广固一百多里的地方扎营。段龛得到报告，率领三万将士前来攻打慕容恪。

永和十二年（356）正月，两军展开激战，段龛军不敌，大败，段龛的弟弟段钦和右长史袁范等被杀，有数千兵士投降了前燕，段龛逃回了广固城。

众将向慕容恪请求速速攻城，慕容恪并不急，他说："军事行动，有时候需要快速进攻，大败敌人；有时候却需要缓一缓，静观其变，这样才能克敌制胜。如果敌军和我军八斤半两，而敌军又有外援，为避免腹背受敌，我们需要迅速行动，速战速决；如果我军强过敌军，敌军又没有外援，我们就应该包围控制住他们，让他们自我崩溃。兵法中说的'十围五攻'，正是如此。目前段龛还很有号召力，之前一战，并不是段龛的军队战斗力不行，只是他用兵不当招致失败。如今他据城固守，上下齐心，我军全力进攻，虽然几天下来也可以攻克，但必然会遭受重大损失。自发生战争以来，士卒疲于战事，伤亡时有发生，每每想到这个，我就夜不能寐，我不能轻易牺牲士卒性命！城破即可，不必速成。"

众位将领听得慕容恪的一番话，大受感动，他们纷纷称赞道："王爷深谋远虑，爱兵如子，我们不及分毫。"前燕士卒听说后更是感动，他们卖力地垒起高墙，深挖战壕，把包围圈弄得结结实实。

城池被围，不久广固城中就开始断粮，粮食吃完后，人开始吃人。段龛一看这样下去不是办法，于是集合兵力，想冲出慕容恪修的围墙，但失败了。慕容恪又命切断段龛退路，段龛拼尽浑身气力，勉强杀回城内，其他人等全被歼灭。

城内残兵惊恐不安，无心再坚守下去。永和十二年（356）十一月十四日，段龛看到大势已去，再顽抗下去已经没有任何意义，于是命人将自己的双手绑上，出城投降。慕容恪把他送到了蓟城，慕容儁任命段龛为伏顺将军。

慕容恪入城后张榜安民，城内秩序逐步恢复稳定，之后他逐步平定了古齐地，将三千多户鲜卑、匈奴和羯族百姓迁到蓟城。慕容恪留下慕容尘镇守广固，任命尚书左丞鞠殷为东莱太守，任命章武太守鲜于亮为齐郡太守，然后班师回朝。

第一百五十七节 残暴苻生

前秦的丞相是南安羌族酋长雷弱儿，他性情耿直，看不惯赵韶、董荣等人恃宠妄为，经常在朝堂上公开批评他们，见了他们的面就恶狠狠地瞪他们。赵韶和董荣与雷弱儿结下仇怨，联合起来陷害他，向苻生报告说他意图谋反。苻生也对雷弱儿的耿直存有芥蒂，听到消息也不分辨，直接下令杀掉了雷弱儿及其九个儿子、二十七个孙子。族人被杀，这引起了各羌族部落的不满，他们对氐族建立的前秦政权开始有了叛离之心。

司空王堕疾恶如仇，也非常厌恶靠溜须拍马上位的右仆射董荣、侍中强国等人，每次上朝见到董荣他们，他都不爱搭理。董荣想，我都这么红了，你王堕竟然视我如空气？于是对王堕怀恨在心。

有人也劝王堕："董荣现在地位特殊，是皇上跟前的大红人，您至少也应该和他维持表面的亲近，防止受到陷害。"王堕一听，愤慨地说道："董龙（董荣的小名）是鸡狗之徒，我乃国家俊杰，怎么会和他搭腔！"

恰逢天有异象，董荣和强国一看机会到了，就又联合起来向苻生进谗言道："天谴严重，应该让显贵的官员承接天怒。"苻生说道："显贵的大臣就数大司马苻安和司空王堕了。"董荣赶紧接话道："大司马苻安是陛下的至亲（苻生的堂爷爷），杀不得。"苻生一听，说道："那就只有杀王堕了。"董荣连连点头。

苻生把王堕收监，命董荣监斩，准备处死王堕。董荣得意扬扬地问王堕道："王堕，现在你还敢把我董龙比作鸡狗吗？"王堕向董荣吐了一口唾沫，怒目圆睁，大声训斥道："董龙，你这个小人！谋害忠良，不得好死！"

王堕的外甥，时任洛州刺史的杜郁也被赵韶陷害致死。

永和十二年（356）正月，传统新年，苻生按惯例大宴文武百官。席上，他命尚书令辛劳当监酒官，监督在座的有谁喝酒耍滑。苻生不断向群臣劝酒，文武百官迫于压力，没有敢不从命的，都喝得东倒西歪，苻生就喜欢这种场面，高兴地哈哈大笑。

这时，苻生用仅有的一只眼睛扫了一下四周，突然发现有个大臣竟然看起来还比较清醒，因为他还端坐在那里。苻生大怒，对辛劳说道："你怎么当的这个监酒官，为什么不去灌酒？竟然还有人看起来很清醒，还正襟危坐的！"说罢，他拿起身边的弓箭对准辛劳就是一箭，正中辛劳要害部位，辛劳当即死亡。

文武百官被这个场面给惊呆了，他们抓起面前的杯子继续喝，全喝得躺地上了，帽子都滚了一地。苻生一看，这下文武百官是真醉了，丑态百出，心中痛快，才放过了他们。

苻生天生瞎一只眼睛，这造成了他极度自卑的心理，自卑压抑久了，渐渐竟变成了变态的残暴。他总是命人携带刀、箭、锤、钳、锯、凿等工具跟随左右，随时准备对他看不顺眼的人施以不同的刑罚。他即位没多久，上至公卿，下至仆人，附带后宫嫔妃，被杀掉的总共有五百多人，被截下小腿、折断胸肋、锯断脖子、剖开孕腹的，更是时有所见，可谓残忍至极。

三月正是农耕时节，苻生命令征用大量关中百姓修建渭水大桥，金紫光禄大夫程肱稍加劝阻，被苻生怒斩。

四月，长安城突然刮起了一场大风，房屋上的瓦都被揭掉了，不少大树被连根拔起，路上行人都被吹倒。按说这本是正常的天气现象，但这场大风却引起了皇宫内的一片惊慌，因为大风刮起时，不知是什么原因，竟有人高喊道："有贼人攻来了！"苻生赶紧让人把皇宫大门关死，没有他的命令不准打开，一连五天，大风都过去了，也没见贼人的影子。苻生震怒，命人追查谣言出处，凡传播过"贼寇进攻"消息的人，统统被剖胸挖心。

红枣是个好东西，但吃多了也容易上火、腹胀、便秘，苻生有天晚上就吃多了枣，第二天早起不舒服，就招来太医令程延。程延为苻生把脉后，说道："陛下并无大碍，只是枣吃多了。"苻生大怒道："你又不是圣人，怎么知道我吃枣了？！"随后就不由分说，命人把程延杀死了。

左光禄大夫强平仗着自己是苻生的舅舅，劝谏道：“陛下应该勤于政务，休养生息，有宽大包容之心，礼待公卿，去秋霜之威，垂三春之泽，则妖邪之事自然消失，老天也将永祐皇家。”苻生一句都听不进去，反而在听到劝谏后大怒，要杀死强平。卫将军广平王苻黄眉、前将军新兴王苻飞、建节将军邓羌都跪下苦劝，让苻生看在强太后的面子上饶强平不死，苻生不听，用铁锤把强平的头颅敲碎。

干了这件事，苻生余怒未消，把苻黄眉外放为左冯翊太守，苻飞外放为右扶风太守，邓羌代理咸阳太守。因为他们都是猛将，还有用得着的地方，苻生特别饶恕了他们，没要他们的性命。

强太后对这个六亲不认、残忍好杀的儿子无可奈何。真不知自己上辈子作了什么孽，竟然生下了这个孽障！五月，强太后忧愤而死。

六月，苻生下了一道诏书，诏书上说：“朕自继位以来，是哪个地方做得不好，竟让诽谤的话传遍天下？朕杀人还没过千，就被说成残暴！朕要加重处罚，你们能奈朕何！”

此时，被桓温打败的姚襄还没有找到合适的安身立命之所，他听说长安城内怨气冲天，便准备进攻关中。升平元年（357）四月，姚襄进驻杏城（今陕西黄陵县），派堂兄辅国将军姚兰前去攻占敷城，派哥哥曜武将军姚益生、左将军王钦卢各自统兵前往各地做统战工作，同时招降羌、匈奴等各部族人马充实军队，羌人、匈奴人及汉人归附他的有五万多户。

苻生不会坐以待毙，他派苻飞攻击姚兰，姚兰不敌，被生擒。

姚襄率主力部队进驻黄落，苻生派卫大将军广平王苻黄眉、北平将军苻道、龙骧将军东海王苻坚和建节将军邓羌等几员猛将，率领一万五千人前去抵抗。

刚开始时，姚襄关闭营门，不肯和前秦正面接触。邓羌对苻黄眉说道：“姚襄争强好胜，如果我们挥动战旗，擂动战鼓，在他的营门前高声叫阵，他一定忍不住，会愤而出兵，到时我们可以一战擒之。”

苻黄眉同意，于是前秦军把战鼓擂得震天响，高声喊叫让姚襄出战。

姚襄果然无法忍受，将要出击，和尚智通劝姚襄道：“我军应该聚集士众，勤加训练，等待时机。”姚襄叹了口气：“二雄不能并立，希望老天不抛弃有德行之人，为了拯救黎民百姓，我心意已决。”

五月，姚襄率军出击，与邓羌率领的三千骑兵展开大战，邓羌佯败，姚襄一直追击到三原。这时候苻黄眉等人率大军赶到，邓羌又调转部队，同姚襄军战在一处。

姚襄不敌，命令退兵，可正在这时，他的坐骑黧（lí）眉騧（guā）突然马失前蹄，将他摔倒在地。姚襄被活捉，后被苻坚杀死。姚襄一死，他的弟弟姚苌无心再战，率领部众投降了前秦。

父亲姚弋仲死后，姚襄一直把他的灵柩放置在一辆大车上，军队走到哪里，灵柩就拉到哪里。如今，苻生用诸侯国国王的礼仪把姚弋仲埋葬在孤磐（今甘肃甘谷县境内），又用公爵的礼仪埋葬了姚襄。

苻黄眉等人立下战功，兴冲冲地返回长安，等着受封赏，但苻生可能还记得上次他替强平说情的事情，非但不赏，反而还当众侮辱苻黄眉。苻黄眉受到这般羞辱，自然非常郁闷，就同人谋划要除掉苻生，只是不幸消息走漏，苻黄眉被杀，还牵连得一批王公贵戚都被杀死了。

苻生有天晚上做了个奇怪的梦，他梦见一条大鱼在吃蒲草，因为他的“苻”姓是由“蒲”姓而来的，大鱼吃蒲草，不就表示是在吃自己吗？于是他从睡梦中惊醒，出了一身冷汗。

这时候长安城内也有谣言说：“东海大鱼化为龙，男皆为王女为公。”他就问近臣这是什么意思，那人答道：“这表示姓‘鱼’的要对皇族不利。”太师鱼遵就姓鱼。

苻生一摆手说：“你们不必说了，我知道该怎么做了。”转头就把任太师、录尚书事的广宁公鱼遵连同他的七个儿子、十个孙子统统杀死了。

鱼吃草，牛也吃草，金紫光禄大夫牛夷吓得浑身抖若筛糠。为了避祸，他请求出任荆州刺史一职，但苻生不同意，任命他为中军将军。

苻生开玩笑似的对牛夷说道：“老牛生性迟钝稳当，擅长拉车，尽管没有骏马的脚程，但仍可负重百石。”

牛夷怯声回答：“虽然善拉大车，但没有走过陡峭的山路。我愿意尝试一下拉更重的车子。”

苻生呵呵一笑道：“那好啊，你嫌拉得轻吗？朕把鱼遵的位置给你。”

牛夷更加惊恐，回家后就自杀了。

拾叁

一统北方

第一百五十八节 苻坚夺权

苻生嗜酒如命，登基后常常躲在后宫喝酒淫乐，有时候傍晚才登朝理事，甚至一连几个月都不上朝处理朝政。他会在醉酒后处理公务，身边小人就趁机随意修改诏书，即便没有小人，他在醉眼蒙眬中也会赏罚无度，因此又错杀不少人。

苻生缺少一只眼睛，因此忌讳听到“残”“缺”“偏”“只”“少”“无”“不全”一类的词，认为这是对他本人的冒犯。谁不留神说了这些字眼，就会被处死，一时间因此事被冤杀者众。

苻生阴晴不定，大臣称颂他，会被杀；劝谏，也会被杀。面对这样一个主子，满朝文武战战兢兢，度日如年。每次上朝前他们都要先和家人告别一番，因为他们不能保证自己能活着回家。

东海王苻坚，字永固，又名文玉，自小聪慧，乐善好施，博学多才。长大后，他生的臂垂过膝，目有紫光。苻洪在他小时候就认为这个孙子不一般，给他起名叫“坚头”。

苻坚和姚襄过去的参军薛赞、权翼关系要好，薛赞、权翼私下劝苻坚道：“朝中已经对主上（指苻生）离心离德。有德则昌，无德受殃，这是天道规律。江山社稷，不能让他人夺取了，希望您早做打算，以顺应天下人之心。”

苻坚沉思了一下，对他们说道：“二位说得有理，但要严守秘密。”

苻坚又去征求尚书吕婆楼的意见，吕婆楼说道：“我朝不保夕，难成大事，但我认识一位叫王猛的能人，他腹有韬略，定能帮王爷办成大事，我现在去请他来。”苻坚一听，非常高兴，赶忙说道：“快去请，快去请。”

过了几天，吕婆楼带着王猛前来拜访。苻坚亲自出门迎接，拉着王猛的手来到了厅堂，落座上茶后就开始谈论古往今来的天下大事。两个人对时局的看法高度吻合，越谈越投机，一谈就是大半天，末了，苻坚拉着王猛的手说道："我遇到先生，如刘备遇到诸葛孔明啊！您就别走了，和我共图大事吧！"王猛表示感谢，对苻坚说："感谢王爷抬爱，愿效犬马之劳。"

升平元年（357）六月，苻坚的密友御史中丞梁平老等人进一步劝苻坚道："目前国内天怒人怨，人心异动，国外又有前燕和晋虎视眈眈，战争一旦爆发，恐怕就是国亡家灭，请王爷及早动手！"苻坚连连点头，但他始终对苻生的勇猛颇为忌惮，迟迟不敢起事。

有天晚上，苻生又喝得酩酊大醉，他嘴里含糊不清地对侍女说道："苻法兄弟也不可靠，等天明就把他们除掉。"这名侍女早已被苻坚他们买通，她认为这是苻生酒后吐真言，趁着苻生熟睡的时候赶忙去向苻坚和苻坚的哥哥清河王苻法报信。

苻坚兄弟一听，觉得时间不等人了，决定当晚就起事。苻法和梁平老以及光禄大夫强汪率领数百个勇士暗中潜入云龙门，苻坚和吕婆楼则亲自率领三百个精锐士兵直接攻打皇宫。禁军一看是东海王来了，扔下武器就投降了——他们也期望暴君苻生早点下台，等这一天已经等很久了。

苻坚带兵闯入苻生的寝宫。苻生本在呼呼大睡，这时被外面的嘈杂声惊醒，睁开了自己仅有的一只眼睛。看到屋子里突然多出来了很多人，他紧张地问身边的侍卫道："这都是些什么人？怎么进来的？"

侍卫嘲弄他道："是贼人！"

苻生发怒道："让他们磕头跪拜！"

苻坚的部下都忍不住哈哈大笑，苻生厉声道："你们为什么还不跪下？再不跪下的，斩首！"

闹剧演到这里该结束了，苻坚的士兵不由分说把苻生拖拽到偏房囚禁起来。苻坚废苻生为越王，过了不久就命人把他杀死了，死时年二十三岁。

暴君已除，现在的问题是皇位由谁来坐。苻坚让哥哥苻法登基，他说："哥哥比我年长，应该由他继位。"但苻法不接受，他对苻坚说道："你是嫡子，我是庶出，应该你来继位。”两个人推来让去。

这时候苻坚的母亲苟氏出面了，她流着泪对群臣说道：“朝廷大事重如泰山，我坚儿知道自己承担不起，可是诸位一再推举，日后如果有什么差池，过错不在我儿，全在诸位身上。”

群臣顿时全都跪倒，请求苻坚登基，苻坚不再推辞，他去掉“皇帝”的尊号，称自己为大秦天王。继位后，他立即命人把中书监董荣、左仆射赵韶等二十多个奸臣拖出去斩首示众。

苻坚追封父亲苻雄为文桓皇帝，尊母亲苟氏为皇太后，立妃苟氏为皇后，立世子苻宏为太子。任命清河王苻法为都督中外诸军事、丞相、录尚书事，封东海公，其他亲王也都降为公爵。任命右光禄大夫、永安公苻侯（苻洪的弟弟）为太尉；晋公苻柳（苻生的弟弟）为车骑大将军、尚书令；弟弟苻融为阳平公，苻双为河南公；儿子苻丕为长乐公，苻晖为平原公，苻熙为广平公，苻睿为钜鹿公。任命李威为左仆射，梁平老为右仆射，强汪为领军将军，吕婆楼为司隶校尉，王猛为中书侍郎。

李威是苟太后姑姑的儿子，苻生过去数次想杀掉苻坚，全靠李威的帮助苻坚才得以幸免于难，因此李威深受苟太后的器重，苻坚对待他也像对父亲一样尊重。李威多次劝苻坚把王猛放到重要位置上，让他发挥才能，苻坚听从了，并对王猛说道：“李公了解你，就像鲍叔牙了解管仲一样。”王猛感恩，视李威为亲兄长。

苻坚又任命权翼为给事黄门侍郎，薛赞为中书侍郎，让他们和王猛一起处理机要事务，又恢复了被苻生杀害的鱼遵、雷弱儿、毛贵、王堕、梁楞、梁安、段纯、辛劳等人的官位，重新用应有的礼仪予以安葬。对他们的子孙，则根据各自的才能情况，予以提拔任用。

苻坚勤于政务，选贤用能。有一次他到尚书省巡视，看见档案管理相当混乱，直接就免去了尚书左丞程卓的官职，让王猛顶替。他还奖励农耕，设立学校，鼓励善行，体恤贫困百姓，给年长生活不能自理者赏赐谷物布匹。前秦的百姓生活渐渐向好，个个欢喜雀跃。

第一百五十九节　猛人张蚝

升平元年（357）七月，前秦冀州牧张平派人到建康递交降书，晋廷任命他为并州刺史。张平本来是后赵的并州刺史，后赵内乱、冉闵建魏后，他投降了前秦，被任命为大将军、冀州牧。

张平派兵攻占了新兴郡、雁门郡、西河郡、太原郡、上党郡、上郡等地，修建了三百多座坞堡，治下汉人和夷人共十多万户人家。他任命了征镇官员，准备与前燕和前秦对抗。

十月，张平向前秦发动进攻，苻坚亲征张平，命晋公苻柳镇守蒲阪，邓羌为前锋督护率领五千精骑在汾水扎营。张平命养子张蚝前去挑战。

张蚝是个传奇人物，是猛将中的猛将，他身强力壮，身手敏捷，能拉着牛尾巴让牛倒走，高来高去也如走平地。张蚝本姓弓，上党人，因为作战勇敢被张平收为养子，张平让他改姓张，待他如亲生儿子，对他偏爱有加。

张平有个小妾，长得非常漂亮，她对身材健壮的张蚝暗送秋波，张蚝把持不住，和养父的这个小妾有了私情。但时间不长此事就被张平发现了，张平非常生气，对张蚝进行了严厉的训斥。

张蚝羞愧难当，觉得对不起张平的养育之恩。经过痛苦的抉择，他认为都是自己的下半身犯的错，如果自己像太监一样，就不会再有这种丑事，于是他咬紧牙关，手起刀落，竟挥刀自宫了！自宫后的张蚝非但没有变得阴柔，反而越发凶猛，经过刻苦训练，武力更精进不少，人称“万人敌”。看起来，张蚝倒是和金庸先生小说《笑傲江湖》中的东方不败有些相似。

张蚝领命前去挑战，邓羌迎战。邓羌也是员猛将，也被称为“万人敌”，两个人是棋逢对手，将遇良才，从马上打到地下，从白天打到挑灯，打得难解难分。十几天过去了，谁都无法战胜对方，战事就这样僵持下去了。

升平二年（358）三月，苻坚率军到达铜壁（今山西太原市西南），张平准备一战取胜，动用了全部的兵力来迎敌。

张蚝艺高人胆大，他挥动兵刃，单枪匹马，大声呐喊着冲入前秦军阵中。前秦士兵碰到张蚝就人仰马翻，任他杀进杀出四五次之多。

苻坚远远望见，问身边人：“敌军的这员战将叫什么名字？”有人认得张蚝，回到说：“他叫张蚝，是张平的养子。”苻坚下令说：“要活捉张蚝，不要伤他！”并出重金悬赏，吕婆楼的儿子鹰扬将军吕光自告奋勇要去捉拿张蚝。

人毕竟是血肉之躯，张蚝几进几出，体力消耗较大，吕光此时杀出，直刺张蚝，张蚝一个不注意就被吕光刺中，应声倒地，前秦士兵蜂拥而上将他生擒。张蚝被送到苻坚面前，吕光从此声名大振。

张平一看张蚝被擒，无心再战。主将气势低迷，军队顿时大败，士兵四散奔逃。张平一看已无路可走，只得向苻坚投降。苻坚又得到一个助力，特别高兴，任命他为右将军，任命张蚝为虎贲中郎将，并对张蚝进行重赏，经常让他在左右行走。

九月，苻坚回到长安。

苻坚很信任王猛，朝中很多大事都让王猛处理，但王猛地位的急剧上升引起了一些王公贵戚的嫉妒。姑臧侯樊世出身于氐族中的豪门，他们家辅佐苻健平定关中，算得上是老一辈功臣，他就很看不上王猛，盛气凌人地当众羞辱王猛说：“这是吾辈与先帝共同打下的天下，你没有出什么力，为什么敢担当如此重任？这岂不是我们耕作、播种，你却来收获粮食吗？”

王猛也不甘示弱，说：“我还要让你做厨师，不仅仅是种庄稼！”

樊世闻听此言，勃然大怒：“不把你的脑袋悬挂在长安城门上，我誓不为人！”

王猛把这件事告诉了苻坚，苻坚很生气，说：“必须杀了这个老氐，才能杀一儆百。”

没多久，樊世进宫来奏事，又和王猛在苻坚面前争论得不可开交、面红耳赤。樊世越说越气，竟然起身就要打王猛，苻坚大怒，说：“简直无法无天，在我面前还敢如此放肆！来人，把樊世拖出去砍了！”禁军进来，不由分说就把樊世拖了出去，斩首示众。

杀鸡儆猴，这一招真是有效。大家一看身份贵重的樊世都因为王猛被杀了，杀自己这样的微末小臣肯定更不在话下，从此见了王猛都低眉顺目，大气也不敢喘上一口。

苻坚任命邓羌为御史中丞，任命王猛为侍中、中书令兼领京兆尹。京畿之地不好管，因为这里尽是皇亲国戚。光禄大夫强德依仗自己是强太后的弟弟，狐假虎威，作威作福，蛮横不讲理，经常借酒闹事，抢夺百姓财物和良家女子，人们敢怒不敢言。王猛到任后体察民情，命人逮捕了强德，并写奏章罗列强德的罪行，要求把强德在闹市处决。他知道苻坚一定会赦免强德，于是在奏章发出后就斩强德于街市。苻坚见到奏章，果然派人快马加鞭赶来，要求赦免强德，但已经太迟了，来人只见到了强德的尸体。

邓羌也为人正直，疾恶如仇，王猛和他志同道合，两人一起铲除奸邪，纠正冤假错案，打击豪门，短短几十天时间被处死和罢免的权贵就达二十多人。此事一出震动朝廷，贪官污吏不得不暂时收敛，政风民风为之一新。苻坚赞叹道：“我今天终于知道，依法处理事情是多么的重要！”

不久，苻坚任命王猛为吏部尚书，后又任命他为太子詹事，接着又让他兼任辅国将军、司隶校尉，准许他在宫中留宿，王猛仆射、詹事、侍中、中书令以及兼任的其他职务依旧保留。对于如此厚待，王猛推辞不受，但苻坚不准。

王猛当时只有三十六岁，一年中连续升迁五次，备受瞩目。

第一百六十节　慕容暐登基

升平元年（358）十一月，慕容儁把前燕的首府从蓟城迁到了邺城，并命人整修铜雀台。

吴王慕容垂的妻子段氏是段部鲜卑酋长段末柸的女儿，生下儿子慕容令、慕容宝。段氏出身名门，又富有才华，性格有点小孤傲，对现皇后可足浑爱答不理，可足浑皇后对此记恨在心。中常侍涅浩把这些都看在眼里，找机会诬告段氏及慕容垂的典书令高弼使用巫蛊之术诅咒皇上和皇后，想借此牵连慕容垂。慕容儁命人把段氏和高弼分别送交大长秋、廷尉严刑审问，但段氏和高弼即便遭受酷刑也不肯屈招。

慕容垂眼看他们受刑却无能为力，很是心痛。他买通看守官传话给段氏道："人总有一死，你何必忍受如此酷刑！不如按他们的意思招供。"段氏叹气道："我岂是怕死之人！只是如果按他们说的签字画押，上会辱没祖宗，下会连累大王，所以我不能做！"

段氏被生生打死，但她直到最后也没有招供，慕容垂没有因此受到牵连。

慕容儁调慕容垂任平州刺史，镇守辽东。

段氏死后，慕容垂娶了段氏的妹妹作为王后。可足浑皇后命令他把小段氏废掉，把她的妹妹长安君娶过门当王后，慕容垂满心不高兴，但也不得不接受。

升平三年（359）十二月十七日，慕容儁一病不起，他满面愁容，把担任大司马的太原王慕容恪叫到床前，说道："我已病入膏肓，可太子慕容暐（wěi）年幼，只有十岁。现在外有强敌，太子恐怕难堪重任，我想把位置传给你，你有什么看法？"

慕容恪赶忙回答道："臣弟有自知之明，不敢乱了皇位继承的正常秩序。"

慕容儁故作生气地说：“你我兄弟，不用这么虚伪！”

慕容恪顿时跪倒，说道：“陛下认为臣弟有担负天下重任的能力，难道我还没能力辅佐少主吗？”

慕容儁这才露出了笑脸：“你肯做周公，我还有什么可疑虑的。”

原来，这是慕容儁在考验慕容恪，慕容恪成绩合格。

慕容儁又征召慕容垂返回邺城。不久后，他病情加重，招来慕容恪、司空阳骛、司徒慕容评、领军将军慕舆根等人，命他们接受遗诏辅佐朝政。

升平四年（360）正月二十一日，慕容儁去世。正月二十五日，太子慕容暐登基，尊可足浑皇后为皇太后，任命慕容恪为太宰，总领朝政；任命慕容评为太傅、阳骛为太保、慕舆根为太师，共同参政。

慕舆根性格比较倔，自恃是三朝元老，对皇帝让慕容恪总领朝政老大不服气，和慕容恪说话总是居高临下。皇太后可足浑不时干预朝政，慕舆根想作乱，便以此为借口挑拨慕容恪道：“皇上年幼，太后干政，您应该多加防范，防止不测事件发生。兄亡弟及，古今都有例子，您应该登上大位，为大燕国谋求福祉。”

慕容恪闻听大惊：“你这是醉话吗？我们共同接受遗诏辅佐朝政，你怎么敢这么说话！”

慕舆根看无法说动慕容恪，表露出羞愧之色，连说自己是真醉了，叫他不要介意。但慕容恪觉得事关重大，把这件事告诉了慕容垂，慕容垂建议他除掉慕舆根，慕容恪觉得不妥，他不无忧虑地说道：“先帝刚刚故去，晋和秦蠢蠢欲动，我们此时自相残杀，就是有负先帝重托，还是先忍耐一下，静观其变吧。”秘书监皇甫真也建议尽早除掉慕舆根，慕容恪没有答应。

慕舆根又来可足浑太后这里煽风点火，他对可足浑太后说：“太宰和太傅在一起密谋，意图不轨，请您允许我率领禁卫军去除掉他们。”

可足浑皇太后也觉得慕容恪和慕容评他们碍手碍脚，正要答应，慕容暐却不同意。别看这个小皇帝年龄不大，但比较有主意，因为他的反对，这个事就没成。

慕舆根两计不成，又生一计。他以思念故土为由，同时向可足浑皇太后和慕容恪上书说：“而今天下萧条，外敌环视，国大忧深，我们不如返回龙城，图个清静。”慕舆根这样做，意图在内部制造混乱，好收渔翁之利。

慕容恪一看慕舆根贼心不死，终于下定决心要去除这个隐患。他去找太傅慕容评商议对策，定下主意后，秘密向皇帝上表陈述慕舆根的罪行，并立即命右卫将军傅颜在内省杀死慕舆根，连同他的妻儿、同党亲信等一并诛杀，对其他人等不予追究。

事后，朝中一片肃杀之气，大臣们深感震惊，倒是慕容恪依旧举止淡定，神色如常。慕容恪每次出入宫廷都只带一个侍卫跟随，不少人劝他应该多带侍卫，保护自身安全，他对他们说道："现在人心不稳，如果连我都表现得焦灼不安，还怎么让他们安定下来？"

慕容恪的沉着冷静安定了人心，朝中局势逐渐恢复平静。

晋朝的大臣们听说慕容儁去世，前燕内部又发生内乱，纷纷摩拳擦掌，认为中原指日可定，只有桓温泼冷水道："慕容恪还活着，我们的忧患还大着呢！"

第一百六十一节　谢安出山

晋豫州刺史谢奕去世后，朝廷任命吴兴太守谢万为西中郎将，监司、豫、冀、并四州诸军事，兼豫州刺史。谢万是谢奕的弟弟，他们两人都出身于陈郡谢氏，是名士谢裒的儿子。谢裒一共六个儿子，分别是谢奕、谢据、谢安、谢万、谢石和谢铁。

朝廷命新任豫州刺史谢万率军驻扎下蔡（今安徽凤台县），北中郎将郗昙（郗鉴之子）率军驻扎高平，抗拒前燕。

谢万颇有才华，但为人自命清高，不知道安抚体恤下属，他哥哥谢安对此十分担心，于是就与他一同出征。谢安对谢万说道："你作为主帅，应该多和诸位将领欢宴，和他们谈心交流，他们高兴了，顺心了，才会甘心效命。"

谢万倒也听话，招来众位将领聚餐。在宴席上他用如意指着在座的将领说道："各位都是精壮的士兵。"众位将领听后更加恼怒。散席后，还是谢安亲自到众将帐中一一拜访，表示歉意。

后谢万带兵去支援被前燕进攻的洛阳，郗昙因为生病，撤兵到彭城。那时候通信手段不发达，谢万以为郗昙是被前燕打败了，感到害怕，也命令撤兵，将士不知道到底发生了什么，以为敌人追上来了，四散奔逃。将士们想趁乱杀掉谢万，但念及谢安，还是放了谢万一马。穆帝司马聃闻知此事勃然大怒，下诏把谢万废为庶人，把郗昙降为建武将军。经此一战，许昌、颍川、谯、沛等地相继被前燕夺去。

谢安，字安石，出生于大兴三年（320）。他七八岁的时候，他哥哥谢奕做县令，遇到一个老人犯法，就罚他喝度数很高的酒，老人都喝醉了，谢奕还让他继续喝。谢安坐到哥哥谢奕膝旁，劝他说道："哥哥，这个老翁很可怜，不要再这样了。"谢奕就放老者走了。

长大后的谢安气宇轩昂，样貌不凡，为人风趣幽默，遇事沉着冷静，当时京师中人都仰慕谢安的风采，喜欢模仿他的举止。谢安有鼻炎，所以声音很特别，人们为了能学得像他的声音，故意用手掩住鼻子说话。

有一次，一个同乡被罢官，向谢安辞别，谢安问他是否有回家的路费，这个老乡说道：“盘缠不多，只有五万把蒲葵扇。”谢安笑着说道：“这个交给我了，你就坐等收钱把。”他拿起一把扇子，在闹市中转了一圈，士人和百姓看到了，觉得谢安拿着蒲葵扇的样子很帅，很有风度，于是争相购买，蒲葵扇的价格疯涨了数倍，他的老乡就这样卖掉了手中的蒲扇，挣到了足够的路费。

谢安也很擅谈玄，他曾拜访名士殷浩，问殷浩道：“我们用眼睛去观察万物，万物是否就进入眼睛了呢？”殷浩没有回答上来。

出身名门，自身又有名气，谢安自然是各路官家争抢的人物，但谢安并不愿意受官场约束，朝廷多次征召，他均不到任，后来干脆到会稽的东山（大概在今浙江绍兴市上虞区）隐居起来，每日和王羲之、孙绰、许询及和尚支遁等人寄情山水，吟诗作赋，好不痛快。王羲之的《兰亭集序》中，对他们一行人集会于山野之间的事也有记载。

有次，谢安和王羲之、孙绰等人出海游玩，船行驶了一会后，海面上突然风起浪涌，王羲之等人都惊恐不已，大喊快点调转船头回家去，谢安却神情淡定，吟诗长啸，船夫见他不惧怕，也就继续向前行驶。很快，风更急浪更大，众人都坐不住了，嚷嚷着要回家，谢安这才慢悠悠地说：“再往前走，恐怕就回不去了。”船夫于是掉头。谢安这种处变不惊的性格特点，为他以后在和桓温的斗争及淝水之战中取得胜利，起到了至关重要的作用。

晋廷对谢安寄予厚望，希望他早日出山，甚至有士大夫说出“安石不出，当如苍生何”的话。总之，谢安在当时的名气非常大。

当初家族聚会，谢家兄弟中有几个都做了高官，在座上格外的耀眼，谢安的妻子刘氏半开玩笑半抱怨地对隐居中的谢安说道：“这才是大丈夫的样子。”谢安捏着鼻子，做了个鬼脸道：“恐怕以后我免不了要像他们那样啊。”说是这样说，他一点也不着急，照常在东山喝酒吟诗，照常欣赏歌伎们美妙的歌声和舞蹈。

但现在弟弟谢万被免官，加之之前哥哥谢奕去世，谢家眼看要走向没落，谢安决定出山挽救家族，让谢家继续辉煌之路。这时候他已经四十一岁了，正好桓温征召他到府中任司马，加上谢家和桓家关系不错，桓温也和谢奕交情颇好，所以谢安干脆利落地答应了。他收拾行囊，要从新亭出发到桓温府中报到了，不少人前来送行。中丞高崧和谢安开玩笑道："卿多次违背朝廷旨意，高卧东山，大家都说'安石不出，将如苍生何'，苍生今亦将如卿何！"谢安微微一笑，并不答话。成语"东山再起"就出自谢安出山的故事。

谢安到了桓温府上后，受到桓温很高的礼遇。桓温给他安排了宽敞的办公房间和舒适的住宿房间，房间内铺上地毯，办公桌也是最新购置的，笔墨纸砚等办公用品都是采购市面最好的。

桓温和初到府上的谢安在一起兴致勃勃地交谈，两个人都是名士，一谈就谈了大半天。后来谢安告辞出门，桓温还意犹未尽地对左右的人说道："你们曾经见过我有这样的客人吗？"

他们两人互相欣赏，相处融洽。有次桓温到谢安处，谢安正在梳头，他见桓温来了，急忙取来衣服和头巾，桓温说道："不用如此麻烦，戴个帽子就行了。"还有次桓温生病，谢安前去探望，从东门入，桓温远远看见谢安的身影，赞叹道："我的门下很久没有如此人物了。"

不过谢安在桓温府上也遇到了一次小尴尬。一天，桓温和谢安、名士郝隆在一起闲谈，这时候有人送来了一束药草，桓温就问他们道："这种草药叫小草，又叫远志，为什么会有两种称呼？"谢安没有立即回答。郝隆说道："这好解释，在山中的时候它叫远志，出了山就叫小草了。"谢安听出这是有点讽刺自己的意思，当即脸就红了。桓温哈哈一笑，打圆场道："郝参军真会开玩笑。"

郝隆博学多才，为人风趣幽默。那时候在七夕当天，读书人会把书籍拿出来晾晒，有钱人则会把绫罗绸缎拿出来晾晒，但郝隆在这一天却腆着个大肚子，在椅上悠闲地躺着晒太阳，有人问他这是为什么，他说道："我这是在晒书。"众人听了哈哈大笑。

谢安只在桓温府上待了不到两年。弟弟谢万去世，他借口处理弟弟的丧事归家，后被朝廷任命为吴兴郡太守，后被征召为侍中。

第一百六十二节　前燕占洛阳

升平五年（361）五月二十二日，穆帝司马聃突然生病去世，年十九岁。他没有留下子嗣，皇太后褚蒜子命二十一岁的琅琊王司马丕（司马衍的长子）继位，史称晋哀帝。

隆和元年（362）正月，前燕的豫州刺史孙兴请求进攻洛阳，得到批准，派宁南将军吕护进驻河阴。四月，吕护开始进攻洛阳。五月，桓温派北中郎将庾希（庾冰之子）和竟陵郡太守邓遐率领三千兵士前去协同洛阳守将陈祐，守卫洛阳。

就是在这个时候，桓温不合时宜地提出来要迁都洛阳，造成了朝野上下的恐慌，大家明知迁都之举并不可行，但没有人敢带头公开提出反对意见。散骑常侍领著作郎孙绰第一个提出不同意见，他上书说："自天下大乱起，至今已经六十多年，中原一带成为废墟。当初逃亡到江南的人即使还活着的，他们的儿子也都已经老了，孙子已经长大，他们在江南安家立业数十年，虽然对中原故土怀有依恋之情，但一下子要他们舍家抛业地强行迁回洛阳去，并不可行。我认为应该先扫清洛阳附近的贼寇，再议迁都之事。"

桓温看到孙绰的奏章后很不高兴，朝廷害怕桓温一气之下真的要迁都洛阳，准备派侍中去劝阻桓温，扬州刺史王述说："桓温不过是给朝廷找难题，只要顺着他，他就不会再提迁都之事了。"于是朝廷下诏批准了桓温的要求。桓温一看朝廷来真的，果然不再提了。

桓温又准备把洛阳的巨钟和钟架迁到建康，王述说应当先迁先帝的坟墓，然后再迁钟，桓温也不再提了。

七月，吕护进攻不利，退守小平津，被流箭射死，部将段崇收拾残军到野王驻扎。晋将军邓遐驻扎新城。八月，西中郎将袁真率军驻扎汝南，他调运五万斛米运送到了洛阳。

前燕军撤退，庾希回军到山阳，袁真回军到寿阳。

兴宁二年（364）二月，前燕卷土重来，太傅慕容评、龙骧将军李洪率军攻占黄河以南土地。四月二十五日，李洪率军攻打许昌、汝南，在悬瓠（今河南汝南县）击败晋军，晋颍川太守李福顽强战斗，不敌被杀。其他晋方将领也纷纷落败，汝南太守朱斌逃到了寿春，陈郡太守朱辅逃到了彭城。桓温派袁真率军前往迎击李洪，他自己则亲率水军驻扎于合肥。前燕将一万多户百姓强制迁徙到幽州、冀州，派镇南将军慕容尘留守许昌。

慕容恪计划一举夺取洛阳，他命司马悦希驻屯盟津，命豫州刺史孙兴驻屯成皋，伺机进攻。

当年王敦谋乱的时候，沈充追随王敦，后王敦失败，沈充逃到昔日部下家里，不想这名部下为了取得赏金杀死了他，把他的人头送到了建康。沈充的儿子沈劲砥砺品性，奋发有为，立志要为国建功，抵消父亲带给家族的耻辱，但因为父亲的原因，他一直无法步入仕途。吴兴郡太守王胡之被提拔为司州刺史后，上书为沈劲说好话，希望朝廷允许沈劲做自己的参府事，朝廷应允。眼看沈劲的机会来了，王胡之却因为生病，没有赴任司州。

前燕大军对洛阳虎视眈眈，负责守卫洛阳的晋冠军将军陈祐的兵力却不足两千人，面对强敌，他一筹莫展。沈劲主动请缨，要求去支援陈祐，朝廷便下令补沈劲为冠军长史。沈劲得到任命，招募了一千多名勇士后赶赴洛阳。

前燕进攻洛阳，沈劲奋起反抗，多有斩获，但前燕毕竟军力强大，洛阳守军渐渐不支。城内粮食开始短缺，又无援军到达，陈祐看到城池即将被攻破，耍了个滑头，称要去救援许昌，给沈劲留下五百人后便率兵出城去了。沈劲并没有被吓到，他等待的就是这一天，他兴奋地说道：“能为国捐躯，就是我的志向！”

兴宁三年（365）二月，慕容恪和慕容垂合兵一处，共同对洛阳发起强劲攻击。有这二位带兵攻城，沈劲自然守不住，洛阳很快被攻克，沈劲被俘。

被俘的沈劲神色如常，慕容恪见了觉得很惊讶，在了解了他的情况后准备释放他，但中军将军慕舆虔说：“沈劲是个人物，今天您吝惜他的品行放走他，来日他必成我们的后患。”于是沈劲就被杀死了。

晋廷对沈劲的勇敢、牺牲精神大加赞扬，追赠他为东阳郡太守。

之后，慕容恪进一步夺取了崤谷、渑池，关中震动，前秦王苻坚亲自率兵驻扎于陕城，准备迎击慕容恪。但慕容恪认为进攻前秦的时机并不成熟，便命左中郎将慕容筑为洛州刺史镇守洛阳，命慕容垂镇守鲁阳，自己率军返回。

晋哀帝司马丕年纪轻轻便追求长生不老之术，不断吃一些乱七八糟的丹药，这类东西吃得多了，就渐渐中了毒。兴宁三年（365）二月，晋哀帝司马丕去世，年二十五岁。司马丕没有儿子，崇德太后褚蒜子临朝听政，命琅琊王司马奕继位。司马奕是司马丕的同母弟弟，此时二十四岁。

第一百六十三节　慕容恪去世

慕容恪作为前燕辅政大臣、三军主帅，从不以严厉的惩罚立威，而是以德行使人诚服。他胸襟开阔，量才使用，不独断专行，遇事要先和慕容评商量，还喜爱读书，散朝回到家后总是手不释卷。

即使文武官员中有犯错误的，慕容恪也不会当众公布使大臣难堪，只是在日后寻找适当的机会，把他调动到一个相对不重要的位置，既显示了惩罚，又不让他们失去原来的待遇。受调动的官员自然能感受到慕容恪的关爱，也就在新岗位上勤奋工作，不敢再犯错误。如此一来，如果谁偶尔犯点小错误，就会有人对他说："你准备让太宰调动你的职务吗？"

在慕容恪的治理下，前燕秩序井然，实力日渐增强。

太和二年（367）夏季，四十七岁的慕容恪生病了，长年的战争生涯使他身体透支得厉害。慕容暐亲自来探视他的病情，咨询后事，慕容恪说道："我听说报恩最好的方式是推荐贤良。吴王慕容垂文武兼备，是管仲、萧何一类的人物，才能是我的十倍。先帝以长幼次序命我辅政，臣死之后，请陛下把国政委托给吴王，这样国家就可以保持安稳，如若不然，晋和秦将会窥视我国。"言毕，慕容恪溘然长逝。

慕容恪是一位杰出的将领，被后世誉为"十六国第一名将"，唐朝、宋朝的武庙均供奉有他牌位。

苻坚得到慕容恪去世的消息，心里暗喜，准备即刻起兵吞并前燕。他派匈奴右贤王曹毂（gǔ）和主簿郭辩前往前秦，以进贡为名刺探虚实。

前燕司空皇甫真的哥哥皇甫腆、侄子皇甫奋和皇甫覆都在前秦朝廷任职，郭辩到达邺城后逐一拜访公卿，在拜访皇甫真时，他对皇甫真说："皇甫腆、皇甫奋、皇甫覆都和我关系不错。"

皇甫真闻听大怒，说道："你这么套近乎是什么意思，感觉就是奸人一类。"皇甫真将此事通禀了慕容暐，要求追查，不过太傅慕容评说这关乎两国关系，不同意，此事也就作罢了。

郭辩返回长安，对苻坚说："前燕纲纪混乱，可以图谋，有鉴识的人只有皇甫真罢了。"

之前慕容恪病重时，因为顾虑慕容暐刚成年，还不能全部掌握权力，而太傅慕容评生性多疑，和慕容垂关系也比较不好，恐怕大司马一职落不到慕容垂头上，就对慕容暐的哥哥乐安王慕容臧说："大司马统管六军，是国家命脉，责任重大，这个岗位一定不能选错了人。我死之后，大司马一职可能让你或慕容冲（慕容暐的弟弟）担任，你们虽然才识敏捷，但是年龄尚轻，还没有经历过什么磨炼，吴王慕容垂才智出众，希望你们能推荐他接任大司马一职，到时候一定能统一天下。你们应该以国家为重，千万不能贪图权力而忘记国家安危。"慕容恪又把这些话对慕容评说了一次，应该说他考虑问题已经相当周到了，但问题是慕容评并没有听到心里去，在他的建议下，前燕朝廷任命中山王慕容冲为大司马，而慕容垂仅仅被任命为侍中、车骑大将军、开府仪同三司。

第一百六十四节　前秦平叛

苻坚杀死苻生篡位，这引起了苻生的九弟征北将军苻幼的不满，他于兴宁三年（365）十月发动兵变，率军攻击长安，但被卫大将军李威杀死。

苻幼起兵的时候，担任征东大将军、并州牧的苻生五弟晋公苻柳，和担任征西大将军、秦州刺史的赵公苻双全都参与了策划。苻双是苻坚的亲弟弟，苻柳又是先帝苻健最喜欢的儿子，因此苻坚思前想后，决定对他们不予追究。

但苻柳和苻双并没有安分下来，他们又开始和时任镇东将军、洛州刺史的魏公苻廋（苻生的七弟），时任安西将军、雍州刺史的燕公苻武（苻生的八弟）一起，策划下一次的兵变。苻坚得到消息，召苻柳等人前往长安报到。几个人知道是消息走漏，于是果断起兵。

太和二年（367）十月，苻柳在蒲阪，苻双在上邽，苻廋在陕城，苻武在安定，共同起兵反叛。

苻坚还想做最后的争取，他派人劝他们说："我对待你们已宽容到了极点，为什么要造反呢？现在我也不再召你们进京了，大家各安其位，一切如故。我们咬梨为信。"苻坚把咬过的梨交给使者带去，但苻柳他们拒绝接受。

不过反叛军也不是铁板一块。很快，苻廋因为觉得自己实力不济，献出陕城投降前燕，请求前燕派兵协助。苻坚增派兵力保护华阴，以作防备。

前燕的魏尹范阳王慕容德（慕容垂的弟弟）上书说："而今苻氏骨肉相残，这是天赐良机！我建议让皇甫真率领并州、冀州的部队开赴蒲阪，吴王慕容垂带领许昌、洛州的部队去支援苻廋，太傅慕容评率领京师精兵作为后援，再向关中发布檄文，重金悬赏，他们一定会群起响应，这样我们必将一统关中。”但太傅慕容评觉得不妥：“秦国是个强国，现在他们虽然内部有些危难，但也不会被轻易攻取。皇帝虽然是个明主，但不如先帝；我们的能耐，也比不上太宰慕容恪，所以只要能够自保就足矣。”

苻廋见援兵不来，又派人给慕容垂和皇甫真捎信说：“苻坚和王猛都是人中龙凤，他们图谋燕国很长时间了，如果你们今天不消灭他们，日后定会后悔！”

慕容垂找到皇甫真说：“秦国是我们最大的祸患，主上年轻，仅凭太傅的能力和见识，又怎么能抵挡得了苻坚、王猛呢？”皇甫真两手一摊，无奈地说道：“我也知道是这个道理，但我们说的话不被采用，又有什么办法！”

苻坚命后将军杨成世、左将军毛嵩分别讨伐上邽、安定，辅国将军王猛、建军将军邓羌攻蒲阪，前将军杨安、广武将军张蚝攻陕城。但很快，杨成世被苻双击败，毛嵩被苻武击败，两个人逃回了长安。苻坚又派将军王鉴、吕光、郭将、翟傉等人领兵三万前去讨伐。

太和三年（368）四月，苻双、苻武率军抵达榆眉，他们以苟兴作为前锋。王鉴建议速战速决，吕光劝阻道：“苟兴气势正盛，我们应该固守防线。他们后勤紧张，待他们军粮吃尽后，自然会后撤，到时候我们再率军追击，必能一战成功！”

正如吕光所言，二十多天后苟兴主动后撤，王鉴等抓住机会紧紧追击，苟兴大败。接着他们又打败了苻双和苻武，斩首的和擒获的叛军共有一万五千多人，苻武和苻双逃往上邽。

王猛率军迎战苻柳，苻柳不断出兵挑战，王猛拒不应战。苻柳认为王猛不过如此，心里开始轻视王猛。

五月，苻柳命他的长子苻良守卫蒲阪，他自己亲率两万将士前去攻击长安。当他离开蒲阪一百多里时，王猛派出的猛将邓羌率七千精骑趁夜偷袭，苻柳军被打得大败。苻柳回撤，王猛又从半路杀出，结果苻柳仅和数百骑兵逃入蒲阪，其余兵卒全被王猛俘虏。

七月，王鉴攻破上邽，杀死了苻双和苻武，放过了他们的妻儿。前秦朝廷任命左卫将军苻雅为秦州刺史，任命长乐公苻丕为雍州刺史。

九月，王猛等攻破蒲阪，杀死了苻柳和他的妻儿，之后派邓羌和王鉴攻打陕城。

十二月，陕城被攻破，苻廋被抓，押送至长安。

苻坚质问他为什么造反，苻廋回答道：“我本不想反，但是我的兄弟们有好几个都造反了，我担心成为陪葬，所以才放手一搏。”

苻坚一听，眼泪流下来了，说道：“你自小忠厚，我知道谋反不是出于你的本意，况且高祖（苻健）不能没有后嗣。”于是他命苻廋自杀，但赦免了他的七个儿子，让长子承袭了苻廋“魏公”的爵位，其余的儿子全部封为县公，过继给苻生及其他兄弟中没有儿子的为后嗣。

苟太后为儿子苻双鸣不平，对苻坚说道：“苻廋与苻双同时谋反，为什么独独苻双没有后嗣？”苻坚向母亲表示歉意，回答道：“这天下是高祖的天下，高祖的儿子不能没有后嗣。至于苻双，他不顾及母亲，还危及社稷安危，天下之法为天下人而定，我不能徇私情！”

苻坚又任命范阳公苻抑为征东大将军、并州刺史，镇守蒲阪；任命邓羌为建武将军、洛州刺史，镇守陕城。

第一百六十五节　桓温伐前燕（第三次北伐）

慕容恪去世了，桓温终于等来了机会。太和四年（369）三月，晋大司马桓温上书朝廷，要求北伐前燕，并建议徐州、兖州刺史郗愔带领京口兵、豫州刺史袁真带领豫州兵和他一同北伐，受他节制调度。桓温的荆州兵加上京口兵、豫州兵，这是晋的三大主力部队，桓温是打算倾全国之力出师北伐，他是志在必得。如今晋廷是他说了算，他的提议自然得到批准。

郗家在京口（今江苏镇江市）深耕几十年，京口兵是郗鉴当年把北方流民组织起来，加以严格训练，才逐渐形成的一支战斗力强、纪律严明的劲旅。桓温经常说："京口酒可饮，兵可用。"他对这支部队垂涎三尺，一直想据为己有，对郗愔久居京口非常不满。

但郗愔政治头脑稍差，他得到北伐命令后也是心潮澎湃，准备大展身手，还给桓温写了一封信，表示要与他共辅王室，收复中原。郗愔的儿子郗超当时在桓温府做参军，和桓温关系密切，很了解桓温的心思。他看到父亲写给桓温的信后，当即撕碎，又模仿父亲笔迹重新写了一封。"郗愔"在这封信中说自己年老多病，希望离职休养，并请桓温统领自己的部队。桓温见信后非常惊喜，当即建议朝廷调任郗愔为会稽内史——这是个肥差——桓温本人则亲自兼任徐、兖二州刺史，统领京口兵。

太和四年（369）四月一日，是个好日子，桓温率领五万大军从姑孰出发，文武百官前来饯行，桓温威风凛凛，志得意满，准备要一举收复中原。

桓温从兖州走水路北上，郗超说："到临漳路途遥远，汴水较浅，水路运粮会有困难。"但桓温听不进去。

不久，桓温抵达了一个叫金城（今江苏句容市北）的地方，他命大船停下，然后登陆上岸。他对这个地方太有感情了，当初他做琅琊内史的时候经常视察金城，还在河岸边种下了不少柳树，转眼三十多年过去，当年的小柳树苗已经长成参天大树，可达十围粗，而当年他只有二十岁左右，正是风华正茂的好年纪，如今他已经五十八岁了。岁月不饶人，桓温抚摸着裂痕斑斑的黑树皮慨然长叹："木犹如此，人何以堪！"不觉间已经泪流满面。这就是著名的"桓公叹柳"的故事。

桓温率军继续北上，六月抵达金乡（今山东金乡县北）。恰逢大旱，水路无法继续行军，桓温命冠军将军毛虎生在钜野（今山东巨野县）挖掘出三百里运河，使得济水和汶水相接，这条运河被称为"桓公渎"。桓温率军队由清河进入黄河，舰船相连，绵延数百里。

桓温派建威将军檀玄进攻湖陆，生擒前燕守将宁东将军慕容忠。

面对晋军的攻势，慕容暐任命下邳王慕容厉为征讨大都督，率军两万迎战，但被晋军打得大败，慕容厉只身逃走，高平郡太守徐翻投降。晋前锋邓遐和朱序在林渚又击败了前燕将领傅颜。慕容暐派乐安王慕容臧率军抵抗，又大败，他急忙派散骑常侍李凤前往前秦求救。

七月，桓温率军抵达枋头（今河南浚县东南），慕容暐和太傅慕容评等人十分惊慌，他们一看桓温果然名不虚传，再顽抗下去可能会被活捉，便计划向北逃回旧都龙城去。

慕容垂不同意逃走，他说道："请允许我带兵去攻打晋军，如果失败，再走也不迟。"慕容暐和慕容评一听，也没有其他更好的办法了，只有让慕容垂一试，于是任命慕容垂为使持节、南讨大都督，另外任命慕容德为征南将军，率军五万，共同迎击桓温。慕容垂又请求让司徒左长史申胤、黄门侍郎封孚、尚书郎悉罗腾一同前往，得到批准。

为保证万无一失，慕容暐同时派散骑侍郎乐嵩去前秦请求救援，承诺把虎牢关以西的土地割给前秦。在王猛的劝说下，八月，苻坚派将军苟池、洛州刺史邓羌率两万将士去救援，抵达颍川后驻扎，并派人告知前燕。

封孚问申胤道："桓温军容整齐，士气高涨，为什么他停驻在堤岸之下不出击？

他有什么打算呢？”申胤回答道：“如果仅从表面上看，桓温似乎会有所作为，但以我观察，桓温成功不了。这是为什么呢？因为司马氏衰微，桓温专权，一支独大，有吞并其他家族势力的趋势，这些世家大族必然会从中作梗，不让桓温的胜利继续下去。桓温性格多疑，不善于冒险突击，只求稳中求胜，时间一长，军粮运输就会出现问题，到时候他会一败涂地。”

桓温让降将段思做向导。前燕尚书郎悉罗腾与晋军交锋，活捉了段思，之后悉罗腾和虎贲中郎将染干津又杀死了桓温的部将李述，晋军士气受到影响。

当初，桓温命豫州刺史袁真攻打谯郡、梁国，开凿石门（今河南荥阳市北），使睢水和黄河连通，用来运输军粮。临行前，桓温对袁真再三叮嘱开凿石门通道是大军的生命线所系，要袁真务必完成任务，袁真当即允诺。袁真率军奋力攻下了谯郡和梁国，但却无法凿开石门，水运受阻。

前燕也意识到了石门的重要性。九月，慕容德率骑兵一万、兰台侍御史刘当率骑兵五千赶赴石门，阻挡袁真的开凿工程，袁真部队受阻。与此同时，前燕豫州刺史李邦率领五千人截断了桓温的粮道。

慕容德派将军慕容宙率一千精骑做前锋，和晋军正面交锋。慕容宙设三处伏兵，然后让两百骑兵前去挑战晋军，晋军一到，燕军就被“吓得”逃走，晋军追击，中了埋伏，死伤惨重。

桓温屡屡失手，军粮也要吃尽，又得到前秦军队即将到来的消息，他觉得这仗是没法打下去了。

太和四年（369）九月十九日，桓温命令烧毁舟船，让士兵脱掉铠甲，抛弃辎重，从陆路轻装撤退。桓温从东燕郡（今河南延津县东北）到了仓垣，为了防止前燕在河里下毒，晋军自己开挖水井吃水，就这样一路狂奔了七百多里。

前燕的将军们要求派兵速速追击，慕容垂说道：“不急，桓温很谨慎，他退兵的时候一定会让精兵断后，我们马上追击讨不到便宜。等他们走了一段路后筋疲力尽了，又发现后面没有追兵，思想一定会松懈，到时候我们全力追击，一定会大获全胜。”于是慕容垂亲率八千精骑远远地跟着桓温的队伍前行。

过了几天，慕容垂下令道：“全速进攻桓温！”前燕军催动战马狂奔，在襄邑

（今河南睢县）追上了桓温的主力部队，这时候慕容德先期率领的精骑四千人已经埋伏在襄邑东的山涧中了。慕容垂与慕容德都是猛将，他们两面夹击，这时候桓温军已经走得筋疲力尽，加之士气低落，大败，被杀死三万多人。桓温率残兵到达谯郡，突然前秦的苟池、邓羌又杀将出来，桓温又损失万人。

十月二十二日，桓温率领仅剩的万余名残兵败将到达了山阳（今江苏淮安市）。

桓温的这次北伐是他的第三次北伐，也是最后一次。这次败仗，史称“枋头之战”。

桓温遇到了生平从未有过的大败仗，非常愤怒，为了转移朝廷众臣的焦点，他把这次战败的责任归咎于石门的水运通道没有打通，于是上书朝廷，要求把袁真贬为平民。袁真自然不认账，也上书喊冤，认为这是桓温诬陷自己。朝廷自然是听桓温的。袁真一气之下在寿春反晋，投降了前燕，并请求前燕派兵援助。

实事求是地分析，袁真没有打通石门通道，自然是要负责，桓温上书把他贬为平民也不算亏了他，认了就算了，以后还有机会复出。但袁真也是个急脾气，他竟然选择了投降前燕，人生就没有了归途。袁真是不是故意不打通石门通道？这个不好臆测。

秘书监孙盛写的《晋春秋》里，真实记载了桓温的枋头之败。桓温看到此书后暴怒，对孙盛的一个儿子说：“我在枋头确实失利了，但还不至于像你父亲说的那样，如果这部书流传出去，你要考虑你满门的安危！”

孙盛的儿子一听这可不得了，赶忙去找父亲孙盛，要他修改。当时孙盛年龄已经很大了，儿孙绕膝，但他有一身傲骨，当场拒绝了桓温的修改要求。孙盛的儿子们得到消息，全部跪倒在他面前，痛哭流涕，要求他以家族百余口的性命为重，修改对枋头之战的记录。孙盛被儿子们的行为气得胡子撅得老高，坚决不答应。儿子们没办法，就私下里对书进行了修改，但之前孙盛已经抄写了一部并送到境外。后来晋孝武帝收购天下奇书时，从辽东人手里够得此书，于是《晋春秋》就有了两种版本并存于世。

第一百六十六节　慕容垂投前秦

慕容垂战胜桓温，挽救了前燕，兴高采烈地率军返回邺城。经此一役，慕容垂在朝野上下的名望更高了，这引起了他的叔叔太傅慕容评的嫉恨。

得胜回来，自然得为属下请功，慕容垂上表说："将士们一往无前，舍生忘死，取得了空前胜利，应该论功行赏，特别是将军孙盖等人与敌人殊死搏斗，应该重奖。"还附上了立下军功的将士名单。

慕容评首先看到慕容垂的奏章，压着不往上递，慕容垂多次催促，他都置之不理，两个人甚至在朝堂上公开发生争执，彼此对对方都有了怨恨之心。我们前文讲过，皇太后可足浑一直讨厌慕容垂，此次，她也出言贬低慕容垂的战功。这些人在一起密谋，认为解决问题的最好办法是干掉慕容垂。

慕容恪的儿子慕容楷和慕容垂的舅舅兰建从小道消息知道了慕容评和皇太后的阴谋，他们告诉了慕容垂，并建议说："你应该先发制人。只要除掉慕容评和慕容臧，其他人就不足为患。"但慕容垂不肯，他说道："骨肉相残首先会使国家遭殃，我即使是死，也不忍那么做。"

不久，慕容楷和兰建又着急地过来找慕容垂，他们说："太后已经决定动手了，我们不得不早点动手！"慕容垂无奈地说道："如果我们之间已经不可弥合，我宁愿避开他们，其他的方案不予考虑。"

慕容垂外表装得很淡定，但内心也十分担心，只是不敢告诉孩子们，怕他们坐不住。他的长子慕容令看出来点什么，问道："您面有愁容，是不是因为主上年幼，太傅妒贤嫉能，您功高望重，越来越被猜忌？"

慕容垂回答道："儿子你说得有道理，就是这样。我殚精竭虑，冒着生命危险击败强敌，本来是为了保全国家，哪知功成之后反而没有了容身之所。你既然了解了事情原委，有什么主意吗？"

慕容令说道："我们不如逃到龙城，等待主上明察。如果主上幡然醒悟，我们再回来；如若不然，您可以内抚燕、代之地，对外则结交群夷，坚守肥如以内保，不得已而求其次。"

慕容垂连连点头，道："好，只得如此了！"

太和四年（369）十一月，慕容垂请求外出打猎。他换上便装，携带家眷随从一起出邺城，往龙城方向行去。到了邯郸后，出意外了：慕容垂的小儿子慕容麟素来不招慕容垂喜欢，他嫉恨父亲，快马跑回去告状。慕容垂的下属一看情况不对，也大都离他而去。

慕容评得到慕容麟的报告后，立即前去报告慕容暐，他们派西平公慕容强率精骑追赶，到范阳郡后赶上了慕容垂一行。慕容垂让儿子慕容令断后，慕容强不敢逼近，一直僵持到日头西沉。慕容令对慕容垂说道："现在计划泄露，去龙城已经不现实了，前秦正在招揽俊杰，不如前去投靠。"慕容垂叹口气道："如今我们还能去哪里呢？"

于是他让下属各奔前程，毁去行迹，沿着太行山又秘密返回了邺城，躲藏在显原陵（石虎的陵墓）。正在此时，突然有数百名骑着马打猎的人从四面奔来，原来是他们的猎物跑到这里来了。慕容垂眼看自己一行就要被发现，做好了战斗的准备，但吉人天相，猎人的猎鹰突然飞走了，猎人也就回马去追赶，一场危机就此化解。慕容垂认为是老天帮忙，便杀了白马祭天，和随行者对天盟誓，彼此间要不离不弃。

他儿子的马夫准备逃奔皇城，慕容垂杀掉他后西行。他们一行人到达河阳（今河南孟州市）后，被把守渡口的官员发觉，慕容垂杀死官吏，渡过黄河，到达洛阳。慕容垂和夫人段氏、儿子慕容令、慕容宝、慕容农、慕容隆、侄子慕容楷（慕容恪之子）、舅舅兰建、郎中令高弼全部前去投奔前秦，他的妃子小可足浑氏则被留在了邺城。

得知慕容垂到来，苻坚万分高兴，亲自出城相迎。他拉着慕容垂的手说道："像你我这样的天生俊杰，必须聚集在一起才能成就大事，这是天数。让我成就你的名声，岂不美哉！”

慕容垂施礼致谢道：“臣寄人篱下，能够免罪已是万幸，其他殊荣，实在不敢期望！”

苻坚也很欣赏慕容令和慕容楷的才能，对他们进行了重赏。

王猛冷眼旁观，事后向苻坚进言道：“慕容垂父子譬如龙虎，不是能够驯服得了的，如果来日风云变幻，他们将不受控制，应该尽早除掉。”

苻坚一摆手，说道：“爱卿此言差矣，我招揽英雄平定四海，正是用人之际，怎么能杀掉他们？我已经诚心接纳了他们，老百姓尚讲信义，何况是朕呢！”

苻坚任命慕容垂为冠军将军，封宾徒侯，任命慕容楷为积弩将军。

第一百六十七节　金刀之计

前文说到，晋攻前燕的时候，前燕向前秦求援，承诺把虎牢关以西土地划归前秦。晋被打败后，前秦索要土地，前燕却反悔了，还诡辩说："是使者词不达意。彼此国家有难，互相帮忙是理所应当，还谈什么土地？"

苻坚闻听大怒，他对群臣说道："燕出尔反尔，必须给他们个教训！以前我所忌惮的是慕容垂，现在慕容垂投靠了我，是发兵的时候了。"太和四年（369）十二月，他派王猛、梁成、邓羌率三万将士攻打洛阳。

王猛对慕容垂始终不放心，这次出兵之前，他心生一计，准备除掉慕容垂父子。

王猛向苻坚请求道："慕容令熟悉燕地情况，我想请他做向导，请陛下批准。"苻坚同意，任命慕容令为参军事。

第二天就要出发了，当天晚上，王猛来到慕容垂府上，前去拜会慕容垂，请教进攻方略。慕容垂急忙出门迎接，让下人做了好菜，又上了好酒，两个人边喝边聊，言谈甚欢。

快要起身告别了，王猛不紧不慢地对慕容垂说道："明天我就要远征了，先生送我点什么呢？好让我睹物思人。"

慕容垂一听很激动，就把随身佩戴的金刀解下来赠给王猛。

王猛给前燕把守洛阳的慕容筑写了封信，陈明利害，慕容筑竟然乖乖献城投降了。进入洛阳城后，他用重金贿赂慕容垂的亲信金熙，让金熙拿着慕容垂的金刀，传达慕容垂的话给慕容令说："王猛和苻坚对我们并不信任，如果我们继续待在这里，实在是生死难料。我听说主上和皇后开始后悔让我们走，他们互相埋怨，所以我决定返回祖国。现在我命金熙传达我的口令，我已经出发，你也伺机逃走。”

慕容令也不好糊弄，一整天都将信将疑，但古代通信手段不发达，无法马上求证。后来他心一横说：“走吧！”于是带领少数亲信骑兵出城，说要去郊外打猎，王猛自然应允。慕容令逃奔到石门，去投靠乐安王慕容臧。

王猛得报后大喜，立即向苻坚上表奏明此事。慕容垂得到消息后，携带家眷逃到了蓝田，但被骑兵追到抓获。

苻坚并没有治他的罪，反而安慰他道：“人各有志，父子兄弟罪不相及，你不用过分害怕！”

慕容评对慕容令的折返感到怀疑，因为慕容垂还待在前秦，并受到前秦的善待。他认为不能把慕容令留在京师，于是把慕容令派到距离龙城六百里的沙城戍边。

慕容臧进军荥阳，被王猛打败逃走。王猛命邓羌镇守洛阳，任命辅国司马桓寅为弘农太守，然后班师回朝。

苻坚任命王猛为司徒、录尚书事，封平阳郡侯。王猛坚决不接受，他说道：“如今天下未定，刚刚攻下一个城池就接受堪比三公的赏赐，如果平定天下，陛下又拿什么奖赏我呢？”苻坚微微一笑道：“朕就听你一次，彰显你的美德！职位还给你留着，封爵酬劳，你就收下吧。”

太和五年（370）四月，苻坚决心消灭前燕，命王猛率镇南将军杨安等十员大将、六万大军出兵伐前燕。出兵前，苻坚亲自到灞上给王猛饯行。

王猛分兵，派杨安攻打晋阳，他自己则带兵攻打壶关。

八月，慕容暐命慕容评作为主帅，统领全部将士共三十万人抗秦。

王猛顺利攻克壶关，活捉上党太守南安王慕容越。之后，他所经过的郡县全都望风而降，前燕举国震惊。

另一路，杨安率兵攻打晋阳，但晋阳兵多粮足，杨安久攻不下。王猛命屯骑校尉苟长守卫壶关，他亲自带兵协助杨安攻城。王猛命人挖掘地道，直通晋阳城内，然后让虎牙将军张蚝率数百敢死队队员潜入晋阳城中，杀死守卫士兵，打开城门，迎接秦军入城。

九月十日，王猛带队进入晋阳城，活捉了前燕并州刺史东海王慕容庄。慕容评被王猛吓破了胆，到潞川后不敢继续前行。

十月十日，经过修整，王猛命将军毛当守卫晋阳，然后亲自率军抵达潞川，与前燕军对峙。

十月二十一日，王猛派将军徐成前去侦察前燕阵营，限他中午回营，但日头落山徐成才回来，王猛大怒，要杀徐成。邓羌和徐成关系不错，向王猛求情道：“今贼众我寡，徐成是员大将，应该让他戴罪立功。”王猛怒道：“不杀徐成，军法不立。”邓羌继续求情道：“徐成论罪当斩，但他是我老乡，我愿意和他一起杀敌赎罪。”王猛还是不同意。

邓羌暴怒，回到营帐后擂动战鼓就要进攻王猛。王猛派人过来询问原因，邓羌回答道：“我们奉命讨伐远贼，却出现了近贼，我要先把他除掉！”

王猛哈哈大笑，派人告诉邓羌道：“将军罢兵吧，我现在就赦免徐成。”释放徐成后，邓羌向王猛请罪，王猛拉着他的手说道：“这是我在测试将军。将军对老乡尚且如此，况国家乎！我不再担心贼人不破了。”

慕容评认为王猛孤军深入，粮草难继，就想和王猛打持久战，于是坚守不出。但他为人十分贪婪，大敌当前还想着做生意敛财。他命令人们不准进山砍柴，不准进山取水，然后让自己的手下卖菜卖水，从中渔利，获利颇丰。前燕的将士们怨声载道，丧失斗志。

王猛听到汇报后哈哈大笑：“慕容评真奴才也！他就是有一亿人也不足虑，何况只有十万呢！”他派游击将军郭庆率领五千精骑兵，趁夜色掩护走小路袭击慕容评的后勤部队，烧毁辎重，火光冲天，在邺城都能望见。

慕容暐也得到了消息，对爷爷辈的慕容评十分恼怒，他派侍中兰伊训斥慕容评道：“你是国家顶梁柱，应该为宗庙和国家担忧，怎么反而去干贩柴卖水的勾当呢！国库里的财宝银两，朕与你共享，这可以了吧？如果敌人占领我们的国家，你家里再多的财产不还是会成了别人家的！”慕容暐命令他把赚来的钱全部分发给士兵，鼓励士兵英勇战斗，还督促他出战。慕容评受到训斥也感到害怕，遂派人向王猛下战书，约定在十月二十三日开战。

王猛就等着这一天了，他向全体参战将士训话道：“我王景略深受国家厚恩，身兼内外重任，今天和诸位深入贼境，当竭尽全力，誓死报效国家，共立大功！待我们得胜回朝后，就可接受封爵，在父母膝下承欢，那才是人生一大快事！”众将士一听，立即欢呼声雷动，他们争先恐后，破釜弃粮，冲向战场。

前燕的军队是前秦的数倍，王猛也深感担忧，他对猛将邓羌说道：“今天能否破敌，全赖将军，您就竭尽全力吧！”可邓羌竟在这个时候向王猛提起了条件，他说道：“如果日后您能让我担任司隶校尉之职，就不愁不能破敌。”

王猛一听，心想真有你的，这时候敢提这条件！他回答道：“司隶校尉我决定不了，不过我定会让你做安定太守，封万户侯。”邓羌摇摇头，连说不行不行，然后就走了。

很快，双方战事开始，王猛派人召唤邓羌，邓羌装作没听见，不来。王猛急了，骑快马来到邓羌营帐，对他喊道：“好，就任命你为司隶校尉，快去杀敌！”

邓羌一听哈哈大笑，大喊：“拿酒来！”他咕咚咕咚痛饮几杯，然后跨上战马，挥动长矛，大喝一声：“跟我来！”

邓羌和张蚝、徐成冲入敌阵，如入无人之境，转眼间就杀伤数百人。慕容评指挥无方，前燕军队节节败退，到中午时分，前燕军彻底失败，四散奔逃，被杀死的、被俘虏的有五万多人。前秦军随后追杀，前燕军又有十多万人被杀、被俘。

慕容评指挥打仗不行，逃跑倒是比谁都快，他一看不好，抛弃大军，调转马头就跑，单枪匹马逃回了邺城。

第一百六十八节　前秦灭前燕

王猛率领的前秦军队大败慕容评率领的前燕军队，王猛穿过滏口陉，直扑邺城。

太和五年（370）十月二十六日，王猛率军包围了前燕首府邺城，他向苻坚上书说：“臣在甲子之日（二十三日）取得大捷，为弘扬陛下仁爱之志，对百姓秋毫无犯。”苻坚看到王猛的信后大喜，他想亲眼见证攻取邺城的伟大时刻，就给王猛回信说：“将军出军不超过三个月，首恶就已被击败，您功盖古人。朕要亲率六军，即刻启程，火速前往，请将军修整军队，等朕到达后再取邺城。”

王猛军队纪律严明，老百姓没有受到侵扰，他们奔走相告：“今天仿佛又见到了太原王（慕容恪）！”王猛听到这些话后感慨道：“慕容恪真乃奇士也，有仁爱之风，令人尊敬！”于是命令用太牢来祭奠慕容恪。

十一月，苻坚让太子苻宏留守长安处理日常事务，命李威辅佐他，命阳平公苻融镇守洛阳，他自己亲率十万精兵赶赴邺城。

七天后苻坚到达安阳，他大摆宴席，宴请父亲苻洪时代的故旧。王猛秘密来到安阳面见苻坚，苻坚看到王猛，吃了一惊，说道：“周亚夫不出门迎汉文帝[①]，而将军抛下军队来见我，这是为什么？”王猛微微一笑道：“周亚夫为了求名，不迎接汉文帝，我不赞同。敌人垂死挣扎，如釜中抓鱼，不足为虑！但监国年幼（苻宏本年十五岁），陛下远行，万一京师发生不测，悔之晚矣！”虽然这样说，苻坚还是没有掉头

① 公元前158年，匈奴南下，周亚夫驻扎细柳营戒备。汉文帝刘恒前去劳军，周亚夫没有出营门迎接。

回去。

苻坚派邓羌进攻信都。十一月六日，宜都王慕容桓率领五千鲜卑部众逃奔到龙城。七日，夫馀国人质夫馀蔚带领本国和高句丽等国的人质，在夜晚打开邺城北门，迎接前秦军入城。邺城失守，慕容暐、慕容评、慕容臧、慕容渊、孟高、艾朗等也逃向龙城。

十一月十日，苻坚率军队进入邺城。

慕容垂也一同进了城。他见到前燕的各位旧同事，想到过去的种种不愉快，对他们怒目以视。高弼是慕容垂的心腹，他将这些看在眼里，向慕容垂建议道："今天虽然国家倾覆了，可谁知道是不是下一个兴旺事业的开始呢？我建议您对待故旧应该宽宏大量，包容他们，安慰他们，团结他们，让他们为您所用。"慕容垂闻听，点头道："言之有理。"

慕容暐逃出邺城的时候还有一千多个骑兵跟随，可等出了城他们就一哄而散了，只剩下十几个人。苻坚派游击将军郭庆率军追击，慕容暐等人一路躲避，艰难前行，因为衣服华丽，随身还携带着不少金银细软，他们吸引了盗匪的目光。在和强盗的斗争中，孟高和艾朗被杀，慕容暐也狼狈不堪，马匹都被抢走了，只好步行走路。

郭庆紧赶慢赶，终于在高阳郡（今河北高阳县旧城村）追上了慕容暐等人，他的部将巨武拿出绳子就要捆绑慕容暐，慕容暐厉声喝问："你是什么人，敢绑天子？！"巨武哈哈大笑道："你现在就是个贼寇，算什么狗屁天子！"巨武把慕容暐捆得结结实实，把他押到了苻坚面前。

苻坚见到慕容暐，上下打量这个亡国之君，质问他为什么不主动归降，而是选择逃跑。慕容暐苦笑一下，回答道："狐狸死了头也会向着自己出生的洞穴，我不过是想死在先人的坟墓旁罢了。"苻坚闻听，也感到一阵的悲凉，他下令释放了慕容暐，让他回到皇宫，率文武百官出来投降。

至此，五胡十六国之前燕灭亡，共立国三十四年，历任三位国君，分别为慕容皝、慕容儁和慕容暐。

慕容暐向苻坚介绍了孟高、艾朗的忠心，苻坚命人厚葬他们，提拔他们的儿子为郎中。

慕容评的逃跑功夫一向很高，慕容暐在逃跑路上被俘，他却成功逃到了龙城。可前秦的郭庆率军继续追击，一直追到龙城，慕容评只好又逃到高句丽。高句丽不想得罪强大的前秦，便逮捕了慕容评，然后把他送给了前秦。

同样逃往龙城的宜都王慕容桓杀死了镇东将军渤海王慕容亮，收编了他的部队。后慕容桓被郭庆的部将朱嶷杀死。

前燕各州州牧（刺史）、太守以及六夷首领全部向前秦投降，前秦共得到一百五十七郡，二百四十六万户，九百九十九万人。

苻坚灭燕后颁布大赦令，任命王猛为使持节、都督关东六州诸军事、车骑大将军、开府仪同三司、冀州牧，封清河郡侯，让他镇守邺城，并将慕容评原来的府邸包括金银财宝全部赏赐给他。

得到封赏的不只有王猛，苻坚还加赐杨安为博平县侯；邓羌为使持节、征虏将军、定安太守，加赐真定郡侯；郭庆为持节、都督幽州诸军事、幽州刺史，加赐襄城侯。其他将士也各有封赏。然后又把前燕后宫中的美女、珍宝赏赐给众位将士，大家有领到美女的，有得到珠宝的，有二者兼得的，都欢天喜地，高呼万岁。

苻坚任命韦钟为魏郡太守，彭豹为阳平郡太守，其他旧有的州牧（刺史）、太守、县令（长）全部留任。

太和五年（370）十二月，苻坚命人把慕容暐和众位王后、妃嫔、王公、文武百官和四万多户鲜卑人迁徙到长安。

苻坚也想到了离邺城不算远的枋头的父老乡亲，便率领众人到达了枋头（今河南浚县西南）。枋头一别，一晃也过去二十余年了，那些他记忆中的毛头小伙，如今也已生出白发。苻坚十分感慨，命人大摆宴席，宴请各位乡亲，并把枋头改名为“永昌”，永世免除枋头人民的赋税。

十二月十四日，苻坚回到长安，封慕容暐为新兴侯，任命慕容评为给事中，皇甫真为奉车都尉，李洪为驸马都尉，李邽为尚书，封衡为尚书郎，慕容德为张掖太守，平睿为宣威将军，悉罗腾为三署郎，其他前燕大臣也有各有任命。

第一百六十九节　桓温废帝

桓温把枋头之败看作是奇耻大辱，对袁真没有打通石门通道耿耿于怀，一直在寻找时机报复。

太和五年（370）二月二十八日，袁真去世。陈郡太守朱辅让袁真的儿子袁瑾接任袁真的职位，守卫寿春。

袁真是有一定军事才能的，他在世时，桓温对他有所忌惮，不敢轻举妄动，如今得到袁真去世的消息，桓温不再顾忌，亲率两万将士出兵讨伐袁瑾。八月十一日，桓温包围了寿春。当时的前燕派左卫将军孟高率兵救援寿春，但走到半路，听说前秦对前燕发动大战，只好又撤了回去。

桓温对寿春围而不打，一连几个月过去，寿春的军粮快要用尽，守城军士难以为继。太和六年（371）正月，前燕已经灭亡，袁瑾、朱辅又派人向前秦求救。苻坚派武卫将军王鉴、前将军张蚝率两万大军前去救援，但被桓温派出的淮南太守桓伊、南顿太守桓石虔（桓温的侄子）等在石桥打败，前秦军队只好后退至慎城（今安徽颍上县）。

正月十七日，桓温攻下了寿春，抓获了袁瑾及朱辅，把他们连同他们的宗族全部押送到建康诛杀，报了一“败”之仇。

这时候有手下来报，部将朱绰把袁真的墓挖开后，砍下了袁真尸身的头。桓温一听大怒，认为朱绰太过残忍，要把朱绰杀掉。朱绰的弟弟桓冲苦苦求情，桓温这才放了朱绰一条生路。

桓温久有异志，有时候他躺在床上思来想去，越想越激动，翻来覆去睡不着，就起身盘腿坐在床上，抱着枕头，喟然长叹："男子汉大丈夫如果不能流芳百世，也要遗臭万年！"桓温本想灭了前燕、收复中原后就接受九锡，为自己取代司马氏奠定基础，但枋头之败让他名誉大大受损，这让他万分苦恼。

夺取寿春后，桓温问郗超道："这下可以消除枋头之败带来的负面影响了吧？"桓温自己问的都没有底气——收复寿春怎么能和兵败枋头相提并论呢？果然，郗超斩钉截铁地回答说："这个真不能。"

过了一段时间，郗超到桓温府中住宿，和桓温彻夜深谈。夜已深了，郗超问桓温道："明公下一步有什么打算？"

桓温反问道："你想对我说什么？"

郗超回答道："明公身居高位，重任在肩，而今却以六十岁的年纪兵败枋头，想再发动一次大规模战争挽回声誉几无可能，如果再不做非常之事，就难以提高在朝野的分量了。"

桓温急切地问："说说你的具体想法？"

郗超回答道："您应该采取霍光（废皇帝刘贺）那样的举动，扶上一个新帝王。除此之外，我想不到您还能怎么在朝廷建立绝对权威。"

郗超的话正说到桓温的心坎上，和他不谋而合，桓温立即说道："你说得非常对，但主上（司马奕）为人一向谦虚谨慎，小心行事，遇事不随便拿主意，没有什么把柄可抓。"

郗超呵呵一笑，道："欲加之罪何患无辞，他虽然这方面没有问题，但可以从另一方面下手。我们可以在外面放风说皇帝患有不举之症，他的三个儿子都是他宠信的相龙、计好、朱灵宝和田美人、孟美人生的，司马家的基业就要改姓了。"

桓温一听，竖起了大拇指："还是你小子脑子转得快，这样一来我们就有了废黜他的理由了，就这么办！"

郗超的爷爷郗鉴乃晋室渡江后的开国元勋，父亲郗愔也对晋室忠心耿耿，现在郗家却出了郗超这么一个篡国者，实在令人唏嘘！

很快，京城中都在疯传一个消息：皇帝阳痿，现在的皇子们不是他亲生的。好事不出门，坏事传千里，这种事情传播的速度比什么都快，不多久朝臣们也都知道了。

太和六年（371）十一月十三日，桓温率军抵达京师建康。皇太后褚蒜子信佛，此时正在佛堂烧香，桓温过来拜见，要求她以谣言作为根据废黜司马奕，并建议由会稽王司马昱继承大位。桓温之前已经以皇太后褚蒜子的口气起草好了诏令，现在他把它递给了褚蒜子。

褚蒜子已经见证了晋室二十年来的风云变幻，也已经是一个心智成熟的政客了，面对如今的情况，她知道如果不答应的话，国家内部又要生乱。她走出佛堂，腿脚站立不稳，靠在门框上，随后接过奏章看了几眼，说："我也早就怀疑了。"她吩咐下人取来毛笔，在奏章末尾又写了上几句话："未亡人遭受种种忧虑，感念死去的和活着的人，心如刀割。"然后把诏令还给桓温。

桓温其实心里也没有底，他并不知道皇太后是否会真的批准，如果不批，那他将会和皇室撕破脸皮，因此他站在那里，头上也冒了汗，现在看到太后批准，他终于长出了一口气。

十一月十五日，桓温召集百官到朝堂议事，当众宣布了皇太后褚蒜子的诏令，文武百官顿时面面相觑，不知所措，继而议论纷纷，大殿内像炸开锅一样，因为晋从公元 300 年司马伦废黜惠帝司马衷以后，到现在从没有再发生过这样的事情。经历过当年那次废黜的人都死了，现在站在朝堂上的没有人知道下一步该怎么做。

桓温也是准备不足，对突发事情也感觉紧张。郗超没有资格上朝议事，桓温急得搓着手，直说："郗超在就好了！"

尚书左仆射王彪之意识到现在是弓在弦上不能不发，对桓温说道："前朝有例子，照着做就可以了，拿《汉书》来。"

有人取来《汉书》，王彪之照着《霍光传》里所讲制定了议程，然后由他主持进行。于是，桓温废黜废帝司马奕为东海王，让担任丞相、录尚书事的会稽王司马昱（本年五十二岁，司马睿最小的儿子）继承皇位，然后派人去王府迎接司马昱登基。司马昱含泪登上宝座，史称简文帝。

太宰武陵王司马晞（司马昱的四哥）对军事颇为在行，桓温对他也很忌惮，所以以勾结袁真的名义，让司马昱免了司马晞的职，司马昱不得不同意。

著作郎殷涓是殷浩的儿子。殷浩去世，桓温派人去悼念，因为殷浩是被桓温罢官的，殷涓不和来人说话，事后也不去向桓温当面表示感谢，反而和司马晞一起出去游玩，桓温因此怀恨在心。广州刺史庾蕴（庾冰之子，庾亮的侄子）也和桓温有冤仇。殷涓、庾蕴身后都是大家族，桓温决定把他们的家族也连根除掉。

想要除掉一个家族，理由很好找也很简单，就是告发他们密谋叛乱，于是殷家、庾家都因为这个原因被灭族。因为庾蕴的哥哥庾友的儿媳妇是桓温的弟弟桓豁的女儿，所以桓温赦免他全家。庾希得到消息逃走，但最后还是被桓温派人找到杀死了。

桓温又命人杀掉了被废为东海王的司马奕的三个儿子和他们的母亲，之后还想杀司马晞，但司马昱坚决不同意，他亲自写了一封信，语气婉转地说："如果晋的国祚还能够延长，请您听我的；如果大运已去，我愿意为贤者让路。"桓温收到信后，看到简文帝态度很坚决，也就让步了。

桓温谢绝了简文帝的挽留，回到了他的大本营姑孰。

十二月，桓温上奏，建议封司马奕为海西县侯，褚太后出面，封司马奕为海西县公。

第一百七十节　司马曜登基

简文帝司马昱是个帅哥，也是个名士，喜欢读书，专心典籍，虽然为人通达，但无经世伟略。他现在虽然是坐在了皇帝的宝座上，但感觉如坐针毡，忧心忡忡，因为这个位置随时可能被桓温夺走。

咸安元年（371）十二月二十七日晚，天上的星星有异动，司马昱看到后十分不高兴。这天正好是中书侍郎郗超值夜班，他是桓温的大红人，司马昱就试探性地问他道："生命的长短我并不在乎，只是近日发生的事情会不会再发生？"

郗超明白司马昱的意思，他回答道："大司马桓温正在巩固社稷江山，准备再伐贼寇，收复失地。我用全家百余口的性命担保，非常之事不会再发生了。"

司马昱听了，才感觉稍稍安定。

之后，郗超请假回家看望父亲郗愔，司马昱让他带话给郗愔："请转告令尊，家国之事，今天竟到了如此田地，我不能以法规制度来匡卫，羞愧、自责之心，不是用言语能够表达的。"说着说着，司马昱吟诵起庾阐（庾亮的同族）的诗，道："壮士痛朝危，忠臣哀主辱。"吟诵完，司马昱已经泪湿衣襟。

因为郗超和桓温关系紧密，朝廷文武百官对他也是又敬又怕。侍中谢安曾经与左卫将军王坦之一起去拜访郗超，郗超故意冷落他们，太阳都落山了还是没有接见。王坦之不耐烦了，起身想走，谢安对他说道："你不能为了保住性命再多待一会吗？"王坦之这才止步不走了。

咸安二年（372）三月二十五日，司马昱派王坦之到姑孰征召桓温入朝辅政，桓温拒绝前往。

七月二十三日，司马昱感觉身体非常不舒服，紧急征召桓温入京，诏书上说："我已经病入膏肓，请足下即刻入京，希望能见上一面，快来，快来！"一日一夜竟然连发四道诏书，但桓温依旧坚决推辞不肯来京，因为他一生谨慎，感觉只有待在自己的地盘上才是最安全的。

当年简文帝司马昱还是会稽王的时候，王妃王氏生了下长子司马道生和司马俞生，但后来司马道生不学无术，粗暴无礼，母子皆被囚禁致死。司马昱的妻妾还给他生了三个儿子，但全都夭折了。接下来的十年，司马昱的各位王妃、姬妾都没有怀孕。

司马昱相当着急，找来占卜师扈谦占卜。扈谦说徐贵人能生男孩，后来徐贵人果然给司马昱生下了个孩子，但不是男孩，是个女孩，不过司马昱仍然很高兴，毕竟是生了。

他又找了个相面师傅来家里相面，让王宫里包括婢女在内的女人们集合，让相面师傅过目。一个又一个的美女从相面师傅面前走过，他一直摇头。一会儿，一个个子高高、皮肤黝黑的女子来到相面师傅面前，相面师傅顿时睁大了眼睛，兴奋地说："就是她了！"

司马昱不认识她，问身边人："这个丑女子叫什么名字？"有人告诉她，她叫李陵容，是纺织作坊的女工，被称作"昆仑"（马来人的意思）。

当天晚上，司马昱就和李陵容有了床第之欢。李陵容几次梦见有两条龙枕在自己膝上，还有日月投入怀中，她意识到这是吉兆，就说给司马昱听，司马昱非常高兴，对李陵容也更加宠爱。后来，李陵容果然给司马昱生下了两个儿子，司马曜及司马道子。

现在，司马昱预感自己时日无多，就在七月二十八日下诏封十一岁的司马曜为太子，封司马道子为琅琊王，兼领会稽国。然后又下遗诏，遗诏上说："桓温应依据周公摄政的例子摄政。"并说："少子可辅者辅之，如不可，君自取之。"

王坦之手捧诏书，在司马昱面前撕得粉碎。司马昱无奈："这个天下是我意外得到的，今天不过是还给桓温，你有什么不满意的？"

王坦之气愤地说道："天下是宣帝、元帝的天下，陛下怎么能自作主张，拱手让给别人！”

司马昱恍然大悟，立即命王坦之修改诏书，说：“家国大事，要禀告大司马（桓温）后行事，像诸葛亮、王导辅政时一样。”

咸安二年（372）七月二十八日，简文帝司马昱驾崩，年五十三岁。

当时朝廷中很多大臣都是桓温同党，他们不接受司马昱立的继承人，要求让桓温来处理此事。尚书仆射王彪之声色俱厉地说：“天子驾崩，太子当立，就算是大司马也不会有异议！如果向他请示后再定夺，你们一定会受到他的责备。”

就这样，年仅十一岁的司马曜继皇帝位，史称孝武帝。

桓温本来是希望司马昱把皇位禅让给自己，如果不禅让，起码也得让他做摄政王，现在愿望都落空了，他非常愤怒。桓温怀疑这事是王坦之、谢安在幕后策划的，对他们怀恨在心。

朝廷再下诏令让桓温入朝辅政，桓温继续拒绝。

第一百七十一节　桓温去世

司马曜登基为帝后下诏说："大司马（桓温）是江山社稷的依靠，先帝把家国托付给大司马，内外诸多事务都要由大司马定夺后施行。"他派谢安亲自前去征召桓温入朝辅政，并给桓温加前部羽葆①鼓吹（仪仗队）和虎贲卫士六十人，桓温拒不接受。司马曜又再三下诏，并派大臣过来征召，桓温再也不能置之不理了。

宁康元年（373）二月，桓温率军从姑孰动身前往京师建康面圣。二月二十四日，司马曜命谢安和王坦之前往新亭（建康城西）迎接。

这时候，建康城内议论纷纷，人心浮动，大家谈论最多的，就是桓温要杀死和他作对的谢安和王坦之，夺取政权。王坦之对谣言信以为真，内心十分恐惧，但谢安神情从容淡定。他也看出王坦之的紧张，对他说道："朝廷的存亡，就看我们此行了。"

桓温威风凛凛地率领大队人马而来，只见他的队伍旌旗招展，铠甲耀眼。部队行到建康城外，文武百官都被镇住了，纷纷叩拜迎接。桓温在城外设帐，并在大帐外部署重兵守卫，接见朝廷百官。面对如此阵势，这些见惯场面的要员们也诚惶诚恐，不敢多说一句话，生怕言语有失，性命不保。用"惊心动魄"来形容当时的场面也不过分。

王坦之这时候已经热汗直淌，湿透衣襟，他浑身抖若筛糠，上朝时拿的笏板都拿反了，十分的失态，但谢安仍然四平八稳地站着——在之前与江中大风浪的搏斗中，就能看出他泰山崩于前而色不改的性格。

---

① 羽葆，帝王仪仗中以鸟羽联缀为饰的华盖。

落座以后，谢安拱手施礼，对桓温说：“谢安听说诸侯有道，派兵守卫四邻，防止外敌入侵，明公无须在幕后埋伏人马啊！”

桓温呵呵一笑，说道：“我是不得不这样做啊。”然后吩咐左右把埋伏在一旁的人马撤走。桓温本身比较欣赏谢安，两个人都是名士，善于清谈，口才都比较好，他们谈笑风生，聊了好一会儿。

此时郗超正应桓温的要求在隔帘后偷听，突然一阵风掀开了隔帘，谢安看到了隐藏着的郗超，哈哈一笑，说道：“景兴（郗超的字）先生可谓是入幕之宾啊。”成语“入幕之宾”的出处也就在此。

进入建康，桓温前去参拜司马昱的陵墓。叩拜的时候，他嘴里一直在嘟囔着“臣不敢，臣不敢”，左右随从都觉得有些怪异，但也不敢问。登上车以后，桓温对左右随从说：“先帝显灵了。”但也不说究竟是怎么个显灵法，大家都摸不着头脑。

天不遂人愿，桓温来建康不久就生病了。他在建康停留了十四天，于三月七日返回姑孰，不想回到姑孰后病情更加严重。时间紧迫，桓温委婉地向朝廷提出应该给自己加九锡，并且多次派人追问进展。

谢安和王坦之得知桓温病重，心中暗喜，开始借故拖延下达加九锡的诏令。他们命袁宏起草给桓温加九锡的诏令，袁宏起草好后让王彪之过目，王彪之大加赞赏，但到了谢安那里，谢安吹毛求疵，删删改改，一连改了数稿，十几天过去了，袁宏的稿子还是没有过关，这让袁宏很是紧张，也对自己的文采产生了怀疑。他去找王彪之商量，王彪之说道：“听说那个老家伙命不久矣，可以再拖一下。”

桓家人也开始谋划后路。桓温的弟弟江州刺史桓冲询问病榻上的桓温道：“日后该怎么安排谢安和王坦之？”桓温苦笑一声，道：“他们不会听由你来安排的。”

宁康元年（373）七月十四日，桓温病逝，终年六十二岁，朝廷依照当初安葬霍光的礼仪安葬了他，追赠他为丞相。桓温生前干了不少事，但他复杂的性格让后人对他的评价莫衷一是。

在桓温篡权的过程中，陈郡谢家（谢安的家族）、琅琊王家（王彪之的家族）、太原王家（王坦之的家族）等世家联起手来，为保卫国家，更是为保护自身家族的利益，明里暗里同桓温做斗争，终于取得了最后的胜利。

桓温弟兄共五个，除他之外分别为桓云、桓豁、桓秘、桓冲；他还有六个儿子，分别是桓熙、桓济、桓歆、桓祎、桓伟、桓玄。长子桓熙才干不足，桓温就让弟弟桓冲在自己百年以后接管部队。桓熙很不服气，就和叔叔桓秘谋划准备杀死桓冲，但计划失败，他们两人连同参与此事的桓济一起被贬到了长沙。桓冲让五岁的桓玄继承了桓温南郡公的爵位。

七月二十五日，朝廷任命荆州刺史桓豁为征西将军，兼督荆、扬、雍、交、广五州诸军事；桓冲任中军将军，兼都督扬、豫、江三州诸军事和扬、豫二州刺史，镇守姑孰；桓豁的儿子，时任竟陵太守的桓石秀则被任命为宁远将军、江州刺史，镇守寻阳。

桓冲为人忠厚，尽力辅佐晋室。有人劝他杀死谢安、王坦之等人，自己掌权，但桓冲没有听从。对于生杀大事，他都是先请示朝廷然后再执行。不过毕竟有前车之鉴，朝臣不敢完全信任他。谢安为了抗衡桓冲，提出因为太子年幼（年十二），由皇太后褚蒜子临朝听政，这项提议也赢得了绝大多数文武官员的支持。

八月，褚蒜子再次临朝听政。

第一百七十二节　王猛去世

王猛按照和邓羌之前的约定，向苻坚请求任命邓羌为司隶校尉。苻坚说道：“司隶校尉负责治理京畿，工作繁重，不是可以封赏名将的好岗位。当年汉光武帝不把政务繁重的岗位交付给功臣，是要优待他们。邓羌有廉颇、李牧之才，朕要把征伐的大事交给他，让他北平匈奴、南扫扬越，司隶校尉这个岗位不足以让他施展才能。现在朕任命邓羌为镇军将军，位特进。”

王猛出任都督六州诸军事，事务繁多，责任重大，他精力不济，向苻坚上书请求选派贤能人士来任此职，接替他的工作，他自己则只想镇守一个州。

苻坚下诏给王猛，诏书中说：“朕和卿，从名分上讲是君臣，实际上彼此已有超越骨肉亲情的情感，我们的情谊就像齐桓公之于管仲、昭王之于乐毅、刘备之于孔明。君王苦于求才，求到以后才会过得安逸惬意，朕既然把六个州的重任交给你负责，那么我就没有东顾之忧了，可以舒服地过过日子。打江山难，守江山更难，如所托非人，发生祸患，不但要使朕忧心，也是卿的责任，所以我宁愿让三公的位置空着，也得以东边的国土为重。卿不明白我的心意，让朕有点小失望了，等东边稳定下来以后，我再让你穿衮服（暗指封王）西归。”

王猛不再多言，只好夜以继日地处理六州事务。

咸安二年（372）六月十二日，苻坚任命王猛为丞相、中书监、尚书令、太子太傅、司隶校尉，其特进、持节、常侍、车骑大将军、清河郡侯的官位、爵位照旧，然后任命阳平公苻融为使持节、都督六州诸军事、镇东大将军、冀州牧，接替王猛。王猛辞让，苻坚不准。

八月，王猛到达长安。他上殿拜见苻坚，苻坚又让他兼都督中外诸军事，王猛赶忙推辞道：“臣集文武职务于一身，事必躬亲，就是像伊尹、姜太公、萧何、邓禹那样的先贤，也没有兼任过这么多职务，何况是我这样的不肖之臣呢！”他又上表推辞了三四次，但苻坚坚决不肯收回任命，他对王猛说：“朕正要一统四海，除了卿，没有人可以担此重任，卿不能辞宰相，正如我不能辞皇位一样。”

王猛身为前秦宰相，统率百官，可以说是一人之下万人之上，是前秦朝廷中的中流砥柱，苻坚万事都依仗他，并且常告诫太子苻宏和长乐公苻丕等人说：“你们要像侍奉我一向侍奉王公。”王猛虽身兼数任，但兢兢业业从不松懈，而且为人公正，清正廉洁，疾恶如仇，善恶分明。他罢免素位尸餐者，注重提拔被埋没的贤才，鼓励农耕和种桑养蚕，加强军备，推崇儒学。在他的治理下，前秦海晏河清，蒸蒸日上。

广平郡（今河北鸡泽县）人麻思在关中任职，他的母亲在老家去世了，他请求返回冀州守丧。王猛对麻思说：“你可以立即收拾行装上路，我今天就给你发通关文书。”等麻思行到关隘准备出关的时候，各郡县已经收到通关文牒了——王猛的办事效率就是如此之高。

宁康三年（375）六月，五十一岁的王猛一病不起。苻坚心急如焚，亲自到南北郊、宗庙和供奉社稷之神的地方为王猛祈祷，又派大臣分别到黄河、华山祈求河神、山神的保佑。待王猛病情稍微转轻，苻坚立即赦免了死刑犯以下罪犯为他祈福。

七月，王猛病情转重，苻坚亲自到王猛病榻前探视，并向他咨询后事。王猛说道：“晋朝虽然处于偏僻荒凉的古吴、越之地，但他们是正统的延续，而且目前朝野上下和睦，团结一心。臣死之后，请陛下不要图谋灭晋。鲜卑、羌虏是我们的仇人，最终会成为我们的祸患，应该逐渐把他们铲除，安定社稷。”言毕，王猛就合上了双眼，再没醒来。

苻坚悲痛欲绝，亲手把王猛的尸体放入棺材，下令依照汉朝时埋葬霍光的规格安葬他。王猛出殡时，苻坚前往哭吊三次。前秦朝野上下无不悲痛，人们也聚集在街巷中大哭三天。

苻坚悲痛地对太子苻宏说：“老天莫非是不想让我统一四海？为何这么快就夺走我的景略（王猛的字）呢？”说罢又泣不成声。

王猛后来被供奉在唐朝和宋朝的武庙中。

第一百七十三节　前秦灭前凉

自从永和三年（347）前凉军师将军谢艾勇破后赵之后，前凉过了几年安稳的日子。前凉王张重华对谢艾信任有加，这引起了一些权贵的嫉妒，他们找碴让张重华把谢艾调任为酒泉郡太守。

永和九年（353）张重华病重，下诏让谢艾回京辅政，但他的堂兄张祚收起了诏书，拒不宣布。当年十一月，张重华去世，世子张曜灵继位，张祚辅政。后张祚和马太后勾结，废黜了张曜灵，杀死了谢艾，自己登上王位。

张祚之前就和马太后通奸，称王后更是荒淫无度，而且他为人残暴，君王的位置也得来的名不正言不顺，致使前凉上下离心。

河州刺史张瓘手握重兵，张祚对他不放心，派兵袭击，结果兵败，张瓘和骁骑将军宋混及宋混的哥哥宋修杀向京师姑藏。张祚为绝后患，派人残忍地杀死了张曜灵。

张瓘和宋混率军进入姑藏，张祚在混战中被杀死，宋混拥立张重华的幼子张玄靓为王。迫于前秦的强大压力，张瓘代表前凉向前秦称臣。

但张瓘也不是个好人，他为人凶狠，任人唯亲，而宋混性情耿直，在很多问题上和他分歧严重。渐渐地，他们两人之间产生了尖锐的矛盾，宋混起兵杀死了张瓘，自己辅政。升平五年（361）宋混去世，他的弟弟宋澄继承了哥哥的权力，成为辅政大臣。

五个月后，右司马张邕发兵杀死宋澄，并灭了宋澄三族。张玄靓任命张邕为中护军，任命叔叔张天锡为中领军，让他们共同辅政。不久张天锡又发动兵变，杀了张邕全族，自己专政。

兴宁二年（363）八月，张天锡发动政变，杀死侄儿张玄靓，自己称王。他拒绝再做前秦的附属国，派人告知前秦，要断绝两国关系。

前秦灭了前燕后，张天锡感觉到压力山大，因为前秦的下一个目标很可能就是前凉，于是他派人送信给晋朝，希望晋能派兵支援。

太元元年（376）七月，苻坚派使持节、武卫将军苟苌和左将军毛盛、中书令梁熙、步兵校尉姚苌等统率十三万人马，向前凉挺进。张天锡派龙骧将军马建率领两万兵马抵抗前秦。

八月，梁熙、姚苌等从清石津（今甘肃兰州市西北）渡过黄河，攻打前凉河会城，守城的骁烈将军梁济出城投降。八月十七日，苟苌从石城津（今甘肃兰州市北）渡河，与梁熙会师，夺取了缠缩城（今甘肃永登县境内）。前凉龙骧将军马建摄于前秦的强大攻势，退守清塞。

张天锡派征东将军常据率领三万兵马据守洪池，他自己则亲自统领仅剩的五万兵马驻扎金昌城。

苟苌命姚苌率领三千精兵作为前锋继续前进。八月二十三日，马建突然率领一万人马向苟苌投降，他手下的其余人也四散逃命。八月二十四日，苟苌与常据大战洪池，常据不敌，连战马都被乱箭射死，属下把自己的马让给他让他逃走，常据拒绝，选择了自刎。八月二十六日，前秦军进入清塞，张天锡派司兵赵充哲出战，不敌，凉军被俘、被杀三万八千人，赵充哲阵亡。张天锡看大事不妙，和数千骑兵逃回姑臧。八月二十七日，前秦的军队抵达姑臧城下。

眼看城池要被前秦攻破，与其那样，不如主动投降，说不定还能保住一命，于是张天锡命人绑上他的双手，乘坐白马拉的车子，拉上棺材出城投降。苟苌亲自为他松绑，并烧了棺材，只是把他押送回长安。前凉的各州郡县也全部投降了前秦。

至此，前凉正式灭亡，立国五十七年，是五胡十六国中立国时间最长的。不过需要言明的是，这是个汉人建立的政权，将它归入“五胡十六国”并不贴切，我们也只是沿用了这个习惯性的称呼。前凉共历七位国君，分别为张茂、张骏、张重华、张曜灵、张祚、张玄靓和张天锡。

九月，苻坚任命梁熙为凉州刺史，镇守姑臧，并命人将凉州的大族和豪门中人共七千多户迁徙到了关中。

苻坚任命张天锡为北部尚书，封归义侯，对前凉的其他官员也都量才予以任用。当初军队刚出发的时候，苻坚就命人为张天锡修建府邸，这时候府邸也修好了，苻坚就让张天锡住在了那里。

晋朝的桓冲得到前秦攻打前凉的消息，派兖州刺史朱序、江州刺史桓石秀、荆州督护桓罴、豫州刺史桓伊、淮南太守刘波前去支援。听说前凉被灭后，桓冲下令立即撤兵，让他们各归各位。

第一百七十四节　前秦灭代国

当年，匈奴部落酋长刘虎投降了代王拓跋什翼犍。刘虎死后，他的儿子刘务桓继酋长位，拓跋什翼犍还把女儿嫁给他为妻。刘务桓去世后，他的弟弟刘阏（yān）头继酋长位。

刘阏头对人刻薄寡恩，领导无方，部下很多人都不服他，不断逃离。有天趁着黄河结冰，刘阏头想向东转移，便率部族渡河，不想渡河渡到一半的时候冰开始融化，走在前面过了河的，跟随刘阏头投奔代国的首府盛乐（今内蒙古和林格尔县）而去，落在后面的就归降了刘务桓的儿子刘悉勿祈。刘悉勿祈去世后，他的弟弟刘卫辰杀掉了刘悉勿祈的儿子，自己继位为酋长，拓跋什翼犍把另一个女儿嫁给刘卫辰为妻。

之前刘卫辰投降了前秦，后背叛前秦投降代国，这次他竟然又背叛了代国，拓跋什翼犍大怒，率兵把刘卫辰打跑了。刘卫辰第二次投降了前秦，前秦把他安置在朔方（今河套地区）。

慑于前秦的实力，太和四年（366），拓跋什翼犍也开始向前秦进贡。

太和六年（371）春，代国将领拔拔斤意图谋反，找机会拿刀刺杀拓跋什翼犍。世子拓跋寔眼尖，挺身而出，用身体保护了父亲拓跋什翼犍，自己被刺中胸部。反应过来的卫士一拥而上，把拔拔斤团团围住，将他剁成肉泥。不久，拓跋寔伤重不治病逝。

拓跋寔的妻子为东部大人、贺兰部落酋长贺野干的女儿，拓跋寔去世的时候她已经怀有身孕。七月七日，贺氏生下一个男孩，拓跋什翼犍非常高兴，给孩子起名叫拓跋珪（字涉珪），并为此大赦囚犯。

前秦灭了前燕，国力愈发强盛，拓跋什翼犍再派使臣前去进贡。

拓跋什翼犍派兵攻打刘卫辰，刘卫辰不敌，向南逃窜。刘卫辰派人向前秦求救，这正中苻坚下怀，他一直想要找机会消灭代国，一统北方。

太元元年（376）十月，苻坚命幽州刺史行唐公苻洛（苻菁的弟弟）为北讨大都督，率领幽州、冀州的十万大军进攻代国；又命并州刺史俱难、镇军将军邓羌、尚书赵迁、李柔、前将军朱肜、前禁将军张蚝、右禁将军郭庆率领二十万大军，分别由和龙城和上郡（今陕西榆林市）出发，与苻洛会师，刘卫辰为向导。

前秦精锐尽出，拓跋什翼犍派出去的白部落、独孤部落和南部大人刘库仁等都大败而回，拓跋什翼犍气急患病，率领众逃到阴山北。但在那里受到北方的丁零等部落的袭扰，拓跋什翼犍只好率众回到漠南。十二月，拓跋什翼犍又回到云中（今内蒙古托克托县）。

当年，拓跋孤谢绝众人的拥戴，坚决从后赵迎回哥哥拓跋什翼犍，让他继代王位，拓跋孤的儿子拓跋斤对此却心怀不满，一直寻找机会想要叛乱。

拓跋什翼犍的世子拓跋寔因救他而死，世子之位空缺，而这个时候慕容王妃生的儿子拓跋阏婆、拓跋寿鸠、拓跋纥根、拓跋地干、拓跋力真、拓跋窟咄都已经长大。因为前秦军队还在不远处驻扎，他们都全副武装，在父亲营帐周围巡逻，保卫父亲。

拓跋斤觉得这是个可以利用的机会，就到拓跋什翼犍的庶长子拓跋寔君那里，对他说道："君王准备立慕容王妃的儿子为世子，因为你年长，是个隐患，所以他们准备先杀掉你。现在他们戎装在身，就是在等待时机。"

拓跋寔君一听大怒道："与其这样，不如先下手为强！"于是率军杀死了慕容王妃生的所有儿子，后来干脆牙一咬，把拓跋什翼犍也杀死了，代国内部顿时大乱，人们都四散奔逃，各奔前程。慕容王妃的儿媳和部属全跑去投降了前秦，世子妃贺氏则带着六岁的拓跋珪前去投奔弟弟贺讷所在的贺兰部落。

前秦的李柔、张蚝发兵夺取了云中，拓跋寔君和拓跋斤被抓，押到长安，苻坚下令车裂了他们。苻坚准备把拓跋珪接到长安，代国长史燕凤一再请求道："代王刚去世，部下四散奔逃，他的孙儿拓跋珪年幼，还没有领导能力，不足为惧。反倒是别部大人刘库仁勇猛且有智谋，铁弗部酋长刘卫辰狡猾又多变，不能把原代国部属交给他们统领。最好的办法是把这些人一分二，让他们分别统领。这两个人素有仇怨，实力又旗鼓相当，谁也不敢先发兵攻击对方，一定能保持平衡。等到拓跋珪长大，再把部属交给他统领，他必感激陛下，永世称臣。这是安定边疆的良策。”

苻坚听了连连点头，认为燕凤说得对，果然把原代国的部属分为两部分，黄河以东交给刘库仁，黄河以西交给刘卫辰，授予他们官职，让他们分别统领。

贺氏部落将贺氏和拓跋珪送到独孤部落，后这对母子与南部大人长孙嵩、元佗等一起投靠了刘库仁。

前秦先后灭了前燕、前凉和代国，版图面积进一步扩张，国家实力空前强大。但前秦新扩张的这些国土是因为偶然因素拼凑起来的，不完全是靠强大的武力征服来的，它们与前秦朝廷之间只能算是不牢固的军事行政联合体，这种联合体一旦遇到危机，很快就会土崩瓦解。

拾肆 前秦的覆灭

第一百七十五节　组建北府兵

桓温去世后，晋廷任命谢安为尚书仆射，领吏部，加后将军，和王坦之共同辅佐朝政，后王坦之到地方上担任徐、兖二州刺史，镇守广陵，朝廷便下诏命谢安总管中书事。不久，朝廷晋升谢安为中书监、骠骑将军、录尚书事，谢安推辞军衔。

谢安尽心辅佐朝政，他为人性格温和，推行德政，任用文武大臣时从不吹毛求疵，而是看重此人的大义。朝臣们都将谢安和王导相提并论，并且认为谢安比王导更为文雅。

现在前秦统一了北方，下一个作战目标就是江南了，谢安看得很明白，下令让淮河以北的老百姓南移。

太元二年（377）八月，朝廷晋升谢安为司徒，谢安再次推辞，朝廷又任命谢安为侍中，兼都督扬、豫、徐、兖、青五州诸军事（此时王坦之已经去世）。

八月二十五日，征西大将军、荆州刺史桓豁去世。十月，朝廷任命桓冲为都督江、荆、梁、益、宁、交、广七州诸军事，兼荆州刺史，任命桓冲的儿子桓嗣为江州刺史。直到这时，重镇荆州还牢牢掌握在桓家人手里。

朝廷任命五兵尚书王蕴为都督江南诸军事，兼徐州刺史。王蕴是司马曜的皇后王法慧的父亲，为人性情平和，他认为自己是沾了皇亲国戚身份的光才受到重用，因此推辞不接受徐州刺史的职务。谢安劝王蕴道："您是皇后的父亲，地位尊崇，不应妄自菲薄，辜负了皇帝的恩遇。"王蕴这才前去赴任。

朝廷又任命征西司马、南郡相谢玄为兖州刺史，兼广陵相，监长江以北诸军事。谢玄是我国历史上著名的军事将领，这里对他做一介绍。

谢玄，字幼度，是谢安大哥谢奕的儿子，出生于建元元年（343），他自幼聪明，很受叔父谢安的器重。谢玄有个著名的才女姐姐叫谢道韫，我们以后还要讲到她。少年时的谢玄喜欢佩戴紫萝香囊，谢安对此感到忧虑，担心谢玄会玩物丧志，但又不想直接让他取下来，因为这样有伤谢玄的自尊心，于是就和谢玄打赌，谢玄赌输了，谢安就把他的香囊取下来烧掉了。谢玄明白了叔叔的良苦用心，从此也就不再佩戴紫萝香囊。

这对叔侄间的趣闻不止一件。有一次，谢安和谢家的子侄们聊天，问道："为什么人们总希望自己家的子弟比别人家的优秀？"大家都沉默不说话，只有谢玄回答道："这就譬如有一颗芝兰玉树，人们总会想让它生在自家的庭院里。"谢安闻听，称赞道："回答得好！"

某年夏日里的一个早上，谢玄还没有起床，谢安突然过来了，谢玄光着脚，顺手扯了件衣服披在身上就迎了出去，到了屋里才穿上鞋，谢安瞧见哈哈大笑道："你这可谓是前倨而后恭。"

谢玄博览群书，尤其熟读兵法。长大后，他身怀治国良策，但任凭朝廷多次征召都没有去赴任。后来谢玄被桓温聘为掾，之后又任桓豁的司马。

前秦统一北方，兵强马壮，对晋构成巨大威胁，朝廷公开征召能够镇守北境的文武良将，谢安举贤不避亲，推荐了侄子谢玄。

当时这项任用受到了一些非议，因为此时的谢玄才三十出头，人们都担心他能否胜任，不过有眼光的人也不只谢安一个。

郗超和谢家素有仇怨，但听到这次的任命后，他也感慨地说："谢安推举谢玄是英明之举，谢玄必将不负所托，定能完成使命。"众人都问他为什么这么说，郗超答："我曾经与谢玄同在桓公（桓温）府上共事，见他处理事情井井有条，即使再小的事情也能处理得非常得当，从这些事可以看出，他一定能破敌建功。"

谢玄到任以后立即贴出告示，招募勇士入伍。京口（今江苏镇江市）是北方流民聚集之地，民风彪悍，不久就有刘牢之、何谦、诸葛侃、高衡、刘轨、田洛、孙无终等勇士前来应征。

刘牢之，字道坚，彭城（今江苏徐州市）人士，他的曾祖刘义精于射箭，曾经任北地郡、雁门郡太守，他的父亲刘建也有一定的军事才能，为晋征虏将军。刘牢之脸色异于常人，呈紫赤色，胡须和双目也长得和普通人不一样，让人一看就记忆深刻。他不但勇猛，而且沉着刚毅，足智多谋，这些优点集中到一个人身上，是十分难得的。

谢玄得到这些勇士后大喜，任命刘牢之为参军，之后刘牢之屡为先锋，战无不胜，攻无不克。谢玄组织起的这支军队被称为“北府兵”[①]。

① 京口在建康的北边，因此被称为北府。

第一百七十六节 前秦占襄阳

桓豁上表请求任命兖州刺史朱序为梁州刺史，镇守襄阳。

太元三年（378）四月，苻坚命征南大将军、都督征讨诸军事、守尚书令、长乐公苻丕和武卫将军苟苌、尚书慕容暐一起，率领七万步、骑兵进犯襄阳——慕容暐过去是皇帝，现在却成了苻坚的马前卒，不过所谓胜王败寇，能保住命已经算很不错了，上前线自然也不是问题。然后苻坚命荆州刺史扬安为前锋；征虏将军石越率领一万精骑出鲁阳关南下；京兆尹慕容垂、扬武将军姚苌率军五万出南乡南下；领军将军苟池、右将军毛当、强弩将军王显率军四万出武当东下。这几路兵马会合后，会联手攻打襄阳。苻坚如此大动干戈，是想要一举拿下襄阳，他还传下命令："攻下襄阳后，一定要活捉习凿齿和道安，不能伤他们一根头发。"

习凿齿和道安都是当时著名的文化名人。习凿齿，字彦威，他家是荆楚豪族，颇为富裕。习凿齿本人博学多才，精通史学、玄学和佛学，撰写的《汉晋春秋》堪称史学名著。道安是高僧佛图澄的弟子，十二岁出家，凭着自己的聪慧逐步得到佛图澄的赏识。佛图澄讲法的时候会让道安复述，这使得道安在佛学理论方面打下了坚实的基础。佛图澄去世后不久，后赵石氏大乱，道安边避难边弘扬佛法，处境艰难。兴宁三年（365），习凿齿邀请道安去讲法，道安便率四百弟子南下到了襄阳。道安创立了佛教的新学派——本无宗，是我国在佛学上创立学派的第一批佛教学者中最重要的代表。在苻坚南进的这一年，习凿齿五十一岁，道安六十七岁。

前秦大军纷纷抵达沔水北，晋方镇守襄阳的是梁州刺史朱序，也是一员名将。朱序以为前秦军没有船，无法渡河，于是防守松懈，但很快，石越就率领五千精骑渡过了沔水，朱序惊慌失措之下，只好先命人严守内城。石越顺利攻克外城，搜罗了一百多艘船只，把对岸的兵马全部接了过来。前秦军集结城下，苻丕开始猛攻襄阳的中城。

为鼓舞士气，加强防御，朱序的母亲韩氏亲自登上城墙巡视。当她走到西北角的时候，看到这里不够坚固，觉得会出问题，就率领婢女及城里的一百多名妇女，争分夺秒地在城墙里边又斜着修筑了一道长二十多丈的城墙。

果不其然，刚一开打，前秦就猛攻西北城墙，城墙不堪重负倒塌，晋军将士们急忙跑到新筑的城墙内抗敌，这才抵挡住了前秦的进攻。当时的襄阳人称这道新筑的城墙为“夫人城”，这段城墙的遗迹现在还能看到。

襄阳军民在拼命守城，可朱序的顶头上司，车骑将军桓冲拥有七万兵马，却被前秦军吓破了胆，不敢派兵前去援救。

苻丕准备要一举攻下襄阳，苟苌劝他道：“我们的兵力是城内的十倍，粮食也充足，现在应该做的是把汉水、沔水两岸的百姓迁到许昌、洛阳，再堵住他们的运粮通道，阻截他们的援军，这样一来他们就是入了网的鸟，还愁会飞掉不成？何必白白牺牲许多将士性命，急于求成呢！”苻丕同意了。

不久，慕容垂攻下了南阳，活捉南阳太守郑裔，与苻丕在襄阳会师。

不觉到了十二月，襄阳城还没有被攻下，前秦御史中丞李柔上书说：“长乐公苻丕等人率兵十万，围攻一座小城，久围不下，每天消耗万金，请把他召回送交廷尉追究责任。”苻坚对李柔说：“正如你所说，苻丕等人耗费巨大却毫无进展，确实该杀。不过，军队远征已经一段时日，不能这样来回空折腾。给他们最后一次机会，如果再不能拿下，我会让苻丕提头来见！”

苻坚派黄门侍郎韦华持节，严肃地把苻丕等人训斥了一番，然后给了苻丕一把宝剑。苻丕看到宝剑很高兴，以为是父亲让自己留作防身之用，结果韦华传达苻坚的话说：“到了明年春天，如果还不能拿下襄阳，你就用这把宝剑自刎吧，不要厚着脸皮回来见我了！”

苻丕等人见到诏书后，知道苻坚要来真的了，十分惶恐。要想保命，唯一的办法就是拿下襄阳，于是苻丕严令各军，务必步调一致，协同作战，拼死也要拿下襄阳。

晋廷看到襄阳前线吃紧，诏令冠军将军、南郡相刘波率八千士兵支援襄阳，但刘波也前秦军吓破了胆，停驻不前。

守城的朱序主动出战，几次打败前秦军，前秦军不得不后撤，他开始觉得前秦军不过如此，已经被自己打跑了，就放松了戒备。但襄阳督护李伯护对目前的局势比较悲观，认为襄阳早晚都会被前秦夺走，与其到时候被俘，不如争取主动立功，于是他在太元四年（379）二月，悄悄派儿子到前秦去投诚，表示愿意作为内应，在前秦军攻城的时候主动打开城门。

苻丕大喜，急令各军迅速攻城，李伯护和他儿子打开了城门迎接，襄阳就这样被攻破了，朱序被擒。朱序和李伯护被押送至长安，苻坚很欣赏朱序的忠贞，赦免了他，并且任命他为度支尚书，但他非常讨厌变节的李伯护，把他杀了。

能把度支尚书这样重要的岗位交给一个刚投降的人，苻坚对人有些过于信任，这是他的一个优点，但也是很大的缺点。像这样随意任命自己并不十分了解的人，还把他放到重要位置上去，有时候是会坏了大事的。

苻坚任命中垒将军梁成为荆州刺史，给他配备一万名将士，让他镇守襄阳，然后在襄阳选拔本地干部，对那些名声好、有能力的人士都予以任用。

襄阳失陷，出任都督江、荆、梁、益、宁、交、广七州诸军事的车骑将军、荆州刺史桓冲上书晋室朝廷，请求免除自己的职务，但晋廷不准。朝廷倒是下诏剥夺了刘波的冠军将军头衔，不过不久又任命他为冠军将军。

习凿齿和道安被带到长安见苻坚，苻坚大喜，亲自下殿迎接他们，拉着他们的手亲切交谈，三人言谈甚欢。苻坚赐给他们贵重礼物，又兴奋地给各地大员写信说："过去晋平了东吴，得到二陆（陆机、陆云），今天我们攻破襄阳，我得到了一个半名士！""一个"指的是道安，因为习凿齿脚部有病，严重影响行走，所以苻坚说他是"半个"。

道安后来一直生活在长安，在那里继续讲经译经，直到病逝。习凿齿则在不久后因为脚部有病，不适应长安的生活，告辞回了襄阳。

第一百七十七节　北府兵初显威

当初，苻丕等围攻襄阳的时候，前秦兖州刺史彭超向苻坚上书，要求攻打据守彭城的晋沛郡太守戴逯，彭超在奏书中说："请陛下派重兵进攻淮南的城池，以策应征南大将军苻丕，东西并进，不愁建康不灭。"

苻坚同意，任命彭超为都督东讨诸军事，率后将军俱难、右禁将军毛盛、洛州刺史邵保和七万兵马，进攻晋的淮阴、盱眙。

太元三年（378）八月，彭超开始向彭城发起攻击。晋帝司马曜下令，命右将军毛虎生带领五万士兵镇守姑孰，以备抵抗前秦。

兖州刺史谢玄也率领一万北府精兵前往彭城救援，到达泗口后驻扎。他准备先派人通知彭城城内的戴逯，告诉他北府兵已经赶来支援，让他不要惊慌，坚守城池。探子探得进城的陆上道路已经被前秦封锁，只有水路可走，于是谢玄对众位将士说道："哪位将军愿意潜水进城送信？"只听帐下一人高声道："小将愿往！"谢玄一看是小将田泓，很高兴，对他说："田将军要注意安全。"

田泓水性很好，他潜水前行，眼看就要到达城墙下了，不想前方水路也已经被前秦士兵看死，他们发现了田泓，把他打捞上来后捆绑起来送到彭超面前。

彭超命人给田泓松绑，笑嘻嘻地对田泓说道："田将军受惊了，请不要害怕，我是爱才之人，如果你能听从我的吩咐，我保证让你享受荣华富贵。"

田泓道："愿闻其详。"

彭超接着说："你去彭城城下大喊，说援军已经被击退，就可以了。"

田泓眼珠一转，说道："可以。"

彭超大喜，送给田泓不少金银财宝，然后命人带田泓来到城下。田泓对着城楼上高喊道：“谢玄将军率领的援军马上就要到了，谢将军派我先来告知你们！我已经被敌人俘虏，你们要坚守城池，等待援军！”

旁边的前秦士兵一听不对，这跟以前说的不一样，抽刀就把田泓杀死了。

军需辎重是军队命脉所系，而彭超的物资都留在了留成（今江苏沛县），于是谢玄心生一计，对外扬言说要派后军将军何谦进攻留成，何谦也配合地整军出发。彭超得到消息，迅速从彭城撤兵，回军留成。

彭城之围解除，戴逯率部众跟随何谦投奔了谢玄。彭超知道上当，又率军前来，这时候彭城已经成为一座空城了。彭超率队入城，留下治中徐褒镇守此地，自己则率军南下攻击盱眙。这时候襄阳的战事已经结束，前秦将领毛当、王显率两万士兵从襄阳出发，和彭超会合。俱难也攻下了淮阴，同样领兵来到盱眙。

太元四年（379）五月十四日，彭超和俱难攻陷盱眙，生擒晋高密内史毛璪之。

前秦的六万大军开始进攻幽州刺史田洛所在的三阿，把城池团团包围。三阿距离广陵只有一百多里，晋国朝野震惊，朝廷命加强防备，并派谢安的弟弟征虏将军谢石率水军防守涂中，谢玄则从广陵率大军前往三阿救援。

前线吃紧，战争支出也比较大，又遇上庄稼歉收，司马曜为表示支持，特别下诏，让皇室节俭开支，文武百官的俸禄也暂时减半，国内的基础建设如非军用，统统暂停，节省下来的经费均供应前线。

五月二十五日，前秦军与晋军遭遇。此时晋国的北府兵在谢玄的训练下已经成了一支劲旅，军容严整，战斗力爆棚，彭超和俱难初遇北府兵，被打得丢盔弃甲，只好暂时退回了盱眙。

六月七日，谢玄率军进攻盱眙，彭超和俱难再败，撤退到了淮阴。

当时正遇潮水上涨，何谦趁机率领水军在夜间突袭前秦军，刘牢之率人放火烧毁了前秦搭建的浮桥及部分船只，谢玄自己也率军进攻，力斩前秦洛州刺史邵保。彭超和俱难三败，退守到淮河以北。

谢玄继续率军追击，彭超和俱难也想挽回点面子，于是两军在君川展开一场大战。北府兵将士个个如猛虎下山，锐不可当，彭超和俱难第四次战败。这次他们不再犹豫，向北疯狂逃窜，帽子也跑掉了，兵器也扔了，铠甲也卸了，整支军队狼狈不堪，唯恐逃之不及。

苻坚知道消息后大怒，命人用囚车把彭超和俱难押到长安。彭超恐惧之下自杀，俱难被贬为平民百姓。之后，苻坚任命毛当为徐州刺史，镇守彭城；毛盛为兖州刺史，镇守湖陆；王显为扬州刺史，镇守下邳。

谢玄率领的北府兵连连取得大捷，震动天下，从此，北府兵成为人们口中一支声名响亮的雄师劲旅。

谢玄率军返回广陵，司马曜大喜，下诏封谢玄为东兴县侯，并晋升他为冠军将军，兼领徐州刺史。

第一百七十八节　投鞭断流

前秦征北将军、幽州刺史行唐公苻洛是员猛将，他体格健壮，长得膀大腰圆，能拉得住一头正在奔跑的牛。作为攻灭代国的主帅，苻洛可谓是立下了大功劳，因此他主动向苻坚要求享受“开府仪同三司”的待遇，但被苻坚拒绝了。后来，苻坚任命苻洛为都督益宁西南夷诸军事、征南大将军、益州牧，苻洛却认为这是在放逐他，一怒之下就和哥哥北海公苻重起兵造了反。苻坚命左将军窦冲和吕光率军前去讨伐。

太元五年（380）五月，苻洛和苻重兵败，窦冲生擒苻洛，将其押送至长安，吕光也斩杀了苻重。苻坚饶恕了苻洛，把他贬到凉州西海郡。

氐族人口主要分布在关中，为了加强对关东各地的领导，苻坚经过深思熟虑，把关中氐族十五万户迁往关东居住，让他们在那里繁衍生息。被迁走的氐人虽不愿走，但迫于政令，也只好和亲人洒泪分别。有人认为这样大规模的迁徙氐族人口，会造成京师长安防卫空虚，而鲜卑人多居于长安，这样一来恐怕要出乱子，但苻坚不听。

太元七年（382）九月，鄯善王休密驮、车师前部王弥寘（zhì）前来长安朝拜苻坚，大宛也献来了汗血宝马，肃慎献来楛（hù）木箭，天竺献来火浣布，康居、于阗（tián）及东海各国的六十二个王也都派遣使者前来进贡，奇珍异宝堆满了大殿。苻坚看见这么多遥远的小国前来朝拜，非常高兴，在金銮大殿隆重地接待了各国使者，还回赠了他们不少礼物。

休密驮、弥寘是第一次来长安，他们看到长安城车水马龙，人声鼎沸，一派繁荣景象，又看到这里的宫殿雄伟，甲士威武，顿时被震住了，请求每年都来进贡。苻坚念及西域路途太过遥远，风餐露宿太过辛苦，便让他们三年一进贡，九年一朝拜。

休密驮、弥寘还表示，西域有些小国的忠诚度不够，如果苻坚想要仿照汉朝制度，在那里设置都护府，他们愿意做向导。苻坚大为高兴，旋即任命骁骑将军吕光为都督西讨诸军事，持节，率领七万将士讨伐西域。临行前，苻坚特别叮嘱吕光道：“听说西域有位高僧叫鸠摩罗什，你找到他之后，立即用快马把他送到长安。”

阳平公苻融认为这次出兵万里之遥，耗费巨大，而那里的土地即便夺来也没有多大用处，就向苻坚劝谏，让他不要出兵西域，苻坚不听。

太元七年（382）十月，苻坚在太极殿召集文武百官议事。苻坚对大臣们说：“吾继承大业已经快要三十年了，一直在东征西讨，现在四海略定，只有东南一隅还没有接受王化。我每每想到天下还没有统一，就食不甘味。今天，我想举全国之兵伐晋，一统天下，建立不朽之功业。我国的军队约有九十七万之众，我将亲自统率这支大军，踏平东南，各位爱卿意下如何？”

苻坚这段话一出口，大殿内顿时炸开了锅，大家七嘴八舌，议论纷纷。秘书监朱肜（róng）说道：“陛下应天顺时，替天行命，百万大军一出，晋主必定口衔玉璧，抬着棺材出城投降。陛下到时候可以命中原人士各归本土，恢复家园，然后您就能到泰山封禅，祭告天地，这真是千秋伟业啊！”

苻坚一听，捻须哈哈大笑：“卿言之有理，这就是我的志向！”

尚书左仆射权翼发表了不同看法，他说：“臣以为晋不可伐。晋室虽然衰微，但还有人，谢安、桓冲都是不可多得的人才，而且晋国上下还没有离心离德，君臣步调一致，比较和睦，我们贸然去攻，很难攻克。”

苻坚听了权翼的话，沉默了好一会儿，又说道：“大家都发表一下看法，集思广益。”

太子左卫率石越发言：“晋有长江天险凭借，臣以为不可伐。”

苻坚反驳他：“夫差、孙皓依靠江湖阻隔，不照样身死国灭？如今我们的部队人数之多，就是把马鞭投入长江也能使它断流，哪里来的天险呢！”（成语“投鞭断流”出自此。）

石越辩驳道：“夫差、孙皓荒淫无道，所以才灭国，这和晋的情况不一样。”

其他大臣也都各抒己见，大家叽叽喳喳议论了老半天，还是不能形成一致意见。

苻坚听了很久，最后说："这就像在路边盖房子，征求路人的意见，大家说法不一，工期必定受阻。你们让我回去思考一下。"

苻坚命苻融留下，其他文武大臣出去。苻融是苻坚的亲弟弟，自小聪明，喜欢读书，颇有文采，有过目不忘的本事，但他长得却不像书生，反而体格健壮，力气很大，一个人可以对付一百个人，还擅长骑马射箭。苻融能文能武，所以苻坚对他信任有加。

苻坚对苻融说道："古往今来，决定大事的从来都只是一两个人而已，所以如今，我和你来决定这个事情。"

苻融劝苻坚道："臣弟也认为不可伐，理由有三。星运不顺，此其一；晋主还算是个明君，此其二；我军征战频繁，将士厌战，此其三。请陛下采纳我的意见。"

苻坚闻听，脸色顿时变得难看起来，他说道："我本来指望你支持我，可你却是这个意见！我军有百万之众，辎重堆积如山，我也并非昏庸之主，我们应该一鼓作气攻灭贼寇，而不是把贼人留给子孙，叫他们成为社稷的隐患！"

苻融一听苻坚心意已决，依然没有放弃，流着泪哭劝道："我还担忧，如今鲜卑人、羌人、羯人遍布京城，如果我们倾全国之兵征讨东南，留下太子和几万弱兵留守京城，到时候一旦发生不测，悔之晚矣。王猛的遗言，陛下怎么能忘记呢！"苻坚还是不听。

除了苻融，朝中文武大臣上表反对攻晋的还有很多，苻坚郁闷地说："我军攻晋，就像秋风扫落叶，朝中很多人却说仗不能打，这是为什么呢？"太子苻宏回答道："现今星象有利东南，司马曜又不是昏聩之主，如果我们作战不利，到时候恐怕不仅会名声扫地，财力也会消耗殆尽，大臣们疑虑的大概就是这个。"苻坚不认同这个说法："当年我们消灭燕国的时候，星象同样不利，不也取得了胜利？天道幽远，岂是我们能预测到的。还有秦灭六国的时候，难道六国的君主都是昏君吗？"

冠军将军、京兆尹慕容垂赞成进攻晋，他对苻坚说："陛下英明神武，威名震动天下，拥兵百万，还拥有像韩信、白起一样的良将数位，江东不过弹丸之地，岂能再把它留给子孙呢！陛下自己做决断就行，别人的想法听听也就罢了。司马炎当年出兵东吴的时候，朝中赞同的也就张华、杜预两三人而已，如果他听从多数大臣所言，怎么会有平定天下的伟业？”这句话说到了苻坚的心坎上，他非常高兴，对慕容垂说道：“与我共定天下的，只有卿啊。”立即赏赐给慕容垂五百匹帛。

苻坚一想到自己马上就要平定江东，建立不朽伟业，兴奋得连觉也睡不好了，常常在半夜醒来，然后就再也睡不着了，睁着眼直到天亮。

苻融还在继续劝苻坚：“我们本是戎狄之人，并非正统，晋室是中华的正统，天意大概不会让他们灭绝。”苻坚越听越生气，训斥苻融道：“朝代的更替岂有定数！难道刘禅不是汉刘氏的后裔吗，还不是照样被魏国所灭。你之所以不如我，就是因为你不知道灵活变通！”

苻坚非常信任高僧道安，大臣们就找到道安，让他劝劝苻坚。道安趁着和苻坚游览花园的机会劝说他放弃攻打江南，苻坚同样不接受。

苻坚最宠爱的张夫人也劝他不要出兵，苻坚说道：“军国大事，不是妇人应该干预的！”

苻坚最喜欢的小儿子也劝苻坚，苻坚骂他：“天下大事，你个小孩子懂什么！”

总之，苻坚不听众人之言，执意要攻打东晋，他是要一条道走到黑。

第一百七十九节 草木皆兵

前秦这边正在紧锣密鼓地准备大举进攻晋，晋这边，桓冲也在厉兵秣马，准备一雪襄阳丢失之耻。

太元八年（383）五月，车骑将军、荆州刺史桓冲率前将军刘波和他的侄子振威将军桓石民、冠军将军桓石虔等，领大军十万，向前秦发起进攻。桓冲决定先行收复襄阳，派刘波进攻沔水以北城池，辅国将军杨亮攻击巴蜀，鹰扬将军郭铨进攻武当。六月，桓冲夺取了万岁、筑阳。

苻坚派苻叡和慕容垂等将领率五万兵马支援襄阳，兖州刺史张崇支援武当，后将军张蚝、步兵校尉姚苌支援涪城。

七月，张崇在武当被郭铨和桓石虔击退。另一边，苻叡命慕容垂为先锋，向沔水推进，慕容垂为了虚张声势，让每个士兵手里都拿十个火把，还将火把绑在树上，顿时周围火光通明，亮如白昼，在数十里外都能看到。桓冲远远瞧见敌人声势浩大，感到害怕，下令将部队撤到了上明。猛将张蚝从褒斜谷南下，晋将军杨亮恐惧之下也带兵撤走了。

桓冲向朝廷举荐桓石民任襄阳郡太守（这时襄阳在前秦手里），镇守夏口，自己兼任江州刺史，晋廷批准。

苻坚进行全国总动员，命全国每十个成年男性中就要有一个充军，前来应征的男子，年龄在二十岁以下，体格健壮，家世没有不良记录的，全部会被任命为羽林郎；然后他还下令，各州的马匹，不论是公家的还是私人的，统统征用。命令一下，有三万多人自带战马前来报到，苻坚任命秦州主簿赵盛之为这帮青年士兵的都统。

有了这样一支生力军，苻坚得意扬扬地说：“现在我要任命司马曜为尚书左仆射，谢安为吏部尚书，桓冲为侍中。”

八月二日，苻坚派苻融督统张蚝、慕容垂等将领，率二十五万人马作为前锋，又任命姚苌为龙骧将军，兼督益、梁二州诸军事。苻坚对姚苌说道：“龙骧将军这个封号我从未赐给过别人，今天我把它赐给你，你要加倍努力啊！”

左将军窦冲忙说：“君无戏言，您说这话可不吉利啊！”

苻坚顿时清醒了——当年他就是以龙骧将军的身份发动军事政变的！他非常后悔刚才对姚苌说了那样的话，但话一出口就不能收回了，此时他只能沉默不语。

就在苻坚踌躇满志的时候，前秦国内却是暗潮涌动。慕容楷和慕容绍对慕容垂说：“自从王猛去世后，主上日渐骄傲，现在已经达到了顶点，叔父若要复兴燕国，就在此时了！”慕容垂点头道：“孺子可教。你们要听我命令行事，少了你们，我也不能成功。”慕容楷和慕容绍兴奋地连连称是，说道：“全听叔父吩咐，我们必赴汤蹈火，在所不辞！”

太元八年（383）八月八日是个好日子，苻坚在这一天亲自登高向将士们喊话：“众位将士们，我大秦的好儿郎，你们能否踏平江南，就在此一举！希望众位将士奋勇杀敌，得胜归来后，我给你们按照立功大小封官晋爵！”众将士山呼万岁。苻坚手一挥，说道：“出发！”

苻坚亲自率领步兵六十多万，骑兵二十七万，浩浩荡荡从长安出发，一路上旌旗招展，战鼓震天，尘土蔽日，整支队伍绵延近千里。这是中国古代史上出兵人数最多的一次军事行动。

九月，苻坚已经到达项城（今河南沈丘县）了，凉州的军队才刚到咸阳，巴蜀、汉中的军队正顺长江而下，幽州、冀州军队抵达了彭城，苻融率领的部队三十万人为先头部队，也已提前到达颍口。各路军队同时出发，水陆并进，光运粮船也有一万多艘，从黄河入石门，直达汝水、颍水。

面对强敌，晋廷也进行了全国总动员，任命尚书仆射谢石（谢安的弟弟）为征虏将军、征讨大都督，徐、兖二州刺史谢玄为前锋都督，与辅国将军谢琰（谢安的儿子）和西中郎将桓伊等将领率八万将士抵抗前秦，又命龙骧将军胡彬率五千水师支援寿阳（今安徽寿县）。这是晋能够动用军队人数的极限了。

面对百万敌军，晋全国震惊，建康城内也是人心惶惶。仗该怎么打，谢玄心里也没底，他向叔叔谢安寻求锦囊妙计。谢安一如平常的镇定，对谢玄说道："我已经有另外的打算。"接着就不再说话了。谢玄也不敢多问，就告辞回去了，可他还是坐不住，又命张玄再去谢安处请求作战方略。

谢安照样到山间游玩，还召唤亲朋好友聚会。谢安让谢玄与自己下围棋，并用别墅作为赌注。谢玄的棋艺很高，谢安之前一直下不过他，此时大军压境，谢玄心内有事，无心下棋，开始走得不错，后边越走越乱，被谢安反超获胜。下完了棋，谢安又去登山游玩，总之是一副悠闲自得的样子。

桓冲很担心京师的守卫力量不够，要求派三千精锐士兵入城，保护京师安全，谢安没有同意，他说："朝廷已有应对办法，士兵和武器装备都够用，这些士兵应该留在原地，守卫国家西部边境。"

桓冲摇着头，对身边人叹息道："谢安石有宰相的度量，但最大的缺点是不会用兵打仗。如今大敌当前，他还游玩不止，清谈不休，然后派不经事的年轻人去抗击强敌。敌众我寡，胜负已在意料之中，夷族就要统治我们了！"

十月，苻融开始进攻寿阳，并于八天后占领了寿阳城，生擒了晋平虏将军徐元喜等人。苻融任命参军郭褒为淮南太守，镇守寿阳。同时，慕容垂也夺取了郧城。

晋廷派来救援寿阳的胡彬听说寿阳已经沦陷，撤兵回了硖石（xiá，今安徽淮南市西）。苻融趁热打铁，命令进攻硖石。胡彬粮食用尽，坚持不住，被苻融生擒。

苻融连连胜利，心中大喜，派人骑快马向苻坚报信说："晋军兵少势微，很容易抓获，现在我担心的不是能不能打败他们，而是怕他们逃跑了。您应该速速派大军前来，擒拿他们的主帅。"

苻坚接报大喜，说道："战事正如我所料，各位大臣们真是多虑了。"苻坚要亲眼看到自己的部队擒获谢石、谢玄等人，于是撇下大军，率领八千精骑兵，赶赴苻融处。苻坚传令："有胆敢说我外出者，拔掉他的舌头！"

前秦卫将军梁成率领五万士兵进驻洛涧（今安徽淮南市东的洛河），构筑工事，阻截晋的援军。谢石、谢玄在洛涧二十五里外安营扎寨。

苻坚派降将朱序前往谢石营寨，劝他率众投降。朱序见到谢石后宣称：“两军强弱相差悬殊，你不如早早投降，免受刀兵之苦。”但之后，朱序却在私下里偷偷对谢石等人道：“如果秦的百万大军全部到来，我们无论如何都抵挡不住。但他们的各路人马目前尚未集结完毕，我们应该趁此机会，快速出击，如果击败他们的前锋，就能挫伤他们的锐气，下一步就有可能把他们打败。”

十一月，谢玄命广陵相刘牢之从北府兵中精挑细选了五千人奔赴洛涧。在他们距离洛涧还有十里时，梁成已经得到了报告，他在洛涧两岸布阵，等待刘牢之等人入瓮。

刘牢之不愧为刘牢之，他没有被吓倒，而是率参军刘袭、诸葛求等人，带领五千精锐的北府兵，一路披荆斩棘，强行渡河。上岸后，北府士兵个个如猛虎一般冲入敌军阵中，狭路相逢勇者胜，梁成军不敌，大败，梁成和弟弟梁云、弋阳太守王咏被杀。刘牢之又派兵堵住前秦军北上逃跑的渡口，前秦军无路可逃，纷纷跳河求生，被淹死的、被杀死的多达一万五千人。刘牢之又生擒了前秦扬州刺史王显等人，缴获辎重粮草无数。

苻坚听说前秦兵败，大惊，和苻融登上寿阳城头眺望战场，只见晋军军容整齐，将士们盔明甲亮，个个精神饱满，口号统一，进退有序。苻坚又向北望去，看到晋军所在的八公山（山的南麓在寿阳境内）上影影绰绰的，像是埋伏着漫山遍野的士兵。

苻坚转过头对苻融说道：“这是强敌啊，怎么说他们弱小呢！”他站在那里一动不动，闷闷不乐，脸上显露出了担忧的神色。

第一百八十节　淝水之战

前秦的军队遭遇兵败，在淝水（今安徽寿县南的淝河）西岸摆开阵势，严防晋军，晋军无法渡河。

谢玄眉头一皱，计上心来，他派人对苻融说："您带军前来，深入我国国境，却临水布阵，这是想打持久战的架势，并不是要速战速决啊。可我不想等了，您让您的士兵向后撤退一下，让我军过河，然后两军一决雌雄，我与您勒马观看，不知可否？"

前秦很多将领都说不应该后撤："我众敌寡，只要我们守住河岸，等待后续部队来到，然后再发动攻击，就一定能取胜。这是万全之策。"苻坚却道："我们不妨后撤一点让他们渡河，等他们渡到一半，我们用铁骑上前掩杀，焉有不胜之理！"苻融表示认同苻坚的意见。他们两个都同意了，别人也不敢再说什么，于是苻融挥动指挥旗，命令部队后撤。

这一撤，就撤出了问题。因为前秦军在洛涧遭遇失败，很多将士心有余悸，特别是处在后面的部队，他们听到苻融命令后撤的消息，也不知道具体怎么回事，以为是又打败仗了，于是慌忙开拔，刚开始还有点秩序，但很快，整支队伍就因紧张变得混乱起来。

正在这时候，假降的朱序在队伍中大喊一声："秦军败了！"这一声不要紧，可把大家的魂都吓出来了，所有人都撒开了腿拼命逃窜，唯恐自己逃得慢了——苻坚的这支伐晋队伍本身就是由各族拼凑出来的，大家心思不一，很多人并不是真正想为氐族卖命。

谢玄一看机会到了，下令火速过河。很快，谢玄、谢琰和桓伊等率领着八千精锐的士兵渡过了淝水，开始追击秦军。

苻融骑着马想制止士兵逃跑，可这怎么能制止得住？在如潮水般退去的队伍里，苻融马失前蹄，摔倒在地，被赶来的晋军砍掉脑袋。前秦军一看主帅被杀，更是丢盔弃甲，四散奔逃。

谢玄等人乘胜追击，一直追到青冈（今安徽寿县西），前秦士兵被杀的，或因自相践踏而死的不计其数。这些逃兵惊慌失措，听到风声和仙鹤的鸣叫声，都以为是晋军追杀的声音。他们不敢歇息，昼夜不停地跑，不少人鞋子都跑丢了，脚底磨出了水泡。这时候天气已经比较冷了，士兵们又冷又饿，一路上又死了十之七八。朱序和前凉王张天锡都趁机逃到了晋军那里。

这一仗，晋军缴获了苻坚所乘坐的用云母装饰的车子，其他收缴的军需物资堆积如山，牛马骡子骆驼等有十几万头。之后，晋军又夺取了寿阳，生擒了前秦守将郭褒。

苻坚十分狼狈。他在乱军中身中流箭，差点落马丧命，幸亏汗血宝马跑得快，拖着他逃到了淮河之北。苻坚感到饥饿非常，正好有老百姓认识他，一老者给他送来了煲好的汤和猪腿肉，苻坚也顾不得形象了，用手抓起来就往嘴里送，老者乐了，说道："陛下不用紧张，追兵已经远去了。"苻坚道："真好吃，我从来没有吃过这样的美食！"他吃完后用手擦了擦嘴，要赏赐给老者十匹布帛，十斤绵，但老者不肯要："陛下就好像是臣的父亲，哪有儿子给父亲饭，还要求回报的呢！"说罢扭头就走了。

苻坚很是惭愧，对张夫人说："如果当初我听了你和众臣的话，哪里会有今天呢？我还有什么面目再去统治天下！"说着说着眼泪就下来了。张夫人劝慰他道："胜败乃兵家常事，陛下不必挂怀于心，留得青山在，不愁没柴烧。"

前秦军全线溃败，只有慕容垂统率的三万人完好无损，苻坚便率一千多名骑兵逃到了慕容垂那里。慕容垂的长子慕容宝说道："天赐良机，机不可失失不再来，大燕国复兴有望，父亲不要为了过去他的一点小恩惠，而忘记复国大业！"慕容垂叹息道："你说得很对，但他一片诚心来投我，我怎么能够伤害他呢？如果老天要抛弃他，以后还有机会，不愁他不灭亡。先让他回去吧，这样我们既报答了他当年收留之恩，也用道义取信了天下，一举两得。"

慕容垂的弟弟慕容德说道："弱肉强食，古往今来都是这样，秦强大的时候灭了燕，秦弱的时候，我们正好报仇雪耻，这算不上忘恩负义。希望哥哥借机推翻氐人的统治，光复大燕！这机会不应该失去！如果你把数万人的部队拱手送给对方，是错过了天时，会自取其害，哥哥你就不要再迟疑了。"

慕容垂说道："我从前被慕容评所不容，逃难到了秦国，备受苻坚礼遇；后被王猛陷害，我无法争辩，秦王又原谅了我，这其中的恩情之深，我不能忘记！如果秦国运数已尽，我必定扫平关东，让那里的土地尽数归我，关西之地不是我们的，自有人取之。我们还是先观望一下。"

慕容垂的亲信部将绝大多数都劝他杀死苻坚，夺取领地，但慕容垂态度坚决，一概不听，还命令把三万部队交给苻坚指挥。

慕容暐在郧城驻守，得到苻坚失败的消息，吓得屁滚尿流，单人独骑跑到了荥阳。慕容德找到他，要求他复兴燕国，慕容暐胆小怕事，自然拒绝了。

打败前秦的捷报传到建康的时候，谢安正在和客人下围棋，他很淡定地拿起捷报看了看，顺手就把它放到了一边，并没有表现出兴奋之情，然后继续下围棋。客人问他怎么回事，他不慌不忙地说："小娃们已经破敌了。"不过这不是说他不激动。下完围棋，送走客人，要返回屋内的时候，谢安竟然忘记了还有道门槛，兴奋地把木鞋下面的屐齿都碰断了。

谢安因为指挥有功，被朝廷晋升为太保，其他有功之人也都得到升迁：谢石为尚书令，谢玄为假节、前将军，刘牢之为龙骧将军、彭城内史，朱序为琅琊内史，张天锡为散骑常侍。

第一百八十一节　慕容垂建后燕

苻坚以百万之众去进攻东晋，结果还没有怎么打，就意外地全线溃败，他懊悔不已，但现在也没有别的办法，只能狼狈后撤。他一边逃，前秦逃兵一边不断向他聚拢，等到洛阳的时候，他身边的将士已达十几万。

苻坚带队一路西行，不久到达了渑池，再往前走就是长安了，这时候慕容垂对苻坚说："军队新败，北方很容易发生变乱，请您让我去镇抚他们，正好我也可以到邺城拜祭一下祖先的陵墓，我有些时日没有去过了。"

苻坚一听，觉得慕容垂说得有道理，便说道："爱卿考虑得很周到，我同意了，你速去速回。"

尚书左仆射权翼劝苻坚道："慕容垂有勇有谋，像雄鹰一样，有翱翔九天之志，不能放走他。"

苻坚说道："你说得不错，但朕已经答应他了，不能食言。如果天命另有所属，人力也不能改变什么。"

苻坚派将军李蛮、闵亮、尹国率三千士兵"护送"慕容垂北上，又派骁骑将军石越率领三千精兵增强邺城的守卫力量，派骠骑将军张蚝率领五千羽林军守卫并州，派镇军将军毛当率领四千士兵守卫洛阳。

权翼决定除掉慕容垂，他派刺客埋伏在慕容垂的必经之路，等待时机，准备刺杀。但慕容垂何等聪明，他早就疑心事情有变，化装成平民百姓，划竹筏走水路逃出生天。他还让属下程同化装成自己的样子走大路，刺客行刺，程同打马狂奔，也逃过一劫。

太元八年（383）十二月，苻坚率队抵达长安城下。长安城还是那座城，但时移世易，已是物是人非了。苻坚想到了死去的弟弟苻融，想到了死去的无数将士，痛哭失声，随行的官员、将士也无不落泪。好一会儿，苻坚等人收起眼泪，进入城中。

慕容垂到达邺城时，镇守邺城的长乐公苻丕亲自出城迎接，把慕容垂一行安置到邺城西边的宾馆住宿。

慕容垂要求进入邺城祭拜祖先，苻丕拒绝，慕容垂就乔装打扮，秘密入城，但被岗哨发现，阻止他入内，慕容垂暴怒，杀死守卫，火烧岗亭，然后退走。

石越对苻丕说道："这是天赐良机，我们正好利用这个理由除掉慕容垂！"苻丕不同意，觉得这个理由还不够，他说道："淮南之败，他忠心护主，这个功劳不能忘。"

当初，苻坚灭前燕后，从中原把丁零人迁到新安（今河南渑池县）生活。丁零又称敕勒、高车，最早生活在遥远北方的贝加尔湖湖畔，后来逐渐内迁至中原。苻坚兵败，丁零族酋长翟斌看到有机可乘，率先起兵反秦，准备攻打洛阳。

苻坚命慕容垂率军讨伐翟斌，接到命令的苻丕准备借翟斌的手除掉慕容垂。他只拨给慕容垂两千老弱残兵和一些旧武器，还派猛将苻飞龙率领一千氐人骑兵监视慕容垂。苻丕告诉苻飞龙说："你要找机会杀了慕容垂，好好干吧。"

慕容垂把慕容农、慕容楷、慕容绍留在邺城，亲自率军南下。当他走到安阳城外的时候，闵亮、李毗从邺城赶来，把苻丕和苻飞龙的阴谋告诉了他。慕容垂把此事告诉了众位将士，大家义愤填膺，慕容垂大声说道："我效忠苻家，而他们却一心想害死我们父子，是可忍孰不可忍！"于是他宣称兵力不足，停驻在河内郡招兵买马。来投靠的人源源不断，十来天时间，他的队伍已壮大到八千人。

守卫洛阳的苻晖派人催慕容垂，要他尽快前来。慕容垂认为此时必须先除掉身边的苻飞龙，便对苻飞龙说道："我们距离贼人已经很近了，应该白天休息，养足精神，晚上突袭敌军，必能大获全胜。"苻飞龙同意。

十二月二十七日夜，慕容垂和儿子慕容宝、慕容隆趁苻飞龙不备发动突袭，把苻飞龙等人全部杀死。

十二月二十八日，慕容垂渡过黄河，留下可足浑谭在河内郡的沙城驻防。这时候他已经拥有三万将士。

十二月二十九日，慕容农、慕容楷、慕容绍逃出邺城。

投奔翟斌的前燕慕容凤、王腾、段延等人在洛阳城外杀死了前秦武平侯毛当，他们劝翟斌奉慕容垂为盟主，共击前秦，翟斌同意了。

慕容垂认为即使攻下洛阳也不好防守，想攻取老家邺城，于是就率兵东进，期间不断有人来投，渐渐地，部众已达二十多万。他从石门率众渡过黄河，兵锋直指邺城。

慕容农率众来到列人县（今河北邯郸市肥乡区），说服乌桓人鲁利和张襄举众起兵，乌桓人刘大和匈奴屠各部落的毕聪等也前来投靠，渐渐聚拢了数千人。慕容农暂命张骧为辅国将军，刘大为安远将军，鲁利为建威将军。

慕容农率军先后攻取了馆陶、顿丘，缴获了大量辎重粮草。这时候又有数量可观的将士过来投靠，慕容农的部众达到数万人，他为了稳住他们，代表父亲慕容垂进行封赏。慕容农军令严整，不扰民，得到老百姓的拥护。

苻丕命石越领兵一万攻打慕容农。太元九年（384）元月七日，石越带兵到达列人县，他命人构筑栅栏，不敢轻易发动攻击。慕容农命刘木为先锋，率领四百士兵冲入石越阵地，石越败退，慕容农率队随后掩杀，力斩石越，把人头送给了慕容垂。

毛当、石越都是前秦数得着的猛将，他们先后阵亡，前秦顿时惶恐不安，人心离散。

太元九年（384）元月二十六日，慕容垂和慕容农在邺城城外会师。慕容垂称自己为大将军、大都督、燕王，改年号为“燕王元年”。之后他封世子慕容宝为太子；任命弟弟慕容德为车骑大将军，封范阳王；侄子慕容楷为征西大将军，封太原王；其他人等也各有封赏。

至此，五胡十六国中的后燕建国了。

苻丕派侍郎姜让去责备慕容垂：“去年你保住了大秦，可谓忠心耿耿，现在就应该一如既往，成就名节。你现在改过还不算迟，请详加思考。”

慕容垂对姜让说道：“我蒙受主上的恩遇，所以不忍心伤害长乐公。我将恢复旧土，请他主动撤军回长安，这样我们还能结为友邦，如若不然，悔之晚矣。”

第一百八十二节　西燕、后秦建国

太元九年（384）三月，前秦北地郡长史慕容泓（慕容儁的第七个儿子，慕容暐的五弟）得到叔叔慕容垂围攻邺城的消息，寻机从北地郡出逃，逃往关东。之后他召集数千放牧的鲜卑人回到关西，据守华阴。

慕容泓率军打退了前来进攻的前秦将军强永，声威大震，他自封都督陕西诸军事、大将军、雍州牧、济北王，建立了自己的政权，史称西燕。因为西燕存在的时间较短，所以不在五胡十六国之列。慕容泓推举叔叔慕容垂为丞相、都督陕东诸军事、大司马、冀州牧、吴王。

慕容氏接连背叛，自立为王，苻坚很懊恼，他问权翼道："当初没有听你的话，才使鲜卑人如此胡闹，关东我们是保不住了，也不再耗费军力和他们争，但关西之地是万万不能丢的，该怎么去对付慕容泓？"

权翼回答道："应速速消灭慕容泓，不能让他成了气候。慕容垂正在关东作乱，无暇顾及关西，慕容暐及其族人遍布京城，如果不能消灭慕容泓，慕容暐他们肯定会趁机作乱，到时候局面更加不好收拾。请您派大将讨伐他。"

苻坚任命广平公苻熙为雍州刺史，使持节，镇守蒲阪，把担任雍州牧的钜鹿公苻睿召回，任命他为都督中外诸军事、卫大将军、录尚书事，拨给他五万兵马，又任命左将军窦冲为长史，龙骧将军姚苌为司马，让他们出兵讨伐慕容泓。

这时候，平阳太守慕容冲（慕容暐的六弟）拥有两万兵马，他也起兵反秦，率军攻打蒲阪，苻坚派窦冲去迎击慕容冲。

太元九年（384）四月，慕容泓听说前秦派大将来攻，准备率部众逃往关东。苻叡是员猛将，他不把慕容泓放在眼里，准备派兵切断慕容泓的归路，把他们一举消灭。

龙骧将军姚苌劝苻叡道：“鲜卑人想回到关东，我们就让他们走，最好不要强行阻截。即使抓住一只老鼠的尾巴，它还能回头啃你一口，何况是武装起来的鲜卑人？把他们逼急了，他们就会破釜沉舟，同我们决一死战，万一我们遭受挫折，到时候可没有后悔药吃。我们跟在他们后面擂鼓呐喊就可以了，他们必定会撒腿就跑，绝无恋战之心。”

苻叡哈哈一笑，道：“他们是一帮亡命之徒，乌合之众，没什么好担心的，我会把他们全歼！”

两军在华泽遭遇，鲜卑人勇猛冲杀，前秦不敌，大败，苻叡被斩杀。

苻叡是苻坚之子，姚苌没有能保护好他，深感内疚，他派龙骧长史赵都、参军姜协前去向苻坚报告战况，同时请罪。苻坚听到儿子阵亡，一阵心痛，暴怒下命人把赵都和姜协推出去斩首。

姚苌得到赵都和姜协被斩的消息，十分震惊，他觉得苻坚肯定也宽恕不了自己，于是逃到了渭北的一个养马场藏身。这时候，关东羌族贵族尹纬、尹详、赵曜、庞演集结了五万多户羌人前来投靠，推举姚苌为盟主。姚苌有了实力，也不愿再屈居苻坚之下，便自称大将军、大单于、万年秦王，大赦，改年号为“白雀”。史称姚苌建立的秦国为后秦，也是五胡十六国之中的一个政权。

窦冲大败慕容冲，慕容冲率领仅剩的八千鲜卑骑兵投奔慕容泓。这时候慕容泓的部队已经有十几万之多，他派遣使者对苻坚说：“吴王（慕容垂）已经平定关东，您应该准备大驾，把家兄（慕容暐）送回来。我将率领部众，护送兄长返回邺城。到时候，两国将以虎牢关为界，永世友好，互不侵犯。”

苻坚闻听大怒，把慕容暐叫来，训斥他道：“你们父子暴虐，人神共愤，我替天行道，擒获了你，把你们兄弟任命为上将，可以说仁至义尽。如今王师小败，你们就猖狂不可一世！慕容垂在关东作乱，慕容泓、慕容冲在关内造反，你如果要走，我不阻拦，还会给你路费。你们宗族，真是人面兽心的一伙人，不是国家的栋梁之材！”慕容暐赶紧叩头请罪，把头都磕破了，流出了血。过了好一会儿，苻坚才说道：“父子兄弟不互相株连，他们三个家伙的罪行，和卿无关。”

苻坚命慕容暐写信给慕容垂、慕容泓和慕容冲，让他们就地解散部众，返回长安，这样他就会赦免他们的谋逆之罪。

慕容暐表面顺从，却在暗地里秘密派人带信给慕容泓说："现今秦的气数已尽，距离灭亡已经不远。我是笼中之人，已无望回去了。当初我不能保住祖宗的宗庙社稷，是罪人，你们不用再顾及我的生死，江山事大，你们要以复国为己任，励精图治，建立大业。可以让吴王（慕容垂）任相国，中山王（慕容冲）任太宰兼大司马，你可以任大将军、司徒，承制，得到我死的消息后，即刻登上大位。"慕容泓看到慕容暐的信后，发兵长安。

与此同时，后秦姚苌率军进攻北地郡，前秦华阴、北地、新平、安定等各郡的羌人、匈奴人纷纷前去投靠，又聚集起十几万人。苻坚亲自率军两万，和护军将军杨壁分兵多路，同时并进，同后秦展开厮杀。后秦节节败退，姚苌的弟弟姚尹买阵亡。

六月，慕容泓的谋臣高盖、宿勤崇等人认为慕容泓论德行、论人气均不如他的弟弟慕容冲，而且慕容泓执法太过严苛，动不动就杀人，让他们没有安全感，于是就合伙杀死了慕容泓，立慕容冲为皇太弟，承制，设置文武百官。慕容冲任命高盖为尚书令。

姚苌为了防止两面作战，送儿子姚嵩到慕容冲那里做人质，请求和慕容冲友好相处。

第一百八十三节　翟斌反后燕

慕容垂率军开始进攻邺城，准备收复前燕国的首府作为自己的国都。他顺利地攻下了外城，苻丕退守中城。这时候，关东各郡县大都送来人质，请求向后燕投降。

慕容垂任命慕容绍代理冀州刺史，到广阿驻守，他自己则亲率包括丁零人、乌桓人在内的二十多万将士架设云梯，奋力攻城。但氐人也不是吃干饭的，他们的弓箭手做好了准备，命令一下，箭如雨点般落在后燕军的阵营里，后燕士兵成排成排地倒下，那些侥幸到了城下的，也被滚木雷石砸死了。慕容垂一看伤亡太大，下令停止攻城。

慕容垂命人挖地道，准备从地下进城，但被发觉，又被杀死了不少兵士。这条计策还是不能奏效，慕容垂再次改变策略。他命人在邺城四周兴建围墙，困住城内敌人，然后派老弱的兵丁到魏郡、肥乡建设新兴城，用来存放辎重。

前燕旧部库傉官伟率领数万人前来投靠慕容垂，到达了邺城外。慕容垂大喜，封他为安定王。

慕容垂召集文武大员开会，研究要如何攻破坚固的邺城，大家议论纷纷。右司马封衡站起来说道：“大王，我们不妨把漳河水引过来，灌入城中，到时候不怕苻丕不出来投降。”众人一听纷纷点头称是。慕容垂看大家意见一致，也同意了，开始着手准备挖开漳河水，让河水东流入城。

前秦也没有坐以待毙。一天，慕容垂到军营巡视后，在华林园喝酒，这时候前秦派出的刺客突然出现，他们在暗处搭弓放箭，顿时箭如流星般向慕容垂射来。慕容垂被箭雨包围，不能逃身，仰天长叹道：“我命休矣！”千钧一发之际，只听有人大喊一声："父王不必惊慌，儿臣来也！" 慕容垂定睛观看，原来是儿子慕容隆率领骑兵赶来。他们冲入箭雨，冒死把慕容垂救出。

战局就这样僵持着。后燕建义大将军河南王翟斌平日里自恃功高，此时眼看着邺城坚固难攻，内心便起了变化，认为慕容垂也不过如此，开始暗自谋划起下一步棋。

太子慕容宝听到了风声，请求除掉翟斌。慕容垂说道："我曾经和他在河南盟誓，我不能首先违背誓言。如果他首先违背，那么罪不在我，但如果我只是凭一时猜测就杀死他，外面的人肯定会说我妒贤嫉能。现在正是用人之际，我应该虚怀若谷，不能小肚鸡肠，让众人失望。我提防着他，他也就无机可乘了。"

慕容德、慕容绍和慕容也都对慕容垂说："翟斌兄弟自以为有拥戴之功，居功自恃，不知收敛，一定会成为祸端。"慕容垂答："骄傲一定会加速他的灭亡！我们应该等待其不义自毙。"

慕容垂从此对翟斌严加防范，但外表上仍对翟斌颇为礼遇，给他的赏赐比以往更多。翟斌认为慕容垂是畏惧自己，变得越发狂傲起来。

翟斌指示同党向慕容垂请示，让自己出任尚书令，慕容垂召集幕僚商议。安东将军封衡说道："翟斌竟然提出这样的要求，真是不知道收敛！他已精神错乱，一年内必亡。"最终，慕容垂下令说："翟王之功应当位居上公，但是尚书台尚未建立，不能马上任命。此事待平定四方之后，再行商议吧。"

翟斌得到指令后大怒，决定背叛后燕。他派人和苻丕秘密联系，商议如何对付慕容垂。

翟斌命令部下掘开之前修筑的河堤，准备把淹邺城的漳河水放走，但消息泄露，慕容垂立即下令，杀死了翟斌、翟檀和翟敏兄弟，其余人等一律赦免。

翟斌兄长之子翟真连夜带领属下逃向邯郸，但走着走着，他又命令部队掉头，准备和苻丕里应外合，夹击后燕军队。慕容宝和慕容隆击败了翟真，翟真又狼狈地往邯郸逃去。

太元九年（384）八月，翟真率队从邯郸向北逃窜，慕容垂派慕容楷、慕容农北上追击。三日后，两军首尾相接，慕容楷准备发起攻击，慕容农建议道："经过急行军，我们的部队既饿又疲惫，已经没有什么战斗力了，需要休整一下再战。我注意到，敌军队伍里都是老弱残兵，不见青壮年，他们肯定是有伏兵，我们需要就地扎营，静观其变。”

慕容楷认为慕容农多虑了，下令让部队进击，结果正中翟真埋伏，大败。翟真继续北上，往中山（今河北正定县）方向行进，到承营后扎营。

邺城被围已经八个月了，城中粮草已经用尽，苻丕命人用松木木屑喂马。

慕容垂对众位文武官员说道：“苻丕已经没有战斗力了，但他也绝不会投降，我们还是暂且退到新兴城，给他让开一条路，让他撤走，这样既报答了当年他父亲的恩情，同时也保存了我们的实力。丁零人是心腹大患，我们需要全力以赴对付他们。”大家都表示赞同。

八月十五日夜，慕容垂率军从邺城撤走，赶赴新兴城。在新兴城，慕容垂派慕容农颁布法令，按照贫富不同征收不等的税赋。后燕军军容严整，纪律严明，对老百姓秋毫不犯，得到老百姓的拥护，大家都自愿足额纳税。来交税的老百姓络绎不绝，排成了一个长队，慕容垂的军粮因此十分充足。

第一百八十四节　谢玄北伐

前秦在淝水吃了败仗，北方又陷入一片混乱，太元九年（384）八月，晋太保谢安向皇帝司马曜建议道："前秦正在土崩瓦解，我们应该抓住有利时机，出师北伐，收复中原失地，继而一统天下。"

司马曜一听很兴奋，当即同意，并任命谢安为都督扬、江、荆、司、豫、徐、兖、青、冀、幽、并、宁、益、雍、梁十五州诸军事，加黄钺，其他官职照旧。东晋当时一共控制着十七个州，谢安一个人就管着十五个州的军事，可以说司马曜是把全国的军队都交给谢安调度了，他对谢安是无比信任的。谢安上书请求辞掉自己的爵位和太保之职，司马曜不许。

之前二月份的时候桓冲去世，当时朝廷内就有声音说应该让谢玄任荆州和江州的刺史，但谢安不同意。他主要有两点顾虑，一是他和侄儿权力都太大的话，会引起朝中人的嫉妒，继而就会引祸入家门；二是经营荆州多年的桓家一旦失去荆州，可能会生乱。于是在谢安的建议下，朝廷任命桓石民（桓豁之子）为荆州刺史，桓石虔（桓豁之子）为豫州刺史，原豫州刺史桓伊为江州刺史。

现在谢安掌管全国军事大权，任命谢玄为前锋都督，率豫州刺史桓石虔北伐。前秦的徐州刺史赵迁听说谢玄率军来伐，不战而逃，谢玄顺利进入彭城。

九月，谢玄命手下大将彭城内史刘牢之率军攻打前秦兖州刺史张崇守卫的鄄城。九月十一日，张崇弃城而逃，前去投奔后燕慕容垂，刘牢之进入鄄城。听闻消息，黄河以南的各城池、坞堡纷纷投降东晋。

谢玄又派阴陵太守高素率军攻打前秦青州刺史苻朗据守的广固城。高素的军队刚抵达琅琊郡，距离广固还有一段距离的时候，慑于晋军的声威，苻朗就已经赶过来投降了。

后燕军刚走，晋军又到，苻丕派人到晋阳征召骠骑将军张蚝、并州刺史王腾来增援自己，但张蚝、王腾因为自身部队人数不多，没有派兵。

苻丕上天无路入地无门，赶紧召集幕僚商议对策。他麾下的司马杨膺说道：“为今之计，投降晋是为上策。”苻丕不同意，连连说：“再想别的对策，再想别的对策。”

正在这时候，苻丕得到了谢玄派刘牢之占据碻磝（qiāo áo），派郭满占据滑台，派将军颜肱、刘袭进驻河北的消息，便派桑据进驻黎阳，抵抗晋军。刘袭夜袭桑据，桑据败逃，刘袭进驻黎阳。

苻丕军已经筋疲力尽，无力再战了。面对步步紧逼的晋军，苻丕感到十分害怕，就写了一封信，派堂弟苻就和参军焦逵给谢玄送过去，信中说：“我欲向你借道求粮，西赴国难，等你们的军队到达，我就把邺城让给你们。如果西路不通，长安陷没，请您率军保卫邺城。”

焦逵和另一个参军姜让秘密对杨膺说道：“如今我们身处困境，长安音讯皆无，存亡与否无人得知，现在就算我们卑躬屈膝，也不知道能不能得到粮食，但王爷不肯低头，仍然以平等的口气给晋写信，此行肯定不会成功。我们应该把信改为奏章，以臣属的口气许诺，说等晋军到达，我们将一同随他们回到南方，到时候如果王爷不答应，我们就发动兵变，把他捆绑起来交给晋军。”杨膺是苻丕的大舅子，自认为以自己的实力能制服苻丕，于是就依此计，把书信修改后送了出去。

谢玄派晋陵郡太守滕恬之北上守卫黎阳。这时候，兖、青、司、豫四州已经平定，晋廷任命谢玄为都督徐、兖、青、司、冀、幽、并七州诸军事。

之前慕容垂撤军，是想让苻丕主动撤走回长安去，但他看苻丕仍然不走，就又率军包围了邺城，不过还是留出了西边的道路，想要放苻丕一条生路。

焦逵前来拜见谢玄，送出了修改后的苻丕的信件。谢玄见信后将信将疑，不放心，要求苻丕把儿子送来做人质，然后才会发兵。焦逵一再向谢玄表明苻丕的诚心，后来又和盘托出了自己和杨膺等人的打算，谢玄这才相信，派刘牢之、腾恬之等率两万人马前去支援邺城，会战慕容垂。同时，谢玄还命人通过水路和陆路给邺城送去了两千斛粮食。

刘牢之率军到达枋头，这也是桓温北伐前燕时到的地方，距离邺城只有两百多里路程，两地之间一马平川。但这时候，杨膺、姜让的计划泄露，苻丕大怒，把他们逮捕后处决了。刘牢之得到消息犹豫不决，停驻不前。

刘牢之攻打后燕将军刘抚据守的孙就栅（位于黎阳西北），慕容垂得知后，留下慕容农继续包围邺城，亲自率军去解救刘抚。刘牢之和慕容垂都是勇将，他们俩相遇，真是棋逢对手，将遇良才，两军互有伤亡，谁都没有占到便宜。最终，刘牢之退回黎阳，慕容垂退回了邺城。

太元十年（385）四月，刘牢之率军往邺城前进，到达邺城城外后，和慕容垂再次交锋，慕容垂战败，撤退到了新兴城。四月八日，慕容垂放弃新兴城北逃，刘牢之追击，苻丕也派军尾随。

四月十三日，刘牢之在董唐渊这个地方追上了慕容垂。慕容垂看到避无可避，就激励众将士道："秦和晋现在暂时苟合在了一起，但他们联合的基础非常脆弱，并非真正团结。他们一方获胜，双方都扬扬得意；若一方失败，则双方必争相逃窜。现在两军一前一后，还没有形成合力，我们应该孤注一掷，全力进攻晋军。"

慕容垂命令部队放弃辎重，以此吸引晋军，然后趁机攻击。刘牢之带领部队强行军二百里，到达了五桥泽，这时候士兵们又饥又渴，急需修整，他看到慕容垂的辎重丢弃得到处都是，便下令说："慕容垂空有虚名，看到我军就狼狈而逃，我们收拾完这些辎重，再就地休息。"

可就在刘牢之的部队在收捡辎重的时候，慕容垂率军突然杀来，晋军猝不及防，被杀死数千人，刘牢之单人独骑逃走，幸好遇到了从后面赶来的前秦军，才幸免于难。

邺城城中发生严重饥荒，苻丕率队到枋头接收晋援助的粮食，刘牢之则进入邺城稍做休息。这时候不断有逃出战场的散兵前来报到，晋军的士气稍微振作了一点，但因为之前刘牢之大败，晋廷将他招回去了。

后燕、前秦在邺城已经打了一年多的仗，幽州、冀州民不聊生，食物严重缺乏，甚至出现了人吃人的现象。后燕的士兵也有很多被饿死，慕容垂甚至用桑葚充作军粮。

一年后，晋廷认为北伐大军征战时间过久，人民负担过重，命令谢玄率军回淮阴，谢玄的北伐宣告结束。

第一百八十五节 西燕夺长安

西燕慕容冲率军逼近长安，苻坚派抚军大将军苻方防守于骊山，任命平原公苻晖为都督中外诸军事、车骑大将军、录尚书事，拨付他五万兵马抵抗慕容冲。两军在郑县大战，苻晖军不敌，大败。苻坚又派前将军姜宇及他最小的儿子苻琳率军三万在灞上迎击慕容冲，结果前秦军又大败，苻琳和姜宇皆阵亡，慕容冲顺势占领了阿房城。

慕容冲率军抵达长安城下，苻坚登楼眺望，只见城楼下黑压压的一片，怒道："这是哪里窜出来的这么多贼寇？！"突然，苻坚在人群中看到慕容冲，他对这个身形很熟悉，就冲慕容冲喊道："你这个奴仆，何苦来送死？"慕容冲也看到了城楼上的苻坚，大声回答说："我厌倦了做奴仆的生活，想取代你！"

慕容冲从前曾受苻坚的恩宠，苻坚就派人给慕容冲送去一件锦袍，想勾起他的回忆，自动罢兵。慕容冲见到锦袍，说道："我如今心在天下，岂能在乎一件小袍的恩惠？如果有自知之明，你们君臣就该捆绑双手，出城投降，尽快把我们的皇帝（慕容暐）送来，到时我将对你们宽大处理，来报答您昔日的厚待。"

苻坚闻听暴怒，指着慕容冲怒吼道："真后悔当初没有听王猛等人的话，才让你们今天狂妄到如此地步！"

陇西郡有名隐士叫王嘉，隐居在倒虎山中，能掐会算，前秦人都把他当作活神仙。苻坚、姚苌和慕容冲都抢着派人去迎接，结果苻坚派出的人抢先了一步，接走了王嘉。

王嘉进入长安城，民众听说，认为是有神仙帮助苻坚，所以王嘉才会前来，于是来投靠苻坚的人越来越多，足有四万。苻坚把王嘉和高僧道安看作神仙，将他们一起安置在皇宫外殿，有什么事都要先向这两位报告，然后才行动。

这时候的长安城内还有一千多鲜卑人，慕容暐就和慕容肃合计，准备率领这些鲜卑人，起兵反抗苻坚。

太元九年（384）十二月的一天，慕容暐亲自找到苻坚，说他儿子新婚，请苻坚赏脸，到府上喝杯小酒，苻坚很爽快地答应了。慕容暐原本计划着要在酒席上杀死苻坚，没想到天公不给面子，酒席当天突然下起了大雨，苻坚就没有去慕容暐府上。

这么一耽搁，机密就外泄了。苻坚命人传召慕容暐和慕容肃，慕容肃说："肯定是消息泄露了，我们去了后恐怕全都会被杀死。不如杀了使者冲出去，打到大街上之后，立即会有兵众聚集过来，那样还有一搏之力。"但慕容暐不听。他怀着侥幸心理，想去苻坚那里试一试，就和慕容肃来到了宫殿。

苻坚问他们道："我待你们如何？你们竟然起了这种心思！"慕容暐支支吾吾，想搪塞过去，但慕容肃干脆地说道："国家事大，还谈什么个人感情！"

苻坚大怒，命人立即处死了慕容肃，之后把慕容暐及所有鲜卑人，不分大小男女，全部诛杀。慕容暐死时，年三十五岁。

慕容垂的小儿子慕容柔被宦官宋牙收为义子，所以逃过一劫，他和慕容宝的儿子慕容盛瞅准机会，逃出了长安城，投奔慕容冲而去。

太元十年（385）正月，过年了，苻坚再困难也得请大臣们吃一顿。这时候的长安城内饥荒已经非常严重，甚至出现了人吃人的情况，御膳房也是勉强凑齐了做饭的食材。宴席上，很多文武官员舍不得把肉独吞，因为家里的妻儿还饿着呢，宴会要结束的时候，他们就把肉含到嘴里，回到家里再吐出来喂给妻儿吃。情况竟悲惨至此！

在阿房城的慕容冲听说哥哥慕容暐被杀，按照之前慕容暐的指令，立即登基为帝。

苻坚亲自率军攻打慕容冲，两军在仇班渠交战，慕容冲大败。两军又在雀桑大战，西燕军再败。两军第三战在白渠展开，这一次西燕大胜。西燕军包围了苻坚，千钧一发之际，殿中将军邓迈不顾生命危险，奋力把苻坚抢了出去。

慕容冲又派尚书令高盖连夜进攻长安，部队已经进入南城了，不防前秦左将军窦冲、前禁将军李辩杀将出来，把高盖军打败，杀死了八百多人，饥饿的前秦士兵把这八百人的尸体肢解后煮了吃掉了。

高盖又带兵攻打渭北各个营寨，前秦太子苻宏在成贰壁迎击，两军展开厮杀，高盖军大败，被斩首三万多人。

平原公苻晖也和西燕军多次交战，但屡战屡败，苻坚对他很失望，训斥他道："你的才能在我的儿子中是最突出的，竟屡败于白虏，活着又有什么用呢！"苻坚是用话刺激、激励苻晖的，没有想到苻晖竟然真的抹脖子自杀了。

前禁将军李辩和都水使者彭和正认为长安肯定保不住了，于是集结西州人在长安城西的韭园扎营，不再服从苻坚的调度。

慕容冲率军攻打守卫骊山的前秦高阳公苻方，苻方不敌被杀。慕容冲还抓获了前秦尚书韦钟，韦钟自杀，韦钟的儿子韦谦投奔了东晋。前秦左将军苟池、右将军俱石子率军来支援骊山，和西燕军大战，大败。慕容永斩了苟池，俱石子逃往邺城。

苻坚派自己的女婿领军将军杨定攻打西燕军，大胜，俘虏了一万多鲜卑士兵，把他们全部活埋了。

五月，慕容冲命令部队向长安发动攻击，这是生死存亡之战，苻坚亲自登上城楼督战，激励士兵斗志。慕容冲命令向城楼放箭，掩护攻城部队，一时间只见万箭齐发，苻坚躲闪不及，被乱箭射得遍体鳞伤，鲜血直流。

这时候有三十多个堡寨结成联盟，公推平远将军赵敖为堡主，他们冒着生命危险为苻坚运送粮食，运送队伍中的绝大多数人都被西燕军杀掉，只有极少数进入了长安城。

苻坚很感动，对他们说道："你们的大义之举，孤已经心领了，只是现今贼寇数量众多，不要再做无谓的牺牲，你们应该积蓄力量，等待时来运转。"

关中被西燕俘虏的百姓选出代表，秘密向苻坚报告，说他若派兵攻打西燕，他们会作为内应，在军中放火。苻坚说道："你们忠诚可嘉！只怕事与愿违，会白白造成伤亡。"

来人坚决请求，苻坚也不好再拒绝下去了，便派了七百骑兵前去挑战，关中百姓趁机在西燕军中放火，没想到放火的人反而被火势反噬，死亡十之八九。苻坚哀痛，在长安遥祭亡灵。

前秦杨定与西燕军在长安城西大战，不敌被生擒。杨定是长安城内最后的一员猛将，苻坚得到他被生擒的消息后，终于感到了恐惧。他想到谶书上有云，“帝出五将久长得”，而五将山（今陕西西安市西北）就在长安西北不远处，便要上五将山祭拜。

苻坚留下太子苻宏监国，坚守长安。他对苻宏说道：“老天昭示，我要外出，你要坚守城池，不要出战，我去陇西一带召集兵马给你运送粮草补给。”苻坚率领数百骑兵，携带妻子张夫人、儿子苻诜及女儿苻宝、苻锦奔向五将山。路过韭园的时候，苻坚攻打不听指挥的李辩和彭和正，李辩投奔西燕，彭和正感觉良心有愧，自刎而死。

顺便说一句，也就在本年（385），高僧道安去世，年七十四岁。

苻坚走后，苻宏根本抵挡不住慕容冲的攻击，不得不放弃长安。他领着数千骑兵，携带他的老娘、妻儿和一众苻氏皇族投奔下辩（今甘肃成县）而去，司隶校尉权翼等则投奔了后秦。

慕容冲率军进入长安，他放纵部下烧杀抢掠，长安城内哭喊连天。

第一百八十六节　苻坚被俘五将山

后秦姚苌得到慕容冲攻打长安的消息，召集群臣议事，众臣都说：“大王应该先取长安，然后再经略四方。”但姚苌力排众议：“不然，鲜卑燕人想念家乡，所以才会起兵，他们夺取长安后必不会久留。我们现在就应该积蓄力量，等秦亡鲜卑人去后，再取长安，那时候就是易如反掌了。”

姚苌命长子姚兴留守北地郡，宁北将军姚穆守同官川，自己亲率大军进攻新平郡（今陕西彬县）。

当年，前秦新平郡人杀死了郡太守崔悦，苻坚命人把城墙铲除了一个角，表示这是新平郡人的耻辱。新平郡人也深感羞愧，准备以后要向天下人展示忠义，这下机会可来了——姚苌率队来进攻了。

新平太守苟辅和城中官员、百姓加固城池，准备迎击后秦军。姚苌命令攻城，但久攻不下，死伤一大片。姚苌命修筑土山，想从高处往里冲，结果城内同样也修筑土山，用相同的方法抗击姚苌。姚苌又命令挖地道，打算从地下往城里攻，城内也同时开挖，还连通了后秦的地道，双方在地道内厮杀，后秦军死亡一万多人，城池依旧没有攻下。

正在这时候，苟辅派人来找姚苌，说准备投降。姚苌大喜，认为是城内坚持不住了，就接受了投降的请求。城门大开，姚苌率军准备入城，突然感觉气氛不对，意识到上当了，急忙调转马头往回跑，苟辅埋伏在四周的士兵瞬间杀出，姚苌侥幸逃出一命，后秦军又被杀死一万多人。

姚苌见这里久攻不下，便留下部队继续攻城，自己则调转矛头，率军去攻打安定郡，防守安定郡的前秦安西将军渤海公苻珍被擒。见姚苌兵锋锐利，前秦岭北各城纷纷投降了后秦。

新平城已经被围几个月了，外援不来，城内也弹尽粮绝，眼看就支撑不下去了。姚苌派人劝苟辅道：“我要以道义取天下，不会伤害像你们这样的忠义之人！我给你们留出一条路来，你们出来只管走，我要的是这座城池。”苟辅信以为真，率领五千人出城，结果被姚苌派军包围，全部被活埋，只有辽西太守冯终的儿子冯杰成功逃脱。

得知苻坚一行抵达五将山，姚苌大喜，派骁骑将军吴忠率军把苻坚等人包围在山上。这时候前秦军看到苻坚已经英雄末路，也都纷纷逃散，只剩了数十个亲兵护卫在苻坚身边。

苻坚知道这次无论如何也逃不出去了，他神情很自然，并没有慌乱，就坐在那里一动不动，眼睁睁看着后秦军队慢慢逼近。他突然感到一阵饥饿，召唤身边人送来吃的，有条不紊地吃着，等到吃完后还抹了抹嘴巴。这时候，吴忠的军队也包抄上来了。吴忠见到了苻坚，大喜，心想自己这下可是立了大功！他下令把苻坚等人拿下，然后将他们送到了新平郡。姚苌命令给苻坚等人设置专门的牢房，用重兵把守，务必盯死看牢。

苻宏逃到了下辨，南秦州刺史杨壁拒绝让他进城。杨壁的妻子是苻坚的女儿顺阳公主，可任凭顺阳公主苦苦哀求，杨壁也不为所动，最后顺阳公主离家出走，和苻宏一起投奔武都，又辗转到了晋的领土之上。晋帝司马曜命人把苻宏安置在江州。

姚苌派人向苻坚索要传国印玺，还对苻坚说：“天道循环，现在轮到我姚苌了，你应该把传国玉玺交给我。”苻坚一听，怒目圆睁，呵斥来人道：“小羌竟敢冒犯天子！我怎么可能把传国玉玺给你？是图谶和纬书上有什么根据，还是上天降下了什么符兆？五胡按次序排下来，都数不着羌族的名字。违背天命，是为不祥，难道你的位置能够坐得长久吗？传国印玺我已经派人送到了晋国，你们是得不到了！”

需要说明的是，我们所谓的“五胡”，其实就是匈奴、羯族、鲜卑、氐族、羌族，苻坚说的“数不着羌族”，指的是谶文的内容。姚苌自称承继天命，所以苻坚就以谶文来回答他。

姚苌不死心，又派右司马严纬游说苻坚，要苻坚把位置禅让给姚苌。苻坚又斥责道："禅让，是圣贤和圣贤之间的事，姚苌只是个叛贼，怎么敢与古代圣贤相比！"

苻坚与尹纬交谈了一阵，然后问尹纬道："你在朕的朝廷里担任什么职务？"

尹纬回答道："尚书令史。"尚书令史，在当时只是个八品官。

苻坚叹了一口气，道："通过和你谈话，我发现你是王猛一类的人才，可以胜任宰相之职，然朕之前却不识得你，看来我的国家不灭亡是不行了。"

苻坚认为自己平时待姚苌很好，过去还饶恕过他的性命，现在姚苌却忘恩负义，恩将仇报，他越想越气，对姚苌不停大骂，只求速死。苻坚对张夫人说："不能让羌奴侮辱了我的女儿。"于是忍痛杀死了苻宝和苻锦两个女儿。

太元十年（385）八月二十六日，姚苌派人把苻坚带到了新平郡的一座寺庙中，笃信佛教的苻坚高诵佛号，被缢死在佛寺之中，年四十八岁。张夫人和苻诜自杀身亡。

姚苌想掩盖自己的弑君恶名，定苻坚谥号为"壮烈天王"。

苻丕知道邺城已经守不住了，但并不知道长安已经失守，苻坚也已身死，还准备赶赴长安。占据壶关的幽州刺史王永邀请苻丕前去，苻丕带领邺城中的男女六万多人西行到了潞川，这时候骠骑将军张蚝、并州刺史王腾也派人前来迎接苻丕一行，苻丕随即到了晋阳。苻丕到晋阳后，得到了长安失陷、苻坚被杀的消息，痛哭一场，然后登基称帝。

苻丕任命张蚝为侍中、司空；王永为侍中、都督中外诸军事、车骑大将军、尚书令；王腾为中军大将军、司隶校尉；苻冲为尚书左仆射，封西平王；左长史杨辅为右仆射；右长史王亮为护军将军。苻丕立王妃杨氏为皇后，儿子苻宁为皇太子，封苻寿为长乐王、苻锵为平原王、苻懿为渤海王、苻昶为济北王。

第一百八十七节　乞伏国仁建西秦

乞伏鲜卑，也称陇西鲜卑，是住在陇山以西的一支鲜卑人。陇山在六盘山（今宁夏西南部和甘肃东部）南部，泰始（265—274）初年，一部分鲜卑族人，如如弗、斯引、出连、叱卢等，从自漠北南出阴山，落居于陇山以西。

如弗是乞伏的音转。后来乞伏部落出了个人物叫乞伏纥干，十岁的时候就骁勇善战，双臂能拉开五百斤力气才能拉开的弓，其他几个部落都折服于他的武力，推举他为统主。

乞伏纥干有个儿子叫乞伏祐邻，他率领部落人马和鹿结部落在高平川（今宁夏固原市南清水河）大战，大获全胜，吞并了鹿结部落的七万多帐篷，在高平川定居下来。

祐邻去世后，他的儿子结权接管了他的部众，并带人迁到了牵屯（今六盘山东麓）。结权去世后，他的儿子利那掌权。利那攻击于乌树山吐赖部落，又在大非川讨伐尉迟渴权，吞并了三万多帐篷。

利那去世后，他的弟弟祈泥接管部众。祈泥去世后，利那的儿子述延接管了部众。述延在苑川（今甘肃榆中县）和鲜卑莫侯部大战，大胜，吞并了莫侯部两万多帐篷。因苑川土地肥沃，水草丰美，他们就在苑川定居了下来。

述延死了，他的儿子傉大寒继任首领。当时恰逢石勒消灭了刘曜，傉大寒畏惧，率领部众迁到了麦田（今甘肃靖远县）的无孤山，在后赵和前凉的夹缝中求生存。傉大寒去世后，他的儿子司繁率众迁到了度坚山（位于今甘肃靖远县）。

咸安元年（371），前秦派益州刺史王统进攻乞伏司繁的部落，乞伏司繁率三万骑兵在苑川抗拒前秦军。王统偷袭度坚山，司繁部落五万多帐篷投降。乞伏司繁悲叹道：“我的才智不足以抗敌，我的德行不能安抚众人，两军还未交兵，老家就已经丢了。以后，大家各奔前程吧。”

乞伏司繁投降了前秦，苻坚很高兴，封他为南单于，把他留在了长安，然后命司繁的叔叔吐雷为勇士护军，统领他们部落的人马驻扎在勇士川（位于苑川东）。

宁康三年（373）的时候，鲜卑勃寒部落侵犯陇西，苻坚命司繁为都督讨西胡诸军事、镇西将军、使持节，讨伐勃寒。勃寒不敌，请降。之后，苻坚让司繁镇守勇士川。

司繁去世后，他的儿子国仁继承父职，仍旧镇守勇士川。

苻坚发动淝水之战时，征调乞伏国仁为前将军，领先锋骑。正在这个时候，国仁的叔叔步颓在陇西反叛，苻坚命国仁回军讨伐。步颓得知侄儿国仁回军的消息后大喜，亲自到路边迎接国仁——原来这是他们叔侄俩演的一出戏！

乞伏国仁大摆宴席，兴奋之情溢于言表，他挽起袖子，大喊道：“苻氏当年趁着石赵内乱，窃据名号，穷兵黩武，占据了八个州，骚扰百姓，疲弊中国，已经天怒人怨。据我观察，他此战必败，我将与诸位成就一番伟业！”

苻坚淝水战败以后，乞伏国仁强迫各部落臣服，有不听话的就率兵讨伐兼并，一时间手下部众达到了十多万人。苻坚被姚苌杀死的消息传来后，乞伏国仁对属下说道：“苻氏拥有超世的能力，却被一帮乌合之众打败，真乃天意啊！如果走寻常路，迷信运数，会被先达所耻，见机行事才是英豪之举。我虽然德行浅薄，但凭借祖先留下的基业，岂能看着时运到来而无所作为？”

太元十年（385）九月，乞伏国仁自称大都督、大将军、单于，兼秦、河二州牧，改年号为“建义”。他任命乙旃（zhān）童泥为左相，屋引出支为右相，独孤匹蹄为左辅，武群勇士为右辅，弟弟乞伏乾归为上将军。

乞伏国仁把他所控制的地区划分为十二个郡，修建了勇士城（今甘肃榆中县）作为都城，不过目前还没有定下国号，是之后才定国号为“秦”。为做区分，史称乞伏国仁建立的秦为西秦，为五胡十六国之一。

第一百八十八节　拓跋珪建北魏

当年，前秦灭了代国之后，苻坚把原代国一分为二，东部交由鲜卑人刘库仁领导，同时负责照看幼主拓跋珪，西部则交由匈奴铁弗部的刘卫辰领导。

刘库仁领导有方，远近都对他非常满意，苻坚便任命他为广武将军，赏赐给他特用车辆、旌旗等。这引起了刘卫辰的嫉妒，他一怒之下，杀死了前秦的五原郡太守，起兵反叛。刘库仁率军前往讨伐，大破刘卫辰，狂追到阴山北一千多里处，抓获了刘卫辰的妻儿。后来，苻坚为了安抚刘卫辰，任命他为西区单于，驻守代来城（今内蒙古准格尔旗及达拉特旗界内）。

后燕进攻幽州的时候，刺史王永向刘库仁请求援兵，刘库仁派大舅子公孙希率三千铁骑前去支援，打败了后燕的宁朔将军平规。刘库仁没有就此停手，而是继续南下，占据了唐县，他是准备去援救困在邺城的苻丕的，可正在这个时候，前燕旧属慕舆文、慕舆常造反，杀死了他，然后投奔了后燕。刘库仁的弟弟刘头眷接管了部众，公孙希投奔了丁零人翟真。

刘头眷在善无打败了贺兰部落，又在意亲山打败了柔然别部头领肺渥，缴获了牛羊几十万头。刘头眷的二儿子刘罗辰性格机敏，对刘头眷说道："近来我们的征伐所向披靡，这固然是好事，但我们的心腹大患并没有消除，请您早做打算。"这话把刘头眷说糊涂了，他问道："谁是心腹之患？"刘罗辰回答道："堂兄刘显（刘库仁的儿子）为人残忍，日后必会作乱。"刘头眷摇了摇头，没有听取儿子的意见。

过了不多久，刘显真的借机杀死了刘头眷，接管了部众。刘显又准备杀死拓跋珪，幸好他弟弟刘亢泥的妻子是拓跋珪的姑姑，刘亢泥把这消息告诉了妻子，他妻子立即告诉了拓跋珪的母亲贺氏。

刘显的谋士梁六眷是原代王拓跋什翼犍的外甥，他也派下属穆崇、奚牧把消息秘密报给了拓跋珪。梁六眷还把妻子、骏马托付给穆崇说：“你带上她们快走，日后如有不测，就用她们替我证明清白。”

贺氏得知消息，心生一计。她当天夜里请刘显到家中饮酒，借机把他灌醉，然后命拓跋什翼犍的心腹旧臣长孙犍、元他、罗结带上拓跋珪，着轻装骑快马逃走。

凌晨时分，贺氏命人惊扰马厩中的马匹，群马嘶鸣，刘显被惊醒了，准备起身到马厩中查看。这时贺氏突然大哭，边哭边说：“我儿子昨天晚上还好好的，现在他和他的随从都找不到了，是不是被人暗害了？”刘显一听暗喜，以为手下已经得手，就安慰了贺氏几句，然后回去了。

拓跋珪和随从马不停蹄，逃往阴山北部，投奔自己舅舅所在的贺兰部落。他的舅舅贺讷见到拓跋珪等人，一阵惊喜，说道：“等你复国以后，希望还能惦记着我这个舅舅！”

拓跋珪一听，笑道：“事情如果成功，绝不敢忘记舅舅！”

刘显终于发现拓跋珪没有死的事情了，他很怀疑是梁六眷把秘密泄露了，要把他抓起来。这时候，外逃的穆崇对外宣布说：“梁六眷这个小人卖主求荣，和刘显狼狈为奸，我抢走了他的妻子和骏马，以泄心头之恨。”刘显听到后，以为自己冤枉了梁六眷，就放了他。

贺氏的堂弟、外朝大人贺悦带领他部落的族人前去投靠拓跋珪，刘显恼羞成怒，准备借机杀掉贺氏，贺氏逃到刘亢泥家，在放置神像的车子里藏了三天，士兵不敢搜查，加上有刘亢泥全家人不断替她说情，贺氏才逃过一死。

原南部大人长孙嵩率领部众七百多家背叛刘显，投奔了拓跋珪。又过些时日，刘显内部生乱，原中部大人庾和辰带上贺氏也投奔拓跋珪而去。

贺讷的弟弟贺染干看到拓跋珪受到拥戴，很得人心，对这个外甥嫉妒得要命，命亲信侯引七突找机会杀死拓跋珪。尉古真效忠拓跋珪，得到消息后告诉了拓跋珪。拓跋珪加强防范，侯引七突不敢下手。

贺染干怀疑是尉古真泄密，便把尉古真抓起来严刑拷打，尉古真不肯承认，贺染干命人用两个车轴押住尉古真的头转动，尉古真眼睛都爆裂了出来，但他真是条硬汉子，始终不说，贺染干无奈，只能释放了他。

但贺染干不死心，亲自带兵包围了拓跋珪的住所，这时候，贺氏站出来对贺染干说道："哥哥为什么这么对待我们母子？"面对妹妹，贺染干感到羞愧，撤走了。

拓跋珪的曾叔祖拓跋纥罗看到慕容氏、姚氏和乞伏氏纷纷建国，他和弟弟拓跋建以及各部大人便也联名上书，请求贺讷尊拓跋珪为头领。

太元十一年（386）正月六日，十六岁的拓跋珪在牛川（今内蒙古兴和县西）召开部落大会，正式继代王位，改年号为"登国"，宣告代国正式复立。

拓跋珪任命长孙嵩为南部大人，叔孙普洛为北部大人，张兖为左长史，许谦为右司马，王建、和跋、叔孙建、庾岳（庾和辰的弟弟）为外朝大人，奚牧为治民长，长孙道生、贺毗为左右侍卫，然后他把都城定到定襄郡（今内蒙古和林格尔县）的盛乐城，这是原代国的国都。

四月，拓跋珪改称魏王，他建立的国家改称魏国，这就是中国历史上赫赫有名的北魏。北魏虽然是鲜卑人建立的国家，但国祚长达一百多年，不在五胡十六国之列。

第一百八十九节　西燕内乱

已入主长安的西燕皇帝慕容冲派尚书令高盖率五万兵马进攻后秦，双方在新平郡大战，高盖不敌，大败。他觉得没脸回去见慕容冲了，干脆投降了后秦。

慕容冲害怕慕容垂的强大，不敢回关东，而且他本人又非常喜欢长安城，就想把都城定在这里。他命人耕田养牛，修缮宫殿，一副准备长期居留这里的样子，但大多数鲜卑将士却并不愿意，他们希望回归故里，寻找亲人，渐渐对慕容冲心生不满。左将军韩延顺顺势起兵，杀死了慕容冲，拥立将军段随为王，不想仆射慕容恒和尚书慕容永随后又杀死了段随，立宜都王慕容桓的儿子慕容觊为帝，然后他们率领鲜卑部众共四十多万人离开长安，一路东下。

慕容恒的弟弟护军将军慕容韬把慕容觊骗到临晋（今陕西大荔县）后杀死了。慕容恒大怒，和慕容韬分道扬镳。后来慕容永（慕容廆弟弟慕容运的孙子）和武卫将军刁云率兵攻打慕容韬，慕容韬不敌，又去投奔慕容恒。

慕容恒立慕容冲之子慕容瑶为帝，但众人不服，纷纷离开去投奔慕容永。慕容永起兵发动政变，杀死了慕容瑶，立慕容泓（慕容暐的弟弟）之子慕容忠为帝。慕容忠任命慕容永为太尉、守尚书令，封河东公。慕容永用人公正，执法宽严相济，众人心服口服。

慕容永率队到达闻喜县后，听说慕容垂已经建立了燕国，便怕了，不敢再前进，下令在闻喜修筑燕熙城以供居住。

这时候刁云等又突然发动兵变，杀死了慕容忠，拥戴慕容永为使持节、都督中外诸军事、大将军、大单于、录尚书事、河东王，兼雍、秦、梁、凉四州牧。慕容永派人向后燕称臣。

慕容永派人求见在平阳的苻丕，想要借道东归，但苻丕不准，于是两军在襄陵大战，前秦军队大败，前秦左丞相王永、卫大将军俱石子全都战死。

苻丕兵败，害怕被拥有三千嫡系强兵的东海王苻纂谋害，便率领数千骑兵逃向了东垣，准备攻打洛阳。晋杨威将军冯该从陕县出兵截击，力斩苻丕，还抓获了太子苻宁、长乐王苻寿，并把他们押送回了建康。晋帝司马曜免去这些人的死罪，把他们交给了在江州的苻容（苻坚的太子，后投降东晋）收留。

苻纂和他的弟弟，任前秦尚书、永平侯的苻师奴率数万部众放弃晋阳，逃到了杏城（今陕西皇陵县），其他的前秦王公、百官都被慕容永擒获。

太元十一年（386）十月，慕容永率军进入长子（今山西长子县），宣布即皇帝位。慕容永准备封苻丕的皇后杨氏为“上夫人”，杨氏不甘受辱，用剑行刺慕容永，被慕容永当场杀死。

慕容垂最小的儿子慕容柔、孙子慕容盛和慕容会等人都在长子。慕容盛对慕容柔、慕容会说：“主上已在幽州、冀州中兴复国，但国家东西分裂，我们的身份很容易引起别人的猜忌，不管我们怎么做，都难以免祸，不如及早东归，免得成为他人砧板上的鱼肉。”于是他们瞅准机会，一起逃回了后燕。

一年之后，慕容永把在留长子的慕容儁和慕容垂的子孙斩尽杀绝。

第一百九十节　吕光建后凉

当年，苻坚任命骁骑将军吕光为使持节、都督西域征讨诸军事，和将军姜飞、彭晃、杜进、康盛等人率领十万步兵、五千骑兵，以鄯善王休密驮等为向导，出兵讨伐西域。

吕光克服重重困难，率军穿越三百多里的沙漠，深入西域，焉耆等各国望风而降，唯有龟兹国（今新疆库车县）国王帛纯坚守城池，顽强抵抗。吕光围城半年多，虽然没有攻下龟兹的首府屈茨，但帛纯也已经弹尽粮绝了。帛纯派人给狯胡王送去厚礼，请求他出兵救援，狯胡王派他的弟弟呐龙率领二十多万骑兵，同时联合温宿、尉须等各王国军队共计七十多万人马，驰援龟兹。

吕光不愧为万人敌，他面对强兵毫无惧色，率军和他们在城西大战。吕光一马当先，连挑对方数员战将，联军大败，帛纯也弃城逃跑。这一仗，投降来的王国、侯国有三十多个。

吕光率军进入龟兹首府屈茨城，进城以后他大吃一惊，因为这里竟然繁华如长安，宫殿雄伟壮观，街市车水马龙。吕光安抚远近归降的西域各国，这些国家的使臣献上了汉朝时期的符节，吕光为他们更换为前秦的符节，然后立帛纯的弟弟帛震为新的龟兹王。

苻坚得到吕光平定了西域的消息，任命吕光为都督玉门以西诸军事、西域校尉，但这时候交通已经阻断，任命书无法送达。

吕光在龟兹国找到了高僧鸠摩罗什，这也是之前苻坚交代过的。鸠摩罗什家世代都是天竺国（古印度）的国相，他的父亲鸠摩罗炎天资聪明，但不贪恋荣华富贵，在将要继国相位的时候选择了出家。鸠摩罗炎东度葱岭（今帕米尔高原），至龟兹国，国王敬慕他，迎他为国师。龟兹国王有个妹妹，年方二十，非常聪明，国王逼鸠摩罗炎娶了这个妹妹，生下了两个儿子，分别名叫鸠摩罗什和弗沙提婆。

鸠摩罗什出生于晋建元二年（344），天资聪明，相貌出众，七岁的时候便和母亲一起出了家。鸠摩罗什跟随师傅学经，每天能诵读三万两千字。他十二岁的时候随母亲到外游学，二十岁的时候，龟兹王把他们接回国。后来他母亲去了天竺，留下他在继续传教。鸠摩罗什广泛讲经说法，名扬西域，西域各国都争相请他去讲经。每当鸠摩罗什到各国讲经时，各国的国王都跪在座位旁边，让鸠摩罗什踩着他们登座。

吕光强逼鸠摩罗什娶新任龟兹王的女儿，鸠摩罗什不同意，吕光把他灌醉，然后把他和龟兹王的女儿单独关在了一间房里，鸠摩罗什就这样和龟兹王的女儿有了儿女之情，不得已娶了她。

吕光看到龟兹比较富裕，有了留下来称王的想法，但鸠摩罗什对他说："这里是凶地，不可久留，您率军东返的途中自会遇到福地，到时候可以居留。"吕光听从，命人用两万多头骆驼驮上从西域得来的奇珍异宝，连同一万多匹骏马，一起东返。

听闻吕光率军东返，有人劝前秦凉州刺史梁熙，说关中已经大乱，吕光这一趟过来，目的难测，高昌太守杨翰也劝梁熙要把守险关高梧谷口和伊吾关，拒吕光等人于关外，梁熙不听。

有人把杨翰的计划传给了吕光，他感到很紧张，不敢前进，命令部队就地扎营。辅国将军杜进说："梁熙文雅有余，但见识不够，不会采纳杨翰的计谋，我们要赶快进攻。"

吕光同意，率军来到了高昌，杨翰出城投降。敦煌太守姚静、晋昌太守李纯不战而降。到了玉门后，梁熙任命儿子梁胤为鹰扬将军，与振威将军姚皓、别驾卫翰率领五万兵马在酒泉截击吕光。吕光派彭晃、杜进、姜飞作为前锋，与梁胤在安弥（今甘肃酒泉市东）交战，大败梁胤的军队，抓获了梁胤，自此，远近山区里的胡人、夷人都来投降吕光。武威太守彭济兵变，押着梁熙也来投降奔吕光，吕光命人杀死了梁熙。

吕光率军进入姑臧（今甘肃武威市），这是前凉当年的都城，建设得有一定规模，吕光在这里自任凉州刺史，同时上表推举杜进为武威太守，其他人等也各有任用。

此时，除了酒泉太守宋皓、西郡太守索泮外，凉州其他郡县全部投降了吕光。吕光大怒，率军攻破了这两个人的城池，抓获了他们，将他们处死。

主簿尉祐当时与彭济一起起兵逮捕了梁熙，所以吕光对他很信任，但尉祐公报私仇，诬陷并杀害了名士姚皓等十多人，朝臣们对此很不满意。后来吕光任命尉祐为金城太守，结果他到了允吾后竟叛变了。吕光派姜飞攻破城池，尉祐逃到了兴城。

这时候，吕光得知苻坚已被姚苌杀死，痛哭三天，命令士兵全部穿上孝衣，以此哀悼旧主。

太元十一年（386）十月，吕光在境内大赦，改年号为“大安”，改国号为“凉”。一个新的国家诞生了，史称后凉，为五胡十六国之一。

吕光平定凉州的时候，杜进立下了汗马功劳，吕光对他言听计从，任命他为武威太守。吕光的外甥石聪从关中来投，吕光问他道：“中原人对我治理凉州评价如何？”石聪回答道：“只听说杜进，没有听说吕光。”吕光一听，如鲠在喉，后来找了个理由把杜进杀了。

吕光设宴和大臣聚会，期间谈到国家治理的问题，参军段业说道：“主公用法太过严苛。”吕光不以为然，答复道：“吴起当年刻薄寡恩，却使楚国强大；商鞅执法严峻，秦国因此复兴。”段业又说：“吴起后来被杀，商鞅祸及满门，都是因为当初对人处理得太严。主公刚刚建立伟业，应该向尧舜这些先贤看齐，怎么能去效仿吴起、商鞅呢？这不是我国人民所期望的明主！”吕光一听，脸色为之一变，觉得段业说得非常有道理，起身表示了歉意和感谢。

第一百九十一节 后燕定都

当时，慕容垂久攻邺城不下，于是就率军北上，到达中山（今河北定州市）。他决定以中山作为后燕的都城，在这里正式改称皇帝，设置了文武百官，设立祭庙。他任命范阳王慕容德为尚书令，太原王慕容楷为左仆射，乐浪王慕容温为司隶校尉。

慕容垂派慕容楷、慕容麟、慕容绍、慕容宙攻打前秦冀州牧苻定、冀州都督苻绍、幽州牧苻谟和幽、平二州都督苻亮。慕容楷决定先礼后兵，他分别写信给苻定等人，分析当前形势，对他们说，投降才为上策。苻定等人很识时务，看过信后全都投降。慕容垂将苻定等人全部封为侯，说："我是以此来报答秦主（苻坚）的恩德。"

慕容垂命太子慕容宝镇守京师中山，任命赵王慕容麟为尚书右仆射，主管政府事务，然后让高阳王慕容隆向东进攻平原郡，他自己则亲率慕容德等人南下夺取土地。

慕容垂攻击宦官吴深所在的清河郡，顺利攻下，吴深逃走，慕容垂进驻蓬关陂。他和慕容隆合兵一处，派镇北将军兰汗、护军将军平幼在碻磝西四十里处渡过黄河南下攻晋，慕容隆在河北岸摇旗呐喊，为他们助威。晋守将温攀、温楷叔侄二人被吓破了胆，直接放弃碻磝，奔向温详（温楷的父亲）驻守的东阿城。平幼率军追击，两军交战，晋军不敌，温详连夜带着妻儿奔向彭城，手下的三万部队全都投降了平幼。战后，慕容垂任命慕容楷为兖州刺史，镇守东阿城。

当初慕容垂还在长安的时候，冗从仆射光祚就对苻坚说，慕容垂不会久居人下，让苻坚提防慕容垂，苻坚没在意，还转头把光祚的话告诉了慕容垂。苻丕从邺城投奔晋阳的时候，光祚投降了晋，晋廷将他任命为河北的郡太守，受温详节制。

这次的投降队伍里也有光祚，慕容垂看到他后，想起往事，顿时老泪纵横，光祚也很十分悲伤。慕容垂赐给光祚金银绸缎，光祚推辞不收。慕容垂开玩笑地说道："您依然不相信我吗？"光祚回答道："过去我只知道忠于主人，没想到陛下仍将此事挂怀于心，看来我难逃一死啊！"慕容垂笑着说道："刚才是开玩笑，你忠心耿耿，正是我所需要的。"慕容垂任命光祚为中常侍，允许他在身边行走。

慕容垂派慕容德、慕容绍、龙骧将军张崇率领两万兵马，和慕容隆会师后，一起攻打泰山郡太守张愿。他们的大军在距瓮口二十里的地方进行修整，士兵下马解鞍，添草喂料，正在这时，张愿率军突然杀来，后燕军惊慌失措，慕容德急忙逃走。慕容隆急忙命令军队就地投入战斗，两军杀得难舍难分。之后张愿之子张龟杀到，和慕容隆展开厮杀，后燕将领王末力斩张龟，张愿撤走。

慕容德狂逃一里多后停住，整顿人马回来找慕容隆，他惊魂未定地说："贼寇气焰正盛，我们应该暂缓前进。"

慕容隆说道："敌人趁我们不备杀来，但并没有占到便宜，士气大受影响，不能齐心合力，我们应该迅速攻击。"

慕容德说："全听你的指挥。"

慕容隆便命令进攻，在瓮口与张愿军展开混战，张愿军不敌，被杀死七千八百多人，张愿本人逃往三布口（今山东肥城市）。后燕军队进入历城（今山东济南市），青州、兖州、徐州的各郡县及一些民间坞堡纷纷投降。

慕容垂任命慕容绍为青州刺史，镇守历城，命慕容德班师回朝，他自己也返回中山。这时候从西燕首府长子逃回来的儿子慕容柔、孙子慕容盛、慕容会也赶到了，慕容垂非常高兴，宣布大赦。

慕容垂问孙子慕容盛道："长子的人心里是怎么想的，那座城池容易攻下吗？"慕容盛回答道："长子人心骚动，都想东归，陛下推行仁政，假以时日，我军兵临城下的时候，他们必会放下武器，主动归降。"慕容垂大喜。

慕容垂封慕容柔为阳平王，慕容盛为长乐公，慕容会为清河公。

丁零部落酋长翟真被司马鲜于乞杀害，翟真的堂兄翟辽逃走，鲜于乞又被众丁零人杀死，翟真的堂弟翟成在族人的拥戴下成为酋长。

翟辽投奔了晋黎阳郡太守滕恬之，滕恬之对他很信任，但翟辽却在暗中笼络人心，伺机夺城。后滕恬之率军出城攻打鹿鸣，翟辽趁机关闭城门。滕恬之回不了城，准备投奔鄄城而去，翟辽率军追击，生擒滕恬之，从此据守黎阳。

太元十二年（387）五月，慕容垂命章武王慕容宙监中外诸军事，辅佐太子慕容宝，留守京师，他亲自率军南下攻打翟辽。翟辽部属多是前燕子民，听说慕容垂前来，纷纷投降，翟辽一看仗没法打了，也就投降了慕容垂。慕容垂任命他为徐州牧，封河南公。

正在这时，丁零部落的另一酋长翟遥率领五千人马夜袭中山，攻陷了外城，情况十分危险。慕容宙绕到了翟遥后背，和慕容宝内外夹攻，大败翟遥，翟遥落荒而逃。

一年后，慕容垂任命太子慕容宝为录尚书事，把政务交给儿子处理，自己当起了太上皇，只有遇到大事时才亲自处理。

第一百九十二节　司马道子乱政

淝水之战大胜，谢安获得了空前高的声誉，但这引起了司马家对他的忌惮和部分官员对他的嫉妒。正在这个时候，谢安的女婿王国宝跳了出来，在皇帝司马曜面前搬弄起谢安的是非来。

王国宝是王坦之的第三个儿子，娶了谢安之女为妻。按说王国宝出身世家大族，应该会走正道，但他没有很好地遗传父亲的基因，品行不端，善于谄媚，谢安很讨厌他，所以不重用他，只任命他为尚书郎。但王国宝自认出身豪门，想到可以决定官员前途的吏部任职，谢安不准，王国宝从此对谢安心生怨恨。

司马曜的同母弟弟琅琊王司马道子的王妃是王国宝的堂妹，王国宝敏锐地察觉到司马家想压制谢安，于是便投靠在司马道子门下，并在皇帝司马曜的面前极力诋毁谢安。再加上之前一些对谢安不满的政客搬弄是非，司马曜对谢安的印象大不如从前，渐渐疏远了他。

谢安非常喜欢音乐，和音乐高手、《梅花三弄》的作者桓伊关系要好。桓伊因为淝水之战有功，被提拔为右军将军，封永修县侯。司马曜召集宴会，谢安和桓伊都在座，席间司马曜命桓伊演奏，桓伊请求让人和他合奏，得到批准，便弹着筝唱《怨诗》道："为君既不易，为臣良独难。忠信事不显，乃有见疑患。周旦佐文武，《金縢》功不刊，推心辅王政，二叔反流言。"歌词委婉凄凉，表达出曹植受到皇帝猜忌，无法排解忧伤的无限愤懑之情，这与谢安此时的处境非常相似。谢安感慨万千，不禁泪湿衣襟，司马曜也面露愧色。

谢安正在思索怎么避祸，碰巧这时候受到西燕攻击的苻坚发来求救信，于是就请求带兵前去救援，司马曜同意了。谢安要出发，司马曜亲自到西池送行，并饮酒赋诗，表面上依旧给足谢安面子。谢安率军进驻广陵郡的步丘，兴建了一座新城后居留在此。谢安一直怀有隐居东山之志，不经意间在言语就会流露出来，这次他到新城，是携全家男女老少一起来的，他准备带他们一起过世外桃源的生活，远离朝廷纷争，过太平日子。他还命人打造出海工具，准备在局势安定下来以后，就从水路东归隐居。

但天不遂人愿，不久谢安患病，请求返回京都，司马曜批准。太元十年（385）八月，谢安到达建康。八月二十二日，谢安去世，年六十六岁。司马曜亲自三次给谢安吊丧，赐下棺材、衣服、钱等，追赠太傅，赐谥号“文靖”，改封庐陵郡公。

八月二十五日，司马曜任命二十二岁的司徒琅琊王司马道子兼领扬州刺史、录尚书事、都督中外诸军事，司马道子从此大权独揽。

司马曜沉溺于美酒与美女之中，不理朝政，把朝廷事务全部交给弟弟司马道子处理。司马道子也好酒，兄弟两个经常在莺歌燕舞中喝得酩酊大醉。司马曜还崇信佛教，身边亲近的人很多都是和尚尼姑。在这样的风气之下，司马曜身边的侍从结党营私，互相说情、吃请，卖官鬻爵的价码几乎公开化。

尚书令陆纳遥望皇宫，叹息道：“这么好的家当，要败坏在小孩子们的手里了！”

左卫领营将军许营对现状也有些担忧，他上书说：“臣听说佛是清远玄虚之神，今天僧人尼姑虽然披着法衣，却连五戒都不遵从，更别说去钻研精妙的佛法了。那些无耻之徒，一面烧香拜佛，一面鱼肉百姓，以占有更多财产为实际，这也不符合佛家的布施之道。”可惜这份奏章呈上之后，如石沉大海。

司马道子一手遮天，司马曜渐渐也有些不满了，但他没有表现出来。王国宝的拍马屁功夫很到位，深得司马道子欢心，他旁敲侧击，暗示八座（尚书令、左右仆射和五个部门的头）等朝中重臣联名给司马曜上书，要求升任司马道子为丞相，兼扬州牧，假黄钺。

护军将军车胤说道：“这是周成王尊周公之礼，陛下正是壮年，怎么能和周成王相比？相王又怎么能和周公相比呢？”他称病，没有在奏章上签名。司马曜看到奏章后暴怒，对车胤予以嘉奖。

中书侍郎范宁（《后汉书》作者范晔的爷爷）、徐邈为人正直，公开批评时政，深得司马曜的信任。王国宝虽是范宁的外甥，但范宁痛恨他这个马屁精外甥，劝司马曜将王国宝罢官。袁悦之有些歪才，深得司马道子宠信，王国宝要曲线救国，就让袁悦之请尼姑妙音写信给太子司马德宗的母亲陈归女，说："王国宝为人忠诚可靠，可以引为心腹。"司马曜对他们演的这些小把戏震怒非常，找借口把袁悦之杀了。王国宝非常害怕，就和马司道子一起诬告范宁，司马曜不得已把范宁外放为豫章太守。

司马道子凭借自己的特殊身份，奢侈无度，傲慢无礼，越来越不像话，有时候喝多了，还和司马曜称兄道弟，忘记了君臣的界限，司马曜对他越来越不满意。

司马曜准备选拔一些有名望的人到州里任刺史或者镇将，培养节制司马道子的潜在力量。他问太子左卫率王雅道："朕准备重用王恭、殷促堪，你觉得他们怎么样？"王雅回答道："王恭风度优雅，端正严肃；殷仲堪谨小慎微，以文学著称。但他们都心胸狭隘，自以为是，做事不够深谋远虑。如果让他们做封疆大吏，天下太平时，还能恪尽职守，如果天下有事，他们会成为祸端！"司马曜不听。

太元十五年（390）二月二日，司马曜任命中书令王恭为都督青、兖、幽、并、冀五州诸军事，兼兖、青二州刺史，镇守京口；任命侍中王国宝为中书令，兼中领军。

第一百九十三节　苻登战姚苌

西燕东归之后，长安成了一座空城，卢水胡（少数民族的一种）的酋长郝奴趁机进驻。后秦姚苌率军讨伐，郝奴自知不敌，投了降。姚苌进入长安，正式登基称帝，封蛇氏为皇后，立长子姚兴为太子。

姚苌宴请群臣。酒至半酣，他问群臣道："当年我们一起向苻坚称臣，同为大臣，如今却成了君臣关系，你们不感到羞辱吗？"大臣赵迁回答道："老天不以陛下作为儿子为耻，我们做您的臣下又有什么可感到羞耻的呢！"姚苌一听，开怀大笑。

不久，姚苌的弟弟姚硕德率领族人前来报到，恰逢前秦秦州刺史王统投降，于是姚苌任命姚硕德为使持节、都督陇右诸军事、秦州刺史，镇守上邽。

前秦的苻丕也得到了一员猛将，就是他的堂侄子苻登。苻登率领五万大军前来，苻丕大喜，任命苻登为征西大将军、开府仪同三司、南安王，然后又任命徐义为右丞相，让王腾镇守晋阳，右仆射杨辅率军四万进驻平阳。

那年头，饥荒随时会发生，苻登对属下说："你们要英勇杀敌，我保证你们早上战斗，晚上吃肉，不用担心受饿。"每场战役打下来，苻登的军队吃饭都是"吃熟食"，就是把杀死的敌人煮熟了吃，吃饱了的士兵更加英勇能战。

苻登带兵攻打南安，顺利攻克，胡、汉百姓前来归降的有三万多户。苻登继续进军，攻击秦州的姚硕德，秦州告急，姚苌亲自带兵来解救。苻登真是员猛将，他率军英勇冲杀，大败后秦军，杀死了两万多人。苻登麾下的将军啖青一箭射中姚苌，姚苌翻身落马，受了重伤，被抢救回上邽，姚硕德接管后秦部队。

不过有了猛将加持的苻丕没有扭转自己的命运，他被西燕打败，后被晋杨威将军斩杀。得到苻丕的死讯后，苻登命令全军披麻戴孝。

苻登准备立苻丕的儿子苻懿为帝，但众人都说苻懿年幼，不能担当大任，共推苻登即位，于是苻登设立祭坛，登基为帝。

后秦和前秦不共戴天，苻登立誓要为苻坚报仇。他把苻坚的牌位放置到一辆专用的大车上，用帷幔围住，车盖是青色的，车前立有黄旗，还安排三百名虎贲将士守卫在车的四周。每遇大事，他就先向苻坚牌位报告，然后才去行动。

苻登率军五万攻击后秦。他命人在每个将士的头盔和铠甲上都刻上“死休”两个字，以激励士气，并训练士兵持短剑长矛，叫他们列成圆阵，哪缺补哪，这样一来人人都能独立战斗，又能形成合力，因此他的军队战斗力非常强大。

中垒将军徐嵩、屯骑校尉胡空各自带领五千兵众据寨自保，之前他们不得已投降了姚苌，现在听说苻登到来，又转投了苻登。当初姚苌把苻坚的尸体埋藏在他们两个营寨之间，这次他们把苻坚的尸体挖了出来，按天子礼仪举行隆重的安葬仪式。

苻登继续进军，部队到达胡空堡。

后秦姚方率军攻克徐嵩的寨垒，抓住徐嵩后将其斩首，把他的士兵全部活埋。姚苌命人把苻坚的尸体挖了出来，用皮鞭抽打数下，剥下衣服，再用荆棘包裹起来埋掉。

太元十三年（388）二月，苻登进驻朝那（今宁夏彭阳县），姚苌进驻武都（今甘肃成县）。

前秦和后秦从春天打到秋天，数次交锋，互有胜负，眼看着短时间内谁都不能取得压倒性的胜利，就都暂时罢兵返回了。

十月，姚苌到达安定，苻登心生一计，命一万多士兵在安定周围放声大哭，借以扰乱后秦军心。姚苌也别出心裁，命令自己的士兵同样大哭作为反击，苻登看到此招无效，就退回去了。

姚苌趁夜率领三万骑兵偷袭苻登的后方基地，杀死了毛皇后和苻登之子苻尚，抓获前秦战将几十人，俘虏民众五万多，大胜而回。毛皇后不但人长得非常漂亮，而且善于骑马射箭，后秦军攻来的时候，她率领几百名士兵奋勇抗击，但寡不敌众，终于被俘。姚苌本准备把她收入自己后宫，但毛皇后宁死不从，被杀。

苻登败退胡空堡。太元十四年（389）十月，苻登与前秦雍州牧窦冲、秦梁二州牧杨定、并州刺史杨政、冀州刺史杨楷约定日期，在长安城下会师。之后，他从雍城率军攻克后秦安东将军金荣所在的范氏堡，又率军渡过渭水，进攻后秦京兆太守韦范所在的段氏堡。但这是块硬骨头，无法攻克，苻登遂进驻曲牢（今陕西西安市东南）。

郑县民众头领苟曜拥有一万多部众，他派人秘密通知苻登前来，承诺自己会作为内应，苻登于是从曲牢向繁川进发，进驻马头原。

太元十六年（391）五月，姚苌率军来战，被苻登击退，后秦右将军吴忠在此战中被斩杀。姚苌命令集结部队再战，姚硕德问道："陛下平时非常谨慎，为什么今天一反常态？"姚苌回答道："从今天的情形看，定是苟曜和苻登勾结，我们应该赶在他们会师前打破他们的计划！"于是姚苌再次进攻苻登，苻登不敌，退守郿县。

苻登进攻新平郡，姚苌率军驰援，苻登撤走。苻登接着进攻安定，姚苌率军迎击。临行前他交代太子姚兴道："苟曜听说我出军，一定会来见你，你要借机把他杀死。"姚苌走后，苟曜果然到长安来见姚兴，姚兴听从父亲的话，把他杀死了。姚苌在安定城东击退了苻登，苻登退守路承堡。

姚苌之前受过重伤，加之常年征战，现在终于支持不住，得了重病。苻登听说后大喜，率大军进逼安定，在距城九十多里处扎营。姚苌趁着病情稍有好转，率军进攻苻登，大胜。苻登对天长叹道："既生登，何生苌！"

无奈，苻登只得退守雍县，姚苌撤回安定。

前秦右丞相窦冲自认为是个人才，请求苻登封他为天水王，苻登拒绝，他便起兵造反了。苻登率军进攻窦冲所在的野人堡，窦冲向后秦求救，姚苌命太子姚兴带兵进攻胡空堡，苻登只好回军解救。

太元十八年（393）十月，姚苌病重，返回长安。

十二月某日，姚苌把太尉姚旻、仆射尹纬、姚晃、将军姚大目、尚书狄伯支等人召进宫，命他们接受遗诏辅佐太子，说罢，姚苌气绝身亡，年六十四岁。太子姚兴秘不发丧，命叔叔姚绪去镇守安定，另一个叔叔姚硕德去镇守阴密。

苻登终于耗死了姚苌！

第一百九十四节 后燕灭西燕

太元十二年（387）十月，刚刚投降后燕五个月的丁零酋长翟辽又叛变了，他派军在清河郡、平原郡之间烧杀抢掠，无恶不作。结果过了三个月，翟辽又派人向慕容垂认错，请求降职归降。慕容垂对这个反复无常的小人也是受够了，一怒之下斩了来使。

太元十三年（388）二月，翟辽在黎阳自封魏天王，改年号为“建光”，设置百官。史称丁零人翟辽建立的魏国为翟魏，非五胡十六国之一。

五月，翟辽迁都滑台（今河南滑县），然后向东晋发起进攻，生擒晋荥阳郡太守张卓。

翟辽派部下故堤到后燕的冀州刺史乐浪王慕容温那里假装投降，慕容温相信并收留了故堤。太元十四年（389）十月四日，故堤找机会刺死了慕容温和长史司马驱，率领两百多户人家前去投靠西燕。后燕辽西王慕容农得到消息率军截击，除故堤逃脱外，其余人全部被抓获。

翟辽去世后，他的儿子翟钊继位，翟钊率军攻击后燕邺城，被慕容农击退。

太元十七年（392）三月，慕容垂亲自率军南下，攻打翟钊，翟钊自知不敌，向西燕求救。

西燕帝慕容永召集文武官员商议对策，尚书郎鲍遵说：“让他们先决斗，然后我们坐收渔利。”中书侍郎张腾说：“慕容垂强盛，翟钊比较弱，胜负立判，不会出现胶着的状态，所以慕容垂也不会筋疲力尽。翟钊失败后，慕容垂的下一个打击对象就会是我们，所以我们应该出兵救援。不如就采取围魏救赵之计，率军进攻中山，慕容垂一定会回军，到时候我们可以和翟钊夹击他们。”慕容永不听张腾之言。

六月，慕容垂率军抵达黎阳黄河北，翟钊严阵以待。六月十六日，慕容垂抵达距黎阳四十里的西津。他命人制造了一百多艘牛皮筏，筏上面假装装满武器和士兵，然后逆流而上。翟钊得到消息后，率军赴西津阻截。这是慕容垂的疑兵之计，翟钊一出门，埋伏起来的桂林王慕容镇便趁夜强行渡河，构筑营寨。翟辽得到消息，急行回军攻击慕容镇，但慕容镇拒不出战。这时候，慕容农已经从西津口渡河，他和慕容镇左右夹击，翟钊不敌，手下部队溃不成军。他携带妻儿率众逃入白鹿山，占据有利地形，分兵把守，后燕军无法入内。

慕容农道：“翟钊缺粮，在山里一定待不久，我军在外埋伏，留下斥候侦察。”翟钊看慕容农领兵撤走，果然率军出山，结果被慕容农包围个正着。翟钊单人独骑逃脱，部下全部被俘，翟魏灭亡。

翟钊逃入长子，慕容永收留了他，任命他为车骑大将军、兖州牧，封东郡王。一年后，翟钊又图谋反叛西燕，被慕容永斩杀。

当初，郝晷、崔逞、崔宏、张卓、夔腾、路纂等人为前秦官员，前秦大乱后，他们投靠了东晋，司马曜任命他们为冀州下辖郡的郡太守（空有头衔），让他们各自带领自己的部众在黄河南岸驻扎，结果翟魏兴起后，他们又投了翟魏，这次翟钊失败，他们又投靠了后燕，慕容垂对他们分别予以任用。

慕容垂任命章武王慕容宙为兖州和豫州刺史，镇守滑台；崔荫为慕容宙的司马；自己的侄儿彭城王慕容脱为徐州刺史，镇守黎阳。太元十七年（392）七月，慕容垂到达邺城，任命太原王慕容楷为冀州牧，右光禄大夫馀蔚为左仆射。十二月，慕容垂返回首府中山，任命辽西王慕容农为都督兖、豫、荆、徐、雍五州诸军事，镇守邺城。

太元十八年（393）十月，慕容垂召集文武大臣，只为讨论一个议题——讨伐西燕。很多大臣都说：“慕容永跟我们井水不犯河水，我们连年征战，已经人困马乏，不宜再发动战争。”慕容德不同意，他说道：“慕容永只是先帝血脉里很远的一枝，现在他却登上了帝位，我们就应该把他消灭，以正视听。尽管士兵需要休养，但我们非这样做不可。”

慕容垂赞赏道："范阳王（慕容德）的意见和我的一致，尽管我已经年迈，但即使用口袋里剩余的一片废纸上的谋略，也足以平定慕容永了。我们不能把这个麻烦留给子孙。"

十一月，慕容垂调动京师的七万兵马，派镇西将军丹杨王慕容瓒和龙骧将军张崇等从井陉出发，攻击西燕武乡公慕容友（慕容永的弟弟）所在的晋阳；又派征东将军平规攻击西燕镇东将军段平所在的沙亭。西燕慕容永得到战报，派尚书令刁云和车骑将军慕容钟率领五万大军进驻潞川以作防守。

十二月，慕容垂到达邺城，他命清河公慕容会镇守邺城，然后征调司、冀、青、兖四州兵力，派慕容楷率一路从滏口进攻，派慕容农率一路从壶关进攻，慕容垂亲率大军从沙亭进攻，各军同时进发。

慕容永得到慕容垂倾全国之力来攻的消息，分派了几路兵马把守要道，然后命军队把辎重粮草集中存放在台壁，派自己的侄儿征东将军慕容逸豆归（小逸豆归）、镇东将军王次多、右将军勒马驹等率一万精兵过去守卫。

慕容垂来势汹汹，但进驻邺城西南已经一个多月了，却没有动静，不派兵出来挑战，也不向前推进，这让慕容永很怀疑慕容垂是另有企图。他觉得太行陉（即太行道，今河南沁阳市）历来是著名的"兵要首地"，道路也较为平坦宽阔，就断定慕容垂的大军会从太行陉杀过来，于是把主力部队都派到太行陉和轵关（今河南济源市西二十二公里处）驻防，封锁道路，只留下少量部队镇守台壁。

太元十九年（394）四月二十日，慕容垂突然率大军出滏口陉（今河北邯郸市），直入天井关（太行山的最南部），攻击西燕的后勤重地台壁。

五月一日，后燕的军队到达台壁。慕容永得到消息，立即派堂兄太尉慕容逸豆归（大逸豆归）率五万兵马前来支援，但这支援军被后燕宁朔将军平归击退。

西燕征东将军慕容逸豆归（小逸豆归）出兵叫阵，被慕容农打得落荒而逃。慕容农还力斩勒马驹，生擒王次多，包围了台壁。

慕容永这会儿才明白过来——原来是慕容垂要进攻的是台壁！他十万火急地把驻守在太行陉的部队调回，还凑齐了五万精兵，自己亲自率领，在河曲凭借黄河天险列阵。但这时候，防守潞川的西燕尚书令刁云和车骑将军慕容钟已经被后燕的气势吓破了胆，他们感到慕容永时日无多，明智地选择了投降后燕。慕容永得到他们投降的消息，暴跳如雷，把他们的妻儿全部杀死。

五月十五日，慕容垂在台壁南列阵，并派骁骑将军慕容国率一千多精锐骑兵到山涧中埋伏。十六日，慕容永主动叫阵，慕容垂率军出击，同为鲜卑慕容的两军展开生死决战。打着打着，后燕军渐渐不敌，鸣金收兵，慕容垂率军逃走。见此，慕容永哈哈大笑道："看来慕容垂名过其实，不过如此！看你往哪里逃，明年的今日就是你的祭日！"

慕容永率军在后追赶，跑了几里路后，慕容国突然从山涧中率精骑杀出，切断了慕容永的退路。这时候，慕容楷、慕容农也率军赶来，慕容垂也迅速回军，几支部队联合夹击西燕军。西燕军哪里能架得住这么围攻，大败，被杀死八千多人，慕容永率残兵逃回长子。西燕的武乡公慕容友留守晋阳，得到慕容永大败的消息便弃城逃走了，后燕丹阳王慕容瓒占领了晋阳。

慕容垂挥师包围长子，慕容永看到城池难保，准备投降后秦。这时，侍中兰英给他鼓劲道："当年石虎以优势兵力包围了龙城，太祖（慕容皝）率军死守，不言放弃，终于战胜了石虎，奠定基业。如今，慕容垂已垂垂老矣（年六十九），不会长期围城不走。我们要坚守城池，以拖待变。"慕容永一听兰英说得有道理，就不逃了，命人加强巡逻，严防死守。

慕容永派儿子常山公慕容弘等携带一颗玉玺作为信物，前往东晋雍州刺史郗恢处，请求他发兵来救。郗恢上奏朝廷，晋帝司马曜派青、兖二州刺史王恭和豫州刺史庾楷率兵救援慕容永。

慕容永为表诚意，派儿子慕容亮去东晋做人质。可是慕容亮走到半路，就被后燕平规抓获。慕容永又向北魏求救，魏王拓跋珪命陈留公拓跋虔和将军庾岳率领五万兵马前去营救。

东晋和北魏援兵还在路上的时候，慕容逸豆归（大逸豆归）却已经丧失信心了，他打开城门，迎接后燕军进了长子。后燕军顺利地抓获了慕容永，把他送到慕容垂面前，慕容垂命令将他推出去斩首，然后又处死了刁云、慕容逸豆归（大逸豆归）等三十多位西燕重臣。

后燕接收了西燕的八个郡和七万多户百姓，收缴的珠宝、美女、乐器等数不胜数。立国十一年的西燕就此亡国。

慕容垂任命丹杨王慕容瓒为并州刺史，镇守晋阳；宜都王慕容凤为雍州刺史，镇守长子。西燕的尚书仆射屈遵、尚书王德、秘书监李先、太子詹事封则、黄门郎胡母亮、中书郎张腾、尚书郎公孙表等，慕容垂都重新任命了官职。

九月，慕容垂率军从长子返回邺城。

第一百九十五节　西秦灭前秦

西秦国王乞伏国仁要开疆拓土，率领三万兵马攻打鲜卑酋长密贵、裕苟、提伦等驻守的六泉（今宁夏固原市境内），前秦安定都尉没奕干、平凉太守金熙瞅准时机，半路袭击西秦军队。两军在渴浑川展开大战，没弈干、金熙不敌大败，被杀死三千多人。没弈干、金熙逃走，鲜卑的三个部落全部归降西秦。

乞伏国仁又击败了鲜卑部落酋长越质叱黎，抓获了他的儿子越质诘归及部落五千多人。不久，越质诘归反叛，乞伏国仁的弟弟乞伏乾归出兵把他打服，越质诘归再度归降。乞伏乾归把皇族中的一个女儿嫁给了越质诘归，想使他死心塌地给自己效命，不再反叛。

太元十三年（388）年六月，乞伏国仁去世，共在位四年。因乞伏国仁的儿子乞伏公府年幼，文武官员拥戴乞伏乾归为大都督、大将军、大单于、河南王。乞伏乾归登位，下令大赦，立边氏为王后，立长子乞伏炽磐为太子。乞伏炽磐天生勇猛，处事果断，应变能力强，谋略过人。同时，他任命出连乞为丞相，镇南将军、南梁州刺史悌眷为御史大夫，其他人等也各有任用。之后，乞伏乾归把国都由勇士城迁到金城（今甘肃兰州市）。

乞伏乾归攻击侯年部落，大胜，秦州、凉州的鲜卑人、羌人、匈奴人纷纷来降，乞伏乾归按照他们的才能，都加以任用。居于枹罕（fúhǎn，今甘肃临夏县附近）的羌人酋长彭奚念投降乞伏乾归，乞伏乾归任命他为北河州刺史。休官部落酋长权千成受到前秦的压力，也向乞伏乾归投降，乞伏乾归任命他为东秦州刺史、休官大都统，封显亲公。

太元十九年（394）正月，前秦皇帝苻登得到仇人姚苌已经去世的消息，大喜，对群臣说道：“姚兴这个乳臭未干的小子，我即使是拿一根树枝子都能打败他。”他从首府南安率军东进，命司徒安成王苻广镇守雍城，太子苻崇镇守胡空堡。

四月，苻登率军攻打废桥，后秦始平郡太守姚详和姚兴派来的仆射尹纬顽强抵抗，两军展开激烈战斗，前秦军不敌，败退回大营。就在当天夜里，前秦军突然发生了夜惊，士兵四散奔逃，苻登制止不住，只得骑快马逃向雍县。防守雍县的苻广和防守胡空堡的苻崇听说苻登战败，吓得放弃城池而逃。苻登没有办法，只得又逃往平凉。这时候，残兵败将不断聚拢过来，苻登率领他们进入马毛山（今宁夏固原县南）。

苻登派儿子汝阴王苻宗到西秦做人质，并把自己的妹妹许配给乞伏乾归，请求他派兵支援。乞伏乾归派前军将军乞伏益州率两万精骑前去救援。

太元十九年（394）七月，苻登率军出山去迎接乞伏益州的援军，但这个消息被后秦皇帝姚兴获知，他率军从安定直扑泾阳，与苻登的军队在马毛山南遭遇，展开激战。前秦军不敌，大败，苻登也被生擒。姚兴对苻登恨之入骨，命人立即推他出去斩首。苻登死时五十二岁，在位九年。

姚兴就地解除了苻登部队的武装，让他们回乡务农，然后把阴密的三万户人家迁到长安，把苻登的李皇后赏赐给了仆射姚晃。

前秦太子苻崇逃奔到湟中（今青海西宁市湟中县），在那里登基称帝。

乞伏益州走到半路，听说苻登已经被杀的消息，便带军回去了。

十月，乞伏乾归驱赶苻崇，他无奈投奔了上邽的陇西王，苻坚的女婿杨定。杨定命司马邵疆留守秦州，亲自率领四万大军，和苻崇联合讨伐乞伏乾归，乞伏乾归派凉州牧乞伏轲弹、秦州牧乞伏益州、立义将军越质诘归等大将率三万骑兵迎战。

乞伏益州和杨定在平川一带遭遇，展开大战，乞伏益州大败。乞伏轲弹和越质诘归感到畏惧，带军后撤。

乞伏轲弹的司马翟瑥（wēn）看到部队这么窝囊，很恼火，他拔出佩剑，大喊道：“主上英明神武，开创基业，所向披靡，声威震撼秦、蜀。将军是乞伏宗室，又是主帅，应该誓死报效国家。秦州军虽然失败，但我们两支大军得到保全，怎么可以一见形势不利就一走了之？这样你们又有什么面目去见主上呢？翟瑥尽管不才，也敢在情急下诛杀大将！”

乞伏轲弹听了翟瑥一席话，也深感惭愧，连忙道歉道：“我终于了解到了大家的心思。如果大家都像您一样，我又岂会顾惜生命！”

乞伏轲弹率军再赴战场，乞伏益州和越质诘归也率军紧跟。两军再战，前秦军大败，杨定和苻崇被杀，士兵被杀死一万七千多。经此一役，西秦占领了全部的陇西郡。

至此，五胡十六国中的前秦宣告灭亡，立国四十四年，历任共六任国君：苻健、苻生、苻坚、苻丕、苻登和苻崇。

拾伍 慕容氏

第一百九十六节 参合陂之战

后燕皇帝慕容垂灭了西燕后，又命辽西王慕容农率军东渡黄河，和安南将军尹国合兵一处，攻打东晋的青州、兖州地区。慕容农攻克了廪丘，尹国攻克了阳城，晋东平太守韦简战死，高平、泰山、琅琊等郡太守弃城逃跑。慕容农乘胜进军到东海，任命了太守、县令后回师。慕容垂取得了空前的胜利，亲自到龙城祭告祖庙，向祖先报告胜利的消息。

太元十九年（394）十一月，慕容农大败东晋的幽州刺史辟闾浑，进入临淄。十二月，慕容垂召回慕容农。

太元二十年（395）五月，北魏拓跋珪派兵侵犯后燕边境，进行掠夺。北魏敢在太岁头上动土，这让慕容垂很愤怒，他决定给拓跋珪一个教训，让他长长记性。

五月，慕容垂命太子慕容宝、辽西王慕容农和赵王慕容麟等统率八万大军挺进五原（今内蒙古包头市），又派范阳王慕容德和陈留王慕容绍率领一万八千人作为后援。

这里要对慕容宝做一简要介绍。慕容宝，字道祐，是慕容垂的第四个儿子，年轻的时候喜欢听奉承话，等做了太子，他也开始注意加强个人修养，读了不少儒家经典著作。他的文章写得漂亮，口才也好，又比较注重打点慕容垂的近臣，这些人便不断在慕容垂那里说慕容宝的好话。慕容垂对慕容宝比较满意，认为他能光大祖宗事业。

散骑常侍高湖劝慕容垂道：“几代以来，魏都和我们结为姻亲，他们有困难的时候，我们曾经给予他们帮助，两国关系一直不错，只是四年前出现了一些误会①，但

① 公元391年，拓跋珪派弟弟拓跋觚到后燕进贡，后燕扣留了拓跋觚，要求用良马交换，拓跋珪拒绝，两国因此断交。

责任在我方，两国关系应该修复，不宜出动大军讨伐。拓跋珪自小历经磨难，有勇有谋，不能轻视，但太子正值盛年，立功心切，定会蔑视敌人，如此，战端一开，不好预料，如果进展不顺，恐怕不好收场。请您三思后行！”高湖越说越激动，话音调门不自觉地升高了，慕容垂听着很刺耳，一气之下，把高湖削职为民。

拓跋珪得到后燕大军前来的消息，召集群臣议事。长史张衮说道：“近来，慕容垂先后灭了丁零和慕容永，正陶醉在胜利之中，骄傲自满。现在我们应该示弱，这样一来，他们会更加得意忘形，到时我们再伺机而动，把他们一举歼灭。”拓跋珪表示赞同。他下令把军队和牛羊等家畜向一千里外的地方转移，又派右司马许谦向后秦求援。

慕容宝雄赳赳气昂昂率大军抵达了五原，当时就有三万多户过来投降。他命令收割粮食，收了有一百多万斛，又命修筑黑城作为据点，同时建造大小船只，为渡河做准备。

时间一晃到了八月，拓跋珪也命令部队向黄河南集结。九月，拓跋珪的部队开到了河边。

慕容宝下令准备渡河。当后燕军队已经陆续登上战船的时候，突然刮起了一阵大风，把装载有三百多名士兵的几十艘战船吹到了对岸，全成了北魏的俘虏。拓跋珪要和慕容宝打心理战，就命令把这些俘虏全数释放。

慕容宝率军从中山出发的时候，已经七十岁的慕容垂正卧病在床。拓跋珪派数人埋伏在中山和五原之间的必经之路上，专门守候信差，经过一个抓一个，慕容宝和首府中山的通信就这样断绝了。如今，慕容宝已经几个月没有中山那边的消息了，他对父亲慕容垂的病情也不了解。

拓跋珪威胁抓获的信差，命他按照自己说的做。信差来到河边，冲慕容宝大喊道：“你父已经病故，请速速返回！”听到慕容垂去世，后燕军中顿时炸开了锅，虽然将信将疑，但慕容宝和众将领也开始焦虑不安。

拓跋珪命陈留公拓跋虔率五万骑兵驻扎河东，东平公拓跋仪率十万骑兵驻扎河北，略阳公拓跋遵率七万骑兵沿河巡逻，防止后燕军南渡。这时，后秦姚兴得到求救信，命杨佛嵩率军前来支援拓跋珪。

后燕军中的术士靳安对慕容宝说：“天时不利我方，应该迅速撤退，避免全军覆没。”慕容宝不理他。靳安出来后，叹息道：“我们都将抛尸荒野，回不了家了。”

两军在两岸对峙了有二十多天，赵王慕容麟的部将慕舆嵩等人认为慕容垂是真死了，便在一起密谋，准备杀死慕容宝，拥戴慕容麟为帝，但消息被慕容宝获得，慕舆嵩等人全被抓起来处决了。人是死了，但这件事的发生，也让慕容宝与慕容麟的关系出现了裂痕。

天气越来越冷，慕容宝认为这仗没法再打下去了，于是在太元二十年（395）十月底，他命烧毁战船，准备趁着夜色掩护，悄悄回师。当时河边上只有浮冰，还没有完全结冻，慕容宝认为北魏军无法在短时间内渡河，所以也就没有安排掩护部队。哪承想，十一月三日突然刮起了一阵大风，气温骤降，河面在一夜之间被冰封。拓跋珪大喜道：“天助我也！”他优中选优，挑选了两万精骑兵由他亲自率领，一队人轻装过河北上，追击后燕军。

后燕军撤退到参合陂（今山西阳高县东北）的时候，突然狂风大作，一道黑气袭来，笼罩全军。高僧支昙猛对慕容宝说道：“这团云气来得迅猛，看来是魏军将要来到，请您派部队在后埋伏。”但慕容宝不以为然，只是笑了笑，没有答话。支昙猛还是不停请求，慕容麟在旁生气地说：“殿下英明神武，我军强盛，就是借给索头（拓跋）胆子，他们也不敢来！支昙猛惑乱军心，应该斩首。”支昙猛还不死心，他流着泪说道：“苻氏当年雄兵百万，照样在淮南遭受失败，这是轻敌所致啊！”慕容德也劝慕容宝应该听信支昙猛的建议，慕容宝无奈，只好命慕容麟率三万精骑殿后。

慕容宝谁也不选，偏偏选中了和他已经有了嫌隙的慕容麟，真是天意。慕容麟命令部队边行军边打猎，并不做警戒。慕容宝又派斥候去探听北魏军的动向，但这些人走了十几里就不再走，下马睡觉去了。

拓跋珪率军昼夜不停地急行军，在十一月九日抵达了参合陂西。这时，后燕军在参合陂东的蟠羊山南河旁扎营，他们竟然没有发觉魏军的到来。

拓跋珪连夜分兵派将，为防止出声惊扰到后燕军，他命令士兵口中衔枚，还把战马的嘴捆上，悄悄地向后燕军营地靠近。十一月十日，天刚微微亮，北魏军登上了山头。

天亮了，后燕士兵也陆续起床，准备拔营继续行军，他们中有人突然抬头，看见了北魏的军队，顿时被惊得“啊”的一声。大家循声观看，见到漫山遍野的北魏骑兵，立即撒腿就跑，惊慌失措地乱作一团，场面极度混乱，慕容宝根本制止不住。

拓跋珪马鞭一指，大声下令道：“攻！”北魏千军万马俯冲下去。背后是山，前面是河，后燕士兵无路可逃，纷纷往河里跳，被杀死的、被淹死的数以万计。

拓跋遵率军切断后燕军的退路，后燕军四五万人眼看上天无路入地无门，纷纷放下武器投降，逃走的不过数千人。慕容宝的马跑得快，侥幸逃走。

这一次，后燕的右仆射陈留悼王慕容绍在乱军中被杀，鲁阳王慕容倭奴、桂林王慕容道成、济阴公慕容尹国等数千文武官员被擒。北魏缴获的粮草辎重等数不胜数。

拓跋珪从俘虏中选拔了贾闰、贾彝、晁崇等人据为己用，剩下的则发给他们衣服粮饷，让他们回国。拓跋珪这么做在于收揽人心，做长远打算。

拓跋珪听取了中部大人王建的建议，为了消灭后燕的有生力量，把俘虏的四五万后燕将士统统活埋。这是继白起坑杀四十万赵军、项羽坑杀二十万秦军之后，中国历史上第三次大规模坑杀降卒事件。

第一百九十七节　慕容垂去世

慕容宝率领残兵败将回到首都中山，走的时候是八万，回来却只剩万把人，中山城笼罩在一片悲痛之中。慕容垂在病床上气得差点吐血，狠狠地训斥了慕容宝一通，但人死不能复生，除了接受现实，慕容垂也没有别的办法。

慕容宝认为是自己轻敌，受到埋伏，这才造成大败，如果是正面接触，他一定会把北魏军打得落花流水。他感到屈辱、愤懑，多次向老爹慕容垂请求再伐北魏，但慕容垂不答应。倒是慕容德对慕容垂说道："魏军在参合坡取得胜利，现在一定很轻视太子，陛下应该趁机出兵讨伐，把他们打服，否则定会养虎为患。"慕容垂想了想，同意了。

慕容垂任命自己欣赏的皇孙慕容会为录留台事，兼幽州刺史，接替高阳王慕容隆镇守龙城；任命阳城王兰汉为北中郎将，接替长乐公慕容盛镇守蓟县；又让慕容隆、慕容盛率领全部精锐部队，回到首都中山。他是准备在来年对北魏发动灭国大战。

慕容垂命征东将军平规征发冀州百姓充军，平规竟然造反了，慕容垂亲征，平规逃跑。

太元二十一年（396）三月二十六日，慕容垂强撑病体，命弟弟慕容德镇守首府中山，自己则亲率大军秘密出发。他兵行险着，率军翻过青岭（今河北易县五回山），穿越陡峭的天门（五回山南），万分艰难地开凿山路，疏通道路，直赴云中。

慕容垂到达猎岭，命慕容农、慕容隆攻打由拓跋虔镇守的平城（今山西大同市）。平城疏于防备，慕容隆带来的龙城精锐又十分勇猛，拓跋虔仓促出城迎战，不敌被杀，后燕军俘虏了拓跋虔统领下的三万多户人家。

拓跋虔是员猛将，天生神力，武力惊人，连他都被杀了，拓跋珪听说后，吓得半晌说不出话来。他首先想到的是逃跑，准备放弃首府盛乐，远逃北方。部下众将得到消息后也都惶恐不安，准备逃亡。

慕容垂率军经过参合坡，看到之前被歼灭的众将士尸体堆积如山，白骨累累，便命人摆下香案，下马俯身祭奠，老泪纵横。面对如此凄惨的景象，将士们再也强撑不住，放声痛哭。几万人的部队一起哭，哭得是天昏地暗，山谷上的树枝都在颤动。

慕容垂又悲又愧又怒又急，突然一口鲜血喷将出来，晕倒在地。众大臣赶紧把他抬上担架，放上马车，送到平城西北三十里的地方静养。慕容宝得到消息，率军从前方撤回。随军大夫紧张抢救，但十天过去了，慕容垂的病情仍不见减轻，反而更加严重。仗没法再打下去了，后燕在平城西北修筑了燕昌城后班师回朝。

四月十日，行进到上谷郡沮阳县（今河北怀来县小南辛堡镇大古城村）的时候，慕容垂病逝，年七十一岁，在位十三年。

慕容宝秘不发丧，大军继续前进。四月二十三日，大军回到了后燕京师中山。四月二十五日，慕容宝对外发布慕容垂死讯，境内哀悼。四月二十九日，慕容宝继位称帝，大赦，改年号。

五月九日，慕容宝任命慕容德为都督冀、兖、青、徐、荆、豫六州诸军事，兼车骑大将军、冀州牧，镇守邺城；任命慕容农为都督并、雍、益、梁、秦、凉六州诸军事，兼并州牧，镇守晋阳；任命库傉官伟为太师，馀蔚为太傅。五月十二日，又让慕容麟兼任尚书左仆射，慕容隆兼任右仆射，慕容盛为司隶校尉，慕容凤为冀州刺史。

当初，慕容垂的段王妃（被慕容儁的可足浑皇后害死）生下了儿子慕容令、慕容宝，小段皇后（段王妃的堂妹）生下了儿子慕容朗、慕容鉴，但慕容垂并不喜欢大小段氏生下的这四个儿子，却喜欢别的嫔妃生的慕容麟、慕容农、慕容隆、慕容柔、慕容熙。

慕容宝刚开始被立为太子的时候还比较注意名声，后来就暴露了贪玩的本性，朝野上下对他很失望。小段皇后曾经对慕容垂说："太子恐怕不具保住祖宗伟业的才能，应该从辽西王（慕容农）与高阳王（慕容隆）中选择一个立为太子。赵王慕容麟奸诈狡猾，自以为是，恐怕会成为祸患，应该尽早除掉。"慕容垂不听，说道："你准备让我学姬诡诸[1]吗？”小段皇后一听就哭了，慕容垂又安慰了她一番。

小段皇后去找妹妹，也就是慕容德的段季妃诉苦，说道：“太子无德无能，朝野尽知，我也是为国家着想才直言相告，皇上却把我当成了骊姬。范阳王气度非凡，也许是国家的希望所在。”这些话很快就传到了慕容宝和慕容麟的耳朵里，他们对小段皇后恨之入骨。

慕容宝登基后，想到了小段皇后的这些话。五月二十三日，他派慕容麟去见小段皇后，对她说道：“你过去说皇上不行，保不住祖宗基业，现在皇上登基了，你还有什么好说？你最好自我了断，方能保住段家满门！”

小段皇后也是个烈性子，大怒道：“你们兄弟这样轻易地就要逼死继母，还谈什么保守祖宗大业？我岂是贪生怕死之人，只是可惜国家离灭亡不远了！”说罢，她便自杀身亡了。

---

① 春秋时期的晋献公。他听了小老婆骊姬的话，杀了太子姬申生。

第一百九十八节　司马曜被闷死

前文我们已经说过，司马曜喜欢美酒和美女，在后宫日日豪饮，夜夜笙歌，整天迷迷糊糊的，清醒的时候很少，几乎不上朝理政，众文武大臣想见他一面都难。

后宫佳丽三千，其中数张贵人最为得宠。张贵人比司马曜小五六岁，十四岁就被挑选进入宫中，她不但人长得美，而且善于攀附，深得当时受宠的淑媛陈归女的欣赏，陈归女把她推荐给皇帝司马曜，司马曜一见就神魂颠倒，当晚临幸了她。

很多人都说，酒桌上怕碰到三种人：红脸蛋的，拿药片的，梳小辫儿的。这三种人如果喝起来，一般都特别能喝，普通人都不是对手，最后一种"梳小辫儿的"，就是指女人。张贵人就有这个"优点"，她酒量很大，可以说是千杯不醉，司马曜每次喝酒，必定会让张贵人作陪，两个人夫唱妇随，好不痛快。虽然后宫美女如云，但司马曜对张贵人情有独钟，兴趣不减，后宫佳丽对张夫人都敬而远之。

太元二十一年（396）九月二十日傍晚，司马曜如往常一样在后宫大摆宴席，音乐响起，舞池里舞女们扭动水蛇腰，步态轻盈，煞是迷人。司马曜和张贵人等频频举杯，酒至半酣，司马曜突然对着年近三十岁的张贵人开玩笑道："以你的年龄，该退居二线了，我更喜欢年轻的。"司马曜说完，继续豪饮，没当回事，可是张贵人却咽不下这口气。女人最怕有人说自己老，这还是在大庭广众之下，张贵人也没心喝酒了，坐着生闷气。

酒宴散去之后，司马曜已经酩酊大醉，不省人事，被宦官们抬着进了张贵人寝宫过夜。张贵人这时候也已经酒精上头，但她酒量大，还保持了几分清醒，就是越想司马曜说她老的话就越气，越想就越想不开，她突然萌生了一个可怕的念头，这个念头刚出现的时候也吓了她一跳，但又一想，与其等着被废黜，在凄凉中死去，不如先下手为强，说不定还能峰回路转。

张贵人主意拿定，便把御酒赏赐给宦官们，让他们今晚尽情喝酒，不用再值班，宦官们乐呵呵地拿着酒退出去了。张贵人命亲信婢女拿被子把司马曜的头给蒙上，司马曜醉着，也无力反抗，哼哼了几声，腿蹬了几下，就断气了，死的时候三十五岁。

事后，张贵人用重金打点后宫众人，让他们众口一词，对外面宣称是“皇帝睡觉的时候梦见鬼了，在惊叫中驾崩”。张贵人真是个不简单的女人，胆大心细，把事情做得滴水不漏。当时主政的是会稽王司马道子（司马曜的亲弟弟），他非常昏庸，只顾喝酒弄权，对司马曜的死因也不去深究，事情就这么过去了。后司马曜被安葬在隆平陵，史称晋孝武帝。此后，史书上再找不到张贵人的资料，估计也是善终了。

因为中书省负责起草诏书，中书令王国宝深夜得到消息后，赶紧来到后宫，叩门请求入内，准备撰写遗诏。侍中王爽（王恭的弟弟）拒绝他入内，他说：“皇帝驾崩，太子未到，其他人等胆敢入内的，格杀勿论！”王国宝没办法，转头回家了。

九月二十一日，十五岁的太子司马德宗登基，大赦天下。

司马德宗名德宗，字德宗，是孝武帝司马曜的长子，母亲为淑媛陈归女，生于太元七年（382），于太元十二年（387）八月被立为太子。司马德宗是中国历史上另一个著名的“傻”皇帝，比晋惠帝司马衷更加不堪，甚至傻到分不清春夏秋冬，穿也不知道冷热，吃也不知道饥饱，吃喝拉撒都需要人照顾，他的亲弟弟琅琊王司马德文（年十一）总是从旁尽心照顾他。

九月二十三日，司马德宗应有司请求，任命会稽王司马道子为太傅，兼扬州牧，假黄钺。司马道子掌握大权，朝廷大小事务都得向他请示。

当初，王国宝依附司马道子，后来他察言观色，发现皇帝司马曜对司马道子不满意，又转而去攀附司马曜。王国宝的拍马屁功夫十分了得，司马曜被他迷惑，对他非常亲近，这让司马道子非常气愤。有一次，激动的司马道子用剑投掷王国宝，此后两个人形同陌路。司马曜驾崩后，王国宝失去靠山，就又把目光转向了司马道子。他和堂弟琅琊郡太守王绪使尽浑身解数，又把司马道子拍得神魂颠倒，司马道子再次把王国宝引为心腹，重新让他参与朝廷决策。

身兼兖、青二州刺史的王恭出身于太原王家，是名门之后，他为人严正，讨厌溜须拍马之徒，经常当面劝谏，朝中包括司马道子在内的很多人都对他相当忌惮。王恭回朝参加孝武帝司马曜的葬礼，退朝后，他叹息道："房屋和梁虽然都是崭新的，但我却有今不如昔的感觉！"

司马道子有意要结交王恭，化解矛盾，但几次谈话过后，他感觉王恭不可能和自己同心，便暗下决心，要除掉王恭。

也有人劝王恭利用进京的机会，起兵诛杀王国宝等人，但因为顾忌王国宝的死党、手握强兵的豫州刺史庾楷，他不敢行动。

第一百九十九节　秃发乌孤建南凉

当年，匈奴冒顿单于击破东胡，东胡分裂，鲜卑秃发部的首领匹孤率领部族到了今天的甘肃中西部及内蒙古西部一带，自称河西（黄河之西）鲜卑。匹孤死了后，他儿子寿阗（tián）继承了他的位置。因为寿阗的母亲睡觉的时候在被子上生了他，鲜卑称被子为“秃发”，所以后来这个部族就用“秃发”作为姓氏了。

西晋泰始六年（270）的时候，秃发部首领秃发树机能起兵反晋，先后杀死了西晋的三位凉州刺史，搅得西晋乱了十年，终于被名将马隆给扑灭，秃发树机能也被杀死。后树机能的堂弟务丸统领了部众，务丸死后，其孙推斤继位，推斤死后，其子思复鞬继位。思复鞬是个有作为的酋长，在他统治期间，秃发部落的人马逐渐强盛起来。思复鞬去世后，他的儿子乌孤继位。秃发乌孤非常勇猛，心怀大志，他鼓励农耕养蚕，大力招揽人才，注重军队训练，和近邻修好，部落蒸蒸日上。

后凉三河王吕光准备把秃发乌孤的部落收编了，派使者传令，任命秃发乌孤为冠军大将军、河西鲜卑大都督、广武县侯。秃发乌孤召集部下商量，他问道：“吕氏从大老远派人过来授予我官职，我应该接受吗？”部下众口一词道：“我们兵强马壮，为什么要依附别人，听别人差遣？”

秃发乌孤一听，正待点头，往座下观瞧，却见部将石真若留若有所思，没有附和大家的发言，便问他道：“你在担心什么，是不是害怕吕光？”

石真若留回答道：“目前我们根基未稳，和吕光军队的差距相当大，且吕光治国有方，国内一片祥和，识时务者为俊杰，您应该接受吕光的官职，韬光养晦，以待时日。如果拒不接受，吕光派军来攻打我们，到时候恐怕后悔也来不及了。”

秃发乌孤听得真切，感觉石真若留句句在理，就接受了吕光授予的官职。

秃发乌孤派兵讨伐不听话的乙弗、折掘两个部落，大胜。他命部将石亦干建造了廉川堡（今青海海东市民和回族土族自治县川口镇西北史纳村），把他们全部安置在那里居住。

秃发乌孤登上廉川的大山，俯瞰脚下大地，默默无语，流下了眼泪。石亦干揣摩主君的心思，说道："大王暗自伤神，是因为吕光吗？吕光已经老了，在走下坡路，我们现在逐渐强大，占据有大川，将士们可以以一顶百，还害怕个什么吕光！"

秃发乌孤说道："祖宗当年用恩德召唤四方，即使卢陵、契汗也从万里之遥前来归附，但到了我继承祖业，各部不断背叛，近邻安抚不住，远方的更没有依附我们的理由，这是我流泪的原因。"

部将苻浑说道："大王应该整饬军队，讨伐他们。"

秃发乌孤同意，派军一一讨伐，把各部打得大败。吕光得知，封秃发乌孤为广武郡公。之后，秃发乌孤又征服了意云鲜卑。

吕光登上天王宝座，建立后凉，又派使者任命秃发乌孤为征南大将军、益州牧，封左贤王。

秃发乌孤对使者说道："吕王当年靠着武力占有了凉州，但他不能以德服人，以仁义对待百姓，他的儿子们皆是贪得无厌之辈，三个外甥又肆意施暴，百姓充满怨恨，我怎么能违背百姓心意，去接受不义的爵位？帝王之道，有德则昌，无德则亡，我将顺天应人，做天下之主。"他留下乐队和仪仗，把使者打发走了。

隆安元年（397）正月，秃发乌孤自称大都督、大将军、大单于、西平王，颁布大赦。史称秃发乌孤建立的国家为南凉，为五胡十六国之一。

秃发乌孤在广武（今甘肃永登县）集结兵马，攻克后凉的金城。吕光派将军窦苟率军讨伐，两军在街亭大战，后凉不敌，大败。

第二百节　后燕再战北魏

北魏在参合坡取得大胜，一代英才慕容垂又吐血身亡，魏帝拓跋珪大为兴奋，在参军事张恂的建议下，立志要夺取中原。

这年，并州的霜降比往年来得更早一些，庄稼大面积减产，后燕的并州牧慕容农又带来了几万部属，老百姓粮食供应不上，加之慕容农对其他胡人监视又比较严，并州的汉人、胡人对他都很不满。

太元二十一年（396）八月二十八日，拓跋珪派遣四十万铁骑南下，攻打并州，军队声势浩大，绵延两千余里，战鼓声震天。北魏军到达晋阳城下后，后燕守将慕容农出城应战，不敌，他的妻子儿女全被俘虏，他自己则只带了三个骑兵狼狈逃回中山。拓跋珪夺取并州后，从这里大量选拔知识分子充实到朝廷，又安抚百姓，鼓励他们耕田养殖。

这时候，后燕内部也发生了一些问题。慕容垂比较喜欢孙子慕容会，临去世的时候还叮嘱慕容宝立慕容会为太子，但慕容宝更喜欢儿子慕容策，就没管老爹的嘱咐，立了慕容策为太子，这引起了慕容会的严重不满，给日后埋下隐患。

得到北魏进攻的消息，慕容宝召集群臣议事，鉴于北魏军中绝大多数都是骑兵，虽然战斗力很强，但携带粮食不多，不能长时间在外作战，慕容宝下令坚守城池，坚壁清野，准备和北魏打持久战。

拓跋珪派遣冠军将军于栗磾（dī）、宁朔将军公孙兰率两万人修复韩信当年灭赵时使用的井陉口，大军穿过井陉口，直扑中山，又顺利夺取了常山郡，后燕的各郡县纷纷投降，只剩下中山、邺城、信都三座孤城。

十一月，拓跋珪命令东平公拓跋仪率五万骑兵进攻邺城，冠军将军王建、左军将军李栗进攻信都，他本人则亲自率军进攻中山。十一月二十日，拓跋珪下令攻城，后燕高阳王慕容隆死守南城，战斗从早晨进行到中午，北魏兵伤亡数千人，拓跋珪知难而退，留下一些部队继续围城，然后撤军南下。

拓跋珪进军鲁口（今河北饶阳县），后燕高阳太守崔宏准备逃往海岛，拓跋珪早就听说过崔宏的名气，命令士兵们务必把他捉来。北魏骑兵速度很快，崔宏被擒，拓跋珪任命他为黄门侍郎，让他和给事黄门侍郎一同处理政府事务。博陵县令屈遵也来投降，拓跋珪任命他为中书令。

后燕范阳王慕容德派南安王慕容青率军，趁夜袭击包围了在邺城的北魏军，北魏军不敌，撤走。

十二月，北魏辽西公贺赖卢率两万骑兵和拓跋仪会师，一起进攻邺城。

北魏旁支部落的酋长没根，骁勇善战，胆量又大，拓跋珪很忌惮他，没根没有安全感，就带领数十个心腹投降了后燕，慕容宝任命他为镇东大将军，封雁门公。没根请求趁夜袭击北魏大营，慕容宝心里没底，只拨付给他一百多名骑兵。没根带领这些骑兵乔装打扮，化装成魏兵，直入北魏大营，走到拓跋珪帐外的时候才被发觉。双方展开搏斗，拓跋珪从梦中惊醒，衣冠不整，狼狈逃走，没根俘虏了一些北魏兵后撤回。

慕容德派人去后秦，请他们发兵救援，后秦拒绝。

贺赖卢是拓跋珪的舅舅，自认为身份特殊，不肯接受拓跋仪的指挥，两个人产生了矛盾。这时候拓跋仪的司马丁建和慕容德又相互勾结，隆安元年（397）正月六日夜间，北魏军包围邺城的大营突然发生大火，部队逃散，慕容德趁机下令出城攻击，北魏军大败。

北魏进攻信都（今河北衡水市冀州区）的军队也进展不顺，伤亡惨重。正月二十二日，拓跋珪亲自率军进攻信都。二十四日夜，城内的后燕宜都王慕容凤跳墙逃往中山，天亮后，信都守军向拓跋珪投降。

面对生死存亡之战，慕容宝也豁出去了。他用宫中全部金银珠宝和宫女作为酬劳招募勇士，把他们组成敢死队，抵挡北魏军。

没根的侄儿丑提担任北魏并州监军，听说叔叔反了，干脆一不做二不休，趁着北魏首府盛乐空虚，出兵偷袭。拓跋珪得到消息回军救援，派国相拓跋涉延前往后燕求和，承诺把弟弟作为人质。慕容宝拒绝，他动员了全部的十二万步兵、三万七千骑兵在滹沱河（hū tuó hé，发源于今山西繁峙县泰戏山孤山村一带）北岸列阵阻截。

隆安元年（397）二月九日，北魏军到达滹沱河南岸。慕容宝派敢死队一万多人趁夜强行渡河，借风势对北魏大营发起火攻。拓跋珪在梦中被惊醒，来不及穿鞋，光着双脚逃了出去。后燕将军乞特真率一百多敢死队队员杀到拓跋珪大营，只发现了拓跋珪的衣服和鞋子。后燕新招募的勇士缺乏训练和磨合，这时候他们不知道为什么突然之间就互相砍杀起来，恰好拓跋珪又率军杀回，后燕军败退。

又打了几仗，后燕士气不振，屡战屡败，慕容宝害怕了，丢下大部队率两万骑兵率先逃走，大军彻底丧失斗志，跟着他逃跑了。这时候北方的天气正冷，逃跑路上，后燕士兵被冻死的不计其数。为了提高速度，慕容宝命令部队丢弃兵器，轻装逃跑，被丢弃的铠甲、武器多达几十万件。

北魏乘胜追击，投降的、被俘的后燕士兵不可胜数。拓跋珪在安抚这些人的时候，才发现这是多么困难——当年的参合坡之役给这些士兵留下了太多阴影。拓跋珪开始为自己的杀俘行为感到后悔，找了并州刺史拓跋素延作为替罪羊，免了他的职。

二月十一日夜，后燕尚书郎慕舆皓准备刺杀慕容宝，立赵王慕容麟，但计划失败，慕舆皓奋力砍开城门冲了出去，向北魏投降。慕容麟虽还留在城中，但也是惴惴不安。

当初听说中山被围，在龙城的清河王慕容会率领征南将军库官伟、建威将军馀崇来救援，但他们磨磨蹭蹭，直到三月才到达蓟城。

北魏军围困中山数日，后燕征北大将军慕容隆多次请求出战，但都被慕容宝拒绝了。

三月十三日晚，慕容麟控制了左卫将军慕容精，要他率禁卫军去刺杀慕容宝，但被拒绝，慕容麟杀死慕容精后逃走。

慕容宝和众位大臣都感觉中山已经保不住了，留得青山在不愁没柴烧，他们准备退守龙城。三月十四日夜，慕容宝和太子慕容策、辽西王慕容农、高阳王慕容隆、长乐王慕容盛等率领一万多骑兵，投奔慕容会的大营而去。开封公慕容详没逃，城中军民拥戴他为首领，继续关闭城门，顽强抵抗。拓跋珪命令军队连攻数日，竟然无法攻克。

三月十六日，慕容宝等人抵达蓟城，慕容会率领两万人出城迎接。慕容宝把慕容会的一部分兵力分出来，交给慕容农和慕容隆率领，然后派库官驥率三千士兵去支援中山。

四月六日，慕容宝率军抵达广都（今辽宁建昌县）境内，夜晚露天扎营。慕容会决定发动政变，他派心腹仇尼归、吴提染干率二十多人，分头去刺杀慕容农和慕容隆。这一次，慕容隆被杀死，慕容农身受重伤，在搏斗中抓住了仇尼归，逃进了深山。慕容会知道事情无法隐瞒，连夜求见慕容宝说："慕容农和慕容隆密谋叛变，我已经把他们诛杀了。"慕容宝的应变能力很强，他也装模作样地说道："杀得太好了，我也怀疑他们很久了。"

第二天清晨，一行人继续前行。慕容农从山里跑了回来，慕容宝假装生气，命令武士把他拿下。走了十多里路后，到了午饭时间，慕容宝召集大臣们在帐中一同用餐，并让大家讨论如何给慕容农量刑。慕容会也在座，慕容宝冲卫军将军慕舆腾使了个眼色，这都是提前说好了的，慕舆腾立即拔剑刺向慕容会，慕容会一个躲闪，剑只伤到了他的头部。他起身逃跑，然后率军来攻打慕容宝，慕容宝不敌，率数百骑兵狂奔二百里，到了龙城。

四月八日，慕容会派仇尼归率军攻打龙城，慕容宝把他击退。九日，慕容会亲自率军到达龙城，慕容宝上到城楼，父子两个人遥遥地互相指责。夜晚，侍御郎高云率一百多名敢死队队员冲入慕容会的军营，慕容会被杀得溃不成军，他带着十几名骑兵逃向中山，进城后被慕容详杀死。慕容宝也杀死了慕容会的母亲和他的三个儿子。

四月十日，劫后余生的慕容宝发布大赦，赦免了慕容会的同党，并论功行赏，晋升为将军、封为侯爵的有几百人。辽西王慕容农身负重伤，头骨被击碎，几乎能看见脑髓，仅仅是保住了性命，慕容宝亲手为他包扎伤口。慕容宝任命慕容农为左仆射，不久又升他为司空、领尚书令。

高云立下大功，慕容宝任命他为建威将军，封夕阳公，并把他收为养子。高云是高句丽皇族的旁支，当年慕容皝降服高句丽的时候，把一些皇族强制迁徙到了青山（今辽宁义县），高云的先祖就是那时候迁来的。高云不爱说话，平时沉默寡言，看起来比较木讷，没有人对他过分留意和看重，但有一个人却觉得高云了不起，是个人才，他就是中卫将军冯跋。冯跋诚心结交高云，两个人遂成为好朋友。冯跋的父亲叫冯和，冯和曾经是西燕的将军，西燕被后燕消灭后，冯和被安置在了龙城。

冯跋以后要发动兵变建立北燕，这是后话。

第二百零一节　北凉建国

居住在张掖郡（今甘肃张掖市）的卢水匈奴部落酋长是沮渠罗仇，他的祖先是匈奴的左沮渠，所以就以官名作为姓氏。卢水，一说今天的甘肃省黑河，一说在今天的石羊河，这两条河是河西走廊上的两大水系。

先前，后凉王吕光任命沮渠罗仇为尚书。沮渠罗仇和弟弟三河郡太守沮渠麹（qū）粥率军随吕光一起讨伐西秦乞伏乾归，但战事不顺，吕光的弟弟吕延战死。

沮渠麹粥对沮渠罗仇说道："主上年老昏庸，放纵子弟，亲近小人，听信谗言。这次军事行动失利，亲信大将战死，主上肯定要找替罪羊，我们兄弟必定会受到猜忌。与其被杀，不如率领本部人马进攻西平郡，闯过苕藋（tiáodiào，今甘肃永昌县），到时我们振臂高呼，不愁凉州不能平定。"

但沮渠罗仇拒绝出走，他说道："你说得不错，但是我们家世代都以忠孝闻名一方，宁可人负我，不能我负人。"

果不其然，吕光听信小人的谗言，把军事失败归结于沮渠罗仇和沮渠麹粥兄弟，把他们斩首了。

沮渠罗仇的哥哥沮渠法弘曾任前秦苻坚的中田护军，他的儿子沮渠蒙逊博览史书，对天文学非常有研究，具有雄才伟略，统领了父亲留下的部众。他护送两位叔叔的灵柩返回张掖郡，宗族内来参加葬礼的有一万多人。

沮渠蒙逊一把鼻涕一把泪地对众人说道："当年汉室衰微，我们祖先辅佐窦融（东汉名臣），使河西一带得到安宁，人民安居乐业。如今吕光老迈昏庸，荒淫无道，滥杀无辜，我准备为两位叔叔报仇，恢复祖宗大业，你们意下如何？"这话一出，众人纷纷举双手表示赞同，大呼万岁。他们杀死了后凉的中田护军马邃和临松县令井祥，进行盟誓，然后用十来天的时间，聚集起了近万人的队伍。

隆安元年（397）四月，沮渠蒙逊领兵攻克了临松郡。吕光派遣太原公吕纂带兵攻打沮渠蒙逊，沮渠蒙逊不敌，逃进大山之中。

沮渠蒙逊的堂兄沮渠男成这时候正担任后凉的将军，他得到沮渠蒙逊起兵的消息，也举兵反了后凉，聚集了几千人进驻乐涫（guàn，今甘肃酒泉市）。酒泉太守垒澄带兵去讨伐他，结果兵败被杀。

沮渠男成率军进攻建康郡（今甘肃酒泉市东南）。他派使者去游说建康太守段业（汉人）："吕氏势微，当权官员专横跋扈，拿法律当儿戏，随心所欲，人民怨声载道，仅仅是在凉州的地面上，百姓拿起武器反抗的事就接连不断，后凉土崩瓦解已经是在所难免了。人民饥饿困苦，无所依靠，您身负奇才，为什么非要效忠一个濒临灭亡的政权？我们倡导大义，准备委屈阁下出面领导本州，使人民能够得到喘息机会，恢复生产，请问您是否答应？"

段业想到造反可是灭九族的重罪，就坚决不同意，把来使打发走了。沮渠男成也不再周旋，率军直接攻城。双方的战斗进行了二十来天，城内渐渐不敌，可这时候援兵又不到，城池很快就要被攻下了，段业等人急得团团转。本郡人高逵、史惠劝段业接受沮渠男成的提议，段业见眼下没有别的好办法，而且自己历来也与后凉侍中房晷、仆射王详关系不好，经常为此焦虑不安，于是就听从劝谏，接受了沮渠男成的提议。

隆安元年（397）五月，沮渠男成等人推举段业为大都督、龙骧大将军、凉州牧、建康公，更改年号为"神玺"。段业任命沮渠男成为辅国将军，将军政大权统统交给他掌管。史称沮渠男成建立的政权为北凉，为五胡十六国之一。

沮渠蒙逊得到消息，率众来投，段业任命沮渠蒙逊为镇西将军。

吕光命令太原公吕纂带领部队讨伐段业，但不能攻克。

第二百零二节　慕容德建南燕

后燕帝慕容宝逃到了龙城，但拓跋珪还被围困在中山，这时候拓跋珪军中开始缺粮，他命东平公拓跋仪撤除对邺城的围困，军队转移到钜鹿郡，把所有粮食全部收集起来，集中到杨城存放。防守中山的后燕开封公慕容详趁机派出六千将士，袭击北魏的基地，但被北魏击退，被杀五千多人，生擒七百人。拓跋珪要争取人心，把这七百俘虏全数放回。

慕容宝派来的西河公库傉官骥带领三千援兵进入中山，但他和慕容详脾气不对付，两个人势同水火，后来竟然到了互相派兵攻击的地步。慕容详占优势，怒斩库傉官骥，并灭了库傉官全族，然后他又杀死了中山尹苻谟（苻坚的堂弟，苻训英的父亲），灭了苻谟全族。

隆安元年（397）五月七日，拓跋珪命令解除对中山的包围，亲率军到河间郡征粮，强令各郡交纳军粮。

慕容详认为是他的聪明才智使北魏退兵的，觉得自己建立了大功，于是登基自称皇帝，改年号，设置百官，任命新平公可足浑谭为车骑大将军、尚书令。慕容详又听了大臣高霸和程同的话，下令处死了软禁在中山的拓跋觚。拓跋觚是拓跋珪的弟弟，此时已经被软禁了七年。

这时候在邺城的官员得知慕容详称帝的消息，也劝范阳王慕容德称帝。慕容德正在犹豫的时候，碰巧有一个人从龙城赶来，经询问得知慕容宝还活着，他便打消了想法。

七月，慕容详竟然又杀死了车骑大将军可足浑谭，自损一员大将。慕容详迷恋酒色，整日里花天酒地，不知道体恤下属和百姓，动不动就罚，动不动就杀，被他杀死的大臣就有五百多人，朝野上下跟他离心离德。

这时候中山城中也开始缺粮，慕容详怕被北魏军偷袭，不许百姓到城外挖野菜摘山果，被饿死的不计其数，老百姓怨声载道，希望早点变天。

慕容详派辅国将军张骧率五千多人前往常山郡督粮，因政变失败逃入山中的慕容麟趁机率丁零部落袭击张骧，张骧不敌，部队被慕容麟夺取。慕容麟向中山城发起攻击，有人打开了城门迎接慕容麟入内，慕容麟没费劲就抓住了慕容详，立刻砍了他。慕容麟自称皇帝，他比慕容详聪明，允许老百姓出城找吃的，老百姓解了一时之困，满心欢喜。

八月一日，拓跋珪把大本营迁到常山郡的九门县。因为北魏的将士们都是从大北方过来，在这里水土不服，军中出现了瘟疫。瘟疫迅速蔓延，人和牲畜受了感染后，很多都死去了，将士们都期盼能早点回家。

拓跋珪问手下瘟疫的情况，有人回答道："活着的只有十之四五了。"拓跋珪说道："这是天意，我们无力抗拒，四海之内都可以建立国家，就看我如何统治他们了，不愁没有人。"文武大臣不敢再多说话。拓跋珪又派抚军大将军略阳公拓跋遵进攻中山，但他无功而返。

城外可以吃的也被老百姓吃完了，中山城内又开始饥荒起来，而且越来越严重，慕容麟率领两万多人出城进驻中山城南边的新市。

九月二十九日是甲子日，拓跋珪准备攻击慕容麟，这时候太史令晁崇劝他说："纣王是在甲子日被消灭的，所以这天被称为疾日，行军打仗都比较忌讳这一天。"拓跋满脸的不高兴，他说道："甲子日是纣王灭亡的日子，难道就不是周武王兴起的日子吗？"晁崇无法对答。

十月十日，拓跋珪的军队与慕容麟的军队在新市西南的义台遭遇，双方展开大战，慕容麟军不敌，大败，有九千多人被杀，慕容麟和几十个骑兵好不容易才把妻儿救了出来，逃入太行山中，后又逃向邺城。

十月二十日，拓跋珪率军攻陷中山，后燕皇族、大臣、普通士兵等投降的有两万多人，缴获的后燕御玺、图书典籍、奇珍异宝等也数以万计。拓跋珪追封弟弟拓跋觚为秦王，又命人挖开慕容详的墓，把他的尸体拖出来砍下头颅，还抓住了高霸和程同，连同他们的五族全部剁成肉泥。

守卫邺城的慕容德向慕容宝上奏，请求慕容宝南下收复失地，慕容宝同意了。他命令挑选精兵强将和良马，准备收复中原，并派鸿胪前去任命慕容德为丞相、冀州牧，承制。

十二月，选拔的部队集结完毕，慕容宝命将军启仑率人作为先遣队，侦察敌情。

十二月十二日，慕容麟一行到达了邺城，他明智地放弃帝号，恢复了赵王的称号。他建议慕容德道："拓跋珪已经攻克了中山，肯定会乘胜来攻打邺城。邺城虽然城池坚固，有一些粮食储备，但城池过大，恐怕很难守住。目前首府被攻破，人心不稳，邺城也势必会被攻破，您不如率军南下到滑台（今河南滑县），然后以黄河（古黄河）为屏障，阻止魏军南下，等候时机，再收复河北。"不得不说，慕容麟是有脑子的。这时候守卫滑台的是鲁阳王慕容和，他是慕容德的侄子，正巧也派人来迎接慕容德，于是慕容德就顺势南下了。

隆安二年（398）正月，慕容德率领四万户人家、两万七千乘车从邺城出发，到了黄河边。这时候突然刮起了大风，前来接应的船只被吹沉了，北魏卫王拓跋仪率军将要来到，大家恐惧万分，商量着应该先退到黎阳（今河南浚县）。幸好到了晚上温度急剧下降，河面上的浮冰冻在了一起，把河面封得严严实实的，慕容德得以率队渡过黄河。

第二天早上，拓跋仪来到河边，发现河面已经解冻，无法通过。慕容德认为是有神仙帮忙，于是把黎阳津（今河南浚县黎阳镇角场营村）改名为天桥津。

慕容麟带领文武官员向慕容德奉上皇帝尊号。慕容德本年已经六十三岁了，他征战疆场大半生，预感余生不多，也想过过皇帝瘾，于是就仿效哥哥慕容垂的做法，先称为燕王，改年号，设立百官。他任命慕容麟为司空、尚书令，慕容法为中军将军，慕舆拔为尚左仆射，丁通为右仆射。史称慕容德建立的燕国为南燕，为五胡十六国之一。

不安分的慕容麟准备再次谋反，杀死慕容德，自己称帝，但慕容德早有防备，把慕容麟抓住，斩首示众。

第二百零三节 慕容盛登基

隆安二年（398）正月七日，拓跋珪从中山南下，来到高邑（今河北柏乡县），得到了王猛的孙子王宪。拓跋珪高兴地对王宪说道："你真是王猛的孙子啊！"拓跋珪任命王宪为青州中正，兼选曹事，主持门下事务。拓跋珪又来到邺城，让龙骧将军日南公和跋、左丞贾彝率五千兵马镇守这里。

拓跋珪让卫王拓跋仪镇守中山，然后征调一万青壮劳力，开凿了五百里的便捷山路，率军北返，同时把十余万人强迫迁徙到代郡。

慕容宝派遣的启仑又回到了龙城，他报告说中山已经被北魏攻占，慕容农建议道："目前再和北魏开战已经不现实，不如向北攻击库奚部落，夺取他们的辎重和牲口补充我军，明年再议和北魏开战之事。"慕容宝同意了。他命儿子慕容盛留守龙城，命慕舆腾为前锋，慕容农为中军，慕容宝殿后，每军相距三十里，军队绵延一百多里，浩浩荡荡杀向库奚部落。

隆安二年（398）二月二十日，慕容宝军到达乙连，禁军小头领段速骨、宋赤眉叛变，杀死了乐浪王慕容宙、中牟公段谊及一些皇室亲王。这时候，后燕士兵已经厌战，纷纷趁乱逃走，慕容宝和慕容农等狼狈逃回龙城。

作为后燕尚书的顿丘王兰汗与段速骨等人勾结，带兵在龙城东扎营。三月二日，段速骨等人到达城下，这时候，一向勇敢忠贞的慕容农竟然投降了段速骨。段速骨带着慕容农绕着龙城晃了一圈，因为慕容农在后燕有巨大的影响力和号召力，众位将士一看他都投降了，也都放下武器，四散奔逃。慕容宝、慕容盛和慕舆腾、馀崇、张真、李旱、赵恩等人侥幸得逃，向南飞奔。

慕容农被段速骨软禁起来，之后被段速骨的手下杀死了，叱咤风云的慕容农得了个如此下场。段速骨立即诛杀了杀死慕容农的手下，安抚人心。

三月八日，兰汗率军袭击段速骨，把段速骨和他的党羽全部杀死。兰汗派人去接慕容宝等人，但慕容宝对他信不过，向南去投慕容德。

慕容宝到达黎阳，隐藏在黄河西岸，派宦官赵思前去向慕容德报告，让他出来迎接圣驾。赵思还在路上，这时候慕容宝听过路的樵夫说慕容德已经称帝，立即又率人向北逃走。赵思被慕容德斩首。

慕容宝派扶风公慕舆腾和长乐王慕容盛一起到冀州招揽旧部，因为慕舆腾向来专横残暴，不得人心，慕容盛就把他砍了。

慕容宝听说兰汗还在祭祀慕容家宗庙，认为他忠于自己，就准备返回龙城。慕容盛劝慕容宝观察观察再说，慕容宝就派遣冗从仆射李旱去见兰汗。这时候，兰汗派来迎接慕容宝的左将军苏超赶到，慕容宝也觉得兰汗到底是自己的舅老爷，又是慕容盛的岳父，不会对自己有威胁，就和苏超启程了。慕容盛流泪跪下劝阻，慕容宝不听。慕容宝看慕容盛不想跟自己回龙城，也不勉强，把慕容盛和将军张真留了下来。

四月二十六日，慕容宝一行来到距龙城四十里的地方，兰汗派弟弟兰加难率五百名骑兵出城迎接，同时又让哥哥兰堤关闭城门，禁止出入。兰加难接上慕容宝等人向城中走去，颍阴公馀崇悄悄对慕容宝说道："我观察兰加难的神色不对，我们应该三思后行。"走了几里后，兰加难斩了馀崇，把慕容宝带入龙城郊外的官邸杀死。慕容宝死时四十四岁，在位三年。兰汗又杀死了太子慕容策以及其他的王公大臣共一百多人，自称大都督、大将军、大单于、昌黎王，改年号为"青龙"。兰汗任命兰堤为太尉，兰加难为车骑将军，河间王慕容熙为辽东公。

慕容盛准备去奔丧，张真劝阻，慕容盛说道："兰汗是我岳父，他肯定会念及翁婿之情，不忍心加害我，只要给我十天半月的时间，我就能实现愿望。"慕容盛到了龙城，求见兰汗，兰汗的妻子乙氏和女儿兰氏都哭着向兰汗求情，兰妃又向叔叔大爷们磕头求情，兰汗便没有杀慕容盛，还任命他为侍中、左光禄大夫。兰堤和兰加难多次要求杀了慕容盛，都被兰汗拒绝。兰堤为人专横凶暴，依仗他是哥哥，对兰汗也多有不恭，慕容盛又从中挑拨，兰汗兄弟之间有了芥蒂。

太原王慕容奇是慕容恪的孙子，也是兰汗的外孙，兰汗任命他为征南将军。慕容奇见到慕容盛，慕容盛劝他去外面招兵买马，作为内应，恢复祖宗大业，慕容奇同意了。慕容奇找准机会到了建安，召集数千人起兵反抗兰汗。兰汗准备派兰堤率军讨伐慕容奇，慕容盛建议道："慕容奇还是个孩子，怎么会有这么大的胆子，估计他还有内应，太尉兰堤向来骄横，不应该给他兵权，以免不测。"兰汗觉得慕容盛说得有理，就罢免了兰堤的军权，另派抚军将军仇尼慕率军前去讨伐。

时间进入夏季，直到七月了，龙城还不曾落下一滴雨，兰汗认为这是慕容宝等人的冤魂显灵，于是每天都去慕容宝的牌位前祭拜，还把罪行推到兰加难身上。兰堤和兰加难听说后非常愤怒，怕会成为替罪羊，就在七月十五日先下手为强，联合起来突然向仇尼慕发动袭击，仇尼慕大败。兰汗非常害怕，派遣太子兰穆带兵去讨伐。

李旱、卫双、刘忠、张豪、张真等是兰穆的心腹，平常都得到慕容盛的厚待，他们和慕容盛秘密谋划夺权。七月十七日，兰穆大胜兰堤和兰加难。七月二十日，兰汗大摆宴席犒劳将士，兰汗、兰穆都喝得烂醉，慕容盛趁机半夜跳墙进入东宫，与李旱等人一起杀死了兰穆。慕容盛深得军心，大家都过来投靠他，接受他的领导，一起杀死了兰汗。慕容盛又派李旱、张真去斩杀了兰汗的儿子鲁公兰和、陈公兰扬，兰堤、兰加难藏了起来，但还是被搜到斩首了。至此，龙城得到平定。之前出走的慕容农的部将宇文拔也率几百人前来投靠，慕容盛任命他为大宗正。

七月二十一日，慕容盛到宗庙祭拜，大赦，改年号为"建平"。但他不敢称帝，只是以长乐王的身份总理朝政，其他王爷因此都降为"公"。他任命东阳公慕容根为尚书左仆射，卫伦、阳璆（qiú）、鲁恭、王滕为尚书，悦真为侍中，阳哲为中书监，张通为中领军，其他文武官员都官复原职。

慕容盛召慕容奇回京，但慕容奇听取了谋士丁零人严生和乌桓人王龙的进言，拒绝接受命令。七月二十四日，慕容奇率领三万人马到达距离龙城仅十里的横沟。慕容盛率军出城迎击，慕容奇等人被生擒。慕容盛让慕容奇自杀，之后杀死了他的同党一百多人。

慕容盛任命河间公慕容熙为侍中、骠骑大将军、中领军、司录校尉，城阳公慕容元为卫将军；又任命刘忠为左将军，张豪为后将军，并赐他们姓慕容；任命李旱为中常侍、辅国将军，卫双为前将军，张顺为镇西将军、昌黎尹，张真为古将军，并封给他们公爵。

八月十五日，后步兵校尉马勤谋反不成，被杀，死前他供出了骠骑将军高阳公慕容崇是主谋，慕容盛便命慕容崇和他弟弟慕容澄自杀。

十月十七日，慕容盛正式登基称帝。慕容盛想杀死兰妃（兰汗的女儿），但兰妃平时对慕容盛的生母丁后伺候得比较周到，丁后就劝慕容盛念及兰妃对他们有救命之恩，放她一条生路。慕容盛同意了，但下令命她终身不能做皇后。

拾陆 战神登场

第二百零四节　王恭兵变

东晋左仆射、后将军、丹阳尹王国宝和建威将军王绪攀附着司马道子，狐假虎威，大肆收受贿赂，为人奢侈，吃穿用度直逼皇宫中的待遇。王恭和殷仲堪的存在对他们是个威胁，他们总感觉如芒在背，因此多次劝司马道子罢免此二人的兵权。

王恭派人去荆州见殷仲堪，商量怎么对付王国宝等人。南郡公桓玄不得志，想趁火打劫，就极力劝殷仲堪道："王国宝和你们是死对头，现在他手握重权，王恭是皇上的亲舅舅，王国宝肯定不敢加害他，到时候您就首当其冲了！如果他让皇上召你回朝做尚书令，罢了您的兵权，命殷觊任荆州刺史，您该怎么办？"

殷仲堪皱着眉头问道："我也苦恼一段时间了，你说该怎么办？"

桓玄接着道："您应该和王恭一同起兵清君侧，这才是上策。"

殷仲堪于是和堂兄南蛮校尉殷觊、南郡太守江绩等人在一起谋划，殷觊表示反对，他说道："我们应该坚守本职，朝廷的是非不该我们过问，我反对出兵。"殷仲堪一再坚持，殷觊生气了，但也没办法，只好说道："我不赞成，也不反对。"之后便假称有病，辞职回家了。

江绩也表示反对，殷仲堪让杨佺期代替江绩为南郡太守，朝廷召江绩回朝任御史中丞。殷仲堪又和雍州刺史郗恢商量，郗恢也不同意。这么多人都持反对意见，殷仲堪也犯了犹豫，恰巧王恭的使者来到，殷仲堪的胆又壮起来了。

王恭上书朝廷，列举王国宝的种种恶行，拉起清君侧的大旗起兵。司马道子收到奏章后惊慌失措，心想只能舍车保帅了，于是把罪过统统推到王国宝一个人身上，派人把王国宝抓住，交付廷尉治罪。

隆安元年（397）四月十七日，朝廷下诏，命王国宝自尽，并把王绪绑赴街市问斩。司马道子还派人向王恭道歉，王恭也不好继续深究，便率军撤回了京口。

司马道子的长子司马元显在朝中担任侍中一职，本年十六岁，才智过人，处事果断，他对父亲司马道子说，王恭和殷仲堪终不会善罢甘休，要早做准备。司马道子一听很高兴，任命司马元显为征虏将军，拨给他官员和部队，让他私下准备。

事情虽然过去了，但司马道子觉得如鲠在喉，对于亲信王国宝被逼死一事耿耿于怀。谯王司马尚之对他说道："目前方镇权力大，宰相权力轻，您应该把亲信派往外地，以此作为自己的屏障。"司马道子同意，任命自己的司马王愉为江州刺史、都督江州及豫州四郡诸军事。

豫州刺史庾楷被司马道子割去了四个郡归江州刺史王愉管辖，老大不高兴，上书朝廷说："江州处于内地，豫州与贼寇接壤，不应该把这四个郡划给王愉。"司马道子不加理睬。庾楷大怒，派他的儿子庾鸿去游说王恭道："谯王目前的权力超过了往日的王国宝，他们预谋削弱藩镇，大祸恐将临头，应该趁早起兵。"王恭又告知了殷仲堪、桓玄，他们都表示同意起兵，共同推举王恭为盟主，约好日期，举兵杀向京师。王恭的司马猛将刘牢之劝他应该适可而止，此时不宜再发兵，但王恭不听。

司马道子准备分化他们，派人到庾楷那里叙旧，要求他罢兵，庾楷不予理睬。

司马元显对父亲司马道子说道："上次您杀了王国宝，满足了他们的要求，这次不能再学上次了，否则您恐怕性命难保。"司马道子把这事交给司马元显处理，自己又和美人喝酒去了。

殷仲堪听说王恭已经起事，也准备发兵，不过他不懂军事，就把指挥权交给了南郡太守杨佺期兄弟。他派遣杨佺期率五千水兵作为先锋，桓玄为第二队，自己亲率两万部队作为第三队，从荆州顺长江东下。

杨佺期出身名门，是东汉太尉杨震的后人，他家一直到他父亲杨亮，九代都以德才著称。杨佺期认为自己家本应是东晋的第一家族，只是因为渡江时间较晚，就不能被列为势族，也不能和当时的名门通婚，自己更是仕途不顺，因此和哥哥杨广、弟弟杨思平、堂弟杨孜敬都愤愤不平，憋了一口气，希望朝廷有变化，好让他们一展抱负。他们热烈拥护殷仲堪的计划。

隆安二年（398）八月，杨佺期等率军出现在湓（pén）口，江州刺史王愉猝不及防，被生擒。

九月十日，司马尚之在牛渚大败庾楷，庾楷的部下全军覆没，他自己单枪匹马去投奔桓玄。司马道子任命司马尚之为豫州刺史，司马恢之（司马尚之的弟弟）为骠骑司马、丹杨尹，司马允之为吴国内史，司马休之为襄城太守。

九月十六日，桓玄在白石大败朝廷军队，和杨佺期推进到了横江，司马尚之退走，司马恢之全军被歼。九月十七日，司马道子命司马元显驻防石头城，又命王珣防守建康北郊，谢琰（谢安次子）守卫宣阳门。

王恭向来自负，目前更是威风凛凛。他军事能力有限，全靠司马刘牢之出谋划策，但他并不尊敬刘牢之，只把他当作一个普通下级看待，呼来喝去的。刘牢之是何等人物，这让他深感屈辱。司马元显得知了刘牢之的处境，就派庐江太守高素去游说。高素把司马道子的亲笔信交给刘牢之，给他分析时局，许诺如果他反叛王恭，日后就把王恭的位置给他。刘牢之动摇了，对儿子刘敬宣说道："王恭野心很大，他的计划一旦得逞，很可能要篡权，我准备奉旨讨伐他，你有什么看法？"刘敬宣回答道："王恭欺辱皇室，您和他不沾亲不带故，只是同事关系，脾气秉性也不合，父亲讨伐他，我认为可以。"

王恭的参军何澹之不知道从哪里知道了刘牢之的打算，禀告了王恭，但何澹之一直和刘牢之有矛盾，这王恭是知道的，所以他不相信何澹之的话。不过他也觉得之前怠慢刘牢之了，于是设宴宴请刘牢之，并当众拜刘牢之为义兄，又把精锐部队和精良武器配备给他，命他率领帐下督颜延为前锋。

刘牢之率军到了竹里，斩杀了颜延，宣布投降朝廷，并派儿子刘敬宣和女婿东莞太守高雅之回军进攻王恭。王恭此时正在城外阅兵示威，刘敬宣驱使骑兵拦腰截断他的队伍，王恭的军队溃败。

王恭逃向曲阿，曲阿人殷确是王恭旧属，他划船拉上王恭准备去投靠桓玄，但被人发现，押赴建康后斩首。临死前王恭还从容不迫，神色如常，他梳完头发，理过胡须，说道："我轻信别人，才造成今天的结果。我是忠于朝廷的，百世之后，希望有人记得我。"他的子弟、同党全被处死。朝廷任命刘牢之为都督兖、青、冀、幽、并、徐及扬州、晋陵诸军事，兼兖、青二州刺史。

不久，杨佺期和桓玄到达石头城，殷仲堪也到达芜湖。司马元显征调数万百姓和士人防守石头城。刘牢之率北府兵急行到建康西扎营，杨佺期和桓玄畏惧刘牢之，撤退到蔡洲。

左卫将军桓修（桓冲的儿子）建议用官位引诱桓玄和杨期，让他们反叛殷仲堪，司马道子同意，任命桓玄为江州刺史。之后他召郗恢回朝任尚书，让杨佺期替代郗恢任都督梁、雍、秦三州诸军事兼雍州刺史；贬殷仲堪为广州刺史；任命桓修为荆州刺史，刘牢之派一千人护送桓修上任，又派殷仲堪的叔叔太常殷茂到殷仲堪军营宣读诏书。

殷仲堪接到诏书，暴怒，命桓玄和杨佺期迅速进军，桓玄和杨佺期却对朝廷的任命感兴趣，犹豫不定，不肯进发。殷仲堪了解后，知道仗没法打下去了，赶忙撤退，生怕走得晚就走不了了。他临走时对荆州众将士说，如果你们还不走，我回去后就杀光你们的家眷，将士们一听纷纷撤退，桓玄和杨佺期也不得不跟着撤走。

桓玄和杨佺期全力追赶殷仲堪，到寻阳终于追上。他们三人觉得彼此离不开对方，就互相把自己儿子、兄弟作为人质交给对方，换取信任。隆安二年（398）十月二十三日，他们正式举行结盟仪式，推荐在荆州基础深厚的桓玄为盟主，决定联合抵抗朝廷。司马道子害怕了，又恢复了殷仲堪荆州刺史的职务，把桓修罢免了。这时候，御史中丞江绩弹劾桓修等人为了个人利益使朝廷蒙羞，司马道子干脆下令免去桓修所有职务。

但桓玄、殷仲堪和杨佺期之间也是矛盾重重。桓玄家在荆州基础牢固，加之他本人骄横，做了盟主后更是专横跋扈，对杨佺期看不上眼，处处压制。杨佺期兄弟并非等闲之辈，他们预谋除掉桓玄，桓玄也计划想要铲除杨佺期兄弟。

司马道子不赦免庾楷，桓玄便任命庾楷为武昌太守。

殷仲堪派刺客秘密杀死了郗恢和他的四个儿子，对外宣称是附近的蛮人干的。

第二百零五节　孙恩反晋

当初，钱塘人杜炅奉行五斗米教，会一些法术，还能为人解除些许病痛，古代人迷信，有一些人就被蛊惑了，当时东晋上层士人和普通百姓都把他奉若神灵。

琅琊郡人孙泰是杜炅的学生，很得真传，杜炅死了后，孙泰就成了教主，当时一些上层士人和百姓也都信奉他。左仆射王珣很厌恶孙泰，把他发配到了广州，但广州刺史王雅却是五斗米教的信徒，很迷信孙泰，又把孙泰介绍给了司马曜，说他会法术，能使人延年益寿，甚至长生不老。司马曜当然很高兴，就把孙泰召回建康，后来又任命孙泰做了新安郡（今浙江淳安县）太守。

孙泰有改朝换代的野心，他借讨伐王恭的名义，召集民众进行训练，组建了武装，让信徒贡献大量金银财宝作为军资，意图不轨。当时三吴地区很多人都听他的，竟真的让他聚集起了不小的力量。会稽内史谢輶（yóu）向朝廷检举揭发孙泰的阴谋，朝廷大为震怒。

隆安二年（398）十二月二十二日，司马道子让和孙泰关系较好的司马元显把他骗到京师，然后就地诛杀，同时被杀死的还有孙泰的六个儿子。孙泰的侄子孙恩逃到东海的海岛上，当时有些信徒认为孙泰并没有死，而是成仙了，还把对孙泰的迷信转移到了孙恩的身上，给他送吃送喝。孙恩纠集了一百多个亡命之徒，准备伺机复仇。

司马道子整天喝得醉醺醺的，时间长了，就把身体喝垮了，他儿子司马元显知道朝臣们已经对司马道子失去信心，借机让朝廷免去了司马道子的司徒、扬州刺史职务。隆安三年（399）四月十日，朝廷任命司马元显为扬州刺史。

司马道子也有清醒的时候，他发现好几天没什么大臣来给自己汇报工作了，感到纳闷，明白原因后暴怒，但司马元显的翅膀已经硬了，他也无可奈何，只好又搂着美女喝酒去了。

司马元显满打满算，这年也才十八岁，他知道自己资历还不够，就让琅琊王、安帝的弟弟司马德文担任司徒。司马德文本年才十四岁，司马元显选择他也是因为他便于控制。

司马元显为人刻薄寡恩，生杀予夺随心所欲，他命人把东方各郡一些有罪之人带入京师，作为自己的嫡系部队，还把庐江太守张法顺等人引为心腹，这些人任人唯亲，结成朋党，一时间朝野上下议论纷纷，大家都深感不安。

孙恩虽然人在海岛上，但对朝廷的事情是一清二楚，他觉得有机可乘，就率部从海岛上岸，杀死了上虞（今浙江绍兴市上虞区）县令，对会稽郡（今浙江绍兴市）首府发起攻击。这时候的会稽内史是王凝之，他是大书法家王羲之的次子。王凝之资质平庸，但他的妻子谢道韫却是中国历史上有名的才女。

谢道韫，字令姜，是谢安的哥哥谢奕的女儿，也是名将谢玄的姐姐。有一次，谢安和晚辈在一起闲聊，天飘起了雪，谢安就让晚辈们形容一下飘雪。他的侄儿谢朗（谢安兄长谢据的儿子）吟诵道："撒盐空中差可拟。"谢安摇摇头，不满意。谢道韫吟诵道："未若柳絮因风起。"她把飘雪比作了被风刮起的柳絮，很有意境也很贴切，谢安对这句话大加赞赏。《三字经》里说："蔡文姬，能辨琴。谢道韫，能咏吟。"后来"咏絮之才"就被用来形容女子特别有才华，富有智慧。谢家的谢道韫嫁给了王家的王凝之，也是门当户对的大家族之间的联姻，但谢道韫婚后并不幸福。她回娘家埋怨道："天壤王郎！"意思就是天下之大，怎么会有王凝之这样的饭桶呢？谢安自然对她安慰一番，劝她好好过日子。

王凝之家世代信奉天师道，面对强敌，王凝之既不动员军队，也不加强防守，只是成天到道庵里叩头祈祷，口中念念有词，希望有天兵天将相助。属下请求迎击孙恩，王凝之说道："不急，我已经向神仙借了数万鬼兵把守各个要道，贼寇不愁不灭。"等到孙恩的人马越来越近的时候，他才发现所谓的"鬼兵"并不灵验，这才发兵前去抵挡，但为时已晚，孙恩的兵马已经到达城下。

十一月二日，孙恩攻陷了会稽城，抓住了王凝之和他的儿子，将他们一同斩首。

听说贼寇攻入城中，谢道韫镇定自若，她拔出配刀，亲手杀死了几个贼人，但还是被生擒。这时候她的丈夫和儿子都被杀了，孙恩又想杀死她的外孙孙涛，谢道韫凄然说道："城池失陷，责任全在王家，和其他家族又有什么关系？如果你们一定要杀死我的外孙，就先把我杀了吧！"孙恩也久慕谢道韫大名，就放过了他们。后来谢道韫一直居住在会稽郡，直到去世。

吴国内史桓谦、临海太守新蔡王司马崇、义兴太守魏隐等人都弃城逃走。会稽人谢针、吴郡人陆环、吴兴人丘尩（wāng）、义兴人许允之、临海人周胄、永嘉人张永以及东阳、新安等共八个郡的民众杀死了郡里的官员反叛，十天之内，竟然聚集了数十万人。

吴兴太守谢邈（谢安弟弟谢铁的儿子）、永嘉太守司马逸、嘉兴公顾胤、南康公谢明慧、黄门郎谢冲（谢铁的儿子）、张琨、中书郎孔道等人都被孙恩的叛兵杀死。三吴地区已经很久没有战争了，郡县官员不知道该如何应付叛军，手足无措，纷纷逃跑。

孙恩占领了会稽郡，自称征东将军，逼迫士人做他的下属。他称手下为"长生人"，有胆敢不服从他命令的，就全家处斩。他还把一些县令剁成肉酱，命他们的妻儿吞食，如果拒绝的，就会被肢解。孙恩军队烧杀抢掠无恶不作，所经之地生灵涂炭。

孙恩还向司马德宗上表，公布司马道子和司马元显父子的罪状，说如果朝廷处死他们，自己就会罢兵。

司马德宗继位以来并不掌权，只是个摆设，司马道子也不专心政事，地方大员趁机扩张势力，石头城以南的地区被荆州刺史殷仲堪、江州刺史桓玄割据，以西地区被豫州刺史司马尚之割据，京口地区和长江以北被兖、青二州刺史刘牢之和广陵相高雅之割据，朝廷政令所达，只是三吴地区而已，如今孙恩又占了三吴地区的八个郡，顿时惹得人心惶惶。

孙恩派人潜入京师，伺机作乱，朝廷宣布全国戒严。司马德宗让司马道子假黄钺，任命司马元显为中军将军，徐州刺史谢琰兼督吴兴、义兴等郡军事，讨伐孙恩，刘牢之也出动军队讨伐孙恩。

第二百零六节　刘裕登场

徐州刺史谢琰（谢安次子）杀死了叛民头目许允之，把太守魏隐迎接回义兴郡，再攻击吴兴郡叛民头目丘尪，大胜。然后他和刘牢之合兵一处，一路所向披靡，贼寇望风而逃。谢琰驻扎到乌程，派遣司马高素前去协助刘牢之，逼近钱塘江。朝廷下诏，任命刘牢之为前将军，兼任都督吴郡诸军事。

刘牢之能取得这一连串的胜利，还有赖军中一员猛将，他叫刘裕。刘裕是我们接下来要讲的重点人物，这里对他做一简要介绍。

刘裕，字德兴，小名寄奴，祖籍彭城县（今江苏徐州市）绥舆里，出生于晋哀帝（司马丕）兴宁元年三月壬寅日（即公元363年4月16日）。和许多史书里描写的帝王出生时有异象一样，刘裕出生的时候是个发光体，把满屋照得通明，他出生当晚还降下了甘露。这种异象是儒学结合谶纬之学的产物，儒学大师们对此乐此不疲，我们也应该见怪不怪了。

刘裕是汉楚王刘交（刘邦的弟弟）的二十二世孙。当年中原丧乱，他曾祖父刘混率领家族渡过长江，在晋陵郡丹徒县的京口里（今江苏镇江市）定居。他父亲刘翘为郡功曹，薪酬不高，家里日子过得紧紧巴巴。刘裕出生时，他的母亲因为难产去世，年仅二十一岁，这使得家里雪上加霜。刘翘请不起奶妈，准备把刘裕扔了，刘裕的姨妈这时候生下儿子刘怀敬还不到一年，得到消息后，就把刘裕从刘翘手里要了过去，亲自用自己的奶水喂养刘裕，奶水不够两个孩子吃的时候，因她儿子刘怀敬年长一岁，她就断了自己儿子的奶。刘裕在姨妈的怀抱中慢慢长大，后来又回到自己家中。长大后的刘裕身高七尺六寸，约合一米八六，气质很奇特，让人过目不忘。

刘翘后来又娶了萧文寿为妻，萧文寿为刘翘生下了两个儿子，刘道怜和刘道规。刘道规出生不久，刘翘便去世了，家庭的经济支柱倒塌，萧文寿拉扯着刘裕、刘道怜和刘道规三个孩子艰难度日。生活终究还得过下去，萧文寿是个勤快的女人，她白天带着年长的刘裕进山砍柴，到大街上去叫卖，用换来的钱买米买盐，晚上还要加班加点编织鞋子，等到天亮到集市上卖钱。但这样的收入很有限，他们一家常常吃不饱，穿不暖。刘裕对继母萧文寿非常孝顺，得到乡里乡亲的称赞。但因为生活窘迫，刘裕没读过多少书，大字不识多少。

一次，刘裕进山砍柴的时候手臂被刮伤了，鲜血直流，手足无措间突然看见大树荫下有一种绿色植物，上面开满白花，散发着香气，他抱着试试看的心理扯了一大把敷到伤口上，过了一会儿，竟然真的止住了血，也不痛了。后来这种植物就被命名为“刘寄奴”，是种中药材。刘裕做了军官以后，命令大规模种植它，士兵们行军打仗被刀枪伤到的时候，就用这种植物止血，功效立显。

刘裕砍柴后每每到集市上去叫卖。有次卖完柴后，他见天还早，就到赌坊看人家赌钱玩。俗话说，不怕你不赌，就怕你看。看得多了，刘裕的心就痒痒了，也加入了赌博队伍，但总是输的多赢的少。给不起钱的时候可以记账赊钱，刘裕不觉间已经欠了这家赌坊三万钱。这家赌坊的主人叫刁逵，是东晋初年尚书令刁协的孙子，等到了刁逵这一辈，他和弟弟刁杨、刁弘不注重名节，只要有利可图，什么生意都做，用赚来的前广置田万顷，奴婢多达千人。

这天刁逵到赌坊巡视，碰巧看到刘裕又过来赌，因为是常客，刁逵也认识刘裕了，便问道：“你小子什么时候还钱？”刘裕回答道：“等有钱了就还上。”刁逵怒道：“你小子什么时候才能有这么多钱？今天不给个说法，你就不能回去了！”刘裕也较上劲了，说道：“你看我的命值不值这个钱。”刁逵一听，心想，这小子嘴还挺硬，就命打手把刘裕绑到拴马桩上，噼里啪啦一顿揍，刘裕顿时皮开肉绽。

正在这时，路上过来了几匹高头大马，中间端坐一人，相貌不凡，威风凛凛，有人认得他，说他是王导的孙子王谧，当时在朝中担任要职。王谧命住手，下马询问原因，有人就告诉了他前因后果。王谧听了，说道：“怎么能因为一点钱就要把人往死里打呢！这个钱，我替他还上。”王谧命人拿出银票交给刁逵，刁逵就把刘裕给放了。

王谧看了看魁梧的刘裕，说道：“你相貌堂堂，一定会成为一个英雄，不能自甘堕落。”不得不说，琅琊王家也是因为广结善缘，与人为善，才能成为中国历史上数一数二的大家族，王谧这次救刘裕就是个例子。

刘裕受到王谧的鼓励，感到像打了鸡血似的，他也认为大丈夫不能这样浑浑噩噩度过一生，想要扬名立万，但在当时九品中正制的选官制度下，寒族想跻身上层比登天还难，不过他仍然还是有一个比较快的升官捷径，那就是立军功。刘裕有把子力气，投身军旅是他最好的选择，他想到了自己儿时的玩伴何无忌。何无忌的舅舅是北府兵的首领刘牢之，在他的介绍下，刘裕加入了北府兵。因为是外甥的亲密伙伴，刘牢之也视刘裕为心腹，让他做了冠军将军孙无终的司马。刘裕的起点一开始就不低，恰逢孙恩造反，刘牢之又招刘裕过来担任他的参谋军事。

刘牢之讨伐孙恩，怕沿途有埋伏，派刘裕等几十个人为斥候，去侦察敌情。他们正在行进中，突然迎面过来了几千个贼寇，这伙人把他们包围住，刘裕等浴血拼杀，但终于寡不敌众，跟他一起来的数十人全部战死，只剩他一个。

刘裕毫不胆怯，挥舞手中大刀，连连砍杀、砍伤对方多人，但好汉架不住人多，眼看招架不住，刘裕紧跑几步，纵身跳入河中。敌兵面面相觑，想不到刘裕会来这一手，他们中有几个人也准备跳下去捉拿刘裕，可就在这时候，只见刘裕又纵身一跃，飞身上岸，举起大刀，砍瓜切菜一般，把迎面而来的几个敌人的脑袋砍了下来。刘裕满身都是血，大吼道：“快来受死！”俗话说，横的怕愣的，愣的怕不要命的，敌人被浑身鲜血的刘裕给镇住了，有一个人开始往回跑。有了个起头的，大家也都跟着跑，刘裕挥舞砍刀大吼着追了过去，有跑得慢的又被砍掉了脑袋。

刘敬宣（刘牢之的儿子）等了好一会儿，还不见刘裕回来，就带兵过来找他，正好目睹了刘裕一个人挥舞大刀追赶数千敌兵的场面，啧啧称奇。他领着人冲了上去，杀死及俘虏了一千多人。刘裕一战成名。

当初，孙恩听说八个郡都有人起兵响应自己，兴奋地对属下说道：“再不会有什么大的战事了，我与诸位将会直入建康！”但过了不久，他得到了刘牢之率北府兵到了钱塘江边的消息，野心就减少了几分，说道：“我即使能割据钱塘江之东，仍可做越王勾践。”

隆安三年（399）十二月二十六日，刘牢之率军渡过钱塘江，孙恩这下彻底泄气了，他叹息道："逃走也没有什么可羞耻的。"于是强制命令二十多万百姓随他东去。为了拖延刘牢之的追兵，他命沿途丢下很多金银财宝和妇女儿童，追兵见到后争相抢夺，速度减缓，孙恩得以退回海岛。刘牢之的部将高素杀死了孙恩任命的吴郡太守陆陆环、吴兴郡太守丘尪、余姚县长沈穆夫等人。

朝廷任命谢琰为会稽太守、都督五郡军事，统率他从徐州带来的官员士兵在东海一带布防。

朝廷任命司马元显为录尚书事，他进一步掌控了朝廷大权。人们开始挤破头地走司马元显的"门子"，他的家门口车水马龙，每天都能排起长队，司马道子的府门口却几乎无人问津了，府门前最多的是在地上寻觅食物的麻雀。

第二百零七节 李暠建西凉

隆安二年（398）四月，北凉王段业命镇西将军沮渠蒙逊攻击后凉，生擒了后凉的西郡太守，吕光的侄儿吕纯。后凉的敦煌郡太守孟敏献出城池，投降了北凉，段业任命他为沙州（州府在敦煌）刺史，任命李暠（hào）为效谷县县令（今甘肃瓜州县西）。

李暠，字玄盛，小字长生，出生于永和七年（351），陇西郡陇西成纪（今甘肃天水市秦安县）人。李暠年少时非常勤奋好学，长大后性情沉静，聪明谦和，有度量。他博览经史，擅长文辞，熟读《孙子兵法》，精通武艺。他自称是西汉名将李广的十六世孙，广泛结交社会贤达，这些社会知名人士都对他赞誉有加。

李暠曾经和郭黁（nún）及异父同母弟弟宋繇在一个院子里生活。郭黁也是个当时的名士，又擅长看相算命，有一次他对宋繇说道："你将来一定会做大官，位极人臣，但你的哥哥李暠会更了不起，他会成为一国之主。当母马生下额头上有白毛的小马的时候，就是应验的时候。"

李暠性情温和宽厚，施政手段宽松，县内百姓安居乐业，深得上级的称赞和县内百姓的拥戴。孟敏在沙州刺史任上去世，敦煌护军郭谦和沙州治中索仙联名向段业推荐李暠为敦煌太守。李暠正在犯难，恰好在北凉朝廷任中散常侍的宋繇从京师张掖回家探亲，他对李暠说道："段王谋略不足，注定要失败，兄长难道忘了郭黁说过的话了吗？白额小马已经出生了！"李暠思考了一下，接受了弟弟宋繇的话，派人请求段业下达任命文。

段业也早就听说李暠的名声，准备任命他为敦煌太守，右卫将军索嗣是敦煌郡人，和李暠关系要好，深知李暠胸怀大志，因此劝段业道："李暠在敦煌的号召力很强，不能让他在这个地方久待，要防止他做大。"段业于是改任索嗣为敦煌太守，给他拨付五百名骑兵护送他上任。

索嗣距离敦煌还有二十里的时候，派人通知李暠前来迎接。李暠尽管顾虑重重，但仍然准备前去迎接，这时候效谷县令张邈和宋繇劝阻他道："段王昏庸无能，后凉也已经在走下坡路，这正是我们施展抱负的时候，现在你可以据敦煌而自立，为什么要将此地拱手送人呢？索嗣自认为是本郡人，老乡肯定会支持他，因此一定不会设防，这时候我们如果对他发动突击，定能把他连同他的部众歼灭。"

李暠牙关一咬，决定听从他们的建议。他派宋繇先去拜见索嗣，宋繇见到索嗣后，用恭敬的语言麻痹他，表示他们会完全服从索嗣的领导，李暠随后就要前来迎接。索嗣哈哈大笑，完全放松了警惕。不久，李暠派遣张邈、宋繇以及他的两个儿子李歆、李让率兵袭击索嗣，索嗣还以为是李暠来迎接自己呢，等明白过来的时候已经晚了。两军开战，索嗣大败，逃回了张掖。

李暠没想到会被好友索嗣出卖，非常恼怒，向段业上书，请求处死索嗣。辅国将军沮渠男成也很厌恶索嗣，这时候也劝段业除掉索嗣，沮渠男成说话分量很重，段业不得不听，只好命人把索嗣斩首。段业又派人向李暠致歉，提拔他为都督凉兴以西诸军事、镇西将军。

隆安四年（400）十一月，晋昌郡太守唐瑶背叛北凉，向六郡发出檄文，推举镇西将军李暠为冠军大将军、沙州刺史、凉公，兼敦煌太守。李暠大赦，改年号为"庚子"。史称李暠建立的凉国为西凉，属五胡十六国之一。

李暠任命唐瑶为征东将军，郭谦为军咨祭酒，索仙为左长史，张邈为右长史，尹建兴为左司马，张体顺为右司马，宋繇为从事中郎、折冲将军。然后派宋繇向东进攻凉兴郡，并攻打玉门关以西诸城池，宋繇把这些城池全部攻克。李暠命人在玉门关、阳关等地屯田，扩大耕地面积，积聚粮草，作为战略物资储备。

第二百零八节　刘裕战孙恩

会稽郡内史谢琰是谢安的次子，谢安一共两个儿子，长子谢瑶早逝，因此他很看重这个二儿子。会稽郡内史的位置是个肥差，能坐上这个位置，并不是因为谢琰才能出众，而是因为他的出身门第。大敌当前，谢琰既不会动员人民，又不懂整饬军队，他手下有将领就劝他道："贼寇就在不远的海边，他们不断加强对我们的监视，我们应该采取怀柔政策，让他们弃恶从善。"谢琰满脸不屑，说道："苻坚当年有百万之众，还不是惨败淮南？孙恩只是个小毛贼而已，当初败逃海岛，怎么还可能再杀回来呢？即便他真过来了，老天爷也会要他的命。"

不久，孙恩带兵攻破上虞，进军到了邢浦。谢琰派遣参军刘宣之迎战，把孙恩打得大败。谢琰哈哈大笑道："我所言非虚，毛贼不堪一击！"可是几天之后，孙恩又来攻打邢浦，这次谢琰军失利，孙恩乘胜前进。

隆安四年（400）五月三十日，孙恩率军抵达会稽郡，谢琰正准备吃饭，听闻消息，他放下碗筷，说道："等我顷刻间消灭了这贼人，然后再来吃饭。"他跨上战马出城应战，但被打得惨败。这时候帐下都督张猛又临阵倒戈，用刀砍伤了谢琰的战马，谢琰跌落马下被杀死了，他的两个儿子谢肇和谢峻也同时遇害。谢琰终究也没能续写父亲谢安和堂兄谢玄的辉煌。

吴兴郡太守庾桓害怕城中百姓响应孙恩，命人杀死数千百姓。孙恩率军进攻临海郡，朝廷得到战报，十分震惊，派冠军将军桓不才、辅国将军孙无终、宁朔将军高雅之率军讨伐孙恩。

十一月，高雅之和孙恩在余姚遭遇，两军交战，高雅之不敌，属下被杀死十之七八。朝廷见状况不对，赶紧下诏，任命刘牢之为都督会稽等五郡诸军事，率军讨伐孙恩。老将一出果然不同，孙恩不敌，再度逃回舟山群岛。刘牢之到上虞驻扎，派刘裕率军守卫句章（今浙江宁波市江北区慈城镇），吴国（今江苏苏州市）内史袁山松修筑沪渎垒（竹栅），加强防护。

隆安五年（401）三月，孙恩又从海岛攻上大陆，向北逼近海盐，刘裕紧追不舍，在海盐原来的城池上构筑城池以作防守，但他的部队过少，时间一长还是会守不住。刘裕心生一计，他命人在夜间把军旗扯下，把精锐部队埋伏起来，唱起了空城计。第二天一早，城门大开，城楼上只看见数个老弱残兵，孙恩手下喊话，问刘裕他们哪里去了，楼上答话，说他昨天夜里已经偷偷溜走了。孙恩得到报告，命令部队即刻进城，他的手下都想抢占先机获取金银珠宝，于是都争先恐后往里冲，这时候，刘裕埋伏起来的部队杀出，孙恩大败。孙恩转向去进攻沪渎，刘裕又紧追而去。

海盐县令鲍陋派儿子鲍嗣之率一千多人去做刘裕的前锋，刘裕质疑这支部队的战斗力，令鲍嗣之殿后，鲍嗣之不愿。刘裕又布下疑兵之计，孙恩以为自己中了埋伏，赶紧撤退，这时候鲍嗣之追击，不敌孙恩军队，战死，孙恩又乘胜杀了回来，刘裕不敌，部队伤亡殆尽。刘裕一看退无可退，命令士兵不要慌乱，让他们蹲下去脱战死士兵的衣服。孙恩又被刘裕这招给弄晕了，愣了半天，犹豫着开始后撤，这时刘裕大呼一声，率军追击，孙恩败走，刘裕目的达到，率军返回。

孙恩攻陷沪渎，杀死了包括太守袁崧在内的四千多人。六月一日，他又率领十多万部队，乘坐一千多艘战舰，突然进攻丹徒（今江苏镇江市）。孙恩兵临建康北大门，晋廷震惊，司马元显下令戒严，文武大臣在省内昼夜办公，都不回家了，紧急商议对策。司马元显命冠军将军高素率军守卫石头城，辅国将军刘袭率军截断秦淮河注入长江的入口，丹阳尹司马恢之率军守卫长江南岸，冠军将军桓谦率军守卫白石，左卫将军王嘏守卫朝廷，又召豫州刺史谯王司马尚之进建康协同守卫。

刘牢之从山阴率军而来，准备截击孙恩，但孙恩抢先一步逃走，刘牢之扑了个空，只好急令靠北的刘裕从海盐驰援京师。当时刘裕部众不足一千人，他接到命令后星夜兼程，一刻也不敢休息，终于和孙恩的部队同时到达了丹徒。刘裕和众将士已经十分疲惫，但他们知道如果他们失败了，建康就将不保，于是又抖擞精神，投入战斗，喊杀声震天。孙恩部下的兵卒内心里已经充满了对刘裕的恐惧，两军一接触，孙恩军不敌溃散，掉入河中淹死的士兵不计其数。孙恩放弃了建康，从水路继续北上，攻击郁洲（今江苏连云港市东云台山一带），宁朔将军高雅之被擒，然后孙恩的部将又攻陷了广陵，杀死三千多人。

荆州刺史桓玄厉兵秣马，密切关注时局变化，他要求驰援京师，但司马元显对他很忌惮，见这时候孙恩也已经退走了，就命令桓玄原地待命。

朝廷下诏，任命刘裕为下邳太守，给他调派人马，让他率军讨伐占据郁洲的孙恩。刘裕连战连胜，孙恩又从水路南下，刘裕率军继续紧追。刘裕和孙恩在沪渎、海盐等地交战，孙恩军被俘虏、斩杀数万人，孙恩再度退回舟山群岛。

敢情孙恩生下来就是给刘裕练手用的，数战下来，刘裕屡战屡胜，孙恩屡战屡败，是孙恩成就了刘裕。

后孙恩又纠集部众，去攻击临海郡，被太守辛景击退，死伤无数。孙恩这下彻底绝望了，投海自尽。他的残余势力当时还有几千人，共同推举孙恩的妹夫、多才多艺的卢循为头领，据守海岛。

第二百零九节 慕容熙登基

同患难容易，同富贵难，后燕皇帝慕容盛以叛变为名，杀死了为自己立下汗马功劳的幽州刺史慕容豪（张豪）和昌黎尹张顺，尚书左仆射张通也一同被杀。很蹊跷的是，接任昌黎尹之职的留忠又被告发谋反，也被处死了，这件事还牵连到了尚书令东阳公慕容根和尚书段成，这两个人也一同被杀。慕容盛派中卫将军卫双杀死了留忠的弟弟幽州刺史留志，然后任命自己的弟弟，卫将军平原公慕容元为司徒、尚书令。紧接着，右将军张真、城门校尉和翰、散骑常侍馀超、左将军高和也因为被控谋反而被杀。

不得不说，慕容盛虽然目前只有二十七岁，但其为人之残忍，手段之毒辣，诛杀功臣之迅速，都实属罕见，朝廷内外为此人心惶惶。

辽西郡（今河北卢龙县）太守李朗，担任郡太守已经长达十年，他为人严整，威信较高，辽西郡在他的治理下一派欣欣向荣，敌人不敢来犯。

慕容盛很忌惮李朗，多次召他回京，李朗怕被害，都拒绝了。但李朗的家眷在龙城，所以他也不敢公开和朝廷叫板，于是心生一计，秘密引北魏军队入境，然后派使者进京，向朝廷说明，他是需要剿灭敌人，因此才不能进京的。

但这没能骗过慕容盛，他说："这其中必有奸诈。"于是对使者严刑拷打，使者道出了实情，慕容盛大怒，处死了李朗留在龙城的全部家眷。

隆安三年（399）八月十四日，慕容盛命辅国将军李旱率军前去平灭李朗。李旱率军南下，可是走到建安（今河北迁安市北）的时候，慕容盛又派人急令李旱回军，朝廷文武百官都很纳闷。原来这是慕容盛的疑兵之计，在残酷政治斗争中成长起来的他，军事才能也得到了锤炼。九月十八日，慕容盛又命李旱进军。

李朗得到家眷被杀的消息，又听说李旱率军前来，便带领三千多户人家据城固守。但当他听说李旱又回军的消息后，错误地以为是朝廷内部有了变故，这才着急让李旱回去，所以放松了警惕，认为李旱一时半会儿也过不来了，便留下儿子李养据守令支，自己带人前去迎接北魏兵马。这时候，李旱突然又率兵前来攻击令支，令支守军防备不足，被打得大败。李旱派广威将军孟广平率军去追赶李朗，到无终（今天津蓟州区）终于追上了，两军开打，李朗不敌被杀。

得到李朗被杀的消息，慕容盛很高兴，召集文武百官到大殿。他对众大臣说道："之前我为什么命李旱回军呢？是因为李朗刚叛变，一定会害怕我们派大军去征剿，他们一定会挟持人员逃入深山之中，到时候，我们想一下子抓住他就十分困难了。我布下疑兵之计，就是要迷惑他，使他放松警惕，这时候我们再突然进军，定能把他擒获。"众大臣这才恍然大悟，都跪倒叩头，齐声道："陛下英明，胜过我们万倍！"慕容盛哈哈大笑道："众位爱卿快快平身！"

十月，中卫将军卫双也被赐死了，李旱和卫双、张豪、张真等过去都是慕容盛的心腹爱将，现在李旱回朝得到卫双也被杀的消息，十分害怕，认为下一个被杀的对象就是自己，于是单枪匹马出逃。但被冷风一吹，他头脑又冷静下来了，回头向慕容盛认罪。慕容盛感念他过去服侍慕容宝和自己的功劳，赦免了他，爵位照旧。

慕容盛任命河间公慕容熙为都督中外诸军事、骠骑大将军、尚书左仆射，兼中领军。慕容熙，字道文，是慕容垂的小儿子，慕容宝的弟弟，慕容胜的叔叔。

看到后燕日渐衰落，臣服于后燕的高句丽国王高安也变得越来越不听话，慕容盛决定教训一下他。隆安四年（400）二月十五日，慕容盛亲率三万大军讨伐高句丽，任命慕容熙为前锋。慕容熙非常勇猛，带领前锋部队顺利拿下了新城和南苏两座城池，深入高句丽七百余里，掠夺五千多户百姓后班师。慕容盛很高兴，夸赞慕容熙道："叔叔勇猛果敢，有世祖（慕容垂）遗风，只是在大的谋略方面逊色一些！"

慕容盛命设立燕台（即单于台），统管各夷族。

慕容盛猜忌心很强，他一旦对某人产生了怀疑，不由分说，就会立即诛杀，即使是功臣元老也不例外，这使得文武大臣人人自危。

隆安五年（401）八月十五日，左将军慕容国和殿上将军秦舆、段赞在一起密谋，准备率领禁军袭杀慕容盛，但消息泄漏，慕容盛大怒，处死了他们及同党五百多人。八月二十日深夜，前将军段玑和秦兴（秦舆的儿子）、段泰（即段赞）等人秘密潜入宫中，他们擂鼓助威，杀至慕容盛寝殿。慕容盛这时候也已经得知外面发生的事情了，率领左右护卫杀了出去，段玑等人不敌，四散奔逃。段玑被刺中受了伤，躲藏到一间偏僻的房间内。

慕容盛看到大局已定，放松了下来，指挥卫兵清点战场，搜寻残余，就在这个时候，突然一个黑影从暗处飞快地跑来，持兵刃以迅雷不及掩耳之势刺向慕容盛，正是段玑！慕容盛躲闪不及，被刺中要害，身受重伤。慕容盛久经大风大浪，这时候也仍然表现得很镇定，他坐上轿子，登上大殿，安排部署禁卫军，让他们各安其位，不得擅动，并命令关闭城门，禁止可疑人员出入，然后又命人速速前去召唤慕容熙前来交代后事。等安排停当之后，慕容盛一口鲜血喷出，气绝身亡，年二十九岁，在位三年。

太子慕容定年幼，中垒将军慕容拔、冗从仆射郭仲向皇太后丁氏建议，目前国家强敌环伺，面临内忧外患，应该立年长者为帝。大臣们比较看好慕容盛的弟弟，担任司徒、尚书令的平原公慕容元，但丁太后和慕容熙有奸情，她把慕容熙偷偷招进宫来，准备立他为帝。

第二天一早，丁太后召集文武大臣议事，宣布立慕容熙为帝，大臣们都不敢反对，纷纷表示赞成。慕容熙假意推辞，要把帝位给慕容元，慕容元哪里敢接受。

隆安五年（401）八月二十一日，慕容熙登基。他做了皇帝后，第一件事就是加派人手抓住了段玑等人，把他们统统诛灭三族。

不几日，有人告发慕容元阴谋“叛变”，慕容熙赐他自尽。

趁着给慕容盛出殡的机会，中领军慕容提和步军校尉张佛等在城中起事，准备拥立慕容定为帝，但很快就被扑灭，他们都被诛杀。慕容熙又赐慕容定自杀。

第二百一十节　姚兴征伐

后秦姚兴勤于政事，尊崇儒学，兴办学校，当时著名的学者如姜龛、淳于岐、郭高等都云集后秦的首府长安，他们在长安城讲学授徒，各有弟子门生数百人，慕名而来的求学者多达万人。

姚兴尊重人才，虚心纳谏，杜瑾、吉默、周宝等人都因为直言国事得到了很好的职位，给事黄门侍郎古成诜、中书侍郎王尚、尚书郎马岱等人也因为文采出众得到了参与政府机要事务的机会。

姚兴派齐公姚崇、镇东将军杨佛嵩进攻东晋的洛阳，洛阳城中的河南郡太守辛恭靖坚守一百多天后不敌，洛阳失陷，辛恭靖被生擒。姚兴命人把辛恭靖关押起来，后来他见机逃回了东晋。

姚兴派征西大将军陇西公姚硕德率领五千精兵前去攻打西秦，西秦乞伏乾归率军抵抗，在陇西郡扎营。乞伏乾归派武卫将军慕兀袭击后秦的补给线，后秦后勤供应断绝，姚硕德眼看就支持不住了。

姚兴亲自率军前去援救，乞伏乾归得到消息，亲率骑兵数千人，前往查探姚兴大营的虚实。可天公不作美，突然间起了一阵风暴，飞沙走石，雾气笼罩，第二天天一亮，他们竟迎头和后秦军遭遇了。乞伏乾归不敌，逃回苑川，他带来的三万六千部众全数投降了后秦。

乞伏乾归从苑川到达金城（今甘肃兰州市），他垂头丧气，对各位酋长说道："我才不配位，造成了今天的局面。我准备去往允吾（今甘肃永靖县），你们要带领各自的人马，就地归降姚家吧。"众酋长纷纷表态道："愿誓死追随大王！"乞伏乾归流着泪说道："自古无不亡之国，兴废乃命也，如果上天不亡我，复兴有期。你们多保重，咱们就此别过。"

乞伏乾归投降了南凉，但受到猜忌。为了保全家族，他留下儿子乞伏炽磐作为人质，偷偷跑去长安投降。姚兴见到乞伏乾归来降，大喜，任命乞伏乾归为都督河南诸军事、和州刺史，封归义侯。

西秦到此告一段落，不过几年后，它就又复国了。

不久，姚兴命乞伏乾归返回故都苑川据守，把之前投降来的他的部下全部拨付给了他。乞伏乾归回到苑川后，任命边芮为长史，王松寿为司马，原来的公卿和将帅等统统降格。

姚兴又派姚硕德征讨南凉、后凉、西凉和北凉，取得一系列胜利，这几个国家都纷纷派使节向姚兴进贡。

元兴元年（402）二月，姚兴立长子姚泓为太子。姚泓，字元子，本年十五岁，性情温顺，为人谦和，博学多才，喜欢清谈咏诗，但他性格懦弱，优柔寡断，身体多病。姚兴一直想立他为太子，只是做不了决定，这次，他终于下定了决心。

姚兴又打起了北魏的主意。六月，他命尚书令姚晃辅佐太子留守长安，然后命义阳公姚平、右仆射狄伯支率四万大军，对北魏发起攻击，他亲自率军作为后援。姚平率军对乾壁发动进攻，经过六十多天的苦战，终于攻克。

拓跋珪得到后秦进攻的消息，大为震怒，派毗陵王拓跋顺和豫州刺史长孙肥率领六万骑兵作为前锋，然后亲率大军殿后，迎击后秦军。

拓跋珪率军抵达永安（今山西霍州市），姚平派猛将带领两百精骑前去窥探虚实，结果被长孙肥发现，两军直接开打，后秦两百多人全部被俘。姚平恐惧，率军撤退，拓跋珪率军紧追。八月九日，姚平逃入柴壁，北魏军把城池包围得水泄不通。姚兴亲自率领四万七千人的大军前去救援姚平，准备占据汾水西的天渡，往柴壁运粮。拓跋珪命令修筑一道长墙，既能防止姚平突围，又能防止姚兴进攻。广武将军安同建议在汾水上搭建浮桥，运送大量部队到西岸，在那里修筑围墙，抵抗后秦，拓跋珪同意了。

姚兴抵达蒲阪，但他惧怕北魏军，犹豫了很长一段时间才决定继续前进。八月二十八日，拓跋珪和姚兴遭遇，姚兴军不敌，被杀死一千多人，姚兴率军后撤四十多里。之后率军渡过汾水，在西岸驻扎。他命人砍伐树木，然后投入水中，希望能借助水流的力量，用树木冲断北魏的浮桥，但这些树木都被北魏士兵打捞了上来，被他们用来劈柴做饭了。

十月，柴壁城内弹尽粮绝，入夜，姚平率军向城西南突围，姚兴也列阵呐喊助威，虚张声势。但北魏军的包围很牢固，姚平一看无法冲出包围圈，第一个跳入了汾水自杀，很多部下也跟着纷纷跳河。拓跋珪派水下部队把他们打捞上岸，生擒了狄伯支、越骑校尉唐小方等四十多名将领。留在岸上的两万多人看跳水也不行，便束手就擒了。

姚兴尝到了失败的滋味，只能眼睁睁看着自己的部队覆灭，不由得痛哭失声，将士们也跟着哭泣起来，一时间哭声震天。姚兴几次派人向拓跋珪求和，拓跋珪不同意。碰巧柔然进攻北魏，十月十三日，拓跋珪撤军。

第二百一十一节　后秦灭后凉

隆安三年（399）十二月，已经六十三岁的后凉天王吕光卧病在床，经过医治病情仍然不见好转，且越来越重。他预感自己时日无多，便命太子吕绍接任天王之职，自己号称太上皇，又任命太原公吕纂（吕光的庶长子）为太尉，常山公吕弘（吕绍的兄长）为司徒。

吕光对吕绍交代后事道："国家正处在危难关头，秃发氏、乞伏氏和段氏对我们虎视眈眈。我死之后，让吕纂主管军队，吕弘主管朝政，你做你的皇帝就行了，不用管什么事。如果你们相互怀疑，手足相残的事早晚会发生！"他又对吕纂和吕弘说："吕绍不是扭转乾坤的人才，因为他是嫡子，所以让他继位。现在外有强敌，内部又不稳，你们几个兄弟要互相团结，使我们的家业永传。如果你们各怀心事，大祸就在眼前！"吕纂和吕弘都流下了眼泪，说道："我们必会尽心辅佐圣上，不敢有二心！"吕光还是不放心，他又握住吕纂的手，告诫他道："你性格暴躁，是我最放心不下的，你务必要好好辅佐弟弟，勿信小人之言。"

当天吕光就去世了，吕绍封锁消息，秘不发丧。吕绍有自知之明，他对吕纂说道："哥哥年长，功劳又大，应该继承皇位。"吕纂不答应，说道："陛下是嫡子，理应继位，我不敢有非分之想。"

骠骑将军吕超（吕光的侄子）建议吕绍道："吕纂声威震动朝野，应该除掉他以绝后患。"吕绍不同意，说道："先帝尸骨未寒，我正要依靠两位哥哥治理国家，即使他们有加害我的想法，我也不在乎！"

吕弘秘密派尚书姜纪劝吕纂道："哥哥威名远播，应该多考虑一下社稷百姓，不可拘泥小节。”此话正投吕纂心意，他点头同意。就在当天夜里，吕纂带领几百名精壮士兵翻越姑臧北城，进攻皇城的广夏门。吕弘也带人用斧头砍开了皇城的洪范门，左卫将军齐从拔出佩剑对着吕纂迎面就砍，吕纂前额受伤，但随即齐从就被生擒。吕纂欣赏他的忠诚，说道：“真是忠义的好汉，不要杀他！”

吕绍派遣虎贲中郎将吕开率领禁卫军在端门迎战，吕超也率两千士兵赶到。慑于吕纂的声威，禁卫军和吕超的人马不战自溃，吕纂遂进入城中，登上了谦光殿。吕绍自杀，吕超逃奔广武。

吕纂登上了天王位，文武百官没人敢质疑，纷纷表示拥护。吕纂任命吕弘为大都督、督中外诸军事、大司马、车骑大将军、司隶校尉、录尚书事，改封番乐郡公。

吕纂的叔叔征东将军吕方当时镇守广武，吕纂派人对他说道：“吕超忠勇，值得赞扬，请他以大局为重，如果他能回心转意，我们将冰释前嫌。”吕方把吕纂的意思传达给了吕超，吕超向吕纂表达歉意，吕纂恢复了他的爵位。

不久吕纂和吕弘也反目了，吕弘率军攻打吕纂，但被击退。吕弘准备投奔南凉，正好路过广武，就去看望叔叔吕方。吕方知道如果放走吕弘，自己全家就得被灭，他哭着对吕弘说道：“天下之大，你却偏偏到了我这里。”他命人把吕弘押到监牢，派人给吕纂送信，吕纂派勇士康龙前来。康龙到广武后，把吕弘的胸骨打碎，用残酷的方式处死了他。

吕纂立妃子杨氏为皇后，任命岳父杨桓为尚书左仆射、凉都尹。

隆安四年（400）三月，吕纂率军进攻南凉。前一年，南凉武威王秃发乌孤因为醉酒跌落马下，摔伤了肋骨，不治去世，他的弟弟秃发利鹿孤继位，把首府迁到了西平（今青海西宁市）。秃发利鹿孤派弟弟秃发傉檀率军抵抗吕纂，秃发傉檀是员猛将，把后凉军打得大败，杀死了两千多人。

吕纂又准备进攻北凉，尚书姜纪劝他道：“如果秃发利鹿孤趁机进攻我们的京师，那该怎么办？”吕纂不听，还是率军包围了张掖。秃发傉檀得到消息，果然率一万骑兵袭击姑臧，吕纂的弟弟陇西公吕纬坚守城池，秃发傉檀无法攻破，抢夺八千多户人家而去。吕纂得到姑臧被围的消息，回师救援。

吕方担心自身的安全，出广武城，投降后秦而去。

吕纂嗜酒，喜欢打猎，太常杨颖经常劝他，虽然吕纂也表示羞愧，但始终不能改正。

隆安五年（401）二月，吕超擅自攻打鲜卑酋长思盘，思盘派弟弟乞珍向吕纂告状，吕纂想调节他们的矛盾，就命他们同到京师来。吕超害怕遭遇不测，到了姑臧之后，用大量金银财宝贿赂殿中监杜尚，让他帮助自己，杜尚见到财宝眉开眼笑，当即应承下来。

吕纂招吕超来喝酒，酒醉后想要回宫时，吕超突然拔出剑刺杀吕纂。吕纂的酒被吓醒了一半，他赤手空拳和吕超搏斗，不敌，胸口被吕超刺穿，左右卫士上来，也被吕超杀死。吕纂的杨皇后得到消息急忙赶来，命令禁卫军杀死吕超，但殿中监杜尚不允许他们出手，这帮禁卫军就真在一旁袖手旁观起来。这时候，将军魏益多从外面进来，顺手砍下吕纂的人头。

吕纂的叔叔吕佗、弟弟吕纬此时都在北城，吕佗准备起兵攻打吕超，他夫人梁氏劝他，说吕超和吕纬都是侄子，应该不偏不向，你自己也一把年纪了，别站错了队伍，吕佗于是便持中立态度，不再想为吕纂报仇了。吕超的弟弟吕邈和吕纬亲近，他把吕纬骗进皇城，吕纬当即就被吕超处死。

吕超把位置让给了哥哥吕隆，于是吕隆登上了天王宝座，任命吕超为都督中外诸军事、辅国大将军、录尚书事，封安定公。杨皇后貌美如花，吕超准备把纳她为己有，杨皇后选择了自杀。杨皇后的父亲杨桓投奔南凉，秃发利鹿孤任命他为左司马。

吕隆之前名声并不响亮，现在突然登上宝座，怕人心不服，就大肆屠杀豪门，想要重塑朝廷，建立个人执政的班底。姚硕德看到有机可乘，在征得姚兴同意后，率领六万兵马，向后凉发起攻击，归义侯乞伏乾归也率七千人同行。

隆安五年（401）七月，姚硕德率军渡过黄河，抵达姑臧城外，吕隆派吕超和吕邈迎敌。两军交战，后凉大败，吕邈被活捉，后凉损失万名将士。吕隆登上城楼，为官兵鼓劲打气，可这时候，吕佗却率领自己属下的两万五千多人投降了后秦。尚书姜纪也来投降后秦，姚硕德配给他两千兵士，让他防守晏然。

姚硕德包围姑臧两个多月，城内人心思变，魏益多密谋杀死吕隆和吕超，但消息泄露，他及同党三百多人被诛灭。

吕超看到姑臧硬撑不了几天了，就对吕隆说道：“就目前的形势来看，即使张良、陈平在世，也挽救不了败局。权宜之计，我们不如暂时屈服，向后秦投降，以图来日。”吕隆一想，确实也没有别的好办法，同意了吕超的意见。

九月，吕隆派使者到姚硕德大营投降，姚硕德推荐吕隆任镇西大将军、凉州刺史，封建康公。吕隆又把自己的侄儿和元老慕容筑、杨颖等五十多家送到长安作为人质。姚硕德班师回朝。

姚硕德一走，吕超就率军进攻宴然，但无法攻克。吕超又去进攻叛将焦朗占据的魏安，焦朗派侄儿焦嵩到南凉做人质，请求援兵，秃发利鹿孤遂派车骑将军秃发傉檀救援魏安，吕超退走，秃发傉檀在胡阬安营扎寨。

吕超派中垒将军王集率两千精装士兵趁夜袭击秃发傉檀的大营，不想正中埋伏，包括王集在内的三百多人被杀。吕隆假装和解，秃发傉檀派秃发俱延作为代表入城谈判，吕超突然发动袭击，秃发俱延拼死逃出。秃发傉檀暴怒，攻打后凉昌松郡太守孟祎驻守的显美，顺利攻克，抓获了孟祎。秃发傉檀劝他归降，孟祎誓死不降，秃发傉檀就释放了他，然后裹挟两千多户人家班师。

姑臧严重缺粮，一斗米竟然卖到了五千钱，就这样还买不到。城中开始出现了人吃人的情况，强壮一点的把弱小的放倒后煮了就吃，即使这样，被饿死的也有十几万人。吕隆命令紧闭城门，防止敌人进攻，有的百姓实在饿得受不了了，就请求出城去给人做牛做马，换口饭吃，吕隆认为他们有损国体，竟命人把他们活埋了。

元兴元年（402）二月，北凉王沮渠蒙逊率军攻打姑臧。去年四月，北凉王段业杀死了辅国将军沮渠男成，沮渠男成的弟弟沮渠蒙逊力斩段业，登上了王位。

吕隆派人向南凉王秃发利鹿孤求援，秃发利鹿孤派秃发傉檀率一万精骑前去，但人马还在路上的时候，沮渠蒙逊就已经被吕隆给打败了。沮渠蒙逊和吕隆结盟，留下一万多斛粮食后回去了。秃发傉檀走到半路，想想不能白来这一趟，于是就掳掠了后凉五百多户人家，然后才返回。

三月，秃发利鹿孤因病去世，他弟弟秃发傉檀继位，迁都乐都（今青海海东市乐都区）。几个月后，秃发傉檀对姑臧发动大规模进攻。

吕隆寝食难安，刚走了沮渠蒙逊，又来了秃发傉檀，他实在支撑不下去了，决定投降后秦，请后秦派军队过来接自己。姚兴得到报告，大喜过望，派尚书左仆射齐难、镇西将军姚诘、左贤王乞伏乾归和镇远将军赵曜等率四万大军，前往河西走廊迎接吕隆。秃发傉檀慑于后秦的威力，让出了一条道路，让后秦军队通过。

元兴二年（403）八月，齐难等人到达姑臧。吕隆乘坐白马驾驶的简易车辆，率领文武百官，早早在路旁等候。齐难下了马，拉着吕隆的手安慰了一番，然后进城。齐难命他的司马王尚代为凉州刺史，配给他三千兵马，让他镇守姑臧，然后把吕隆的整个家族、官员及部分豪族共一万多户统统迁到了长安。姚兴任命吕隆为散骑常侍，吕超为安定郡太守，其他后凉官员也各有任用。

至此，五胡十六国中的后凉灭亡，共立国十八年，历任四位国君，是为吕光、吕绍、吕纂和吕隆。

第二百一十二节　桓玄篡位

当初，荆州刺史殷仲堪、江州刺史桓玄和雍州刺史杨佺期虽然缔结了盟约，但彼此间的关系十分脆弱，各怀心事。殷仲堪和杨佺期结成亲家，联合制约桓玄。朝廷为了分化他们，加任桓玄为都督荆州四郡军事，又让桓玄的哥哥桓伟顶替了杨佺期的哥哥杨广的位置，做了南蛮校尉。杨佺期压不住火，要起兵攻打桓玄，被殷仲堪制止了。

不久，荆州发大水，殷仲堪为人宅心仁厚，命令打开官仓，赈济灾民，这本是好意，但造成了仓库的空虚。桓玄得到消息，对殷仲堪发起大规模进攻，殷仲堪不敌，向杨佺期求救，杨佺期率军前来救援，结果被桓玄打败，杨佺期和杨广被杀。殷仲堪恐惧，准备逃往后秦，但被桓玄的人马追上，被逼自杀。

桓玄消灭了殷仲堪和杨佺期后声威大震，他向朝廷上书，要求统管江州和荆州，朝廷任命桓玄为都督荆、司、雍、秦、梁、益、宁七州诸军事，兼荆州刺史，任命中护军桓脩为江州刺史。桓玄坚持要管理江州，朝廷又加任桓玄为都督江州及扬州、豫州等八郡诸军事，兼江州刺史。桓玄建议任命哥哥桓伟为雍州刺史，朝廷批准。桓玄又任命侄儿桓振为淮南太守。桓玄统管了东晋近三分之二的地盘，他野心勃勃，不把朝廷放在眼里。

司马元显接受谋士张法顺的建议，准备趁桓玄在荆州立足未稳讨伐他。元兴元年（402）正月一日，东晋朝廷下诏，公布桓玄的种种罪状，任命尚书令司马元显为骠骑大将军、征讨大都督、都督十八州诸军事、假黄钺，镇北将军兼兖、青二州刺史刘牢之为前锋都督，前将军谯王司马尚之为后卫，共同讨伐桓玄。

桓玄针锋相对，也公布了司马元显的各种罪名，顺长江东下，起兵讨伐司马元显。司马元显害怕桓玄，迟迟不肯出发。

二月二十八日，桓玄率军抵达姑孰（今安徽当涂县），武都郡太守杨秋临阵投降桓玄，谯王司马尚之大败，被生擒。

前锋刘牢之这时候思想上斗争激烈，他素来讨厌司马元显专横，怕消灭了桓玄后，司马元显更加不可一世，但又怕消灭桓玄后，自己功高被嫉恨。他还准备借桓玄之手铲除朝中权臣，然后自己再起兵消灭桓玄，掌握朝中大权，所以他对讨伐桓玄一事并不尽心。

刘牢之率军到溧州驻扎，参军刘裕请命，要求进攻桓玄，刘牢之不准。桓玄派刘牢之的堂舅何穆游说刘牢之道："兔死狗烹，越国的文种、秦国的白起、汉朝的韩信都没有落下好下场。如果您能改变心意，支持桓玄将军，他可以确保您的荣华富贵。"刘牢之听从了何穆的劝告，与桓玄之间建立了联系。刘牢之的儿子刘敬宣、外甥何无忌和刘裕一起劝他讨伐桓玄，刘牢之不听，说道："你们说的道理我都知道，消灭桓玄也易如反掌，问题是消灭了他之后，我怎么对付司马元显？"刘牢之派刘敬宣去投降桓玄，桓玄任命刘敬宣为咨议参军。

司马元显已经登上战船准备出发了，听说桓玄的军队已经到达新亭，便立即弃船，到宣阳门列阵。这时候，桓玄的先头敢死队已经到了城外，他们高声喊喝："放下武器，饶尔等不死！"司马元显的属下本来就被吓破了胆。桓玄是谁？那可是桓温的儿子，老子英雄儿好汉！他们惧怕桓玄的名头，无心恋战，纷纷丢下武器逃窜。司马元显成了孤家寡人，骑马找他父亲司马道子去了，他的谋士张法顺还不错，没有抛弃他，在后面紧跟。司马道子这时候也是六神无主，父子两人抱头痛哭。

桓玄生擒了这对父子，派毛泰把司马元显押到新亭，把他绑到船头，指着他数落个没完，司马元显这时候还想找替罪羊，坚持说自己是被属下迷惑了。

三月四日，桓玄进入京师建康，朝廷任命他为都督中外诸军事、丞相、录尚书事、扬州牧，兼任徐、荆、江三州刺史，假黄钺——反正这时候朝廷也是桓玄的了，他随便想当什么就当什么吧，没人反对。桓玄任命桓伟为荆州刺史，桓谦为尚书左仆射，桓脩为徐、兖二州刺史，桓石生为江州刺史，卞范之（桓玄手下的重要谋士）为丹阳尹，王谧（王导的孙子，曾经救过刘裕的命）为中书令。

司马道子已经严重酒精中毒，几乎成了一个废人，桓玄放了他一条生路，把他贬到安城郡，但斩了司马元显和他的儿子司马彦璋，以及司马休之、庾楷、张法顺、毛泰等人。

桓玄任命刘牢之为征东将军、会稽太守，这是把刘牢之调离了大本营。刘牢之叹息道："这才刚刚开始，就要夺取我的兵马，看来大祸就要临头了。"刘敬宣从京师回到京口，劝刘牢之起兵攻打桓玄，刘牢之犹豫不定，只是把部队前移到了班渎。

刘牢之问刘裕道："我想和驻守广陵的高雅之合兵一处，起兵讨伐桓玄，你认为怎么样？"刘裕皱皱眉，回答道："将军当时拥有几万精兵，却投靠了桓玄，如今桓玄有天子在手，我们又怎么能成功？我要恢复百姓身份，回京口去了，将军保重。"

何无忌问刘裕道："我该怎么办？"刘裕回答道："你舅舅在劫难逃，你随我回京口去吧，我们回头再想办法对付桓玄。"

刘牢之召集将军、幕僚开会，宣布让大家准备进攻桓玄。参军刘袭说道："您反王恭，反司马元显，又反桓玄，谁还敢相信您，跟随您呢？"说完后，就大步流星走了出去，其他人也大都走出大门。

刘牢之让刘敬宣去京口接家眷，但刘敬宣不知道怎么就耽搁了，到了约定日期刘敬宣还没有到，刘牢之以为事情已经泄露，家眷已经被杀，就带领数人向北逃走。到了新洲后，刘牢之思来想去，精神恍惚想不开，找了个地方上吊自杀了。不多久，刘敬宣带着家眷赶到，见父亲不在，也不敢停留，投奔广陵而去。刘牢之的部属把他的尸首装殓起来，送回老家丹徒。桓玄得到消息，下令劈开棺木，把刘牢之的人头砍下，把尸体扔到大街上，任由百姓参观。一代名将竟落得如此下场！

东晋大赦，桓玄改任太尉、都督中外诸军事、扬州牧、豫州刺史，总领百官。他任命琅琊王司马德文为太宰。

四月，桓玄学起了他的父亲桓温，出京师到姑孰驻扎，但朝中大事还是要向他请示以后才能施行，小事则由尚书令桓谦和丹阳尹卞范之商量决定。

桓玄又杀死了吴兴太守高素、将军竺谦之以及竺谦之的堂兄竺朗之、刘袭和刘袭的弟弟刘季武，这些人过去都是北府军的将领，是刘牢之的部将。刘袭的哥哥冀州刺史刘轨邀请司马休之、刘敬宣、高雅之等人讨伐桓玄，但屡次战败，刘轨、司马休之、刘敬宣等人投降了南燕，袁虔之、刘寿、高长庆、郭恭等人投降了后秦。

桓玄派御史杜林到安城郡毒死了司马道子（年三十九）。

桓玄命堂兄桓脩以抚军将军的身份镇守丹徒，任命刘裕为抚军中兵参军。这时候，孙恩的妹夫卢循又带人来攻打东阳郡，刘裕率军迎击，卢循败退永嘉郡。

元兴三年（403）二月，朝廷任命桓玄为大司马。桓玄越发跋扈，又斩冀州刺史孙无终——孙无终也为刘牢之手下大将，北府军的昔日将领。荆州刺史桓伟去世，桓玄任命桓石康（桓温三弟桓豁的儿子）为荆州刺史。

侍中殷仲文和散骑常侍卞范之秘密撰写了加九锡和禅让的诏书，劝桓玄早登大位，桓玄同意了。元兴三年（403）九月十六日，司马德宗下诏，任命桓玄为相国，总领文武百官，封楚王，采邑十个郡，加九锡。

桓谦问刘裕道："楚王功高盖世，朝廷应该举行禅让大典，你怎么看？"刘裕想让他们自己作死，就说道："楚王是南郡公的儿子，民心所向，没什么不行的。"桓谦大喜道："你说行，那就行。"

因为民间有"湖水干枯天下乱，湖水满盈天下平"的说法，桓玄的人就造谣说钱塘临平湖满盈了，又说江州降下了甘露，其实是在为桓玄的篡位制造声势。因为之前改朝换代大都有隐士出现，桓玄也不想例外，就命人在境内遍寻高士，终于找到了西晋时期的隐士皇甫谧（前文讲过的针灸鼻祖）的第六世孙皇甫希之。桓玄给他重金，让他隐居到山中，然后再让朝廷派人去请。皇甫希之故作推辞，被反复请了几次，终于出山，朝廷就下诏称皇甫希之为"高士"。

十一月二十一日，司马德宗命人宣读禅让诏书，派太保兼司徒王谧把传国玉玺进献给了楚王桓玄。司马德宗生活都不能自理，自然安排不来这些事，这都是桓玄背后的指使。司马德宗搬出皇宫，到永安宫居住。

十二月一日，桓玄命人在姑孰南边的九井台修筑高台，工程进度很快，三日高台建成，桓玄登上高台，正式登基称帝，完成了他父亲桓温想干但没有干成的事。他尊父亲桓温为宣武皇帝，尊他母亲司马兴男为宣皇后，封刘氏为皇后，然后封司马德宗为平固王，司马德文为石阳县公。

十二月九日，文武百官簇拥着桓玄进入建康。登上了皇帝宝座，桓玄非常高兴，不自觉地用力往宝座上一坐，座位竟然陷了下去。文武百官顿时大惊失色，还是殷仲文反应快，他朗声道:“陛下德行深厚，连大地都难以承载！”桓玄一听，大喜，这个插曲就这么化解过去了。

十二月二十二日，桓玄把司马德宗迁到了寻阳。

第二百一十三节　刘裕灭桓玄

刘裕随徐、兖二州刺史安成王桓脩入朝拜见桓玄，桓玄对刘裕优待非常，多次招待刘裕，还赐给他很多金银财宝。刘皇后见到了刘裕，劝桓玄道："刘裕龙行虎步，双目炯炯有神，不会久居人下，恐怕会成为祸患，不如尽早把他除掉。"桓玄摇摇头，说道："皇后此言差矣，我正要利用刘裕帮我平定中原，怎么能现在就把他杀了呢？等到中原平定，再议此事。"

桓玄任命桓弘为青州刺史，镇守广陵；刁逵为豫州刺史，镇守历阳。这个刁逵就是那个差点把刘裕打死的人，因为他是士族出身，现在也被桓玄重用了。

刘裕和刘牢之的外甥何无忌同船返回京口，在船上他们就开始谋划推翻桓玄了。咨议参军刘迈的弟弟刘毅住在京口，他和何无忌相识多年，也胸怀大志，跟他商量怎么讨伐桓玄。何无忌说道："桓家势大，我们该怎么办？"刘毅说道："事物的强弱是不断变化的，只要我们找到强有力的领导者，就能成事！"何无忌说道："草莽之中隐藏着无数英雄豪杰。"刘毅说道："我看只有刘裕行。"两个人相视哈哈大笑。何无忌回去把这个消息告诉了刘裕，于是三个人结成同盟，然后又秘密联络了数人。

元兴三年（404）二月，刘裕、刘毅、何无忌、王元德、王仲德、孟昶、刘道规（刘裕的弟弟）、魏咏之、檀凭之、诸葛长民、辛扈兴、童厚之秘密联络，准备一同起兵攻打桓玄。刘道规是青州刺史桓弘的中兵参军，刘裕便安排他和刘毅、孟昶袭杀桓弘，占据广陵；诸葛长民是刁逵的参军，刘裕命他袭杀刁逵，占据历阳；王元德、辛扈兴和童厚之在建康，刘裕命他们作为内应，见机行事。他们约定好日期，一起行动。

孟昶的妻子周氏是富家之女，她捐出全部家产，亲手缝制战袍支持丈夫。何无忌的母亲刘氏也不断鼓励儿子，让他满怀信心。

二月二十八日，刘裕和何无忌袭杀桓脩，砍下他的人头示众。桓脩的司马刁弘带人前来，情势顿时紧张起来。刘裕谎称接到江州刺史郭昶之的传话，皇帝司马德宗命他诛杀叛徒，刁弘相信了，带人离开。

刘裕问何无忌道："我们现在急需一个主簿（文字秘书），从哪里找？"何无忌回答道："最佳人选就是刘穆之。"

刘穆之，字道和，小字道民，家里世代都在京口居住。他饱读诗书，博闻强识，但家庭贫苦，不修边幅，好吃好喝。后来刘穆之娶了京口大族江家的女儿，便经常到大舅哥家里混吃混喝，常遭人白眼，但他满不在乎。他老婆江氏替他丢人，多次提醒他不让他去，但他依旧我行我素。有次，江家大宴宾客，江氏特别嘱咐他不让他去，但刘穆之还是去了，酒足饭饱之后还要求吃槟榔，江家兄弟嘲笑他道："槟榔是消食用的，你经常吃不饱，还吃这个做什么？"刘穆之感觉受到了侮辱，他这次是真生气了，从此再也不去江家。刘穆之发达以后记起这个事，便大摆宴席宴请江家兄弟，吃过饭后，专门安排后厨用金盘子端上来一斛的槟榔给他们吃，这是后话。

何无忌提到了刘穆之，刘裕说道："我认识他。"立即命人带信去请。当时大街上人声嘈杂，刘穆之到大街上想看看发生了什么，正好遇到送信的人。他见信后，呆立良久，然后转身回家，把家里的破布撕了，绑到腿上来见刘裕。刘裕问刘穆之道："我们刚刚起事，需要一位主簿，您看谁合适？"刘穆之回答道："没有比我更合适的了。"刘裕哈哈大笑，说道："那就委屈您了。"

刘裕派周安穆去争取刘迈，刘迈举棋不定，周安穆怕事情有变，提前溜了。刘迈最后选择了去报告桓玄，桓玄大怒，杀死了王元德、辛扈兴、童厚之，并把刘迈也一起杀了。

众人公推刘裕为盟主，让他总督徐州事务。刘裕以孟昶为长史镇守京口，以檀凭之为司马、朱龄石为参军，然后命刘钟统领彭城来投军的人。

二月二十九日，刘裕率领一千七百人进驻竹里。桓玄命扬州刺史新野王桓谦为征讨都督，派吴甫之、皇甫敷向京口进军。三月一日，刘裕率军和吴甫之的部队在江乘开战，刘裕一马当先，手舞大刀，大声呐喊，冲向吴甫之。吴甫之也是员猛将，但在刘裕面前没走几个回合就被斩于马下，楚军大败。刘裕率军前进，到达罗落桥。

楚将皇甫敷威猛，他率领数千人迎战刘裕，刘裕军渐渐不敌，檀凭之战死。皇甫敷把刘裕逼到一棵大树下，刘裕背靠大树，力劈数人，但好汉难敌四手，楚军围上来的越来越多。皇甫敷用大戟指着刘裕大声问道："你想要个什么样的死法？"刘裕怒目圆睁，大呼道："小子，你过来试试！"皇甫敷被震住了，不敢上前。正在这时，刘裕的援军赶到，他们急忙搭弓放箭。箭似流星，皇甫敷前额中箭，跌落马下，刘裕一个箭步扑到他面前，举刀要砍。皇甫敷说道："老天助你，我今把子孙托付给你了。"刘裕并不搭话，手起刀落，皇甫敷人头落地，他的部众也纷纷逃散。刘裕后来对皇甫敷的后代照顾有加。此战过后，刘裕把檀凭之的部队交给他的侄子檀祗率领。

桓玄得到己方两位悍将被杀的消息，顿时魂飞魄散，六神无主，他问群臣道："难道朕要失败吗？"群臣也无法回答。桓玄派桓谦及游击将军何澹之防守东陵，派卞范防守覆舟山西，合计两万人。

三月二日，刘裕让军队饱餐一顿后，下令把粮食抛弃，想吃饭就进城吃。刘裕率军向东陵发起攻击，他身先士卒，挥舞大刀冲锋在前，将士们紧随在后。他们喊杀声震天，个个以一当百，楚军不敌，桓谦大败。

桓玄之前已经准备好了退路。他命殷仲文暗中备好船只，待前线战败的消息传来，他便带着儿子桓昇、侄子桓伟找到殷仲文，一起登上船只，逆流南下。

刘裕率军进入建康，命刘钟接掌东府。三月三日，刘裕移驻石头城，派尚书王嘏率文武到寻阳去接司马德宗。三月五日，司徒王谧率众推举刘裕为都督扬、徐、兖、豫、青、冀、幽、并八州诸军事，兼徐州刺史，使持节。跟随刘裕骑兵的刘毅为青州刺史，何无忌为琅琊内史（太守），孟昶为丹阳尹，刘道规为义昌郡太守。刘裕把日常事务都交给刘穆之处理，刘穆之处理得井井有条，大家都非常满意。众臣认为王谧之前亲自解下司马德宗身上的玉佩交给桓玄，应该处死，但当年王谧救过刘裕的命，刘裕力保王谧，让他继续做司徒。

刘裕派诸葛长民去袭杀豫州刺史刁逵，诸葛长民失手被擒，刁逵把他押到囚车送往建康，桓玄出逃后，押车的士兵把他放走了。刁逵弃城逃走，被部下生擒，押往建康，送到了刘裕面前，刘裕下令把刁逵全族处斩，只放过了他最小的弟弟刁聘。刁逵的儿子刁雍被他的部下藏了起来，躲过了一劫，后被送往后秦。刘裕灭了刁逵，报了当年的一箭之仇。

桓玄逃到了寻阳，郭昶之给他补充了兵卒和军需物资。桓玄挟持着司马德宗往西跑，刘毅率何无忌和刘道规追赶。四月三日，桓玄一行到达江陵，荆州刺史桓石康过来迎接，桓玄重新任命文武百官。

何无忌和刘道规率军打败了寻阳守将何澹之，占领城池，在这里休整之后继续西上。

桓家在荆州根深蒂固，桓玄短时间内聚拢了数万人，又重拾了信心，挟持司马德宗东征，准备收复建康。两军在峥嵘洲（位于今湖北鄂州市）相遇。刘道规不畏强敌，率先冲锋，刘毅等紧随其后，他们斗志昂扬，奋力拼杀，桓玄不敌，带着司马德宗乘船逃走。到达江陵后，桓玄已经众叛亲离，这时候益州刺史毛璩（qú）派人送信给桓玄，引诱他到巴蜀，桓玄果然撇下司马德宗，往巴蜀逃去。

桓玄走到枚回洲（今湖北荆州市荆州区故江陵县城西长江中）的时候，恰好遇到了毛璩的侄孙毛祐之和参军费恬，他们立即命人向桓玄的船只放箭，桓玄的人马纷纷中箭倒下，益州督护冯迁跳上桓玄船只，力斩桓玄。桓玄死时三十六岁，做皇帝不到一年。他们把桓玄的人头和桓玄的儿子桓昇送到建康，桓昇被绑到闹市斩首，桓玄的人头则被挂在朱雀桥上示众。后刘毅又率军消灭了桓玄的残余势力。

元兴四年（405）三月十三日，刘毅护送司马德宗到达建康。朝廷下诏，任命司马德文为大司马，刘裕为侍中、车骑将军、都督中外诸军事，兼徐、兖二州刺史；刘毅为左将军；何无忌为右将军、豫州刺史，兼督豫州、扬州五郡诸军事；刘道规为辅国将军、督淮北诸军事、并州刺史。

刘裕坚决拒绝了朝廷的封赏，要求返回京口。朝廷再三挽留，但刘裕去意已决，没办法，朝廷改任刘裕为都督荆、司等十六州诸军事，兼兖州刺史，镇守京口。

第二百一十四节　慕容超登基

南燕皇帝慕容德大宴群臣，君臣推杯换盏，你敬我让，气氛十分热烈。酒至半酣，慕容德问群臣道："列位爱卿，你们看我可以和古代哪位皇帝相比？"还没等别人答话，青州刺史鞠仲抢先回答说："陛下是中兴之圣主，可以和夏朝的姒少康、汉朝的刘秀相比。"

慕容德哈哈大笑，一抬手，吩咐左右赏赐鞠仲一千匹绸缎。一句话得到一千匹绸缎，鞠仲十分兴奋，但他又假意推辞了一下。慕容德哈哈一笑道："你哄我开心，我也是哄你开心啊！你的回答太夸张了，不是实话，所以我说的也不是实话，让你空欢喜一场。"鞠仲脸一红，不再言语。

这时候，韩范发话了，他说道："天子无戏言，就事论事，你们都有不对的地方。"慕容德一听很高兴，赏赐给他五十匹绸缎。

慕容德是想用这个办法鼓励文武百官多说实话，不要净说些拍马屁的废话。这招很管用，从此，大臣们竞相直言相谏，朝中也多了很多正直之士。

慕容德的母亲公孙氏和哥哥慕容纳之前都在长安居留，慕容德派杜弘前去探望，看他们现在怎么样了，到底是生是死，如果是活着，就想办法把他们接回来。

杜弘对慕容德表态道："我到了长安之后，如果找寻不到太后，就西去张掖郡寻找，就算豁出去性命，也要完成使命。只是这次路途遥远，我这一走生死未卜，我父杜雄已年过花甲，还未沾富贵，恳请陛下赐给他一个县的俸禄，以表示我乌鸦反哺之情。"

中书令张华在旁边听不下去了，他说道："杜弘人还没走，先求俸禄，利欲熏心，不要派他去了。”慕容德一摆手道：“杜弘是为朕探寻亲人，又是为老父亲求取俸禄，他是忠孝之人。”之后便任命杜雄为平原县令。

杜弘历尽艰辛，终于到达了张掖郡，却不幸被强盗杀死了。慕容德大为悲痛，对杜弘的妻儿倍加厚待。

元兴二年（403）四月，慕容德昔日的部下赵融从长安过来投靠，告诉了慕容德他的母亲公孙氏和哥哥慕容纳已经去世的消息。慕容德痛哭流涕，难过得一口鲜血喷出，病倒在床。

这时候，泰山郡人王始也想过一把皇帝瘾，他自称太平皇帝，设置官僚机构，任命百官，老百姓来投靠的达数万人。慕容德命桂林王慕容镇率兵讨伐王始，两军交战，王始不敌，被活捉后送往了广固城，慕容德下令将他处斩。临刑的时候，有人问王始他的父亲和兄弟在哪里，王始回答道：“太上皇流落在外，征东将军、征西将军被乱军杀害，目前只剩朕一人，孤苦伶仃。”他老婆一听，骂他道：“就是因为你这张嘴，才到了今天这一步，还胡说什么！”王始说道：“皇后此言差矣！古往今来，没有不败的家，没有不灭的国！”刽子手用刀把捣他，他双目注视前方，说道：“驾崩也没有什么大不了的，但我永远不改帝号。”有人把这事汇报给了慕容德，慕容德听后哈哈大笑，感觉王始这个人很有意思。

当年，慕容德跟随慕容恪投降了前秦，慕容德被任命为张掖郡太守，他的母亲公孙氏和他的哥哥慕容纳也跟随他住在张掖。之后，慕容德跟随苻坚参加淝水之战，慕容德知道这一去不知道啥时候才能回来，因此留下了一把金刀作为信物，然后和母亲、哥哥洒泪分别。淝水之战后，慕容垂和慕容德反后秦，建立了后燕，这时候的张掖郡太守苻昌就把慕容纳和慕容德的所有儿子都抓起来杀了。公孙氏因为年纪太大，免于处死，改为羁押监牢。慕容纳的妻子段氏当时怀有身孕，也被羁押起来，待她生下孩子后再予处斩。

也是他们命不该绝，看守监狱的呼延平是慕容德的老部下，当年他犯了死罪，是慕容德宽赦了他，这时候他觉得报恩的机会来了，于是买通其他看守，把公孙氏和段氏救出监狱，逃到了西部羌人的地方，段氏在那里生下了儿子慕容超。慕容超长到十岁的时候，公孙氏年老生病，预感自己将不久于人世，就把他叫到床前，拉着他的手嘱咐道："我现在把这把金刀交给你，日后你有一天回到东方，这就是你和叔叔相认的信物。"慕容超含泪接下。不久，公孙氏去世，呼延平又带着慕容超娘俩去投靠后凉。后凉被后秦所灭，慕容超他们跟着后凉百姓一起被强制迁到了长安。之后，呼延平去世，段氏就为儿子慕容超迎娶了呼延平的女儿为妻。

成人后的慕容超身高八尺，腰带九围，神采奕奕，他在后秦唯恐自己的身份泄露，成为人质，于是装疯卖傻，天天穿得破破烂烂，衣不蔽体，在长安沿街乞讨。后秦的官员见到他都躲得远远的，只有东平公姚绍看到他后，觉得这个乞丐不一样。他对姚兴说道："慕容超这小子看起来体格健壮，腰板结实，怕他是装疯吧？请陛下赐给他一个小官职，让他有事做，本分地待在长安。"于是姚兴特意召见了慕容超，和他交谈，测试他，慕容超故意回答得牛头不对马嘴，错误百出，姚兴不耐烦了，把他打发了出去。

慕容德后来没有再生下儿子，如今他已经年迈，皇位的继承问题摆在了他的面前，他又派出多人到长安，打听是否还有自己的亲人在世。功夫不负有心人，有从长安回来的人说，慕容纳的儿子慕容超目前还在人世。慕容德大喜，派吴辨前去迎接。吴辨有个老乡叫宗正谦，在长安以走街串巷，以替人占卜算卦为生，吴辨不方便亲自露面，他便通过宗正谦和慕容超取得了联系。

事关重大，慕容超也没敢回家告辞，就跟宗正谦逃回了南燕。到达兖州的时候，兖州刺史慕容法对慕容超的身份存疑，对慕容超多有怠慢，从此慕容超就把这笔账记下了。慕容德得到回禀，说慕容超已经进入后燕境内，十分兴奋，派三百名骑兵前去迎接。慕容超终于到了广固，他叩拜叔叔，把金刀呈给了慕容德。慕容德一看这把刀正是自己当年留下的，已经七十岁的他抚今追昔，百感交集，老泪纵横，一把把慕容超抱到了怀中，失声痛哭。慕容德任命慕容超为侍中、骠骑大将军、司隶校尉、开府，封北海王，并选择了当朝的能人辅佐慕容超，把他作为接班人培养。

元兴四年（405）九月的一天，慕容德在东阳大殿召见文武百官，讨论立慕容超为太子的事情，正在这时突然发生了地震，大殿出现了摇动，大臣们惊慌失措，四散奔逃，慕容德也被护送出大殿。当天夜里，慕容德病重，他双目紧闭，嘴里喘着气，段皇后来到了他的身边，趴在他耳朵边大声问道："我马上命中书省起草诏书，立慕容超为太子，行吗？”慕容德的眼皮抬了抬，微微点点头。段皇后遂招来中书令，命他书写诏书，立慕容超为太子。不一会儿，慕容德便去世了，年七十岁，在位六年。按照慕容德生前的遗嘱，就在这天深夜，多人抬着十多口棺材从广固的各个城门出城，把棺材埋在了山谷之中，没人知道究竟哪一口棺材里躺的是慕容德，抬棺之人后来也被杀死。

慕容超继位登基，尊段后为皇太后。他任命北地王慕容钟为都督中外诸军事、录尚书事；慕容法为征南大将军，兼都督徐、兖、扬、兖四州诸军事；加封慕容镇为开府仪同三司。另外，任命封孚为太尉，鞠仲为司空，封嵩为尚书左仆射。

公孙五楼是慕容超从长安带过来的亲信，他放眼朝廷，觉得只有公孙五楼最值得信任，因此依旧把他当作心腹，其他重臣反而受到排斥。北地王慕容钟、段宏等人为此感到失落和不安，想避避风头，便请求到外地任职，慕容超也嫌他们碍手碍脚，于是顺势任命慕容钟为青州牧，段宏为徐州刺史，然后他又任命公孙五楼为武卫将军，领屯骑校尉。

第二百一十五节　情魔慕容熙

苻谟死于后燕内乱，他留下了两个女儿，分别叫苻娀（sōng）娥和苻训英。苻氏姐妹花容月貌，身材高挑，皮肤洁白，能歌善舞，远近闻名。

隆安六年（402），后燕皇帝慕容熙把苻氏姐妹纳入后宫，封姐姐苻娀娥为贵人，妹妹苻训英为贵嫔。贵嫔仅次于皇后，比贵人位高，从这里就可以看到妹妹苻训英更受宠。慕容熙喜欢她们喜欢得不得了，和她们夜夜笙歌。苻氏姐妹喜欢奢华生活，慕容熙对她们的要求也是无不满足。

这样一来，慕容熙就冷落了他的情妇——帮他登上帝位的丁太后，丁太后对此怀恨在心，对自己当年的决定懊悔不已，于是她和侄子七兵尚书丁信一起密谋，准备废掉慕容熙，另立章武公慕容渊为帝。但消息走漏，慕容熙闻听暴怒，命人携带鸩酒，逼丁太后喝下。丁太后死后，慕容熙感念旧情，仍然用皇后的礼仪安葬了她。慕容熙还处死了慕容渊和丁信。

苻氏姐妹喜欢郊游打猎，慕容熙经常陪她们出城。隆安六年（402）十一月六日，慕容熙又陪苻氏姐妹出城打猎，在京城的石城县令高和与尚方兵在京师叛变，他们杀死了司隶校尉张显，打开军械库，将武器发给士兵，强迫他们关闭城门，不许慕容熙回城。

得到京城政变的消息，慕容熙带领部队急速杀回。慕容熙当年勇冠三军，守城的士兵一看他回来了，纷纷扔下武器，打开城门迎接他。慕容熙打马扬鞭进入龙城，下令把参与政变的核心人员统统抓起来，屠灭三族，只有高和侥幸逃脱。

叛变的事情也着实刺激了慕容熙一下，为了安抚众位大臣，他召见了各州郡和部族德高望重的长者在一起议事，询问他们生活上、工作上有什么困难，帮他们办了一些实事。

为了讨好苻氏姐妹，慕容熙修建龙腾苑。这座宫苑方圆十余里，为修宫殿征发的劳工多达两万人。慕容熙又在龙腾苑里修建了一座假山，叫景云山，地基广五百多步，高十七丈，还开凿了人工湖，命名叫曲光海。有苑有山有水，自然也得有房子，他又建造了数百间的房子，取名逍遥屋。慕容熙命士兵监工，限定工期，劳工不堪重负，中暑死亡的多达万人。

慕容熙出游到城南，当时天气炎热，他到一棵大柳树下歇息。突然，他好像听到从树中传出一个呼喊声："大王，请停止建设吧！"慕容熙大惊，定睛观看，只是一棵上面有许多裂痕的大柳树，慕容熙非常厌恶，命人把大柳树砍倒，不想树倒后，竟然从里面爬出来了一条一丈多长的蛇。

元兴二年（403）十二月二十日，慕容熙进一步加封苻训英为皇后。元兴三年（404）七月，苻娀娥生病了，经过治疗病情仍不见好转，反而越来越重，把慕容熙急得团团转，他贴出悬赏告示，说凡能医好苻贵人病的人，皆重重有赏。这时候有个叫王荣的人自告奋勇来为苻娀娥把脉治病，但经过王荣的医治，苻贵人的病仍然不断加重，后来竟然香消玉殒了。慕容熙心疼得当即就掉了泪，他大喊一声："来人啊，妖人王荣竟夺走了我的美人的性命，拉他出去五马分尸！"当即有士兵过来把王荣拉了出去，把他的头和四肢分别绑在五匹马上，五个人同时挥鞭抽打马的屁股，五匹马狂嘶一声，同时向五个方向奔跑，王荣就这样被扯得粉碎。即使如此，慕容熙还不解气，命人把王荣的尸体拾掇到一起，浇上油给烧了。

慕容熙越发珍重起苻训英来，为讨她的欢心，带她无休止地出去郊游打猎，北登白鹿山，东越青岭，南达海阳城，然后返京。一路下来，护驾的卫队士兵被冻死的、被豺狼虎豹叼走的有五千多人。

义熙元年（405）正月，高句丽攻打后燕的燕郡，杀死、抢走共一百多人。慕容熙得到报告后大怒，当即决定亲征高句丽，并让皇后苻训英随行。正月二十六日，后燕军攻打高句丽的辽东郡，将士们奋勇攻城，高句丽军不敌，城墙被攻破一个大豁口。就在后燕军要冲进去的时候，慕容熙下令道："你们不要抢先进城，等城墙铲平之后，让朕和皇后乘坐辇车一同入内。”将士们接到命令，不敢进城了。就在这当头，高句丽军又加固了城池，增加了守备力量，慕容熙和苻训英的辇车到了，可是后燕军却攻不下来城池了。正好天降大雪，天寒地冻，士兵们被冻死多人，后燕军士气低落，仗没法打下去了，慕容熙命班师回京。

没有攻下高句丽的城池，慕容熙觉得在皇后苻训英面前丢了脸，准备再做点什么挽回面子。义熙二年（406）正月，他带上苻训英，率军向北攻打契丹部落。

契丹部落之前属于东胡，东胡被匈奴击败的时候分裂成许多部落，契丹就是其中之一。契丹部落就在今天的内蒙古西辽河上游一带生活。慕容熙率大军抵达陉北，他看到契丹部落人强马壮，将士众多，心里畏惧，准备撤军，但这时候皇后苻训英却不干了，她非要让打一仗再走。慕容熙没办法，思来想去还是觉得高句丽好欺负些，就命令士兵丢弃辎重，轻装快速行军三千多里到高句丽去。天气寒冷，人困马乏，不断有士兵、马匹被冻死。慕容熙命攻打高句丽的木底城，可是久攻不下，眼看弹尽粮绝，只得命令撤军，苻训英嘴巴撅得老高，慕容熙一路赔笑。在这次战斗中，夕阳公慕容云身中流箭，他感觉慕容熙这么折腾下去非出事不可，于是就以需要治疗箭伤为由，辞官回家歇息去了。

慕容熙命人为皇后苻训英兴建承华殿，而且要求要比承光殿高一倍。宫殿建材选用优质土石方，这些土石方从远方运来，囤积到龙城北门，运土的费用和买等量的粮食价格相当。典军杜静带棺死谏，慕容熙大怒，把他砍了。

苻训英有什么要求了，慕容熙必竭力满足，如果做不到，他就迁怒下人。举个例子，苻训英夏天想吃冻鱼，冬天要吃生地黄，在古代这些都做不到，慕容熙就命人把主管官员拖出去斩首。

自古红颜多薄命，无论慕容熙多么疼爱、骄纵苻训英，在义熙三年（407）四月，苻训英还是走到了生命的尽头。对着苻训英的尸体，慕容熙像发疯了一样，他顿足捶胸，哭天抢地，一度哭晕了过去，御医赶紧前来抢救，好大一会儿他才苏醒过来。慕容熙知道以后再也见不到苻训英了，就命人打开棺木，做了一件惊世骇俗的事，正史里说是“复启其棺而与交接”，这句话的意思大家都懂，也不解释了。慕容熙大概是中国几千年历史里唯一有过这种行为的皇帝。

死了老婆，慕容熙如丧考妣，竟亲自为苻训英披麻戴孝，不吃荤腥，只喝稀粥。他命令文武百官也哭吊苻训英，还派人监督，对只干号不掉眼泪的当即问罪。有的官员实在没有办法，就把辛辣的东西含在嘴里，需要哭的时候就咬碎它刺激泪腺，这样才能掉下几颗眼泪。慕容熙命自己的嫂子高阳王妃张氏殉葬，在拆开她新缝制的丧鞋的时候发现了旧毛毡，慕容熙又命她立即自杀。反正早晚都是死，张氏也就一死了之了。慕容熙命人为苻训英修建了大型陵墓，方圆数里，墓地里还放置了朝中八座的画像。

七月二十六日，苻训英要下葬了，慕容熙失魂落魄，他披头散发，光着两只脚，一路哭号紧随灵车。但灵车太过高大，出不了城门，慕容熙命人拆掉了龙城的北门，灵车方才出去。

之前，中卫将军冯跋和弟弟侍御郎冯素弗都被慕容熙治罪，慕容熙准备处死他们，冯跋等人逃到深山躲藏了起来。慕容熙大搞建设，苛捐杂税不断加重，民怨沸腾，冯跋、冯素弗就和堂弟冯万泥在一起密谋起事。他们藏在了一辆车里，让一个妇女驾驶，骗过守城士兵，躲在北部司马孙护之家里等待时机。

慕容熙率文武百官出城安葬苻训英，冯跋等二十二人认为机会到了，就歃血为盟，推选和自己关系密切的高句丽皇族慕容云（高云）为盟主，准备起事。慕容云开始不肯，冯跋说道："慕容熙已经天怒人怨，您出身高门，为什么要姓别人的姓呢？"连拉带扯，总算把慕容云带到众人面前。他们攻陷了监牢，释放了五千多名囚徒作为帮手。冯跋的弟弟冯乳陈率军攻打弘光门，士兵们挥舞兵器，大声喊喝，禁卫军恐惧，四散奔逃，他们得以顺利进宫，打开军械库，取出盔甲武器，严守城门。

中黄门赵洛生飞奔出城，向慕容熙报告城中剧变，慕容熙听后不以为然，说道："这些个鼠辈成不了气候，我现在就回城除掉他们！"他命人把苻训英的灵柩放置在南花园，然后绑上头发，穿上盔甲，手提兵刃，率军回来攻城。但慕容熙对形势过于乐观了，城池久攻不下，他只好到龙腾苑扎营歇息。

义熙三年（407）七月二十八日，慕容云称天王，大赦，改年号为"正始"，五胡十六国中的北燕政权正式建立了。

尚方兵褚头瞅准机会翻越城墙，前来向慕容熙禀报，说城中禁卫兵依然效忠他，请他再来攻城，他们自然会作为内应。慕容熙听到禀告后不但不兴奋，反而一反常态。他脱下龙袍，换上平民服装落荒而逃，连他的将领们都找不到他。中领军慕容拔认为先攻下城池再寻找皇帝不迟，于是率两千士兵奋力攻城，然而慕容熙一直不露面，军心动摇，怎么可能打得赢？慕容拔被斩了。

七月二十九日，躲在树林中、穿着平民衣服的慕容熙被人认出来了，他们把慕容熙押送到龙城，交给慕容云处置。慕容云历数慕容熙的罪行后，将他斩首示众。慕容熙死的时候二十三岁，在位七年。慕容熙的儿子们同时被杀。慕容云把慕容熙和苻训英葬在了一起。

至此，五胡十六国中的后燕灭亡，共立国二十四年，历任共四位国君，分别为慕容垂、慕容宝、慕容盛和慕容熙。

慕容云放弃了“慕容”这个姓氏，恢复了“高”姓，我们以后就叫他高云。

第二百一十六节　刘勃勃建胡夏

十几年前，匈奴铁弗部落的酋长刘卫辰带兵骚扰北魏，结果事情闹大了，北魏拓跋珪亲自带兵消灭了刘卫辰的部落，刘卫辰被自己的部下杀死，拓跋珪也下令把刘卫辰部落中的五千多人全部杀死，尸体扔进黄河。刘卫辰的几个儿子侥幸得逃，他的幼子刘勃勃被叱干部落救走，后叱干部落把他送给了后秦高平公没弈干。后来，没弈干把女儿嫁给了他。

刘勃勃身材魁梧，虎背熊腰，身高八尺五寸，腰带十围，长得一表人才，聪明机警，富有韬略。有一次姚兴见到了他，一下子就被他的外貌给惊住了，认为他是个奇才。姚兴和刘勃勃讨论天下大事，刘勃勃无不对答如流，姚兴对他非常器重，任命他为骁骑将军、奉车都尉，让他参与军国大事。

姚兴的弟弟济南公姚邕劝姚兴道："刘勃勃生性残暴，要严密防范，让他远离朝政。"姚兴说道："刘勃勃有济世救民的才能，人才难得，我也正在用人之际，我还准备利用他平定天下呢，你就不要做无谓的猜忌了。"

姚兴准备任用刘勃勃为安远将军，让他和没弈干一起镇守高平，还准备把三城、朔方的夷族部落和他部落中的三万户全部交给刘勃勃统领，让他抵御北魏。姚邕拼命劝阻，坚决反对这项任命。姚兴看他态度这么坚决，也有点犯犹豫了，他问姚邕道："你怎么这么了解刘勃勃呢？"姚邕回答道："刘勃勃对上级非常傲慢，对部众非常残忍，翻脸无情，如果对他过分恩遇，恐怕祸患就在眼前。"姚兴听姚邕说得在理，就中止了这项任命，但刘勃勃的才能又让他心动，于是不久，又任命刘勃勃为安北将军、五原公、持节，把三交地区五个部落共两万户鲜卑人交给他统领，命他镇守朔方。

义熙三年（407）五月，拓跋珪把五年前在柴壁之战中俘虏的后秦将军唐小方送还给后秦，姚兴也投桃报李，把扣留的北魏使节贺狄干送还，并附送了骏马一千匹，请求拓跋珪把被俘虏的另一名将军狄伯支赎回，拓跋珪痛快地答应了。

后秦和北魏关系转暖，这深深刺痛了和北魏有杀父之仇、灭族之恨的刘勃勃，他恨姚兴不顾忌自己的感受，也怕姚兴把自己交给北魏，就准备背叛后秦。这时候，柔然可汗向后秦进贡八千匹良马，他们渡过黄河，走到了大城。刘勃勃一看机会来了，寻思着这批马正好可以据为己用，就把这八千匹马全部扣留，然后集合他的部众共三万人向高平川进发，对外说是要到高平川打猎。

到了高平川后，刘勃勃趁高平公没奕干不备，杀死了这个对他恩重如山的岳父，吞并了他的人马。刘勃勃之心狠手辣、忘恩负义，实在令人惧怕。

义熙三年（407）六月，刘勃勃认为自己是夏朝的后代，便自称为大夏天王、大单于，大赦，改年号为“龙升”，设置文武百官。刘勃勃任命他的大哥刘右地代为丞相，封代公；二哥刘力俟提为大将军，封魏公；刘叱干阿利为御史大夫，封梁公；刘阿利罗引为司隶校尉；刘若门为尚书令；刘叱以鞬为征西将军、尚书左仆射；刘乙斗为征北将军、尚书右仆射。史称刘勃勃建立的大夏政权为“胡夏”，是五胡十六国之一。

刘勃勃雄心勃勃，派兵进攻鲜卑部落酋长薛干等，俘获了数万部众。他又率军进攻后秦，斩后秦大将杨丕和姚石生等人。他的属下劝他夺取关中，刘勃勃说道：“姚兴也是当世的英雄，深得军心民心，关中我们还拿不到手，但我们可以利用骑兵，采用游击战术，使他们疲于奔命。等姚兴死后，我们再取关中。”

刘勃勃也在寻求盟友，他向南凉秃发傉檀提出要结为亲家，但秃发傉檀对反复无常的刘勃勃非常厌恶，回绝了他的提亲要求。刘勃勃勃然大怒，率领两万精骑攻击南凉，杀死了一万多人，掳掠了两万七千多人口和数十万头牲口。

秃发傉檀得到消息，率军追击刘勃勃，两军首尾相接，大战一场，南凉军不敌，被杀死一万多人，大将损失十有六七。秃发傉檀狼狈不堪，差点被生擒，在几个亲信骑兵的拼死保护下才得以脱逃。

刘勃勃命令把南凉军的尸首堆到一起，用泥土简单地撒在上面，命名为“骷髅台”。

姚兴派大将齐难讨伐刘勃勃，刘勃勃得到消息，率主力后撤。齐难以为刘勃勃害怕自己所以才逃走，就放松了警惕，纵容士兵四处抢劫。正在他们疯狂抢劫的时候，刘勃勃率军杀来，齐难军被杀死七千多人，被俘虏一万三千多，齐难也被生擒。

刘勃勃威名渐盛，岭北的夷人、汉人纷纷投降，刘勃勃任命了太守、县令（长）来管理他们。

第二百一十七节 南燕犯东晋

权力能改变一个人，这句话在慕容超身上也得到了很好的验证。慕容超从小寄人篱下，历经磨难，按说做了皇帝后他应该体恤百姓，重用贤臣，励精图治，做出一番事业，但事实恰恰相反，做了皇帝后的慕容超变得残暴不仁，疑神疑鬼，亲近拍马屁的小人，沉溺于歌舞宴饮和打猎游玩之中不可自拔。

太尉封孚等人多次直言相劝，慕容超皆不听。有次在大殿上，慕容超问封孚道："朕可以和古代哪位帝王相比？"封孚不客气地回答道："可以和夏桀、商纣王相比。"慕容超听后脸变得通红，但封孚一点也不怕，说完后就慢悠悠走出了大殿。司空鞠仲劝封孚道："你怎么这样和陛下讲话？马上回去给陛下叩头道歉吧。"封孚长叹一声，道："我年近古稀，时日无多，死得其所，那又何妨！"他谢绝了鞠仲的好意。不过因为封孚资格太老，慕容超也没有对他怎么样。不久后，封孚去世。

慕容超的亲信公孙五楼预谋独揽朝纲，他要扫除障碍。因为慕容钟之前抨击过公孙五楼，于是他就在慕容超面前多次打慕容钟的小报告，劝他杀死慕容钟。慕容钟是前朝的重臣，慕容超本身对他就颇有忌惮，公孙五楼诬陷慕容钟的话正中慕容超下怀。

之前兖州刺史慕容法曾经怠慢过慕容超，慕容超怀恨在心，也在等待时机报复。慕容德去世的时候，慕容法没有来吊丧，慕容超派人前去训斥慕容法，慕容法也知道慕容超不会原谅自己，就秘密和慕容钟、段宏等人商议谋反。慕容超得到消息后大惊，召传慕容钟，但慕容钟声称有病，不来。慕容超大怒，命人逮捕了慕容钟的同伙，也就是侍中慕容统、右卫慕容根等人，将他们一律斩首。慕容法的司马卜珍又揭发左仆射封嵩，说他和慕容法来往密切，图谋不轨，这时候皇太后段氏也站出来指控，说封嵩曾经派人对自己说大逆不道的话，慕容超便命人把封嵩五马分尸。西中郎将封融投奔了北魏。

慕容超派慕容镇率军攻打慕容钟据守的青州，慕容昱率军攻打段宏据守的徐州，慕容凝和韩范率军攻打慕容法据守的兖州。慕容昱一方进展顺利，攻下了徐州州府莒（jǔ）城，段宏逃奔北魏而去。这时候封融聚集起了一些流民，前来攻打南燕的石塞城，杀死了南燕的镇西大将军余郁，青州一带顿时人心惶惶。

慕容凝平日也对慕容超不满，现在他准备杀死韩范，然后回军攻击京师广固。但韩范早有防备，也起兵攻打慕容凝，慕容凝不敌，逃往兖州州府梁父。韩范率军攻克了梁父，慕容法逃往北魏，慕容凝逃往后秦。慕容镇也攻克了青州，慕容钟杀死了慕容镇在青州的妻儿，挖地道逃窜，和高都公慕容始前去投奔后秦。

慕容超的母亲和妻子还被姚兴扣押在长安，慕容超便派御史中丞封恺作为使臣出使长安，向后秦称臣，请求接回自己的母亲和妻子。姚兴说道：“苻氏失败的时候，皇家音乐班子和有关演奏的书籍都被你们慕容家带到了关东，如果想把人带走，就要送过来乐师或者送过来一千个晋人。”古人对音乐非常重视，儒家六经其中一经就叫《乐经》，是专门讲音乐的。

封恺回来复命，慕容超召集大臣商议，左仆射段晖说道：“当年，太上皇被囚楚国，汉高祖也没有答应项羽的要求。陛下身负江山社稷重担，不应因为私情而屈尊。皇家音乐是祖先所留，不能拱手送人，使他们移风易俗。既然还有第二个选项，我们就不如去攻打晋国，掳掠他们的人口送给秦国。”

尚书张华表示反对，他说道：“如果掠夺晋的人口，从此就会和晋结仇，后患无穷。为今之计只有委曲求全，中书侍郎韩范曾经和姚兴同在前秦为太子舍人，不如派他去，一定能够见效。”慕容超听了张华的话非常高兴，说道：“还是爱卿明白朕的心意。”他派韩范出使后秦。韩范到了后秦，姚兴见到他很高兴，以老朋友的礼节接待了他，和他叙旧拉家常。韩范向姚兴呈上了南燕愿意称臣的奏章。

降将慕容凝对姚兴说道：“慕容超得到母亲和妻子后恐怕会反复，应该先让他们送乐师过来。”姚兴一听有道理，就对韩范说道：“目前天气炎热，路途遥远，等到凉快了我再送人。”韩范回去复命。

义熙三年（407）十月，慕容超派左仆射张华和给事中宗正元率领一百二十人的庞大乐队前往后秦。姚兴见到乐队后非常兴奋，设宴款待张华一行，之后如约归还了慕容超的母亲和妻子，还赠送给她们厚礼，派士兵护送她们前往广固。慕容超听说母亲等人要回来了，心情非常激动，亲自率文武官员到马耳关迎接。母子相见，抱头痛哭，这时候就有大臣过来相劝，说母子重逢应该高兴才对，慕容超母子才收起眼泪，高高兴兴回到了广固城。慕容超封母亲段氏为皇太后，封呼延氏为皇后。

慕容超来到南郊的祭坛准备祭天，这时候他突然看到了一只长红毛的巨大老鼠，有一匹马大小，就站在祭坛旁边。慕容超大吃一惊，再仔细定睛观瞧，这只大老鼠又忽然间不知所踪。不一会儿，突然狂风大作，天昏地暗，把祭坛悬挂的布条和祭品全被吹跑了，人也被吹得东倒西歪。

禁卫军护送慕容超走下祭坛，他惊魂未定，询问太史令成公绥怎么会有这种现象，成公绥回答道：“这是因为陛下亲信小人，屠杀忠良，征收名目繁多苛捐杂税，又役使大量劳动力，触怒了上天。”

慕容超闻听，内心很恐惧，命令大赦，罢免了公孙五楼等人。但没多久，他就好了伤疤忘了疼，又起用了他们。

南燕除了渑水，所有的河流全部结了冰，慕容超向大臣询问原因，善于拍马屁的李宣回答道：“这是因为渑水流经都城，距离日月比较近。”这是把慕容超比作与日月同辉，慕容超一听非常高兴，赐给李宣官服一套。

义熙五年（409）正月一日，一元复始，是个大喜庆的日子，慕容超和文武百官在东阳大殿大宴群臣，他们推杯换盏，恭祝新年来临。慕容超命伶人奏乐跳舞，因为之前把优秀的乐师已经送给后秦了，这部分人也是瘸子里挑将军，临时组织起来的，演奏效果自然大打折扣。慕容超品着美酒，听着音乐，欣赏着歌舞，越听越不对劲——这些音乐不是合不上音就是对不上调。慕容超放下酒杯，长叹一声道：“我堂堂大燕国，竟然找不到几个优秀的乐师，可悲可叹啊！”

因为晋人对音乐的悟性高，慕容超准备侵犯东晋，掳掠人口补充乐队。领军将军韩进言说：“陛下应该休养生息，积蓄力量，等待时机光复祖业，不应该和晋结仇，否则后患无穷。”慕容超说道：“我意已决，你们都不要再多说什么了。”

二月，慕容超派大将容兴宗、斛谷提、公孙归等人率精骑进攻东晋的宿豫（今江苏宿迁市），将其攻克，抓获了东晋阳平太守刘千载和济阴太守徐阮。他们命令部队大肆强掠一番，俘虏了大量人口后回师。慕容超非常满意，提升斛谷提等人为郡公、县公，然后命人从俘虏中挑选两千五百名男女青年，交给太乐训练，让他们务必训练出优秀的乐师来。

可慕容超这下算捅了马蜂窝了，因为东晋这时候当权的人是刘裕。刘裕灭了桓玄，在朝野立威，正在寻求下一个作战目标，南燕就送上门来。

义熙五年（409）三月，刘裕上书朝廷，请求北伐南燕。众大臣议论纷纷，绝大多数人都反对北伐，一是他们畏惧鲜卑人的战斗力，二是有人想故意阻止刘裕北伐，怕他北伐立功后更加难以约束。左仆射孟昶、车骑司马谢裕（谢安哥哥谢据的孙子）、参军臧熹坚决支持刘裕北伐，刘裕命孟昶负责主持他走之后将军府上的事宜。

刘裕要率师北伐，这时候有人向他推荐了一个人，这个人名叫王镇恶，是王猛的孙子。王镇恶出生于宁康元年（373）五月初五，根据古代风俗，这个日子属于不吉利的日子，王镇恶父母准备把他送人，这时候王猛过来了，他看到这个孩子，十分惊喜，说道：“他日后肯定会不同凡响！”并给孩子起名叫“镇恶”。前秦被灭的时候，王镇恶辗转投靠了东晋，朝廷任命他为临澧县令。王镇恶受家庭熏陶，从小熟读兵书战策，擅长排兵布阵，富有韬略，刘裕和他交谈一番后，对他非常欣赏，任命他为中军参军，让他跟随自己北伐南燕。

第二百一十八节 冯跋篡北燕

高云只是个傀儡，北燕的大权掌握在冯跋兄弟手中。冯跋，字文起，小字乞直伐，长乐信都（今河北衡水市冀州区）人，是毕万之后。毕万曾随晋献公消灭耿、霍、魏三国，晋献公为奖励毕万作战英勇，便将魏地赐给他，并任命他为大夫。毕万死后，毕万的子孙便以其封地为氏，自称魏氏，成为战国七雄之一魏国的先祖。后来，毕万的子孙中有得到冯乡作为食邑的，便以冯为姓。西晋永嘉之乱时，冯跋的祖父冯和率家族到上党（今陕西长子县）安家。冯跋的父亲冯安作战非常勇敢，为人也比较有器量，在西燕慕容永那里任将军。后燕灭西燕，冯安举家东迁到了和龙（今辽阳朝阳市）。

冯跋从小就表现得比一般小孩成熟稳重，不喜欢多说话。他为人度量大，酒量也大，仗义疏财，名声很好，后燕慕容宝曾经任命他为中卫将军。慕容熙继位后，冯跋和弟弟冯素弗因故得罪了他，被治了罪，之后的事情我们在前面已经讲过了。

高云属于高句丽皇族，因此高句丽和北燕互派使者，进行友好往来。

义熙四年（408）五月，高云任命冯万泥为幽、冀二州牧，镇守肥如（今河北迁安市），任命中军将军冯乳陈（冯跋的侄子）为并州牧，镇守白狼。任命冯素弗为司隶校尉，原司隶校尉务银提被任命为尚书令。

冯氏兄弟掌握内外大权，让高云在王位上时常感觉如坐针毡，他也注意培养自己的势力，让亲信离班和桃仁负责宫廷保卫工作。想要人为自己卖命，就得给他好处，高云对他们二人的赏赐不计其数。他们的官邸修建得富丽堂皇，他们自己更是穿金戴银，穷奢极欲，但二人贪得无厌，并不知足，还不时有怨言。

冯跋扶高云登上王位，但这只是权宜之计，他也在寻找机会除掉高云，离班和桃仁的贪婪让冯跋找到了机会。冯跋命人送厚礼给离班和桃仁，许诺只要杀死高云，就给他们高官厚禄。他二人见钱眼开，对高官厚禄也望眼欲穿，当即满口答应。

义熙五年（409）十月十三日，高云前去东堂，离班和桃仁怀揣利刃，手拿纸张，声称有事禀报。高云让他们靠近说话，等二人到得高云近前的时候，离班突然抽出佩剑，刺向高云，高云惊得“啊”的大叫一声，慌忙抄起茶几去挡，正在这时，桃仁也抽出宝剑，对准高云的胸口刺去，高云当即被杀死。

这一切尽在冯跋的掌握之中，他这时候正在宫城的洪光门密切注视着宫中的变化，只见离班和桃仁手提血淋淋的宝剑从东堂出来，帐下督张泰、李桑对冯跋说道：“是时候了，让我们二人去把这两个小子给宰了！”冯跋说道：“二位将军要小心。”二人道谢后，纵身跳下洪光门。

离班和桃仁看到张泰和李桑走过来，以为是要带他们找冯跋领赏，哪知道这二人抽出宝剑照他们就刺，他们急忙逃避，但为时已晚。张泰把桃仁砍杀到当院，离班跑得快，但也只是跑到西门，就被李桑一剑刺死了。

尘埃落定之后，冯跋对外宣称离班和桃仁狼子野心，杀死了皇帝高云，二人已经伏诛。国内无主，大家纷纷推举冯跋登上帝位，冯跋假意推辞，让弟弟冯素弗继位，冯素弗坚决不同意，于是冯跋登基。

冯跋对文武群臣说道：“当年田氏代姜，不改齐国国号，我们的国家也仍然叫作燕国。”群臣高呼：“陛下圣明！”

冯跋尊母亲张氏为皇太后，立孙氏为太后，立长子冯永为太子。任命冯素弗为车骑大将军、录尚书事，孙护为尚书令，张兴为左仆射，冯弘为右仆射，冯万泥为幽、平二州牧，冯乳陈为并、青二州牧。

第二百一十九节　拓跋嗣登基

北魏帝拓跋珪把都城由盛乐迁往了平城（今山西大同市）。他设立八部帅管辖全国各地，还派人到各地巡察，遇有徇私枉法的，就亲自过问定罪。拓跋珪尊崇儒学，命设置五经博士，扩从太学学生的员额，太学生达到了三千人。为了加强对官员的管理，拓跋珪还仿晋的“九品中正制”，把士人分成九品，一品最高，九品最低，每当政府职位有空缺的时候，就从中选择合适人选补充。

拓跋珪问博士李先道：“天下什么物品最珍贵，可以增加人的智慧和才能？”李先回答道：“自然是书籍了。”拓跋珪又问道：“天下一共有多少书籍，怎么才能搜集起来？”李先又回答：“自文字产生以来，书籍的种类每年都在增加，到现在已经多得无法计算。陛下如果喜欢，不愁搜集不到。”于是拓跋珪命各郡县太守、县令广泛搜集书籍，然后由专人护送到平城。

拓跋珪迷信人能长生不老，仪曹郎董谧投其所好，给他送上了一部书，叫《服饵仙经》，讲的是怎么炼丹服药成仙，拓跋珪视若珍宝，对董谧大加赏赐。他还设置了仙人博士，建造了仙坊，命术士在里面炼丹。为了炼丹，他封了西山，砍伐大树作为柴火。丹药炼成之后，他让死刑犯先试药，结果绝大多数服药的死刑犯都被毒死了，但拓跋珪并不死心，命人四处找寻药材，继续炼丹。

拓跋珪派使臣贺狄干带了骏马一千匹到后秦求婚，请求姚兴把女儿嫁给自己，姚兴刚开始也挺高兴，但当他得知拓跋珪已经册立了皇后慕容氏以后，大为恼火——他姚兴的女儿怎么能做别人的小老婆呢！姚兴把贺狄干扣留了下来，两国关系也宣告破裂。

柔然和后秦这时候关系比较融洽，柔然可汗郁久闾社仑出兵帮助后秦。北魏和柔然大战，柔然大败，郁久闾社仑率领部落人马一路北逃，到大漠以北，赶跑了高车族人，在他们的地盘上终于居住下来。高车族斛律部落的酋长斛律倍侯利率军偷袭郁久闾社仑军，但被打得大败，斛律倍侯利（南北朝名将斛律金的曾祖父）便率领部落人马投降了北魏。郁久闾社仑又率军吞并了一些小部落，从此成为大草原上的霸主。

长期服药的拓跋珪身心受到极大摧残，脑子也开始出现问题，变得暴躁易怒，常常会自言自语，疑神疑鬼，动不动就摔东西，甚至杀人。有人给他打小报告，说司空庾（yǔ）岳一举一动都在模仿他，他大怒，命人把庾岳杀死。高邑公莫题二十年前和拓跋珪开了个玩笑，取笑拓跋珪年幼不堪重任，拓跋珪一直记着，这次也顺便把莫题杀死了。

拓跋珪变得越来越神经质。文武大臣给他汇报工作的时候，他就回想这个人过去有没有让自己不高兴过，如果有，就当场命人杀死。大臣中他看谁的脸色不对，走路姿势不对，甚至是他听着谁的呼吸有问题，都会把这人杀死。文武百官人人自危，无心处理公务，致使首府平城盗匪横行，人们平时没事都不肯出门，在家里还安全些，大街上车流、人流变得稀少。

但也有例外，拓跋珪特别欣赏吏部尚书崔宏和他的儿子著作郎崔浩。崔宏出身关东名门清河崔氏，自小就有神童之称，年少时就博览群书，博古通今。当年拓跋珪攻打后燕的时候，专门派人找来了崔宏，让他参与处理国家大事。崔浩更胜父亲一筹，他更有才华，不但博览经史，而且对玄象阴阳、百家之言也无不精通。拓跋珪喜欢人才，所以他们父子二人一直备受礼遇。

义熙五年（409）十月，拓跋珪立长子拓跋嗣为太子。拓跋嗣本年十八岁，母亲为刘贵人。拓跋族从部落时代起就有规定，被立为世子者，其母亲必须被赐死，这样可以防止后宫和外戚干政，到了拓跋嗣这里自然也不例外。拓跋珪赐死了刘贵人，然后把儿子拓跋嗣找来，向他解释这样做的原因："当年汉武帝立刘弗陵，杀了钩弋夫人夫人，就是防止钩弋夫人和她的家族乱政。你日后要继承大统，我仿效古人，这样做也是为了使国家长治久安。"

可拓跋嗣是个孝子，听到母亲被杀，立即号啕大哭，哭得身体抽搐，非常哀痛。

拓跋珪一看就生气了，心想，你这小子怎么这么没出息，竟然是这等女人心肠，一点都不像我的儿子！拓跋珪打发拓跋嗣回太子宫，拓跋嗣还是不停地哭，哭了几天几夜。有人就把这事报告给了拓跋珪，拓跋珪大怒，派人召拓跋嗣进宫，准备要好好训斥儿子一番。

拓跋嗣要进宫去见父亲，他的下属对他说道："陛下正在气头上，殿下进得宫去，后果难以预料，不如您暂时到外面避避风头，等陛下气消了，再进宫面圣也不晚。"拓跋嗣一听有道理，就带了心腹亲信车路头和王洛儿两个人，偷偷地溜出了京师。

拓跋珪得到禀报，说太子拓跋嗣出逃了，顿时暴怒，把桌子都掀翻了。正在这时，贺夫人走了进来。

贺夫人是拓跋珪母亲的亲妹妹。当年拓跋珪有次到舅舅家，见到了美若天仙的贺夫人，立即被迷得神魂颠倒，就向母亲请求纳贺夫人为妾。贺太后不同意，说道："太美的东西往往藏着祸水，而且她已经嫁为人妇，你怎么能强夺呢？"拓跋珪不死心，秘密派人刺死了贺夫人的丈夫，然后强行把她纳入后宫。后来贺夫人给拓跋珪生了个儿子，也就是拓跋珪的次子，名叫拓跋绍。长大后的拓跋绍被封为清河王，他为人残暴，不但光天化日之下以抢劫为乐，而且还要剥光人家的衣服。拓跋珪得到禀报，大怒，命人把拓跋绍头朝下吊在水井里。拓跋绍惨叫连连，直到后来没声了，拓跋珪才让人把他给提了上来，拓跋绍好长时间之后才苏醒。

十月三日，贺夫人也得到了拓跋嗣出逃的消息，就赶来见拓跋珪，劝他立拓跋绍为太子。拓跋绍自然不是拓跋珪中意的太子人选，就不答应。贺夫人苦劝，拓跋珪听得火冒三丈，厉声大骂贺夫人，命人把她推出去斩首。贺夫人大声呼救，拓跋珪心又软了，只命令把她关押起来。贺夫人买通看守人员，让他们通知拓跋绍来救自己。拓跋绍听说母亲被关押，很快要被处死，大怒，和手下人商议。手下人都认为，为今之计，只有杀死了拓跋珪才能救得了贺夫人。拓跋绍也已经十六岁了，听闻此言，心一横，就带人翻墙入宫，直奔天安殿。拓跋绍砍倒几个卫士，直冲拓跋珪的帷帐而去。值守的宦官惊叫道："贼人闯进来了！"拓跋珪被惊醒，一个鲤鱼打挺就站了起来，他四处找武器，但没有找到，正在这时，拓跋绍手提宝剑就冲了进来，拓跋珪指着他大叫道："逆子！"拓跋绍的手下不由分说，把拓跋跬刺死当场。拓跋珪死时三十九岁。一代雄主就这样退出了历史舞台！

第二天（十月十四日），都到中午时分了，皇宫大门依旧没有打开，文武百官在门外等得很着急，不知道里面发生了什么。拓跋绍命人传旨，让群臣到南边的端门外等候，百官从命。这时候拓跋绍从门缝里对群臣说道：“我有叔叔，也有兄长，你们打算听谁的？”这话把百官都给听愣了，不知道拓跋绍说这话什么意思，就都沉默不作声，气氛变得紧张起来。南平公长孙嵩首先明白过味来了，说道：“自然是拥护大王。”长孙嵩的一句话惊醒了众臣，他们立即明白拓跋珪已经驾崩了，但究竟发生了什么，他们并不知道，如今形势不明朗，这帮官场老手们面面相觑，都不敢出声。拓跋珪的堂兄阴平公拓跋烈放声痛哭，离开了。朝臣们议论纷纷，各部落也蠢蠢欲动，拓跋绍为了安抚众人，从国库中拿出大量的绫罗绸缎赏赐下去，除了崔宏，别人都收下了。

拓跋嗣逃亡在外，是拓跋绍的心腹大患，他贴出悬赏告示，说能捉拿到拓跋嗣的重重有赏。叔孙俊和拓跋磨浑都心向拓跋嗣，他们对拓跋绍说自己知道拓跋嗣在哪里，要出城捉拿，拓跋绍大喜，又拨给他们勇士两人，让他们一同前去捉拿拓跋嗣。叔孙俊和拓跋磨浑出城后，立即用计把那两位勇士捆绑了起来。他们求见拓跋嗣，为了证明自己的忠心，还砍下了两位勇士的人头。

拓跋嗣的心腹王洛儿乔装打扮，冒死前往京师平城，联络朝中大臣。大臣们平时就对拓跋绍的所作所为颇有微词，如今又对他的弑父之举痛恨之至，纷纷表示要作为内应，迎接拓跋嗣入城登基。王洛儿又联系了安远将军安同，安同深受拓跋珪重用，对拓跋珪感恩戴德，也答应做内应，还另外秘密联络了不少人。安排停当之后，拓跋嗣等人到了西城门，卫士们抓获拓跋绍，把他五花大绑带到拓跋嗣面前，拓跋嗣随即入城，立即诛杀了拓跋绍和他母亲贺夫人，又抓获了拓跋绍的同党，被处决的有十多人。第一个挥刀刺向拓跋珪的人被文武百官剁成了肉酱，百官们觉得还不解气，把剁碎的尸体抓起来往肚里咽，不一会儿的工夫，尸体就被吃光了。

义熙五年（409）十月十七日，拓跋嗣登基为帝，下令大赦，让长孙嵩、安同、奚斤、崔宏、拓跋屈（拓跋磨浑的父亲）等八人共同处理朝廷大事，大臣称他们为“八公”。拓跋嗣又让燕凤和封懿入宫讲解经书，出宫参与政务，然后任命王洛儿、车路头为散骑常侍，叔孙俊为卫将军，拓跋磨浑为尚书。以上人员统统被封为郡公或县公。

拓跋嗣询问老臣道："众爱卿，先帝最信任的大臣是谁？"王洛儿回答道："非李先莫属。"拓跋嗣就把李先找来，问他道："你有什么特别的才能和功劳，能让先帝如此礼遇？"李先微微一笑，回答说："臣没有功劳，也没有才能，臣有的只是忠心正直，先帝看重的正是这一点。"拓跋嗣对他的回答非常满意，任命他为安东将军，此后经常让他留宿宫中，以备随时问询。

拾柒 大帝刘裕

第二百二十节　刘裕灭南燕

义熙五年（409）四月十一日，刘裕亲率大军北伐南燕，大军浩浩荡荡从京师建康出发，由淮河入泗水。五月，大军抵达下邳，刘裕命将士下船，走陆路去往琅琊。刘裕步步为营，每经过一处，都要命人修筑防御工事，留下士兵把守。有手下对刘裕说："慕容氏如果把守大岘山（即沂山），或坚壁清野，我们恐怕会有来无回，这又当如何？"刘裕微微一笑，说道："这个问题我之前已经考虑得非常清楚了，慕容超没有这个见识，我敢保证。"

慕容超得到刘裕率大军前来的消息，召集文武百官商议对策，征虏将军公孙五楼建议道："刘裕孤军深入，肯定想速战速决。我们严守大岘山，让敌人将寸步难行，然后派两千精骑，南下切断他们的粮道，命兖州刺史段晖率军夹击他们，这是上策。收割庄稼，坚壁清野，这是中策。让敌军进入大岘山，我们再与他们决一死战，这是下策。"公孙五楼不但马屁拍得好，对兵书战策也是颇有研究，这会儿说得头头是道。

慕容超说道："从星象上看，此战有利我国，而且我们还拥有数万铁骑！我们不能先收割庄稼，再躲进城池，这会让敌人耻笑我们。先放他们进入大岘山，再派精骑对他们发起冲击，他们多是步兵，我们不愁不胜！"

太尉桂林王慕容镇也劝慕容超不能让刘裕大军过了大岘山，慕容超拒绝接受。退朝后，慕容镇说了几句牢骚话，慕容超大怒，把慕容镇关进了监牢。

刘裕率大军无障碍地通过了大岘山，在六月十二日抵达东莞县。慕容超派公孙五楼、慕容贺赖卢和段晖等将领率五万人驻防临朐（qú，今山东潍坊市临朐县），他自己亲率四万大军增援。晋前锋将军孟龙符和公孙五楼遭遇，两军展开激战，都想给己方争个首战告捷。南燕军渐渐不是对手，公孙五楼败退。

为了对付南燕军的铁骑，刘裕专门发明了一种阵法，后人称之为“却月阵”。刘裕出动四千辆军车，让它们两两相连，护住左右两翼，中间为主力军，然后缓慢前行，车辆打开帷幔，站立的军士都手持长槊，专刺敌军马匹，这种阵法能有效抵御骑兵。双方展开血战，打得难解难分，南燕骑兵发动数次冲锋，都被击退。但“却月阵”偏重防守，进攻不足，两军呈胶着状态，从早上打到了中午，难分胜负。

参军胡藩对刘裕说：“燕军倾巢而出，临朐防守力量肯定薄弱，我愿率一支人马去夺临朐。”刘裕同意，派胡藩和咨议参军檀韶、建成将军向弥率军绕过南燕军主力，向临朐发起了进攻。向弥十分勇猛，他身披铠甲，由兵卒掩护，第一个登上了城楼。他抽出宝剑，砍倒了几个守城军，守军惊骇，纷纷后撤，其他将士也趁机登上城楼，临朐就这样被夺了。在城中的慕容超惊慌失措，他骑上快马，飞奔出城。刘裕得到捷报，下令全力冲锋，南燕军大败，段晖等十几员大将被斩。

慕容超狼狈逃回广固，他的玉玺、御车等全被晋军缴获。刘裕率军抵达广固城下，六月十九日，晋军攻陷了广固的外城，南燕军死守内城。刘裕命修建三丈高的长墙，又挖了三道地沟，围住广固。这时候，附近的汉人、夷人纷纷前来投靠。

慕容超派尚书郎张纲向后秦请求派兵支援，又赦免了桂林王慕容镇，任命他为录尚书、都督中外诸军事。

广固城内人心浮动，南燕的尚书垣尊和他的弟弟京兆太守垣苗都是慕容超的心腹，但这时候他们也生出了二心。他们跳墙出城，向晋军投降，刘裕任命他们为行参军。

有人告诉刘裕道：“张纲是位能工巧匠，应该抓住他，让他给我们制造攻城武器，这样一来广固必能攻克。”张纲这时候正从长安回来向慕容超复命，正好被晋泰山郡太守申宣抓获，带给了刘裕。

刘裕逼张纲登上巢车，向城内喊话道：“姚兴已经被刘勃勃打得大败，无法派出援兵来解救我们了。”这句话让城内炸开了锅，南燕军士气瞬间变得低落。慕容超向刘裕提出割让大岘山以南的土地，并说自己愿意称臣，请求罢兵，刘裕拒绝了。

姚兴这时候也正和刘勃勃交锋，而且处于下风，自身难保，确实无力援救南燕，但他派出了使者。使者见到刘裕，咋呼地说："慕容氏是我们的友好邻邦，现今我们已经派出精兵十万驻扎洛阳，希望你们快快撤兵，否则我们就要直接杀过来了。"刘裕一听，哈哈大笑，对使者说道："回去告诉姚兴，我灭燕之后，修整三年，就回去取关中。如果你们今天就过来，我求之不得！"

慕容超又派出和姚兴关系较好的尚书令韩范出使后秦，看在老朋友的份上，姚兴派出一万部队随韩范救援南燕，可走到半路又给招呼回去了，因为他在刘勃勃那里吃了败仗，需要援军。韩范仰天长叹道："天要亡燕了！"

韩范来到晋军的大营，向刘裕投降。这时候，张纲也给刘裕设计好了攻城的武器，件件精巧，都是攻城利器。慕容超看到战场上的这些武器后暴怒，命人把张纲的母亲倒挂在城墙上，残忍地肢解了。

慕容贺赖卢和公孙五楼想出了挖地道偷袭晋军的办法，但刘裕对此早有防备，燕军被击退了。广固城内缺粮严重，大多数人患了软脚病，浑身无力，尚书悦寿劝慕容超道："现今，天助贼人，我们困守孤城，外无援军，陛下应该想一个变通之计。"慕容超知道这是让自己出城投降，他长叹道："兴废都是命啊，我宁可战斗到死，也不衔玉璧出城投降。"

义熙六年（410）二月五日，刘裕决定对广固城发动最后一击，命令全部的兵马从四面同时攻城。悦寿看到大势已去，主动打开了城门，迎接晋军入城。慕容超没逃多远，就被晋军抓获了。刘裕训斥慕容超，责问他为什么不早日出城投降，慕容超神色如常，一言不发。

刘裕痛恨广固顽固抵抗，消耗掉自己大量的兵马，命人拆毁了广固城的城墙，还准备屠城，但在韩范的劝说下又放弃了。刘裕处死了南燕皇室和公卿等三千多人，收押家属一万多人。

刘裕命人把慕容超押回建康，在大街上斩首示众。

慕容超死的时候二十六岁，共在位六年，至此，五胡十六国中的南燕灭亡，共立国十三年，历两任国君，慕容德和慕容超。

第二百二十一节　卢循叛乱

当初，孙恩造反，数次被刘裕击败，被迫投河自尽，他的妹夫卢循接掌了他的部众，继续反抗东晋。卢循又多次败给刘裕，但他没有选择自尽，而是率军南下，攻打力量相对薄弱的广州，生擒刺史吴隐之，占据了那里。当时晋室朝廷刚经历了桓玄之乱，也没有能力讨伐卢循，就任命他为广州刺史，任命他的姐夫徐道覆为始兴郡太守，希望能把他们招安。

相安无事了几年，徐道覆贼心不死，他得到刘裕率师北伐、建康空虚的消息后，派人力劝卢循偷袭建康，但卢循没有同意。徐道覆亲自找到卢循，劝他道："躲在岭南实非长久之计，我们的将士也思家心切，利用他们攻击留守建康的何无忌、刘毅，必是绰绰有余。如果今天不行动，等刘裕平灭三齐之后，我们终究难以保全。如果你不起兵，我将自己起兵。"卢循觉得割据广州也挺好，实在不愿意发兵，但经不住徐道覆的劝说，终于同意了。

卢循和徐道覆攻打长沙郡、南康郡、庐陵郡、豫章郡，顺利攻下，这些郡的太守、县令（长）纷纷弃城逃跑，晋廷大惊，急召刘裕回援京师。刘裕这个时候已经攻破了广固，正准备乘胜攻打后秦，收复司州、雍州，现下突然得到了告急诏书，这个闹心啊，但京师不能不救，他任命韩范为都督青州八郡诸军事，兼燕郡太守，任命封融为渤海郡太守，檀韶为琅琊郡太守，然后率大军回援建康。

江州刺史安成公何无忌从寻阳顺赣江南下讨伐叛贼，义熙六年（410）三月二十日，两军在豫章郡（今江西南昌市）遭遇。何无忌登上指挥舰，指挥部队作战，可正在这时，突然刮起了一阵西风，指挥舰等舰船被吹到了东岸徐道覆一侧，徐道覆大喜，他的舰船比朝廷的个头大，他就命士兵们用自己的大船撞击朝廷小船，朝廷船只纷纷被撞毁沉没。何无忌大喊道：“拿符节来！”手下给他送上符节，他手持符节，面不改色，继续指挥作战。徐道覆命弓箭手放箭，万箭齐发，何无忌身中数箭倒在血泊之中，死的时候也仍然紧握符节。

刘裕得到何无忌被杀的消息，命令将士脱掉铠甲，轻装急行，日夜兼程，于四月二日到达建康。

豫州刺史刘毅要和刘裕争功，不听刘裕劝告，亲率两万人马从姑孰西上，迎击叛军。这时候，卢循已经和徐道覆合兵一处了。五月七日，刘毅军和卢循军遭遇，两军大战，刘毅军不敌，被杀被俘数人，刘毅仅带领数名随从逃入山林。叛军连克江州、豫州，声威大震，部众达到十多万人，部队水上、陆上连绵近百里。

刘毅战败的消息传到京城，朝廷再一次大乱。因为刘裕的北伐军减员严重，生存下来的也不是负伤就是染病，已经无力再战，左仆射孟昶便建议他带着皇帝司马德宗向北躲避，刘裕坚决不同意。孟昶认为是自己当年坚决支持刘裕北伐，才造成了今天京师面临崩溃的境地，竟然服毒自尽了。刘裕发出悬赏告示，招募兵马，同时征调民夫，加固石头城。

五月十四日，卢循大军抵达淮口。刘裕对属下说道：“如果叛军从新亭向京师进攻，双方胜负难料；如果叛军驻扎到西岸，他们必败无疑。”

徐道覆建议从新亭登陆，进攻建康，但卢循求稳，坚决不同意，于是叛军驻扎到了蔡洲。徐道覆仰天长叹。

五月十五日，刘毅终于回到建康，此时他的随从已死亡殆尽，刘裕对他劝慰一番。

刘裕命参军沈林子、徐赤特驻守长江南，切断通往石头城的道路，命令他们只能防守，不能出战。但徐赤特不听沈林子的劝告，率军攻击叛军，被打得大败，幸亏朱龄石率军赶到，叛军才稍稍后撤。刘裕斩了违背命令的徐赤特。

这时候，叛军的粮食供应不上了。军中缺粮，又抢不到什么粮食，卢循期望的建康城中发生的巨变也没有发生，他便对徐道覆说道：“我军已经困乏，不妨回到寻阳，然后再夺取荆州，这样，三分之二的领土将掌握在我们手中。我们可以日后再和刘裕比拼。”七月十日，他率军出发回寻阳，留下大将范崇民率五千人驻守南陵。

七月十四日，刘裕派王仲德、刘钟、蒯恩、孟怀玉等追击卢循，然后命孙处、沈田子（沈林子的哥哥）率水师三千人从海上南下，攻击番禺，使叛军无家可归。十月十四日，刘裕率刘藩、檀韶、刘敬宣讨伐卢循。他命刘毅留守京城，处理朝中日常事务。

荆州刺史刘道规命咨议参军刘遵攻打徐道覆，刘遵以少胜多，徐道覆大败，乘小船逃回了湓口。

十一月二日，孙处率水军突然出现在广州，叛军疏于防护，孙处当天即攻下城池，杀死了卢循的同党。他命沈田子继续进攻岭南郡县。

十二月二日，卢循、徐道覆集结了数万人马顺长江而下，要直取建康。他们声势浩大，水面上舰船绵延数里，一眼望不到边，于是刘裕想到了火攻之计。他命人在长江南岸准备燃料，然后在北岸用巨型弓箭向叛军放箭，使舰船不敢前进，这时候突然刮起了西风，叛军舰船被逼向南岸，南岸这边朝廷军队赶紧把事先准备好的燃料投向叛军舰船，舰船瞬间起火，火借风势，浓烟冲天，叛军纷纷跳河求生，全线溃败。卢循率残兵败将退守左里，在那里修筑防御工事，负隅顽抗。

十二月十八日，刘裕率军抵达左里，向叛军发起冲锋，但不能攻克。刘裕急得挥舞指挥旗，命令部队进攻，但他用力过猛，加上风势过大，指挥旗的旗杆突然折断，旗子掉落水中，周围人大惊，因为这是不祥之兆，只有刘裕不慌不忙，他笑着对大家说道："当年讨伐桓玄的时候，指挥旗也曾折断，但桓玄还是被消灭了，今天这一幕重现，是吉兆。"刘裕下令全力进攻，朝廷军受鼓舞，个个奋勇争先，如猛虎下山，叛军不敌，阵地被攻陷，被杀死、淹死一万多人。卢循乘坐轻便小船逃向了广州，徐道覆逃向始兴郡（今广东韶关市），刘裕派刘藩、孟怀玉追击。

徐道覆回到始兴郡，这时候他手下只剩下一两千人，并且都已经疲惫不堪。孟怀玉率军抵达始兴城下，徐道覆勉强支撑了数日。义熙七年（411）二月五日，孟怀玉率军攻破城池，徐道覆被晋军团团包围，最终被乱刃刺死。

卢循边撤退边收拢残兵败将，又聚集了数万人，向番禺发起了进攻，准备收回番禺。孙处坚守城池，攻防战连续进行了二十多天。沈田子率军前来救援，和孙处内外夹击，卢循大败，被杀死一万多人。

卢循率残军逃奔交州，于四月二十四日抵达交州州府龙编（今越南河内东）南的一个渡口。交州刺史杜慧度坐镇城中，把家里的金银财宝发给将士，鼓励他们英勇杀敌。杜慧度也采用了火攻之计，卢循战船顿时火光四起，士兵死伤无数。卢循知道自己已经是穷途末路，便杀死妻妾，然后跳河自尽了。杜慧度命人把卢循的尸体打捞起来，砍下他的人头，然后又杀死了卢循的父亲和儿子，把人头装入木匣，送往建康。卢循、徐道覆之乱终于被扑灭。

第二百二十二节　刘裕除刘毅

义熙八年（412）四月，荆州刺史刘道规身染重病，请求离职归养，朝廷批准，任命刘毅为卫将军，都督荆、宁、秦、雍、四州诸军事，兼荆州刺史。

刘毅少有大志，认为自己当年一起和刘裕起兵诛灭桓玄，恢复了晋室江山，功劳不次于刘裕，因此对自己身居刘裕之下很不开心。他私下说："我恨不能遇到刘邦和项羽，和他们一起争夺中原。"

刘毅饱读诗书，是个文化人，而刘裕斗大的字不识一筐，是个粗人，所以朝中大臣也大多对刘毅更有好感。刘毅和尚书仆射谢混、丹阳尹郗僧施关系密切，谢混和郗僧施都出身大家族，他们结成了铁三角，在朝中互相支援。

因为荆州历来是军事重地，地处建康上游，刘毅镇守荆州之后越发膨胀。他认为荆州编户不足十万，实在不配他的功劳，于是又请求兼任交州和广州刺史，朝廷批准。刘毅请求任命郗僧施为南蛮校尉兼后军司马，毛脩之为南郡太守，朝廷又批准。朝廷又任命刘穆之为丹阳尹，填补郗僧施的空缺。

刘毅要去荆州报到了，到京口拜祭祖庙，刘裕前往送行。宁远将军劝刘裕道："刘毅不会甘心做你的下属，不如趁机把他除掉。"刘裕说道："刘毅还没有公开反叛，我不能搞窝里斗。"

刘毅到达荆州的州府江陵后，大规模更换太守、县令（长），让自己的亲信接任，又征调豫州、江州的部属一万多人随自己到了荆州。正在这时，刘毅生病了，他便趁机请求让堂弟兖州刺史刘藩来荆州做自己的副职。刘裕对他不断任用亲信已经忍无可忍，心中暗暗谋划，假装同意了刘毅的要求。

刘藩来建康向皇帝谢恩，这正中刘裕的圈套。九月十二日，刘裕以皇帝司马德宗的名义发布诏书，公布刘毅的罪行，说他结党营私，图谋朝廷，派人逮捕了刘藩和谢混，强迫他们自尽。

九月十五日，刘裕亲率大军从建康出发，去讨伐刘毅。参军王镇恶自告奋勇，请求担任先锋，并向刘裕要了一百艘船只。九月二十九日，刘裕大军到达姑孰，他命王镇恶和蒯恩为前锋，并交代他们道："能打则打，不能打就借机焚烧他们的船只，然后到岸上等待大军。"王镇恶等率军逆流而上，星夜兼程，于十月二十二日抵达豫章口，这里距离江陵只有二十里之遥。

他们弃船登陆，蒯恩率军在前，王镇恶率军紧跟。他们在每艘船上留下一两个人，然后在岸上插上六七面大旗，战旗下面摆上战鼓。王镇恶对留守士兵说："我们抵达江陵后，你们就立即擂响战鼓，假装有很多援军。"然后又派士兵去江陵东南的江津口，放火焚烧那里的船只。

王镇恶率军直奔江陵，他交代士兵，如果荆州兵问询，就说我们是兖州刘藩的部队，这招很好使，他们顺利进军，再有五六里地就能到达江陵城了。可正在这时，刘毅的大将朱显之率兵前往江津，有人向他报告说刘藩的部队到了，他问道："刘藩在哪里？"士兵们说道："就在后面。"朱显之来到部队后面，看到了手拿兵器的武装士兵，又见远处江津那边火光冲天，听到阵阵战鼓声，立即反应过来。他催动战马，飞奔去报告刘毅，王镇恶在后面紧追不舍。朱显之跑进城，大喊关闭城门，可是已经晚了，王镇恶也率军进城了。卫军长史谢纯刚从刘毅的府中出来不久，卫士准备用快马把他送到家。他听到大街上的喊杀声，说道："我是刘毅的手下，怎么能逃跑呢？"说罢往州府赶去。

王镇恶率军和刘毅的部队展开血战，从中午十二时打到了下午四时，刘毅军不敌。王镇恶命人把朝廷的诏书、赦免书和刘裕的亲笔书信统统交给刘毅，刘毅看都不看，放到火上就烧了。刘毅的部队一听说这次是刘裕亲征，吓破了胆，跑了一大半，王镇恶又力斩刘毅的猛将赵蔡，刘毅军的士气愈发衰落。深夜，刘毅率三百名亲兵冲出了北门，谢纯拒绝逃走，被杀。

刘毅无处可去，暂且投奔了城北的牛牧佛寺。他深夜叩响了寺门，请求入内，僧人拒绝开门，说道："当年桓蔚来投奔，家师收留了他，却被刘毅杀死，今天我们不敢再接纳外人。"刘毅猛然想起来了。七年前，他率军攻打桓家的时候，追桓蔚追到了牛牧佛寺，和尚释昌收留了桓蔚，刘毅大怒，把释昌杀了。听到和尚的话，刘毅仰天长叹："我为法自弊，才落得如此田地！"说罢找了棵树，上吊自杀了。

第二天上午，有人上山发现了刘毅的尸体，报告给了王镇恶，王镇恶命人把刘毅的尸体拖到江陵大街上，然后砍下人头，同时把刘毅的儿子、侄子也全部杀死了。

刘裕得到刘毅被杀的消息后大喜。十一月十三日，他率军到达江陵，将郗僧施斩首。

王镇恶帮刘裕除掉了最大的政敌，刘裕代表皇帝，封他为汉寿子。

豫州刺史诸葛长民在讨伐桓玄和卢循之乱中立下了战功，但他为人品行不端，中饱私囊，贪赃枉法，老百姓对他非常不满，他也有自知之明，生怕刘裕惩治自己，等刘毅被灭后就更加担心，寝食难安。诸葛长民找到了刘裕的智囊丹阳尹刘穆之，向他求计。刘穆之担心他趁刘裕还没有回军的时候发动叛乱，为了稳住他，就对他说，刘裕根本没有动他的想法，诸葛长民这才放心。

刘裕回到京师建康后，诸葛长民前来求见。在大厅中，刘裕命卫士当场诛杀了诸葛长民。

第二百二十三节　统万城

一个新生的政权往往朝气蓬勃，胡夏也不例外。刘勃勃之前对战后秦，俘虏了后秦的大将齐难，现在又率领精骑两万袭扰后秦，俘虏平凉的胡人七千多户后，挺进都依力川。

姚兴对刘勃勃的不断侵扰忍无可忍，下令召集兵马到贰城（今陕西黄陵县）集合，讨伐刘勃勃。没有等到各路大军集合完毕，姚兴就率军到达了贰城。他派安远将军姚详、镇军将军彭白狼等人去督运粮草。

刘勃勃得到禀告说贰城空虚，便率大军突然出现在贰城城下，对城池发动猛烈攻击。经过激烈战斗，城内渐渐抵挡不住攻势，姚兴恐惧，准备前去投奔姚详，左仆射韦华劝他道："陛下是全城的主心骨，如果陛下走了，我军就会不战自溃，刘勃勃必然会拼命追赶，到时候我们也不一定能够到达姚详的大营。"

姚兴一听有道理，就亲自出城应战刘勃勃，但胡夏军战斗力非常强，后秦军实在不敌，将军姚榆生被刘勃勃生擒。刘勃勃直冲姚兴而来，要活捉他，是后秦左将军姚文崇拼死保卫，姚兴这才逃了出来，狼狈地回了长安。刘勃勃乘胜攻下了后秦的敕奇堡、黄石固、我罗城等地，强制把七千多户人家迁徙到大城，然后让丞相刘右地兼幽州牧，在这里镇守。

刘勃勃派尚书胡金纂进攻后秦的平凉，战斗非常激烈，姚兴又亲自率军前来支援。这次后秦获得了胜利，胡金纂不敌被杀。

刘勃勃又派遣侄儿左将军刘罗提攻陷了定阳，把四千多名后秦俘虏全部活埋。后秦的将军曹炽、曹云、王肆佛被吓破了胆，率领几千户人家内迁，躲避胡夏的锋芒，姚兴把他们安置在湟山和陈仓一带。

刘勃勃又率军攻打略阳郡，太守姚寿弃城而逃，刘勃勃把一万六千多户人家强制迁徙到了大城。

后秦的镇北参军王买德前来投奔刘勃勃，经过交谈，刘勃勃很欣赏他，对他说道：“朕是大禹的后代（据说匈奴是夏后裔），世代居住在幽朔之地，祖宗相继创建伟业，经常和汉魏为敌，中世不兴，受制于人，今我将应运而兴，光复大业，你以为如何？”

王买德回答道：“秦德虽衰，藩镇犹固，愿且蓄力以待之。”

刘勃勃听后非常高兴，任命王买德为军师中郎将。

义熙九年（413）夏，刘勃勃下令实行大赦，改年号为“凤翔”。刘勃勃认为要建立不朽伟业，就必须得有个像样的都城，于是让叱干阿利兼任将作大匠，征发岭北胡汉百姓共十多万人，在朔方水以北、黑水以南的地方开建都城。刘勃勃雄心万丈地说道：“朕要统一天下，君临万邦，所以就用‘统万’作为都城的名字。”

叱干阿利为人残忍，但心灵手巧，对建筑学颇有研究。他命人把石灰、石英和黏土掺在一块，然后再掺水混合搅拌，做成三合土。石灰加水后体积膨胀，能与砂石、黏土充分结合在一起，所以用这种三合土做成的墙体颜色发白，而且非常坚固。史书上说修筑统万城的时候用的是“蒸土”，就是生石灰加水以后雾气腾腾的样子。每段城墙修筑好后，他都会亲自前去验收。他用铁锥往城墙里插，如果能插进去一寸深，就要杀死建造该段城墙的建筑工匠，把他填入城墙中。工匠们吓得谁也不敢有丝毫大意，城墙修建得愈发坚固。

统万城耗时六年才完成，建成后的统万城规模十分雄伟，城池由外郭城、东城和西城三部分组成，“城高十仞，期厚三十步，上广十步，宫墙五仞，其坚可以砺刀斧”，城内建筑“台榭高大，飞阁相连，皆雕镂图画，被以绮绣，饰以丹青，穷极文采”。因为城墙是白色的，所以统万城又称为白城子，遗址位于今陕西榆林靖边县城北五十八公里处的红墩界乡白城则村，是我国重点文物保护单位，还被列入了中国的世界文化遗产预备名单。统万城也是匈奴人在人类历史长河中留下的唯一一座都城遗址。

叱干阿利又仿效曹叡时候的做法，用铜铸造成大鼓、飞廉、铜人、铜骆驼、铜龙、铜虎等巨像，用黄金装饰，放置到宫殿前面。

刘勃勃对叱干阿利的忠诚和能干非常满意，又命他负责制造兵器。兵器造好后，叱干阿利前去验收。他命人用箭朝铠甲射击，箭射穿铠甲，就把造铠甲的师傅杀死；射不穿，就把造箭的师傅杀掉。前后大约有几千名师傅被杀，但因此造出来的武器，也异常锋利和坚韧，增强了胡夏军队的战斗力。

匈奴单于由挛鞮（luándī）改姓刘，至今已经一百六十多年了。他们为什么要改姓呢？因为汉朝和匈奴和亲，他们认为自己是刘姓的外甥，所以改姓了刘。刘勃勃认为子随母姓不合乎礼节，就下诏说：“古人姓氏无常，有以出生地为姓的，有以祖宗的官职为姓的，帝王是上天的儿子，赫然与天相连，所以今天我就改姓‘赫连’！但我不能让旁支也姓这个姓，他们不是正统，就让他们以‘铁伐’为姓吧，意思是他们刚猛如铁，无论是哪里皆可攻伐。”

刘勃勃以后就叫赫连勃勃了。赫连勃勃封妻子梁氏为皇后，立儿子赫连璝为太子，封儿子赫连延为阴平公、赫连昌为太原公、赫连伦为酒泉公、赫连定为平原公、赫连满为河南公、赫连安为中山公。

第二百二十四节　朱龄石灭西蜀

桓玄之乱时，桓玄的侄子桓振攻陷了江陵，益州刺史毛璩率三万大军准备进攻桓振。长江的三条直流由东至西依次为内水（涪江）、中水（沱江）、外水（岷江），他命弟弟西夷校尉毛瑾、蜀郡太守毛瑗顺外水出发，参军谯纵、侯晖从内水出发。

但蜀人对到千里之外去打仗的事，是心怀恐惧的，因此侯晖和巴人阳昧等人密谋率领军队反叛。谯纵有学识，足智多谋，为人又谨慎，平时也乐于帮助他人，所以深得大家的爱戴，侯晖、阳昧准备推举他为盟主。谯纵一听坚决不干，谋反可是灭族大罪！他拔腿就跑，但被追兵紧追，他一看跑不掉，就跳入江中寻死，但被救了起来。谯纵又磕头请求放过他，又被拒绝，侯晖命用绳子把他绑起来塞进了轿子。之后侯晖偷袭毛瑾得手，毛瑾被杀，他们便强逼谯纵担任梁州和秦州刺史。

毛璩走到半路得到军中叛乱的消息，骑快马赶回成都，派参军王琼率军前去讨伐，但被谯纵的弟弟谯明子打败，兵卒死亡十之八九。益州营户李腾大开城门，把谯纵的军队放进城来，毛璩和毛瑗全家被杀。

谯纵看事已至此，也没有办法回头了，于是自称成都王，任命堂弟谯洪为益州刺史，弟弟谯明子为巴州刺史，驻守白帝城。史称谯纵建立的国家为西蜀，不算在五胡十六国之内。这是义熙元年（405）二月的事。

西蜀在夹缝中艰难生存，为了减轻军事上的压力，不久谯纵便向后秦称臣。此时刘裕正后和卢循等交战，没空理会谯纵，他们便过了几年的太平日子。

现在刘裕灭了卢循，除掉了政敌刘毅，开始着手准备消灭西蜀了。在平灭卢循的过程中，朱龄石的表现让刘裕眼前一亮，便任命他为西阳郡太守。这次要讨伐西蜀，刘裕准备让朱龄石担任元帅一职，但遭到了很多人的反对，他们认为朱龄石年轻（年三十四），资历浅，官职低，不是合适人选，刘裕力排众议，于义熙八年（412）十二月任命朱龄石为益州刺史，让他统率宁朔将军臧熹、河间太守蒯恩、下邳太守刘钟等人，带领两万人马，前去讨伐西蜀。

刘裕交代朱龄石道："你要以小股部队进入内水袭扰西蜀，让他们以为我军会从内水发起攻击，然后率大军顺外水直取成都。这是上策。"这次军事行动的保密工作做得非常好，刘裕给了朱龄石一个信封，上面写着"到了白帝城才能打开"，众将士也不敢多问。大军择日开拔。

义熙九年（413）六月末，朱龄石率军抵达白帝城，他打开了刘裕的密令，只见上面写着："主力部队沿外水北上，直取成都；藏熹从中水取广汉；以老弱残兵乘十多艘舰船，从内水取黄虎。"朱龄石按照刘裕的指令，把部队分为三路，同时火速向预定目标进发。

谯纵得到晋军大军来攻的消息，命谯道福率主力军驻守涪城，严密防守内水。

朱龄石率军挺进到距离成都两百里的平模，谯纵急忙派侯晖和谯诜率一万多部队到平模驻扎，并在江水两岸修筑了城墙抵御晋军。

朱龄石对刘钟说道："现在天气炎热，他们凭借天险防守严密，我们如果强行攻击，未必能够攻克，反而徒增伤亡。我准备在原地休养，等待时机再行进攻，你是什么意见？"

刘钟摇摇头，说道："我认为这样并不可取。我们虚张声势，准备全力攻击内水，所以谯道福才坚守在涪城。而今我们的主力在平模出现，大出他们的意料，他们惊恐不安，所以龟缩在平模城内，不敢和我们刀兵相见，我们如果此时精锐尽出，全力攻城，必定可以攻克平模，到时候一鼓作气，成都都是唾手可得。如果我们耽搁日久，暴露了作战意图，谯道福就会率军前来支援，到时候我们想要攻城，将是难上加难，一旦粮食供应不上，我们将全军溃败，束手就擒。请元帅三思。"

朱龄石仔细听完他说的话，认为很有道理，于是命令立即攻城。将领们认为北城地势险峻，城防坚固，建议先攻南城，朱龄石不同意，他说道：“攻下南城，不会产生什么影响，可如果拿下北城，南城将不战而降。”

七月，朱龄石身先士卒，率军对北城发动猛烈攻击，城内守军抵挡不住，城池很快被攻破。朱龄石斩侯晖、谯诜，又率军进攻南城，南城守将弃城而逃。朱龄石命大军登陆，从陆路向成都进发。

臧熹率军进攻牛鞞（pí）县，守将谯抚之不敌被杀，防守打鼻的谯小苟被吓破了胆，弃城而逃。之后晋军所到之处，西蜀军大都望风而逃。

七月五日，谯纵看到晋军已经势不可挡，再这样下去，自己就要被生擒活捉，于是率领数名亲信随从逃出成都。尚书令马耽封存了府库，等待投降晋军。七月九日，朱龄石率军浩浩荡荡进入成都，灭了谯纵三族，对其他人等一概不予追究，让他们各安其位。

谯纵逃出成都后，到祖先的陵墓上拜别。他女儿对他说道：“我们肯定逃不掉了，既然怎么都是死，为什么不死在祖先的坟山上！”谯纵不听，继续逃跑。他听说谯道福从涪城率军前来救援，就去投奔。谯道福看见谯纵非常愤怒，斥责他道：“成都城池坚固，你为什么白白把它丢弃？现在你还能逃到哪里？人没有不死的，你怎么就怕成这个熊样！”谯道福越说越气，拔出佩剑向谯纵刺去，谯纵一拨马，佩剑刺中了马鞍。谯纵见这里也不收留，骑马就跑。

谯纵终于逃无可逃，就上吊自杀了。这时候巴西郡人王志从旁路过，砍下他的人头，向朱龄石领功去了。

谯道福对将士们说道：“蜀国的存亡在我身上，而不在谯纵身上，我们如果拼死一战，还有挽回的余地。”将士们赞同他的话。于是谯道福拿出自己所有的金银财宝，分发给各位将士，鼓励他们英勇杀敌，但将士们拿到赏赐后却一哄而散了，谯道福苦笑一声，去投降獠人，不料走到半路却被巴西郡人杜瑾活捉，他把谯道福送给了朱龄石，朱龄石在军营前把谯道福斩首，立国九年的西蜀至此灭亡。

朱龄石准备把马耽放逐到越嶲（xī）郡，马耽感觉不妙，对属下说道：“朱龄石不送我去京师，却把我放逐至越嶲郡，是因为他得到了我移交的宝库，打算杀人灭口，我是难逃一死了。”于是他沐浴更衣，上吊自尽。果然不多久，朱龄石派来杀他的人就到了，这人看到马耽的尸体，一剑砍下他的人头，拿回去复命。

朱龄石灭西蜀有功，朝廷（实际上是刘裕）任命他为监梁州、秦州六郡诸军事，封丰城县侯。

第二百二十五节　西秦灭南凉

姚兴对归义侯乞伏乾归很不放心，因此趁他到长安晋见的机会，把他留了下来，任命他为主客尚书，封镇远将军，任命他的儿子乞伏炽磐为西夷校尉，统率部落人马。乞伏炽磐勇武，谋略并不次于其父乞伏乾归。

姚兴派中军将军广平公姚弼、后军将军敛成和镇远将军乞伏乾归，率领三万大军攻打南凉秃发辱檀。姚兴欺骗秃发傉檀，说他已经派兵攻打胡夏，为了防止胡夏向西逃窜，所以命令姚弼等派军拦截。秃发傉檀信以为真，姚弼等从金城顺利渡过黄河。

谋士姜继对姚弼说道："秃发傉檀现在疏于防范，请让我率领轻骑五千人直抵姑藏城下，切断他们的外援，到时候他们将束手就擒。"姚弼没有同意。姚弼率大军挺进到漠口，昌松郡太守苏霸顽强抵抗，城破，姚弼斩苏霸。

昌松是姑藏的门户，它一被攻下，后秦军再没有什么阻碍，顺利抵达姑藏城下。秃发傉檀坚守城池，出奇兵击破后秦军，姚弼等撤退到西苑。这时候，姑藏城中的王钟集合了数千人，准备背叛秃发辱檀，投降姚弼。消息走漏，秃发傉檀有了防备，但他只想杀死几个骨干分子，饶恕其他人，前军将军伊力延侯劝他道："现在大敌当前，如果对内部的反叛不进行严厉镇压，恐怕会起连锁反应，我建议把王钟等人全部活埋。"秃发傉檀同意了，王钟等叛乱分子五千人被活埋。

秃发傉檀又生一计，他命郡县把牛羊等牲口全部放到田野里，让它们自由活动。后秦后军将军敛成得到田地里有大量牲口的消息，大喜，派军前去抢夺。秃发傉檀看火候差不多了，命镇北大将军秃发俱延和镇军将军秃发敬归等率军出击，后秦军不备，被打得大败，被杀死七千多人。姚弼吸取教训，下令坚守营寨，拒不出城。南凉军发动攻击，无法攻克。

姚兴派卫大将军常山公姚显率两万精骑支援姚弼，大军行进到高平的时候，得到姚弼战败消息，他们加快速度，不日抵达姑藏城下。姚显派神射手孟钦等五人到姑藏凉风门挑战，这时候从姑藏城中出来一匹快马，马上端坐的是南凉材官将军宋益，孟钦等人就要拉弓放箭，但箭还没有射出来，宋益已经飞马到了他们面前。宋益挥动大刀，力斩孟钦等人。五员大将瞬间被杀，姚显大惊，感觉这仗没法打下去了，于是向秃发傉檀道歉，然后率军撤退。秃发傉檀不想过多得罪后秦，也派人向后秦表达了歉意。

乞伏炽磐率领部落两万多人在相对安全的嵻崀（kānglǎng）山另建新城，避开后秦军可能的攻击。

乞伏炽磐到上邽（guī，今甘肃清水县）拜见后秦太原公姚懿，后秦叛将彭奚念趁机偷袭苑川（今甘肃榆中县附近），乞伏炽磐得到消息后立即回军，大战彭奚念，彭奚念不敌，逃回老巢枹罕（今甘肃临夏县附近），乞伏炽磐又率军攻破了枹罕。这时候乞伏乾归正跟随姚兴巡视平凉，乞伏炽磐便派人秘密通知了他，乞伏乾归不辞而别，回到了苑川，然后从苑川前往枹罕。他命乞伏炽磐镇守枹罕，然后把大本营向北迁到了度坚山。

义熙五年（409）二月，乞伏乾在度坚山宣布脱离后秦自立，称秦王，大赦，改年号。他封边氏为皇后，封世子乞伏炽磐为太子，兼都督中外诸军事、录尚书事；任命屋引破光为河州刺史，镇守枹罕；在世的原公卿大臣们都官复原职。至此，亡国已经八年的西秦再度复国。

乞伏乾归又任命焦遗为太子太师，同时参与朝廷政务。他对太子乞伏炽磐说道："你要像侍奉我一样侍奉焦太师。"乞伏炽磐向焦遗叩头拜师。乞伏乾归又准备把女儿嫁给焦遗的儿子焦华，焦华诚惶诚恐地说："公主身份高贵，嫁给我实在不般配，我不敢高攀。"乞伏乾归也不再勉强，只任命焦华为尚书民部郎。

乞伏乾归率军攻击后秦金城郡，顺利攻克，然后又攻打叛将越质屈机等领导的十多个部落，接连大胜。他把两万五千多人迁到了苑川，又把都城迁回这里。乞伏乾归势不可挡，继续率军攻打后秦的略阳郡、南安郡和陇西郡，全部攻克，把两万九千多户迁到了苑川和枹罕。之后又把鲜卑仆浑部落三千多户迁到度坚山，任命儿子乞伏敕勃为秦兴郡太守。

南凉视北凉为死对头，义熙六年（410）三月，秃发傉檀亲率五万精骑，对北凉发起了第三次攻击。两军在穷泉大战，南凉军大败，溃不成军，将士四散奔逃，秃发傉檀单人独骑逃回。北凉乘胜追击，北凉王沮渠蒙逊兵临姑藏城下，城内乱作一团，有一万多户直接出城投降了沮渠蒙逊。秃发傉檀派司隶校尉敬归和儿子敬佗为人质，请求和沮渠蒙逊和解，但敬归走到半路心中恐惧，又逃了回来，被北凉抓获。沮渠蒙逊掳走了八千多户百姓后撤兵。

这时候，南凉右卫将军折屈奇镇在石驴山造反，秃发傉檀感到姑藏太不安全了，于是把都城迁到乐都，留下大司农成功绪保卫姑藏。结果他前脚刚一出姑藏的门，后脚侯谌就立即关闭城门，占领了南城，自称凉州刺史，推举焦朗为大都督、龙翔大将军。不久，沮渠蒙逊率军攻陷姑藏，活捉了焦朗。他命弟弟沮渠挐为秦州刺史，镇守姑藏。

沮渠蒙逊又挥师进攻乐都，但打了一个月都无法攻克。秃发傉檀又派儿子秃发安周为人质，请求和解，沮渠蒙逊同意了。

秃发傉檀觉得很窝火，过了不久就决定复仇。他率五路兵马攻打北凉，结果又被打得大败，沮渠蒙逊再次包围了乐都。秃发傉檀派另一个儿子秃发染干做人质，请求和解，沮渠蒙逊回军。

北凉军刚走，乞伏炽磐率领的西秦军又到，秃发傉檀派太子秃发虎台在岭南迎战。两军大战，南凉军大败，西秦军俘获了牛马十余万头后凯旋。

义熙八年（412）六月，西秦发动内乱，首任南凉王乞伏国仁之子，振威将军乞伏公府杀死了叔叔乞伏乾归和乞伏乾归的十多个儿子，然后退守大夏。乞伏炽磐得到噩耗，派弟弟乞伏智达、振武将军乞伏木弈干率三千精兵讨伐乞伏公府，他自己率两万多户迁都枹罕。

乞伏智达攻破大夏，乞伏公府去投靠据守叠兰城的弟弟乞伏阿柴，乞伏智达又攻陷了城池，斩杀乞伏阿柴父子五人。乞伏智达命人剁下乞伏公府和他四个儿子的手脚后，再残忍杀死。

八月，乞伏炽磐继位，自称河南王，大赦，改年号。

南凉日渐衰败，唾契汗和乙弗等部落选择了背叛，秃发傉檀准备率军讨伐他们，孟恺劝道：“我们近年来庄稼歉收，民心不安，乞伏炽磐和沮渠蒙逊又对我们虎视眈眈，实在不宜远征。我们应该等待时机，再找机会。”秃发傉檀不听。他率七千精骑进攻，大破乙弗部落，俘获了马牛羊四十多万头。

乞伏炽磐得到秃发傉檀出兵的消息，立即率两万精骑围攻乐都，秃发虎台率军顽强抵抗。

义熙十年（414）五月，乞伏炽磐下令全力进攻乐都，南凉军抵挡不住。一天晚上，城池陷落，秃发虎台等人被活捉。乞伏炽磐命镇南将军乞伏谦屯为凉州刺史，镇守乐都，命平远将军乞伏捷虏率精骑五千，前去迎击秃发傉檀，然后把乞伏虎台和乐都的一万多户人家迁到了枹罕。

乐都陷落之际，南凉安西将军秃发樊尼逃出，飞奔到秃发傉檀处报告消息，秃发傉檀强忍悲痛，对属下说道：“现在，我们的妻儿全被乞伏炽磐抢走，城池也被占领，我们退无可退，不如利用这次俘获的乙弗部落的人马，再去攻打契汗部落，得胜后，我们聚集两个部落的财富，去赎回我们的妻儿。”

于是秃发傉檀率军西进，但这时已经军心涣散，士兵纷纷逃走，各谋生路，他派镇北将军段苟前去追捕，结果段苟也一去不回。此时的秃发傉檀已经众叛亲离，只有秃发樊尼和中军将军秃发纥勃、后军将军秃发洛肱、散骑侍郎阴利鹿跟随左右。秃发傉檀对他们说道：“我们待在一起，结果就是都得死，不如分散开来，或许还能有一线生机。秃发樊尼应该去投靠在北方的我们的部落，那里还有一万户左右的百姓，然后向沮渠蒙逊称臣，以待时机，纥勃和洛肱随樊尼一同前去。我老了，想见妻儿最后一面。”然后他们洒泪分别。阴利鹿随同秃发傉檀投降了西秦。

乞伏炽磐亲自到城外迎接秃发傉檀，给他极高的礼遇。义熙十年（414）七月，乞伏炽磐任命秃发傉檀为骠骑大将军，封左南公。

至此，五胡十六国中的南凉灭亡，共立国十八年，历任三位国君，即秃发乌孤、秃发利鹿孤和秃发傉檀。

为绝后患，一年多以后，乞伏炽磐派人用毒酒毒死了秃发傉檀。秃发傉檀死时年五十一岁，在位十三年。然后乞伏炽磐一不做二不休，又杀死了秃发虎台。

秃发傉檀的儿子秃发保周、秃发贺，弟弟秃发俱延的儿子秃发覆龙，哥哥秃发利鹿孤的孙子秃发副周，哥哥秃发乌孤的孙子秃发承钵，都辗转投靠了北魏。北魏皇帝拓跋嗣封秃发保周为张掖王，秃发覆龙为酒泉公，秃发贺为西平公，秃发副周为永平公，秃发承体为昌松公。

拓跋嗣很欣赏秃发贺，对他说道：“我们的祖先同源，现赐你姓源！”于是秃发贺以后就叫源贺了，他后来成为北魏的一员名将。

第二百二十六节　司马休之投后秦

荆州刺史司马休之是司马懿六弟司马进的玄孙，在平定王恭叛乱之时立下战功，后来桓玄谋乱，司马休之拒不合作，逃到了南燕。刘裕灭桓玄后，司马休之回到东晋，任荆州刺史，后迁并州刺史，在刘裕灭了前荆州刺史刘毅后，又回任荆州刺史。司马休之在荆州刺史的任上干得风生水起，深得民心，实力逐渐壮大，这引起了刘裕的忌惮。刘裕准备找碴解决司马休之，铲除皇室的最后支柱。

刘裕从司马休之的长子谯王司马文思身上找到了突破口。司马文思留在首府建康，遥控指挥谯国事务，他为人凶暴，喜欢结交江湖人士，滥杀无辜，还特别喜欢打猎，经常在夜晚焚烧别人家的坟墓取乐，多次被弹劾，平日里刘裕就特别讨厌他。义熙十年（414）三月，司马文思又被弹劾擅自处死谯国的官员，刘裕大怒，让司马德宗下诏——其实也是刘裕自己找人起草的诏书——杀死了司马文思的狐朋狗友们。刘裕趁机给司马休之下了个套，他命人把司马文思押送到了他父亲司马休之那里，说让司马休之亲自处决这个儿子，司马休之肯定不舍得动手，到时候，他就有讨伐司马休之的借口了。

果不其然，司马休之只是上书朝廷要求罢黜司马文思的王位，并没有杀司马文思，这正中刘裕的下怀。他派人逮捕了在建康的司马休之的次子司马文宝和侄子司马文祖，强迫二人自杀，又做了军事部署，准备出兵讨伐司马休之。

义熙十一年（415）正月二十七日，刘裕率军从建康出发，兵发荆州，命自己同父异母的弟弟中军将军刘道怜兼留府事，命丹阳尹刘穆之兼右仆射。刘裕特别交代刘道怜，让他把大小事务都交由刘穆之处理，自己只做个挂名的，然后任命刘钟为领石头戍事，镇守冶亭。

司马休之也整兵备战，就在这个时候，他得到了两个消息，一个坏，一个好。坏消息是司马张裕和南平郡太守檀范之逃向了建康，好消息是雍州刺史鲁宗之起兵响应自己。鲁宗之是刘毅的部属，他怕日后受到清算，于是和儿子晋陵郡太守鲁轨一同起兵反抗刘裕。

刘裕准备策反司马休之的录事参军韩延之，给他去了一封密函，让他认清形势，反水司马休之。但韩延之很忠心，拒绝背叛司马休之。刘裕的父亲名字叫刘翘，为了表示决心，韩延之把自己的名字改为韩显宗，把儿子的名字改为韩翘。

刘裕派参军檀道济、朱超石（朱龄石的弟弟）率军进攻襄阳。此时鲁轨进攻江夏郡，斩杀了太守刘虔之，刘裕便派他的女婿振威将军徐逵之率参军蒯恩、王允之、沈渊子等为先锋，进攻江夏口。两军大战，鲁轨军大胜，斩徐逵之、王允之和沈渊子。蒯恩率军死守阵地，鲁轨军攻克不了，于是撤退。

刘裕此时在马头（今湖北公安县）扎营，他得到徐逵之等人战死的消息后，暴跳如雷，于三月二十九日亲率各军向北渡过了长江。鲁轨、司马文思率领四万大军，在悬崖峭壁上修筑好防御工事，直插云天，挡住刘裕军的道路。刘裕的将士们看着高耸入云的阵地，犯愁了，有几个人试着爬了爬，根本上不去。刘裕大怒，身披铠甲，准备亲自攀爬，将士们一看这可使不得，纷纷过来劝告，但根本劝不住，刘裕火气越来越大。太尉主簿谢晦（谢安二哥谢据的曾孙）上前一把就抱住了刘裕，刘裕拔出佩剑，指着谢晦说道："再不松手，我要杀了你！"谢晦还是不松手，他说道："天下可以没有我谢晦，不能没有您！"刘裕听了谢晦的话，把手中的剑放下，也不再去攀爬了。

建武将军胡藩非常勇猛，刘裕命他带头攀爬，胡藩用锋利的小刀在岩石上凿开一个个小洞，小洞也仅仅能放下脚指头，他一边凿洞，一边攀爬，历经千辛万苦，终于爬上悬崖峭壁。受到胡藩的鼓励，将士们攀爬的越来越多，他们在峭壁顶集结后发起攻击，鲁轨等人不敌，后退。刘裕命全军发起猛攻，拿下了江陵。司马休之和鲁宗之向北狂逃，鲁轨守防石城。刘裕命阆中侯赵伦之、太尉参军沈林子攻打石城，派武陵内史王镇恶率水军追击司马休之等人。

赵伦子和沈林子率军攻破了石城，司马休之和鲁宗之前来救援，然而已经迟了，只好和鲁轨一同逃奔襄阳，但鲁宗之的参军李应之这时候却紧闭城门，不让他们入城。

五月十二日，司马休之、鲁宗之、鲁轨、司马文思、新蔡王司马道赐、梁州刺史马敬和南阳郡太守鲁范等人一同前去投奔后秦，王镇恶追到后秦边界后回军。姚兴任命司马休之为扬州刺史。

司马德宗下诏加封刘裕为太傅、扬州牧，允许他“剑履上殿，入朝不趋，赞拜不名”。刘裕辞谢了太傅、扬州牧的职务。

刘裕消灭了朝中所有像样的政治对手，已经没有人再有实力和他对抗了，他篡位的步伐已经势不可挡。

第二百二十七节 姚泓登基

姚兴崇信佛教，当年他灭了后凉后，把高僧鸠摩罗什迎接到长安，奉他为国师，然后又派僧叡、僧肇等八百多人拜鸠摩罗什为师，学习佛教知识，他本人也数次亲临草堂寺聆听鸠摩罗什讲经。姚兴命兴建大量佛塔、寺庙，在这样的风气下，众多后秦百姓出家当和尚。鸠摩罗什在长安翻译了《大品般若经》《法华经》《维摩诘经》《阿弥陀经》《金刚经》等多部经书，因此也和玄奘、不空、真谛一起，被称为中国佛教四大译经家，且名列四大译经家之首。义熙九年（413）四月，鸠摩罗什在长安去世，终年七十岁。

姚兴的三儿子广平公姚弼深受器重，被任命为雍州刺史，镇守安定。谋士姜纪巴结姚弼，建议姚弼用心结交朝廷权臣，争取调回长安工作，为日后谋取大业奠定基础。姚弼经过一番运作，终于如愿以偿回到京城长安，任尚书令、侍中、大将军。

左将军姚文宗和太子一条心，姚弼非常厌恶他，诬告他对朝廷不满，姚兴大怒，命姚文宗自杀。姚弼还在朝廷遍插党羽，让他的亲信尹冲为给事黄门侍郎，唐盛为治书侍御史。

右仆射梁喜、侍中任谦、京兆尹尹昭向姚兴劝谏道："广平公有争夺太子之位的举动，陛下对他偏爱太多，又赋予他大权，于是一些奸邪之辈趁机攀附在他周围。外界有传言说，您准备废太子，请问您真的要这样做吗？"姚兴回答道："没有这回事。"梁喜等人便说道："既然如此，陛下应该减少广平公的权力，这样对他、对国家都是幸事。"姚兴沉默不语。

姚弼的亲信大司农窦温和司徒左长史王弼建议改立姚弼为太子，姚兴不同意，但也没有对他们的行为进行严厉惩处。

义熙十年（414）九月，姚兴病重，姚弼集结了几千人准备政变，但消息走漏，姚兴的第十一个儿子姚裕派人骑快马将此事报告给在外镇守的几位哥哥。姚兴的次子并州牧姚懿在蒲阪，第四子豫州牧姚洸（guāng）在洛阳，第六子平西将军姚谌在雍城，三人先后发布动员令，准备兵发长安。这时候，姚兴病情又见好转，征虏将军刘羌把姚弼准备政变的消息报告了姚兴，梁喜等人也趁机建议处死姚弼，可姚兴还是沉默，梁喜等便说："如果陛下舍不得杀他，起码也应该剥夺了他的权力，以示惩戒。"于是姚兴免去了姚弼的尚书令之职，保留了大将军、广平公的封号，命他回家反省。

姚懿、姚洸、姚谌与姚宣（姚兴的第五子）进京城参见父亲，姚宣在姚兴的病榻前痛哭流涕，直言不讳，希望姚兴认真考虑姚弼的问题。姚兴说道："我知道该怎么做，你们不必担心。"言罢，把他们打发走了。

姚弼得到消息，对姚宣恨之入骨。他趁姚宣的司马权丕在长安办事的机会，对他威逼利诱，权丕屈服，诬陷姚宣不忠。姚兴大怒，派人到杏城捉拿姚宣，把他投入狱中，然后命姚弼率三万大军镇守秦州。

姚兴病情转重，姚弼不去探视病情，却在家里聚集党徒，再次密谋造反，但他的保密工作做得实在太差，这事竟传到了姚兴的耳朵里，姚兴大怒，命卫士逮捕了姚弼的党羽唐盛、孙玄等人，将他们全部诛杀。太子姚泓宽宏大度，坚决请求父亲宽恕姚弼等人，于是姚兴又饶恕了姚弼及其同党。

义熙十二年（416）二月，姚兴在华阴小住了几日后病情转重，移驾回长安。黄门侍郎尹冲准备趁姚泓出去迎接姚兴的时候袭击姚泓。姚兴驾到，姚泓准备出宫迎接，太子宫谋士劝他道："圣上病重，殿下现在出宫，如果有不测的事发生，后果不堪设想。"姚泓着急地说道："可陛下回宫，我怎么能不去探望呢？"谋士说道："您保全自己，保住国家，就是最大的孝。"姚泓听从了。

尚书姚沙弥对尹冲说："太子不出宫，我们正好趁机把圣上送进广平公的府中，到时候禁卫军自然拥戴我们，大事可成。"尹冲不听。

姚兴进入皇宫后，任命姚泓为录尚书事，总领政府事务，命东平公姚绍和右卫将军胡翼度统率禁卫军。他担心姚弼作乱，派殿中上将军敛曼嵬到姚弼府中搜查，把搜到的武器全部放入武库。

姚兴病情越加严重，已经说不出话来了，他妹妹南安长公主前来探望，问他话，他根本无法回答，公主在病榻前默默流泪。姚兴的第十三子姚耕儿见此情况急忙出宫，告诉姚愔（姚兴的第七子）说姚兴已死，于是他们率兵冲进宫城，敛曼嵬和胡翼度等人指挥禁卫军死守。姚愔派勇士登上宫墙，顺着房檐前进到后宫的马道，太子右卫率姚和都率兵在马道阻击，双发展开血战，姚愔等人无法突破防线，烧毁了端门后撤退。

姚兴听得外面喊杀声震天，知道发生了兵变，勉强起身，坐轿到了前殿，禁卫军一看他还活着，倍感振奋，全力向姚愔军发起攻击，这时候姚和都也率兵前来支援，前后夹击之下，姚愔军不敌，四散奔逃。姚愔等人拼命逃出长安，姚愔逃往骊山，同党吕隆逃往雍县，尹冲和尹泓逃往东晋。

事情到了正等地步，姚兴不再心软，命姚弼自杀。

姚兴召见姚绍、姚赞、梁喜、尹昭和敛曼嵬，命人把之前已经拟好的诏书宣读给他们，让他们接受遗诏，辅佐姚泓。第二天，姚兴去世，年五十一岁，在位二十二年。

姚泓先秘不发丧，在以姚兴的名义起草了诏书，派人前去处死了姚愔、吕隆和大将军尹元等人之后，才发布姚兴的死讯，然后登上皇帝宝座，大赦，改年号。

姚宣意图谋反，但消息走漏，被姚泓杀了。

第二百二十八节 刘裕伐后秦

姚兴去世，后秦发生内乱，关中骚动，刘裕大喜，认为这是夺取关中、收复失地的好机会。义熙十二年（416）三月，刘裕向朝廷上表，要求北伐后秦。朝廷任命刘裕为中外大都督，兼司、豫二州刺史，任命刘裕的长子刘义符为徐、兖二州刺史。琅琊王司马德文要求打前站，先到洛阳去整修皇家陵墓，刘裕同意了。

大军将要出征，恰巧这时候宁州刺史派人给刘裕送来了一个琥珀枕头。琥珀枕头可以促进血液循环，增进睡眠质量，同时琥珀又能散瘀止血，是很好的医治刀伤的药材，刘裕便没有独享，而是命人把琥珀枕头弄碎，分发给各位将士，让他们战时使用。

刘裕任命刘义符为中军将军、监太尉留府事，刘穆之为左仆射，兼任监军、中军二府军司，入住东府，总理朝中事务，太尉左司马徐羡之为刘穆之的副手。命左将军朱龄石负责宫中的安全保卫工作，徐州刺史刘怀慎守卫京师，扬州别驾从事史张裕任留州事。

刘穆之处理实际工作的能力非常强，往往能化繁为简，在谈笑中就能批阅文件，而且不会出现错误。他高效率地处理完公务，还能利用闲暇时间读书练字，甚至校订文书中的错误。刘穆之年轻时穷得没饭吃，对此他刻骨铭心，现在有条件了，每次吃饭的时候都喜欢摆个大桌子，邀十几个人一同用餐。

义熙十二年（416）八月十二日，刘裕率大军从建康启程。他命龙骧将军王镇恶、冠军将军檀道济率步兵从淮淝攻打许昌、洛阳，新野太守朱超石、宁朔将军胡藩攻打阳城，振武将军沈田子、建威将军傅弘之攻打武关，建武将军沈林子、彭城内史刘遵考率水军攻打石门，从汴水入黄河。又命冀州刺史王仲德率前锋部队疏通钜野泽（当年桓温挖的），使之可以入黄河。刘穆之对王镇恶说道：“元帅对你的期望很高，你要不负所望！”王镇恶说道：“不收复关中，誓不回来！”

刘裕率军抵达彭城，朝廷又任命他兼任徐州刺史，任命王玄谟为从事史（参谋官）。

王镇恶、檀道济率军进入后秦领土，他们势如破竹，连连告捷。慑于晋军的强大威势，后秦将领王苟生献出漆丘，投降了王镇恶，徐州刺史姚掌也献出项城，投降了檀道济，其他的郡县也纷纷投降。新蔡太守董遵不识时务，不肯投降，被檀道济率军打败，杀掉了。晋军继续推进，又攻陷了许昌，生擒颍川太守姚垣及大将杨业。

沈林子率军从汴水进入黄河，董神虎率一千多民众前来投靠，他们一起攻克了仓垣，后秦兖州刺史韦华投降，这时候董神虎却擅自离开部队，沈林子把他抓获后斩首。

大军压境，后秦内部一片慌乱，东平公姚绍建议道：“我们不如放弃安定，把人口迁往京畿地区，从中挑选精兵。如果我们两线作战，兵力分散，如何能应对得了？事情紧急，请陛下尽快决定。”

左仆射梁喜说道：“齐公姚恢威名远播，有他镇守安定，赫连勃勃肯定无法攻克，如果放弃安定，赫连勃勃就会继续向国内推进。现在，我们的兵马足以对抗晋国，我们不应该削弱安定防线。”

姚泓觉得梁喜的话很有道理，同意他的意见。

王仲德率水军进入黄河，逼近滑台。这时候的滑台属于北魏，北魏兖州刺史尉建以为王仲德是来夺取滑台的，被吓破了胆，弃城而逃，王仲德也就趁机率军进入城中。拓跋嗣得到报告，派叔孙建、公孙表率军渡过黄河南下，尉建过来投奔，他们杀死了尉建，把尸体丢进黄河。拓跋嗣派叔孙建质问刘裕为什么入侵，刘裕赶忙道歉：“我们只不过是想收复故都，祭扫先帝陵墓，希望贵国借路一用，绝不敢对贵国有不利行动。”拓跋嗣仍不放心，派大将于栗磾在黄河岸边修筑营垒，防备晋军。

后秦的阳城和荥阳又投降了沈林子和朱超石，晋军进逼成皋。这时候防守洛阳的后秦将领为征南将军陈留公姚洸，他急忙派人向姚泓求救，姚泓命越骑校尉阎生率三千铁骑、武卫将军姚益男率一万步兵前去救援，又命并州牧姚懿南下驻军陕津，作为后援。

檀道济有勇有谋，之前他用重金收买了姚洸的司马姚禹，让他作为内应，见机行事。此时，后秦的宁朔将军赵玄对姚洸说道：“如今晋军声势浩大，我们势单力孤，我认为上策是严守金墉城，等待援军。”姚禹不同意，他对姚洸说道：“将军是一方大员，谋略超人，如果守城不出，恐怕朝廷会怪罪下来。”姚洸一听，认为姚禹说得太对了，自己不能做缩头乌龟，于是派赵玄率领一千人马南下驻守柏谷坞，广武将军石无讳东下防守巩城。赵玄都急哭了，但也无济于事。

成皋、虎牢的守将相继投降了晋军，檀道济长驱直入，石无讳走到半路，吓得又跑了回去。晋龙骧司马毛德祖和赵玄在柏谷坞大战，赵玄不敌，身中十多刀，大叫一声跌落马下。赵玄的司马蹇鉴冒死护住他，让他快走，赵玄说道：“我已经走不了了，你快走吧！”蹇鉴哭着说道：“你不走，我也不能独活！”这时候晋军一拥而上，把他们都杀死了。

姚禹趁夜翻过城墙，前去投奔檀道济。十月二十日，檀道济率大军来到洛阳城下，姚洸一看这仗没法打了，便出城投降了檀道济。檀道济的手下抓获了四千多个羌人，有将军建议应该把他们全部坑杀，然后建起骷髅台，檀道济说道：“不能这么鲁莽，目前需要安抚他们，争取人心，为获得更大的胜利做准备。”于是把他们全部放走了。见此情况，附近不少胡人和汉人都来归降。

阎生和姚益男走到半路，听说洛阳已经被晋军攻破，不敢再前行。

听说洛阳被收复，建康的满朝文武都激动地流下了热泪，司马德宗下令，命司空高密王司马恢之代表朝廷，前去洛阳整修并祭拜皇家陵墓。刘裕命冠军将军毛脩之为河南、河内二郡太守，镇守洛阳。

刘裕一边打仗收复失地，一边也没有忘记加快篡位的步伐。他派左长史王弘回到建康，暗示朝廷，应该给刘裕加九锡。这时候，在朝中处理留守事务的是刘穆之，他此时明白了，自己虽然受到刘裕的重视和重用，但还不是刘裕的心腹，加九锡这样的事情刘裕不会交给他做，而是要假手他人。刘穆之感到非常失落，非常苦闷，竟然生病卧床了。

十二月二十九日，安帝司马德宗下诏，任命刘裕为相国、扬州牧，总领百官，封宋公，采邑十个郡，加九锡，位次在各位诸侯王之上，原任官职一律保留。刘裕假意推辞不受。

大敌当前，后秦内部又出了问题。并州牧姚懿的司马孙畅劝说他杀到长安，处死东平公姚绍，废黜姚泓，然后自己称帝。姚懿一听大喜，立即把仓库里的粮食发给百姓，笼络人心。左常侍张敞、侍郎左雅却劝姚懿道："殿下是圣上的亲弟弟，而且现在大敌当前，城池沦陷，朝廷危如累卵，您不能这么做。"姚懿一听暴怒，命人用鞭子把他们打死了。

姚泓得到禀告，找姚绍商议对策，姚绍说道："这一定是孙畅的主意，现在应该立即征召孙畅，然后派抚军将军姚赞驻守陕城。我会去潼关指挥，如果孙畅前来，就命姚懿率军抵抗晋军，如果孙畅不来，你就派兵讨伐他们。"姚泓同意，道："就按叔叔说的做。"于是他派姚赞和冠军将军司马国璠、建议将军蛇（shé）玄驻守陕津，武卫将军驻守潼关。

孙畅接到诏令，根本没理，继续鼓动姚懿自称皇帝，还向各州郡发布了文告，意图争取支持者。姚懿准备调用匈奴堡的粮食，但守卫匈奴堡的宁东将军姚成都予以拒绝。姚懿很生气，派骁骑将军王国带领几百勇士进攻匈奴堡，结果都被姚成都生擒。

接到姚懿文告的不少，但只有临晋数千人响应他，姚成都便率军攻打临晋，攻破了城池。这时候，蒲阪的百姓过纯率领数人拿起武器，包围了姚懿府，把他困在府中，姚绍趁机率军进入蒲阪，擒获了姚懿，诛杀了孙畅等人。

义熙十三年（417）正月，面对危局，姚泓束手无策，和众文武以泪相对。这时候又出乱子了，征北将军齐公姚恢率三万多人起兵从北雍州出发，兵发长安，声称要清君侧，杨威将军姜纪也率军投降了姚恢。姚恢击败镇西将军姚谌，攻克了郿城，一时间长安城内人心惶惶。姚泓派人骑快马召姚绍回军救援京师，另派姚裕及辅国将军胡翼度驻防沣水。扶风太守姚儁也投降了姚恢。

姚绍紧急回师，和姚恢军在灵台对峙。姚赞也率主力回援京师，命宁朔将军尹雅为弘农郡太守，防守潼关。看到朝廷军队势大，姚恢的大将齐黄投降。姚恢被姚绍和姚赞夹击，大败，他和他的三个弟弟都被杀死。

第二百二十九节 后秦灭亡

王镇恶率军推进到渑池，派毛德祖拿下蠡吾城后，抵达潼关。檀道济和沈林子率军从陕城北渡黄河，攻陷襄邑堡后又向蒲阪进攻，但无法攻克。

义熙十三年（417）二月十九日，荥阳守将傅洪献出虎牢关，投降北魏。

姚泓命姚绍率武卫将军姚鸾等及五万将士死守潼关，命姚驴率军支援蒲阪。

沈林子对檀道济说道："蒲阪城池坚固，守军众多，短时间内攻取不下，不如和王镇恶会师，合力攻打潼关，待攻克潼关后，蒲阪自然会不战而降。"檀道济同意了。

三月，檀道济和沈林子率军抵达潼关。姚绍迎战，大败，率残兵撤退到定城。姚绍派姚鸾袭击檀道济的粮道，又被沈林子打得大败，姚鸾被杀。姚绍再派姚赞进驻黄河岸边，企图切断晋军水路，依旧被沈林子打败。河北郡太守薛帛献出河曲，投降了晋军。

刘裕率水师从淮河、泗水入济水，准备由此再进入黄河，不过这样一来就需要经过北魏地界，他派人出使北魏，请求借路。拓跋嗣怀疑刘裕的用兵意图，便命司徒长孙嵩为督山东诸军事，由振威将军娥清、冀州刺史阿薄干率十万大军，部署在黄河北岸，阻挡晋军前进。三月八日，刘裕率水师入黄河，他任命左将军向弥为北青州刺史，镇守碻磝（qiāo áo）。

当初大军出发时，刘裕嘱咐王镇恶等人说："收复洛阳后，须等大军集齐，再一同进兵。"此时王镇恶却忘了命令，率军直取潼关，但久攻不下，军中开始缺粮。王镇恶派人骑快马飞报刘裕，要求调拨粮草，增派人手。刘裕把来人叫到指挥船上，他打开北面窗户，用手指点着河岸上的北魏军，说道："看看对岸的军队，我这里怎么能派得出人马！”王镇恶没办法，只有自力更生。他亲自回到弘农郡，做老百姓的工作，晓之以理，动之以情，百姓纷纷献粮，粮草问题得到解决。

四月，刘裕命白直队主丁旿（wǔ）率勇士七百人，战车一百辆，在河岸一百多步的地方摆起了却月阵，阵中竖起白色羽毛大旗，然后命朱超石率两千人携带强弩一百张进入阵中。北魏军第一次看到这种阵型，都愣住了。北魏长孙嵩率三万骑兵发起了冲击，朱超石命用强弩射击，但敌人太多，只靠强弩远远不够，还好朱超石还带有大铁锤和一千多支丈八长矛，他命人把长矛折成三四尺长的，用铁锤敲击矛头，使它们变得锋利，然后进攻。这种长矛威力特别大，一矛捅出去就能刺穿三四个人，北魏军惊骇不已，四散奔逃。晋军立斩阿薄干，长孙嵩率军撤回畔城。

姚绍派长史姚洽、宁朔将军安鸾、护军姚墨蠡、河东太守唐小方率领两千兵马驻守九原，准备凭借黄河天险，切断晋军粮道。沈林子率军拦腰攻击，大败后秦军，杀死了姚洽、姚墨蠡和唐小方。姚绍听说姚洽等人战死，气得浑身哆嗦，一大口鲜血喷出。他强撑着把兵权交给了姚赞，然后气绝身亡。

刘裕率军过洛阳，抵挡阌（wén）乡，并命沈田子率领一千多士兵进攻峣柳城。姚泓准备亲自率军抵抗刘裕，但他担心沈田子偷袭他的后方，于是决定先解决沈田子。姚泓率数万将士，出其不意到达了青泥。这大出沈田子的意料，他本来准备撤退，但听说这次是姚泓御驾亲征后，决定试一试。沈田子率亲信前行，让建威将军傅弘之作为后援。

沈田子等人被后秦军团团围住。沈田子进行战前动员，他激励士兵说：“我们出兵万里之遥，就是为了这一刻！姚泓近在眼前，能不能封官晋爵，就看你们自己了！”士兵们顿时大声高呼，摩拳擦掌，拿起短兵器，和后秦士兵短兵相接。他们奋勇杀敌，以一当十，战斗力惊人，后秦军军心本就已经涣散，现在一下子被杀死了一万多人，更加害怕，开始四散溃逃。姚泓狼狈逃窜，把专用的车子、衣服等都丢了，一路逃回了灞上。他丢下的器物均被沈田子缴获。

八月二日，刘裕率军抵达潼关，任命朱超石为河东太守，让他和振武将军徐猗之、河北郡太守薛帛会师，合击蒲阪。后秦平原公姚璞与姚成都迎战，晋军大败，徐猗之身亡，朱超石逃回潼关。姚赞派司马国璠尾随刘裕大军。

王镇恶请求率水军自黄河入渭水，兵进长安，刘裕同意。后秦恢武将军姚难率军从香城西进，王镇恶率军追击。姚泓进驻石桥，声援姚难。镇北将军姚强和姚难合兵一处，驻扎在泾水岸边，抵御王镇恶。王镇恶派毛德祖进攻，大胜，杀死姚强，姚难逃回长安。

姚赞退到郑县，刘裕率军进逼。姚泓命姚丕驻守渭桥，胡翼度驻守石积，姚赞驻守灞东，他自己则亲自率军驻守逍遥园。

王镇恶乘坐小船逆渭水而上，这种小船不是普通的船，普通的船会使水手暴露在外，这种船的水手是隐藏在船体之内的，所以后秦的人只看见小船乘风破浪而行，却看不见水手，他们非常惊讶，以为晋军有天神帮助。

八月二十三日凌晨，王镇恶军抵达渭桥。他让将士们饱餐战饭，然后重装登陆，命人把小船抛入水中，小船顺流而下。王镇恶进行战前动员，他说道："我们的吃穿用具都已经顺水流走，今天如果取胜，可以扬名立万，高官厚禄，如果失败，将尸骨无存，大家看着办吧！"说完，他身先士卒，冲在了队伍最前面，将士们也纷纷拼尽全力进攻，大破姚丕军。姚泓率兵来救，却被姚丕的逃兵给冲散了。姚谌等战死，姚泓单枪匹马逃回皇宫。王镇恶从长安城北边的平朔门入城，姚泓和姚裕等率数百个骑兵逃奔到石桥。姚赞率军前来救援，可是走到半路，士兵们已经全逃走了。胡翼度投降了刘裕。

姚泓也准备投降，他十一岁的儿子姚佛念对他说道："投降了不免受辱，不如自杀。"姚泓沉默不语，姚佛念跳下宫墙而亡。八月二十四日，姚泓携皇后和文武百官向王镇恶投降，王镇恶把他们关押起来。长安城中的六万户汉人和蛮夷人也归降了王镇恶。

至此，五胡十六国中的后秦灭亡，立国三十四年，共历三位国君，分别为姚苌、姚兴和姚泓。

九月，王镇恶到灞上迎接刘裕，刘裕拉着王镇恶的手，对他说道："成就我霸业的是你啊！"王镇恶赶忙说道："这都是因为明公英明，将士神勇，我哪里有什么功劳！"刘裕哈哈一笑，夸赞道："你还挺谦虚的！"不过王镇恶其实也不是个省油的灯，后秦仓库里的金银财宝他可没少拿，这事儿刘裕是知道的，只是在装糊涂罢了。

刘裕命人把后秦皇家器物送到建康，然后把国库里的金银财宝分发给各位将士。后秦平原公姚璞、并州刺史尹昭献出蒲阪城投降。东平公姚赞率领皇室一百多人也来投奔刘裕，但刘裕把他们全部处死了，其余的皇室全部被迁往建康。

刘裕命人把姚泓送到建康，在闹市斩首。姚泓死时年三十岁，在位两年。晋帝司马德宗下诏封宋公刘裕为宋王，采邑增加十个郡，刘裕又假意辞谢。

之前投降后秦的司马休之、司马文思等人再投北魏，不久，司马休之去世。

十一月三日，刘穆之在忧愤中去世，年五十八岁，噩耗传到长安，刘裕接连痛悼了好几天。这时候的刘裕正遇到了难题，他本想趁热打铁，进攻胡夏、西秦、北凉等国，但将士们普遍厌战，想要回朝。正在刘裕思考下一步对策的时候，传来了刘穆之去世的消息，他担心建康方面会生变，于是决定率军回京。

回军需要时间，但建康不能没有主事的，刘裕准备让王弘接任刘穆之的职位，从事中郎谢晦建议道："王弘即轻佻又浮躁，不如让徐羡之接任。"于是刘裕任命徐羡之为吏部尚书、建威将军、丹阳尹、代管留任。但刘裕对徐羡之显然没有对刘穆之放心，他命令徐羡之一旦遇有大事，就要呈报自己后定夺。

刘裕任命他的次子、年仅十二岁的桂阳公刘义真为都督雍、梁、秦三州诸军事，兼安西将军，领雍、东秦二州刺史；太尉咨议参军王脩为长史；王镇恶为司马，兼冯翊太守；沈田子、毛德祖为中兵参军，沈田子兼始平太守，毛德祖兼秦州刺史、天水太守；傅弘之为雍州治中从事史。这些人负责镇守关中。

关中百姓一向很敬重王猛，这种敬重自然又转移到了王镇恶身上，这引起了来自江南的将领们的嫉恨。沈田子和傅弘之几次对刘裕说，王镇恶在关中势力强大，应该提防他，但刘裕说道："我留下你们十几个人，还有一万多将士，俗话说'猛兽不如群狐'，你们怎么还惧怕一个王镇恶呢？"

三秦的汉人听说刘裕要回南方了，纷纷到刘裕大营前痛哭，说道："此地不沾王化已经百年[①]，我们才刚刚见到汉人衣冠，人人欢喜雀跃，长安十陵乃刘家的坟墓，咸阳未央宫也是刘家的住宅，您要舍弃它们而去吗？"

---

① 公元316年，匈奴刘曜攻占了长安，距此时恰好一百零一年。

刘裕鼻子一酸，也流下了眼泪，他宽慰父老们道：“我身负皇命，不敢擅自停留。父老乡亲们不忘故国，让刘某倍感欣喜和感谢，现我留下次子与文武贤良镇守关中，还望你们共同维护境内的和平。”言毕，他和乡亲们洒泪而别。

义熙十三年（417）十二月三日，刘裕率军从长安启程，自洛水进入黄河，再开掘汴渠东归。

第二百三十节　胡夏占长安

当初，胡夏的赫连勃勃听说刘裕率大军讨伐后秦，在大殿上微笑着对群臣说道："姚泓和刘裕差得远，刘裕一定能够夺取长安，但他必定不会久留，等他回江南后，我取长安如探囊取物。"在刘裕北伐期间，赫连勃勃也趁势侵占后秦土地，夺取了安定，后秦岭北各郡县纷纷向他投降。

此时赫连勃勃得到刘裕已经率大军返回江南的消息，大喜。他问后秦降将王买德道："我要夺取关中，你熟悉那里的情况，谈谈进兵方略吧。"王买德回答："青泥、上洛是南北的两个险要重镇，您应该派出小股部队，切断他们的补给和退路，然后夺取潼关，切断他们和晋廷的联络通道，再向关中发布檄文，言明对投降者将予以优待，对顽固不化者将严惩。这样的话，刘义真就如网中鸟、篓中鱼，长安我们唾手可得。"

赫连勃勃赞同。他任命长子抚军大将军赫连璝（guī）为都督前锋诸军事，率领两万精骑直取长安，然后命前将军赫连昌屯驻潼关，王买德为抚军右长史驻扎青泥，他自己亲率大军作为后队。

义熙十四年（418）正月，赫连璝率骑兵抵达了渭水北岸。慑于赫连勃勃的威名，不断有关中百姓前来归降。晋朝的始平郡太守龙骧将军沈田子率军出城迎敌，但在看到黑压压的胡夏骑兵部队后，吓得退回了刘回堡，然后派人赶紧到长安报给王镇恶。王镇恶在夺取长安的过程中立下头功，变得骄傲起来，竟然当着使者的面对长史王脩说道："元帅把个十岁的小娃娃托付给我们，我们就应该齐心协力，尽心辅佐。沈田子手握强兵却不肯出战，如果都像他这样，我们何时能够平灭强蛮？"

使者回到刘回堡，把王镇恶的话说给沈田子听。沈田子一直认为北伐的时候峣柳之战是关键战役，他在这场战斗中立了头功，而且在一次宴会上刘裕喝得半醉，也曾对他说“能够平定咸阳，都是你的功劳”，所以他对王镇恶被评为首功是很不服气的，现在又听到使者如此传话，他在愤怒的同时又感到几分恐惧。

不久，王镇恶邀沈田子共同向北地郡进军，进攻胡夏。当时晋军中有个传言不胫而走，传言说：“王镇恶准备杀死江南将领，然后派人把刘义真送回南方，他自己在关中称王。”沈田子对传言坚信不疑，他思索良久，想到了一个除掉王镇恶的计策。

正月十五日，沈田子用谦卑的语言邀请王镇恶一起到傅弘之的大营里开会，大敌当前，王镇恶没有多想，立刻前往。一众人来到了议事大厅，沈田子以会议内容需要保密为由，让随行的人全部退出，只留他们三人进行密谈。沈田子早有安排，待随从都走了，他的族人沈敬仁突然提宝剑冲入大帐，王镇恶没有防备，被沈敬仁当场刺死，年四十六岁。沈田子随后对众人宣称，这是奉刘裕的命令行事，军士们都不敢轻举妄动。

面对剧变，傅弘之大惊失色，他跑出大帐，骑快马到长安飞报了刘义真。刘义真也大惊，和长史王脩身披铠甲，全副武装登上东横门，观察局势变化。为了证明自己并非谋反，沈田子命大部队留防，然后亲率数十人飞马来到了长安城下。他对刘义真喊话说：“王镇恶意图谋反，我已经予以诛杀！”王脩一看沈田子只带了这么几个人来，长出了一口气，让沈田子等人进城。但为了稳定关中人心，王脩还是命人逮捕了沈田子，以擅杀大将为名将其斩首示众，沈田子死时年四十六岁。沈田子的弟弟沈林子后来有个孙子很有名气，叫沈约。

刘义真命冠军将军毛脩之接替王镇恶出任安西司马。

傅弘之率军和赫连璝军在池阳大战，赫连璝不敌，大败，傅弘之追着赫连璝一直到了在寡妇渡，斩杀和俘虏了多人。

元月二十六日，已经抵达彭城的刘裕得到了王镇恶被杀的消息，深感悲痛和惋惜，他上书朝廷，追赠王镇恶为左将军、青州刺史。王猛和王镇恶，是唐宋时期的武庙里供奉的唯一一对祖孙档。

刘义真是十二三岁的小孩子，正是喜欢玩耍的年龄，他身边也聚集了一批品行低劣、只会陪他疯玩的人。刘义真玩得高兴了，就大量赏赐侍从们，不懂得节制，王脩时常规劝和限制他，这让刘义真十分恼火，侍从们趁机对刘义真说：“王镇恶谋反，沈田子杀了他，是为国除害，但王脩却杀死了沈田子，看来他同样准备谋反。”刘义真一听，觉得这话太对了，于是命心腹刘乞等人杀死了王脩。王镇恶、沈田子、王脩，这几位大员相继被杀，长安城内人心惶惶，大家都在设法自保，政令不畅。刘义真认为保住长安城最为关键，因此下令把所有驻外军队全部调回长安，紧闭城门，严阵以待。各郡县都没有了依靠，纷纷投降胡夏。

赫连璝率军趁夜偷袭长安，但损兵折将，没有攻下来。赫连勃勃率军占领了咸阳。

刘裕任命朱龄石为都督关中诸军事、右将军、雍州刺史，让他接替刘义真镇守长安。他对朱龄石说：“你到了长安后要告诉刘义真，让他轻装快速出发，过了函谷关后才能喘口气。你去对局势认真评估一下，如果关中实在保不住，就随刘义真一同回来。”刘裕又命朱超石到黄河、洛水沿岸安定人心。

十一月，朱龄石等人进入长安城，他把刘裕的话告诉了刘义真，让他率众赶紧走。刘义真手下的将士听说要回南方，都舍不得到手的美女和金银财宝，装了大车小车，慢悠悠地撤出了长安。别驾韦华向胡夏投降，他向赫连璝报告了长安的情况，赫连璝遂率三万大军去追赶刘义真。

傅弘之看到行军速度这么缓慢，很着急，对刘义真说道：“现在携带这么多辎重，一天不过行军十几里，如果敌人的兵马追来，我们又当如何？我们现在应该抛弃辎重，轻装前行，才不至于被歼灭。”但刘义真在左右小人的怂恿下，不听傅弘之的劝告。没过多久，胡夏军赶到，傅弘之和蒯恩担任后卫，掩护主力部队撤退，他们边战边退，艰难中后撤了几日，好不容易到达青泥，又中了王买德的埋伏，傅弘之、蒯恩、毛脩之都被活捉。

刘义真跑在队伍的最前面，停都不敢停。这时候夜幕降临，胡夏军怕中埋伏，不再继续追赶，刘义真这才逃得一命。但这时候他的亲信随从都被冲散了，他自己也不认得路，不知道该往哪里走，就干脆趴在草丛中，瑟瑟发抖着期待救兵出现。救兵真的出现了。这时候，中兵参军段宏正牵着一匹马在沿途寻找刘义真，他边走边小声呼喊，刘义真听出是他的声音，从草丛中站了起来，带着哭腔说道：“你是段中兵吧？”

段宏循声观看，只见刘义真可怜巴巴地站在那里，赶忙上前行礼。刘义真拉起了他，说道："如果我们一起走，结果只能是谁也走不了，你不如杀死我，带着我的头回南方，让父亲不要再牵挂。"段宏一听就哭了，说道："我怎么能做这种事，我跟您生死要在一起！"说罢，他找了一根绳子，把刘义真绑到自己背上，然后攀上战马，打马扬鞭，逃向了南方。刘义真对着段宏的耳朵说道："发生这样的事情，是我谋略不够所致，然大丈夫不经磨难，怎么会知道世事艰难。"

傅弘之被带到了赫连勃勃面前，赫连勃勃让他归降，他始终不肯，赫连勃勃大怒，命人扒光了他的衣服，傅弘之怒骂不停，力竭而死。赫连勃勃命把战死士兵们的头颅砍下来，又堆积起了骷髅台。

经过这一番折腾，晋军在长安城内已经不得人心，老百姓纷纷拿起武器，驱赶朱龄石等人。朱龄石一看长安待不下去了，就命人放火焚烧皇宫，逃向了潼关。赫连勃勃不费劲就进入了长安，大喜，大摆宴席宴请文武大臣。席上，赫连勃勃向王买德敬酒，对他说道："你之前所言，一年的时间就得到了应验，犹如神算，这一杯应该敬你！"他当场任命王买德为都官尚书，封河阳侯。

龙骧将军王敬先在曹公垒驻守，朱龄石前去投靠，这时候朱超石也抵达了蒲阪，在得到哥哥朱龄石的消息后，也来到了曹公垒。胡夏前将军赫连昌率军进攻曹公垒，不能攻克，便派人切断了曹公垒的水源。不多久，城中将士口渴难耐，战斗力锐减，城池眼看就要被攻破，朱龄石对朱超石说道："我们兄弟不能都葬身异乡，不然父母该是何等伤心！你找机会从小路逃走，这样，我即使死在这里，也没有什么遗憾了。"朱超石不同意，他紧紧握着哥哥的手说："人总有一死，我不能把抛下哥哥独自逃生！"不久，城池被攻破，朱龄石、朱超石、王敬先和右军参军刘钦之（刘穆之的堂侄子）都被胡夏军生擒，押送到长安，赫连勃勃命人把他们全部杀死。这一年，朱龄石四十岁。

赫连勃勃意气风发，他命人在灞上筑起高台，登基称帝。

刘裕得到战败的消息，刘义真又生死未卜，便动员军队，准备再次北伐关中，侍中谢晦、奉常郑鲜之苦苦相劝，刘裕犹豫不决。正在这时，段宏身背刘义真来到了彭城，刘裕遂放弃了出兵计划。他登上城楼，向西北方向眺望，想到好不容易拿下的长安城这么快就丢了，而且还损失了数员大将，百感交集下，眼泪止不住地流了出来。

但刘裕是个汉子，不会沉浸在失败之中，很快就收起眼泪，开始追究战败责任。他贬刘义真为建威将军、司州刺史，任命段宏为宋台黄门郎兼太子右卫率，毛德祖为河东太守，镇守蒲阪。

第二百三十一节　司马晋亡刘宋兴

东晋朝廷已经是刘裕的天下，没有任何政治势力可以对他构成威胁，他终于接受了之前一直推辞的宋公爵位和九锡。从王莽开始，接受九锡就是要谋朝篡位的前兆，到刘裕这里自然也不例外。

刘裕看到了一本谶书，书上说："昌明之后，还有两个皇帝。""昌明"是孝武帝司马曜的字，他是现任安帝司马德宗的父亲。司马德宗虽然生活不能自理，但还是很健康的，况且他比刘裕小十九岁，刘裕心想，别说还有两个皇帝了，就是一个司马德宗，自己也耗不过他，但天命不可违，这可如何是好？他苦思冥想，终于想到了一个"捷径"——如果安帝尽快死亡，自己就可以再扶植一个司马家的皇帝，然后再让他尽快把位置让给自己，这样既可以得到皇位，又不违背天意，可以说一举两得。刘裕不由得暗暗佩服起自己来。

一不做二不休，刘裕派中书侍郎王韶之（王敦堂弟王廙的曾孙）携带毒药，和安帝左右侍从人员一起伺机下毒，想要毒死安帝。但安帝的弟弟琅琊王司马德文知道这是非常时期，担心会出意外，所以就和哥哥同吃同住，对安帝照顾得非常周到，王韶之等人很长一段时间都没有找到下手的机会。不过事有凑巧，司马德文生病了，他不得不离开安帝身边，回到家里养病。

义熙十四年（418）十二月十七日，心急火燎的王韶之等人就地取材，在东堂用衣服死死勒住了安帝的脖子，不一会儿，安帝司马德宗就停止了挣扎，驾崩，年三十七岁。

安帝没有子嗣，刘裕立即声称奉安帝遗诏，拥立了琅琊王司马德文为帝，是为晋恭帝，他也是司马家的最后一位皇帝。

元熙元年（419）正月三日，司马德文封刘裕为宋王，让他回朝主政。按照惯例，刘裕自然还是要推辞一番。元熙元年（419）七月，刘裕正式接受了宋王的封号，他从彭城移师寿阳，任命自己的同乡旧识度支尚书刘怀慎为督淮北诸军事、徐州刺史，镇守彭城。十二月，司马德文又加给刘裕特殊礼遇，命他可以戴有十二旒的帽子，乘坐用六匹马拉的金根车，这是天子才有的待遇；又尊称刘裕的继母萧氏为太后，世子刘义符为太子。

刘裕想取得帝位，但不想硬夺，就希望恭帝司马德文能主动禅让，但司马德文到目前为止还没有主动这样表示，刘裕很着急，就想找个说客去提醒提醒他。可找谁呢？这个事情又不便明说，他只能希望有人领悟他的意思，主动站出来。

元熙二年（420）四月的一天，刘裕大摆宴席宴请文武官员，他们推杯换盏，气氛相当热烈。酒至半酣，刘裕对他们说道：“各位稍停一下，听我说几句话。当年桓玄篡权，晋室权柄移位，我第一个站了出来，振臂一呼，力诛桓玄，使晋室复位。后我南征北战，灭慕容超、谯纵和姚泓，建立大业，圣上封我为宋王，赐给我九锡。如今我已经五十八岁了，地位又如此高，我深知物极必反的道理，长此下去，必不得保全，因此我想把王位和九锡还给圣上，回京师养子弄孙，以安天年。”大家正喝到兴头上，听了刘裕这一席话，都云里雾里的，不知道该怎么回答，生怕说错了话，于是只好含糊其词，一味夸赞刘裕功劳大。

不觉间天色已晚，文武官员纷纷告辞，走出了宋王府。中书令傅亮也走在人群中，他还在揣摩刚才刘裕说那番话时候的表情。刘裕话说得看似随意，但表情里面却隐藏着深意，当时大家都在争着敬酒，他也没有时间细想，这会儿他再回想刚才的一幕，猛然间就领会了刘裕的话外之音，这个想法让傅亮猛地吸了一口冷气。但司马家让位刘家已是大势所趋，自己如果能帮刘裕办成了这件事，就会成为刘裕的开国功臣，高官厚禄享用不尽，想到这里，傅亮快步返回宋王府。这时候宋王府已经大门紧闭，傅亮叩门，刘裕大喜，急令开门，他知道自己期待的那个人出现了。

傅亮见到刘裕，对他说道：“我现在要返回京师。”刘裕也不多问，问道：“你需要多少士兵护送？”傅亮说道：“几十个人即可。”

傅亮走出宋王府，心情复杂，他抬头仰望，突然看见一颗光芒四射的星星划过夜空，迅速消失得无影无踪。傅亮一拍大腿，长叹道："这是天意啊！"

到达建康后，傅亮劝司马德文下诏召刘裕入京辅政，司马德文照做了。刘裕命四子刘义康为都督豫、司、雍、并四州诸军事，兼豫州刺史，镇守寿阳。刘义康才十二岁，刘裕便命刘湛为长史辅佐他，大小事务都让刘湛拿主意。刘湛博览群书，又务实重干，不喜欢空谈，刘裕特别器重他。

六月九日，刘裕抵达建康，和傅亮秘密商议之后，决定由傅亮亲笔起草禅让诏书。傅亮带着禅让诏书来皇宫找司马德文，让他亲自照抄一遍，司马德文接过诏书，神情自然，对左右说道："桓玄掌权的时候，天命已改，有赖宋王，才使得晋延长国祚近二十年（实际上是十七年），今天我写下禅让诏书，可以说是自愿的。"说罢，司马德文把诏书照抄了一遍，递交傅亮，然后又派太保谢澹（谢安的孙子）、太尉刘宣范向刘裕献上了玉玺印绶。

六月十一日，司马德文要搬离皇宫回琅琊王府，文武百官前来送行，场面十分伤感。秘书监徐广尤其哀恸，他失声痛哭，谁也劝不住。至此，立国一百五十六年的司马晋朝正式退出了历史舞台。

六月十四日，刘裕在建康城南登上高台，设立祭坛，烧柴祭天，登基称帝。礼毕，他乘坐天子法驾，进入了太极大殿，大赦天下，改年号为"永初"，取消《泰始历》，改行《永初历》。

刘裕建立的国家为"宋"，习惯上我们称其为"刘宋"或"南朝宋"，称刘裕为宋武帝。历史从此进入了南北朝时期。

参考书目

（唐）房玄龄等撰:《晋书》，中华书局，1974 年 11 月第 1 版。

（宋）司马光编著，（元）胡三省音注:《资治通鉴》，中华书局，2013 年 12 月第 1 版。

（北齐）魏收撰:《魏书》，中华书局，1974 年 6 月第 1 版。

（清）王夫之著，舒士彦点校:《读通鉴论》，中华书局，2013 年 3 月北京第 1 版。

（南朝宋）刘义庆著，（南朝梁）刘孝标注，朱碧莲详解:《世说新语》，上海古籍出版社，2016 年 10 月版。

（北魏）郦道元著，陈桥驿译注，王东补注:《水经注》，中华书局，2016 年 3 月第 1 版。

（梁）释慧皎撰，汤用彤校注:《高僧传》，中华书局，1992 年 10 月第 1 版。

二十五史刊行委员会编:《二十五史补编》，中华书局，1955 年 2 月第 1 版。

吕思勉著:《两晋南北朝史》，江苏人民出版社，2014 年 11 月第 1 版。

万绳楠整理:《陈寅恪魏晋南北朝史讲演录》，贵州人民出版社，2012 年 1 月第 1 版。

唐长孺著:《魏晋南北朝史论丛》，生活·读书·新知三联书店，1955 年 7 月第 1 版。

唐长孺著:《魏晋南北朝史论丛续编》，生活·读书·新知三联书店，1959 年 5 月第 1 版。

唐长孺著:《魏晋南北朝史论拾遗》，中华书局，1983年5月第1版。

万绳楠著:《魏晋南北朝文化史》，东方出版中心，2007年5月第1版。

何兹全著:《魏晋南北朝史略》，上海人民出版社，1958年2月第1版。

白寿彝著:《中古时代．三国两晋南北朝时期》，中国友谊出版公司，2011年4月第1版。

周一良著:《魏晋南北朝史十二讲》，中华书局，2010年7月北京第1版。

王伊同著:《五朝门第》，中华书局，2006年3月第1版。

张旭华著:《九品中正制研究》，中华书局，2015年1月第1版。

蒋建中编著:《古今官职诠释》，中国书籍出版社，2015年9月第1版。

张传玺、杨济安著:《中国古代史教学参考地图集》，北京大学出版社，1984年3月第2版。

薛国屏编著:《中国地名沿革对照表》，上海辞书出版社，2017年4月第1版。

何兹全著:《读史集》，上海人民出版社，1982年4月第1版。

郑欣著:《魏晋南北朝史探索》，山东大学出版社，1989年8月第1版。

陈茂同著:《中国历代职官沿革史》，百花文艺出版社，2005年1月第1版。

林幹著:《东胡史》，内蒙古人民出版社，2007年7月第1版。

杨建新主编，马建春著:《中国西北少数民族通史・西晋十六国卷》，民族出版社，2009年1月第1版。

周伟洲著:《中国中世西北民族关系研究》，广西师范大学出版社，2007年1月第1版。

方立天著:《魏晋南北朝佛教》，中国人民大学出版社，2012年7月第1版。

许地山、傅勤家著:《道教史　外一种：中国道教史》，岳麓书社，2010年1月第1版。

杜瑜著:《中国历代疆域》，中国国际广播出版社，2011年11月第1版。

张承宗、魏向东著:《中国风俗通史・魏晋南北朝卷》，上海文艺出版社，2001年11月第1版。

王仲荦著:《魏晋南北朝史》，上海人民出版社，2016 年 8 月第 2 版。

刘大杰著:《魏晋思想论》，岳麓书社，2010 年 8 月第 1 版。

刘强著:《魏晋风流十讲》，中国青年出版社，2014 年 8 月北京第 1 版。

王文斌著:《话说清谈》，云南人民出版社，2012 年 9 月第 1 版。

李磊著:《六朝士风研究》，武汉出版社，2008 年 6 月第 1 版。

王文生主编:《魏晋南北朝文学史》，武汉大学出版社，2009 年 5 月第 1 版。

田宇庆著:《东晋门阀政治》，北京大学出版社，2012 年 5 月第 5 版。

胡阿祥著:《东晋南朝侨州郡县与侨流人口研究》，江苏教育出版社，2008 年 9 月第 1 版。

高敏主编:《中国经济通史 · 魏晋南北朝经济卷》，经济日报出版社，1998 年 8 月第 1 版。

柏杨著:《中国帝王皇后亲王公主世系录》，中国友谊出版公司，1986 年 1 月第 1 版。

李梅田著:《中国古代物资文化史 · 魏晋南北朝》，开明出版社，2014 年 3 月第 1 版。

周振鹤主编，胡阿祥、孔祥军、徐成著:《中国行政区划通史．三国两晋南朝卷》，复旦大学出版社，2017 年 9 月第 2 版。

周振鹤主编，牟发松、毋有江、魏俊杰著:《中国行政区划通史．十六国北朝卷》，复旦大学出版社，2017 年 9 月第 2 版。

孔祥军著:《晋书地理志校注》，新世界出版社，2012 年 1 月第 1 版。

罗宗真著:《魏晋南北朝考古》，文物出版社，2001 年 6 月第 1 版。

水木森著:《匈奴简史》，民主与建设出版社，2016 年 8 月第 1 版。

阎步克著:《中国古代官阶制度引论》，北京大学出版社，2010 年 1 月第 1 版。

林道心主编:《中国古代万年历》，河北人民出版社，2003 年 11 月第 1 版。